Gisela Zifonun
Das Deutsche als europäische Sprache

Gisela Zifonun

Das Deutsche als europäische Sprache

Ein Porträt

DE GRUYTER

Die freie Verfügbarkeit der E-Book-Ausgabe dieser Publikation wurde durch 39 wissenschaftliche Bibliotheken ermöglicht, die die Open-Access-Transformation in der Germanistischen Linguistik fördern.

ISBN 978-3-11-061615-6
e-ISBN (PDF) 978-3-11-061619-4
e-ISBN (EPUB) 978-3-11-061653-8
DOI https://doi.org/10.1515/9783110616194

Dieses Werk ist lizenziert unter einer Creative Commons Namensnennung 4.0 International Lizenz. Weitere Informationen finden Sie unter http://creativecommons.org/licenses/by/4.0/.

Library of Congress Control Number: 2021935730

Bibliografische Information der Deutschen Nationalbibliothek
Die Deutsche Nationalbibliothek verzeichnet diese Publikation in der Deutschen Nationalbibliografie; detaillierte bibliografische Daten sind im Internet über http://dnb.dnb.de abrufbar.

© 2021 Gisela Zifonun, publiziert von Walter de Gruyter GmbH, Berlin/Boston
Dieses Buch ist als Open-Access-Publikation verfügbar über www.degruyter.com.

Satz: Integra Software Services Pvt. Ltd.
Druck und Bindung: CPI books GmbH, Leck

www.degruyter.com

Open-Access-Transformation in der Linguistik

Open Access für exzellente Publikationen aus der Germanistischen Linguistik: Dank der Unterstützung von 39 wissenschaftlichen Bibliotheken können 2021 insgesamt neun sprachwissenschaftliche Neuerscheinungen transformiert und unmittelbar im Open Access veröffentlicht werden, ohne dass für Autorinnen und Autoren Publikationskosten entstehen.

Folgende Einrichtungen haben durch ihren Beitrag die Open-Access-Veröffentlichung dieses Titels ermöglicht:

Universitätsbibliothek Augsburg
Universitätsbibliothek Bayreuth
University of California, Berkeley Library
Staatsbibliothek zu Berlin – Preußischer Kulturbesitz
Universitätsbibliothek der Freien Universität Berlin
Universitätsbibliothek der Humboldt-Universität zu Berlin
Universitätsbibliothek der Technischen Universität Berlin
Universitätsbibliothek Bielefeld
Universitäts- und Landesbibliothek Bonn
Staats- und Universitätsbibliothek Bremen
Universitätsbibliothek der Technischen Universität Chemnitz
Universitäts- und Landesbibliothek Darmstadt
Sächsische Landesbibliothek – Staats- und Universitätsbibliothek Dresden
Universitätsbibliothek Duisburg-Essen
Universitäts- und Landesbibliothek Düsseldorf
Universitätsbibliothek Eichstätt-Ingolstadt
Universitätsbibliothek Johann Christian Senckenberg, Frankfurt a. M.
Bibliothek der Pädagogischen Hochschule Freiburg
Niedersächsische Staats- und Universitätsbibliothek Göttingen
Universitätsbibliothek Greifswald
Universitätsbibliothek der FernUniversität in Hagen
Universitäts- und Landesbibliothek Sachsen-Anhalt, Halle (Saale)
Staats- und Universitätsbibliothek Hamburg Carl von Ossietzky
Gottfried Wilhelm Leibniz Bibliothek – Niedersächsische Landesbibliothek, Hannover
Universitäts- und Landesbibliothek Tirol, Innsbruck
Universitätsbibliothek Kassel – Landesbibliothek und Murhardsche Bibliothek der Stadt Kassel
Universitätsbibliothek der Universität Koblenz-Landau
Zentral- und Hochschulbibliothek Luzern
Bibliothek des Leibniz-Instituts für Deutsche Sprache, Mannheim
Universitätsbibliothek Marburg
Universitätsbibliothek der Ludwig-Maximilians-Universität München
Universitäts- und Landesbibliothek Münster
Bibliotheks- und Informationssystem der Carl von Ossietzky Universität Oldenburg
Universitätsbibliothek Osnabrück
Universitätsbibliothek Vechta
Herzog August Bibliothek Wolfenbüttel
Universitätsbibliothek Wuppertal
ZHAW Zürcher Hochschule für Angewandte Wissenschaften, Hochschulbibliothek
Zentralbibliothek Zürich

Dank

Ohne die gemeinsame Arbeit am Projekt „Grammatik des Deutschen im europäischen Vergleich: das Nominal" (vgl. Gunkel et al. 2017) hätte ich dieses Buch nicht schreiben können und wollen. Ich danke den Kolleginnen und Kollegen und hoffe, dass sie nicht nur die Früchte ihrer Arbeit, sondern auch den Geist und die Motivation, die uns leiteten, in veränderter Form hier wiedererkennen können.

Ewa Drewnowska-Vargáné und Lutz Gunkel danke ich für die sorgsame Lektüre verschiedener Kapitel des Buchs und für die Hinweise zu deren Verbesserung. Meiner Freundin Ewa schulde ich darüber hinaus besonderen Dank für ihre unermüdliche Unterstützung bei der Suche nach passenden und erhellenden Sprachbeispielen aus dem Polnischen und Ungarischen. Mein Sohn Dariuš Zifonun und meine Tochter Natalie Zifonun-Kopp haben aus der Perspektive anderer Disziplinen und als interessierte Leser ohne sprachwissenschaftlichen Hintergrund einen kritischen Blick auf den Inhalt des Buchs geworfen und Verständlichkeit und stilistische Klarheit angemahnt. Eva Teubert hat aus freundschaftlicher Verbundenheit die mühselige Aufgabe übernommen, Fehler zu korrigieren und Satzkonstruktionen flüssiger zu gestalten. Sie hat mich dadurch vor zahlreichen größeren und kleineren formalen und stilistischen Desastern bewahrt. Sebastian Weste hat mich bei den Abbildungen und der Erstellung des Gesamtmanuskripts unterstützt. Ihnen allen gilt mein Dank, ebenso auch den ungenannten Freunden und Kollegen, die einzelne Hinweise und Verbesserungsvorschläge beigetragen haben.

Inhaltsverzeichnis

Dank —— VII

Kapitel 1
Die zahlreichen Facetten von Sprache und welche davon uns hier am Beispiel der deutschen Sprache beschäftigen werden —— 1

Kapitel 2
Wozu Sprache(n)? Worin besteht der Beitrag von Wörtern und Sätzen zur kommunikativen Funktion? —— 22
1 Einstieg —— 22
2 Wortschatz und Grammatik: Was zeichnet sie aus? —— 23
2.1 Wortschatz: der wahre Reichtum einer Sprache? —— 23
2.2 Grammatik: Sie hält die Sprache im Innersten zusammen —— 26
2.3 Ein kleiner Exkurs zum Lautsystem —— 27
3 Erste Runde: Sinn und Bedeutung von Wort und Satz —— 29
3.1 Zeichen und Wörter —— 29
3.2 Vom „Sinn" grammatischer Regeln —— 39
4 Zweite Runde: Schlussfolgern als Weg zur Bedeutung —— 41
4.1 Schlussfolgerungen aus „kleinen" Äußerungen —— 41
4.2 Die Bezüge des sprachlichen Zeichens: die Welt, das Ich und der Andere —— 43
5 Dritte Runde: Sprache – Handeln – Wirklichkeit —— 45
5.1 Schlussfolgern und sprachlich handeln —— 45
5.2 Sprachstruktur und Sprechakt —— 49
5.3 Ein kurzer Exkurs zu Sprache, Wahrheit und Wirklichkeit —— 56
6 Vierte Runde: Referenz und Prädikation —— 60
6.1 Der Aufbau der Proposition —— 60
6.2 Die Bestandteile der Proposition – außereuropäisch —— 68

Kapitel 3
Das Verb: Zeiten, Modi, Szenarios und Inszenierungen —— 72
1 Einstieg —— 72
2 Der Klang der Zeiten —— 73
2.1 Wie viele Tempora braucht der Mensch? —— 73
2.2 Wie viele Tempora hat das Deutsche? —— 75
2.3 Wie strukturieren andere europäische Sprachen den Zeitenraum? —— 77

2.4	Wozu Aspekt, wenn das Deutsche keinen hat? —— **79**	
2.5	Werden die starken Verben schwach? —— **82**	
3	Der Wirklichkeits- und der Möglichkeitssinn —— **86**	
3.1	„Was hülfe es dem Menschen, so er die ganze Welt gewönne und nähme Schaden an seiner Seele" —— **86**	
3.2	„Der Wachtelkönig lebe hoch, der Mensch auch – viele Jahre noch" —— **87**	
3.3	Konjunktive, Subjunktive, Imperative und anderes: die mannigfachen Spielarten markierter Modi —— **90**	
4	Szenarios und Inszenierungen —— **93**	
4.1	Was geschah, und wie sagen wir es? —— **93**	
4.2	Ereignisse und ihre Konsorten —— **95**	
4.3	Welche Möglichkeiten der Inszenierung geben uns verschiedene Verben an die Hand? —— **101**	
4.4	Die Grammatik der Inszenierung zum einen: das Passiv —— **104**	
4.5	Die Grammatik der Inszenierung zum anderen: Medial- und Reflexivkonstruktionen —— **110**	
4.6	Argumentrollen und ihre Sprachwerdung durch Kasus und andere Mittel —— **113**	
4.7	Es kann komplizierter werden mit Subjekt und Objekt —— **119**	

Kapitel 4
Der nominale Bereich: die vielerlei Arten, Gegenstände zu konstruieren —— 121

1	Einstieg —— **121**	
2	Die Nominalphrase: Köpfe und Attribute —— **123**	
3	Substantiv, Adjektiv und was sonst? Die nominalen Wortarten —— **126**	
3.1	Die Wortart Substantiv: im Deutschen ein vergleichsweise leichter Fall —— **126**	
3.2	Exkurs: Substantivgroßschreibung —— **129**	
3.3	Die Wortart Adjektiv: vielgestaltig, schwer bestimmbar —— **134**	
3.4	Pronomina, Artikel und Konsorten, Numerale: die Schmuddelecke der Kategorisierung? —— **139**	
4	Kurze Endung – große Wirkung: die Markierung von Kasus, Genus und Numerus —— **144**	
4.1	Die pronominale Flexion im Deutschen: wo Fälle noch sichtbar werden —— **144**	

4.2	Die Flexion des Substantivs: Wie wird Numerus profiliert? — **148**	
4.3	Kongruenz: ein Lehrstück in Kooperation — **151**	
4.4	Sortierung und Diskriminierung: Genus, Sexus und Gender — **153**	
5	Die Ordnung der Gegenstände und die Ordnung der Wörter — **159**	
5.1	Nero, Brot und Spiele: Benamstes, Unzählbares und Zählbares — **159**	
5.2	*Me first* und dann hinunter bis zum Unbelebten: die Nominalhierarchien — **163**	
6	Was zu uns gehört: Possession und Possessivpronomina — **164**	
6.1	Possession: sprachlich ein weites Feld mit innerer Ordnung — **164**	
6.2	Wie wird Possession ausgedrückt? — **168**	
6.3	Possession anderswo — **171**	
6.4	Possessivpronomina — **172**	
6.5	Wo das Possessivattribut wirklich nicht mehr possessiv ist — **176**	
6.6	Possessivattribute als Attribute par excellence — **177**	

Kapitel 5
Der Satz: wie wir organisieren, was wir zu sagen haben, und wie wir zeigen, was uns wichtig ist — 179

1	Einstieg — **179**	
2	Die Glieder des Satzes: Wo, wann, warum spielt die Musik? Und wie finden wir das? — **181**	
2.1	Die verschiedenen Arten der Supplemente — **181**	
2.2	Mut zur Mehrdeutigkeit — **188**	
3	Lineare Ordnung — **191**	
3.1	Kurzer Rückblick auf die lineare Ordnung als Indikator der Illokution — **191**	
3.2	Die Felder des Satzes und wie sie bestellt werden — **192**	
3.3	Was alles im Vorfeld stehen kann und was nicht dort stehen darf — **198**	
3.4	Was alles wo im Mittelfeld stehen kann — **204**	
3.5	Die lineare Ordnung in den Sprachen der Welt und in europäischen Sprachen — **207**	
4	Satz oder Nichtsatz: Das ist hier die Frage — **211**	

Kapitel 6
Der Text: wenn wir kohärent und dabei narrativ oder argumentativ werden —— 216

1 Einstieg —— 216
2 Anaphorisierung: wie wir im Gegenstandsbezug kohärent bleiben —— 219
2.1 Pronomina und andere Formen der Wiederaufnahme —— 219
2.2 Anaphorisierung ohne Pronomen —— 225
3 Konnexion: wie wir im Sachverhaltsbezug kohärent bleiben —— 228
4 Tempus: wie wir im Zeitbezug kohärent bleiben —— 234
5 Ellipse: was in Text und Diskurs nicht gesagt werden muss —— 239

Kapitel 7
Der Wortschatz: das Einfache und das Komplexe —— 245

1 Einstieg —— 245
2 Wie frei sind wir in der Syntax? Wie sehr legt uns der Wortschatz fest? Wohin gehören „feste" Fügungen? —— 247
3 Wie reichern wir unseren Wortschatz an? Neuschöpfungen, Umdeutungen und Entlehnungen —— 256
4 Wortbildung: der kreative Umgang mit bereits existentem Material —— 261
4.1 Ableitungen: die formale und semantische Kraft von Affixen —— 262
4.2 Komposita zum einen: über mehrfache Schleifen, strukturelle Ambiguitäten und Fugenelemente —— 273
4.3 Komposita zum anderen: Vielfalt oder Einheit der Bedeutung —— 278
4.4 Komposita zum dritten: Komposita mit linkem Kopf und exozentrische Komposita —— 283
4.5 Partikelverben: die unorthodoxe Form der Wortbildung —— 284
5 Wort- und Begriffsbildung in anderen europäischen Sprachen und ein Blick über den Rand des Kontinents hinaus —— 289

Kapitel 8
Das Deutsche: auf dem Weg zu einem Sprachporträt —— 296

1 Einstieg —— 296
2 Erste Runde: Welche Charakteristika des Deutschen wurden vorgefunden? —— 297
3 Zweite Runde: Rechtfertigen die vorgefundenen Charakterzüge eine Typisierung des Deutschen? Und wenn ja, welche? —— 306

3.1 Das Deutsche gemäß den hergebrachten Typologien —— **306**
3.2 Wettbewerbsmodelle: Wie kommt es zu Sprachentwicklung und Sprachverschiedenheit? —— **309**
3.3 Das Deutsche: Porträt in aller Kürze —— **315**
4 Dritte Runde: Welche Rolle spielt das Deutsche in einem europäischen Sprachbund? —— **316**

Anmerkungen —— **319**

Literatur —— **343**

Register —— **353**

Kapitel 1
Die zahlreichen Facetten von Sprache und welche davon uns hier am Beispiel der deutschen Sprache beschäftigen werden

Die folgenden Kapitel behandeln charakteristische, denk- und merkwürdige Eigenschaften des Deutschen. Sie beschreiben Teile eines Puzzles, die zusammengesetzt ein Bild des Deutschen ergeben. Dieses Bild ist notwendigerweise subjektiv. Nicht nur, dass diese Sprache wie jede andere so zahlreiche Facetten hat, dass kein Bild sie alle angemessen fassen könnte. Auch das Wesen dieser Sprache überhaupt ist vielseitig und je nach Blickrichtung wandelbar. Umso wichtiger ist es, bevor die eigentliche Arbeit am Bild beginnt, die Facetten, die identifiziert werden können, und die Perspektiven, die ich einnehmen werde, zu benennen und zu klären, was in das Bild eingehen wird und welche Gewichtungen vorgenommen werden sollen.

Aktuelle und virtuelle Sprache

Einmal haben wir es mit der lebendigen oder aktuellen Sprache zu tun, die sich in den selbstverständlichen Handlungen manifestiert, durch die wir uns „auf Deutsch" verständigen. Dabei haben wir jedoch nicht nur eine flüchtige Folge von Lauten im Ohr, sondern wir registrieren und verstehen einen an diese gegliederte Lautgestalt gebundenen Inhalt. Die Lautgestalten tragen Bedeutung; Gestalt und Bedeutung sind untrennbar. Worin das Wesen sprachlicher Bedeutung besteht, darüber streiten sich die Experten. Fest steht, dass wir Bedeutungen mental, also in unserem Gehirn, gespeichert haben, in Assoziation mit jeweils bestimmten Lautfolgen. Das gilt für die Wörter, also die einzelnen Bausteine der Sprache. Satzbedeutungen dagegen sind nicht als Ganze gespeichert, ebenso wenig die Abermillionen Sätze selbst, die wir produzieren und verstehen. Vielmehr kennen wir nur die Bauanleitungen für Sätze des Deutschen – oder der anderen Sprachen, die wir beherrschen – und die mit diesen Regeln verbundenen Vorgaben für die Bedeutungen der produzierten Sätze. Bei jedem Äußerungs- oder Verstehensakt aktivieren wir diese Bau- und Interpretationsregeln.

Damit habe ich bereits die nächste Erscheinungsform von Sprache angesprochen: die virtuelle. Als solche existiert sie in Form unserer Muttersprache und der anderen Sprachen, die wir gelernt haben, in unseren Köpfen – auch ohne dass wir gerade Lautereignisse (oder Schriftsprachliches) hervorbringen oder aufnehmen. Es gibt somit sicher „eine Sprache hinter dem Sprechen".[1] Als virtuelle Sprache existiert somit das Deutsche im Kopf jedes Mitglieds dieser Sprachgemeinschaft. Auf welche Weise sie in unserem Geist oder gar in unserem Gehirn existiert, wissen wir nicht, auch wenn die Neurowissenschaften uns phantastische bunte Bilder etwa über die Aktivierung von Gehirnarealen beim Sprechen und Vernehmen von Sprache liefern können. Wo Sprachverarbeitung stattfindet und auch welche Neuronen-Milliarden bei der Sprachverarbeitung „feuern", sagt so viel und auch so wenig über die geistige Natur der Sprache wie die Ausschüttung von Oxytocin über die psychische Natur der Liebe. Da wir aber als Sprecher des Deutschen alle (annähernd) die gleiche Sprache sprechen, ist die virtuelle Sprache auch überpersönlich. Sie ist – aus meiner Sicht – eine grundlegende Form des Gemeinguts (*commons*), eine Ressource, an der alle Mitglieder der Gesellschaft gleichberechtigt teilhaben können (sollten).[2] Sind dann die sprachlichen Regelsysteme in den Köpfen der Einzelnen nur Abbilder eines unbekannten kollektiven Wesens? Oder, was wahrscheinlicher erscheint, da wir ja kaum an die Existenz einer Geistsprache oder Geistersprache glauben, lernen wir voneinander, von Eltern, Geschwistern, Erziehern und im alltäglichen Austausch mit anderen überhaupt, die Regeln unserer Sprache? So wie wir auch die anderen Regeln unseres sozialen Lebens lernen? Sie existieren zwischen uns und gleichzeitig durch und in uns.

Sprache ist darüber hinaus nicht nur Wortschatz und Regelsystem, also Grammatik, in aktuell lebendiger und virtueller Gestalt, sondern auch individuelles Vermögen bzw. Persönlichkeitsmerkmal, soziales Kapital und historisches Erbe. Zudem steht das Deutsche als Standardsprache den Dialekten und Regiolekten gegenüber; die **eine** Sprache gliedert sich in zahllose regionale, aber auch funktionale Varietäten. Varietäten können sich auch vertikal unterscheiden, nach Schichten des Sprechens, von der gehobenen literarischen Rede bis zum kollegialen Umgangston am Arbeitsplatz. Und schließlich besteht ein gewaltiger Unterschied zwischen dem geschriebenen und dem gesprochenen Deutsch, zwischen einer Unterhaltung am Mittagstisch und dem Leitartikel der ZEIT, oder auch einer Gattung wie dem Internet-Blog und einem Gedicht von Celan.

Persönlichkeitsmerkmal und soziales Kapital

Durch Sprache geben wir uns oft zu erkennen. Wir Menschen sind, so zeigt uns die Sprechwirkungsforschung, von Natur aus äußerst begabt darin, aus der Stimmfärbung, dem Sprechtempo und anderen Merkmalen zu erkennen, in welcher Stimmung unser Gesprächspartner sich befindet, welche Emotionen ihn gerade bewegen. Man nimmt also intuitiv wahr, ob das Gegenüber wütend oder traurig ist, auch wenn der Inhalt sachlich oder aufgeräumt sein mag.[3] Man hört uns auch häufig an, woher wir kommen, mit wem wir in erster Linie verkehren, welchen Bildungsstand wir haben, aber auch in welcher Gesprächssituation wir uns befinden, z. B. in einer eher vertraulichen oder einer offiziellen. Das Zu-Erkennen-Geben kann absichtlich geschehen, wir können uns unter Umständen geradezu inszenieren als Badisch-Sprecher oder als Kenner von Kiezdeutsch; es kann uns aber auch gegen unseren Willen unterlaufen. Und das kann sogar gefährlich werden: So muss in Ian Rankins Agenten-Thriller „Der diskrete Mr. Flint" der zeitweilige Schicksalsgenosse des Protagonisten, William Collins, in manch gefährlicher Situation schweigen, um sich nicht durch seinen irischen Akzent als IRA-Mitglied zu entlarven. Sprache wirkt somit als Garant von Gemeinschaft, aber das hat auch eine Kehrseite: Wo Gemeinschaft ist, sind Kontrolle und Konkurrenz, vielleicht auch Feindschaft nicht fern.

Historisches Erbe

Jede „natürliche" Sprache entsteht, entwickelt sich und möglicherweise stirbt sie einmal. Wie viele „tote" Sprachen – neben dem Lateinischen oder Altgriechischen – mag es geben? Das Deutsche unserer Zeit, das haben die großen Sprachforscher des 19. Jahrhunderts gezeigt, entsteht in einem langen Prozess aus der indoeuropäischen Sprachfamilie heraus, es ist Teil des germanischen Zweigs dieser Sprachfamilie. Wie das Englische und das Niederländische gehört es zur westgermanischen Gruppe. All diese Entwicklungen vollziehen sich in vorhistorischer Zeit, also vor jedem schriftlichen Zeugnis. Erst als ein westgermanischer Dialekt schon zum Deutschen geworden ist – so sehen wir es zumindest rückblickend – ist uns ein Existenznachweis überliefert: in Form der althochdeutschen zwischen ca. 600 und 1050 entstandenen Sprachdenkmäler, der Merseburger Zaubersprüche, des Hildebrandslieds, der Bibelübersetzungen des Tatian, des Notker und einiger weniger anderer Texte.[4] Die weitere Geschichte überblicken wir, zunächst allerdings weitgehend auf der vornehmsten Sprachebene: Dem Mittelhochdeutschen (ca. 1050–1350) begegnen wir weitgehend nur als Sprache der Dichtung und der Dichter, denken wir an das Nibelungenlied, die Versepen von Wolfram von Eschenbach und Hartmann von Aue oder die Lyrik des Minnesangs. Auch das so genannte Frühneuhochdeutsche (bis ca. 1650) ist uns als Literatursprache – etwa von Sebastian Brants „Narrenschiff" – und als so genannte „Kanzleisprache" überliefert, also der Ausprägung, in der die juristischen und administrativen Texte, z. B. Urkunden, Erlasse oder Gerichtsprotokolle, an den Fürstenhöfen oder in den Freien Reichsstädten verfasst waren. Und natürlich sind die lutherische Bibelübersetzung und Luthers andere Schriften Zeugnisse des Frühneuhochdeutschen, ebenso wie die nach der Erfindung des Buchdrucks sprunghaft angestiegene literarische und publizistische Produktion des Reformationszeitalters insgesamt.

Allerdings begegnet uns im Verlauf der Sprachgeschichte nicht **eine** Gestalt des Deutschen, eine Varietät, wie Sprachwissenschaftler sagen, sondern eine ganze Menge regionaler Varietäten, die dann später durch Wissenschaftler eingeordnet und klassifiziert wurden. Überhaupt existierte das Deutsche bis weit in die Epoche des Neuhochdeutschen hinein überhaupt nur in Form solcher regionaler Varietäten. Eine Standardsprache, wie wir sie heute kennen, bildet sich – nach einer Vorläuferphase in Form der Vorherrschaft einer Regionalsprache, nämlich des Ostmitteldeutschen, das auch die Sprache Luthers war – erst im 17. und 18. Jahrhundert heraus, in der Zeit der Aufklärung und der Klassik, zunächst als übergreifende Literatur- und Wissenschaftssprache, dann auch als allgemeine Verkehrssprache. Für die Umsetzung dieser einheitlichen Schriftsprache in gesprochene Sprache gibt es seit 1898 eine Regelung. Offiziell galt sie als „Bühnenaussprache" nur für das Deklamieren im Theater, sie wurde dann aber mit gewissen Abstrichen als allgemeine Richtschnur, etwa für den Schulunterricht, akzeptiert. Als ‚Nationalsprache' spielt die deutsche Standardsprache auch eine Rolle im Kontext der Entstehung des deutschen Nationalstaats Ende des 19. Jahrhunderts. Dabei ist das Deutsche damals wie heute natürlich eine ‚plurizentrische' Sprache, die in der Schweiz und Österreich ebenso Nationalsprache oder eine der Nationalsprachen ist. Darüber hinaus werden Varietäten des Deutschen als Minderheitensprache gesprochen, etwa am Rande des zusammenhängenden deutschen Sprachgebiets wie im Elsass oder in Südtirol, aber auch in osteuropäischen Ländern, auf dem Gebiet der ehemaligen Sowjetunion oder in Übersee.[5] Auf bundesrepublikanischem Staatsgebiet, in der Lausitz, ist im Übrigen auch die westslawische Sprache Sorbisch in den Varietäten Nieder- und Obersorbisch vertreten, mit heute noch etwa 20.000 bis 30.000 Sprechern.

Wie mag es aber vor dieser Vereinheitlichung gewesen sein, wenn ein Sprecher, sagen wir aus Celle oder Wuppertal, einer Alemannisch-Sprechenden aus dem Schwarzwald begegnete? Haben sie einander überhaupt verstanden? War die Situation womöglich vergleichbar mit der Begegnung zwischen einer Sächsin und einem Schweizer aus einer abgeschiedenen Alpenregion, die beide ihren Dialekt sprechen? Bis ins 19. Jahrhundert hinein bleibt uns das Deutsch des Mannes und der Frau auf der Straße unbekannt. Erst aus dieser Zeit haben wir Briefe und Tagebuchnotizen auch des sogenannten „kleinen Mannes". Noch weiter müssen wir uns der Gegenwart nähern, wenn wir authentisches gesprochenes Material vorfinden wollen.

Dieser Gang durch die Sprachgeschichte mit Siebenmeilenstiefeln[6] zeigt nebenbei eine aufregende Facette von Sprache: Sprachen scheinen Lebewesen zu sein: Sie stammen von anderen Sprachen ab, sie entwickeln sich, werden reifer und älter. Kränkeln und Verfall sind nicht auszuschließen, ebenso wenig wie der Tod. Sind diese Zuschreibungen von Leben und Tod nur bildlich, metaphorisch zu verstehen? Sprechen wir so über die Seinsweise von Sprache(n), weil wir kein anderes Vokabular zur Verfügung haben, meinen das aber nicht wörtlich? Wahrscheinlich verhält es sich so: Biologische Metaphern haben für unser Sprechen eine große Bedeutung, nicht nur beim Sprechen über Sprache, dem so genannten ‚metasprachlichen' Sprechen, sondern auch bei anderen Gegenständen der Rede. Auch der Aktienmarkt kann kränkeln und sich erholen, ein Land kann gesunden und blühende Landschaften hervorbringen, seine Bedeutung kann wachsen oder schrumpfen. Aber mit Sprachen hat es doch eine besondere Bewandtnis. So können, glaubt man einer Publikation aus dem Jahr 2014[7], Methoden der Evolutionsbiologie mit Erfolg auch aufs Sprachliche übertragen werden: Die lautgesetzlichen Entwicklungen von Wörtern korrespondieren mit den Prinzipien für die Weitergabe von biologischen Veränderungen, die z. B. durch Genmutationen oder Gentransfer zustande gekommen sind. Die vergleichende Sprachwissenschaft des ausgehenden 18. und beginnenden 19. Jahrhunderts hat aus eben solchen Lautgesetzen den Stammbaum der indoeuropäischen Sprachen rekonstruiert. Diese umwälzenden Einsichten können also heute angeblich mit diesen aus der Biologie bzw. der Bioinformatik adaptierten Methoden „bewiesen" werden. Noch spektakulärer erscheinen die Verbindungen zwischen genetischen Merkmalen von Teilen der Weltbevölkerung und spezifischen Struktureigenschaften der von diesen Gruppen gesprochenen Sprachen. Eine wichtige Unterscheidung ist die zwischen ‚Tonsprachen' wie dem Chinesischen und ‚Nichttonsprachen' wie dem Deutschen und allen anderen europäischen Sprachen: In Tonsprachen wird durch die Veränderung der Tonhöhe oder der Tonbewegungen – zum Beispiel einer Bewegung von hoch nach tief in einem Vokal gegenüber der umgekehrten Bewegung von tief nach hoch – ein Bedeutungsunterschied ausgedrückt. In Nichttonsprachen geschieht das nicht. Es liege nun eine Kovarianz zwischen diesen sprachlichen und genetischen Merkmalen vor: „Betrachtet man die weltweite Verteilung dieser Sprachen, so fällt auf, dass sie der Verteilung eines von zwei Allelen – also Ausprägungen – der Gene ASPM und Microcephalin entspricht", heißt es in einer Mitteilung des Max-Planck-Instituts für Psycholinguistik in Nijmegen.[8]

Jedenfalls sind Sprachen zumindest halbwegs auch Natur. Auf intrikate Weise vermischen sich Natur und Kultur in ihnen, und damit schließlich gleichen sie den Sprechern selbst. Wir Menschen sind ebenfalls ein Mischprodukt von Natur und Kultur, in aller Banalität gesagt. Veränderung, Wandel, ist nicht nur eine sprachgeschichtliche Tatsache, sondern geschieht ständig, wenn auch kaum merklich. Ein Beispiel ist der langsame Abbau der Endung *-e* im Dativ Singular von Substantiven wie *Mann* oder *Kind* bzw. der gesamten Klasse der so genannten starken Non-Feminina. Während noch zu Beginn des 20. Jahrhunderts Formen wie *dem Manne* oder *im Kinde* stilistisch eher unauffällig waren, finden wir sie heute vorwiegend in sprichwörtlichen Wendungen (wie *Dem Manne kann geholfen werden*) oder wenn der Sprecher sich ironisch bzw. altertümelnd geben will.[9] Die Sprecher allerdings haben ein ambivalentes Verhältnis zum Sprachwandel. Rational mag ihnen bewusst sein, dass wir Sprachen nicht „anhalten" können, dass Stillstand Abwirtschaften bedeutet. (Wenn man die angedeutete ökonomische Analogie ernster nehmen möchte: Es geht nicht um weiteres Wachstum, sondern um Anpassungsfähigkeit.) Aber gefühlsmäßig möchten viele Sprecher ihre Sprache so erhalten, wie sie ist. Jede Veränderung wird als Verlust oder Verfall betrachtet. Manchmal wird sogar eine Rückkehr zu früheren Sprachstufen gefordert oder zumindest eine solche vermeintlich reinere Sprachstufe als anzustrebende Idealnorm propagiert.

Und wenn wir ganz an den Anfang zurückgehen: Wie kam überhaupt der Mensch zur Sprache, und wann geschah das? Auch auf diesem Tableau wiederholt sich die Analogie von Sprache und Sprecher: Wie Darwinisten und Kreationisten miteinander über den Ursprung des Menschengeschlechts streiten, so stehen sich, zumindest in der Vergangenheit, die Verfechter des göttlichen Ursprungs der Sprache und die eines „säkularen" Ursprungs feindselig gegenüber. Heute, so scheint es, ist eine „evolutionäre" Sicht auf das menschliche Sprachvermögen die übliche Sehweise. In neuester Zeit etwa wird der Zeitpunkt der Sprachentstehung immer weiter zurückverlegt. War noch vor wenigen Jahren fraglich, ob die Neandertaler, die engsten Verwandten des Homo sapiens, schon über Sprachvermögen verfügten, so wird neuerdings der Sprachursprung auf die Zeit vor 1,8 Millionen bis 1 Million Jahren datiert.[10] Bei der Frage nach einer so frühen Sprachfähigkeit werden physiologische, archäologische und kulturelle Befunde gegeneinander abgewogen: Der heute als Sprechapparat dienende Teil der menschlichen Anatomie muss gewisse Voraussetzungen erfüllen, damit überhaupt Sprachlaute produziert werden können, das Gehirn muss eine bestimmte Reife erreicht haben, um zu dieser hochkomplexen Aufgabe in der Lage zu sein. Auf der anderen Seite ist eine arbeitsteilige Gesellschaftsform, in der spezialisierte Werkzeuge gefertigt, schamanische Kulte zelebriert wurden und Kreativität ihren Ausdruck in fantastischen Darstellungen fand, etwa in den Höhlen von Chauvet, Lascaux oder Altamira, ohne sprachlichen Austausch kaum denkbar. Dem evolutionären Zeitgeist entsprechend werden verschiedene Szenarien des Sprachursprungs entworfen, bei denen die Sprachfähigkeit jeweils als Überlebensvorteil oder als soziale Anpassungsleistung im Kampf ums Überleben gewertet wird, etwa als besonders effektive Fertigkeit bei der Partnergewinnung, dem so genannten „Bonding".[11] Als plausible Annahme erscheint mir, dass die Lautsprache gestischen Formen der Kommunikation nachfolgte und sich zunächst nur in Form etwa von Anreden und Ausrufen in diese non-verbale Form der Interaktion einmischte. Manche nehmen auch die angeborene Musikalität des

Menschen als Voraussetzung für die Ausbildung einer Lautsprache an.[12] Außerdem hat man sich die „Erfindung" der Sprache nicht als ein Geschehen von jetzt auf nachher vorzustellen, sondern als eine lange Periode der allmählichen Verfertigung von immer mehr ihrer Funktion oder vielmehr immer vielfältigeren Funktionen angepassten sprachlichen Werkzeugen. Wie differenziert erste „vollständige" lautsprachliche Äußerungen dann waren, ob es schon so etwas wie Subjekt und Prädikat oder Nomen und Verb gab, das muss Spekulation bleiben.

Wie mag eine solche „Protosprache" aus der Zeit vor 100.000 oder 50.000 Jahren geklungen haben? Oder: Was mögen die Sprachen der einzelnen Clans „gekonnt" haben? War ihr Wortschatz eingeschränkt auf die Bedürfnisse des täglichen Lebens und Überlebens? Fanden sie Worte für ihre Ängste und Freuden oder gar für das Schöne und Göttliche, das sie in ihren künstlerischen Darstellungen feierten? War ihre Grammatik flexibel genug, um das uns vertraute Repertoire an Sachverhaltsbezügen und Sprechhandlungen zu kodieren? Konnten sie mit Sprache in die Zukunft vorausgreifen, über Vergangenes erzählen oder Spekulationen formulieren? Wenn wir etwa den Doku-Fiktionen über die frühe Menschheit Glauben schenken wollen, dann klang das recht „sapiens"haft, ein bisschen rauer und schroffer – eben wie man sich den Menschen dieser Zeiten vorstellt. Woher mögen die Filmemacher nur die Versatzstücke dieser „Sprachen" nehmen?

Allerdings scheint es einen bitteren Streit zu geben zwischen Wissenschaftlern, die glauben, die Sprachfähigkeit sei aus einer kognitiven Evolution hervorgegangen und denjenigen, die meinen, sie sei das Ergebnis einer kulturellen Evolution. Die „Kognitivisten", wie ich sie nennen möchte und die durch die verschiedenen Spielarten der auf Noam Chomsky zurückgehenden „Generativen Grammatik" vertreten werden, sehen den entscheidenden Schritt in einer – ggf. durch Mutationen bewerkstelligten – besonderen Fähigkeit des menschlichen Geistes, insbesondere in der Fähigkeit zu rekursiven, also sich selbst einbettenden Strukturen.[13] Die „Kulturalisten", die unter anderem bei Sprachtypologen und funktional orientierten Forschern ihre Anhängerschaft haben, sehen Sprache als „cultural tool", entwickelt, um Probleme des Zusammenlebens dieser besonderen Tierspezies zu lösen.[14] Wie auch in anderen Zusammenhängen, beruht jede der Positionen auf einer einseitigen Überspitzung von kooperierenden Faktoren. Und: Es werden uralte Debatten neu aufgelegt: Die Kognitivisten führen Aristoteles' Sicht auf Sprache als Repräsentation des Geistes fort, die Kulturalisten Platons Werkzeuggedanken. Und beide Positionen sind auch schon zuvor immer wieder gegeneinander angetreten; die Positionen werden von Rudi Keller[15] schön dargelegt und auf dem Hintergrund eigener Feldforschung bei indigenen Völkern am Amazonas von Daniel Everett[16] anschaulich dargestellt.

Die eine Sprache und ihre Varietäten

Das Chamäleonhafte an Sprachen wie dem Deutschen zeigt sich vor allem darin, dass wir so vielen unterschiedlichen Erscheinungsformen begegnen und doch irgendwie wissen, dass das alles zu der einen Sprache Deutsch gehört. Dabei kann man gut die einzelnen Erscheinungsformen beschreiben und klassifizieren. So kann man z. B. in der lokalen Dimension Dialekte wie das Südrheinfränkische, das in meiner Heimat, der Gegend südlich von Heidelberg, gesprochen wird, oder das Westthüringische, das um Eisenach gesprochen wird, unterscheiden. Solche eher kleinräumigen Dialekte können hierarchisch zu größeren Dialektgruppen zusammengefasst werden. Das Südrheinfränkische bildet mit anderen benachbarten Dialekten das Südfränkische und auf der nächsten Stufe das Fränkische, das Westthüringische gehört zum Thüringischen und Ostmitteldeutschen. Insgesamt werden drei große Dialektgruppen unterschieden: Niederdeutsch, Mitteldeutsch und Oberdeutsch. Die beiden letzteren bilden zusammen das Hochdeutsche. Die hochdeutschen Dialekte gehören enger zusammen und sind als Dialekte der deutschen Sprache, wie wir sie landläufig verstehen, zu betrachten. Niederdeutsch oder auch Plattdeutsch bzw. einfach „Platt" hingegen, das in Norddeutschland beheimatet ist, ist, nach Meinung mancher Sprachwissenschaftler, eigentlich kein Dialekt, sondern eine eigene Sprache. Die Verhältnisse zwischen Sprachen und ihren Varietäten – wenn es denn überhaupt „ihre" sind – sind, dies dürfte den Lesern schon aufgefallen sein, recht komplex und sachlich wie terminologisch mitunter verwirrend. Die Varietät mit der größten Reichweite, die im Deutschunterricht vermittelt wird, heißt heute gewöhnlich Standardsprache oder konkreter Standarddeutsch. Früher war die Bezeichnung Hochdeutsch üblich. Aber Achtung: Hier liegt eine zweite Bedeutung des Terminus vor; Hochdeutsch ist ja auch eine Sammelbezeichnung für die Dialektgruppen Mitteldeutsch und Oberdeutsch. Die Standardsprache, so sagt man, „überdacht" die zu ihr gehörigen Dialekte. Diese sind in der Regel, was Grammatik, Wortschatz und Lautsystem angeht, eng miteinander verwandt, auch wenn die Dialekte ihre Sonderwortschätze haben und beträchtlich verschieden klingen mögen. Die Standardvarietät ist aus einem Teil von ihnen hervorgegangen, oft im Zeichen politisch-kultureller Dominanz. Das Niederdeutsche nun hat in Grammatik und Wortschatz größeren Abstand zur Standardvarietät und viele Übereinstimmungen mit Dialekten des Niederländischen. Auf der anderen Seite aber bedienen sich Platt-Sprecher heute derselben deutschen Standardsprache wie die Sprecher des Bairischen oder Hessischen. Deshalb wird hier auch von Scheindialektisierung gesprochen, d. h., sprachsoziologisch gesehen verhält sich das Niederdeutsche wie ein Dialekt des Deutschen, strukturell könnte es aber als eigene Sprache gelten.

Die genannte Einteilung in die drei großen Gruppen Niederdeutsch, Mitteldeutsch und Oberdeutsch beruht wesentlich auf Unterschieden im Lautsystem, die auf die so genannte zweite Lautverschiebung zurückgehen – auf etwa 600 bis 800 nach Christus zu datieren – und die das Althochdeutsche (und das Altniederdeutsche) aus den übrigen germanischen Dialekten oder Sprachen ausgliederte. Illustrieren kann man diese Unterschiede – natürlich maximal vereinfachend – z. B. an der Aussprache von standarddeutsch *was* und *Apfel*. Im niederdeutschen Sprachgebiet heißt es jeweils *wat* und *Appel*, im mitteldeutschen *was* und *Appel* und im Oberdeutschen *was* und *Apfel*. Die niederdeutschen Dialekte haben sozusagen am wenigsten Laute verschoben; nördlich der so genannten „Benrather Linie" bleiben also gemeingermanisches *t*, wie es z. B. noch in engl. *what* vorliegt, und auch *p* (vgl. engl. *apple*) „unverschoben". Mitteldeutsch und Oberdeutsch werden – ganz grob – durch die so genannte „Speyerer Linie" getrennt: Nördlich davon heißt es mitteldeutsch *was* und *Appel*, während südlich im Oberdeutschen *p* zu *pf* verschoben ist, somit zu *was* und *Apfel*. Natürlich sind die genannten Linien keine Striche in der Landschaft. Zwar mag man in Mannheim und in der Innenstadt von Heidelberg noch „mitteldeutsch" *Abbel* (für *Apfel*) sagen und ein paar Kilometer weiter in Leimen „oberdeutsch" dann *Apfel*; aber insgesamt gibt es ein Dialektkontinuum, wie die Forscher sagen, so dass etwa das Südrheinfränkische eine Art Übergangsdialekt zwischen einer mittel- und einer oberdeutschen Mundart darstellt.

Wie steht es denn aber aktuell um die deutschen Dialekte? Gehen sie uns verloren? Im Augenblick jedenfalls sieht es laut der Dokumentation von Jürgen E. Schmidt[17] nicht allzu gut aus. In Zeiten engster Vernetzung durch schnelle Verkehrswege, durch vermehrte Binnenmigration, durch die Massenmedien und nicht zuletzt die neuen Medien, kommen uns die lebensweltlichen Voraussetzungen für Sprachformen mit geringer Reichweite, also die überkommenen Mundarten, allmählich abhanden. Auch teilweise andere Lebensformen und ein Mentalitätswandel, wie man heute die Änderung von Sehweisen, Einstellungen und Werten zu nennen pflegt, spielen eine Rolle. Viele empfinden den Rückgang der Dialekte aber als einen Verlust und versuchen mit mehr oder weniger großem Erfolg, Ortsdialekte oder zumindest regionale Sprachformen am Leben zu erhalten. Der Trend geht eher zu ‚Regiolekten' oder auch – dem offiziellen Standard noch näher – zu ‚regionalen Gebrauchsstandards', also Varietäten, die z. B. den gesamten Norden, Südwestdeutschland oder Bayern charakterisieren, und in denen einige wenige lexikalische Besonderheiten auffallen, neben einer Reihe von lautlichen Abweichungen von der Standardlautung, die wir z. B. in ARD und ZDF hören, und einer bestimmten Tonfärbung oder Sprachmelodie. So kann man etwa bereits an der Aussprache des Artikels *eine* erkennen, ob eine Sprecherin oder ein Sprecher – sofern sie oder er sich des regionalen Gebrauchsstandards bedient – aus Norddeutschland oder aus Bayern stammt: Die Norddeutsche wird *nə* sagen, der Bayer hingegen *a*. Nach der Aussprachenorm müsste es *ainə* heißen.[18] (Das ‚ə' steht dabei für den Murmellaut genannt ‚Schwa', also die Art und Weise, wie wir geschriebenes *e* in unbetonten Silben in der Regel aussprechen.)

Neben der Herkunft oder Ansässigkeit der Sprecher in einer Region des deutschen Sprachgebiets, führen auch andere Umstände, etwa die speziellen Anforderungen in der beruflichen, der fachlichen oder wissenschaftlichen Kommunikation, aber auch der offizielle, sachorientierte oder vertraute Charakter des Austauschs, nicht zuletzt auch z. B. Generation oder Geschlecht potenziell zu einer Ausdifferenzierung eigener Varietäten. So spricht man z. B. über Fachsprachen (wie die juristische oder medizinische Fachsprache oder auch den Jargon der IT-Branche) oder eine Sprache der Nähe gegenüber einer Sprache der Distanz oder auch über „die" Jugendsprache. Nicht zuletzt bleiben die beiden großen Veränderungen der jüngsten Zeit, die Globalisierung (einschließlich der Migration) und die Digitalisierung nicht ohne Einfluss auf das sprachliche Miteinander. So bilden sich zum einen neue sprachliche Verkehrsformen unter dem Einfluss der von Migranten gesprochenen Sprachen heraus – ein prominentes Beispiel ist hier das so genannte „Kiezdeutsch". Zum anderen führen die neuen Kommunikationsformen mithilfe von technischen Medien zu neuen Gattungen und veränderten Sprachformen wie dem Internet-Chat, dem Posten in Newsgroups oder anderen Internet-Foren.

Man kann hier im Einzelfall daran zweifeln, ob ein bestimmter Wortschatz (z. B. die Verwendung von *chillen* oder *cool*) oder einzelne Sprüche (z. B. *I bims* oder *geht fit*[19]) tatsächlich die Redeweise von einer speziellen „Sprache" rechtfertigen. Oder geht es nicht eher um einen bestimmten Gebrauch der deutschen Sprache in jeweils spezifischen Umständen, um einen Stil des Umgangs mit ihr?

Wie dem auch sei: Was ist es, das die Varietäten eint? Woran erkennen wir, dass Deutsch gesprochen oder geschrieben wird, auch wenn es nicht das Deutsch des Deutschunterrichts und der Tagesschau ist? Klar ist, es gibt keinen starren Code, kein unveränderliches System, sondern einen anpassungsfähigen, in sich hochgradig strukturierten Vorrat an Bau- und Interpretationsprinzipien für Äußerungen. Neuerdings wird in diesem Zusammenhang auch von der besonderen Fluidität von Sprache gesprochen.[20] Aufgrund der Fähigkeit der Sprecher, den vielfältigen Verwendungssituationen für sprachliche Kommunikation mit ihren unterschiedlichen Anforderungen gerecht zu werden, bilden sich einzelne Vorräte, die Varietäten, heraus – ohne dass die Sprecher dies jemals verabredeten oder auch nur intendierten, aber doch als Summe kollektiver Anstrengung. Sie haben Familienähnlichkeit miteinander, wir verstehen sie meist auch querbeet. Es bestehen zwischen ihnen Übergänge und ein reger Austausch, und wir selbst wechseln als Sprecher von der einen zur anderen, nach Umständen, Absichten oder Launen.

Wissenschaft von der Sprache: gestern und heute

Wie bei anderen Disziplinen ist unsere wissenschaftliche Beschäftigung mit Sprache durch die griechisch-römische Antike geprägt.[21] Andere Traditionen, etwa die indische, deren bekanntestes Werk die Grammatik von Pāṇini ist, oder die arabische, wurden in der westlichen Tradition wie in der modernen Sprachwissenschaft kaum rezipiert. Dabei gab es in der Antike nicht die eine sprachbezogene Wissenschaft, sondern sprachliche Themen wurden in der Grammatik, der Logik bzw. Dialektik, der Rhetorik oder der allgemeinen Philosophie verhandelt. Viele, ja fast alle Konzepte, die noch heute unser Wissen über Sprache strukturieren, wurden von antiken Denkern entwickelt und an die nachfolgenden Generationen weitergegeben. In philosophischer Annäherung reflektierte man das Verhältnis von Sprache und Denken oder Sprache und Welt. Dies kennzeichnet z. B. das Sprachdenken der Sophisten, von Platon, Aristoteles und den Stoikern. Eher philologisch, also auf das kritische Verständnis von Texten ausgerichtet, waren die alexandrinischen Grammatiker Dionysius Thrax (um 100 v. Chr.) und Apollonios Dyskolos (2. Jahrhundert n. Chr.) und in ihrer Nachfolge die römischen Grammatiker Aelius Donatus und Priscianus (4.–5. Jahrhundert). Dieser philologischen Schule verdanken wir in erster Linie die bis heute fortwirkende Lehre von den *partes orationis*, den Redeteilen bzw. Wortarten.

Im europäischen Spät-Mittelalter vertieften die so genannten Modisten, zu denen Roger Bacon, Johannes Duns Scotus oder Thomas von Erfurt zählen, die philosophischen Grundlagen der Grammatik, indem sie die *modi significandi*, die begrifflich-kategorialen Bedeutungen der überlieferten Wortarten und ihr Zusammenspiel zu bestimmen versuchten. Ab dem 14. und 15. Jahrhundert wurden – beginnend mit Dante Alighieris Verteidigung seiner toskanischen Muttersprache – die europäischen Volkssprachen gegenüber dem Lateinischen aufgewertet. Die Anfänge der deutschen Grammatikschreibung in deutscher Sprache, die in erster Linie auf eine Kultivierung der deutschen Sprache, die so genannte „Sprachrichtigkeit", abzielte, sind mit Namen wie Ickelsamer, Schottelius und Gottsched verknüpft. Von der frühen Neuzeit bis zur Aufklärung gab es daneben starke rationalistische Strömungen, die sich z. B. in der Grammatik von Port Royal, aber auch etwa in Descartes' und vor allem Leibniz' Ideen zu einer Universalsprache auf mathematisch-logischer Grundlage niederschlugen.

Seit dem Anfang des 19. Jahrhunderts richtete sich dagegen der Blick auf das geschichtliche Werden von Sprachen und die Eigenart jeder Sprache. Rasmus Christian Rask, Franz Bopp, Jacob Grimm, August Schleicher und andere machten sich auf die Suche nach den gemeinsamen Ursprüngen der indoeuropäischen Sprachen. Wilhelm von Humboldt, die Brüder Schlegel und andere gewannen auch aufgrund der Beschäftigung mit Sprachen in anderen Weltteilen Einsicht in die Vielfalt von Sprachtypen. Humboldt stellte zudem den engen Zusammenhang zwischen der „Denkungsart" von Völkern und der eigentümlichen Form ihrer Sprachen heraus. Jacob Grimms „Deutsche Grammatik" ist ein monumentales Dokument der Rückbesinnung auf die geschichtliche Entwicklung der deutschen Sprache. Noch die so genannten Junggrammatiker um Karl Brugmann und Hermann Paul sahen in der Zeit um 1900 in der historischen Betrachtungsweise den einzig sinnvollen Zugang zur Sprachwissenschaft, wenn sie sich auch von der romantischen Verklärung älterer Sprachstufen abwandten und sich eher naturwissenschaftlichen Methoden verpflichtet sahen.

Überblickt man allerdings insgesamt die Geschichte des Sprachdenkens bis in die neuere Zeit, so lassen sich bei allen bedeutenden Errungenschaften doch unwissenschaftliche oder vorwissenschaftliche Züge erkennen: Sprache wurde nicht um ihrer selbst willen beschrieben und gelehrt, sondern um das Denken zu schulen, um rhetorische Fähigkeiten auszubilden oder überhaupt zu normgerechtem Schreiben und Sprachgebrauch anzuhalten. Die eigene Sprache wurde oft zur besten aller möglichen Sprachen erklärt und in den Dienst patriotischer und nationalistischer Bestrebungen gestellt. Oder gar – vor allem im Zeitalter der Neuentdeckung der Volkssprachen – zu einer der Sprachen, die dem Menschengeschlecht, neben Hebräisch, Griechisch und Latein, von Gott gegeben wurden und die als Ursprachen schon in grauer Vorzeit, vor der babylonischen Sprachverwirrung, gesprochen wurden.[22]

Als Vater der modernen Sprachwissenschaft betrachten die Europäer den Schweizer Ferdinand de Saussure, dessen nach seinem Tod 1916 von Schülern niedergeschriebene Vorlesungsmanuskripte ihre Wirkung ab Mitte der 1920er Jahre entfalteten: Bedeutende Vertreter der neuen Sehweise sind die Prager Schule mit Roman Jakobson und Nikolaj Trubetzkoy und die Kopenhagener Schule um Louis Hjelmslev. In Deutschland allerdings, das sich in der Zeit des Nationalsozialismus, in den Kriegs- und Nachkriegsjahren von der internationalen Entwicklung in den Geisteswissenschaften abkapselte und überwiegend – sieht man von Einzelkämpfern wie dem Psychologen und Sprachtheoretiker Karl Bühler ab – eine eigene national gefärbte Sprach-Germanistik betrieb, wurde Saussure erst ab Mitte der 1960er Jahre rezipiert.

Auf Saussure gehen profilgebende Gedanken und Unterscheidungen zurück, unter anderem die folgenden drei: Er entwickelte das Konzept des bilateralen Zeichens als semiotische Grundeinheit der Sprache – darauf werde ich ausführlich in Kapitel 2 zu sprechen kommen. Er begründete eine Trennung zwischen *langage*, dem Sprachvermögen, *langue*, dem einzelsprachlichen Sprachsystem, und *parole*, der in Äußerungssituationen vollzogenen Rede. Und er etablierte die Unterscheidung zwischen synchroner, auf die Sprachverhältnisse in einer bestimmten Epoche gerichteter und diachroner Sprachbetrachtung, die sich mit Sprachveränderung durch verschiedene Epochen hindurch befasst. Besonders wirkungsvoll war Saussures Verständnis der *langue* als ein Gebilde eigenen Rechts, dessen Elemente, die einzelnen Zeichen, durch ihre wechselseitigen Beziehungen und ‚Werte' (*valeurs*) innerhalb des Gebildes, durch ‚Differenz', bestimmt sind. Diese Betrachtungsweise wurde prägend für den – europäischen – Strukturalismus in anderen geistes- und kulturwissenschaftlichen Disziplinen, z. B. der Ethnologie mit Claude Lévy-Strauss oder der Literaturwissenschaft mit Roland Barthes.

Damit wurde – parallel zur Studentenbewegung – eine stürmische Entwicklung eingeleitet, die zunächst im Zeichen des Strukturalismus zur Etablierung der Linguistik als eigene Disziplin oder jeweils einzelsprachliche Teildisziplin führte. Aus dem amerikanischen Strukturalismus, der, befruchtet durch Feldforschungen zu den Sprachen der indigenen Völker, besonders stark empirisch ausgerichtet war und mit Namen wie Leonard Bloomfield, Edward Sapir oder Zellig S. Harris verknüpft ist, ging die Generative Grammatik Noam Chomskys hervor. Diese über Jahrzehnte die theoretische Diskussion beherrschende Schule, die nicht zuletzt durch die Entwicklung im Bereich formaler Sprachen und der Automatentheorie, also dem Vorläufer der Computerlinguistik, beeinflusst war, hat zahlreiche Wandlungen erlebt. Konstant geblieben jedoch ist die Vorstellung, dass Sprache ein ganz eigenes kognitives Modul des Menschen darstellt, das weitgehend bei allen Mitgliedern der Spezies identisch, also „angeboren" ist. Diese interne Sprache (*i-language*) haben wir uns als eine abstrakte, grammatische Struktur vorzustellen, die den spezifischen Grammatiken einzelner Sprachen zugrunde liegt.

Die so genannte Systemlinguistik wurde durch zahlreiche Verbindungen mit benachbarten Disziplinen in Form von „Bindestrich"-Linguistiken, wie Sozio-, Ethno- oder Psycholinguistik ergänzt. Aber auch im Kernbereich, wo es um die Sprache „als solche" geht, blieb die Generative Theorie nicht ohne Konkurrenz: Ihrem formalen Ansatz wurde eine funktionale – die Sprachfunktion dominant setzende – Herangehensweise entgegengesetzt, ihrer mentalistischen, auf Operationen des Geistes gründende Sprachkonzeption eine pragmatische, im sprachlichen Handeln begründete. Immer wieder sind in den vergangenen 50 Jahren neue Strömungen zu verzeichnen, sei es durch die Rezeption sprachphilosophischer Ansätze wie, ab den 1970er Jahren, der analytischen Philosophie bzw. der „Philosophie der normalen Sprache", durch den Aufschwung der kognitiven Psychologie und Anthropologie, sei es durch die technologische Entwicklung mit neuen Zugriffsverfahren zu sprachlichen Daten oder den Zuwachs an Wissen über die Sprachen der Welt. Für die Beschreibung des Deutschen bedeutet die lange Forschungstradition und die derzeitige Blüte der Sprachwissenschaft, dass wir aus dem Vollen schöpfen können. So ergibt sich die Aufgabe, das Wissen über eine der am besten wissenschaftlich erfassten Sprachen überhaupt nicht im Elfenbeinturm zu horten und zu akkumulieren, sondern für Interessierte zugänglich zu machen.

Schwerpunkt: Grammatik und Wortschatz

Die meisten Aspekte, die ich soeben in einer Art Tour d'horizon umrissen habe, bleiben bei diesem Blick auf das Deutsche im Hintergrund. Grammatik und in zweiter Linie der Wortschatz stehen im Vordergrund. Dabei beziehe ich mich in der Regel auf die deutsche Standardsprache, die ich aber keineswegs eng und festgezurrt sehe, sondern (siehe oben) als ein offenes und variables Gebilde. Die Beschränkung auf die Standardsprache hat methodisch erhebliche Vorteile: Sie ist vergleichsweise wohl bestimmt, gut beschrieben und vor allem klar abgegrenzt gegenüber anderen Standardsprachen. Kontinua wie bei Dialekten gibt es hier nicht. Dialekte können ja unter Umständen auch Landesgrenzen überschreiten – man denke an die alemannischen und fränkischen Dialekte rechts und links des Rheins. Und dabei mag die Konzentration auf Grammatik einen tieferen Sinn haben: „Sprache nenne ich nur das, wovon sich eine Grammatik schreiben lässt" heißt es bei Ludwig Wittgenstein.[23] Mir geht es in erster Linie um Denkanstöße, die sich auch aus Anlass von Besonderheiten, die das Deutsche auszeichnen, einstellen können. Sprache überhaupt und jede einzelne Sprache bieten Anlässe zuhauf zum Staunen, zum Nachdenken und Diskutieren. Wenn, wie dies gelegentlich geschieht, der Umgang mit Sprache auf die Anleitung zum sprachlichen Wohlverhalten, zur grammatischen Etikette reduziert wird, so erscheint mir dies zu vordergründig. Dadurch wird, so sinnvoll die Erinnerung an etablierte Sprachnormen im Einzelnen sein mag, der Blick auf das „Wunder der Sprache" verstellt.

Dieses Wunder besteht für mich, auf einen einfachen Nenner gebracht, darin, dass auf der Basis eines minimalen Inventars von Sprachlauten das Universum sprachlich verfasster Mitteilungen erzeugt werden kann. Und dies tausendfach in den Sprachen der Welt, wiederum durch Variation in einem beschränkten Lautinventar, im Wortschatz und in der Grammatik. Um dieses Wunder ein wenig greifbarer zu machen, habe ich den einleitenden Abriss zu den Facetten von Sprache vorangestellt: Eine einzelne Sprache, das Deutsche, kann für sich nicht verstanden werden, ohne den Hintergrund des menschlichen Sprachvermögens, der kulturellen und sozialen Entwicklung und dem unsichtbaren Band zwischen allen Sprachen, das sichtbarer wird, wenn wir miteinander realiter verbundene Sprachen in den Blick nehmen. Das Betrachten einer einzelnen Sprache wie des Deutschen kann im Kleinen zeigen, wie die mannigfachen Differenzierungen auf der Inhaltsseite von Sprache bewerkstelligt werden – was dabei explizit gemacht und was nur nahegelegt wird.

Sprache gehört zum Menschen. Möglicherweise macht gar die Sprachfähigkeit den Menschen aus.[24] Über eine, mindestens eine Sprache zu verfügen, ist eine Selbstverständlichkeit. Wie bei anderen Selbstverständlichkeiten verkennen wir das Rätselhafte und Wunderbare, das sich dahinter verbirgt. Wie kann es denn sein, dass die Kombination von in unserem Mundraum und der Kehle hervorgebrachten Lauten nicht nur die ganze Welt erschließt, sondern uns Zugang zu den Gedanken der anderen verschafft und unser Zusammenleben koordiniert? Das semantische Räderwerk der Sprache ist kaum ein Gegenstand der Neugier. Anders als zu den Phänomenen der äußeren Natur, der Geschichte oder auch neuerdings zu Geist und Gefühl des Menschen gibt es kaum Sachbücher, in denen jedermann sich über die semantische Natur der Sprache, das Zustandekommen von Bedeutung informieren kann. Dies liegt nicht nur an der erwähnten Gleichgültigkeit gegenüber dem selbstverständlich Gegebenen, sondern hat noch andere Gründe. Sprache erscheint vielen nur als Mittel zum Zweck. Der Zweck weckt Interesse, seien es die geäußerten Erkenntnisse, die ausgedrückten Gefühle oder die Effizienz, die etwa in Rechts- oder Wirtschaftskommunikation erzielt werden kann. Die als Transportmittel verkannte Sprache mag selbst unerklärt bleiben. Auch für Intellektuelle, zumal Geisteswissenschaftler, hat Sprache als solche wohl keinen besonderen Stellenwert. Nur wenn sie schöne Literatur geworden ist, verdient sie Zuwendung – so eine weit verbreitete Haltung unter Lehrenden wie Lernenden an den Universitäten oder auch bei der schreibenden Zunft selbst.[25]

Bedeutender noch ist, dass wir kaum über Methoden, Wege und Beschreibungsmittel verfügen, die die Funktionsweise von Sprache klären helfen. Worin könnten diese bestehen? Dem Geist der Zeit entsprechend werden wir am ehesten auf neurologische Verfahren setzen. Aber ebenso wenig wie (zumindest derzeit) die Arbeitsweise des Gehirns uns Zugang zur Tätigkeit unseres Geistes gewährleistet – jene sagt uns nur, dass diese stattfindet, nicht, worin sie besteht – so wenig verschaffen uns die Aktivitäten der Sprachzentren im Gehirn einen Zugang zur semantischen Funktionsweise von Sprache. So sind wir denn wie eh und je auf das Erklären von Sprache mit Hilfe von Sprache zurückgeworfen. Zwar haben Sprachforscher unter Anleitung der mathematischen Logik künstliche Sprachen entwickelt, die als sogenannte ‚Metasprachen' für unsere natürlichen Sprachen dienen können. Auch ich habe mich von diesen Konstrukten faszinieren lassen und verdanke ihnen vieles. Letztlich sind solche künstlichen Sprachen immer aus der natürlichen abgeleitet: Sie mögen Vorteile und auch Erkenntniswert haben, indem sie ökonomischer sind, Zweideutigkeiten vermeiden und ggf. die einzelnen Aspekte deutlich voneinander separieren, die in der natürlichen Sprache aneinander gekoppelt und miteinander vermischt sind. Am Ende sind Repräsentationen in ihnen aber nur Übersetzungen aus dem bekannten, aber in gewisser Weise unverstandenen natürlichen in einen künstlichen Code, für dessen Interpretation wir aus den Hypothesen über den natürlichen Code schöpfen. Für ein Unternehmen wie das vorliegende sind solche Formalisierungen nicht geeignet.

Ich werde nur sporadisch auf Sprachgeschichtliches eingehen. Einfach deshalb, weil dies ein zu weites Feld wäre und weil ich hier auch nicht Expertin bin. Ich werde besonders dann versuchen, auch sprachgeschichtliche Vorgänge ins Bewusstsein zu rufen, wenn es sich um so genannte ‚Grammatikalisierung' handelt. Damit ist gemeint, dass grammatische Kategorien in vielen Fällen auf Wortmaterial zurückgehen, das über einen langen Nutzungszeitraum oft bis zur Unkenntlichkeit verändert, seines selbstständigen Status beraubt und reduziert wurde. Ein bekanntes Beispiel ist die Entstehung des Futurs in romanischen Sprachen. So geht französisch *chanterai* ‚ich werde singen' zurück auf lateinisch *cantare habeo*, das in etwa zu übersetzen ist als ‚ich habe zu singen'. Grammatikalisierung ist einer der Motoren des Sprachwandels. Sprachwandel schließlich führt dazu, dass „tote" Sprachen wie das Lateinische nicht wirklich vergangen sind, sondern in ihren Tochtersprachen wiedergeboren werden können.[26]

Die Methode Sprachvergleich

Erst im Sprachvergleich erschließt sich nach Leibniz die „wunderbare Mannigfaltigkeit" des menschlichen Geistes.[27] Anders als der sprachwissenschaftliche Mainstream der vergangenen Jahrzehnte, nämlich Chomskys Universalgrammatik, betrachte ich nicht den syntaktischen Bau der Sprache, also die Art und Weise, wie Sätze hergestellt werden, als das geheime Band. Ich schließe die Existenz von kognitiv und letztlich neuronal verankerten syntaktischen Prinzipien nicht aus. Darum wird es aber hier nicht gehen. Sehr viel offensichtlicher und aus meiner Sicht auch bedeutsamer als gemeinsame syntaktische Bauprinzipien sind doch die funktionalen Gemeinsamkeiten zwischen den Sprachen. Alle Sprachen leisten im Grunde dasselbe: Sie ermöglichen die interpersonale Kommunikation. Und das heißt eine ganze Menge, wie ich im zweiten Kapitel dieses Buches hoffe zeigen zu können.

Warum nun, so wird man fragen, entschließt sich die Autorin nicht, entweder über Sprache allgemein zu sprechen oder (im Sinne des ausschließlichen oder) über das Deutsche? Warum will sie etwas dazwischen? Weil man, nur wenn man konkret wird, Vernünftiges über allgemeine Prinzipien aussagen kann. Deshalb also spreche ich über die Einzelsprache, die ich am besten kenne, das Deutsche. Dies ist der erste Teil der Antwort. Weil man Interessantes und Relevantes über sprachliche Angelegenheiten nur dann sagen kann, wenn man es auf das geheime Band zwischen den Sprachen bezieht. Weil also das Besondere nur interessiert, wenn es auf der Folie des Allgemeinen erkennbar wird. Dies ist der zweite Teil der Antwort. Und es fehlt noch ein dritter: Die Verallgemeinerung wieder wird nur fassbar, wenn auch sie konkret gemacht wird über den Vergleich mit anderen Sprachen.

Warum europäische Sprachen im Vergleich mit dem Deutschen?

Der Leser wird im Folgenden das Deutsche vor allem mit Englisch, Französisch, Polnisch und Ungarisch verglichen sehen. Da kenne ich mich am besten aus und habe meine Gewährsleute. Immerhin sind bei dieser kleinen Auswahl die wichtigsten Zweige der indoeuropäischen Sprachfamilie berücksichtigt sowie mit Ungarisch eine nicht-indoeuropäische Sprache. Andere europäische Sprachen werden zwar ebenfalls herangezogen, aber da verlasse ich mich auf die Fachliteratur. Das gilt selbstverständlich auch für Hinweise auf außereuropäische Sprachen, auf die ich gelegentlich zu sprechen komme, vor allem um zu zeigen, wie ganz anders als auf unserem Kontinent Sprachen in der weiten Welt funktionieren können.

Die Entscheidung, das Deutsche auf dem Hintergrund anderer europäischer Sprachen zu betrachten, hat nicht nur sprachbezogene Gründe: Das Buch wird zeigen, wie nah das Deutsche seinen engeren und weiteren Nachbarsprachen steht und wie „eigen" es dennoch ist und bleibt. Aber aus diesem Befund soll auch eine andere „Botschaft", wenn man so will, erwachsen: Europa gehört zusammen, und dafür legen auch die Sprachen, die hier gesprochen werden, in ihrer Vielfalt und durch ihre mannigfachen Zusammenhänge, Zeugnis ab. Die Abstinenz der Germanistik, was kulturpolitische oder politische Fragen allgemein angeht, wird des Öfteren beklagt. Anders als Politikwissenschaft oder Soziologie mische sich die Wissenschaft von deutscher Sprache und Kultur nicht ein, obwohl es doch Fragen zum kulturellen Selbstverständnis, zur Sprachenpolitik usw. zu verhandeln gebe. Das vorliegende Buch soll auch als eine Aussage hierzu verstanden werden. Es tritt ein für das Deutsche als europäische Sprache. Isolationismus und Protektionismus verbieten sich aus Gründen der Sprachgeschichte und aus dem strukturellen Befund. Die folgenden Kapitel sollen Evidenz für diese strukturelle Zusammengehörigkeit liefern. Und damit zeigen, dass wir sprachlich zumindest „gute Europäer" sind.

Die Motive der Autorin

Was hat mich zu diesem Buch motiviert? Nun, es fehlt aus meiner Sicht an für einen breiten Leserkreis verständlichen Einlassungen zum Thema Sprache, die nur auf den Wissensdurst, die Entdeckerfreude und die Liebe zur Sprache beim Leser ausgerichtet sind, ohne direkt einem verwertbaren Zweck zu dienen oder der Lust an der Sprachkritik bzw. allgemein der Besserwisserei zu frönen. Nachdem ich viele Jahre das Deutsche und seine Grammatik erforscht und beschrieben habe, habe ich jetzt den Überblick, die Distanz und die nötige Ruhe, ein solches Buch zu schreiben.

Man kann nun einwenden, es gebe neuerdings eine ganze Reihe von seriösen Büchern, in denen ohne erhobenen Zeigefinger Wissenswertes zum Thema Sprache vermittelt werde. Meist aber geht es dann, wie etwa in den Büchern von Jürgen Trabant (2008) oder Harald Weinrich (2001b), um Sprache ganz allgemein, um das in ihr aufgehobene kulturelle Gedächtnis, um Grenzgebiete zwischen Sprachwissenschaft und Sprachphilosophie oder auch Sprache und Literatur, am Rande auch um sprachkulturelle oder sprachpolitische Fragen. Auch die Sprachen der Welt (vgl. das sehr lesenswerte Buch von Evans 2014) und ihr Ursprung (vgl. Wunderlich 2015) sind ein neuerdings für einen größeren Interessiertenkreis aufbereitetes Thema.

Das spezifische Sprachbauwerk einer Einzelsprache und zwar des Deutschen wird aber kaum auf diese nicht im engeren Sinne fachliche und „zweckfreie" Art und Weise in den Blick genommen. Tue ich das wirklich? – wird man fragen. Ist mein Unternehmen so zweckfrei? Oder geht es mir, mehr oder weniger offen gestanden, auch um eine Aktion aus „verzweifelte(r) Sprach-Passion",[28] um die deutsche Sprache als eine von vielen Sprachen in einem mehrsprachigen Europa noch zu retten, bevor der Trend zur Einheitssprache Wirklichkeit geworden ist? Dies ist ja ein Szenario, das viele befürchten.[29]

Auch ich denke, dass wir sorgsam mit unserer Muttersprache umgehen sollten. Aber zum Alarmismus besteht keinerlei Anlass. Das Deutsche ist in seiner Geschichte in unterschiedlichen Epochen massiv „fremdem" Einfluss ausgesetzt gewesen, vom Einfluss des Lateinischen vom Beginn der althochdeutschen Zeit an über den des Französischen vor allem im Zeitalter des Absolutismus, und es ist nicht nur unbeschadet, sondern bereichert und gestärkt aus diesen Sprachepochen hervorgegangen – hat Fremdes integriert und assimiliert. Diese positiven Aspekte werden in zahlreichen Publikationen hervorgehoben.[30]

Man mag einwenden, dass der Einfluss des Englischen im Zeitalter der Globalisierung sehr viel bedrängender ist und dass, anders als etwa in Zeiten Philipp von Zesens oder Johann Heinrich Campes, kein nennenswerter Widerstand zu erwarten ist – die allem Nationalen abholde Mentalität im Nachkriegsdeutschland erstrecke sich auch auf Sprachdinge. Weder institutionell noch individuell werde etwas für die Pflege, die internationale Geltung oder gar die „Reinerhaltung" des Deutschen getan. Es ist zu begrüßen, dass nun eine wissenschaftliche Bestandsaufnahme zum heutigen Deutsch durchgeführt wird, bei der auch der gegenwärtige Sprachwandel und der Einfluss eines globalisierten Englisch berücksichtigt werden. Ergebnisse liegen mit den beiden 2013 und 2017 erschienenen Berichten „zur Lage der deutschen Sprache" vor, die die Deutsche Akademie für Sprache und Dichtung in Auftrag gegeben hat. Thema dieses Buches ist eine Bewertung des Zustands des Deutschen nicht.

Was der Leser erwarten kann und was nicht. Was ich vom Leser erwarte und was nicht

Selbstverständlich kann der Leser in diesem Buch wissenschaftlich seriöse Information über das Deutsche und die anderen Sprachen, die ich im Vergleich heranziehe, erwarten. Bei Letzterem habe ich mich stets bei muttersprachlichen Kollegen und Freundinnen rückversichert. Ihnen danke ich an dieser Stelle herzlich. Der Wunsch, Interessantes zu vermitteln, darf nicht zu Lasten der Fakten gehen. Allerdings muss das Bild, das ich entwerfen kann, unvollständig bleiben. Jedoch wird es sich nicht um versprengte Einzelteile handeln, sondern man wird das Gesamtporträt erkennen oder zumindest erahnen können. Denn im letzten Kapitel versuche ich, die Puzzlestücke zusammenzufügen. Der eine oder andere Leser wird sich, so hoffe ich, anregen lassen, fehlende Puzzlestücke selbst zu ergänzen.

Ich stelle mir einen Leser vor, der auch andere Sachbücher zu natur- oder kulturwissenschaftlichen Themengebieten lesen würde, der aber eine (vielleicht nostalgisch zu nennende) besondere Zuneigung zur Sprache hat. Vielleicht reizt es ihn wie mich, dass wir nicht vollständig, jedenfalls heute noch nicht, verstehen können, was es mit dem Phänomen Sprache auf sich hat. Und darüber hinaus einen Leser oder eine Leserin, die dabei nicht nur abstrakt und philosophisch bleiben möchte, sondern beim Nachdenken über Sprache gern eine lebendige, gelebte und geliebte Sprache im Kopf und an der Seite hat. Zu bedenken gebe ich, dass ich am ehesten bei Aussagen über Grammatisches im engeren Sinne, also Fragen der Morphologie und der Syntax, Expertin bin. Daher mag es dem geneigten Leser paradox erscheinen, dass ich gerade auf die semantischen, sprachtheoretischen oder gar sprachphilosophischen Grundlegungen besonderen Wert lege – also Themen, zu denen ich nicht wissenschaftlich gearbeitet habe. Ich denke allerdings, dass mich eine Gemeinsamkeit im Wissenwollen oder die Faszination durch weniger bekanntes, aber unbedingt erforschenswertes Terrain mit dem Leser besonders verbinden können.

Ich hoffe – neben dem Interesse an Fakten – auch auf Lust an der Reflexion, vielleicht gar Spekulation, gerade bei den weniger bekannten und erforschten Sprachfragen. Denn wir werden immer wieder an die Grenzen des gesicherten Wissens stoßen. Und dann kann ich gelegentlich der Versuchung nicht widerstehen, auch Vermutungen zu äußern, Mutmaßungen darüber, wie es wäre, wenn etwas anders wäre in unserer Sprache, oder warum etwas so ist, wie es ist. Dabei habe ich die Mahnungen von Lehrern und Kollegen durchaus im Ohr, dass teleologische Erklärungen oder auch essentialistische nichts zu suchen haben in der Wissenschaft. Andererseits traue ich meinen Lesern zu, unterscheiden zu können zwischen Wissen und Vermutung. Solche Spekulationen erscheinen mir vor allem als Denksport dort geeignet zu sein, wo mir gängige Denkmuster allzu einfach erscheinen und wo es helfen könnte, ein wenig um die Ecke zu denken.

Ein Beispiel: Das Merkmal des Deutschen, das in jüngster Zeit am meisten diskutiert wurde und an dem, lax gesagt, am meisten herumgedoktert wird, ist das Verhältnis von Genus und Sexus bzw. Gender. Ausgangspunkt schon in den 80er Jahren des 20. Jahrhunderts war die Tatsache, dass im Deutschen in der Regel die Bezeichnungen für weibliche Personen „sekundär" sind zu denen für männliche, insofern als z. B. an maskuline Personenbezeichnungen oder Bezeichnungen für höhere Tiere das Suffix *-in* angehängt wird wie in *Held – Heldin, Kunde – Kundin, Lehrer – Lehrerin, Hund – Hündin*, um feminine Bezeichnungen für weibliche Exemplare zu erzeugen. Oder dass wir einfach die maskuline Form wählen, das so genannte generische Maskulinum, wenn wir auf Personen beiderlei Geschlechts generell Bezug nehmen wollen, z. B. in einem Schlagwort wie „Proletarier aller Länder, vereinigt euch!". Inzwischen hat sich diese Anfangskritik ausgeweitet zu der Forderung, die binäre sprachliche Sortierung nach dem Sexus von Personen aufzuheben zugunsten der Sichtbarmachung von prinzipiell offenen Gender-Distinktionen. Hier lohnt es sich, die grundsätzliche Frage zu stellen, was Sprache, was besonders grammatische oder lexikalische Unterscheidungen überhaupt leisten können. Denn betroffen sind letztlich so fundamentale Kategorien wie die Genera Maskulinum, Femininum und Neutrum, die mit ihrer diskreten Unterscheidung von genau drei Klassen von Bezeichnungen für die Gegenstände der Welt denkbar ungeeignet sind, um die Vielfalt real gegebener, gesellschaftlich wünschenswerter oder sozial konstruierter Klassifikationen (wie etwa die nach dem Gender) abzubilden. Meine Argumentation hierzu finden Sie im vierten Kapitel dieses Buches.

Ein paar Worte noch zum Aufbau des Buches und der einzelnen Kapitel: An dieses Einleitungskapitel schließt sich eines zu den Funktionen von Sprache an, soweit diese sich aus dem Sprachsystem ergeben, sich also in Wortschatz und Grammatik einer Sprache manifestieren. Dieses Kapitel ist eine Art Leitfaden und Referenzort für alle Aussagen, die später im Detail zur Deutung einzelner Formen und Konstruktionen gemacht werden. Darauf folgen mit den Kapiteln 3 bis 7 Darstellungen der wesentlichen Bausteine von Satz und Text, beginnend mit dem verbalen und nominalen Bereich. Sodann steigen wir zu den größeren Einheiten Satz und Text auf. Die Struktur des Wortschatzes interessiert hier in erster Linie in Kontrast und Konkurrenz zur Kombinatorik durch Verkettung von Wörtern in Satz und Text. Dieses Thema folgt also erst hernach. Den Abschluss bildet in Kapitel 8 die in Aussicht gestellte Skizze des Gesamtporträts der deutschen Sprache. Zu Beginn der Sachkapitel 3 bis 7 greife ich nach Möglichkeit als Aufhänger auf ein authentisches Sprachbeispiel (oder auch mehrere) z. B. aus den Medien zurück, an dem sprachliche Regeln, Probleme oder Missverständnisse illustriert werden können. Daraus soll in dieser Einstiegspassage ein orientierender Vorgriff auf die folgende Erörterung des Phänomens entwickelt werden. Den Kapiteln 2 bis 7 wird keine abschließende Zusammenfassung angefügt. Eine solche findet sich als erster Teil von Kapitel 8. Damit ergibt sich die Möglichkeit, die Ergebnisse der einzelnen Sachkapitel direkt in das Sprachporträt einfließen zu lassen. Die Informationen innerhalb der Kapitel werden durch Anmerkungen ergänzt, in denen der Leser sich bei Bedarf über die Hintergründe, auf die ich mich stütze, Nebenthemen oder über wichtige Literatur zum Thema informieren kann. Diese erscheinen kapitelweise geordnet im Anhang. Weniger geläufige linguistische Fachtermini werden im Text durch Paraphrasierung erläutert. Ein Schlagwortregister soll das rasche Auffinden zentraler Begrifflichkeit ermöglichen.

Das Deutsche, die deutsche Sprache, wurde mit allerlei Attributen bedacht: Es sei eine schwere Sprache, klagen vor allem Deutschlernende. Nein, es sei eine reife Sprache, formulieren Sprachwissenschaftler vorsichtiger. Ich enthalte mich eines solchen wertenden Adjektivs, wenn ich von der europäischen Sprache Deutsch oder vom Deutschen als europäische Sprache spreche.

Kapitel 2
Wozu Sprache(n)? Worin besteht der Beitrag von Wörtern und Sätzen zur kommunikativen Funktion?

1 Einstieg

Der Wortschatz einer Sprache gilt vielen als ihr eigentlicher Reichtum. Die Anzahl der Wörter der deutschen Sprache geht je nach Zählweise in die Millionen oder gar in die Milliarden. Auch die Länge deutscher Wörter kann Anlass zum Staunen sein. In der im Juli 2009 erschienenen 25. Auflage des Rechtschreibdudens wird *Kraftfahrzeug-Haftpflichtversicherung* mit 36 Buchstaben als längstes verzeichnetes Wort genannt. Es liegt somit weit über der mit 10,6 zu beziffernden Durchschnittslänge des deutschen Wortes. Nicht zu vergessen auch die Top-Drei in der Disziplin Vokalhäufung, nämlich *zweieiig*, *Donauauen* und *Treueeid* mit jeweils fünf aufeinanderfolgenden Vokalen – wobei die Diphthonge <au> und <ei> nur in der Schrift eindeutig als zwei getrennte Elemente zu bewerten sind. Die Hannoversche Zeitung vom 6. Juli 2009 steht dieser Form von Sprachstatistik kritisch gegenüber, sie spricht von einem „Sprachquiz". Vielleicht aber, so liest man weiter, mache diese populäre Form des Wissens „Lust auf die deutsche Sprache, die für viele Nutzer ja sowieso ein Rätsel ist." Rätselhaft ist vor allem, wie Sprache funktioniert und was sie eigentlich leistet.

Bei einzelnen Wörtern scheint das zunächst noch recht einfach und klar zu sein. Wörter wie *Baum* oder *Bär* scheinen als Zeichen „irgendwie", z. B. vermittelt über Bilder vor unserem geistigen Auge, für Dinge in der Welt zu stehen. Wir werfen uns aber keineswegs nur Wörter an den Kopf, sondern äußern – meist – Kombinationen von Wörtern, typischerweise in Form von Sätzen. Die eigentliche Aufgabe von Sprache kann also nicht darin bestehen, uns einzelne Dinge der Welt abzubilden. Des Rätsels Lösung liegt wohl in der Idee, dass mit Äußerungen – sofern sie vom Hörer über Schlussfolgerungen aus dem Gesagten verstanden werden – Handlungen vollzogen werden. Äußerungen sind also Instrumente des Handelns. Die Sprecher verändern etwas, sie schaffen neue Tatsachen, beeinflussen die Sicht des Hörers auf die Welt oder „arbeiten" an den Absichten und Vorhaben des Hörers. Das können wir als die eigentliche Leistung oder Funktion von Sprache verstehen. Und diese Funktion wird vor allem mit Hilfe der Grammatik erreicht. Die Grammatik ist die für jede Sprache individualisierte Bauanleitung für die Werkzeuge des sprachlichen Handelns. Mit ihrer Hilfe verbinden sich einzelne Wortbedeutungen zu Satzbedeutungen.

In diesem Kapitel versuchen wir dem Rätsel, das sich im Wortschatz, vor allem aber in der Grammatik von Sprachen allgemein und des Deutschen im Besonderen verbirgt, etwas auf die Spur zu kommen. Obwohl sich Grammatiken erheblich unterscheiden, müssen sie Werkzeuge für universal vergleichbare Aufgaben liefern, die Bauteile müssen also funktional analog sein. Wir gehen nach allgemeineren Vorklärungen zum Wesen von Wortschatz und Grammatik in Unterkapitel 2 in insgesamt vier Runden der Frage nach, worin diese funktionalen Bausteine bestehen und wie sie sich jeweils in Wortschatz und Grammatik in erster Linie des Deutschen manifestieren.

2 Wortschatz und Grammatik: Was zeichnet sie aus?

2.1 Wortschatz: der wahre Reichtum einer Sprache?

Wenn wir gefragt werden, was eine Sprache ausmache, denken wir zuerst an den Wortschatz. Die schiere Menge an Wörtern überwältigt denjenigen, der eine fremde Sprache lernen will, ebenso wie denjenigen, der ein Wörterbuch, z. B. das „Deutsche Wörterbuch" von Jacob und Wilhelm Grimm, das „Große Wörterbuch der deutschen Sprache", das „Oxford English Dictionary" (OED) oder den „Grand Robert" zu Rate ziehen will. Der „Grimm", der nur den Stand des deutschen Wortschatzes um 1900 erfasst, soll ca. 350.000 Stichwörter enthalten, das in der letzten Auflage im Duden-Verlag 1999 in zehn Bänden erschienene „Große Wörterbuch" etwa 200.000, das OED ca. 620.000 und der „Grand Robert" 100.000.[1] Das heißt jedoch nicht unbedingt, dass Englisch mehr Wörter hat als Deutsch oder dass Französisch noch weiter zurückbliebe. Was als eigenes Stichwort angesetzt wird, kann zwischen Wörterbüchern erheblich variieren. So ist es gerade im Deutschen offen, welche Zusammensetzungen es verdienen, überhaupt im Wörterbuch eigens erwähnt zu werden: Das „Große Wörterbuch" z. B. nimmt sowohl *Aasgeruch* als auch *Aasgestank* als eigene Stichwörter auf. Dagegen erwähnt das „Wörterbuch der deutschen Gegenwartssprache" (WDG) nur *Aasgestank* und vertraut darauf, dass jedermann, der *Aasgestank* versteht, auch *Aasgeruch* versteht. Welche „durchsichtigen" Komposita dieser Art überhaupt aufzunehmen sind, ist also Interpretationssache. Zudem verfahren diese beiden Wörterbücher bei Komposita ohnehin unterschiedlich. Das WDG versammelt *Aasfliege, aasfressend, Aasfresser, Aasgeier, Aasgestank, Aasjäger, Aaskäfer* und *Aasvogel* unter einem einzigen Stichwort *Aas-, aas-*. Dagegen verzeichnet das „Große Wörterbuch" alle Komposita mit *Aas* als erstem Bestandteil als jeweils eigene Stichwörter.

Außerdem unterscheiden sich auch die „großen" Wörterbücher einer Sprache darin, welche Wortschatzbereiche sie erfassen: Man kann ja die Frage, was zum Allgemeinwortschatz zählt und nicht (ausschließlich) zu den Fachwortschätzen, ganz unterschiedlich beantworten. *Aasjäger* z. B. ist nach Auskunft des WDG in der Jägersprache zuhause, findet aber Eingang in das Wörterbuch, entweder weil es als einem großen Kreis von Sprechern bekannt betrachtet wird, oder aber eher im Gegenteil, weil es semantisch von einer anzunehmenden allgemeinsprachlichen Bedeutung – die man ansetzen könnte als ‚einer, der Aas jagt' – abweicht. Die fachsprachliche Bedeutung wird so bestimmt: ‚Jäger, der gegen die Regeln des Weidwerks verstößt'. Dem „Deutschen Wörterbuch" war dies offensichtlich zu fachsprachlich; es verzichtet auf den Aasjäger.

Zudem müssen wir uns vor Augen halten, dass ein Wörterbuch nur **eine** Form eines Wortes erfasst, das im Deutschen etwa bei einem Verb Dutzende verschiedene Wortformen aufweisen kann. Das Wörterbuch verzeichnet z. B. für *lese, liest, lesen, las, lasest* usw. usw. nur eine einzige Form, den Infinitiv *lesen* als ‚Zitierform'. Der Linguist spricht bei den flektierbaren Wortarten, den Wortarten mit mehreren Wortformen zu je einem Wort, von einem ‚Paradigma'. Und für das Wort unter Zusammenfassung aller Wortformen bzw. unter Absehung von den Formen, hat er den Terminus ‚Lexem' oder auch ‚lexikalische Einheit'. Würde man alles, was – sagen wir seit dem Jahr 2000 – auf Deutsch geschrieben oder gesagt wurde, auf Wörter durchzählen, so käme man auf unvorstellbare Zahlen. Allerdings gibt es wieder verschiedene Arten zu zählen: Zählte man einfach im Geschriebenen jede Zeichenfolge zwischen zwei Leerräumen (‚Spatien') als eine Einheit, zählte man also z. B. jedes der Millionen Vorkommen von *liest* extra, ebenso jedes Vorkommen von *lese* usw. – dann zählte man ‚laufende Wörter' oder auch ‚Textwörter'. Man kann aber auch alle Vorkommen von *liest* oder *lese* nur als je eine Einheit zählen – dann zählte man verschiedene Wortformen – oder gar alle Vorkommen, die zum Lexem *lesen* gehören, zu einer Einheit zusammenfassen. Dann erst zählt man Wörter, wie sie uns auch als Stichwörter im Lexikon begegnen. Das hat natürlich noch keiner gemacht für alles, was seit 2000 geschrieben, geschweige denn gesagt wurde.

Wohl aber weiß man relativ genau Bescheid über den Umfang der ‚Korpora', also der Textsammlungen, die zusammengestellt wurden und werden, um das Deutsche oder auch bestimmte Varietäten des Deutschen zu repräsentieren. Das vom Institut für Deutsche Sprache bereit gestellte Deutsche Referenzkorpus DeReKo – so heißt es auf der Homepage des IDS – „bildet mit 46,9 Milliarden (laufenden, G.Z.) Wörtern (Stand 18.01.2020) die weltweit größte linguistisch motivierte Sammlung elektronischer Korpora mit geschriebenen deutschsprachigen Texten aus der Gegenwart und der neueren Vergangenheit". (Aus DeReKo schöpfe ich in der Regel die Belege, also das authentische Sprachmaterial, das ich in diesem Buch heranziehe.) Angaben zur Anzahl der dort enthaltenen Lexeme werden – aus verständlichen Gründen – aber nicht gemacht. Wohl aber nennt Wolfgang Klein Zahlen für ein „virtuelles" Korpus, das auf der Basis eines echten Korpus von 10 Millionen laufenden Wörtern nach Regeln der Statistik auf 1 Milliarde hochgerechnet wurde. „In einem Textkorpus der deutschen Gegenwartssprache, das eine Milliarde Textwörter lang ist, kommen etwa 5,3 Millionen lexikalische Einheiten – also Wörter, so wie sie im Wörterbuch stehen – vor."[2] Ein solches Inventar kann kein kompetenter Sprecher des Deutschen beherrschen, nicht passiv, aber schon gar nicht aktiv. Er braucht dies auch gar nicht, denn – wie ebenfalls aus dem Artikel von Wolfgang Klein zu entnehmen ist – kommen wir mit den ca. 70.000 bis 75.000 Lexemen des standardsprachlichen Wortschatzes bestens aus. Hinzurechnen wären dann jeweils einige tausend oder zehntausend Wörter, die uns die fachsprachlichen Wortschätze, an denen wir teilhaben, abverlangen.

Das lexikalische Inventar ist somit in der Tat ein Schatz – ein Schatz den wir durch kluge „Anlage" vermehren können, etwa indem für neue Dinge treffende und gut zu handhabende neue Bezeichnungen gebildet werden. So behauptet auch Wolfgang Klein, der Wortschatz sei der eigentliche Reichtum einer Sprache und begründet dies unter anderem mit der enormen Zunahme des Wortschatzes, den das Deutsche im vergangenen Jahrhundert erfahren habe gegenüber nur wenig an Verlust. *Parklücke* oder *Führerschein* sind Beispiele für Neuwörter, die durch klugen Umgang mit dem Vorhandenen gebildet wurden, aber auch *Internetabfrage* oder *verlinken*.[3]

Auch der kindliche Spracherwerb setzt ja mit der Aneignung von einzelnen Wörtern ein. Allerdings zeigt gerade der Gebrauch, den Kleinkinder zunächst von einzelnen Wörtern, dann auch von Verbindungen aus zwei Wörtern machen, dass diese in der Regel nicht als Nomenklatur für die Etikettierung der Dinge der Welt gebraucht werden. Das „Zeigen-und-Benennen-Spiel", wie Michael Tomasello[4] es nennt, findet zwar in Situationen wie dem gemeinsamen Bilderbuchanschauen oder in expliziten Lernsituationen schon mal statt, wo etwa ein Erwachsener dem kleinen Paul mit einer entsprechenden Geste erklären mag: „Schau mal, das ist ein Bär, dein Bär." Paul mag dann ebenfalls auf das Bild oder das Plüschtier deuten und „Bär" wiederholen.[5] Im Normalfall aber benutzt das Kind Wörter als ‚Einwortsätze' oder, besser gesagt, als ‚Einwort-Sprechakte'. Wenn Paul „Bär" sagt, gibt er z. B. seinem Wunsch Ausdruck, seinen Teddybär, der außer Reichweite liegt, zu bekommen. Das heißt, schon mit den Wörtern wie „Bär" oder etwas später Verbindungen wie „Bär weg" oder „Bär haben" wird „gehandelt". Im wahrsten Sinne des Wortes. Denn das Kind handelt in konkreten Situationen mit der Bezugsperson aus, was zu tun ist, die Äußerungen, die sie wechseln, sind die zentralen Instrumente dieses (Aus-)Handelns.

2.2 Grammatik: Sie hält die Sprache im Innersten zusammen

Die Grammatik einer Sprache ist, verglichen mit dem Wortschatz, nicht „reich". Mit vergleichsweise wenigen Mitteln lassen sich ihre Grundtatsachen erfassen. Man kann die Grammatik einer Sprache mit den Spielregeln einer Spielesammlung vergleichen: Die Spielfiguren sind in spezifische Sätze etwa für Mensch-ärgere-dich-nicht, Halma oder Mühle getrennt, ähnlich wie der Wortschatz in wortartspezifische Mengen aufgeteilt ist. Zwischen Wortarten und grammatischen Regeln besteht eine enge Beziehung. Nur Wörter bestimmter Wortarten können gewissen grammatischen Regeln folgen, bestimmte Konstruktionen eingehen, ähnlich wie – z. B. beim Schach – bestimmte Spielfiguren für bestimmte Züge eines Spiels vorgesehen sind. Aber ähnlich wie wir die Mensch-ärgere-dich-nicht-Figuren in den verschiedensten Spielsituationen und sogar auch im Halma einsetzen können, sind die Wortarten in vielen grammatischen Mustern nutzbar. Und so, wie wir kleine Mensch-ärgere-dich-nicht-Männchen von zwei verschiedenen Farben auch für das Mühle-Spiel umfunktionieren können, können wir Wörter ggf. auch in für sie ungewohnte Konstruktionen zwingen.

Aber wir wollen den Vergleich nicht überstrapazieren: Gegenüber dem Wortschatz ist der Figuren-Set einer Spielesammlung lächerlich gering. Jedenfalls gilt: Durch die Spielregeln, durch die der Umgang der Spieler mit den Spielfiguren geordnet wird, wird Spielen möglich. Durch die Grammatik werden die Wörter erst in eine Ordnung und in Funktion, in kommunikativen Schwung gebracht. Es gibt keinen verwertbaren Reichtum im Wortschatz ohne funktionierende Grammatik. Wir werden daher auch in diesem Kapitel zu den Funktionen oder **der** übergreifenden Funktion von Sprache immer beides im Auge haben: den Wortschatz und die Grammatik. In insgesamt vier in sich noch gegliederten Runden wird sich die Blickrichtung mehrfach ändern: Mal fragen wir nach dem Beitrag der Wörter, mal nach dem der Grammatik. In jeder der ersten drei Runden hat sich unser Wissen über die Funktion von Wörtern und grammatischen Strukturen so angereichert, dass in der nächsten Runde einer sich ergebenden komplexeren Fragestellung nachgegangen werden kann. Die erste Runde sucht nach einem angemessenen Verständnis für die Bedeutung von Wörtern und dem Sinn grammatischer Regeln. Die zweite Runde soll klären, wie wir uns über Schlussfolgerungen den Sinn von Äußerungen und die Bedeutung ihrer Bestandteile erschließen. In der dritten Runde steht der Zusammenhang von sprachlichem Handeln und Sprachstruktur im Zentrum. Diese drei ersten Runden führen somit zu einem ganzheitlichen Verständnis der Funktion von Äußerungen. Die letzte Runde schließlich blickt mit diesem Wissen zurück auf die Funktion ihrer Teile.

Doch vor der ersten Runde ist ein kleiner Exkurs zum Lautsystem von Nöten.

2.3 Ein kleiner Exkurs zum Lautsystem

Worin besteht die Grammatik einer Sprache? Traditionell werden drei grammatische Teilbereiche oder Teilsysteme unterschieden: Laut, Wort, Satz. Da die Systeme aufeinander aufbauen, spricht man auch von Ebenen: Die Wörter einer Sprache sind aus den sprachspezifischen Lauten aufgebaut, die Sätze einer Sprache aus den Wortformen der Wörter dieser Sprache.

Die unterste Ebene, das Lautsystem, wird uns hier nicht ausführlich beschäftigen. Zweifellos zeigt aber auch das Lautsystem Eigenschaften, die typisch für das Deutsche sind. Denkt man zunächst einmal an das Inventar bedeutungsdifferenzierender Laute, die so genannten Phoneme, so wird uns z. B. das Nebeneinander von langen und kurzen Vokalen, wie in [ihn] gegenüber [in], [kam] gegenüber [Kamm] einfallen.[6] Die Umsetzung dieser Opposition zwischen lang und kurz in der Schrift – mal wird hier Länge durch ein „Dehnungs-*h*" markiert, mal Kürze durch die Dopplung des Folgekonsonanten – stellt übrigens eine der Schwierigkeiten der deutschen Orthografie dar; auch diese wird uns hier nicht beschäftigen. Außerdem fallen Lernern des Deutschen „Rachen"-Laute wie in [ich] oder [ach] auf oder auch Konsonantenhäufungen wie [spr] bzw. [str] – oder näher an der Aussprache [schpr], [schtr] – am Wortanfang von *Sprache*, *Straße* bzw. [lst] (*holst*), [rst] (*fährst*), [mpfst] (*schimpfst*), am Wortende. Dagegen sind Vokalhäufungen, abgesehen von den so genannten ‚Diphthongen' [ei], [au], [äu] und [eu] (*heiter*, *Haut*, *Häute*, *heute*), selten: Wie die im Einstieg als Kuriosum genannten Beispiele (*zweieiig*, *Donauauen*, *Treueeid*) zeigen, kommen Vokalgruppen in erster Linie in Zusammensetzungen vor, also da, wo zwei einfache Wörter zusammenstoßen.

Eine Besonderheit ist aber vor allem der charakteristische Murmellaut („Schwa"), geschrieben als <e>, der bei der Bildung von Wortformen, z. B. bei Substantiven (*Hund* vs. *Hunde*, *Frau* vs. *Frauen*) oder Verben (*lege* vs. *legen*) eine besondere Rolle spielt, aber auch in Präfixen wie *be-*, *ent-*, *er-*, *ver-* und *zer-* (wie in *belegen*, *entlegen*, *erlegen*, *verlegen*, *zerlegen*) enthalten ist. Solche Schwa-Silben sind nicht betonbar. Der Hauptton von Wörtern, der Wortakzent, liegt bei einfachen, nicht zusammengesetzten Wörtern, auf der letzten betonbaren Silbe, also auf der letzten Silbe, die keine Schwa-Silbe ist. In den flektierten Wortformen liegt der Wortakzent dann auf dem Wortstamm, nicht auf eventuell vorhandenen Prä- oder Suffixen mit Schwa; man vergleiche die folgenden Beispiele, wo die Lage des Wortakzents durch ' vor der akzenttragenden Silbe gekennzeichnet ist: *Sie 'legen die 'Hunde an die 'Leine* vs. *sie ver'legte aus Ver'sehen ihr 'kleines 'Ühr-chen aus 'edelstem Me'tall*. Der Rhythmus im Satz beruht im Deutschen auf der Abfolge zwischen diesen Wortakzente tragenden Silben und unbetonten oder nur schwach betonten Silben. Dabei wird dieser Abstand tendenziell gleich gehalten, so dass unbetonte Silben schon mal reduziert oder verschluckt werden, um im

Rhythmus zu bleiben; das Wort *Versehen* im Beispielsatz wird dann ausgesprochen als [Versehn]. Im Normalfall wird einer der Wortakzente besonders herausgehoben; er stellt den Satzakzent dar, durch den der Informationsschwerpunkt markiert wird. Auch seine Position beruht auf gewissen Regeln. Das Deutsche gilt – ähnlich wie Englisch – als eine wortbetonte Sprache; Italienisch und Französisch dagegen heben rhythmisch nicht so sehr das Wort heraus, als vielmehr ganze „in einem Rutsch" gesprochene Gruppen, so genannte ‚Intonationsphrasen': Es kann dabei lautliche Abstimmungen und Verschmelzungen an den Worträndern geben, wie etwa die bekannte französische ‚Liaison' wie in *mes amis* ‚meine Freunde'. Hier gehen die beiden Wörter eine Verbindung (also eine nicht besonders gefährliche Liaison) ein, indem der *s*-Laut am Ende von *mes* – den man z. B. bei *mes livres* ‚meine Bücher' (vor Konsonant) nicht spricht – stimmhaft artikuliert wird und zum Anfangsvokal des Folgeworts überleitet. Ein weiterer Unterschied ist, dass die Abfolge von betonten und unbetonten Silben eher dem Muster ‚betonte Silbe, gefolgt von unbetonter Silbe' folgt, während für das Französische das Umgekehrte gilt, also ‚unbetonte Silbe vor betonter Silbe'. Die Kenner der klassischen Dichtung werden hier unschwer ein ‚trochäisches' Versmaß für das Deutsche und ein ‚jambisches' für das Französische erkennen – auch wenn wir nur ganz prosaisch 'meine 'Freunde französisch *mes a'mis* gegenüberstellen.

Die lautlichen oder die einem Lautsystem zugeschriebenen Eigenschaften haben sicher Einfluss darauf, wie eine Sprache wirkt, besonders auf die der Sprache nicht Mächtigen. Wenn eine Sprache als melodisch oder unmelodisch, als weich oder hart – oder gar als guttural wegen der oben genannten Rachenlaute –, als schön oder hässlich eingeschätzt wird, so werden diese ästhetischen Urteile stark von der Bewertung des akustischen Eindrucks geprägt, den Hörer von der Sprache haben oder zu haben glauben und der natürlich weniger von messbaren Gegebenheiten als von Hörgewohnheiten oder kulturellen Vorurteilen abhängt.[7] Man muss phonologische Eigenschaften also sehr wohl der „Eigenart" einer Sprache zurechnen. Warum kann ich dennoch guten Gewissens auf eine Würdigung des Lautsystems wie auch der Intonation des Deutschen verzichten? Die lautliche Ebene ist als „Unterbau" von Wörtern nur indirekt mit den Funktionen, den kommunikativen Aufgaben, von Sprache verknüpft.[8] Laute haben keine Bedeutung, sie dienen der Bedeutungsdifferenzierung von Wörtern, oder bedeutungstragenden Einheiten insgesamt, wie oben an der Opposition von Kurz- und Langvokal z. B. bei *kam* und *Kamm* gezeigt. Strukturalisten wie André Martinet haben hier von der doppelten Artikulation im Sprachsystem gesprochen.[9] Die bedeutungstragenden oder ‚signifikativen' Einheiten heißen in der Sprachwissenschaft seit dem Strukturalismus Morpheme; dazu zählen nicht nur Wörter oder Wortstämme wie *leg-* und *Uhr*, sondern auch Präfixe wie *zer-* oder Suffixe wie *-chen* und (schwieriger Fall) das Infinitivsuffix *-en*. Man darf also das Signifikative nicht zu eng sehen – ein Thema, das uns weiter unten ausführlich beschäftigen wird. In manchen Sprachen können Phonem und Morphem vom Umfang her zusammenfallen, weil es Morpheme gibt, die nur aus einem Phonem bestehen wie z. B. französisch *à*. Polnisch hat wie andere slawische Sprachen zahlreiche kleine Wörter, Präpositionen und Konjunktionen, die nur aus einem Phonem bestehen, und zwar von *a* ‚und, aber' über *u* ‚an, bei', *w* ‚in' bis *z* ‚von' (bei Genitiv) / ‚mit' (bei Instrumental). Zudem werden wir in Kapitel 5 auch darauf eingehen, dass die Satzmelodie oder Intonation als „Überbau" von Äußerungen bei der kommunikativen Funktion von Äußerungen schon eine Rolle spielt, wenn sie allein uns z. B. den Unterschied zwischen einer Frage von einer Aussage erkennen lässt.

Die zweifache Gliederung der Sprache kann man in etwa mit dem atomaren Aufbau von Molekülen vergleichen, wie wir es aus der Chemie kennen. Moleküle, z. B. H_2O-Moleküle, sind die kleinsten Bestandteile eines Stoffs, die über die spezifischen chemischen Eigenschaften dieses Stoffs, hier von Wasser, verfügen. Ihre atomaren Bestandteile, die Wasserstoff- und Sauerstoffatome, treten vielfach in anderen molekularen Verbindungen auf, in denen sie zu Stoffen mit anderen chemischen Eigenschaften beitragen. Phoneme ihrerseits konstituieren in wechselnden Kombinationen Morpheme; erst diese sind die eigentlichen „Stoffe", aus denen wir bedeutungsvolle Äußerungen bauen: Wollen wir z. B. eine Äußerung in einem bestimmten informationsrelevanten Detailaspekt ändern, so tauschen wir mindestens ein Morphem aus, nicht einen Laut. „Nein", könnte der Sprecher sich korrigieren, „sie hat ihr Ührchen nicht verlegt, sondern zerlegt."

In diesem Buch geht es, so könnten wir nun verkürzt sagen, um die signifikativen Aspekte von Sprache, diejenigen, die vermittelt über die Wahl aus dem Repertoire an sprachlichen Möglichkeiten direkt mit den Intentionen der Sprecher verbunden sind, das heißt also, wenn wir an die traditionellen grammatischen Ebenen denken, um die Wort- und die Satzlehre. So, wie nicht jede Eigenart zum Charakter eines Menschen gehört, charakterisieren in meinem Sinne ihre lautlichen Eigenarten nicht die deutsche Sprache; sie gehen daher nicht in das Porträt ein.

3 Erste Runde: Sinn und Bedeutung von Wort und Satz

3.1 Zeichen und Wörter

Die Strukturalisten wie der erwähnte André Martinet oder allen voran Ferdinand de Saussure betrachteten die Sprache als ein Zeichensystem. Dabei hatten sie, wie bereits angedeutet, vor allem die signifikativen, die bedeutungstragenden Einheiten, die Morpheme oder die als Morphemverbindungen betrachteten Wörter im Auge. Sprachliche Zeichen verkörpern nur einen Zeichentyp, das Symbol. In der Semiotik, der Zeichenlehre, werden seit Charles Sanders Peirce, einem ihrer Begründer, drei grundlegende Zeichentypen unterschieden – jeder Linguistikstudent wird in seinen Grundkursen mit diesen Typen vertraut gemacht: Symptom, Ikon, und Symbol. Was Zeichenhaftigkeit ausmacht, ist schwer fassbar. Notwendiges Merkmal ist jedenfalls, dass Zeichen stets über sich hinausweisen: Ein sinnlich wahrnehmbares Phänomen muss interpretativ mit etwas anderem in Beziehung gebracht werden. „Zeichen sind [...] Hilfsmittel, um von unmittelbar Wahrnehmbarem auf nicht unmittelbar Wahrnehmbares zu schließen", heißt es bei Rudi Keller.[10] Die Welt, der Alltag ist voll von Zeichen aller Arten. Allerdings nur für den, der sie zu erkennen und zu interpretieren weiß und der einen Anlass oder eine Motivation hat, sie zu lesen.

Symptome sind uns in erster Linie bekannt als die erkennbaren Anzeichen einer Krankheit: Masern machen sich durch bestimmte Hautveränderungen sichtbar, Scharlach durch andere. Aber wir interpretieren z. B. auch Rauch als Symptom bzw. Indiz für Feuer. Die Redensart „Wo Rauch ist, ist auch Feuer" zeigt die Art der Beziehung an: Von Rauch schließen wir zurück auf Feuer, und in der Alltagswelt haben wir da mit großer Wahrscheinlichkeit recht. Wo wir so zurückschließen, liegt eine Kausalbeziehung vor. Rudi Keller sieht in der Kausalbeziehung das Wesen von Symptomen. Wichtig ist jedoch, wie er vermerkt, dass Symptome anders als Ikone und Symbole nicht gemacht werden, um sie zu interpretieren, in diesem Fall also, um über Rückschlüsse zu Ursachen und ggf. zu Verursachern zu gelangen. Symptome mögen die natürliche Folge von etwas sein oder durch menschliches Handeln verursacht (wie die Fußspuren im Sand, oder die Fingerabdrücke auf dem am Tatort gefundenen Weinglas), sie entstehen jedoch nicht intentional. Keller erkennt sie daher auch nicht als vollgültige Zeichen an. Sie sind, in Abschwächung der oben genannten Definition allenfalls „Hilfsmittel, von denen man auf etwas nicht unmittelbar Wahrnehmbares schließen **kann**".[11]

Die stilisierten Männlein und Weiblein auf Toilettentüren, das durchgestrichene Schwein zur Kennzeichnung muslimgerechter Speisen, die Piktogramme für die olympischen Spiele nennt Rudi Keller u. a. als Beispiele für Ikone.[12] Bekanntlich haben auch einige Schriftsysteme einen ikono- oder piktografischen Ursprung wie etwa die sumerische Keilschrift oder die Hieroglyphen, andere haben zumindest piktografische Anteile wie die chinesische Schrift. Ikone, so die landläufige Meinung, haben als Bilder Ähnlichkeit mit dem Abzubildenden, dem, wofür sie Bild sind. Allerdings besteht diese Ähnlichkeit in der Regel nur im Auge des Betrachters, und nur dann, wenn er ohnehin schon den Kontext versteht, in dem das Ikon zu interpretieren ist. Wenn ich nicht weiß, dass Toiletten sich hinter Türen befinden und dass geschlechtergetrennte Toiletten im öffentlichen Raum „bei uns" die Regel sind, werden mir die stilisierten Abbilder von Frau und Mann unter Umständen sagen, dass dieser Eingang oder der Raum dahinter nur jeweils für Männer oder Frauen zugelassen ist oder etwas anderes oder auch gar nichts. Ein grundsätzliches Problem gerade von Piktogrammen im Alltag besteht darin, dass sie in der Regel Anweisungen oder Verhaltensregulierungen oder zumindest Informationen über Sachverhalte („Hier wird ohne Schweinefleisch gekocht") sind, während das Zeichen selbst nur Gegenstände (im weiteren Sinne) zeigt. Reine Piktogramme, die ohne Farbsymbolik (blau für zugelassen/geboten, rot für verboten bei Verkehrszeichen in Deutschland) oder Schriftzusätze auskommen, sind daher eher selten. Die Abwesenheit von etwas (z. B. von Schwein im Essen) oder Negation allgemein kann gar nicht ikonisch abgebildet werden. Das Durchstreichen, also ‚mit einem Strich ungültig machen', gehört in die Schriftkultur, ist somit ein symbolischer Akt. Rudi Keller betrachtet die Ähnlichkeitsbeziehung nicht als konstitutiv für Ikone, sondern spricht von einer assoziativen Beziehung zwischen dem ikonischen Zeichen und dem, wofür es steht. Assoziativität ist allerdings noch unbestimmter als Ähnlichkeit; an anderer Stelle versucht Keller das schwer Fassbare mithilfe der Transparenz der ikonischen Mittel einzukreisen.[13]

Symbole kann man zunächst ex negativo in Abgrenzung von Symptomen und Ikonen bestimmen: Symbole sind nicht kausal verursacht, und sie stehen nicht, jedenfalls normalerweise nicht, in einer assoziativen Beziehung zu ihrer Interpretation. Symbole beruhen auf Konvention. Konvention ist hier nicht als explizite Vereinbarung zu verstehen, sondern als die Einrichtung von Gewohnheiten oder Regeln durch die Praxis selbst. Konventionen zu folgen heißt für die Mitglieder einer Gruppe, im Anschluss an David Lewis: Wenn du in einer bestimmten Situation ein bestimmtes Ziel erreichen willst, so wähle unter den möglichen geeigneten Handlungsweisen diejenige, von der du weißt, dass die anderen Mitglieder der Gruppe in dieser Situation sie wählen würden, wenn sie eben jenes Ziel erreichen wollen.[14] Ich kenne z. B. Familien, in denen die weihnachtlichen Zusammenkünfte so ablaufen, dass die jüngere Generation, Paare oder junge Familien, am ersten Feiertag die Eltern der Ehefrau besuchen, am zweiten die Eltern des Mannes. Dies wurde nie explizit vereinbart, hat sich aber so eingespielt, und jeder geht davon aus, dass Schwester und Schwager, Nichte und Neffe, sich auch an diese Konvention halten. Denn die Konvention ist – bis auf weiteres – zum Vorteil aller: Jeder weiß, mit wem er wann zu rechnen hat. Auch die Gesten der Zustimmung und der Ablehnung – in unserem Kulturkreis jeweils Nicken und Kopfschütteln – beruhen auf Konventionen; sie sind Symbole. Ebenso sind die Wörter *Bär* oder *Baum* Symbole. Wir gebrauchen sie in der Weise, wie wir annehmen, dass auch andere Sprecher des Deutschen sie gebrauchen, zumindest dann, wenn wir erfolgreich – und zwar über Bären oder Bäume – kommunizieren wollen und auch dazu imstande sind. Den konventionellen Gebrauch, die Regel des Gebrauchs, haben wir in der Kindheit erlernt. Nicht in einem einmaligen Akt der Belehrung, sondern in zahlreichen Interaktionen, bei denen, wie oben angedeutet, geteilte Aufmerksamkeit und wechselseitig erkannte Intentionen den Weg zur Regel des Gebrauchs öffnen. Bei anderer Sozialisation hätten wir vielleicht als Kleinkinder die Wörter *bear* und *tree* erworben und würden sie nach ziemlich ähnlichen Gebrauchsregeln verwenden. Dass die Wörter verschiedener Sprachen ähnliche Gebrauchsregeln, ähnliche Bedeutungen haben können, ist ein Indiz ihrer Konventionalität. Saussure spricht hier von der grundsätzlichen Arbitrarität, also Willkürlichkeit des sprachlichen Zeichens. Sie gilt allerdings nur für die Grundbestandteile, die einfachen Wörter und Morpheme, nicht z. B. für Komposita: Wir können uns ausrechnen, was ein *Stoffbär* ist, wenn wir die Wörter *Stoff* und *Bär* kennen, ähnliches gilt für *Apfelbaum*.

Noch ein Wort zu angeblichen ikonischen Elementen unter den Sprachzeichen. Zunächst grundsätzlich: Wörter können Dingen noch weniger ähneln als Bilder. Konkrete Gegenstände nehmen wir mit allen Sinnen wahr: ihre Form- und Farbeigenschaft, ihre Größe visuell, ihre Konsistenz (ggf. auch ihre Form und Größe) mittels des Tastsinns, die Geräusche, die sie vielleicht produzieren, ihren Geruch und ihren Geschmack über Hören, Riechen, Schmecken. Die visuelle Wahrnehmung von Gegenständen reproduzieren wir mittels künstlerischer oder technischer Artefakte in Bildern. Wir sind von Natur aus gewohnt oder sind dazu sozialisiert worden, das Sehen als eine Art Leitsinn für das Gegenständliche zu betrachten. Die Fotografie eines Baums kann für einen oder „den" Baum stehen und natürlich für anderes mehr, was wir mit Baum assoziieren, und damit erreicht das Bild ikonische Qualität. Wie sollten aber die nur über den Hörsinn wahrnehmbaren Sprachlaute diese „multimodal" perzipierte Gegenständlichkeit nachahmen?

In einem minimalen Ausschnitt können sprachliche Lautverbindungen akustische Ereignisse simulieren, wie sie natürlich oder künstlich von Gegenständen hervorgebracht werden. Man spricht hier von Onomatopoetica – zu Deutsch Lautmalerei – oder auch von Ideophonen. Mit *tick-tack* mögen wir das Ticken der Uhr assoziieren, mit *kikeriki* das Krähen des Hahns. Die Verben *muhen, miauen, quaken* bilden bei genügend Fantasie und entsprechender Höranleitung die Lautäußerungen von Kuh, Katze und Frosch nach. Auch Quasi-Abbildungen von Lautlichem in den Bezeichnungen für Tiere sind wie bei *Kuckuck, Uhu* (angeblich auch bei *Rabe*) möglich; dabei handelt es sich um ein metonymisches, ein bedeutungsverschiebendes Verfahren: Ein Zeichen, ein Ikon wie hier oder auch ein Symbol, bezeichnet eigentlich einen Teil oder Aspekt eines Gegenstands oder irgendetwas, was zu ihm gehört, von ihm produziert oder verursacht wird usw., es wird aber (auch) zur

Bezeichnung des betreffenden Gegenstands gebraucht. *Kuckuck* zielt ab auf den „Gesang" des Vogels und wird umgemünzt zu dessen Namen. Aber auch bei Onomatopoetica prägt jede einzelne Sprache mit ihrem spezifischen Lautsystem dem Quasi-Abbild ihren Stempel auf: Ein berühmtes Beispiel sind die lautmalerischen Bezeichnungen für das Krähen des Hahns: von deutsch *kikeriki* über englisch *cock-a-doodle-do*, französisch *cocorico* bis russisch кукареку́ (*kukarekú*). Der einprägsame zweisilbige Gesang, den wir als *zilpzalp*, die Briten aber als *chiffchaff* hören, stand Pate bei dem entsprechenden Vogelnamen. Man denke auch an die Konventionalität der Ausrufe bei plötzlichen Schmerzempfindungen. Quine[15] sagt z. B. über englisch *ouch*: „'Ouch' is not independent of social training. One has only to prick a foreigner to appreciate that it is an English word." Zwickt der Englischsprachige z. B. einen Deutschen, so hört es anstelle von „ouch" wahrscheinlich „au" oder „autsch". Noch stärker auf der symbolischen Seite befinden wir uns, wenn nur der Klangeindruck bestimmter Lautfolgen in Wörtern lautmalerisch eingesetzt wird: z. B. [kl] in *klirren*, [kn] in *knurren* usw. Oder wenn gar von einer Sinnesmodalität Analogien zu einer anderen hergestellt werden, also im Wortsinn Laute malen, Visuelles oder Erfühlbares repräsentieren sollen: Wenn das Imposante, Schwere und Kompakte durch dunkle Vokale, das Zarte, Helle oder Heitere durch helle Vokale, das Harte durch Verschlusslaute (wie [p], [t] oder [k]) repräsentiert wird, wie es in der lautmalenden Poesie geschehen mag, nicht aber systematisch im Vokabular einer Sprache. Mit dieser, zuweilen in der Lyrik angewandten Technik wird an die manchen Menschen gegebene Fähigkeit zur Synästhesie, zur simultanen Wahrnehmung von Reizen einer bestimmten Sinnesmodalität durch eine weitere Modalität angeknüpft.

Sprachliche Zeichen haben also eine Bedeutung, über die wir bisher nur wissen, dass sie mit der Regel des Gebrauchs des Zeichens zusammenhängt. Heißt das, dass die Bedeutung eben jene Regel des Gebrauchs ist? Oder dass sie aus ihr abgeleitet werden kann? Das klingt sehr abstrakt. Die Anhänger der Gebrauchstheorie der Bedeutung, zu denen Keller zählt, berufen sich in erster Linie auf den späten Wittgenstein. Seine oft aphoristisch knappen Aussagen zu Bedeutung sind scharfsinnig und bestechend, allerdings auch kryptisch und interpretationsoffen. Generationen von Anhängern haben sie mit dürreren Worten nacherzählt oder, etwa im Fall von Rudi Keller, in ein griffiges Narrativ verwandelt. Vor einer substanziellen Theorie der Zeichenbedeutung, bei der systematisch die Gebrauchsregeln aller möglichen Typen von sprachlichen Zeichen und vor allem deren Zusammenspiel erfasst würden, schrecken Wittgensteinianer zurück. Eher belassen sie es bei der Kritik vorliegender Bedeutungstheorien, bei exemplarischen Untersuchungen mithilfe von Analogien, etwa aus dem Gebrauch von Werkzeugen und Materialien aus einem Werkzeugkasten. Der Umgang von Handwerkern mit diesen Gegenständen, der eingespielten Regeln folgt, oder auch der Einsatz von Figuren in den Spielzügen eines Schachspiels können als hilfreiches Gleichnis für den Gebrauch von Wörtern und Grammatik dienen.[16] Aber mehr ist es nicht.

„Die Sprache ist ein Instrument. Ihre Begriffe sind Instrumente", so formuliert es Wittgenstein.[17] Keller bezeichnet daher die von ihm vertretene, an Wittgenstein anschließende Zeichentheorie als instrumentalistisch: Zeichen sind Werkzeuge, Hilfsmittel, um kommunikative Ziele zu erreichen. Er stellt diese Tradition des Nachdenkens über Zeichen, die er auf Platon zurückführt, repräsentationistischen Zeichentheorien gegenüber, deren Ursprung er bei Aristoteles annimmt. Solche Theorien scheinen gegenüber instrumentalistischen, bei denen mit Hilfsmitteln, Intentionen und Schlussfolgerungen gearbeitet wird, den Vorteil der Umstandslosigkeit zu haben: Wenn, so das Räsonnement, Zeichen über sich hinausweisen, dann ist ihre Bedeutung dieses andere. Zeichen sind Zeichen, weil sie für etwas von ihnen Verschiedenes stehen. Dabei ist die trivialste Auslegung dieses Stehens-Für, die Austauschbarkeit mit einem Gegenstand der physischen Welt, von alters her schon als absurd erkannt worden. Jonathan Swift karikiert sie im fünften Kapitel von „Gullivers Reisen". Um die Lungen der Menschen zu schonen, die durch das Sprechen zu sehr beansprucht würden, wird dort folgender Vorschlag gemacht: „da Wörter nur Bezeichnungen für Dinge sind, sei es zweckdienlicher, wenn alle Menschen die Dinge bei sich führten, die zur Beschreibung der besonderen Angelegenheit, über die sie sich unterhalten wollen, notwendig seien." Will man sich also z. B. über den Verkauf von Bäumen unterhalten, müsste man (mindestens) einen Baum mit sich herumschleppen. Welchen Baum? Den Baum, der verkauft werden soll? Aber wenn ich noch einen anderen Baum verkaufen will, muss ich den dann auch mitschleppen? Dies sind nur Beispiele für die Fragen, die sich aus dem Topos „Wörter sind Bezeichnungen für Dinge" ergeben.

Man könnte glauben, man entkäme dem Problem, wenn man annähme, die Bedeutung eines Wortes wie *Baum* sei die Menge aller Bäume, derjenigen, die heute noch in allen Gärten und Wäldern stehen, der längst abgestorbenen und der künftigen. Wie kommt es dann, dass ich mich auf den einen Baum vor mir beziehe, wenn ich sage: „Nein, diesen Baum verkaufe ich nicht!" Und wie kann überhaupt eine Lautfolge aus meinem Mund oder ein Wort meines Wortschatzes ein Ding (oder eine Menge von Dingen) da draußen bedeuten? Ist es Magie?

So liegt es nahe, die Bedeutung von sprachlichen Zeichen nicht mit den Dingen, „für die sie stehen", zu identifizieren, sondern mit der Vorstellung, die wir von diesen Dingen haben oder – um mit Wittgenstein zu sprechen – mit dem „Bild des Dings", das uns „vor die Seele tritt".[18]

Vorstellungen sind nicht materiell, aber, so denken wir, in unserem Kopf verfügbar, und die Unterscheidung zwischen dem einzelnen Ding und der Menge aller Dinge, die unter die gleiche Bezeichnung fallen, verflüchtigt sich sozusagen mangels Masse. Aristoteles spricht in der Schrift „Peri Hermeneias" oder „Lehre vom Satz" von den seelischen Vorstellungen, die Abbilder der Dinge und bei allen Menschen dieselben seien. Laute bzw. Lautverbindungen ihrerseits seien Zeichen für eben diese Vorstellungen, und die Schrift wiederum sei ein Zeichen für das Lautliche. Die lautliche Repräsentation ein und derselben Vorstellung kann verschieden sein, da Menschen unterschiedliche Sprachen sprechen; ebenso auch die Schriften, die Menschen nutzen. Am Beispiel ‚Baum': Das Ding Baum erzeugt bei allen Menschen ein und dieselbe Vorstellung, ein Abbild seiner selbst. Mit der Lautfolge [Baum], aber auch mit [tree] oder [arbre] bezeichnen wir diese Vorstellung. Die seelischen Abbilder sind somit Ikone der Dinge, während die sprachlichen Einheiten konventionelle Zeichen sind. Noch im 20. Jahrhundert ist dies in Form des so genannten ‚semiotischen Dreiecks' ein gängiges Modell.[19] In diesem führt ein z. B. als ‚bedeutet' oder ‚erweckt' interpretierter Schenkel vom Sprachzeichen zur Vorstellung (oder zu einer anderen mentalen Wesenheit) an der Dreiecksspitze; der andere von dort unter dem Etikett ‚bezeichnet', ‚bildet ab' oder ‚verweist' zu dem Ding. Auch wenn abgerückt wurde von einer allzu wörtlichen Interpretation dessen, was Aristoteles mit *pathemata*, Vorstellungen, gemeint haben mag – doch wohl kaum Miniaturbilder in unseren Köpfen – bleiben zahlreiche offene Fragen: Wie können Abbilder (welcher Modalität auch immer) von Nicht-Wahrnehmbarem zustande kommen, welche „Vorstellung" verbirgt sich z. B. hinter *Geist, Liebe, Freiheit* oder *Natur*? Wie steht es mit Wörtern, die auch mit größter Anstrengung nicht auf Gegenständliches beziehbar sind wie *leider, vielleicht, schon, als, und*?

In neueren Fassungen des semiotischen Dreiecks finden wir anstelle von ‚Vorstellung' in der Regel ‚Begriff', wobei diese Korrektur zumindest an dem letztgenannten Problem nichts ändert. Immerhin ist Begriff uns aus Philosophie und Wissenschaft vertraut: Begriffe werden dort definiert und zu Begriffssystemen geordnet. Man denke etwa an die kantsche Bestimmung und Abgrenzung von ‚Vernunft' und ‚Verstand'. Sind unsere Alltagsbegriffe, die von den Wörtern, die wir gebrauchen, bezeichnet werden, in ähnlicher Weise Bausteine des Denkens? Vielleicht nicht so wohl definiert wie in Philosophie und Wissenschaft, aber doch ein brauchbares Rohmaterial unseres Verstandes, das vorgängig zur Sprache und zu den Sprachen ist? Dabei steht wohl außer Frage, dass es sprachunabhängige Begriffe gibt, wenn wir unter einem Begriff ein Etikett für die Bildung von Kategorien verstehen, mit deren Hilfe Lebewesen Gegebenes klassifizieren. Kategorisierung heißt dabei mindestens, in wechselnden Erscheinungsformen Konstantes ausmachen. Phänomene mit einer oder mehreren solcher gemeinsamen Eigenschaft(en) werden als zusammengehörig wahrgenommen, zu einer Klasse zusammengefasst, die sich von anderen Klassen unterscheidet. Wenn wir statt von Klassen von Kategorien sprechen, heben wir auf den gemeinsamen

Nenner, die klassenspezifischen Merkmale ab. Die Fähigkeit, mit kategorialen Unterschieden umzugehen, ist nach neueren Untersuchungen bei Lebensformen schon auf sehr einfachen Stufen vorhanden, wenn etwa auf Gefährliches oder Nicht-Essbares anders reagiert wird als auf Ungefährliches oder Essbares. Wir werden aber erst dann von Begriffen sprechen, wenn solche Kategorisierungsleistungen erlernt und erinnert und handlungs- oder entscheidungsrelevant werden und nicht nur auf Reiz-Reaktions-Schemata beruhen.

Oder ist für Begriffe eine Symbolisierungsleistung notwendig? Das wiederum hat die Existenz eines zentralen Nervensystems, eines Gehirns als Mindestvoraussetzung und dürfte somit bei pflanzlichen Lebewesen nicht gegeben sein.[20] Symbolisierung muss ja nicht in Form einer für Menschen charakteristischen Lautsprache erfolgen. Bekanntlich haben die Schimpansin Washoe, das Gorillamädchen Koko und das Bonobomännchen Kanzi in einer Reihe von spektakulären Experimenten in den 1960er und 1970er Jahren erstaunliche Fähigkeiten darin gezeigt, Objekte, Handlungen und Gefühle zu kategorisieren und diese Kategorien auch mittels der American Sign Language (ASL) symbolisch zu vermitteln; sie waren also durchaus in der Lage, mithilfe visueller Zeichen zu kategorisieren und zu kommunizieren. Dabei haben sie sogar Symbole kreativ kombiniert; so wurde für Radieschen die Zeichenfolge „cry-hurt-food" gebildet, für Ring die Folge „finger-bracelet", wenn auch von einer syntaktischen Kombination nicht die Rede sein kann. Das Erlernte umfasste im Fall von Koko 1000, im Fall von Washoe ca. 350 verschiedene Symbole. Washoe benutzte die Symbole auch zur Kommunikation mit anderen Artgenossen und „unterrichtete" ihr Adoptivkind im Symbolgebrauch. Vor allem die Fähigkeit, Symbole kreativ miteinander zu verknüpfen, dürfte eine mit unserem Vermögen zur Begriffsbildung verwandte Fähigkeit voraussetzen: Diese besteht z. B. bei *cry-hurt-food* darin, dass der Wortschöpfer oder die Wortschöpferin den Zusammenhang zwischen dem Verzehr des Nahrungsmittels, der Schmerz-Empfindung und dem davon ausgelösten Schreien oder Weinen versteht. Er oder sie bildet also Begriffe über Schlussfolgerungen – eben diese Fähigkeit ist, wie wir unten genauer zeigen werden, auch der Schlüssel zum menschlichen Sprachgebrauch.

Auch wenn wir die Existenz nonverbaler Begriffe bei intelligenten Wesen anerkennen, ist damit nicht gesagt, dass die Wörter unserer Sprachen vorsprachlich gegebene Begriffe versprachlichen. Dagegen spricht die bekannte Tatsache, dass die Bedeutungen von Wörtern in verschiedenen Sprachen sich mehr oder weniger erheblich unterscheiden können, obwohl wir „eigentlich" ähnliche Vorstellungen von den Dingen haben müssten, die wir mit ihnen meinen könnten. Das betrifft Bezeichnungen für Gegenstände der Natur: Im Aromunischen, einer auf dem südlichen Balkan gesprochenen, mit dem Rumänischen eng verwandten Sprache, gibt es beispielsweise kein Wort für Vogel, sondern nur das spezifischere Wort *pul'* ‚kleiner Vogel'. Bezeichnungen für Artefakte weisen auch in nah verwandten Sprachen semantische Unterschiede auf. So untersuchte der Strukturalist Bernard Pottier das französische Vokabular für Sitzgelegenheiten mit den Wörtern *chaise, fauteuil, tabouret, canapé* und *pouf*.[21] Im Deutschen scheinen wir mit *Stuhl, Sessel, Hocker, Sofa* und (vielleicht) *Sitzkissen* dieselben Begriffe zu versprachlichen. Aber schon die Tatsache, dass neben *Sessel* auch *Fauteuil* in deutschen Texten vorkommt, und zwar mit durchaus anderen Vorkommenspartnern oder sogar in Koordination (*Sessel und Fauteuils*), zeigt, dass die beiden nicht völlig gleichbedeutend sind. *Fauteuil*, auch wiedergegeben mit *Lehnsessel, Lehnstuhl*, bezeichnet im Deutschen gepolsterte Sitzmöbel mit einer hohen geraden Rückenlehne, die typischerweise in ein elegantes oder zeremoniöses Ambiente, z. B. aus dem 17. oder 18. Jahrhundert gehören oder aber in die altmodischen Interieurs des Großbürgertums. Das zeigt sich in Vorkommenspartnern wie *Salon, Dame, thronen* und *versinken*. Im Strukturalismus wurde so, mit einer gewissen Berechtigung, die Sprachgebundenheit der Bedeutung sprachlicher Zeichen hervorgehoben. Saussure spricht von der unauflöslichen Beziehung zwischen Zeichenausdruck (*signifiant*, Signifikant) und Zeicheninhalt (*signifié*, Signifikat). Er verdeutlichte deren Beziehung durch das Bild von Vorder- und Rückseite eines Blattes, die nicht auseinanderdividiert werden können. Diesem Konzept der Innersprachlichkeit des Zeichens und vor allem der Zeichenbedeutung schließt sich auch Keller an.

Andererseits jedoch machen wir es uns zu einfach, wenn wir uns nur an die z. B. in Substantiven manifestierten Bedeutungen halten und dann argumentieren, dass begriffliche Bedeutung grundsätzlich sprachspezifisch sei. In der Bedeutung von Substantiven kommt oft ein ganzes Bündel von Bestimmungen, auch ganz heterogener Art, zusammen. Diese Bestimmungen können sich, wenn es um Bezeichnungen für Konkretes handelt, auf unterschiedliche Aspekte beziehen: Form, Farbe, Größe, Material, Ausstattung und, vor allem bei Artefakten, Aspekte der Verwendung und Funktion. Bei den Wörtern für Sitzgelegenheiten ist die Funktion ‚zum Sitzen bestimmt' entscheidend und gilt natürlich für alle Wörter dieses Wortfelds, während gewisse Aspekte der Konstruktion und Ausstattung, z. B. mit oder ohne Rückenlehne, mit oder ohne Armstütze den Unterschied ausmachen. Material und Farbe tragen nichts Unterscheidendes bei – obwohl Stühle und Sessel natürlich auch solche Eigenschaften haben. Kategorisierungsaspekte sind also selektiv gegenüber der Wirklichkeit. Die Bündelung dieser Kategorisierungsaspekte in Bedeutungen von Substantiven ist sprachspezifisch. Die Aspekte selbst können aber übereinzelsprachlich benannt und z. B. in Form von Adjektiven (‚bequem', ‚weich'), Partizipien (‚gepolstert') oder mithilfe anderer Konstruktionen (‚mit Armstütze', ‚zum Sitzen an einem Ess- oder Arbeitstisch', ‚für mehrere Personen') versprachlicht werden. Auch diese Bestimmungen werden kategorisierend verwendet und sind oder verkörpern begriffliche Einheiten.

Der Leser mag einwenden, dass auch Adjektive oder Partizipien usw. sprachspezifische Bedeutungen haben und wir so in einen Regress geraten, der uns immer wieder auf begriffliche Komponenten führt, die als solche an die Bedeutungen von Wörtern einzelner Sprachen gebunden sind. Richtig. Und dennoch können wir uns verständigen über europäische Sitzgelegenheiten, auch mit Menschen, die Wörter wie *Stuhl* oder *Sessel* nicht kennen und die mit den Sitzgebräuchen bei uns wenig oder nicht vertraut sind. Wir können z. B. – sagen wir in einem Möbelgeschäft – wiederholt auf die weiche, z. B. durch eine Schaumstofffüllung abgefederte Sitzfläche eines Sessels deuten und dabei *Polster* (oder *gepolstert*) äußern. Dann könnten wir mit einer umfassenden Gebärde dem ganzen Gegenstand die Bezeichnung *Sessel* zuordnen – am besten, indem wir als Begleitmaßnahme durch entsprechende Kopf- und Handbewegungen auf die Sitzgruppe insgesamt hindeuten. Wenn praktischerweise ein Holzstuhl zur Hand ist, an dem wir die gegenteiligen Eigenschaften (‚ungepolstert' und ‚zum Sitzen an einem Ess- oder Arbeitstisch') demonstrieren können, ist es uns vielleicht schon gelungen, zwei der charakteristischen Merkmale, die Sessel von Stühlen unterscheiden, zu verdeutlichen. Wenn wir so in konkreten Situationen Wahrgenommenes und gestisch Hervorgehobenes mit sprachlichen Zeichen schlussfolgernd zusammenbringen, können wir uns – sicher auch mit dem Risiko des Irrtums – der Bedeutung von gewissen Wörtern annähern, nämlich von Wörtern wie *Sessel* und *Stuhl*, deren Bedeutung zumindest teilweise aus Wahrgenommenem geschlussfolgert werden kann. Wir kommen auf solche Verfahrensweisen der Erklärung von Wortbedeutungen in der letzten Runde wieder zurück.

Fassen wir zusammen: Wortbedeutungen sind in der Tat einzelsprachlich, sie repräsentieren keine mentalen Einheiten, die vorsprachlich und quasi vorgefertigt abgerufen oder abgebildet werden. Wie und wonach wir klassifizieren und kategorisieren, darin gibt es jedoch sprachübergreifend Übereinstimmungen. Dies scheint durch die Übersetzbarkeit von Sprachen – wie auch durch andere nicht-sprachliche Befunde – gestützt zu werden. Wortbedeutungen selektieren jeweils, bündeln und gewichten mögliche Kategorisierungsweisen.

Mit den Wortbedeutungen, die wir im Sprachgebrauch erlernen, üben wir uns wohl einerseits ein in die Grundverfahren des Kategorisierens („Aha, was sich bewegt, kann man Tier nennen"), wie in die Besonderheiten beim Gebrauch deutscher oder französischer Wörter („Aha, Dinge, in denen man bequem sitzt, nennt man Sessel"). Begriffsbildung und Bedeutungserlernen gehen so Hand in Hand. Wie dies im Einzelnen verläuft, ist ungeklärt. Wir müssen jedenfalls nicht annehmen, dass wir fertige mentale Einheiten im Kleid von Wörtern zwischen uns hin und herschieben: Bedeutungen und auch Begriffe sind keine mentalen Gegenstände. Als solche wären sie von Person zu Person verschieden, und wir könnten nie wissen, ob sie, wenn nicht identisch, so doch hinreichend ähnlich sind. Wir würden ja wiederum – etwa, wenn einer mit uns über einen Stuhl spricht – nur unsere eigenen Repräsentationen der mentalen Gegenstände anderer kennen. Wenn wir Bedeutungen als Instrumente, z. B. des Klassifizierens und Ordnens, verstehen, reduziert sich dieses Mysterium zu der Frage, ob wir in vergleichbarer Weise sprachlich kategorisieren, wenn wir dieselben Zeichen gebrauchen. Dies kann geprüft werden, zumindest im Prinzip.

Abschließend ist noch zu beachten, dass unsere Alltagsbegriffe keine klaren Grenzen haben. Sie passen oft nicht in das Aristotelische Schema von Genus proximum und Differentia specifica. Selbst bei einem einfachen Fall wie *Stuhl* versus *Sessel* unterscheidet die Eigenschaft ‚mit Armstütze' nicht notwendig *Sessel* von *Stuhl*: Es gibt Sessel ohne Armstütze und Stühle mit Armstützen. Meine Gartenstühle haben Armstützen – ich käme kaum auf die Idee, sie Sessel zu nennen. Dazu sind sie zu unbequem. Andererseits werden im Internet die verschiedensten Modelle von Sesseln ohne Armstützen angeboten. Ihre „Sesselhaftigkeit" besteht offensichtlich darin, dass sie dick gepolstert sind und niedrigere Beine haben als ein „normaler" Stuhl und eben deshalb kaum zum Sitzen an einem Ess- oder Arbeitstisch geeignet sind. Es klang bereits an: Linguisten wie Pottier, aber auch der Normalverbraucher, haben, wenn sie versuchen, Wortbedeutungen zu zerlegen, das „normale" oder – „gelehrter" gesagt – das „prototypische" Ding, den prototypischen Stuhl und den prototypischen Sessel vor Augen. Wenn es aber um den tatsächlichen Gebrauch, *Stuhl* und *Sessel* online, geht, dann kommen gegebenenfalls andere Gesichtspunkte ins Spiel, die auch prototypische Merkmale überschreiben können. Auch darüber können wir uns verständigen.

3.2 Vom „Sinn" grammatischer Regeln

Wenn Morpheme oder die Kombination von Morphemen zu Wörtern für die signifikative Gliederung zuständig sind, worin besteht der Beitrag der Grammatik? Was bringen die grammatischen Spielregeln im Spiel mit den signifikativen Einheiten? Dabei ist zunächst noch klarzustellen, dass der Blick sich meist auf grammatische Regeln oberhalb der Wortebene richtet – hier spricht man von syntaktischen Regeln. Aber auch die Kombinatorik oder, allgemeiner gesagt, die Interaktion von Morphemen unterhalb der Wort- oder Wortformenebene ist regelgeleitet. Hier haben wir es mit der Morphologie zu tun, zum einen der Flexionsmorphologie wie bei der Bildung der Wortformen (*Mannes*, *Männer*, *Männern* zum Lexem *Mann* usw.), andererseits mit der Wortbildungsmorphologie (wie bei *belegen*, *verlegen*, *zerlegen* zu *legen* oder *Stoffbär* zu *Bär* und *Stoff*).

Selbst aufgeklärte Geister sehen in der Grammatik allenfalls eine Menge von Konventionen, die das Nacheinander der Morpheme und Wörter in geordneten Bahnen halten, eine Art Verkehrsregeln. Die Regel, dass es im Deutschen *Ich lerne Deutsch* heißt und nicht etwa *Ich Deutsch lernen*, wird dann vielleicht als nützlich eingeschätzt, weil sie einen für alle gültigen Standard setzt, der gelernt und der ggf., im Nicht-Einhaltungsfall, auch für allerlei Bewertungen und Sanktionen genutzt werden kann. Als vergleichbar könnte man die Regel „rechts vor links" als einen nützlichen Standard im Straßenverkehr heranziehen, der in Entscheidungssituationen, also beim Vorliegen von Handlungsalternativen, das „Richtige" vorschreibt oder zumindest die Alternativen beschränkt. Bei Nicht-Beachtung drohen auch hier Sanktionen. Aber wie ebenso, z. B. bei Linksverkehr, links vor rechts gelten könnte – und dies auch in einigen Ländern der Fall ist –, so gelten bei dieser vordergründigen Betrachtungsweise die grammatischen Konventionen als Zufälle oder gar Unfälle der Sprachgeschichte, damit als beliebig oder auch als opportunistisch im Sinne der Sanktionsvermeidung, aber letztlich als „sinnlos".

Bleiben wir einen Augenblick bei der Frage nach dem „Sinn". Wir sagen in der Regel, etwas sei sinnvoll, habe Sinn, wenn es sich nicht in sich selbst erschöpft, keinen Selbstzweck darstellt, sondern Zielen und Zwecken dient, die von ihm selbst verschieden sind. Sinn erschließt sich durch Verstehen, oder genauer noch: durch Verstehen, wozu etwas gut ist. Dabei reicht es nicht, wenn wir, um beim Beispiel der Vorfahrtsregel zu bleiben, ihre Opportunität im Sinne der Entscheidungsoptimierung einsehen, sondern dazu gehört die Einsicht, dass die Vorfahrtsregel uns hilft, sicher ans Ziel zu kommen und Kollisionen zu vermeiden.[22] Wir erkennen somit die Sinnhaftigkeit der Vorfahrtsregel selbst, der Verkehrsregeln insgesamt und darüber hinaus vielleicht sogar die Sinnhaftigkeit des Straßenverkehrs an.

Noch einmal anders gesagt: Sinn erschließt sich letztlich nicht systemimmanent, sondern nur, wenn über die Grenzen des jeweiligen Systems hinausgeblickt wird. Das heißt jedenfalls für mich, dass der Sinn grammatischer Regeln außerhalb des Sprachsystems liegt: Mögen die Regeln wie die signifikativen Einheiten, mit denen sie arbeiten, sprachspezifisch oder sprachimmanent sein, ihren Sinn müssen wir anderswo suchen: Sie regeln den zwischenmenschlichen Verkehr, strukturieren Austausch und Kooperation und stellen selbst Formen des Handelns bereit.

Der Sinn grammatischer Regeln wird – und das ist auf der einen Seite sehr erstaunlich – oft gar nicht, oder jedenfalls nicht explizit thematisiert, zumal nicht in Grammatiken. Dabei spielen doch in der Sprachbetrachtung von jeher, besonders aber seit Saussure, Sinn oder Bedeutung und Sinnhaftigkeit eine zentrale Rolle. Allerdings verharrte die strukturale Sprachwissenschaft gern bei den Einheiten, in denen sich das Zeichenhafte nach Maßgabe repräsentationistischer Theorien exemplarisch verkörpert, bei den isoliert betrachteten Morphemen und Wörtern. Der Sinn grammatischer Regeln wurde kaum thematisiert, zumal der klassische Strukturalismus sich nicht einmal sicher war, ob Zeichenkombinationen, ob der Satz überhaupt eine Einheit des Sprachsystems (der *langue* nach Saussure) sei oder nicht der aktualen Rede (Saussures *parole*) zugehöre. Kellers instrumentalistische Interpretation des Zeichens sollte eigentlich in eine andere Richtung weisen: Wenn der Sinn von Zeichen darin liegt, zu Schlussfolgerungen herauszufordern, dann müssten eigentlich die komplexen kommunikativen Einheiten im Vordergrund stehen, aus denen man überhaupt Schlüsse ziehen kann.

Fassen wir die Ergebnisse der ersten Runde zusammen: Sprachliche Zeichen, Morpheme oder die Verbindung von Morphemen zu Wörtern sind Symbole. Als solche sind sie konventionell. Ihre Bedeutung sollte nicht im traditionellen Sinn repräsentationistisch als ‚stehen für' begriffen werden, sondern instrumentalistisch als Herausforderung zum schlussfolgernden Verstehen. Auch grammatische Regeln müssen – anders als dies üblich ist – nach ihrem Sinn befragt werden. Auf dieses Thema können wir erst zu sprechen kommen, wenn wir in der nächsten Runde die Sprachformen in den Blick nehmen, aus denen man Schlussfolgerungen ziehen kann, nämlich nicht einzelne Wörter, sondern „ganze" Äußerungen. Wenn bei ganzen Äußerungen angesetzt wird, spricht man von einem deszendenten oder auch Top-down-Verfahren gegenüber einem aszendenten, oder Bottom-up-Verfahren. Eine inferenzielle, schlussfolgernde Herangehensweise in Sprachphilosophie und Semantik ist ihrem Wesen nach top-down. Dies wird besonders bei dem Philosophen Robert B. Brandom hervorgehoben. In seiner Theorie des Inferentialismus ist jede Wortbedeutung, jeder begriffliche Inhalt ebenso wie jeder intentionale Zustand, etwa der des Glaubens, Für-Wahr- oder auch Für-Geboten-Haltens, durch dessen Rolle im „reasoning", also im schlussfolgernden Argumentieren bestimmt. Es heißt daher: „Pragmatist semantic theories typically adopt a top-down approach because they start from the use of concepts, and what one does with concepts is apply them in judgment and action."[23] Als einzelne Züge in einer Argumentation können aber nur inhaltlich abgeschlossene Einheiten dienen. Wir werden in der nächsten Runde sehen, was dies aus der Sicht des Sprachgebrauchs, nicht aus der Sicht der logischen Argumentationslehre, heißen kann.

4 Zweite Runde: Schlussfolgern als Weg zur Bedeutung

4.1 Schlussfolgerungen aus „kleinen" Äußerungen

Um Schlüsse ziehen zu können, brauchen wir also Äußerungen mit einem gewissen Maß an Vollständigkeit und Abgeschlossenheit. Das jeweils erforderliche Maß ist von der Situation abhängig, in der die Äußerung gemacht wird. Wenn in einem Skatspiel einer der Spieler das simple Wort „weg" äußert, so werden die Mitspieler den folgenden Schluss ziehen und damit auch richtig liegen: Der Spieler will uns zu verstehen geben, dass er beim „Reizen", dem skattypischen ersten Spielakt, aussteigt, in der Regel, weil der maximale Spielwert seines Blatts, bei dem er nach Sachlage mitzugehen vorhatte, erreicht bzw. überschritten ist. In einer anderen Situation könnte ein Spaziergänger „weg" ausrufen, wenn ein gefährlich aussehender und agierender Pitbull ihm zu nahe kommt. Ob der Hund reagiert wie gewünscht, muss offen bleiben. Der Hundehalter aber dürfte sehr wohl erkennen können, was gemeint war. Wieder andere Schlüsse wird der Ehemann ziehen, wenn seine Frau, die stundenlang nach dem verlegten, verlorenen oder sonstwie abhanden gekommenen Portemonnaie gesucht hat, schließlich äußert: „weg". Wir können also in Situationen, die wir dem Typ nach kennen und deren Verlauf wir abschätzen können, oft aus äußerst knappen Äußerungen erschließen, was der Sprecher hier gemeint hat. Das heißt aber nicht, dass die Bedeutung solcher knapper Äußerungen einfach aus der Summe all dieses Gemeinten – plus allem künftig noch möglicherweise „Meinbaren" – bestünde. Konkreter: *weg* bedeutet nicht „Ich bin weg aus dem Reizen-Teil des Skatspiels" plus „Geh weg" plus „Was ich gesucht habe / das Portemonnaie ist weg" usw. Vielmehr müssen wir, um zur Bedeutung, zur Regel des Gebrauchs von *weg* zu kommen, alle Zugaben, die der Kontext für die Herleitung des Gemeinten liefert, subtrahieren. Das hieße hier: Wer oder was ‚weg' ist oder weg sein soll, gehört nicht zur Bedeutung von *weg*, ebenso wenig, ob es um eine Feststellung (wie beim unauffindbaren Geldbeutel), um eine ‚Deklaration' (wie beim Skatspiel) oder um eine Aufforderung (wie beim bissigen Hund) geht. Auch eine Frage könnte z. B. gemeint sein, wenn der Ehemann seiner Frau zuvorkäme und sie fragend mit „weg" ansprächen. Eine bestimmte Art, diese Silbe auszusprechen und zu betonen, wird neben der situativen Sachlage verdeutlichen, welche dieser ‚Sprechhandlungen' gemeint ist. Wir verstehen uns ja nicht nur auf die Deutung von Wörtern, sondern auch auf die Entschlüsselung von Tonverläufen, also z. B. auf eine Frageintonation gegenüber einer Aufforderungsintonation.

Wenn der Linguist diesen subtraktiven Weg geht, um die Regel des Gebrauchs aus dem Gemeinten und Meinbaren zu erschließen, kommt er etwa zu folgender Aussage: *weg* wird (unter Anderem) gebraucht, um die Frage aufzuwerfen, ob jemand oder etwas (näher zu Bestimmendes) sich nicht (mehr) an einem (näher zu identifizierenden) Ort befindet. Der Leser wird sich fragen: Geht es nicht ein bisschen einfacher und konkreter? Was heißt hier vor allem ‚die Frage aufwerfen'? Die Linguistin wird auf den ersten Teil der Frage antworten: „Leider nein". So sind nun mal die Kosten einer Analyse der Bedeutung von Wörtern, wenn man sich darauf einlässt, sie aus den möglichen Schlussfolgerungen aus Äußerungen herzuleiten, die sie enthalten. Da muss vieles offen und abstrakt bleiben. So verbirgt sich hinter dem ominösen ‚die Frage aufwerfen' die Absicht, jede Festlegung auf eine bestimmte Sprechhandlung zu vermeiden. Denn eine solche Festlegung ist mit *weg* allein nicht gegeben, wie wir gerade feststellten. Ich kann also nicht *die Frage aufwerfen, ob* ersetzen durch *sagen, dass* oder *behaupten, dass* usw.

Allerdings bleibt nicht notwendigerweise so vieles dem Kontext überlassen. Statt „weg" könnte die Spaziergängerin ja rufen „Geh weg, du Hund!", die Ehefrau könnte ihrem Mann resümierend sagen: „Der Geldbeutel ist weg, basta." Und der Ehemann könnte gefragt haben: „Ist es weg, das Portemonnaie?" Seit jeher gelten Sätze – also Äußerungen wie die eben genannten – als hinreichend vollständige Äußerungsformen. Wir können daher Sätze als die exemplarischen – wenn auch kommunikativ nicht unbedingt vorherrschenden – Formen betrachten, mit denen wir uns verständigen und aus denen wir Schlüsse ziehen.

4.2 Die Bezüge des sprachlichen Zeichens: die Welt, das Ich und der Andere

Die Schlüsse, die wir aus Äußerungen ziehen, können in drei Richtungen weisen: Sie können sich auf das beziehen, worüber die Äußerungen handeln, auf denjenigen, der die Äußerungen macht, oder auf denjenigen, an den sie gerichtet sind. Kurz gesagt: Es geht um Bezüge auf die Welt, das (Sprecher-)Ich oder den Anderen. Diese drei Bezüge stellt Karl Bühler[24] als erster in der neueren Sprachwissenschaft in seinem Organon-Modell klar heraus. Er beruft sich dabei auf Platons „Kratylos", wo ebenfalls der Werkzeug-Charakter von Sprache (griech. ὄργανον (*organon*) ‚Werkzeug') herausgestellt wurde. Das Modell stellt das sprachliche Zeichen ‚Z' in den Schnittpunkt dreier Bezüge: „Es ist Symbol kraft seiner Zuordnung zu Gegenständen und Sachverhalten, Symptom (Anzeichen, Indicium) kraft seiner Abhängigkeit vom Sender, dessen Innerlichkeit es ausdrückt, und Signal kraft seines Appells an den Hörer, dessen äußeres und inneres Verhalten es steuert wie andere Verkehrszeichen." Die drei Funktionen bezeichnet er als Darstellung, Ausdruck und Appell oder auch als Darstellung, Kundgabe und Auslösung. Im Gegensatz zur Konzeption von Charles Sanders Peirce, die weiter oben skizziert wurde und bei der Symbole, Symptome/Indexe (sowie Ikone) als alternative Zeichenarten betrachtet werden, erkennt Bühler im sprachlichen Zeichen selbst, das üblicherweise als reines Symbol betrachtet wird, eine Verschmelzung von Zeichentypen oder, besser gesagt, von Zeichenfunktionen. Dabei nennt er neben der Symbol- und der Symptomfunktion als dritte Funktionsweise die des Signals. Signale kennen wir etwa aus dem Verkehrswesen, wo mit beweglichen Gegenständen, den eine Art Armbewegungen simulierenden „Signalen" der Eisenbahn, oder mit Licht- bzw. Tonsignalen Informationen übermittelt werden. Beim Signal steht – zumindest bei diesem Verständnis des Begriffs – die Vorschrift, die Verhaltensregulierung beim Nachrichtenempfänger im Vordergrund.[25]

Allerdings verweist Bühler, wenn er von der „Innerlichkeit des Sprechers" spricht, die das Zeichen als Symptom anzeigen könne, gegebenenfalls auch auf Aspekte des Zeichengebrauchs, die nicht regelhaft, nicht kraft Konvention, an das Zeichen gebunden sind, sondern die aus anderen Wissensquellen stammen: Wie im einführenden Kapitel erwähnt, geben wir uns oft durch unseren Sprachstil, unsere Wortwahl, oft auch durch die Tonfärbung zu erkennen. Das kann soziale Fakten betreffen wie Alter, Geschlecht, regionale Herkunft, oder Äußerlichkeiten im verbalen Austausch wie den Hang zu Füllwörtern wie *eben, entsprechend, gegebenenfalls*. Durchaus mag aber auch unsere Innerlichkeit, wie Bühler es nennt, hörbar werden, wenn, selbst bei angestrengter Mimikry, unsere Äußerungen Wohlwollen oder Abneigung, Anspannung oder Gelassenheit widerspiegeln.

In vielen Fällen ist es schwer, eine scharfe Grenze zwischen der symbolischen Funktion der Darstellung und der symptomatischen Funktion der Kundgabe zu ziehen. Wenn jemand z. B. in einer Talkshow oder in einem Blog von Überfremdung oder Wirtschaftsflüchtlingen spricht – ohne Anführungszeichen, also ernst gemeint – bin ich geneigt, den Sprecher dem rechten politischen Spektrum zuzuordnen. Meine Schlussfolgerungen stütze ich dabei vor allem auf die Art und Weise, wie diese Wörter in den politischen Debatten gebraucht werden, die ich in den Medien verfolge.

Mit beiden Wörtern äußern sich die Sprecher negativ über Sachverhalte und Personen, die man jeweils auch – weniger wertend – als Zuwanderung bzw. als Asylsuchende oder Migranten bezeichnen könnte. Sind diese negativen Wertungen als Teile der Wortbedeutungen von *Überfremdung* und *Wirtschaftsflüchtling* zu betrachten, also als Aspekte ihrer per Konvention geltenden Gebrauchsregel, oder sind sie „nur" Zugaben, die im Sprachgebrauch bestimmter Gruppen zu eigentlich „neutralen" Bedeutungen gemacht werden? Ich tendiere dazu, diese Frage bei den beiden Wörtern unterschiedlich zu beantworten: In *über* steckt die Vorstellung der Normverletzung, des Mehr als üblichen oder auch zuträglichen Maßes. Wo das Gemessene selbst nicht eindeutig positiv gesehen wird (wie vielleicht bei *Übersoll*), ist ein „über" immer ein „zuviel". Ein Zuviel an Fremden ist somit, vom Wort her, allemal ein negativer Tatbestand. *Wirtschaftsflüchtling* dagegen bezeichnet zunächst nur Personen, die aus wirtschaftlichen Gründen, aufgrund von Armut und Perspektivlosigkeit ihr Glück fernab ihrer Heimat suchen. Nach Nordamerika strömten im 19. Jahrhundert Millionen von verarmten Europäern, Bauernkindern oder Angehörigen einer ausgebeuteten Arbeiterschicht im beginnenden Industriezeitalter. Diese Auswanderer waren im Wortsinne Wirtschaftsflüchtlinge. Allerdings waren sie in der neuen Heimat gebrauchte Arbeitskräfte. Sicher nicht unbedingt immer willkommen, aber nicht grundsätzlich unter dem Generalverdacht unlauterer Absichten. Schon deshalb nicht, weil es die funktionierenden Sozialsysteme, von denen die heutigen „Wirtschaftsflüchtlinge" angeblich profitieren wollen, damals so nicht gab. Was zeigt ein solcher Vergleich? Wörter, mit denen wir uns auf gesellschaftliche Verhältnisse beziehen, spiegeln diese Verhältnisse und vor allem die Einschätzungen und Bewertungen, mit denen wir diese Verhältnisse belegen, wider: mehr oder weniger subtil. Insofern ist die Darstellungsfunktion, zumal wo gesellschaftliche Sachverhalte betroffen sind, keine reine Repräsentation, sondern durch kollektive und individuelle Einstellungen, Erfahrungen und Interessen gefilterte Interpretation oder gar Konstruktion.

Fassen wir zusammen, was die zweite Runde erbracht hat: Wörter können im Grenzfall als minimale Formen vollständiger Äußerungen gebraucht werden. Dann kann der Hörer aus ihnen, indem er sich auf die Gegebenheiten der Gebrauchssituation bezieht, Schlussfolgerungen ziehen und das Gemeinte erschließen. Dies wiederum kann als Basis dafür dienen, quasi durch Subtraktion all der von Kontext und Wissen geleisteten Beiträge die Bedeutung, die Regel des Gebrauchs für das Wort selbst herzuleiten. Im Anschluss an Bühler können wir drei Bezugsweisen des sprachlichen Zeichens, die in unsere Schlussfolgerungen eingehen, unterscheiden: den Bezug auf das, was der Fall ist (die ‚Welt'), den Bezug auf den Sprecher (das ‚Ich') und den Bezug auf den Adressaten (den ‚Anderen'). Bei Wörtern ist oft keine scharfe Trennung zwischen der Darstellungsfunktion, also einer objektiven Charakterisierung der ‚Welt', und der mitausgedrückten Wertung zu machen, die sich aus der Innerlichkeit des Sprechers ergibt. In der dritten Runde blicken wir auf komplexere Äußerungen und fragen nach dem Zusammenhang von Sprechhandlung und ausdifferenzierter Sprachstruktur.

5 Dritte Runde: Sprache – Handeln – Wirklichkeit

5.1 Schlussfolgern und sprachlich handeln

In der bühlerschen Version laufen die drei Zeichenfunktionen eher unverbunden nebeneinander her. Nehmen wir aber die Erkenntnis ernst, dass sprachliche Kommunikation ein Herausfordern zum Schlussfolgern ist, erweisen sie sich als integral miteinander verbunden:

Äußert der Sprecher oder in unserem Fall die Sprecherin, nämlich die oben erwähnte verzweifelt suchende Ehefrau, z. B. „Das Portemonnaie ist weg", fordert sie den Angesprochenen, hier den Ehemann, heraus, den Schluss zu ziehen, dass sie den Anspruch erhebt, es sei der Fall, dass das Portemonnaie weg ist. Sie tut das in der Überzeugung, dass die Äußerung von „Das Portemonnaie ist weg" gemäß den Konventionen der deutschen Sprache in der entsprechenden Situation genau so verstanden werden muss und dass der Adressat das auch weiß. Umgekehrt geht der Adressat, wenn er seine Ehefrau den Satz äußern hört, davon aus, dass damit gemäß den Konventionen des Deutschen zu verstehen gegeben wird, dass sein Gegenüber den Anspruch erhebt, dass es der Fall ist, dass das Portemonnaie weg ist, dass die Ehefrau das weiß und dass sie auch weiß, dass er es weiß.

Bei diesem „praktischen Schließen" sind somit Sprecher und Adressat, Herausforderer und Schlussfolgernder, reziprok auf einander bezogen. Gleichzeitig aber fordert die Sprecherin den Hörer dazu auf anzunehmen, dass sie selbst aufrichtig davon überzeugt ist, dass eben dies der Fall ist. Und die Sprecherin fordert zudem den Hörer dazu auf, den Schluss zu ziehen, dass er seinerseits zu diesem Anspruch, es sei tatsächlich der Fall, dass das Portemonnaie weg ist, zumindest implizit Stellung zu nehmen, sich also zu diesem Anspruch zu verhalten hat. Aus Sprechersicht wird mit dem Gesagten ein ‚Geltungsanspruch' gegenüber dem Dargestellten, gegenüber der Welt erhoben. Worin dieser Geltungsanspruch besteht, dies wiederum muss der Hörer aus dem Gesagten erschließen. Gleichzeitig geht die Sprecherin aber auch eine Art Selbstverpflichtung zur Wahrhaftigkeit in eben diesem Geltungsanspruch ein – eine Lüge ist stets eine Verletzung des kommunikativen Spiels, auf das wir uns einlassen, mag sie auch noch so verbreitet sein. (Wir wollen doch nicht annehmen, dass die Ehefrau das Portemonnaie absichtlich nicht findet, weil sie so Nachschub an Haushaltsgeld verlangen zu können glaubt. In solchen Zeiten leben wir – bargeldarm und gleichberechtigt, wie wir sind – nicht mehr.) Und die Sprecherin wendet sich nicht ohne die Intention, ihrem Gegenüber genau das Gesagte mitzuteilen, an den Angesprochenen; sie wird davon ausgehen, dass dieser z. B. noch nicht weiß, dass das Portemonnaie weg ist, oder dass es noch einmal klar für beide ausgesprochen werden sollte, dass das Portemonnaie leider weg ist, weil man der unangenehmen Wahrheit ins Auge blicken muss, usw. Sie verbindet mit der Mitteilung also den Anspruch, der Hörer möge sich auf die aufgeworfene Frage einlassen, ihre Sinnhaftigkeit einsehen und sie nicht einfach vom Tisch wischen.

Was in der Beschreibung des Linguisten so abstrakt klingt, gibt nur auf verallgemeinerte Weise wieder, was wir intuitiv wissen und wonach wir intuitiv handeln: Wenn einer absurde oder zweifelhafte Ansprüche erhebt auf Sachverhalte, die der Fall sein sollen, empören wir uns: „Wie kannst du so etwas behaupten?" „Woher willst du das wissen?" „Das kann doch nicht wahr sein!", „Wie kannst du so etwas von mir verlangen!" sind dann allfällige Reaktionen.

Wenn wir an der Aufrichtigkeit des Sprechers zweifeln, reagieren wir mit: „Das glaubst du doch selbst nicht!" „Willst du mir einen Bären aufbinden?" „Das fragst du doch nur zum Schein!" Und wenn wir die Relevanz des Gesagten für uns selbst nicht einsehen, werfen wir dem Sprecher an den Kopf: „Warum sagst du mir das?" „Das weiß ich doch schon lange." „Das will ich gar nicht wissen!"

Herausfordern ist eine Form des Handelns; Schlussfolgern ist ebenfalls eine Form des Handelns. Der Sprecher vollzieht somit eine sprachliche Handlung, indem er einen Geltungsanspruch bezüglich des Dargestellten erhebt, eine Selbstverpflichtung auf Wahrhaftigkeit oder Aufrichtigkeit eingeht und den Hörer in die Pflicht auf Einlassung nimmt. In der sogenannten „Sprechakttheorie" steht diese Sicht auf das kommunikative Geschehen, die Perspektive des Sprechers, im Vordergrund. Insistieren wir dagegen, wie Keller es tut, auf dem Schlussfolgern, so steht die Perspektive des Hörers im Vordergrund. Es handelt sich, so meine ich, um zwei Seiten einer Medaille. Denn in meiner Analyse dessen, was passiert oder passieren sollte, wenn die Sprecherin „Das Portemonnaie ist weg" in der skizzierten Situation äußert, habe ich eine Brücke zwischen der Perspektive Kellers und der der Sprechakttheorie geschlagen, indem ich auf die Gegenseitigkeit oder Reziprozität der sprachlichen Interaktion abgehoben habe.

„How to do things with words" lautet der Titel von John L. Austins wichtigstem Werk. Austin, der erste bedeutende Vertreter dieser einflussreichen Richtung der „Philosophie der normalen Sprache", kritisiert, dass in der Sprachphilosophie einseitig nur Feststellungen, Behauptungen oder Beschreibungen wie eben „Das Portemonnaie ist weg" betrachtet wurden. Solche ‚assertorisch'[26] genannten Äußerungen können zutreffend oder nicht zutreffend, wahr oder falsch sein, und genau diese Eigenschaft macht sie attraktiv, weil die logische Analyse eben – mit ihrem enormen Einfluss auf das sprachtheoretische Denken überhaupt – auf der binären Eigenschaft wahr oder falsch aufbaut. Nun sei aber nur ein kleinerer Teil natürlichsprachlicher Äußerungen von dieser Art. Daneben tun wir mit Worten alles Mögliche andere. Austin verwies besonders nachdrücklich auf Äußerungen wie „Ich taufe dich auf den Namen Karl Otto" oder „Hiermit erkläre ich die Sitzung für eröffnet". Mit solchen Äußerungen werden soziale Fakten geschaffen: Eine Taufe wird vollzogen, eine Sitzung wird eröffnet. Es gibt eine ganze Reihe von sozialen Tatsachen, die nur sprachlich geschaffen werden können. Wetten werden so eingegangen. Ehen werden so auf dem Standesamt geschlossen. Kriege werden so erklärt. Handelsembargos werden so in Kraft gesetzt. Vermächtnisse werden auf diese Weise gemacht. So lautet nach der „Hannoverschen Allgemeinen" (vom 10.11.2007) Punkt 14 des – satirisch gemeinten – „Letzten Willens" von Harald Schmidt: „Meinen Kritikern vermache ich meine drei Adolf-Grimme-Preise (1992, 1997, 2002), meinen Bambi (1993), meine Goldene Kamera (1994), meinen Deutschen Fernsehpreis (2001) und meinen Hildegard-von-Bingen-Preis (2003)." Auch der oben geschilderte Ausstieg aus dem Skat-Spiel wird in aller Regel sprachlich vollzogen. Diese scheinbar so speziellen Sprechakte sind in Wahrheit – so Austin – nur besonders klare und nachdrückliche Manifestationen der handlungsvollziehenden oder ‚performativen' Natur des Sprechens: Tatsächlich etabliert jede Äußerung, auch eine wie „Das Portemonnaie ist weg" eine soziale Tatsache: Die Behauptung ist mit ihr in der Welt. Sie kann geglaubt und bestritten, widerlegt oder revidiert werden. Behauptungen, wahre oder falsche Nachrichten, können die Welt verändern, Unruhen oder gar Kriege auslösen. Der performative Charakter jeder Äußerung, auch von „Das Portemonnaie ist weg", kann verdeutlicht werden. Dies geschieht im Beispielfall, wenn die Sprecherin – z. B. indem sie sich nach der langen Suche demonstrativ in Positur stellt – und verkündet: „Hiermit stelle ich fest, dass das Portemonnaie weg ist". Nun hat sie sich einer ‚explizit performativen' Redeweise befleißigt, die deutliche Parallelen zu der oben gezeigten Ausdrucksform von Taufen, Wetten, Sitzungseröffnungen oder Vermächtnissen hat.

In einem genialen gedanklichen Dreh erkennt Austin also in den besonderen Sprechhandlungen (Taufen etc.) die „Klarform" aller Sprechhandlungen und in den gewöhnlichen (Behauptungen etc.) „Schrumpfformen", deren wahre Handlungsnatur erst aufgedeckt werden muss – etwa, indem man sozusagen beschreibt, was man gerade tut. Das Handlungsmoment an Äußerungen, das, was sie zu Behauptungen, Fragen, Versprechen, Drohungen usw. macht, bezeichnen Austin und die Sprechakttheorie als ihre ‚Illokution' oder auch ihre ‚illokutionäre Kraft' (*illocutionary force*), also die ihnen ‚eingesprochene' oder auch, im geschriebenen Medium, ‚eingeschriebene' Kraft.[27] Welche Illokution bei einer Äußerung vorliegt, schlussfolgern die Hörer aus einer Reihe von Indizien, und zwar solchen, die durch sprachliche Konventionen gegeben und solchen, die aus dem Kontext abzuleiten sind. Denken wir wieder an die Situation, in der das Portemonnaie, so jedenfalls die Behauptung der Ehefrau, unauffindbar ist. Wenn sie nun resigniert aufgibt, mag der Ehemann tröstend und aufmunternd zu ihr sagen: „Ich schau noch mal in allen Ecken und Schubladen nach". Die Ehefrau wird die Äußerung – hoffentlich – als Hilfsangebot, als Versprechen interpretieren. Wenn aber das jetzige Szenario nur ein weiterer Akt in einem häufig sich wiederholenden Suchen-und-nicht-finden-Drama ist, mag derselbe Satz aus dem Mund des Ehemanns einen Unterton von Überdruss annehmen, und die Ehefrau mag die Ankündigung ihres Mannes – vor allem, wenn es um einen bedeutenden Geldbetrag geht – als Drohung empfinden. Es könnte ja sein, dass erfahrungsgemäß eine widerwillig und voraussichtlich erfolglos durchgeführte Aktion wie die bevorstehende Suche seitens des Mannes den Charakter einer subtilen Strafaktion hat. Der Kontext, die situativen Umstände und die non-verbalen Begleitgesten oder -töne können also die Interpretation als eine von mehreren möglichen Illokutionen erheblich steuern. Auf der anderen Seite sind die möglichen illokutiven Interpretationen durch das Gesagte, die mit ihm realisierten sprachlichen Konventionen beschränkt. Um Versprechen oder Drohungen kann es sich nur handeln, wenn das Gesagte sich auf Künftiges bezieht, und zwar Künftiges, das von demjenigen, der das Versprechen oder die Drohung ausspricht, auch in die Tat umgesetzt oder zumindest beeinflusst werden kann. Hätte der Ehemann stattdessen gesagt: „Ich hab ja auch schon in allen Ecken und Schubladen nachgeschaut" hätte die Frau weder ein aufmunterndes Versprechen noch eine finstere Drohung gehört, sondern eine schlichte Feststellung – ein Echo ihrer eigenen Feststellung.

5.2 Sprachstruktur und Sprechakt

Vergleicht man nun aber die grammatische Struktur der beiden potenziellen Äußerungen des Ehemanns, so stellt man fest, dass sie völlig identisch ist und auch mit der Feststellung der Frau übereinstimmt. Zudem bedient man sich bei allen explizit performativen Äußerungen eben derselben strukturellen Form. In allen genannten Fällen handelt es sich um ‚Aussagesätze'. Solche Sätze haben im Deutschen normalerweise folgende Gestalt:[28]

Tab. 1: Struktur von Aussagesätzen.

Satzglied 1 ↓	finite Verbform ↓	(weitere Satzteile) ↓
[Das Portemonnaie]	ist	weg.
Ich	schau	noch mal in allen Ecken und Schubladen nach.
Ich	hab	ja auch schon in allen Ecken und Schubladen nachgeschaut.
Hiermit	stelle	ich fest, dass das Portemonnaie weg ist.

Kennzeichnend ist also für Aussagesätze, dass sie mit einem Satzglied beginnen, oft mit dem Subjekt, und dass dann das finite Verb oder der finite Verb- bzw. Prädikatsteil folgt. Hören wir einen Aussagesatz, wurde nicht unbedingt eine Aussage im üblichen Sinne, also z. B. eine Feststellung oder eine Behauptung gemacht; das wissen wir nun. Eine bestimmte Form, z. B. die von Aussagesätzen, ist offen für verschiedene Sprechhandlungen; sie ist illokutiv unterbestimmt, könnte man sagen. In anderen Satzarten, den Aufforderungssätzen und den ‚Entscheidungsfragesätzen' – denjenigen, die mit „ja" oder „nein" beantwortet werden – steht das finite Verb an erster Stelle: „Verlege bloß nicht wieder das Portemonnaie!" und „Hast du wieder das Portemonnaie verlegt?" sind entsprechende Beispiele. In ‚w-Fragesätzen' – solche die ein w-Wort wie *wer, was, wann, welcher* usw. enthalten – nimmt eben ein w-Wort die erste Stelle ein, oder ein solches w-Wort ist Teil des ersten Satzglieds, wie in: „Was hast du wieder verlegt?" oder „In welchen Ecken soll ich denn noch suchen?" Auch in ‚Wunschsätzen' wie „Wäre ich bloß nicht so schusselig!" oder – recht geschraubt – „Mögest du dich doch endlich damit abfinden, dass ich etwas schusselig bin!" steht das finite Verb ganz vorn. Wunschsätze enthalten ein Verb im Konjunktiv, ‚Ausrufesätze' beginnen mit einem w-Wort oder einem entsprechenden Satzglied; das finite Verb steht aber ganz hinten: „Wie schusselig ich geworden bin!" Oder „Mit welchem Unsinn man sich herumärgern muss!" Satzarten in diesem Sinne, auch ‚Satzmodi' genannt, machen sich also in erster Linie durch die Stellung des finiten Verbs kenntlich. Hinzu kommen der Verbmodus – die Verbform von Aufforderungssätzen ist normalerweise eine Imperativform, die von Wunschsätzen eine Konjunktivform – und speziell bei einer Art von Fragen die w-Wörter. Unterstützend können, wie in den Beispielen, auch kleine Wörter wie *bloß, denn, ja* oder *hiermit* eingesetzt werden, sie sind dann weitere Indizien, die die Interpretation im Sinne einer bestimmten Illokutionsart unterstützen. Letztlich spielt auch die Intonation eine Rolle: Während Aussagen mit fallender Tonhöhe ausklingen, kann bei Fragen am Ende der Stimmton nach oben gehen. Grammatische Mittel und in beschränktem Maße auch lexikalische kooperieren also.

Das Missverhältnis von Satzart und Sprechakt nimmt nicht Wunder, denn einer Handvoll von mit den geschilderten Mitteln unterscheidbaren Satzarten steht ein Vielfaches von unterscheidbaren Sprechhandlungsarten gegenüber. Zumindest über diese Differenz sind sich Sprachwissenschaftler einig, auch wenn sie sich über die Unterscheidungskriterien und folglich auch die anzunehmende Zahl von Typen, besonders, was den Bereich der Sprechhandlungsarten angeht, nicht einigen können. Nach Austin gibt es mindestens so viele Sprechhandlungen (als Typen, nicht als einzelne Vorkommen) wie es Verben gibt, die man in explizit performativen Äußerungen gebrauchen kann. Im „Handbuch deutscher Kommunikationsverben"[29] werden sage und schreibe 562 Sprechakt- und Kommunikationsverben erfasst und beschrieben. Nun können nicht alle diese Verben explizit performativ verwendet werden: Niemand wird sagen *Hiermit lüge ich* oder *Hiermit schimpfe ich mit dir*. Zudem behandeln die Autoren auch „modale" und „mediale" Verben. Mit modalen Kommunikationsverben beschreibt man die Art des Vollzugs: Man kann laut und leise sprechen, also flüstern oder schreien. Man kann auch grölend oder kreischend Misstöne von sich geben oder sich lispelnd, näselnd oder zischend in unorthodoxer Weise bemerkbar machen. Bei medialen Kommunikationsverben wie *rezitieren, deklamieren* oder *schreiben, texten* wird auf das Medium der Mitteilung abgehoben. Diese Aktivitäten sind – wenn man so will – illokutiv neutral: Man kann, wenn es sein muss, flüsternd oder lispelnd Behauptungen aufstellen und textend Liebe und Freundschaft aufkündigen oder sogar ein Eheversprechen abgeben.

Aber selbst wenn man diese Einschränkungen berücksichtigt, geht die Anzahl der „echten" Sprechaktverben und damit gegebenenfalls die Anzahl der unterscheidbaren Formen von Sprechakten doch in die Hunderte. Linguisten und Sprachphilosophen haben versucht, hier Ordnung zu schaffen. Orientieren wir uns an der besonders einflussreichen Sprechaktklassifikation von John Searle, so sind fünf Klassen zu nennen: repräsentative (oder assertive), kommissive, direktive, expressive und deklarative Sprechakte. Zur repräsentativen Klasse gehören Akte wie ‚behaupten', ‚feststellen', ‚beschreiben', aber auch ‚enthüllen', ‚klarstellen', ‚ausführen' (wie z. B. in «Ohne t ist die deutsche Sprache ohne Saf und Kraf», führte Marcus Jeroch aus [...], (St. Galler Tagblatt vom 24.03.1998)). Zur direktiven Klasse gehören Akte wie ‚bitten', ‚befehlen', ‚raten', ‚abraten', ‚verbieten', ‚erlauben' aber auch ‚fragen', ‚sich erkundigen'. Zur kommissiven Klasse gehören ‚versprechen', ‚sich verpflichten', aber auch ‚drohen'. Zur expressiven Klasse gehören z. B. ‚danken', ‚grüßen', ‚sich entschuldigen', aber auch ‚jammern', ‚spotten' oder ‚schönreden'. In die Klasse der deklarativen Sprechakte schließlich gehören die bereits gewürdigten besonderen Sprechhandlungen, die stets explizit performativ vollzogen werden wie ‚taufen', ‚für ungültig / den Krieg erklären' usw.

Ein zentrales Kriterium bei der Einteilung in diese fünf Klassen ist der jeweils unterschiedliche Bezug auf die ‚Welt': Dieser Bezug geschieht durch den ‚propositionalen Gehalt' (oder auch kurz die ‚Proposition'), den Sprechhandlungen neben ihrer illokutiven Kraft in aller Regel zum Ausdruck bringen. Allerdings können wir den propositionalen Gehalt zwar heraushören – oder auch analytisch isolieren –, aber nicht einfach als sprachliche Kette oder Folge von Wörtern herausschneiden. Was ist z. B. der propositionale Gehalt von „Das Portemonnaie ist weg"? Sicher nicht die ganze Aussage selbst, denn in ihr kommt ja auch eine illokutive Kraft zum Ausdruck. Weiter oben haben wir uns zur Erfassung des propositionalen Gehalts der umständlichen Formulierung ‚es wird die Frage aufgeworfen, ob' bedient. Demnach bestünde der propositionale Gehalt unserer Beispieläußerung darin, dass die Frage aufgeworfen wird, ob das Portemonnaie weg ist. Oder man identifiziert den propositionalen Gehalt mit dem entsprechenden *dass*-Nebensatz: ‚dass das Portemonnaie weg ist'. Dass das Portemonnaie weg ist, kann ja der Fall sein oder auch nicht; es kann in Frage stehen oder auch Gegenstand einer Gefühlsäußerung, also eines expressiven Sprechakts bzw. einer Exklamation sein. Dieselbe Proposition kann somit in verschiedenen Illokutionsarten stecken. Allerdings sind, wie oben schon angedeutet, nicht alle propositionalen Gehalte mit allen Sprechakttypen vereinbar. Manchmal reicht schon eine Änderung im Zeitbezug oder im Aktionsmodus, um einen propositionalen Gehalt auch für andere Typen zu adaptieren: Dass das Portemonnaie weg **kommt**, kann erwünscht, geboten oder verboten sein. Besonders bei w-Fragen muss man aber ein wenig um die Ecke denken. Bei einer Frage wie „Was ist denn weg?" ist der propositionale Gehalt unvollständig. Erst die Antwort kann zu der Proposition ‚dass das Portemonnaie weg ist' führen, aber natürlich auch zu ‚dass die Brieftasche weg ist' / ‚dass das Handy weg ist' usw. Aber immerhin steckt als Vorannahme bereits in der Frage die Proposition ‚dass irgendetwas weg ist'. Ist also der propositionale Gehalt einer solchen ‚Ergänzungsfrage' gleichzusetzen mit der Menge der im Kontext möglichen alternativen Antwort-Propositionen? Mit diesen Einschränkungen halten wir fest: In der Proposition sind die Wahrheits- oder Erfüllungsbedingungen artikuliert: Sie sagt uns, was der Fall sein muss, **sofern** sie wahr (oder auch wahr gemacht oder beantwortet) ist. Nicht, **dass** sie wahr ist; der Gültigkeitsstempel fehlt.

Das Verhältnis dieses Konstrukts zur ‚Welt' – so fasst Searle in einer neueren Publikation den Grundton seiner Sprachtheorie zusammen – sei „bereits durch diejenige Intentionalität präfiguriert, mit der uns die Biologie ausgestattet hat".[30] Unter Intentionalität versteht er dabei, an Brentano und Husserl anknüpfend, „jene außergewöhnliche Beschaffenheit unseres Geistes, sich auf Objekte und Sachverhalte zu richten, die unabhängig von ihm in der Welt vorkommen." Repräsentativen bzw. assertiven Sprechakten bescheinigt Searle eine „absteigende Wort-auf-Welt-Ausrichtung", das heißt, der in Worte gefasste propositionale Gehalt repräsentiert die Welt – oder vielmehr einen winzigen Ausschnitt davon – so, wie sie bzw. er ist. Bei direktiven wie auch bei kommissiven Sprechakten hingegen spricht Searle von einer „aufsteigenden Wort-auf-Welt-Ausrichtung". Der Sprecher sagt also der Welt, wie sie – bezogen auf den kleinen Ausschnitt – künftig auszusehen hat, welche Gestalt sie annehmen soll. Und zwar ist bei den direktiven Sprechakten intendiert, dass der Adressat die Welt an die Worte anpasst, während bei den kommissiven Sprechakten der Sprecher selbst die Angleichung von Wort und Welt(ausschnitt) übernehmen will. Deklarative Sprechakte sind nach Searle diejenigen, „die beide Ausrichtungen simultan aufweisen".[31] Denn wenn wir z. B. eine Sitzung eröffnen oder vertagen, machen wir die gesagte Proposition wahr, indem wir sie als wahr repräsentieren. Allerdings reicht die Wort-auf-Welt-Ausrichtung nicht aus zur Differenzierung der fünf Klassen von Sprechakten: Direktive (wie der Befehl oder Ratschlag) und kommissive (wie das Versprechen) haben die gleiche Ausrichtung, für expressive Sprechakte wie Danksagungen oder Entschuldigungen spielt nach Searle die Ausrichtung auf die Welt – offenbar verstanden als ‚Außenwelt' – keine Rolle. Es kommen also in den anderen Bezugsdimensionen unterscheidende Merkmale hinzu. Bei expressiven Sprechakten ist die Innerlichkeit des Sprechers das entscheidende Moment, bei den direktiven – im Gegensatz zu den kommissiven Sprechakten – der Appell an den Hörer, wenn wir es mit Bühler sagen.

Kommen wir nun noch einmal auf das Verhältnis von Sprachstruktur und Sprechakt zurück und vergleichen wir die searleschen Klassen mit den zu Beginn dieses Abschnitts skizzierten Satzarten. Da fällt auf, dass das Deutsche – und nicht nur das Deutsche, wie wir sehen werden – offensichtlich andere Prioritäten setzt als der Philosoph. So werden im Deutschen Aufforderungssätze klar geschieden von Fragesätzen, und letztere spalten sich noch einmal auf in Entscheidungs- und w-Fragesätze. Nach Searle gehören aber Aufforderungen (als Oberbegriff für Befehle, Anweisungen, Ratschläge usw.) ebenso wie Fragen zur direktiven Klasse. Für Wunschsätze und Ausrufesätze sehe ich keine offensichtliche Entsprechung mit einer der searleschen Klassen. Bei Wünschen ist zwar ähnlich wie bei direktiven oder kommissiven Sprechakten eine „aufsteigende Wort-auf-Welt-Ausrichtung" gegeben – die Welt ist ja möglicherweise oder definitiv leider nicht so, wie wir sie gerne hätten – aber anders als bei direktiven bzw. kommissiven Akten gibt der Sprecher zu verstehen, dass es weder in der Macht des Angesprochenen noch in seiner eigenen steht, daran etwas zu ändern. Durch Ausrufe gibt der Sprecher sein Erstaunen über die Beschaffenheit eines bestimmten Aspektes der „Welt" kund; damit ist aber allenfalls ein geringer Teil der expressiven Sprechakte Searles erfasst. Expressive Sprechhandlungen mit eminent sozialer Funktion wie Grüßen, Sich-Entschuldigen, Danken werden entweder in Form von Aussagesätzen realisiert – „Ich danke dir" zählt als Danksagung, „Es tut mir leid" kann als Entschuldigung dienen. Oder aber wir bedienen uns spezieller Routineformeln wie „danke (sehr)", „Guten Tag", „Entschuldigung", „Verzeihung".

Der Aussagesatz, der Fragesatz und der Aufforderungssatz sind nach König/Siemund[32] die drei grundlegenden Satzarten, die in den meisten, wenn nicht gar allen Sprachen differenziert werden. Dabei verlässt man sich nicht nur auf die Wortstellung und den Verbmodus, wie das im Deutschen in erster Linie passiert, sondern bedient sich auch anderer Mittel, z. B. der Intonation. Wichtig ist, dass es offenbar für Menschen überall auf der Welt ein Bedürfnis ist, mindestens diese Satzarten klar und mit grammatischen Mitteln zu unterscheiden und damit auch für den Hörer einen vergleichsweise direkten Weg vom sprachlichen Ausdruck zur illokutiven Interpretation vorgezeichnet zu haben. Man kann spekulieren, dass sich die spezifischen Muster für Aufforderungen und Fragen schon früh in der Menschheitsentwicklung herausgebildet haben, spielen sie doch für das Zusammenleben eine besonders bedeutsame Rolle. Nicht zu vergessen ist, dass wir neben den direkten, durch die spezialisierten Satzarten vorgegebenen Formen auch über indirekte Möglichkeiten verfügen: Statt rüde zu befehlen „Mach sofort das Fenster zu!" kann man höflicher formulieren „Könntest du bitte das Fenster schließen?" Oder noch indirekter, begleitet von einer Kopfbewegung in Richtung des offenen Fensters: „Es zieht". Solche ‚indirekten Sprechakte' dürften sich im Laufe der Zeit herausgebildet und in verschiedenen Kulturen in unterschiedlicher Weise verfestigt haben, angetrieben von dem Wunsch nach möglichst reibungslosen, gesichtswahrenden oder sozialen Rangunterschieden und Konventionen Rechnung tragenden Verkehrsformen. Dabei verlassen wir uns auf gewisse Kooperationsprinzipien und -maximen. So ist die Frage, ob man das Fenster schließen kann oder könnte, wörtlich verstanden, in den allermeisten Kommunikationssituationen unangebracht oder gar töricht – denn der Angesprochene ist gewöhnlich in der Lage, das zu tun, und diese Fähigkeit steht in der vorliegenden Kommunikationssituation auch überhaupt nicht zur Debatte. Es muss also, so unsere Schlussfolgerung, etwas anderes gemeint sein. Und was liegt näher als eine Aufforderung, genau das zu tun, wozu ich so offensichtlich in der Lage bin.

Der Aussagesatz – das sei nochmals betont – ist der Standardmodus, das „Mädchen für (fast) alles". Er deckt einerseits das zentrale Inventar an repräsentativen Sprechhandlungen ab, wir nutzen ihn also, um z. B. über unseren Arbeitstag zu berichten, um unseren Kindern Märchen zu erzählen, um Spekulatives oder Wahrscheinliches zu behaupten, um Aussagen vor Gericht zu machen oder um Theorien aufzustellen. Auch für Informationen in den Medien, seien es reine Nachrichten, Kommentare oder auch „persuasive" Textsorten, mit denen Meinungsmache betrieben wird, gilt: Ganz überwiegend begegnen uns Folgen von Aussagesätzen. Daneben aber sind sie die ideale Grundlage für interpretative Schlussfolgerungen, durch die wir von Ausgesagtem zu anders Gemeintem kommen: zu Lob und Tadel, zu Vorwurf und Versprechen, zu Klage und Triumph.

Searles Klassifikation, die, wie wir gesehen haben, keine Eins-zu-Eins-Abbildung von empirischen sprachmittelbezogenen Befunden ist – und dies auch nicht zu sein beansprucht – ist zwar besonders einflussreich, blieb aber weder unwidersprochen noch konkurrenzlos. Bereits die immense Rolle des Indirekten oder die Nutzung von unterspezifizierten sprachlichen Mustern wie der Aussage könnten ein Hinweis darauf sein, dass einzelne sprachliche Handlungen oft nicht rein repräsentativ oder rein kommissiv usw. sind, sondern dass sie die Charakteristika verschiedener Klassen auf sich vereinigen. Wir haben das bereits oben an der Äußerung des Ehemanns „Ich schau noch mal in allen Ecken und Schubladen nach" angedeutet: Die Äußerung kann als Versprechen oder als Drohung verstanden werden; sie hat aber in jedem Fall auch einen repräsentativen Anteil, denn sie informiert ja *prima facie* über etwas, was der Fall sein wird. Und unter Umständen – wenn der Ehemann weder beschützende noch bestrafende Intentionen hat und die Ehefrau weder Hoffnungen noch Ängste in

Bezug auf die Suche hegt – bleibt es auch bei der Intention und dem Verständnis als rein repräsentativer Akt.

Die Sprechaktklassifikation, die Jürgen Habermas in seiner „Theorie des kommunikativen Handelns" und anderen Schriften vorschlägt, macht von nur drei Grundunterscheidungen Gebrauch: ‚konstativ' versus ‚expressiv' versus ‚regulativ'. Er betont jedoch, dass damit jeweils nur jener „Geltungsanspruch" charakterisiert werde, „unter welchem […] der Sprecher seine Äußerung *vor allem* verstanden haben möchte".[33] Einen Geltungsanspruch auf intersubjektive Wahrheit geht der Sprecher mit konstativen Sprechakten ein, also mit Behauptungen, Erzählungen, Darstellungen, Erörterungen usw. Das Einverständnis, das er mit dem Hörer erzielen will, liegt in der Anerkennung dieses Wahrheitsanspruchs. Mit dem Geltungsanspruch auf Wahrhaftigkeit werden expressive Sprechakte geäußert; ein Einverständnis wird erreicht, wenn der Hörer den Wahrhaftigkeitsanspruch des Sprechers z. B. für Bekenntnisse, Enthüllungen oder Bekundungen von Gefühlen anerkennt, zu denen nur er einen privilegierten Zugang hat. Einen Geltungsanspruch auf normative Richtigkeit erheben Sprecher bei regulativen Akten. Darunter fallen Befehle, Versprechen, Mahnungen, aber auch bei Searle als deklarative Akte gefasste Handlungen wie Ernennungen oder Taufen. Das Einverständnis zwischen den Kommunikationspartnern hänge hier stets davon ab, „ob die Beteiligten die Handlung als richtig gelten lassen". Konstative Sprechhandlungen sind jene, in denen – zumindest gemessen an ihrem dominierenden Geltungsanspruch – „*elementare Aussagesätze* verwendet werden". Expressive Sprechhandlungen sind jene, in denen „*elementare Erlebnissätze* (der 1. Person Präsens) auftreten". Regulative Sprechhandlungen sind jene, in denen „entweder (wie in Befehlen) elementare *Aufforderungssätze* oder (wie in Versprechen) elementare *Absichtssätze* auftreten".[34] Habermas knüpft mit dieser Dreiteilung explizit an die drei Orientierungsweisen Bühlers an, versteht jedoch das kommunikative Handeln nicht in erster Linie sprachtheoretisch oder sprachphilosophisch, sondern sozialtheoretisch. Für ihn wird „kommunikatives Handeln in erster Linie als ein Prinzip der Vergesellschaftung interessant". Der Blick sei somit zu erweitern auf den „kontextbildenden Horizont der Lebenswelt, aus der heraus sich die Kommunikationspartner miteinander über etwas verständigen".[35]

Fassen wir die dritte Runde zusammen: Mit sprachlichen Äußerungen vollziehen wir Handlungen. Welcher Sprechakt vorliegt, welche Illokution vollzogen wird, ist – zumindest bei ‚direkten Sprechakten' – abhängig von dem an den Wörtern ablesbaren Inhalt der Äußerung, aber auch von ihrer grammatischen Struktur. Der Sinn grammatischer Regeln, von dem oben die Rede war, besteht also darin, das illokutive Potenzial und den propositionalen Gehalt einer Äußerung bereitzustellen. Die Festlegung auf eine bestimmte Illokution ist allerdings nur in einer konkreten Äußerungssituation möglich, und die Verständigung auf ein Gemeintes kann auch dann noch missglücken. Die Sprechaktklassifikationen der Sprachphilosophie stehen nicht in einer Eins-zu-Eins-Beziehung zu den grammatischen Unterscheidungen, etwa nach Satzarten. Das Deutsche verfügt – ähnlich wie Sprachen generell – über Aussagesätze, zwei Unterarten von Fragesätzen und Aufforderungssätze als zentrale Satzarten. Mit Aussagesätzen kann man einen Großteil aller Sprechakte vollziehen, die man anhand der Hunderte von Sprechaktverben des Deutschen unterscheiden kann. Aber nicht zu vergessen: Auch kleine Äußerungen, die man nur in einem Kontext verstehen kann – man denke an die oben diskutierte Äußerung „weg" – können als selbstständige Illokutionen gebraucht werden.

In der nächsten – und letzten – Runde fragen wir nach dem internen Aufbau des propositionalen Gehalts. Wir befassen uns zunächst mit den Teilakten selbst, sodann fragen wir, ob der Aufbau der Proposition in Sprachen, die an der Oberfläche so ganz „anders" sind, im Prinzip letztlich der gleiche sein kann wie in den europäischen Sprachen. Zuvor halten wir einen Augenblick inne und gehen in einem weiteren kurzen Exkurs auf das Verhältnis von Sprache zu Wahrheit und Wirklichkeit ein. Dieser Exkurs führt notwendig zu Fragestellungen, die eher in der Philosophie als in der Sprachwissenschaft bearbeitet werden. Nach meiner Überzeugung muss aber auch die linguistische Semantik sich diesen Problemen stellen. Ich versuche, ohne auf die komplexen Details einzugehen, einen ersten Zugang zu einer mir plausibel erscheinenden Sichtweise zu eröffnen und schließe dabei eng an Arbeiten an, die im Rahmen des so genannten ‚Neuen Realismus' entstanden sind.

5.3 Ein kurzer Exkurs zu Sprache, Wahrheit und Wirklichkeit

Propositionen sagen, was der Fall ist oder auch, wie die Realität beschaffen ist, sofern sie wahr sind. Sie drücken Wahrheitsbedingungen aus. Oder andersherum betrachtet: Das Wirkliche (z. B. Das Portemonnaie ist tatsächlich weg) macht Aussagen (z. B. „Das Portemonnaie ist weg") wahr. Der epistemische Begriff des Wahren fußt auf dem ontologischen Begriff des Wirklichen, des Seienden.

Ist eine semantische Theorie, die sich auf Gedeih und Verderb an Konzepte knüpft, die vielen als obsolet erscheinen, nämlich Wahrheit und Realität bzw. Wirklichkeit, überhaupt haltbar? Mindestens zwei skeptische bzw. ablehnende Positionen sind hier zu nennen: Mentalismus/Kognitivismus und Konstruktivismus. Die mentalistische bzw. kognitivistische Strömung ist am Welt- oder Wirklichkeitsbezug von Sprache schlicht nicht interessiert. Semantik spielt sich für sie im Geist oder im Gehirn ab und zwar als Umsetzung von nicht-sprachlichen

Entitäten, also von emotionalen und kognitiven Zuständen oder gar deren neuronalen Korrelaten, in sprachliche Bedeutungen. Der Sinn von Sprache als Bezug auf und für die Außenwelt wird als uninteressant ignoriert oder zumindest als sekundär erachtet. Diese Form der „Welt-Verachtung" ist in der Linguistik schon seit dem Strukturalismus virulent und mit Chomsky und vor allem dem Aufstieg der Kognitionswissenschaften immer mehr in den Vordergrund getreten. Sie blendet aus meiner Sicht die zentrale Funktion von Sprache weitgehend aus und kann daher einer „welthaltigen" Bedeutungstheorie nicht die Grundlagen entziehen. Der Konstruktivismus ist da weit gefährlicher: Wenn es, wie extrem konstruktivistische Positionen glauben machen wollen, die Wirklichkeit gar nicht gibt, sondern nur Konstrukte, die wir uns selbst als Wirklichkeit oder Wirklichkeiten vorgaukeln, dann ist auch eine Bedeutungstheorie, die in unserem Verhältnis zur Wirklichkeit gründet, gegenstandslos. Was im Übrigen weit gefährlicher ist: Der Konstruktivismus kann – sicher unbeabsichtigt von dessen akademischen Vertretern – auch Nährboden für die Gleichgültigkeit und Toleranz gegenüber Falschnachrichten (*fake news*) und Desinformation sein. Wenn die Wahrheit einer Information keinen essenziellen Wert darstellt, ist eine falsche Nachricht im Prinzip ebenso gut wie jede andere.

In der Auseinandersetzung mit dem Konstruktivismus, die neuerdings unter dem Stichwort ‚Neuer Realismus' geführt wird, werden verschiedene Spielarten unterschieden: ein kausaler, ein begrifflicher und ein repräsentationaler Konstruktivismus. Die beiden ersten setzten eine starke Abhängigkeit der Welt vom Denken voraus. Beim kausalen Konstruktivismus begründen die Konzepte die Gegenstände. Für den begrifflichen Konstruktivismus gilt, dass „unsere Beziehungen zu Gegenständen jeder Art [...] auf jeden Fall eine begriffliche Vermittlung" haben.[36] Beim repräsentationalen Konstruktivismus, der wohl besonders weit verbreitet ist, wird nur eine schwache Abhängigkeit angenommen: Wir sind da nicht die Erschaffer des Universums, aber seine formenden Gestalter. Einer amorphen *hyle*, einer Art ‚Plätzchenteig', verliehen die Schablonen unserer Begriffe Form. Für die letztgenannte Position scheint einiges zu sprechen. Sind wir nicht „doppelblind" oder gar mehrfach blind für die Realität, bzw. schauen wir nicht durch hinter einander geschachtelte Brillen: die Brille des menschlichen Perzeptionsvermögens und der Kognition und die Brille der jeweiligen Sprache? Unsere Sinne täuschen uns bereits. Sie gaukeln uns bunte Farben vor, wo die Wirklichkeit uns elektromagnetische Wellen unterschiedlicher Intensität anbietet. Zudem unterscheidet sich die menschliche Wahrnehmung von der anderer Lebewesen erheblich: Das Insektenauge sieht anders und damit auch Anderes als das menschliche Auge, Hunde hören in anderen Frequenzbereichen, Wale und Fledermäuse orientieren sich im Raum durch über von Hindernissen reflektierte Schallwellen, die meist im nicht für uns hörbaren Bereich liegen.

Und selbst wenn wir die anthropomorphe Struktur unserer Wirklichkeitswahrnehmung in Kauf nehmen, da sprachliche Kommunikation sich ja an Wesen mit gleicher Perzeptionsfähigkeit richtet, steht nicht der Filter unserer Begriffe immer zwischen uns und einer vermeintlichen Wirklichkeit? Und wenn dem so ist, ist dann nicht eine begriffliche Konstruktion so gut wie die andere? Verfechter des Neuen Realismus halten dem vor allem folgende drei Argumente entgegen: das Argument der Widerständigkeit, das Argument der Präexistenz und das Argument der Unterscheidung von Gegenstandstypen. Das erste Argument, die Widerständigkeit der Welt, kehrt immer wieder bei den Befürwortern einer realistischen Position. Es besagt, dass bei allen möglicherweise divergierenden Sehweisen und Interpretationen doch nicht alles geht: Das Wirkliche ‚widersteht' so mancher Konstruktion. Oder um es mit Umberto Eco zu sagen: Trotz der Vielfalt der Interpretationen gibt es „einen *harten Kern des Seins* dergestalt, dass einiges, was man davon und darüber aussagt, weder für gut befunden werden kann noch darf."[37] Eben diese Widerständigkeit ist die Quelle von Erkenntnisfortschritt. Zwar kommen wir oft über lange Zeiten hinweg zurecht, auch wenn wir falsch liegen. Solange alle einen Irrtum teilen, leben wir gut damit. Berühmte Beispiele sind das geozentrische Weltbild, die Vorstellung, die Erde sei eine Scheibe, oder auch die Phlogiston-Theorie. Irgendwann jedoch treten Widersprüche auf – die Realität schlägt zurück – und bessere Erklärungen werden gefunden. Möglicherweise tritt sogar insgesamt ein „Paradigmenwechsel" ein wie etwa in den Naturwissenschaften des 20. Jahrhunderts mit Einsteins Relativitätstheorie oder der Quantenmechanik.[38] Dies gilt selbstverständlich auch heute noch.

Nicht nur für die Wissenschaft, sondern auch für das gewöhnliche Leben der Menschen ist die Widerständigkeit der Welt entscheidend: Solange Mikroorganismen wie Bakterien und Viren als Krankheitserreger noch nicht entdeckt waren, konnte ein Satz wie „Die Pestilenz entsteht durch krankmachende Miasmen in der Luft" für wahr gehalten werden, und die aus dieser Überzeugung resultierenden Maßnahmen zur Bekämpfung der Seuche scheiterten, zumindest überwiegend. Allerdings wurden aber auch im Mittelalter und in der frühen Neuzeit sinnvolle Maßnahmen gegen die Pest ergriffen, wie etwa die Isolierung von Kranken oder das Tragen einer Art Schutzkleidung beim Kontakt mit den Kranken. Das spricht dafür, dass die aus Erfahrung resultierende praktische Vernunft durchaus dem Stand der wissenschaftlichen Erkenntnis überlegen sein kann. Aber auch diese praktische Vernunft ergibt sich aus Erfahrungen mit der Welt und ihren Widrigkeiten.

Eines populären Beispiels bedient sich das Argument der Präexistenz: Die Bezeichnung ‚Tyrannosaurus Rex' gäbe es ohne uns Menschen nicht. In diesem Sinne mag eine repräsentationale Abhängigkeit bestehen. Aber es wäre absurd anzunehmen, dass es die lange vor der Existenz der menschlichen Spezies ausgestorbene Dinosaurier-Art ohne uns Menschen nicht gäbe. Oder das Argument auf den philosophentypischen widersprüchlichen Punkt gebracht: „als es den Tyrannosaurus Rex gab, gab es uns nicht, also gab es den Tyrannosaurus Rex nicht, als es den Tyrannosaurus Rex gab."[39]

Mit dem Argument der notwendigen Unterscheidung von Gegenstandstypen verwahren sich die Realisten gegen die konstruktivistische Tendenz, alles, was da ist oder wovon wir denken, dass es da sei, über einen Kamm zu scheren. Vielmehr gebe es die reale Welt, die nach Aussage von Susan Haack „sehr heterogen"[40] ist, ein „pluralistisches Universum"[41]. In ihm existieren nach Maurizio Ferraris Gegenstände verschiedener Kategorien: natürliche Gegenstände in Raum und Zeit, die unabhängig von den Subjekten existieren, ideale Gegenstände außerhalb von Raum und Zeit, jedoch in ihrer Existenz unabhängig von den Subjekten, Artefakte in Raum und Zeit, die in ihrem Entstehen abhängig von den Subjekten sind, und soziale Gegenstände, die in Raum und Zeit existent, in ihrem Entstehen und Fortdauern jedoch abhängig von den Subjekten sind. „Es gibt Bereiche des Seins, und diese sind mehr oder weniger nah an der fokalen Bedeutung der Existenz als Widerständigkeit in einer Umwelt."[42]. Markus Gabriel spricht in ähnlichem Sinne davon, dass es „sowohl Gegenstandsbereiche gibt, die maximal modal robust charakterisiert werden müssen, als auch Gegenstandsbereiche, für die dies nicht gilt"[43] und nennt als Beispiele für letztere die Finanzwirtschaft, freie demokratische Gemeinwesen oder die Celan-Forschung. Soziale Gegenstände, historische Ereignisse, Gegenstände aus Recht, Gesellschaft, Kultur wie diese seien zumindest teilweise „davon abhängig, dass wir ein Verständnis von ihnen haben". Sie existierten nur in einem „Sinnfeld".

Jocelyn Benoist spricht etwas bescheidener von einem „Kontextualismus": Der Gehalt unserer Aussagen selbst sei abhängig von der Art unserer Interaktion mit dem Kontext; erst in diesem Kontext lege er sich fest und nur unter dieser kontextuellen Festlegung könne er jeweils wahr oder falsch sein. Benoist zeigt – so interpretiere ich ihn – die Kontextabhängigkeit (oder auch im wittgensteinschen Sinne die Gebrauchsabhängigkeit) sowohl für den referenziellen Gebrauch von Inhaltswörtern als auch den prädikativen (vgl. dazu genauer die Ausführungen in der nächsten Runde). Welche geografische Region wir heute unter *die Nordsee* (ein referenzieller Ausdruck) verstehen, ist ziemlich verschieden von dem, was in früheren Zeiten unter einem wörtlich gleich bedeutenden Ausdruck verstanden wurde, etwa dem lateinischen *Septentrionalis Oceanus*. Daher ist der Wahrheitswert eines Satzes wie „Die Nordsee umfasst so und so viel Quadratmeter" entscheidend davon abhängig, ob ich z. B. *die Nordsee* wie die Römer gebrauche oder etwa im Anschluss an „die Nomenklatur der Internationalen Hydrografischen Organisation".[44] Mit der Aussage „der Schnee ist weiß" kann ich ganz verschiedene Sachen meinen, wobei jeweils verschiedene

„Weißheitsnormen" ins Spiel kommen: Ich kann eine ‚generische' Aussage machen, nach der Schnee im Allgemeinen weiß und nicht schwarz oder grün ist. Oder ich kann eine partikuläre Aussage machen, z. B. indem ich den neu gefallenen Schnee von heute Nacht als weiß charakterisiere, im Gegensatz zu dem Altschnee auf derselben Fläche von gestern, der nicht (mehr) weiß war.

Die Unterscheidung verschiedener Gegenstandstypen mit unterschiedlicher Nähe zu objektiven Gegebenheiten, die Rückbindung sozialer Gegenstände an hermeneutische Sinnfelder sowie die Berücksichtigung des Kontextes machen den Neuen Realismus auch für Skeptiker, die einer konstruktivistischen Position einiges abgewinnen können, aus meiner Sicht attraktiv. Der Geltungsanspruch auf Wahrheit kann als semantische Richtschnur aufrecht erhalten bleiben, wenn wir die komplexe Struktur der Wirklichkeit berücksichtigen.

6 Vierte Runde: Referenz und Prädikation

6.1 Der Aufbau der Proposition

Aus dem propositionalen Gehalt einer Äußerung schlussfolgern wir, worum es geht, was in der ‚Welt' gelten mag oder auch nicht. In aller Regel setzt sich die Proposition aus mindestens zwei Bausteinen zusammen oder in der Redeweise der Sprechakttheorie aus zwei Teilakten: Referenz und Prädikation. In unserer Beispieläußerung „Das Portemonnaie ist weg" dient „das Portemonnaie" zur Referenz, „ist weg" zur Prädikation. Mit „das Portemonnaie" referiert die Ehefrau in der genannten Situation auf einen Gegenstand, der – wie wir aus der Kenntnis der Wortbedeutung von *Portemonnaie* wissen – zur Aufbewahrung von Bargeld, Kreditkarten, Fotos der Lieben usw. dient und der – mutmaßlich – der einzige Gegenstand dieser Art in ihrem Besitz oder zu ihrer aktuellen Verfügung ist. Mit „ist weg" prädiziert die Sprecherin von eben diesem Gegenstand etwas. Sie schreibt ihm ‚Abwesenheit' zu. Oder vielmehr, da wir ja das illokutive Moment der Behauptung abziehen müssen: Sie bringt für ihn das Prädikat ‚abwesend' ins Spiel.

Was tun wir aber genau, wenn wir referieren und prädizieren? Was in so selbstverständlicher Weise geschieht, ist nur schwer analytisch zu fassen. Dies zeigen die in mehrfachen Anläufen sich vollziehenden Annäherungen an ein angemessenes Verständnis der beiden Teilakte in Ernst Tugendhats „Einführung in die sprachanalytische Philosophie". Tugendhat wendet sich zunächst der Prädikation zu. Er führt die Prädikation auf die elementare Handlung des Charakterisierens oder Kategorisierens zurück, die im frühkindlichen Spracherwerb erlernt und praktiziert wird, wo ‚Quasiprädikate' wie „wauwau", oder auch „bär", „rot" als Einwort-Äußerungen im Zeigen-und-Benennen-Spiel gebraucht werden.⁴⁵ Die erklärende Person zeigt auf etwas und äußert das Quasiprädikat. Wiederholte ‚Anwendungen' desselben Quasiprädikats auf dasselbe „etwas" und – ebenso wichtig – auch auf ein anderes „etwas" müssen erfolgen. Neben exemplarischen Vorführungen der richtigen Verwendung sind auch Demonstrationen unrichtiger Verwendung sowie Bestätigungen richtiger wie auch Korrekturen unrichtiger Verwendung seitens des Kindes wesentliche Schritte: Die richtige Verwendung erlernen heißt ja, einen Charakterisierungsausdruck auf Verschiedenes anwenden können – z. B. auf verschiedene „etwas", die Bären oder rot sind – und seine Anwendung auf andere „etwas" – z. B. auf „etwas", das kein Bär oder nicht rot ist – zurückweisen können. Der Schritt von der Quasiprädikation zur Prädikation ist dann vollzogen, wenn auch außerhalb einer Wahrnehmungssituation, in der ein entsprechendes „etwas" gegeben ist, der Charakterisierungsausdruck auf dieses „etwas" angewandt werden kann, wenn also z. B. über ein abwesendes Tier als Bär gesprochen oder ein abwesender Ball als rot charakterisiert wird. Bei der Quasiprädikation bedienen wir uns des Zeigens, des gestischen Hindeutens mit der Hand oder einer Kopfbewegung. Auf diese Weise sparen wir eine sprachliche Repräsentation für das „etwas", für den Gegenstand unserer Prädikation ein. Gestisch kann ich auf konkrete Dinge deuten, sie ggf. auch anfassen oder gar „umfassen" und z. B. in der Hand halten. So kann ich das gemeinte „etwas" vergleichsweise sicher für den Adressaten identifizieren.

Allerdings ist mit einer gelungenen Identifikation keineswegs gesichert, dass auch die Quasiprädikation genau so verstanden wird, wie der Sprecher sie gemeint hat. Im kindlichem Spracherwerb werden, wie angedeutet, Versuch und Irrtum allmählich Missverständnisse beseitigen: Wenn das Kind zu Beginn unter dem Ausdruck *Bär* nur Stoffbären oder gar nur den eigenen geliebten Stoffbär verstehen mag,⁴⁶ lernt es im Laufe der Zeit den vollen Umfang der Bezeichnung kennen und verfügt schließlich in ähnlicher Weise wie ein Erwachsener über den entsprechenden charakterisierenden Begriff.

Berühmt hingegen sind Missverständnisse, die beim Kontakt mit Angehörigen indigener Völker auf Reisen europäischer Entdecker oder Eroberer vorkamen und die bleibende Spuren in den heute üblichen Benennungen hinterlassen haben. So geht der Ausdruck *Känguru* (bzw. englisch *kangaroo*) auf das Wort *gangurru* zurück. Dieses Wort hörte ein Naturwissenschaftler, der 1770 James Cook bei dessen erster Australienreise begleitete, beim Landgang von den Aborigines. Als er auf ein auf den Hinterbeinen vorbeihoppelndes Tier deutete, gab man ihm Bescheid, und er übertrug *gangurru* in sein eigenes englisches Idiom als *kangoroo*. Allerdings bezeichnet *gangurru* in der Sprache Guugu Yimidhirr nur eine Untergattung der entsprechenden Beuteltierfamilie, ein Graues Riesenkänguru, nicht wie in der englischen, deutschen oder europäischen Version insgesamt die ganze Familie. Hinter diesem Missverständnis steht also das vernünftige

Prinzip der hierarchischen Ordnung, hier speziell das der zoologischen Taxonomie. Ein Exemplar einer Unterklasse, z. B. ein Graues Riesenkänguru, ist notwendig auch Element der Oberklasse, hier ein Känguru. Und ich kann prinzipiell mit meinen Bezeichnungen auf einer beliebigen der Hierarchieebenen ansetzen. Ich könnte auch mit *Tier* ganz nach oben gehen oder mit *Östliches Graues Riesenkänguru* (oder *Westliches Graues Riesenkänguru*) auf die spezifischere Ebene der Spezies.

Sprecher, Europäer wie Australier, sind nun aber keine wissenschaftlichen Taxonomiker, sondern sie greifen in Bezeichnungssituationen dieser Art in aller Regel auf die „mittlere" Hierarchiestufe einer Volkstaxonomie zu: Die alleroberste ist mit Ding, Lebewesen oder Tier wenig informativ; bei den Ebenen ganz unten – z. B. den Rassen bei Haustieren – kennt sich der Sprecher oft gar nicht aus oder setzt eine entsprechende Kenntnis oder ein Interesse beim Adressaten nicht voraus. Diese mittlere Ebene der Kategorisierung von insgesamt maximal fünf so genannten ‚ethnobiologischen' Ebenen, die generische, wurde mit Untersuchungen in den 1970er Jahren, z. B. von Berlin et al.[47], u. A. durch psycholinguistische Experimente als generell gültiger Standard für uns Menschen gezeigt. Das bedeutet jedoch nicht, dass in allen Kulturen und in allen Sprachen dieselbe quasi objektive Hierarchie mit einer fixen generischen Ebene auszumachen wäre. Vielmehr kann – ganz abgesehen von den möglicherweise divergierenden Kenntnissen und Einschätzungen der taxonomischen Zusammenhänge in der Realität – die generische Ebene eher nach oben hin, bei Lebewesen etwa die Ebene der Art oder Gattung, geschoben werden oder nach unten, wie es eben bei der inkongruenten Ebenensetzung für Känguru-Tiere der Fall war. Wo genau auf eine mittlere Ebene sprachlich eingependelt wird, hängt sicher mit von den Lebensumständen in der entsprechenden Kultur und von der Relevanz der entsprechenden Dinge für die Lebensform der Menschen ab. Anzunehmen ist, dass hohe Relevanz etwa von bestimmten Naturerscheinungen, Pflanzen und Tieren tendenziell zu einer stärkeren Differenzierung der Prädikate führt und damit u. U. auch zu einer vergleichsweise niedrig angesetzten generischen Ebene der Klassifikation.[48]

Auch in einer Wahrnehmungssituation kann ergänzend zum gestischen Zeigen sprachlich „gezeigt" werden mit Ausdrücken wie *das da, der da vorn*. Mit solchen ‚deiktischen' Ausdrücken wird eine Art primärer Referenz vollzogen. Auf Abwesendes, z. B. das Portemonnaie der Ehefrau, allerdings können wir weder gestisch noch sprachlich zeigen. So sind wir denn außerhalb der sinnlichen Sphäre allein auf sprachliche Mittel der Referenz ohne deiktischen Anteil angewiesen. Wie greifen wir sprachlich aus der Fülle des Seienden Bestimmtes heraus? Wie sichern wir, dass genau der von uns mit einem Ausdruck, den wir referierend verwenden, gemeinte Gegenstand auch von den Adressaten als Referent erkannt wird – und nicht etwa ein anderes Ding oder ein Teil des Gegenstandes, den wir meinten, usw.?

Eigennamen, so könnte man annehmen, sind hier das probate Mittel. Wenn etwas durch einen offiziellen oder privaten Taufakt, einen Akt der Namensvergabe, benamst wurde, haftet dieser Name ihm wie ein Etikett an. Der Name kann von allen, denen der Name x und der Namensträger y bekannt sind – und natürlich die Tatsache, dass y den Namen x trägt – abgerufen und referenziell gebraucht werden. Die Verständigung kann problemlos gelingen, denn über Namen, die ja bekanntlich Schall und Rauch sind und keine, ggf. strittige, Charakterisierung des Namensträgers durch den Sprecher ausdrücken, ist man vorverständigt und streitet oder missversteht sich daher eher seltener. Vorausgesetzt, es kommt nur ein einziger Gegenstand, der diesen Namen trägt, im jeweiligen Kontext in Frage. Der Vorrat an Namen, zumal für Personen, ist groß, aber nicht unbegrenzt. Durch die Kombination von Vor- und Familiennamen wird in unserer Gesellschaft eine gewisse Vereindeutigung auch außerhalb konkreter Verwendungssituationen erreicht, aber im Normalfall bei weitem keine eindeutige Zuordnung. Allein in einer kleinen Gemeinde wie meinem Heimatort Angelbachtal kann es mehrere Namensträger für Allerweltskombinationen wie *Peter Bender*, *Anna Maier* usw. geben. Auch Namen von Ortschaften sind oft mehrfach vergeben, denken wir an die zahlreichen deutschen Neustadts oder Weils, deren Namen durch Zusätze vereindeutigt werden müssen, wie etwa bei *Neustadt an der Weinstraße* oder *Weil am Rhein*.

Namen sind somit praktisch, aber auch aufwendig: Sie gehören nicht zu unserem „normalen" Wortschatz, den wir als Kinder erlernen und der durch ein Netz von strukturellen und bedeutungsmäßigen Beziehungen geordnet ist. Eigennamen sind im Wortschatz isoliert. Selbst wo z. B. Familiennamen aus einer Berufsbezeichnung hergeleitet sind, weichen sie oft von der für diese geltenden Schreibweise ab – man denke an *Schmidt, Schmitt* oder *Maier, Mayer, Mair* gegenüber den Berufsbezeichnungen *Schmied* und *Meier*. Strukturell sind sie häufig unmotiviert, oder der Aufbau aus mehreren Teilen führt in die Irre: Die Stadt Frankfurt ist keine Furt, Freiburg keine Burg. Eigennamen mögen geschichtlich eine Motivation haben, heute jedoch sind sie als inhaltsleer zu betrachten. So sind sie für viele Menschen schwer zu memorieren – aber für die meisten wohl immer noch besser als Telefonnummern oder Passwörter. Daher wird in allen Sprachen nur ein ganz bestimmter kleiner Bereich von Gegenstandstypen konventionell mit einem Eigennamen belegt. Einen Eigennamen verdient nur, was vergleichsweise „nahe an *ego*", an der eigenen Person ist.[49] Oft ist auch emotionale Nähe, Wertschätzung oder Bindung ein Benamsungsgrund – da wird dann vorzugsweise zu Kosenamen oder Koseformen konventioneller Namen gegriffen. Näher als andere Menschen ist uns im Allgemeinen nichts, danach folgen in der „Namenswürdigkeit" Haustiere, geografische Größen (Ortschaften, Gewässer, Gebirge), aber auch Institutionen, Firmen, Vereine und – erstaunlicherweise – Schiffe oder auch Stürme wie die berüchtigten Stürme Lothar oder Kyrill und Hochs bzw. Tiefs in der Wettervorhersage.

Wo Eigennamen nicht greifen, also auf dem weiten Feld der nicht namenswürdigen Gegenstände, sind wir auf **andere Formen referenzieller Ausdrücke** angewiesen. In den europäischen Sprachen sind dies in erster Linie Nominalphrasen, also Ausdrücke mit einem Substantiv als Kern wie *das Portemonnaie, mein alter Geldbeutel, der sowieso schon total verschlissen ist* oder auch *der Verfasser des Faust, der erste Mensch auf dem Mond* oder *die Hauptstadt von Italien, die Drei von der Tankstelle*. Nominalphrasen dieser Bauart werden als Kennzeichnungen oder auch als definite Deskriptionen bezeichnet. Mit ihnen kann man Individuen, auch Gruppen von Individuen – wie etwa Peter, Robert und Fritz als die Drei aus der Filmkomödie „Die Drei von der Tankstelle" – eindeutig identifizieren. Sie leisten also annähernd dasselbe wie Eigennamen – wenn auch auf andere Weise.

Während Eigennamen wie *Max Müller* oder *Rom* nichts über den Namensträger aussagen, sind Kennzeichnungen aussagekräftig. Man kann den Vergleich mit einer Kontoführung heranziehen: Zunächst ist das individuelle Konto, das wir zu einem Namensträger mental anlegen – oder auch das Gemeinschaftskonto, auf das viele z. B. über Wikipedia Zugriff haben – leer, Individuen sind „unbeschriebene Blätter". Mit jeder neuen Kennzeichnung – z. B. *das erste Kind von Peter und Anna Müller* oder *die Hauptstadt Italiens* – akkumuliert sich das Konto, Eintragungen werden gemacht, revidiert, gestrichen. Natürlich kommen auch unzutreffende Kennzeichnungen auf, die vom Namensträger oder zuständigen Stellen nicht autorisiert werden.

Werden ein Eigenname und eine Kennzeichnung zur Referenz auf dasselbe Individuum gebraucht, heißt das nicht, dass sie schadlos – für die Wahrheitsbedingungen des Satzes, in dem sie gebraucht werden – durch einander ersetzbar sind. Referenzidentität fällt nicht mit Sinngleichheit zusammen. Neil Armstrong war, soweit wir wissen, der erste Mensch auf dem Mond. Der Satz *Neil Armstrong wurde im Jahr 1930 bei Wapakoneta in Ohio geboren* enthält eine zutreffende biografische Information, ist also ein wahrer Satz. Dasselbe dürfte nach unserem Wissen auch zutreffen für *Der erste Mensch auf dem Mond wurde im Jahr 1930 bei Wapakoneta in Ohio geboren*. Sollte es sich allerdings herausstellen, dass eigentlich Buzz Aldrin der erste war oder dass schon Jahre zuvor den Sowjets heimlich eine Mondlandung gelungen war oder gar Raumschiffe einer untergegangenen Kultur vor Jahrhunderten mal da waren, bleibt der Satz mit dem Eigennamen nach wie vor wahr, der Satz mit der Kennzeichnung erwiese sich im Nachhinein als irrtümlich und falsch.

Wenn man als ersten Satz eines Textes liest „Ein Kollege fragte, warum ich mal in der DKP war und warum ich ausgetreten bin" (Kolumne von Martenstein, ZEIT-Magazin vom 19.04.2018), versteht man, dass der Autor einen bestimmten Referenten für *ein Kollege* im Auge hat. Als Leser aber kann man im Allgemeinen diese Person nicht identifizieren. Bestenfalls weiß man über eine ganze Reihe von ehemaligen oder derzeitigen Journalisten-Kollegen von Martenstein Bescheid. Es könnte sich also z. B. um A oder B oder C gehandelt haben – eine bestimmte oder ‚spezifische', aber für den Leser allenfalls durch Nachforschung identifizierbare Person. Wenn es dagegen in demselben ZEIT-Magazin in einem Rezept für „Karottenpuffer mit Joghurtsoße" heißt „Mit einem Esslöffel die Puffer in die Pfanne setzen", dann wissen wir, dass wir irgendeinen Esslöffel, der gerade zur Hand ist, also jeden beliebigen Esslöffel nehmen können. Weder die Autorin noch die Leser legen sich auf einen bestimmten Esslöffel fest. Es kann Löffel 1 oder 2 oder 3 usw. aus meiner Schublade sein. Hier verweist man mit *ein ...* nicht auf ein spezifisches, dem Hörer noch unbekanntes Etwas; es handelt sich um einen ‚unspezifischen' Gebrauch. Immerhin kann man beide Verwendungen über ein „oder" erklären und so ihre Gemeinsamkeiten erkennen. Wir gebrauchen also nicht von ungefähr in diesen unterschiedlichen Fällen dasselbe Wort, den indefiniten Artikel.

Der indefinite Artikel und andere Wörter, etwa *dieser, mancher, einige, jeder, alle*, leisten also kompliziertere Formen der Referenz, bei denen anders als beim definiten Artikel *der, die, das* nicht direkt auf ein bestimmtes identifiziertes Individuum oder eine Gruppe verwiesen wird, sondern nur Hinweise auf die Identifizierbarkeit angezeigt werden: Ist es beim indefiniten Artikel ein Abchecken von Kandidaten über „oder", so handelt es sich bei *jeder* und *alle* um ein Abchecken und Auflisten von Kandidaten über „und". Wenn alle EU-Staaten auf Dauer der Euro-Zone angehören müssen, dann müssen auch Bulgarien, Polen und Ungarn usw. in absehbarer Zeit der Euro-Zone beitreten. Abchecken über „oder" bzw. „und" funktioniert allerdings nur dann, wenn es um real existierende und bekannte Objekte wie Martensteins Kollegen oder die EU-Staaten geht. Wenn wir über einen neuen Stern in der Galaxis oder alle Menschen sprechen, ist diese Rekonstruktion nur ein Hilfsmittel, eine Art „wittgensteinsche Leiter": Wir werfen sie weg, nachdem sie uns ein Grundverständnis verschafft hat. Referenz ist also, sieht man von Eigennamen und Kennzeichnungen vielleicht einmal ab, kein einfacher „Zugriff", sondern eine abstrahierende gedankliche Operation im konkreten oder virtuellen Raum der Objekte. Im Grenzfall kann sie auch darin bestehen, dass alle in Frage kommenden Objekte verworfen werden. Das passiert z. B., wenn eine Nominalphrase mit dem Negationsausdruck *kein* gebraucht wird: „Kein Schwein ruft mich an, keine Sau interessiert sich für mich" heißt es in einem Songtext von Max Raabe.

Prädikation erfolgt in den uns vertrauten Sprachen in erster Linie über Verben bzw. die finiten Verbformen im Satz wie etwa *scheint* oder *blühen* in *Die Sonne scheint, die Maiglöckchen blühen*. So genannte Vollverben wie *scheinen* oder *blühen* schreiben den Referenten bestimmte Zustände, Prozesse oder auch Tätigkeiten (wie in *Die Schüler schreiben*) zu. Das Prädikat eines Satzes kann aber auch aus einem ‚Kopulaverb', einer Art Hilfsverb, nämlich *sein*, *werden* oder *bleiben*, und einem Adjektiv oder einem Substantiv oder einer ganzen Nominalphrase, manchmal auch einem Adverb, bestehen wie in: *Maiglöckchen sind weiß, Maiglöckchen sind Blumen, Maiglöckchen sind die schönsten Blumen des Frühlings* oder „Der Sommer war sehr groß" (Rilke, Herbsttag), „Merkel bleibt Bundeskanzlerin" (Handelsblatt vom 14.03.2018), *Deutschland wird (nicht) Fußball-Weltmeister, Das Portemonnaie ist weg*. In vielen Sprachen braucht man keine Kopulaverben, sondern setzt einfach Adjektiv, Substantiv usw. als Satzprädikat. Im Ungarischen braucht man keine Entsprechung von (*er/sie/es*) *ist* und (*sie*) *sind*. Nur wenn andere Personen, Zeiten und Modi ins Spiel kommen, wird die entsprechende Form des Kopulaverbs *van* ‚sein' gesetzt. Auch im Deutschen kann in Schlagzeilen, Hinweisschildern oder generell im Telegrammstil das Kopulaverb eingespart werden wie in der Schlagzeile aus der ZEIT vom 19.04.2018: „Fifa völlig digital" – *ist* oder *wird* wäre mitzudenken. Möglich wird dieser ökonomische Sprachgebrauch, weil auch Adjektive und Substantive und andere ‚Inhaltswörter' semantisch als Prädikate, als Charakterisierungen bzw. Kategorisierungen funktionieren. Nur auf der syntaktischen Ebene bedürfen sie in bestimmten Sprachen der Stütze durch ein Kopulaverb, sofern es um das zentrale Satzprädikat geht. Ihre prädizierende Funktion entfalten Substantive z. B. im Deutschen in erster Linie im Rahmen von Nominalphrasen: Wenn Martensteins Kollege etwas fragt, dann wird ja von A, B oder C, den Martenstein gemeint hat, prädiziert – also auf seinem Konto gutgeschrieben oder gecheckt –, dass der eben ein Kollege von Martenstein ist. Auch wenn das in der aktuellen Aussage nicht eigens thematisiert, sondern vorausgesetzt wird.

Referenz und Prädikation ergänzen einander und sind interpretatorisch aufeinander angewiesen. Wir brauchen etwas, an dem wir unsere Zuschreibungen festmachen können, also Referenz; aber Referenz ohne Zuschreibung, ohne Prädikation, ist meist witzlos. Wenn wir z. B. in einer brenzligen Verkehrssituation rufen: „ein Radfahrer", wird zwar nur ein referenzieller Ausdruck geäußert. Was wir aber meinen, ist: „Ein Radfahrer kommt uns in die Quere". Mit der Implikation: „Das kann gefährlich werden".

Auf der anderen Seite prädizieren wir nur in Ausnahmefällen ohne zu referieren, etwa bei Äußerungen wie „Es regnet" oder „Es blitzt". Das *es* steht hier nicht für einen anderen Ausdruck, z. B. *das Wetter*. Sonst müsste man ja *es* gegen *das Wetter* austauschen können. Im Deutschen regnet aber nicht das Wetter und auch sonst nichts – sie (die Wolke) regnet nicht, er (der Himmel) auch nicht. Wir machen keinen Gegenstand aus, der die Eigenschaft hätte zu regnen, sondern verwenden ein ‚nicht-referenzielles' oder auch ‚referenziell leeres' *es*. *es* wird aus syntaktischen Gründen gebraucht; inhaltlich ist es leer. Allenfalls könnte man annehmen, man beziehe sich ganz pauschal mit *es* auf die Situation. Wetterereignisse können aber auch anders sprachlich inszeniert werden. Im Italienischen oder Spanischen z. B. muss ein Personalpronomen nur gesetzt werden, wenn der Bezug aus dem Zusammenhang nicht klar wird oder wenn der Referent besonders hervorgehoben werden soll – die Personalendung des Prädikatsverbs kann zusammen mit dem Kontext hier zur Erschließung des gemeinten Referenten herangezogen werden – ohne dass man annehmen müsste, die Personalendung sei selbst ein referenzieller Ausdruck. Damit entfällt in solchen Sprachen der Zwang, aus syntaktischen Gründen ein Pronomen zu setzen; man begnügt sich mit dem prädizierenden Ausdruck, also dem finiten Verb wie in italienisch *piove* oder spanisch *llueve* (wörtlich ‚regnet'). Im Polnischen sagt man *pada deszcz* (wörtlich ‚fällt Regen') oder kurz *pada* (‚fällt'). Im Polnischen wird also einem Gegenstand, dem Regen, die Eigenschaft ‚fallen' zugesprochen. Diese Inszenierung des Wettergeschehens ist übrigens auch im Deutschen möglich – „Weine nicht, wenn der Regen fällt, tam, tam", sang einst Drafi Deutscher –, wenn auch nicht der Standardfall.

Neben dem klassischen Fall: ein Referent (oder genauer: die Belegung für **eine** Referenzstelle) + ein Prädikat bilden die semantische Struktur des Satzes, gibt es also auch die Abweichung der formal rein prädizierenden Struktur. Außer Acht gelassen haben wir bisher jedoch den sehr viel häufigeren Fall, dass verschiedene Referenzstellen in einem Satz über eine Prädikation verbunden sind. Ein Beitrag aus der Serie „Prüfers Töchter" (ZEIT-Magazin vom 03.05.2018) unter der Überschrift „Ich wünsch mir Geld" beginnt so: „Ich verschenke an unsere Kinder keine Geldbeträge. Ich kaufe lieber Sachen. Zu Weihnachten bekam Greta etwa eine große bunte Bastelkiste." In der Überschrift gibt es zwar nur zwei Referenten, aber drei Referenzstellen: Da tritt, wenn man so will, die Sprecherin – es ist eine von Prüfers Töchtern – in eine Wunschbeziehung zu Geld, Geld als solchem, und zwar für sich selbst. Sie könnte ja altruistischer auch sagen „Ich wünsch dir Geld" oder „Ich wünsch meinem Vater Geld". Der erste Satz des Textes bringt wieder drei Referenten zusammen: den Vater (das Ich), „unsere" Kinder und irgendwelche Geldbeträge, die allerdings nicht verschenkt werden. Der zweite Satz bedient zwei Referenzstellen: wieder den Sprecher und (in indefinit unspezifischer Referenz) Sachen. Auch der dritte Satz hat zwei Referenten: Greta, Prüfers Tochter, und eine große bunte Bastelkiste. Dieses dem Leser unbekannte, aber spezifische, wohl bestimmte Referenzobjekt ist das Etwas, das Greta zu Weihnachten bekam. Verben als Prädikate können also eine, zwei oder drei, vielleicht auch mal vier ‚Leerstellen' bzw. ‚Argumentstellen' haben, in die sich jeweils die referenziellen Ausdrücke einpassen.

In der klassischen Prädikatenlogik spricht man von n-stelligen Prädikaten (wo n eine natürliche Zahl ist). Ist n größer als eins, handelt es sich um Relationen, Beziehungen zwischen Größen. In der Sprachwissenschaft wurde die Tatsache der relationalen Natur der meisten Prädikate lange Zeit ignoriert. In der Tradition der antiken Logik und Grammatik wurde vielmehr das einstellige Prädikat verabsolutiert. Aristoteles spricht mit Bezug auf die logische Aussage von ὑποκείμενον (hypokéimenon) ‚Zugrundegelegtes' und κατηγορούμενον (kategorúmenon) ‚Ausgesagtes'. Der spätrömische Gelehrte Boethius interpretierte das jeweils grammatisch um als *subiectum* und *praedicatum*. Bei relationalen Prädikaten wurden die „überzähligen" Argumentstellen einfach in das Prädikat hineinverlagert und der einen, wichtigsten Stelle untergeordnet. Und das ist durchaus eine logisch korrekte Operation: Statt im Falle von Herrn Prüfer und den Sachen eine gleichberechtigte Kauf-Relation anzunehmen, kann man auch Prüfer als die Person betrachten, der das Prädikat ‚Sachen kaufen' zugesprochen wird. Diese Sehweise hat sehr viel mit der syntaktischen Struktur der europäischen Sprachen zu tun, in der eine Stelle, die Stelle des Subjekts, eine ausgezeichnete Rolle spielt, unter anderem, weil dieses Satzglied das Privileg hat, mit dem Prädikatsverb z. B. in Person und Numerus übereinzustimmen, zu ‚kongruieren'. Auch semantisch spielt die Subjektstelle eine besondere Rolle: So nimmt in unserem Beispiel bei einem Handlungsverb wie *verschenken* oder *kaufen* die handelnde Person die Subjektstelle ein, nicht etwa der verschenkte oder gekaufte Gegenstand.

6.2 Die Bestandteile der Proposition – außereuropäisch

Ist – so könnte man annehmen – die Aufteilung der Proposition in Referenz und Prädikation ein aus der beschränkten Sicht europäischer Sprachen erwachsenes Konstrukt, das universal nicht haltbar ist? Ja und nein. Nein, denn die Unterscheidung ist wohl für alle Sprachen gültig, und ist insofern nicht eurozentrisch. Aber ja: Wie sie uns seit der Antike präsentiert wird, das ist von der syntaktischen Struktur der europäischen Sprachen geprägt. Referenz und Prädikation können auch ganz anders sprachlich realisiert werden. Ein zentraler Gesichtspunkt ist dabei, dass keineswegs alle Sprachen zwischen Substantiven und Verben so klar unterscheiden, wie das etwa im Deutschen geschieht. Es gibt einen längeren Streit unter den Typologen, ob diese Unterscheidung ein ‚Universale' ist. Vieles spricht dagegen. Wenn diese Grundunterscheidung fehlt, werden auch Nominalphrasen und verbale Prädikate als die typischen Realisierungsformen von Referenz und Prädikation nicht anzutreffen sein, da diese sich ja jeweils um einen substantivischen bzw. verbalen Kern herum konstituieren.

Im Cayuga jedenfalls, einer in Ontario/Kanada nur noch von wenigen Sprechern gesprochenen Sprache der irokesischen Sprachfamilie, scheinen Konzepte für Dinge in ähnlicher Weise wie Konzepte für Ereignisse und Handlungen sprachlich ausgedrückt zu werden, nämlich in der Form vollständiger Propositionen: Jedes Inhaltswort – also insbesondere die Entsprechungen für unsere Substantive und Verben – wird durch ein Prädikat repräsentiert, dessen Leerstellen obligatorisch durch eine Art vorangestellte pronominale Affixe gesättigt sind. Bei ‚Ding'-Konzepten ist im Allgemeinen mit nur einer pronominal gefüllten Leerstelle zu rechnen; außerdem wird Gegenständlichkeit, also (relative) Unveränderlichkeit in der Zeit, noch durch ein Suffix angezeigt. Die Konzepte ‚Tür' oder ‚Löffel' (denen im Deutschen Substantive entsprechen) werden also durch einstellige Prädikatsausdrücke erfasst, deren Leerstelle durch ein Affix gefüllt ist, das in etwa dem neutralen oder ‚nicht-menschlichen' Personalpronomen der 3. Person entspricht. Am ehesten sind die Ausdrücke für ‚Tür' und ‚Löffel' dann paraphrasierbar durch ‚es türt' bzw. ‚es ist (eine) Tür'; ‚es löffelt' bzw. ‚es ist (ein) Löffel'. Ereignis-Konzepte hingegen können mehrere Leerstellen und entsprechend mehrere Pronominalaffixe haben, ebenso auch verschiedene Suffixe, etwa um Zustände und Veränderungen anzuzeigen. Wie aber kommen dann Sätze in unserem Sinne zustande? Wie werden Ding-Konzepte und Ereignis-Konzepte miteinander verbunden? Durch Verkettung der einzelnen atomaren Propositionen für das Ereignis-Konzept und für die Ding-Konzepte und durch Wiederaufnahme der jeweils miteinander ‚koreferenziellen' – also auf denselben Gegenstand verweisenden – pronominalen Affixe. Dem Satz *Dieser Mann verlor seine Brieftasche* entspricht z. B. in Cayuga ein Ausdruck, der am besten wiedergegeben wird durch: ‚Es ging ihm verloren. Es ist seine Brieftasche. Dieser, es ist ein Mann.' Der Sprachtypologe Hans-Jürgen Sasse hat die Äußerung so dargestellt:[50]

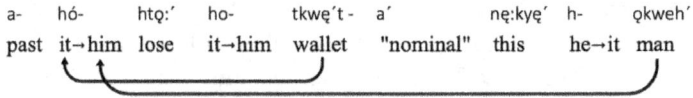

Abb. 1: Äußerungsstruktur in Cayuga.

Die Haupt-Prädikation – also in etwa die Entsprechung eines europäischen Satzprädikats – erscheint in der Regel als erster Teil der Kette; danach werden die bereits eingeführten Referenzstellen, im Beispiel ‚es' und ‚er', näher erläutert. Interessanterweise erinnert diese Form der Auflösung von Satzinhalten in atomare Prädikationen an die klassische Prädikatenlogik. Auch dort wird ‚Tür' oder

‚Löffel' durch ein einstelliges Prädikat wiedergegeben, die Leerstelle wird durch eine Variable gefüllt (z. B. in der Form *tür*(x)). Die Variable hat eine den pronominalen Affixen des Cayuga vergleichbare Funktion.

Die europäische Satzkonstruktion bringt die beiden Bestandteile der Proposition in ein hierarchisches Verhältnis: Das verbale Satzprädikat dominiert die referenziellen nominalen Satelliten, und damit tritt deren prädikatives, kategorisierendes Potenzial in den Hintergrund. Im Cayuga hingegen herrscht ein Gleichgewicht der referenziellen und prädikativen Kräfte. Cayuga ist nur ein Beispiel. Auch andere irokesische Sprachen und darüber hinaus manche anderen ‚polysynthetischen' Sprachen verfahren ähnlich.

Fassen wir die vierte und letzte Runde zusammen: Propositionen bestehen aus den beiden Bestandteilen oder Teilakten Referenz und Prädikation. Sie sind aufeinander in aller Regel angewiesen. Referieren, Objekte – im besten Fall – identifizieren ist witzlos, wenn man nichts über sie zu sagen hat, also keine Prädikation macht. Allerdings kann man in der sinnlichen Sphäre auch sprachlos, durch Zeigen auf die gemeinten Referenten Bezug nehmen. Dies geschieht z. B. beim kindlichen Spracherwerb oder auch bei der Begegnung mit Sprechern, deren Sprache wir nicht verstehen. Oft wird in solchen Situationen der ‚Quasi-prädikation' auf eine mittlere oder generische Ebene des Kategorisierens zurückgegriffen, wenn wir z. B. ein Etwas als Hund und nicht als Pudel oder Dackel bezeichnen. Die Strategie dürfte überall gelten; allein, wo genau die generische Ebene liegt, ist z. T. kulturabhängig. Auf einer gegenüber dem indigenen Ursprungswort höher angesetzten generischen Ebene beruht z. B. unsere Bezeichnung *Känguru* für eine ganze Beuteltierfamilie.

Zur sprachlichen Referenz bedient man sich im einfachsten Fall der Eigennamen. Die gehen den Sprechern jedoch regelmäßig aus, während der Vorrat an frei kombinierbaren Nominalphrasen mit einem beschreibenden bzw. kategorisierenden Kern-Substantiv im Prinzip unbegrenzt ist und sich aus der Kreativität der Sprecher speist. In Nominalphrasen können sich um den substantivischen Kern eine ganze Reihe weitere nähere Bestimmungen gruppieren, vor allem aber in vielen Sprachen Artikel und ähnliche Ausdrücke, die Hinweise zur Identifikation des gemeinten Gegenstandes liefern. Diese Hinweise lassen sich nur manchmal in einfache Verknüpfungen durch ‚und' bzw. ‚oder' auflösen. Im Allgemeinen appellieren sie an unser Abstraktions- und Schlussfolgerungsvermögen.

Obwohl die europäische Tradition dies nahelegt, ist der Aufbau von Sätzen aus einem referenziellen Ausdruck, syntaktisch dem Subjekt, und einem Verb, dem Satz-Prädikat, keineswegs alternativlos. Auch in unseren Sprachen sind neben Verben mit einer Leerstelle Verben mit mehreren Leerstellen gang und gäbe – und diese semantische Tatsache wird in manchen Ansätzen auch in der syntaktischen Strukturbildung reflektiert.[51] Die Sprachen der Welt lösen die Integration von Referenz und Prädikation auf ganz andere Weise, als wir es gewohnt sind, z. B. durch die Aneinanderreihung von atomaren Propositionen, die dem prädizierenden Charakter auch von Ding-Konzepten Rechnung tragen und die die internen Bezüge zwischen den Atomen durch intelligentes Verweisen regeln.

Kapitel 3
Das Verb: Zeiten, Modi, Szenarios und Inszenierungen

1 Einstieg

„Veni, vidi, vici" soll Cäsar sich nach dem Blitzsieg über König Pharmakes von Pontus gebrüstet haben – so jedenfalls berichtet Plutarch. Dieser gab in seiner biografischen Schrift über den Feldherrn den Ausspruch mit der griechischen Entsprechung „ἦλθον, εἶδον, ἐνίκησα" (*ēlton, ejdon, enikēsa*) wieder. Weder die griechische noch die deutsche Version „Ich kam, sah und siegte" erreichen allerdings die Prägnanz des lateinischen Ausspruchs mit seinen parallel gebauten zweisilbigen, im An- und Auslaut identischen Verbformen. Verbformen wie die genannten beziehen sich auf Vergangenes. Die Kodierung zeitbezogener Information ist eine der Funktionen der Verbformenbildung. Dem Thema Tempus ist das erste Unterkapitel gewidmet.

Verbformen lassen uns aber auch aus der Wirklichkeit übertreten ins Reich der Spekulation oder gar des Kontrafaktischen: „Hätte, hätte Fahrradkette", dieser seit den 2010er Jahren geläufige und durch Peer Steinbrück berühmt gewordene Spruch, bedient sich mit *hätte* des Konjunktivs 2, des Modus der Irrealität, und setzt auf Sinnfreiheit als effektives Symbol für fruchtloses Spekulieren. Traditioneller gebrauchen wir auch „was wäre wenn" oder „wenn das Wörtchen *wenn* nicht wär". Der Konjunktiv 1 des Deutschen ist im Wesentlichen der Modus der indirekten Redewiedergabe. Wenn wir Cäsars legendären Ausspruch nicht zitieren, sondern nur indirekt wiedergeben, läuft das z. B. so: „Cäsar hat sich laut Plutarch gebrüstet, er **sei** gekommen, **habe** gesehen und gesiegt". Die Verbmodi – dazu gehören neben dem Standardmodus Indikativ und den Konjunktiven auch der Imperativ – beschäftigen uns im zweiten Unterkapitel.

Es gibt (fast) immer mehrere Möglichkeiten, über Geschehnisse zu berichten. Die Verben, die gebraucht werden und die Verbformen, in die sie gesetzt werden, entscheiden weitgehend darüber, wie das Szenario in Szene gesetzt wird.

Als im Herbst 2017 massive Vorwürfe wegen sexueller Belästigung gegenüber dem Schauspieler Kevin Spacey bekannt wurden, ließ Ridley Scott, der Regisseur des Films „Alles Geld der Welt", alle Szenen mit Spacey aus dem bereits abgedrehten Film herausschneiden. Die Szenen wurden mit einem anderen Schauspieler nachgedreht. In meiner „Inszenierung" gebrauche ich das Verb *herausschneiden*, das buchstäblich auf eine Handlung im handwerklichen Entstehungsprozess von Filmen verweist. Den Regisseur, der das ja sicher nicht mit eigenen Händen – oder per Mausklick – bewerkstelligte, setze ich in die Rolle des Veranlassers, nicht des direkten Machers. Bei anderen Inszenierungen, die sich in den Medien finden, tritt der Regisseur, Ridley Scott, als Akteur auf, und es werden nicht die Szenen herausgeschnitten, sondern Kevin Spacey wird selbst zum Schneideopfer, wenn es schlicht heißt: „Regisseur schneidet Spacey raus" (tagesschau.de vom 09.11.2017). Oder aber man formuliert weniger konkret, etwa wenn Spiegel-online (09.11.2017) davon spricht, Kevin Spacey werde „entfernt". In der Online-Ausgabe der „Sächsischen Zeitung" vom 24.12.2017 heißt es: „So verschwand Kevin Spacey". Und das Online-Magazin „derStandard.de" vom 09.11.2017 formuliert: „Kevin Spacey fliegt nun auch aus dem Kinofilm ‚Alles Geld der Welt'". In diesen beiden Fällen gibt es keinen Macher, sondern nur einen Betroffenen, der – wie auch immer – aus dem Film verschwindet.

Verben erlauben uns also – auch bei gleicher Sachlage – unterschiedliche Inszenierungen. Wir können z. B. etwas als Handlung oder als Vorgang darstellen, indem wir uns entweder eines Handlungsverbs bedienen, wie im Fall von *herausschneiden*, oder eines Vorgangsverbs, wie im Fall von *verschwinden* oder *herausfliegen*. Verben entscheiden also darüber, wie viele und welche Mitspieler überhaupt an einem Sachverhalt als Beteiligte genannt werden müssen oder können und in welcher Rolle sie auftreten. Partiell spiegelt sich die Unterscheidung zwischen semantischen Verbklassen auch in der Verbformenbildung wider. Handlungsverben können ins Passiv gesetzt werden und bilden das Perfekt mit *haben*: *Spacey wird herausgeschnitten*, *Der Regisseur hat Spacey herausgeschnitten*. Vorgangsverben haben oft ein Perfekt mit *sein*: *Spacey ist verschwunden und herausgeflogen*.

Den Verbwortschatz und vor allem die Verbgrammatik betrachten viele Linguisten daher mit einem gewissen Recht als den zentralen Teil des Sprachsystems. Den lexikalischen Spielräumen und der Grammatik der Ereignisinszenierung durch Verben ist daher das letzte und umfangreichste Unterkapitel gewidmet.

2 Der Klang der Zeiten

2.1 Wie viele Tempora braucht der Mensch?

Drei – würde man vielleicht antworten, wenn man sich den gängigen Vorstellungen anschließt, dass Vergangenheit, Gegenwart und Zukunft notwendige kognitive Differenzierungen sind, die sprachlich mit den Tempora korrespondierten. Keine – wenn man sich an den sprachtypologischen Befunden orientiert, die den Karten des „World Atlas of Language Structures" (WALS) zu entnehmen sind.[1] Dort wird immerhin 53 von 222 untersuchten Sprachen bescheinigt, dass sie weder ein „flexivisches" Futur, also ein durch ein Verbaffix ausgedrücktes Tempus für die Zukunft, noch ein Vergangenheitstempus besäßen. Dazu gehören u. A. südostasiatische Sprachen wie Mandarin, Thai oder Vietnamesisch. Allerdings ist hier doch Vorsicht angebracht: Die Einschränkung, dass nur ein flexivisches Futur Berücksichtigung findet, führt dazu, dass auch das Deutsche zu den immerhin 46 Sprachen gehört, die zwar über Vergangenheitstempora, aber nicht über ein flexivisches Futur verfügen. Das Deutsche ist hier in Gesellschaft mit Englisch, Polnisch und Ungarisch und weiteren europäischen Sprachen, während etwa Französisch, Italienisch, Spanisch und Portugiesisch, aber auch Lettisch oder Baskisch ein flexivisches Futur besitzen. Deutlich wird der Unterschied, wenn wir deutsch *ich werde sprechen*, englisch *I shall speak* kontrastieren mit *je parler**ai*** (französisch), *parler**ò*** (italienisch), *hablar**é*** (spanisch) oder *falar**ei*** (portugiesisch; das Futur-Affix ist jeweils fett gedruckt). Deutsch wie Englisch bedienen sich einer ‚periphrastischen' Futurform: Ein Hilfsverb, nämlich *werden* bzw. *shall/will* wird herangezogen. Im Englischen ist noch deutlich zu erkennen, dass es sich „eigentlich" um Modalverben handelt, mit der Bedeutung ‚sollen'/‚wollen'. Aber auch unser *werden* wird ja in Sätzen wie *Er wird wohl gerade schlafen, deshalb geht er nicht ans Telefon* nicht zukunftsbezogen gebraucht, sondern modal, um eine Möglichkeit, eine Vermutung auszudrücken. Dass man sich eines Modalverbs, eines Möglichkeitsausdrucks bedient, wenn es um die Zukunft geht, ist ja durchaus plausibel, da bei allen mehr oder weniger sicheren Prognosen grundsätzlich offen ist, was auf uns zukommt. Sich auf ein „Sollen" oder „Wollen", also menschliche Intentionen als gestaltbare Formen des künftig Möglichen zu beschränken, wie mit dem englischen Futur ursprünglich geschehen, erscheint da als verständliche, aber nicht ganz realistische Benennungsstrategie.

Auf der anderen Seite wird in den meisten Grammatiken die Auffassung vertreten, dass auch periphrastische, also ‚umschreibende' Formen wie im Deutschen und Englischen grammatikalisiert sind, insofern als ihre modale Bedeutung weitgehend verblasst ist, sodass man sie als Futurformen dem Tempussystem dieser Sprachen zurechnen kann. Eines zeigt sich bereits hier ganz deutlich: Tempora sind weder Abbildungen einer irgendwie objektiven Struktur der Zeit, noch sind sie überhaupt reine „Zeit"formen. Zumindest mit der Kategorie Modalität oder auch dem Modus sind sie eng verbandelt.

Bleiben wir, bevor wir etwas genauer auf die Tempora des Deutschen eingehen, noch bei der Frage, ob Sprachen ganz ohne Tempora denn nicht Entscheidendes fehlt, ob sie so überhaupt im „Zeitenraum" vernünftig zu navigieren erlauben. Ich denke, wie fast alle grammatischen Mittel sind auch Tempora verzichtbar bzw. ausgleichbar: Die Situierung von Ereignissen in der Zeit kann auch nur mit lexikalischen Mitteln geschehen, also durch Angaben wie ‚zuvor',

‚gestern', ‚in naher Zukunft' oder aber durch die Nennung eines Datums, während das Verb temporal unspezifiziert bleibt. Übrigens verfahren wir im Deutschen bei Zukunftsbezug häufig auch so: „Ich komme morgen" ist sehr viel üblicher, als „Ich werde morgen kommen". Zwar steht das Verb im Präsens, aber das Präsens ist hier nicht als ‚Gegenwart' zu interpretieren, sondern als ein ‚Von-jetzt-an' oder gar als ‚zeitunspezifisch'. Dass aber das Fehlen der grammatischen Kategorie Tempus, das nicht nur für exotische Sprachen, sondern auch für das Altgriechische behauptet wird, tatsächlich das Lebensgefühl glücklicherer, im Jetzt aufgehender Menschen widerspiegele, mag eher romantische Spekulation sein.[2]

2.2 Wie viele Tempora hat das Deutsche?

Üblicherweise nennen die Grammatiken sechs Tempora:

Tab. 2: die Tempora der deutschen Standardsprache.

(1) Präsens: *ich arbeite / ich komme*	(2) Präteritum: *ich arbeitete / ich kam*	(3) Futur: *ich werde arbeiten / ich werde kommen*
(4) Präsensperfekt: *ich habe gearbeitet / ich bin gekommen*	(5) Präteritumperfekt: *ich hatte gearbeitet / ich war gekommen*	(6) Futurperfekt: *ich werde gearbeitet haben / ich werde gekommen sein*

Traditionell waren z. T. in Anlehnung an das lateinische Vorbild andere Benennungen üblich und zwar: für (3) Futur 1, für (4) Perfekt, für (5) Plusquamperfekt, für (6) Futur 2. Die neue Benennungsstrategie hat den Vorteil, dass sie eine schöne Systematik deutlich macht. Zu jedem der drei Tempora der oberen Reihe gibt es ein ‚Perfekttempus' in der unteren Reihe. Und das betrifft sowohl die Formenbildung als auch die Bedeutung: Im Präsens (4), Präteritum (5) und Futur (6) der Perfekttempora steht das Hilfsverb jeweils im Präsens, Präteritum oder Futur, und das Vollverb hat eine infinite Form, also Partizip (wie in 4 und 5) oder zusammengesetzten Infinitiv Perfekt (wie in 6). Semantisch bedeutet die Hinzufügung von ‚Perfekt', dass wir jeweils vom Standpunkt des Präsens, des Präteritum oder des Futur einen Schritt in die Vergangenheit zurücktreten. Das Perfekt zum Präsens ist also das Tempus für „im Gegenwärtigen Vergangenes."[3]

Was aber hat es mit ‚Perfekt' auf sich? Meist empfinden wir das einfache Perfekt wie in *ich habe gearbeitet* oder *ich bin gekommen* als gleichbedeutend mit dem Präteritum *ich arbeitete / ich kam*. Süddeutsche Sprecher ziehen mündlich zumindest meistens das Präsensperfekt als Vergangenheitstempus dem Präteritum vor (abgesehen vielleicht von *ich war, ich hatte, ich ging, ich wollte* und ein paar anderen Formen). Allerdings können wir schon Unterschiede ausmachen. Wir sagen „Schau mal. Die Rose ist jetzt voll aufgeblüht", aber „Schau mal. Die Rose blühte jetzt voll auf" klingt abweichend. Das Präsensperfekt verweist hier auf einen gegenwärtigen Zustand (Die Rose steht in voller Blüte) als Ergebnis des Vorgangs Aufblühen. Das Präteritum hat nicht diese Tiefenschärfe, sondern sagt einfach, dass vor dem Sprechzeitpunkt dieser Vorgang stattfand. Und deshalb passt auch ein ‚jetzt' nicht dazu.

Aus diesen feinen, in vielen Fällen heute nicht mehr merklichen Unterschieden zwischen den beiden Tempora leiten einige Forscher ab, dass ‚Perfekt' eigentlich nichts mit dem Tempus zu tun habe, sondern mit ‚Aspekt', also der Art und Weise, wie auf ein Geschehen geblickt wird. Bei einem ‚perfektiven' Aspekt blicke man auf ein Geschehen als Ganzes, insbesondere auf seinen Abschluss, oder bei Zustandsveränderungen (wie etwa dem Aufblühen) auf deren Ergebnis. Im Gegensatz dazu werde bei ‚imperfektivem' Aspekt wie mit der Lupe in das Geschehen hinein geblickt, der Ablauf steht im Vordergrund, Anfang und Ende werden ggf. ausgeblendet. Für das Deutsche ist aber Aspekt insgesamt kaum von Bedeutung, und auch bei Präsensperfekt und Präteritum wird die ursprüngliche Opposition heute in der Regel durch andere Faktoren überlagert. Neben dem Faktor Sprachregion spielt auch eine Rolle, dass das Präteritum als Erzähltempus z. B. in der fiktionalen Prosa oder anderen narrativen Texten dominiert, während das Präsensperfekt häufig in berichtenden Texten gebraucht wird, wenn auf die ‚Gegenwartsrelevanz' von vergangenen Ereignissen abgehoben wird. Schlagzeilen oder *hot news* sind also im Präsensperfekt gehalten. Wenn man so will, macht sich hier noch der alte ‚perfektive' Aspekt bemerkbar. Häufig ist auch der Einstieg in einen Pressebericht, der das Relevante knapp zusammenfasst, im Präsensperfekt formuliert, bevor es dann eher erzählend im Präteritum weitergeht, wie etwa hier unter der Überschrift „Schotten lehnen Brexit-Gesetz ab": „Das schottische Parlament **hat** sich gegen das EU-Austrittsgesetz der britischen Regierung **ausgesprochen**. Mit 93 zu 30 Stimmen **votierten** die schottischen Abgeordneten am Dienstag nach lebhafter Debatte gegen den Gesetzentwurf der Regierung in London" (Rhein-Neckar-Zeitung vom 16.05.2018). Auf die Funktion der Tempora im Text gehe ich in Kapitel 6 (Unterkapitel 4) genauer ein.

Im Präteritum- und im Futurperfekt macht sich der Bedeutungsanteil Perfekt besonders deutlich bemerkbar. In dem Märchen „Der Frieder und das Katherlieschen" heißt es: „Katherlieschen ging fort und fand den Frieder, der **war** stehen **geblieben** und **hatte gewartet**, weil er gerne was essen wollte." Erzählt wird im Präteritum, die Erzählschritte imitieren die Ereignisfolge: Lieschen geht weg, dann findet sie Frieder. An dieser Stelle wird das Fortschreiten unterbrochen und gesagt, was zuvor mit Frieder geschah. Das Präteritumperfekt führt also in das Vorleben des Vergangenen.

Das Futurperfekt führt entsprechend in das Vorleben des Künftigen, in ein „morgiges Gestern".[4] Dabei kann es um die vorweg genommenen Ergebnisse von wirtschaftlichen Entwicklungen gehen wie in der folgenden Prognose: „Wer sich heute auf den Lorbeeren von gestern ausruht, **wird** morgen seinen Marktanteil **verloren haben**. Das haben nahezu alle bedeutenden Hersteller von Informationstechnik zu spüren bekommen" (Frankfurter Allgemeine, 1993). Eine noch düsterere vollendete Zukunft wird prophezeit, wenn sich in einer wenig bekannten deutschen Sage Sperlinge und Tauben über einen „ruchlosen" Grafen so äußern: „Nun aber", sagten sie, „haben die Sünden ihr volles Maß, und das Ende ist gekommen: in kurzer Stunde werden die prächtigen Türme umfallen, und die ganze Burg **wird versunken sein**" (Seeburger See, In: Deutsche Sagen, gesammelt von Jacob und Wilhelm Grimm. – o.O., 1891 [S. 165]).

Das Futurperfekt oder auch ‚Futur 2' übt offenbar eine besondere Faszination aus, verkörpere es doch, wie der Sozialphilosoph Harald Welzer formuliert, das „menschliche Vermögen, sich in einen Zukunftspunkt so hineinversetzen zu können, als würde er schon existieren. Und dass man von diesem Punkt aus zurückblicken kann auf den Weg, den man zurückgelegt hat, um dorthin zu kommen."[5]

In manchen Gegenden des deutschen Sprachgebiets, vorwiegend „in den oberdeutschen Mundarten, aber auch in den ost- und westmitteldeutschen"[6], hat das „Perfektische" es den Sprechern so angetan, dass sie es sogar doppelt zur Anwendung bringen. Gelegentlich finden sich solche Formen auch in den Korpora, wenn etwa eine Weltcup-Siegerin sich so über ihre potenzielle Nachfolgerin Katja Seizinger äußert: „Katja hat in den letzten Jahren immer recht knapp den Weltcup vergeben. Im Vorjahr **hat** sie ja eigentlich schon **gewonnen gehabt**, aber dann lief alles für mich" (Salzburger Nachrichten vom 16.11.1995). Üblicherweise würde man sagen „[...] **hatte** sie ja [...] schon **gewonnen**". Durch die ‚superkomponierte' Form wird der Eindruck erzeugt, zu einem bestimmten Zeitpunkt in der Vergangenheit ‚habe' Katja S. etwas in der Hand, das auf einem zuvor schon eigentlich errungenen Sieg und damit einem bereits abgeschlossenen Ereignis beruhte.

2.3 Wie strukturieren andere europäische Sprachen den Zeitenraum?

Reduziert auf das Wesentliche, also drei Tempora jeweils für Gegenwart, Vergangenheit und Zukunft, sind z. B. Ungarisch und (mit etwas gutem Willen) auch Polnisch. Streng genommen hat das Ungarische nur zwei flexivische Tempora; für das Futur wird wieder ein Hilfsverb eingesetzt, und zumeist belässt man es ohnehin bei einem zukunftsbezogenen Präsens.

Das Englische scheint – wen wundert's – ganz ähnliche Schneisen in den Strom der Geschehnisse zu schlagen wie das Deutsche: Auch dort nennen die Grammatiken sechs Tempora; auch dort bezieht man sich auf die Zukunft mithilfe von „eigentlich" modalen Hilfswörtern, und es gibt ein *Present Perfect* (und folgerichtig ein *Past Perfect* und ein *Future Perfect*) parallel zu den deutschen Perfekttempora. Allerdings gibt es große Unterschiede im Detail. Das *Present Perfect* beispielsweise ist wie das deutsche Präsensperfekt ein Tempus für das Resultative und das Gegenwartsrelevante. Aber während man deutsch formuliert: „Ich bin seit zwei Wochen hier", muss es im Englischen heißen: „I have been here for two weeks". Was in der Vergangenheit beginnt und noch in der Gegenwart andauert, kann nicht präsentisch abgehandelt werden. Auch was den Zukunftsbezug angeht, ist Englisch weniger lax: Was beispielsweise morgen geschieht oder geschehen soll, muss auch im *Future* ausgedrückt werden, nicht im *Present*. Hinzu kommt, dass im Englischen mit *to be going to* eine „Zukunftsumschreibung", grammatikalisiert ist. Sie wird vor allem gebraucht, wenn es um sicher zu Erwartendes oder Beabsichtigtes geht. Das Deutsche kennt dies nicht, wohl aber wird auch im Französischen neben dem flexivischen Futur wie in *je dormirai* ‚ich werde schlafen' eine Umschreibung mit dem Bewegungsverb *aller* ‚gehen' verwendet, also *je vais dormir*. Das deutsche *ich geh schlafen* hat noch seine ursprüngliche räumliche Bedeutung – man sagt es ja nur, wenn man sich erst noch zur Schlafstatt begeben muss. Vielleicht aber kippt das irgendwann, und wir legen auch nur noch „sozusagen" einen Weg zurück, wenn wir schlafen gehen. Auch andere romanische Sprachen haben eine solche Zukunftsumschreibung: Besonders üblich ist spanisch *ir a hacer algo*, weniger verbreitet italienisch *andare a fare qc*, wörtlich jeweils ‚etwas zu machen gehen'.

Im Übrigen hat auch das Französische wie Deutsch und Englisch (und andere westeuropäische Sprachen inklusive der südlichen und nördlichen Ränder) die bereits bekannte Reihe von Perfekttempora. Das französische *Passé composé*, z. B. mit *j'ai écrit* ist das Gegenstück zum deutschen Präsensperfekt mit *ich habe geschrieben* oder zum englischen *Present Perfect* mit *I have written*. Deutsch und Französisch, aber auch Italienisch, Niederländisch und Dänisch haben zudem die Gemeinsamkeit, dass anders als im Englischen verbabhängig neben dem ‚haben'-Perfekt ein ‚sein'- Perfekt vorliegt: Es heißt *ich bin gekommen, je suis venu(e)* und *sono venuto/a*. Die possessive Konstruktion mit ‚haben' gilt für die meisten Verben, unter anderem für alle Verben mit einem direkten Objekt, im Deutschen einem Akkusativobjekt; man nennt sie ‚transitive' Verben. Und man kann sich gut vorstellen, dass z. B. *Ich habe den Text gelesen* ursprünglich verstanden wurde in etwa als ‚ich verfüge über den Text als gelesenen' bzw. ‚ich habe den Text gelesen im Kopf'. Für die ‚sein'-Konstruktion ist nur eine kleine Nische von Bewegungs- und Zustandsveränderungsverben übrig geblieben; im süddeutschen Sprachgebiet werden auch Verben der Ruhe mit *sein* ins Perfekt gesetzt wie etwa bei *ich bin dort gestanden*. Die Perfektbildung mit *haben* oder *sein* hat auch Auswirkungen auf den attributiven Gebrauch des Partizips Perfekt, also Verwendungen wie in *der gelesene Text, das betrachtete Bild* gegenüber *der eingefahrene Zug* oder *der unterlegene Feind*: Bei *haben*-Verben bezieht sich das attributive Partizip auf das direkte Objekt, bei *sein*-Verben auf das Subjekt eines Satzes, auf den wir schlussfolgern können. So schlussfolgern wir, dass jemand den Text gelesen oder das Bild betrachtet haben muss und der Zug eingefahren bzw. der Feind (irgendjemandem) unterlegen ist. Zusätzlich gilt aber noch die Einschränkung, dass nur telische *sein*-Verben, also solche mit einem klar markierten Ziel oder Resultatzustand, solche Attribuierungen zulassen. Wir akzeptieren also schon *der (an Gleis 5) eingefahrene Zug*, aber kaum *der gefahrene Zug*. Manchmal wird gegen diese Faustregel auch verstoßen – oder vielleicht gilt sie tatsächlich nicht so absolut, wenn z. B. von der „meist gewanderten Frau der Welt" die Rede ist.[7]

2.4 Wozu Aspekt, wenn das Deutsche keinen hat?

Ein wesentlicher Unterschied zwischen dem Deutschen und Französischen ist, dass es – abgesehen von Präsensperfekt bzw. *Passé composé* – zwei Tempora gibt, um über zum Sprechzeitpunkt Vergangenes zu berichten, nämlich *Imparfait* und *Passé simple*. Im Deutschen finden wir da einfach das Präteritum. Man schaue sich folgenden Satz aus der deutschen und der französischen Übersetzung von Henning Mankells „Die weiße Löwin" an:[8]

> Hans du Pleiss **trank** seinen Kaffee **aus** und **rief** nach dem alten Servierer, der regungslos an der Tür zur Küche **wartete**.

> Hans du Pleiss **finit** sa tasse et **fit** signe au serveur qui **attendait**, immobile, près de la double porte.

Die Aktionen von du Pleiss, nämlich den Kaffee austrinken und nach dem Servierer rufen, werden im *Passé simple* beschrieben, dessen Warten im *Imparfait*. Dies ist ein typischer Fall für den Gebrauch der beiden Tempora: Ein andauernder Zustand, ein fortgesetztes Geschehen, hier das Warten, ist Folie für einzelne abgeschlossene Aktionen oder auch eine Serie von Akten, wie hier das Austrinken und Rufen. *Imparfait* als (unter Anderem) Tempus der Kontinuität und *Passé simple* als (unter Anderem) Tempus des Vollzugs markieren „eigentlich" Aspektunterschiede – im

Zeitbezug sind sie gleich –: siehe Deutsch. Allerdings gilt das *Passé simple* heute vielen nur noch als „edle literarische Vergangenheitsform des Französischen".[9] Mündlich wird stattdessen immer und schriftlich normalerweise das *Passé composé* gebraucht. Im Französischunterricht in Deutschland wird es – zumindest meiner Erfahrung nach – nur an fortgeschrittene Schüler und nur noch „rezeptiv" vermittelt.

Bekanntlich wird auch im Englischen Wert auf Aspektunterschiede gelegt. Das *Progressive* zeigt Kontinuität an. Man könnte also den alten Servierer wohl mithilfe des *Progressive* beschreiben mit *the old waiter who **was waiting**, motionless, at the kitchen door*. Allerdings gibt es, anders als im Französischen, eine progressive Form zu jedem Tempus; der Aspektunterschied ist also voll grammatikalisiert.

Wieder anders gehen slawische Sprachen mit dem Aspekt um. Der Beispielsatz lautet auf Polnisch so:

> Hans du Pleiss **dopił** kawę i **zawołał** na kelnera, który bez ruchu **czekał** przy drzwiach do kuchni.[10]

Alle drei Verben (fett gedruckt) stehen im Präteritum. Das ist leicht an der Endung Stammvokal + *ł* erkennbar. Und doch gibt es einen Unterschied: Die beiden ersten Verbformen gehören zu den perfektiven Verben *dopić* ‚austrinken' und *zawołać* ‚rufen', während die dritte Form zu dem imperfektiven Verb *czekać* ‚warten' gehört. Aspektunterschiede werden hier – anders als etwa im Französischen – nicht im engeren Sinne durch die grammatischen Formen eines Wortes ausgedrückt, sondern durch zwei verschiedene, aber eng aufeinander bezogene Verben, also lexikalisch: Zu dem perfektiven *dopić* lautet das imperfektive Gegenstück *dopijać*, zu *zawołać* gehört imperfektives *wołać*. Und schließlich kann man auch umgekehrt das imperfektive *czekać* perfektivieren, indem man das Präfix *za-* oder das Präfix *po-* voranstellt und *zaczekać* bzw. *poczekać* erzeugt. Auch im Deutschen können wir durch abtrennbare Präfixe wie *aus-*, *ab-* oder auch das nicht abtrennbare *er-* dem jeweiligen Geschehen eine finale Grenze setzen. Wenn man ein Buch ausliest, hält man bis zur letzten Seite durch. Wenn man sich eine Scheibe Brot abschneidet, liegt die abgeschnittene Scheibe alsbald auf dem Teller. Wenn man den Sieg erkämpft oder erringt, hat man durch Kampf oder Ringen (im übertragenen Sinne) das Gewünschte „er-zielt". Aber im Deutschen haben wir keineswegs die systematische Paarbildung von perfektivem und imperfektivem Verb, die für Polnisch im Allgemeinen gilt, und es gibt keinen „Zwang" sich etwa eines entsprechenden Präfixverbs – das es ja gar nicht geben muss – zu bedienen, wenn man eine Sache bis zu ihrem Ende durchzieht: Man kann ein Buch z. B. bis zum Ende lesen statt es auszulesen, man ruft jemanden oder nach jemandem und lässt offen, ob man da wiederholt oder nur einmalig laut-aktiv ist und ob das Rufen den gewünschten Effekt hatte, ob also die Person reagiert. Und: Man kann zwar ein Buch auslesen und ein Glas austrinken, aber nicht einen Brief „aus"schreiben oder ein Lied „aus"singen bzw. „aus"-hören. Vollends unnachahmlich im Deutschen ist die bei manchen polnischen Verben gegebene Möglichkeit, ein imperfektives Verb zunächst zu perfektivieren und in einer zweiten Runde daraus wieder ein komplexeres imperfektives Verb zu bilden. Genau dies ist z. B. beim Verb *dopić*, das wir im Beispielsatz vorfinden, der Fall: Es ist (neben *wypić*) eine perfektive Bildung zu *pić* ‚trinken', und *dopijać* ist wiederum seine imperfektive Variante. Was da passiert, beschränkt sich natürlich nicht auf einen semantisch leeren Kreislauf von imperfektiv über perfektiv und wieder zurück, sondern es kommen zahlreiche inhaltliche Nuancen hinzu. So könnte man das einfache *pić* umschreiben mit ‚am Trinken sein', aber mit seiner Hilfe kann man auch Trinkgewohnheiten beschreiben wie etwa ‚seinen Kaffee schwarz trinken' (*pić czarną kawę*). Das komplexe *dopijać* wird man am ehesten gebrauchen, wenn es um ein ‚am Austrinken sein' geht.[11]

Interessant erscheint die Parallele zwischen Deutsch und Ungarisch. Denn auch das Ungarische hat keinen grammatischen Aspekt, wohl aber Verbpräfixe bzw. Verbpartikeln, die eine terminative, oft auch ‚perfektiv' genannte Bedeutung haben. Man kann – systematischer als im Deutschen – Verben Präfixe wie *meg-*, *el-* (wörtlich ‚weg') voranstellen und so aus *ir* ‚schreiben' ein *megir* ‚zuende schreiben' machen, aus *olvas* ‚lesen' ein *elolvas* ‚auslesen' oder aus *eszik* ‚essen' ein *megeszik* ‚aufessen'. Die Parallele geht sogar noch weiter: Auch die Verbpräfixe des Ungarischen sind wie deutsch *ab*, *auf*, *aus* usw. ‚abtrennbar', d. h., sie können die Position am Verbanfang verlassen und sich an bestimmte andere Satzpositionen bewegen – denken wir an „Willst du das Buch jetzt **auslesen**?" gegenüber „Sie **liest** ihre Bücher immer schnell **aus**". Unter welchen Bedingungen das in beiden Sprachen geschieht, wird an anderer Stelle, im Rahmen von Kapitel 7 (Abschnitt 4.5), zu betrachten sein.

Die *am*-Umschreibung, mit der ich das Imperfektive oder vielmehr das Noch-Andauernde eines Geschehens wiedergegeben habe, ist wohl diejenige Möglichkeit des Deutschen, die einer grammatikalisierten Aspektform noch am nächsten kommt. Diese so genannte ‚Rheinische Verlaufsform' ist einem größeren Publikum bekannt geworden, weil sie so rheinisch-frohsinnig klingende Absonderlichkeiten hervorbringt wie „Dat Chantal ist sich die Haare am Fönen"[12]. Zwar scheint sich diese von ihrem Stammgebiet, tief im Westen und Süden, immer weiter auszudehnen. Aber das gilt in erster Linie für die gemäßigteren Varianten, bei denen die *am*-Form für sich steht, also kein Akkusativobjekt oder gar ein Reflexivpronomen + Akkusativobjekt bei sich hat. Das Objekt kann ggf. in den ersten Teil eines Kompositums verwandelt werden oder aber man macht aus dem Objekt ein Genitivattribut. Importierte man den Satz über Chantal und ihre Haare in einen standardnahen, aber doch eher der Alltagssprache angehörenden Text, so lautete er: „Chantal ist am Haare-Fönen", oder formeller: „Chantal ist am Fönen ihrer Haare". So zeigt das „Kleine Wörterbuch der Verlaufsformen des Deutschen"[13] viele Belege, wo jemand zum Beispiel am Arbeiten, am Eindösen oder am Verzweifeln ist, aber nur ganz vereinzelt solche Konstruktionen: „Ich bin mich noch am Einarbeiten, studiere Akten und Abläufe, Konzepte und solche Dinge [...]" oder „Viel lieber erzählte Slettvoll [...] über seine Memoiren, die er in Buchform am Niederschreiben ist".

2.5 Werden die starken Verben schwach?

Bisher haben wir uns nur mit der Funktion der Tempora befasst, ihre formale Markierung interessierte nicht. Dabei hat das Deutsche hier zusammen mit anderen germanischen Sprachen eine Besonderheit aufzuweisen, die zwar die indoeuropäischen Sprachen generell kennzeichnete, aber nur in diesem Zweig erhalten geblieben ist. Es gibt nämlich, abgesehen von Sonderfällen, auf die wir hier verzichten, zwei Teilsysteme: Zum einen gebrauchen wir – aber auch z. B. die Sprecher des Schwedischen, Dänischen oder Isländischen – ein ‚Dentalsuffix', also eines, das einen mit der Zungenspitze an der oberen Zahnreihe gebildeten Konsonanten enthält. Im Deutschen ist es das Suffix [(e)t] wie in *sieg-t-e* oder *arbeit-et-e* für das Präteritum und die Kombination aus vorangestelltem [ge] und [(e)t] wie in *gespielt*, *gearbeitet* für die Partizipform in den Perfekttempora. Im Präteritum kommt nach dem Tempusmarker noch die so genannte ‚Personalendung'. Sie zeigt an, ob es sich zum Beispiel um eine 1. oder 3. Person im Singular handelt wie bei *ich* bzw. *er/sie/es sie siegte* oder aber z. B. um eine 2. Person Plural wie in *ihr arbeitetet*. Solche nach Person und Numerus flektierten Verbformen nennt man ‚finit'. Das Partizip der Perfekttempora hingegen ist ‚infinit' und bleibt daher unveränderlich – man sieht Person und Numerus ja bereits dem Hilfsverb an, wie in *ich **habe** gesiegt*, *ihr **habt** gearbeitet*. Das Teilsystem, zu dem neben *siegen* und *arbeiten* der Löwenanteil des deutschen Verblexikons gehört, heißt seit Jacob Grimm ‚schwache Verben'. Die Unterscheidung zwischen stark und schwach machte er auch bei der Deklination der Substantive und merkte dazu an, dass damit in den beiden Fällen keineswegs „derselbe begriff verbunden werden müsse". Jedoch: „Dass in decl. wie in conj. die starke form die stärkere, kräftigere, innere; die schwache form die spätere, gehemmtere, und mehr äußerliche sey, leuchtet ein."[14] Zutreffend ist auf jeden Fall, dass schwache Verben ursprünglich insofern sekundär waren, als es sich um aus Substantiven oder Adjektiven abgeleitete handelte. Auch heute noch sind solche Verben wie *hausen* oder *tönen* zu *Haus* und *Ton* bzw. *grünen* oder *reifen* zu *grün* und *reif* immer schwach.

Das zweite Teilsystem, die ‚starken Verben' sind das eigentlich Exotische. Bei ihnen wird der zentrale Vokal des Verbstamms selbst zum Zweck der Tempusdifferenzierung verändert. Man spricht hier von ‚Ablaut' – *ab* ist hier wie in *ab-wandeln* zu verstehen. Es entsteht so neben dem Präsensstamm zusätzlich ein Präteritalstamm wie bei *seh-* versus *sah-*, *komm-* versus *kam-*. Hier steht im Partizip *ge-seh-en*, *ge-komm-en* derselbe Vokal, ein langes [e] bzw. ein kurzes [o], wie im Präsens. Wie man schon sieht, ist auch das Suffix des Partizips mit [en] verschieden von dem der schwachen Verben. Bei *steigen* oder *leiden* haben wir ebenfalls nur zwei verschiedene Vokale im Stamm, aber da sind die Vokale, kurze [i], im Präteritum und beim Partizip identisch, während das Präsens den Diphtong [ei] hat. In anderen Fällen gibt es sogar drei verschiedene Vokale, denke man an *singen – sang – gesungen*; *finden – fand – gefunden*; *sprechen – sprach – gesprochen*. Es scheint zum Verzweifeln unsystematisch zuzugehen. Allerdings gibt es immer eine ganze Gruppe sich gleich verhaltender Verben, man kann sie zu so genannten ‚Ablautreihen' zusammenfassen – meist werden deren sieben genannt, mit weiteren Untergruppen.

Schon im Althochdeutschen kann man die magische Sieben als Ordnungsprinzip für die starken Verben erkennen. Was ist in der langen Zeit seither passiert? Im Althochdeutschen war die richtige Ablautreihe aus der Lautstruktur des Verbstamms vorhersagbar. Ob das nur die Eingeweihten herausfanden, oder ob jeder Sprecher die Regel kannte und produktiv anzuwenden in der Lage war, muss allerdings offen bleiben. Heute sticht aus meiner Sicht vor allem die Gruppe der Verben mit [i] + Nasalkonsonant heraus: Hier bei *singen*, *klingen* usw., *trinken*, *sinken* sowie *finden*, *binden* usw. hat der Sprachsensible das starke Gefühl stark konjugieren und die Vokalreihe [i] – [a] – [u] zur Anwendung bringen zu müssen. Warum es dann allerdings bei *kommen* oder *schwimmen* ähnlich und doch ein bisschen anders läuft (siehe *schwimmen – schwamm – geschwommen*), das zu verstehen bedarf schon „höherer" linguistischer Einsicht. Sie besteht darin, dass die Verbindung Nasal + Konsonant, also [ng], [nk], [nd] nicht zu vorausgehendem [o] passt und stattdessen der „verwandte" Vokal [u] eintritt, während der einfache Nasallaut [m] allein sehr gut mit vorausgehendem [o] vereinbar ist.[15]

Im Deutschen haben sich die insgesamt 170 starken Verben – die zahlreichen Präfixbildungen zu einem einfachen starken Verb, z. B. *ablaufen, erklimmen, verstehen* sind nicht mitgezählt – ganz gut gehalten.[16] Zwar gibt es keine starken Neu-Verben (wieder von Präfixbildungen wie *abhängen* in der neuen Bedeutung ‚sich passiv entspannen' abgesehen), und es gibt schon von alters her Übertritte zu den schwachen Verben, etwa bei *reuen*, *brauen* oder *kauen*, die noch im Mittelhochdeutschen stark flektierten oder bei *bellen*, dessen ablautende Formen *boll – gebollen* heute amüsant erscheinen.[17] Schaut man sich die Übersicht in der Duden-Grammatik an[18], so fällt auf, dass gerade bei Verben, die uns Szenen aus einer mehr oder weniger guten alten Zeit vor Augen führen, die alte starke Flexion aus der Mode kommt: *dreschen* (mit älterem *drosch, gedroschen*), *erküren* (mit *erkor, erkoren*), *sieden* (mit *sott, gesotten*) sind solche Beispiele. Bei Tätigkeiten, die obsolet geworden sind oder radikal modernisiert wurden, wird gern auch, so scheint es, die Flexion der entsprechenden Verben modernisiert. Oder liegt es an der geringen Vorkommenshäufigkeit? Oder an Zufällen, Verwechslungen und Verschmelzungen, die auf dem Weg ins Heute geschehen sind?

Aber es gab auch die umgekehrte Richtung, etwa bei *preisen* oder *weisen*, die „von Haus aus schwach"[19] waren. *fragen* ist hier das prominenteste Beispiel. Seit dem 18. Jahrhundert ist die starke Präteritumform *frug* (zusammen mit *frägst, frägt* neben „schwach normalem" *fragst, fragt* und generell schwachem Partizip *gefragt*) „häufig, wenn auch vielfach bekämpft".[20] Immerhin gibt es noch über 700 Belege in DeReKo für *frug* oder *frugen*, und nicht nur solche aus den Grimm'schen Märchen – jedoch gegenüber mehr als 300.000 für die schwachen Formen. Der Übertritt kann auch nur mit einem Bein passieren: *backen* weist trotz üblichem *backte* (neben *buk*) auch heute noch mit *gebacken* die Partizipendung der starken Verben auf und *winken* – eigentlich ein schwaches Verb – hat in oberdeutschen Mundarten die starke Partizipform *gewunken*.[21]

Nach Ausweis der Variantengrammatik liegen keine generellen regionalen Vorlieben für stark oder schwach vor; immer nur Tendenzen für jedes einzelne Verb.[22] Manchmal wird das Nebeneinander von starker und schwacher Bildung auch zur Bedeutungsdifferenzierung genutzt: Einer hat sich ständig bewegt, nicht bewogen – während etwas einen anderen bewogen (eher nicht bewegt) hat, still zu sitzen.

Angesichts dieser verworrenen, aber doch einigermaßen stabilen und undramatischen Lage, ist die Anmutung, in einem so genannten „Starckdeutsch" alle Verben einer „Stärkung durch Ablaut" zu unterziehen, als nostalgisches oder auch augenzwinkerndes Sprachspiel einzuordnen. Vorgeschlagen wird etwa *sagen – sug – gesagen* (wie *schlagen*), *stürzen – starz – gestorzen* (nach *sterben*) oder *schrillen – schrull – geschrullen* (nach *schinden*).[23]

Werfen wir einen Blick auf die englischen „starken" Verben. Dort heißen sie allerdings nicht so, sondern sie werden zusammen mit anderen Verben, die nicht schlicht an den Verbstamm das normale Suffix [ed] für *Past* und *Past Participle* anhängen, als ‚unregelmäßige' Verben betrachtet. Die ca. 250 *irregular verbs* des Englischen (ohne Präfixverben) bieten verglichen mit dem Deutschen ein bunteres Bild. Unter den ebenfalls sieben Klassen, die in Quirk et al.[24] unterschieden werden, ist nur eine, die das aus dem Deutschen vertraute Bild für Ablautverben aufweist, nämlich Vokalwechel + [(e)n]-Suffix für das Partizip. Innerhalb dieser Klasse allerdings gibt es durchaus Parallelen zum Deutschen: Verben mit nur zwei verschiedenen Ablautvokalen (wie einerseits *see – saw – seen* versus *sehen – sah – gesehen* oder andererseits *bite – bit – bitten* versus *beißen – biss – gebissen*, *break – broke – broken* versus *brechen – brach – gebrochen*) und auch Verben mit drei Ablautvokalen (wie *ride – rode – ridden*). In vielen Fällen allerdings fehlt das Partizipsuffix (wie mit drei Ablautvokalen bei *sing – sang – sung* versus *singen – sang – gesungen* oder mit nur zwei Ablautvokalen bei *find – found – found* versus *finden – fand – gefunden*). Der auffälligste Unterschied gegenüber dem Deutschen allerdings ist, dass alle drei Stämme zusammenfallen können, und das bei zahlreichen Verben, von *bet* ‚wetten' bis *wet* ‚netzen, anfeuchten'. Allerdings gibt es hier wie auch bei anderen Klassen daneben auch die regulären „schwachen" Varianten, also z. B. *bet – betted* bzw. *wet – wetted*. Der historische Trend ist – wie zu erwarten – „ein verstärkter Gebrauch des regulären *-ed*-Musters". So ist auch nicht erstaunlich, dass das amerikanische Englisch hier schon weiter fortgeschritten ist.[25] Im Deutschen ist, wie gezeigt, der Trend zur Regularisierung demgegenüber eindeutig retardiert.

Zwar ist der Ablaut, der z. B. auch wortbildungsmäßig verwandte Wörter betrifft (wie bei *Flug* zu *fliegen*, *Ritt* zu *reiten*, *Schuss* zu *schießen*, *Schloss* und *Schlüssel* zu *schließen*) ein Randphänomen in unserer Grammatik, die sonst eher mit Hinzufügung von Material arbeitet, nicht mit Materialaustausch. Aber das Phänomen der Vokalalteration ist in anderen Sprachen, z. B. in semitischen, geradezu ein Grundprinzip von Flexion und Wortbildung. So bestehen Verben des Modernen Standardarabischen (MSA) in aller Regel aus einem Gerüst, einer so genannten ‚Wurzel', von drei Konsonanten, z. B. *k-t-b* für ‚schreiben', *ħ-l-q* für ‚rasieren' oder *f-r-ḍ* für ‚entscheiden'. Verbformen können Suffixe und Präfixe enthalten. Sie unterscheiden sich aber vor allem durch die beiden jeweils in den „Zwischenräumen" der Wurzel vorkommenden Vokale. Das Vokalmuster für das Perfekt Aktiv etwa lautet *a-a*, für das Perfekt Passiv hingegen *u-i*. Damit haben wir die Form *katab-a* ‚schrieb' gegenüber der Form *kutib-a* ‚wurde geschrieben', ebenso *ħalaq-a* ‚rasierte' gegenüber *ħuliq-a* ‚wurde rasiert' und *faraḍ-a* ‚entschied' gegenüber *furiḍ-a* ‚wurde entschieden'.[26] Aber auch in der Formenbildung von Substantiv und Adjektiv und in der Ableitung z. B. von Substantiven aus Verben (und umgekehrt) herrscht dasselbe Verfahren vor. Man vergleiche: *kutiba kitābun* ‚ein Buch wurde geschrieben'.[27]

3 Der Wirklichkeits- und der Möglichkeitssinn

3.1 „Was hülfe es dem Menschen, so er die ganze Welt gewönne und nähme Schaden an seiner Seele"

So formulierte die Lutherbibel von 1545 die bekannte Stelle des Matthäus-Evangeliums (16, 26). Die Formen *hülfe, gewönne* und *nähme* sind Möglichkeitsformen. Oder sagen sie Unmögliches, Irreales, Kontrafaktisches? Das ist von der Form her nicht entscheidbar, wenn auch der gesunde Menschenverstand eher für die Variante Irrealität spricht. Sie stehen im Konjunktiv 2, auch Konjunktiv Präteritum genannt. Dass hier an der Präteritumform eines starken Verbs gearbeitet wird, ist bei *nähme* deutlich erkennbar: Aus dem ‚Indikativ' *nahm* wird durch Umlaut [a] zu [ä] und zudem wird ein [e] angefügt. Dies ist in der Tat die reguläre Bildungsweise bei den starken Verben. (Die schwachen können wir hier vergessen; sie können keine Unterscheidung zwischen Indikativ und Konjunktiv Präteritum machen.[28]) Auch bei *helfen* und *gewinnen* könnte analog zu *nehmen* verfahren werden, mit dem Ergebnis von *hälfe* und *gewänne*. Die regelmäßige Form *gewänne* ist heute, geht man nach DeReKo-Belegen, deutlich häufiger, ähnlich auch bei *begänne* gegenüber *begönne, schwämme* gegenüber *schwömme* oder mit extremem Vorsprung bei *gälte* gegenüber *gölte*. Nur *hülfe* tanzt aus der Reihe. Es kommt auch heute noch viel häufiger vor als *hälfe*. Hier mag der Zitat-Bonus eine Rolle spielen, denn nicht wenige Belege schließen direkt oder indirekt an die oben genannte Bibel-Stelle an. Die [ö]-Formen scheinen durch die jeweiligen Partizipien *gewonnen, begonnen, gegolten, geschwommen* motiviert zu sein. Zu *hülfe* (oder auch zu *würfe*) hingegen kam es, weil bis ins 18. Jahrhundert hinein im Indikativ des Präteritums das [a] etwa von *helfen, stehen* oder *werfen* nur für den Singular galt, im Plural hieß es *sie hulfen* und *wir wurfen*. Einen kleinen Rest dieser Zusatz-Komplikation haben wir noch bei der archaischen Form *ward* zu *werden* – man denke an das sprichwörtliche „und ward nicht mehr gesehen". Heute heißt es prosaisch *wurde*. Allerdings kam bei *werden* in der Ausgleichsform, die sich „nach längerem Kampfe"[29] durchsetzte, ausnahmsweise das [u] des Plurals zum Zuge, sonst generell das [a] des Singulars.

Wer, so mag der Leser sich fragen, gebraucht überhaupt noch – zumal in der mündlichen Kommunikation – Formen des starken Konjunktivs Präteritum? Nicht, dass er überflüssig wäre. Es ist schon ganz nützlich, das nur Mögliche bzw. das Irreale auch in der Form vom Wirklichen zu trennen. Denn so bietet das Deutsche Raum für den von Robert Musil in „Der Mann ohne Eigenschaften" gelobten Möglichkeitssinn.[30]

Aber üblicherweise „umschreiben" wir sowohl die nicht erkennbaren schwachen und die eher gestelzt klingenden Formen des Konjunktivs 2 mit *würde* oder auch mithilfe der Modalverbform *sollte*. Die Bibel-Stelle lautete dann bzw. würde dann lauten: „Was würde es dem Menschen helfen, so er die ganze Welt gewinnen würde, und würde Schaden nehmen an seiner Seele". Äußerst unelegant. Und in der Tat greifen neuere Bibelübersetzungen, wenn sie sich von Luther entfernen, nicht dazu. In der Übersetzung „Schlachter 2000" heißt es ganz nüchtern und indikativisch: „Denn was hilft es dem Menschen, wenn er die ganze Welt gewinnt, aber sein Leben verliert?"[31]

Die *würde*-Form erscheint uns seltsam: *würde ist* ein Konjunktiv Präteritum des Hilfsverbs *werden* – die Indikativform dazu, z. B. **er wurde kommen*, gibt es aber nicht. Sie wird daher lange Zeit als Missgeburt geächtet. Tritt sie nicht mit penetranter Häufigkeit auf, so ist nichts gegen sie einzuwenden. Man hat die *würde*-Form gelegentlich auch als ‚Conditionalis' eingeordnet und sie damit an die Seite des französischen *Conditionnel* gestellt. Die französische Form – sie tritt typischerweise im Hauptsatz eines Bedingungsgefüges auf – ist der hypothetischen Zukunft zuzurechnen und steht damit für den diffusen Übergang zwischen Tempus und Modus, den wir schon angesprochen haben.

Übrigens: Auch *er hätte genommen / er wäre gefahren*, also die Formen mit dem Konjunktiv Präteritum der anderen Tempus-Hilfsverben, gehören zur Gruppe des Konjunktivs 2. Sie werden im Sinne „ihres" Tempus interpretiert.

3.2 „Der Wachtelkönig lebe hoch, der Mensch auch – viele Jahre noch"

So reimt, einigermaßen unrein, die Neue Kronen-Zeitung am 13.02.1997. Dieser formelhafte Wunsch bedient sich auch einer Konjunktivform, jedoch einer anderen. Neben dem Konjunktiv 2 gibt es logischerweise einen Konjunktiv 1, den Konjunktiv Präsens, der mit dem Präsensstamm gebildet wird. Und zwar ohne irgendwelche Manipulationen wie z. B. Umlaut, die im Indikativ vorkommen können; man vergleiche *er fährt* (Indikativ) versus *er fahre* (Konjunktiv). Aber auch alle Formen, die mit dem Konjunktiv Präsens der Hilfsverben *sein, haben* und *werden* gebildet werden, die also wie bei *er sei gefahren, er werde fahren, er werde gefahren sein* durch die Tempora führen, gehören in diese Gruppe des Konjunktiv 1. Was die Endungen beider Konjunktive angeht, so unterscheiden sie sich vom Indikativ – kurz zusammengefasst – dadurch, dass durchgängig ein [e] vorhanden ist. Das hat zur Folge, dass auch im Präsens manche Formen im Indikativ und Konjunktiv zusammenfallen, dass aber die besonders wichtige 3. Person Singular sich immer deutlich unterscheidet; man vgl. nochmal *er fährt* bzw. *er fahre*. Wieso soll die 3. Person Singular so besonders wichtig sein? Dazu holen wir im Folgenden etwas weiter aus.

Der Konjunktiv Präsens ist einerseits eine Wunsch- bzw. ‚Optativform', wie oben gezeigt. Diese Verwendung ist aber recht beschränkt und kommt nur in gehobener Sprache in Segenswünschen, Losungen oder auch Verwünschungen („Er fahre zur Hölle!") vor. Verwandt damit ist der Konjunktiv in Aufforderungen oder Mahnungen an ein „wir" oder beliebige Dritte: „**Seien** wir ehrlich" oder „Es **sage** niemand, Europas Schüler hätten keine Ideen" (Mannheimer Morgen vom 15.09.2005). Üblich ist Konjunktiv Präsens in dieser Funktion vor allem in (meist älteren) Kochrezepten („Man **nehme** ...").

Vor allem aber ist er der Konjunktiv der indirekten Rede. Man gebraucht ihn also, wenn man wiedergeben möchte, was eine andere Person gesagt hat, ohne sich selbst auf diese Aussage festzulegen. Diese „andere Person" ist in den meisten Fällen eine „dritte" Person, also kein Kommunikationspartner. Und sie äußert sich in aller Regel über eigene Taten, Erfahrungen, Absichten oder aber über Sachverhalte und Geschehnisse allgemein. Hat die Person über sich selbst gesprochen, geben wir ihre Rede in der 3. Person Singular wieder. Fakten in der Welt, individuelle Ereignisse, werden ohnehin in den meisten Fällen mithilfe einer Verbform der 3. Person Singular formuliert. Diese Form gilt generell als Standardform oder unmarkierte Form im verbalen Haushalt. Man kann einen beliebigen Zeitungsartikel herausgreifen. Ich zitiere aus dem Leitartikel der Rhein-Neckar-Zeitung vom 6. August 2018, der über die Pläne der – zu diesem Zeitpunkt noch – CDU-Generalsekretärin Annegret Kramp-Karrenbauer zur Einführung einer allgemeinen Dienstpflicht berichtet: „Sie **rechne** nicht mit einer einfachen Rückkehr zur Wehrpflicht, **wolle** aber über eine allgemeine Dienstpflicht reden, hatte Kramp-Karrenbauer am Wochenende erklärt. Es **gebe** viele Möglichkeiten, einen solchen Dienst zu gestalten." Die beiden Formen *rechne* und *wolle* stehen für den persönlichen Aspekt, die Form *gebe* für den rein faktischen in der wiedergegebenen Aussage von Kramp-Karrenbauer.

Sehr viel seltener und eher in informellen Situationen wird die Rede eines Gesprächspartners oder auch mehrerer Gesprächspartner wiedergegeben oder gar die eigene Rede kolportiert. Wenn letzteres geschieht, wird in aller Regel im Indikativ referiert – denn gegenüber dem, was man selbst gesagt hat, ist kaum eine Distanzierung angebracht: „Ich hab doch gesagt, dass ich am Abend wieder da bin", nicht: „... wieder da sei". Die 3. Person Plural verdient mehr Beachtung: Hier fallen die beiden Modi im Präsens außer bei *sein* zusammen. Will man hier Indirektheit deutlich markieren, muss man auf Ersatz sinnen. Der Konjunktiv Präteritum springt ein. Man vgl. den nächsten Satz aus dem erwähnten Zeitungsbericht: „So **könnten** junge Männer und Frauen etwa ein Jahr lang in sozialen Einrichtungen [...] arbeiten." Die Form *können* (Indikativ und Konjunktiv Präsens) wäre hier unangemessen. Sie würde quasi aus der indirekten Rede wieder zurück auf die Ebene der reinen Faktenfeststellung führen. Diese würde zwangsläufig dem Redakteur bzw. der Zeitung zugerechnet. Daher wird in vielen Textsorten, wo es auf die Verantwortlichkeit für das Gesagte entscheidend ankommt, in den Medien, in juristischen, fachlichen oder wissenschaftlichen Texten, sorgsam auf die Markierung von Indirektheit durch sichtbaren Konjunktiv geachtet. Obligatorisch ist das, wenn es sich um selbstständige Sätze handelt, wie den eben zitierten. Weniger zwingend muss der Konjunktiv erkennbar sein, wenn das indirekte Zitat in einem Nebensatz erscheint, also z. B. eingebettet in Formulierungen wie: „X behauptete / räumte ein, dass ...". Hier ist ohnehin deutlich, dass der betreffende Sachverhalt nicht vom Sprecher oder Schreiber festgestellt wurde, sondern er (in erster Linie) Sprachrohr der Meinung eines Dritten ist. Das bedeutet aber auch, dass in einem Zeitungsbeleg wie „Merkel räumte ein, dass es keine breite Zustimmung in der Bevölkerung zum Reformkurs der Koalition **gibt**" (Nürnberger Nachrichten vom 30.08.2006) offen bleibt, ob hier nur Rede wiedergegeben wird, oder ob nicht auch der Schreiber diese Meinung vertritt.

Das Verhältnis der beiden Konjunktive zueinander und zum „Normalmodus" Indikativ ist also ein ziemlich verwickeltes. Wenn indirekte Rede ersatzweise nicht nur durch den dafür vorgesehenen Konjunktiv 1, sondern auch durch den Konjunktiv 2 ausgedrückt werden kann – und das nicht nur in Fällen, wo der Konjunktiv 1 vom Indikativ nicht zu unterscheiden ist – der Konjunktiv 2 aber „eigentlich" der Konjunktiv des Nur-Möglichen oder Kontrafaktischen ist – und zudem der Indikativ noch mitspielt: Wie weiß man im konkreten Fall, in welcher Realität oder Modalität man sich gerade befindet? Nicht von ungefähr gibt es daher „Empfehlungen zum Gebrauch des Konjunktivs in der geschriebenen deutschen Hochsprache"[32], an die sich aber im Allgemeinen nur hält, wer sich auf der juristisch sicheren Seite fühlen möchte oder muss.

Worin besteht die Gemeinsamkeit beider Konjunktive, wenn immerhin der eine den anderen, nämlich Konjunktiv 2 den Konjunktiv 1, so problemlos ersetzen kann? Beide Modi signalisieren die Abkehr vom Normalfall. In diesem Normalfall ist der Sprecher, das Ich, auch der Autor des Gesagten, und das Gesagte bezieht sich auf die vorfindliche Realität. Konjunktiv 1 signalisiert Abkehr vom Ich des Sprechers, also ‚nicht ich sage das', Konjunktiv 2 signalisiert Abkehr von der wirklichen Welt, also ‚so ist es nicht wirklich'. Es geht also um eine Verlagerung grundlegender Perspektiven oder der ‚Origo' im Sinne von Bühler. Verlagert werden bei der Redewiedergabe folgerichtig auch deiktische Parameter der Originaläußerung: Ihr „ich" wird zu einem „er" oder „sie", ihr „hier" und ihr „jetzt" werden unter Umständen zu, einem „dort" und einem „damals" in der Redewiedergabe. Wenn A in Berlin von einem Gespräch mit B berichtet, das vor einem Jahr in München stattfand und bei dem B sagte: „Ich lebe jetzt gerne hier". Dann wird A – wenn er oder sie genau sein will – indirekt so formulieren. „B sagte mir, er lebe zum damaligen Zeitpunkt gerne dort".

Diese Verlagerungen in der Deixis, die sich auch in einer „Zeitverschiebung", also im Tempus, ausdrücken können, gelten sprachübergreifend. Es handelt sich –

anders als der Gebrauch eines speziellen Verbmodus – um kognitiv angezeigte Operationen. Nehmen wir wieder Englisch: Dort gibt es keinen Konjunktiv der indirekten Rede. Aber die angesprochenen Verlagerungen bei deiktischen Kategorien finden statt. Quirk et al.[33] zeigen das u. A. an einem berühmten Ausspruch des Sokrates: „I am a citizen, not of Athens, but of the world", habe Sokrates gesagt. Wiedergegeben werde dies durch: „Socrates said, that he was a citizen, not of Athens, but of the world ".

3.3 Konjunktive, Subjunktive, Imperative und anderes: die mannigfachen Spielarten markierter Modi

Linguisten kennen eine bunte Palette von Modi – seien sie nun formal oder funktional bestimmt – mit denen Sprachen das kennzeichnen, was nicht platt der Fall ist. Wir verschaffen uns einen kursorischen Überblick.

Eher abseits von Konjunktiv und Indikativ scheint der Imperativ zu stehen. Im Deutschen wie in vielen Sprachen ist er im Singular nur durch den Verbstamm repräsentiert; im Plural fügt man wie bei der 2. Person Plural ein [(e)t] an. Er ist mit seiner Fixierung auf den oder die unmittelbar Angesprochenen keine echte ‚Personalform' – bei diesen können wir die Personen von der ersten bis zur dritten herunterkonjugieren. „Kommen Sie hierher!" ist eine Aufforderungsform; das Verb steht aber nicht im Imperativ, sondern – wie immer bei der höflichen Anrede – in der 3. Person Plural und zwar eigentlich im Konjunktiv Präsens – eigentlich deshalb, weil das nur bei *sein* erkennbar ist: „Seien Sie bitte pünktlich!" Und wenn wir uns an den Klub wenden, zu dem wir selbst gehören, z. B. mit „Kommen wir zur Sache!", „Seien/Sind wir mal ehrlich!", gebrauchen wir ganz parallel die 1. Person Plural. Genau genommen kann man der Gemeinschaft, die einen selbst einschließt, auch nichts befehlen, sondern sie nur zu etwas ermahnen oder ermuntern. So wird von einem ‚Hortativ', also einer Form des Ermahnens gesprochen, auch wenn diese keine eigene morphologische, sondern nur eine funktionale Kategorie ist. Interessant ist hier aber das Ungarische: Der morphologische Imperativ wird auch in hortativer Funktion gebraucht sowie in indirekten Befehlen, hat also einen extrem weiten Anwendungsbereich verglichen mit dem deutschen Imperativ.[34]

Wo befohlen wird, wird auch verboten. Der ‚Prohibitiv' ist eine Form des Verbietens. Aus der Sicht des Deutschen und anderer germanischer Sprachen ist das Verbieten nur ein ‚Befehl, etwas nicht zu tun', also ein Befehlen der Unterlassung einer Aktion. Entsprechend heißt es „Komm hierher!" und „Komm nicht hierher!": Imperativ + übliche Negationspartikel. Im Lateinischen hingegen und in seiner Nachfolge auch in einigen romanischen Sprachen wird dagegen der Prohibitiv nicht in dieser simplen Weise realisiert. Latein hatte mit *nē* eine extra Negationspartikel für das Nicht-Faktische (neben dem normalen *non*), die bei Verboten zum Zuge kommt. Das Verb steht im Imperativ oder aber im Konjunktiv. Konjunktiv bzw. Subjunktiv in Verboten, das gilt auch noch für Spanisch und Portugiesisch.

Genannt haben wir schon den Optativ – im Deutschen nur eine funktionale Kategorie. Für die indoeuropäischen Sprachen nimmt man ursprünglich ein Nebeneinander von Optativ und Konjunktiv/Subjunktiv an. Das Altgriechische hatte noch einen eigenen Optativ, während schon im Lateinischen die beiden Modi verschmolzen. Die Optativ-Funktion wird auch heute noch in vielen indoeuropäischen Sprachen, zumindest rudimentär, vom überlebenden markierten Modus, nennen wir ihn jetzt einfach ‚Subjunktiv', übernommen. Man denke an formelhafte Wendungen wie englisch „God save the Queen" oder französisch „Dieu vous bénisse" ‚Gott segne euch'. Formal handelt es sich bei den englischen Entsprechungen des deutschen Konjunktiv 1 – wie beim Imperativ – um die einfache flexionslose Basisform. Auch ein Analogon zu unserem Konjunktiv 2 existiert im Englischen mit der *were*-Form. Sie wird weitgehend parallel zum deutschen Konjunktiv 2 von *sein* – aber in der Regel nur fakultativ – im Falle des Möglichen oder Kontrafaktischen gebraucht, besonders häufig in Bedingungssätzen: *wenn ich reich wäre* versus *if I were / was rich*. Vergleicht man die beiden Modus-Systeme des Deutschen und des Englischen, so fällt die radikale Reduktion im Englischen auf. Aber eine zentrale Opposition bleibt – zumindest optional – erhalten: die unmarkierte finite Form des Verbs, die 3. Person Singular, ist im Präsens bei allen Verben durch die *s*-Endung vom *Subjunctive* abgehoben, im Präteritum immerhin beim wichtigen Hilfsverb *be* (mit *was* gegenüber *were*). Das hat auch im Deutschen eine Parallele.

Das reiche französische Verbalsystem hat dagegen – zumindest in seiner klassischen schriftsprachlichen Tradition – ein formal entlang den Tempora hoch differenziertes Inventar an Formen des *Subjonctif*. Der *Subjonctif* hat nichts mit indirekter Rede zu tun – oder allenfalls sekundär. Er ist vor allem der Modus des Verbs in untergeordneten Sätzen, vorausgesetzt das übergeordnete Prädikat drückt Forderung, Wunsch oder ganz allgemein Möglichkeit oder Ungewissheit aus. Wenn z. B. ein Verb des Sagens mit dem *Subjonctif* konstruiert wird, signalisiert das nicht einfach Tatsachenfeststellung, sondern Aufforderung. Da gibt es zumindest in der klassischen Literatur zudem, in Fortsetzung des Lateinischen, ein ausgeklügeltes System der Korrespondenz zwischen der Tempusform des Verbs des übergeordneten Hauptsatzes und dem Tempus des Verbs des untergeordneten Nebensatzes – ob nun Indikativ oder *Subjonctif* gefordert ist. Die berüchtigte ‚Zeitenfolge' (*consecutio temporum*) des Lateinischen wurde in der Vergangenheit von Grammatikern auch auf das Deutsche übertragen. Da wurde dann ein Automatismus der Zeitverschiebung propagiert, der zu nicht gemeinten, z. T. widersinnigen Konsequenzen führen kann. Wenn Galileo in direkter Rede sagte oder schrieb – was heute allerdings als unwahrscheinlich gilt: „Und sie bewegt sich doch", dann ist die natürliche indirekte Entsprechung: „Galileo beharrte darauf, dass sie sich doch bewege / bewegt". Und nicht etwa „[...] dass sie sich doch bewegte". So nämlich, im Präteritum, müsste der Nebensatz bei Beachtung der *consecutio temporum* konstruiert werden – obschon wir doch wissen, dass sie, die Erde, das immer noch tut.

Zu erwähnen ist noch einmal der Conditionalis oder auch das Konditional, also eine Formkategorie, die je nach grammatischer Tradition, Bildungsweise und funktionaler Färbung mal (wie im Französischen) dem Tempussystem zugeordnet wird, mal wie im Ungarischen oder Polnischen als Modus gewertet wird. Im Wesentlichen wird hier der Funktionsbereich des deutschen Konjunktivs 2 bzw. der *würde*-Form abgedeckt, also das hypothetische oder kontrafaktische Argumentieren. Formal faszinierend ist die polnische Konditionalpartikel *by*, die vor der präteritalen Personalendung eines Verbs eingeschoben, aber auch – mit und ohne Personalendung – im Satz hin- und hergeschoben bzw. an andere Wortformen, etwa Konjunktionen, ‚agglutiniert', also angeklebt werden kann. Diese Partikel hat Parallelen im Russischen und Ukrainischen; sie ist wohl aus einer finiten Form des Hilfsverbs *być* ‚sein' grammatikalisiert.

Unterschlagen haben wir bisher einen wesentlichen Funktionsbereich des Konjunktivs 2 oder seiner Entsprechungen in anderen Sprachen: die Abfederung kommunikativer Zumutungen durch Höflichkeit. Solche Formen begegnen uns auf Schritt und Tritt in Fragesätzen, ob nun als Fragen gemeint („Hätten Sie morgen Zeit?"), oder als indirekte Aufforderungen (z. B. „Könnten Sie vielleicht ein wenig rücken?"), aber auch in Aussagesätzen, mit denen man Ankündigungen oder Feststellungen abmildert („Wir müssten jetzt die Diskussion beenden und wären dann beim nächsten Thema"). Besonders häufig handelt es sich dabei um Konjunktive der Modalverben *können, müssen, sollen*; im Englischen wird noch extensiver auf die Modalverbformen *would, could, should* usw. vertraut, da die Vollverbformen in Sachen Modalität nichts zu bieten haben.

Der Verbmodus ist nur ein Ausdrucksmittel von Modalität, neben lexikalischen Mitteln wie den erwähnten Modalverben oder auch Modaladverbien bzw. Modalpartikeln wie *vielleicht, möglicherweise, sicherlich*. Adjektive können modalisierende Bedeutung haben (*wahrscheinlich, angeblich, mutmaßlich, offensichtlich*) und natürlich auch Vollverben (*annehmen, wünschen*) und Substantive (*Vermutung, Einbildung*). Diese Vielfalt verweist auf den hohen Stellenwert, den Reflexion über die Grenzen gesicherten Wissens, aber auch Imagination, Hypothesenbildung und Perspektivenvielfalt und nicht zuletzt wechselseitige Gesichtswahrung bei der sprachlichen Einkleidung und Mitteilung unserer Erkenntnisse und Erfahrungen haben.

4 Szenarios und Inszenierungen

4.1 Was geschah, und wie sagen wir es?

Stellen wir uns eine einfache Szene vor: Ein Ball rollt Stufe für Stufe eine Treppe hinunter, etwa so:

Abb. 2: Szene ‚Ein Ball rollt die Treppe hinunter'.

Oder diese Szene:[35]

Abb. 3: Szene ‚Eine Frau läuft in den Bahnhof'.

Psycholinguisten haben in Experimenten Sprechern verschiedener Sprachen Bilder dieser einfachen Geschehnisse vorgelegt und sie gebeten, die Szenen spontan zu versprachlichen. Dabei zeigt sich, dass sich Sprecher des Deutschen bevorzugt eines Verbs bedienen, das die Art der Bewegung ausdrückt wie *gehen, laufen, hüpfen, springen, rollen, robben, krabbeln* usw. Der zurückgelegte Pfad oder das Ziel der Bewegung können dabei in Form von Angaben wie *die Treppe hinunter, den Fluss entlang* (Pfad) oder *in den Bahnhof, zur Ecke, nach Frankfurt* (Ziel) direkt im Rahmen einer einfachen Aussage integriert werden. In anderen Sprachen hingegen werden die beiden Aspekte Bewegungsart und Pfad oder Ziel bevorzugt auseinandergenommen. Im Französischen etwa werden Verben der Bewegungsart wie *rouler* ‚rollen' oder *courir* ‚laufen' meist absolut gebraucht, und für den Pfad oder das Ziel wird ein weiteres Verb eingesetzt, das keine Information über die Bewegungsmodalität enthält. Die oben dargestellten Szenen versprachlichen Sprecher des Französischen also normalerweise so: „Le bal roule et descend l'escalier", „La femme court et entre la station". Im Deutschen können wir bei der Nennung der Modalität sogar von Motorik auf Akustik umschalten wie in „Die Harleys **knattern** gemütlich über die märkischen Landstraßen" oder „Der Rhein schlängelt sich um die Erpeler Ley, die Fähre von Linz **tuckert** zum Remagener Ufer, am Horizont Eifelhöhen".[36] Hier wird jeweils das bei einer bestimmten Bewegungsart entstehende charakteristische Geräusch „stellvertretend" bzw. ‚metonymisch' genannt. Durch die damit in der Vorstellung entstehende Kopplung zwischen Bewegungsablauf und dabei über die zurückgelegte Stecke erzeugtem ganz spezifischem Geräusch wird die sinnlich wahrnehmbare Modalität in der Beschreibung des Geschehens noch stärker in den Vordergrund gerückt.

Der Kontrast zwischen einem Szenario nach Art des Deutschen und einem nach Art des Französischen kann allerdings auch zu tiefer gehenden Fragen Anlass geben: Um wie viele Ereignisse geht es in den geschilderten Szenen überhaupt? Um eines, wie es das Deutsche zu suggerieren scheint, oder um zwei, wie es die Aufspaltung in zwei Teilsätze im Französischen nahelegt? Auf diese und ähnliche Fragen gibt es wohl keine klare Antwort. Wahrscheinlich sind sie sogar falsch gestellt. Ereignisse sind keine gewöhnlichen Individuen wie Menschen, Pflanzen oder Artefakte, die als so genannte ‚konkrete' Gegenstände vergleichsweise klar umrissene Grenzen haben. Vielmehr strukturieren wir das Geschehen in der Zeit – auf der individuellen Ebene unserer Erfahrungen wie auf der kollektiven der Geschichte – in Komplexe unterschiedlicher Kompaktheit bzw. Granularität, die sich auf unterschiedlichen Ebenen der Abstraktion befinden können. Nehmen wir das Großereignis Mauerfall vom 9. November 1989. Es begann, wenn man so will, mit der Pressekonferenz von Günter Schabowski, dessen missverständliche Äußerungen zu einer sofortigen Öffnung der Grenze eine Ereigniskette in Gang setzten. All diese Ereignisse, die ersten Grenzübertritte an der Bornholmer Straße, der wachsende Ansturm an anderen Übergängen, gefährliche Zuspitzungen und deeskalierende Maßnahmen einzelner Grenzbeamter, aber auch der Entschluss eines jeden einzelnen Ostberliner Bürgers, sich an diesem Abend oder in der Nacht auf den Weg zu machen und vielleicht sogar auf die Mauer zu steigen und sich ein Mauerstück als Souvenir zu sichern, sind Teile des Gesamtereignisses.

Der unterschiedliche sprachliche Zugriff auf der Mikroebene von Ereignissen spiegelt so nur im Kleinen eine generelle Eigenschaft unserer Wahrnehmung und Verarbeitung von Abläufen in der Zeit wider. Was als ein Ereignis gewertet wird, welche Teilereignisse zu unterscheiden sind oder was an einem Ereignis überhaupt besonders fokussiert wird, ist zu einem erheblichen Teil variabel und interpretations- und wohl auch situationsabhängig. Ob die sprachstrukturell angelegten Differenzen kognitiv ins Gewicht fallen, ob sie also unsere Wahrnehmung und mentale wie praktische Ordnung der Welt insgesamt prägen, mag an dieser Stelle offen bleiben. Strittig ist z. B., ob die unterschiedliche Strukturierung räumlicher Szenarios wie der geschilderten auch Auswirkungen auf die nicht-sprachliche Konzeptualisierung lokaler Informationen hat. Fokussieren sich beispielsweise Sprecher des Deutschen bei der Einschätzung der Ähnlichkeit von Bewegungsszenen auf die Bewegungsart, während Sprecher des Französischen (oder des Neugriechischen) eher nach Maßgabe von Pfad und Ziel kategorisieren? Die Auffassung, die Struktur unseres konzeptuellen Wissens variiere nicht mit den unterschiedlichen lexikalischen Vorgaben der Sprachen, konkurriert hier mit der Annahme, es gebe eine Abhängigkeit.[37]

4.2 Ereignisse und ihre Konsorten

Machen wir zunächst ein paar terminologische Festlegungen, bevor wir uns auf das unübersichtliche Feld der unterschiedlichen „Dinge" einlassen, die zu einem Zeitpunkt oder über einen Zeitraum hin „in der Welt" sein können: An erster Stelle wird – nicht nur wie in den vorangehenden Abschnitten – immer das ‚Ereignis' genannt: Ereignisse wie das Die-Treppe-Herunterrollen des Balls, das jemand vor fünf Minuten beobachtete, haben eine innere Struktur: Zunächst bewegt der Ball sich auf der obersten Stufe, er gelangt an die Kante, rollt darüber und hinunter auf die zweite Stufe usw. Es passiert Unterschiedliches in den einzelnen Abschnitten eines Ereignisses – ob nun über einen längeren Zeitraum ausgedehnt oder fast zu einem „Punkt" zusammenschnurrt, wenn es z. B. blitzt. Ereignisse werden daher mit Veränderung, Bewegung, körperlichem oder geistigem Fortkommen assoziiert.

Handlungen sind ein spezieller zentraler Typ von Ereignis. Handlungen werden von Menschen, von menschlichen Akteuren ‚intentional' vollzogen, also absichtlich oder willentlich – denken wir z. B. an die Ermordung Cäsars im Jahr 44 vor Christus oder meine Fahrt in den Urlaub am 24. August 2018. Ihnen stehen Prozesse gegenüber, also Ereignisse, die nicht intentional herbeigeführt, sondern – zumindest dem Anschein nach – „von selbst" ablaufen.

Von einem Zustand hingegen spricht man in Abgrenzung vom Ereignis, wenn „nichts passiert", wenn also zwischen den Zeitabschnitten, in denen der Sachverhalt vorliegt, keine Unterschiede wahrgenommen werden. Sie werden mit Statik statt Veränderung assoziiert. Beide Typen gehören als „Sein in der Zeit" aber eng zusammen und werden manchmal als ‚Ereignisse im weiteren Sinne' zusammengefasst.

Kommen wir zu unserem eigentlichen Thema des Zusammenhangs zwischen Ereignissen im weiteren Sinne und ihrer sprachlichen Darstellung zurück. Das Sprachsystem scheint jeweils, so im vorigen Abschnitt dargestellt, gewisse Formen der Strukturierung und die besondere Hervorhebung bestimmter Geschehens- oder allgemeiner Sachverhaltsaspekte nahezulegen. Geht das noch weiter? Wie frei sind wir in der Inszenierung von Sachverhalten? Einerseits scheint die Situation selbst Grenzen zu setzen. Wenn ein Junge einen anderen prügelt, wenn es schneit oder regnet, wenn reife Äpfel vom Baum fallen, wenn eine Wiese grün vor uns liegt oder der Himmel heute blau ist: Kommen wir dann umhin, das Vorliegende im ersten Fall als Handlung einzuordnen, im zweiten und dritten als Vorgang und in den beiden letzten Fällen als Zustand? Und bedeutet das nicht wiederum, dass wir bei der sprachlichen Inszenierung jeweils Handlungsverben, Vorgangsverben oder Zustandsverben – bzw. entsprechende Prädikationen – wählen müssen?

Aber wir sagen auch „Die Sonne lacht" oder „Die Kerze benötigt zum Brennen Sauerstoff". Im ersten Beispiel lassen wir unser Zentralgestirn wie einen Menschen, also beseelt agieren. Im zweiten Beispiel setzen wir voraus, „dass die Kerze ein Bestreben hat, brennen zu wollen, denn andernfalls würde sie ja eben den Sauerstoff nicht so sehr benötigen".[38] Auch hier betreiben wir sprachlich eine Art Animismus, indem wir Naturphänomenen menschliche Fähigkeiten und Motive zuschreiben. Nicht ernsthaft, so kann man einwenden. Wir sind uns, zumindest bei der lachenden Sonne sehr wohl bewusst, dass wir metaphorisch sprechen.

Gefrorene Metaphern – Metaphern, die selbstverständlicher und nicht mehr hinterfragter Teil unseres Wortschatzes sind – finden sich einerseits in der Sphäre des menschlichen Verhaltens selbst: Sinnliche Wahrnehmung oder körperliches Agieren und Einwirken symbolisieren geistige Arbeit, Gefühl und soziales Verhalten wie bei *einsehen* für ‚verstehen', bei *erfahren* für ‚zur Kenntnis nehmen', bei *auf jemanden hören* (in meinem Dialekt auch *jemandem horchen*) für ‚gehorchen' oder *einem Anführer folgen* für ‚sich unterordnen', *anspornen* für ‚Mut machen'. Denken wir gar an die Zuversicht, jenes wohl ursprünglich im christlichen Glauben gegründete Vertrauen in die Zukunft: Das um 1000 in der althochdeutschen Form *zuofirsiht* schon belegte Wort bedeutet wörtlich ‚ehrfurchtsvolles Aufschauen, Hoffen', eine Art Sich-Vorsehen in Zuwendung. Der Autor oder der Krimi, der uns fesselt, braucht keine Stricke. Wer oder was uns anzieht, kommt ohne Seil aus. Druck wird ausgeübt, und beeindruckt wird ohne jede Muskelkraft. Auch die Angst ist eigentlich ein Gefühl räumlicher Enge. Fast alle kognitiven, emotionalen oder sozialen Ereignisse müssen oder können durch Rückgriff auf konkrete Analogien zugänglich gemacht werden. Dabei können auch natürliche Prozesse in menschliche Handlungen oder Empfindungen umgemünzt werden, denken wir an den Einfluss, den man nimmt, oder die junge Dame, die bei einer rührenden Liebesszene auf dem Bildschirm dahinschmilzt. Auch Vorgänge aus Mechanik und Technik dienen als Bildspender für menschliche Verhaltensweisen wie bei *durchdrehen*, *überschnappen*, *ausrasten* oder *angespannt sein*: Menschen drehen dann durch wie Räder, schnappen über wie ein fehlerhaftes Schloss, rasten aus wie Vorrichtungen aus einer Halterung oder sind angespannt wie eine Feder. Und schließlich eben der Fall, dass Phänomene der Natur oder auch der Wirtschaft und Politik, die dem Laien oft nur schwer erklärlich, fremd oder beängstigend vorkommen, über das Vehikel quasi-menschlicher Verhaltensweisen greifbarer gemacht werden: das Lachen der Sonne, das Wüten des Sturms, der Ruf der Wildnis oder gar der Lockruf des Goldes.

Daraus kann man ableiten, dass die Grenzen zwischen Handlungen, die Menschen vollziehen und Prozessen, die „von selbst" ablaufen – so klar sie analytisch erscheinen mögen – sprachlich keineswegs so eindeutig sind, sondern offenbar in beide Richtungen überschritten werden können. Wir können uns also nicht einfach auf die Verben verlassen: Prozessverben können mit menschlichen Agenten kombiniert werden, Handlungsverben mit unbelebten Trägern: Eva kann strahlen wie die Sonne lachen mag.

Sehen wir jetzt aber von diesen eingespielten und uns mehr oder weniger bewussten Grenzüberschreitungen ab. Beschäftigen wir uns mit dem Normalfall. Wie differenzieren wir die Ereignisse im weiteren Sinne, und zwar in erster Linie aufgrund sprachbezogener und empirisch in Sprachen nachweisbarer Unterscheidungen?

Handlungen stechen heraus, weil sie im Gegensatz zu anderen Ereignistypen notwendig einen menschlichen Ereignisbeteiligten voraussetzen, denjenigen, der die Handlung vollzieht. Durch Handlungen bewirkt der Handelnde etwas; er bewirkt, dass etwas eintritt oder der Fall wird. Wenn man das Fenster öffnet, bewirkt man, dass das zuvor geschlossene Fenster nun offen steht. Aber auch ein Windstoß kann das Fenster öffnen. Der Wind handelt nicht, ist aber Verursacher.

Zudem kann ein Mensch ein Fenster auch „aus Versehen" öffnen, z. B., wenn er in der Absicht, es fester zu verschließen, den Fenstergriff in die falsche Richtung dreht. Hier ist er Verursacher, Handelnder, aber Intention und Handlung entsprechen einander nicht. Handlungsverben sind in der Regel so flexibel, dass zwar als Regelfall eine bestimmte Wirk-Absicht assoziiert wird, wenn sie mit Wahrheit ausgesagt werden, dass aber diese Verknüpfung auch dispensiert werden kann. So ist es nicht nur beim Öffnen oder Schließen von Fenstern und Türen, sondern z. B. bei den zahlreichen Zwischenfällen bei Fußballspielen, wo gegnerische Spieler aus Versehen zu Fall gebracht und verletzt werden – ob dies wirklich aus Versehen geschah, kann strittig werden. Man kann auch unwillentlich und unwissentlich jemanden beleidigen oder kränken. Bei anderen Verben hingegen scheint stets die entsprechende Wirk-Intention gegeben zu sein: Man kämmt, füttert, unterrichtet oder kritisiert nicht unabsichtlich, ebenso wenig wie man versehentlich Menschen in einem Betrieb kündigt oder sie einstellt, Menschen aus dem Mittelmeer rettet usw. Allenfalls „erwischt" man die falsche(n) Person(en).

Besonders relevant ist das Merkmal der Intention natürlich, wo es um schädigende, strittige oder gar strafbare Handlungen geht. Bei *ermorden* – wie auch bei *hinrichten, aufknüpfen* oder *lynchen – berauben, misshandeln, überfallen, vergewaltigen* etwa ist Intentionalität Teil der Bedeutung, während *töten* in erster Linie ein Verursachungsverb ist.[39] Man findet es somit häufig in Unfallberichten: „Ein vierjähriger Knabe ist am Donnerstag in Konstanz bei einem Verkehrsunfall getötet worden" (St. Galler Tagblatt vom 24.08.2007). Menschliches Handeln, Fahrfehler, auch das Unterlassen von rechtzeitigem Handeln aus Unachtsamkeit mögen das Unfallgeschehen ausgelöst haben. Aber ein Unfall mit Todesfolge kann auch ohne menschliches Zutun geschehen, oder es kann der Fall sein, dass menschliches Handeln einen Unfall etwa bei schwerem Sturm oder Überschwemmung nicht hätte verhindern können. Daneben stehen jedoch Ereignisse, bei denen eine Tötungsabsicht vorliegt.

In der Rechtssprechung ist das Konzept der Intention zum ‚Vorsatz' terminologisiert, das deutsche Strafgesetzbuch unterscheidet mit § 211, § 212 und § 222 StGB streng zwischen den Tötungsdelikten Mord, Totschlag und fahrlässiger Tötung, wobei sowohl bei Mord als auch bei Totschlag Vorsatz, also Intentionalität, gegeben sein muss.[40] Intentionalität des Handelns schließlich ist die Voraussetzung für die Zuweisung von Verantwortung und Schuld und somit ggf. für Strafbarkeit. Dies ist nur ein Beispiel dafür, wie in der juristischen Fachsprache Unterscheidungen, die weniger präzise in der allgemeinsprachlichen Kommunikation gemacht werden, aufgegriffen, näher bestimmt und festgeschrieben werden, wobei Auslegungsdifferenzen oder auch Revisionen nicht auszuschließen sind.

Handlung und Prozess sind in nicht wenigen Fällen sprachlich „verpaart": Eine Person A ertrinkt, und möglicherweise hat eine andere Person B das absichtlich verursacht. Dann hat B A ertränkt. Ähnlich kann B A ersticken oder A erstickt, ohne dass ein Fremdverschulden vorliegt, z. B. weil A eine Gräte verschluckt hat. B kann A erschrecken, A kann aber auch von selbst erschrecken, z. B., weil eine große Spinne in einer Ecke lauert.

Handlungen sind gerichtet auf andere Sachverhaltsbeteiligte (wie beim Öffnen und Schließen des Fensters) oder auf ein Geschehen (wie beim Beobachten, wie der Ball die Treppe herunterrollt) oder eine Tatsache (wie beim Einsehen, dass man älter geworden ist). Das letzte Beispiel verweist übrigens auf das weite Feld der geistigen Handlungen oder allgemeiner Aktivitäten, die viel schwieriger zu erfassen und zu kategorisieren sind als physische Aktionen. In der Nachbarschaft angesiedelt sind ‚Tätigkeiten', die ein Akteur ohne dieses Gerichtetsein vollzieht, willentlich wie etwa bei Aufmerken, Aufpassen, Abwinken oder nicht willentlich wie bei Niesen oder Husten.

Auf Zustände haben wir schon verwiesen. Dabei kommen sowohl Verben (z. B. *liegen, ruhen, herunterhängen*) zum Zug als auch vor allem Verbindungen aus dem Verb *sein* und Adjektiven oder Partizipien (wie *müde sein, welk sein, angespannt sein*). In diesen Fällen haben wir es mit ‚einstelligen' Prädikationen zu tun; es geht also nur um eine, nicht mehrere involvierte Entitäten, den Zustandsträger. Es gibt aber auch ‚zweistellige' Zustandsprädikationen wie *etwas wissen, etwas haben* oder *besitzen* oder *jemandem gehören*. Dann kommt zum Zustandsträger ein Zustandsbetroffener hinzu.

Zustandsträger können beliebige Entitäten sein, also Personen und Elemente der belebten und der unbelebten Natur und Umwelt. Entsprechend können Menschen auch intentional in Zuständen verharren (in die sie intentional oder nichtintentional geraten sind), etwa wenn jemand stundenlang vor dem Fernseher sitzt oder wenn jemand nach zu frühem Aufwachen noch im Bett liegen bleibt. Daneben müssen sich Menschen oft auch gegen ihren Willen mit Zuständen abfinden, in die sie geraten sind, z. B. wenn jemand wider besseres Wissen bei einem wichtigen Termin nervös ist, oder wenn er gar jahrelang im Gefängnis sitzt. Es verwundert daher wenig, dass gerade Zustandsverben sowohl ein belebtes als auch ein unbelebtes Subjekt als Ausdruck für den Zustandsträger haben können: Hans und seine Katze können auf dem Sofa sitzen oder liegen und vor der Tür stehen. Aber auch die Leiter – nicht nur Hans – lehnt an der Wand, der Wasserturm steht in Mannheim und Mannheim liegt am Rhein. Die Sprachwissenschaft ist sich in solchen Fällen nicht ganz einig, wie viele Bedeutungen gerade bei Allerwelts-Zustandsverben wie *sitzen, liegen* oder *stehen* anzusetzen sind und ob Belebtheit hier ein eindeutiges Differenzierungsmerkmal sein sollte.[41]

Auch der Sprachvergleich zeigt recht unterschiedliche Bündelungen von Merkmalen bei den Entsprechungen dieser zentralen Verben für Zustände im Raum. Während etwa englisch *lie* ‚liegen' nicht für die Situierung von Orten eingesetzt wird und stattdessen *to be situated* gebraucht wird, kann das polnische Verb *leżeć* (bzw. sein perfektives Gegenstück *poleżeć*) wie deutsch *liegen* auch in dieser Verwendung gebraucht werden. Auch Ungarisch verfügt mit *fekszik* über ein ‚liegen'-Verb mit breitem Anwendungsbereich. Im Französischen wird *liegen* primär durch Verbindungen aus *être* ‚sein' + Adjektiv wiedergegeben, so für den Liege-Zustand bei Menschen etwa *être couché(e)*, für das Liegen von Orten *être situé(e)*.

Ernst oder gelassen zu sein kann jemandes Charaktereigenschaft sein, aber auch der oder die Heiterste ist in manchen Situationen ernst und der Gelassenste fährt manchmal aus der Haut. Man kann also die gleichen Prädikationen gebrauchen, um permanente Eigenschaften und vorübergehende Zustände zu beschreiben. Im Spanischen werden – anders als in den Sprachen, die wir üblicherweise zum Vergleich heranziehen – allerdings zwei verschiedene ‚sein'-Verben gebraucht: *ser* dient der Charakterisierung, *estar* der Zustandsbeschreibung. Nun sind die beiden Sachverhaltsarten aber nicht immer leicht auseinanderzuhalten. Charaktereigenschaften, Dispositionen (wie etwa Reizbarkeit, Zerbrechlichkeit) und körperliche Beschaffenheit können sich ändern. Man kann zugespitzt sagen, dass Eigenschaften permanente Zustände sind und Zustände vorübergehende Eigenschaften. In der physischen Welt sind Eigenschaften einer Entität ohnehin durch die Dauer ihrer Existenz beschränkt und somit eine weitere Spielart des Seins in der Zeit. Anders dürfte es sich wohl nur bei mathematischen und logischen Eigenschaften, wie etwa ‚eine Primzahl sein', verhalten.

Kategorial verschieden sind Tatsachen. Sie sind nicht **in** der Welt, sondern als wahre Sachverhalte Teil unseres Wissens **über** die Welt. Die ontologischen Differenzen zwischen Ereignissen, Zuständen usw. schlagen hier nicht mehr durch. Dass die Erde sich um die Sonne dreht, ist eine Tatsache. Dass Deutschland in der Fußball-WM 2018 nicht einmal das Achtelfinale erreicht hat, ebenfalls. Bei der sprachlichen Formulierung müssen wir schon genauer hinsehen und auf bestimmte Indizien achten, weil Tatsachen- und Ereignisaussagen oft ähnlich daherkommen. *dass*-Sätze etwa können sowohl Ereignisse ausdrücken als auch Tatsachen (zu allem Überfluss auch noch Propositionen, also Sachverhalte, die nur entworfen, in den Raum gestellt werden, ohne dass sie wahr wären, wie etwa in *Ich behaupte nicht, dass zwei und zwei fünf ist*. Über sie haben wir bereits in Kapitel 2 gesprochen). Ereignisse (im weiteren Sinne) finden statt, beginnen und enden, werden wahrgenommen und beobachtet. Sie können gleichzeitig oder ungleichzeitig sein. Tatsachen werden festgestellt, bedauert und vorausgesetzt. Sie gelten zeitlich unbeschränkt.

4.3 Welche Möglichkeiten der Inszenierung geben uns verschiedene Verben an die Hand?

Kommen wir zurück zu der Frage nach dem Maß unserer Freiheit bei der Versprachlichung von Sachverhalten, bei der Inszenierung von Szenarios. Die Verben oder allgemeiner die prädikativen Ausdrücke, für die wir uns entscheiden, spielen hier die entscheidende Rolle. Zwar bewegen wir uns bei deren Wahl in einem bestimmten Rahmen von faktischer Angemessenheit – wenn wir überhaupt Wahres aussagen wollen – dennoch gibt es einen nicht unerheblichen Spielraum. Wir sehen im Folgenden unterschiedliche Möglichkeiten.

Zum einen können bedeutungsgleiche oder bedeutungsverwandte Verben mit Bezug auf denselben Sachverhalt eingesetzt werden: Die bereits erwähnten Zustandsverben *besitzen* (oder auch simples *haben*) und *gehören* sind ein solcher Fall: Wenn jemand ein Haus, zwei Porsche und einen Swimmingpool besitzt (oder hat), dann gehören ihm – zumindest im gewöhnlichen, nicht-juristischen Sprachgebrauch – ein Haus, zwei Porsche und ein Swimmingpool. Aber die beiden Prädikationen unterscheiden sich in der Konstellation der Zustandsbeteiligten. Die Linguistik spricht hier von unterschiedlichen ‚Argumentstrukturen': Bei *besitzen* und *haben* scheint eine Person, ein menschlicher Possessor, der erste und wichtigste Beteiligte zu sein, während die Sache, das Possessum, die zweite Geige spielt. Bei *gehören* sind die Argumente anders arrangiert: Die Sache ist nun das – anscheinend – Wichtigere, und die Person tritt an die zweite Stelle. Worauf gründen wir, gründet die Linguistik eine solche Rangordnung? Als ersten und wichtigsten von mehreren Ereignisbeteiligten ordnen wir diejenige Größe ein, die problemlos durch den „Rest" beliebiger Prädikationen charakterisiert werden kann. Wenn wir fragen: „Was weißt du über diesen Zahnarzt?", dann werden wir als Antwort bekommen: „wohnt in Berlin, ist Junggeselle, verdient eine Menge Geld, besitzt ein Haus in Dahlem". Fragen wir hingegen: „Was weißt du über dieses Haus, sagt man uns: „steht in Dahlem, gehört einem Zahnarzt". Das syntaktisch als Subjekt realisierte Argument ist nach diesem Test das ranghöchste.

Da es uns hier um Inszenierung und Perspektivierung geht, ist entscheidend, ob die Asymmetrie in der Tat auch mit einer unterschiedlichen Interpretation des Beitrags der Beteiligten zu dem Sachverhalt verbunden ist. Die Linguistik spricht in einem solchen Fall von unterschiedlichen ‚(semantischen) Rollen'. So ist dem menschlichen Possessor bei *besitzen* im Anschluss an Ágel (2017) die Rolle des ‚Zustandsträgers' zuzuordnen, bei gehören dagegen die des ‚Zustandsbetroffenen'. Umgekehrt ist das Possessum bei *gehören* Zustandsträger, bei *besitzen* hingegen Zustandsbetroffener. Nun sind aber auch schon die Kategorien ‚Possessor' und ‚Possessum' semantische Charakterisierungen, und manche nennen sie auch ‚Rollen'. Diese gegenüber der Inszenierung „resistenten" rein faktischen Rollen werden in manchen Ansätzen wie dem von Ágel als ‚denotative' von den ‚signifikativen' (wie Zustands-, Vorgangs- und Handlungsträger bzw. -betroffener) unterschieden.[42] Unschwer ist hier die Tradition der Innersprachlichkeit der Bedeutungen wieder erkennbar, die im europäischen Strukturalismus behauptet wurde. Bei Paaren wie *besitzen – gehören* mag der Nicht-Linguist sagen: „Das ist doch gehupft wie gesprungen." Die Perspektivenunterschiede sind, wenn überhaupt, schwer begrifflich festzumachen und noch schwerer aufgrund empirischer Tests nachzuweisen.

Etwas anders mag es im Fall von *kaufen* versus *verkaufen* aussehen. Wenn ich beim oder vom Bäcker ein Brot kaufe, verkauft mir – zumindest im Prinzip – der Bäcker ein Brot. Die Transaktion, die stattfindet, ist ein und dieselbe. Beide „Parteien" vollziehen im Laufe der Transaktion Handlungen: Der Kunde äußerst seinen Kaufwunsch, der Bäcker nimmt das Brot aus dem Regal, verpackt es, nennt den zu zahlenden Betrag, der Kunde nimmt das Brot entgegen, übergibt einen Geldbetrag und nimmt ggf. Wechselgeld entgegen. Hinzu mögen noch soziale Handlungen wie Gruß, Danksagung und Verabschiedung kommen. Trotz dieser „konzertierten Aktion" ist im Falle von *kaufen* der Käufer der Handlungsträger oder auch ‚Agens', im Falle von *verkaufen* der Verkäufer. Diese unterschiedliche Rollenverteilung wird sprachlich z. B. dadurch manifest, dass eine Bewertung etwa durch *gern* sich jeweils auf die Handlungsbereitschaft des Handlungsträgers beziehen muss: *Die Kundin kauft gern ihr Brot bei diesem Bäcker* bedeutet also etwas anderes als *Dieser Bäcker verkauft der Kundin gern ihr Brot*. Die andere Person spielt bei einer Kauf-Aktion die Rolle einer Lokalisierung oder einer Quelle (*bei / von diesem Bäcker*), bei einer Verkaufs-Aktion die eines ‚Rezipienten' (*der Kundin*). Nur das gekaufte bzw. verkaufte Objekt bleibt seiner Rolle als handlungsbetroffene Sache, als ‚Patiens' treu. Auch der Preis der Ware kann bei beiden Konstruktionen in der gleichen Weise genannt werden, etwa so: *Die Kundin kauft das Brot bei diesem Bäcker zu einem stolzen Preis / Dieser Bäcker verkauft der Kundin das Brot zu einem stolzen Preis*. In beiden Fällen spielt die Information zum Preis eine weniger zentrale Rolle. Es handelt sich syntaktisch wie informationell um ein eher „peripheres" Komplement im Valenzrahmen. Die Möglichkeit unterschiedlicher Perspektivierungen ist übrigens nicht nur mit den Mitteln der Sprache gegeben, sondern auch z. B. bei visueller Repräsentation. Wenn die Transaktion z. B. gefilmt werden soll, können Regisseur und Kameramann sie durch Kameraschwenks und Großaufnahmen der jeweiligen Akteure eher als einen Kauf aussehen lassen oder als einen Verkauf. Schematisch verdeutliche ich in den folgenden Abbildungen die beiden unterschiedlichen Ausleuchtungen des Szenarios durch unterschiedliche Schriftgrößen bei der Repräsentation der beteiligten Größen:

Abb. 4: Perspektivierung bei *kaufen*.

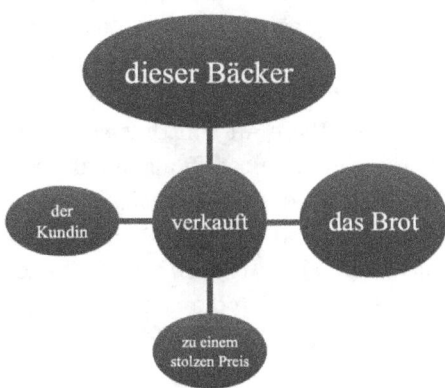

Abb. 5: Perspektivierung bei *verkaufen*.

Auch *geben* und *bekommen* (oder ggf. auch *nehmen*) sind als Transaktionsverben in ähnlicher Weise bedeutungsähnlich und perspektivisch verschieden. Und wenn wir über etwas nachdenken oder es uns durch den Kopf gehen lassen, lassen wir unsere Gedankenwelt anders, aktiver, aussehen, als wenn uns die Gedanken kommen oder uns etwas einfällt.

Radikalere Unterschiede in der sprachlichen Erfassung von Sachverhalten können dann vorliegen, wenn bei dem einen Verb weitere Ereignisbeteiligte ins Spiel gebracht werden, die bei dem „alternativen" Verb ausgeblendet bleiben. Besonders kritisch ist hier der Fall, dass sowohl Handlungsverben mit einem

Agens zur Verfügung stehen als auch Vorgangsverben ohne Agens. Dies wurde im „Einstieg" anhand des Paars *(aus einem Film) herausschneiden* bzw. *entfernen* und *(aus einem Film) verschwinden* oder *fliegen* gezeigt. Ob jemand sein Auto in den Straßengraben fährt oder das Auto im Straßengraben landet, ob der Staat die Sozialausgaben kürzt oder ob die Sozialausgaben des Staates zurückgehen, ob eine Fluggesellschaft Flüge streicht oder ob Flüge entfallen – das sind schon Unterschiede. Auch systematischere, halbwegs grammatikalisierte Beziehungen ergeben sich: Wenn jemand eine unglaubwürdige Geschichte aufbringt, dann kommt diese Geschichte auf. Ähnlich ist die Relation zwischen *verlieren* und *verloren gehen* oder *zur Sprache bringen* und *zur Sprache kommen*.

Nicht nur der perspektivische Rahmen, den Verben im Hinblick auf denselben Sachverhalt eröffnen, kann differieren, sondern der Unterschied kann auch im Gehalt des Verbs oder Prädikatsausdrucks selbst liegen, z. B. an einer mit ausgedrückten positiven, neutralen oder negativen Wertung, am eher verhüllenden oder gar euphemistischen Sinn gegenüber einer offeneren oder gar brutalen Ausdrucksweise: Man kann die Art und Weise der Annäherung eines Mannes an eine Frau als Flirtversuch oder als Anmache bezeichnen. Ob ein über die Medien verbreitetes Video zeigt, dass Menschen anderen Menschen hinterherlaufen, sie verfolgen oder gar jagen, darüber wird zuweilen heftig gestritten. Diese Art von Unterschied ist selbstverständlich jedoch nicht auf Verben beschränkt; sie betrifft alle Inhaltswörter, also z. B. Substantive wie *Streit* versus *Debatte* oder *Steuererhöhung* versus *Steueranpassung*. Gerade bei solchen Unterschieden im Gehalt der Prädikationen stellt sich – anders als bei *kaufen – verkaufen, geben – bekommen* – dann immer wieder die Frage, ob die eine oder die andere Interpretation die richtigere, angemessenere oder gar die einzig akzeptable ist.

4.4 Die Grammatik der Inszenierung zum einen: das Passiv

Nicht nur der Wortschatz, sondern auch die Grammatik leistet Beihilfe zur Inszenierung der Welt. Das so genannte Genus Verbi, das in unseren modernen europäischen Sprachen die beiden Genera Aktiv und Passiv umfasst, ist hier das wichtigste Mittel. Im Passiv werden gegenüber dem Aktiv ähnlich wie bei lexikalischen Verbpaaren die Verbkomplemente umstrukturiert: Das Aktiv-Subjekt wird sozusagen heruntergestuft – es kann wegfallen oder allenfalls als *von*-Phrase genannt werden. Ist ein Akkusativobjekt (bzw. ein direktes Objekt) gegeben, so wird dies hochgestuft zum Subjekt, alle anderen Objekte bleiben unverändert. Schauen wir uns einen Abschnitt aus einem Artikel zur Misere der Deutschen Bahn aus der ZEIT vom 13. September 2018 an. Ich füge, um leichter bei meinem Kommentar zugreifen zu können, eine Satznummerierung ein und setze die Passivformen fett:

> (1) Zwar **wurde** die Bahn eben nicht **kaputtgespart**, wie oft **behauptet wird**, sie investiert sogar auf Rekordniveau. (2) Eben weil die Gleise und Züge **saniert werden**, kommt es immer wieder zu Umleitungen und Verspätungen.
>
> (3) Es braucht aber noch mehr Geld, soll die Bahn das leisten, was von ihr **erwartet wird**.
>
> (4) Bis 2030, so steht es im Koalitionsvertrag, soll es doppelt so viele Bahnfahrten geben wie heute, zugleich soll mehr Güterverkehr auf die Schiene **gebracht werden**. (5) Ohne neue Züge, neue Gleise und neue Mitarbeiter wird dies nichts.
>
> (6) Dafür aber braucht es genau die Milliarden, die der Autoindustrie in den vergangenen Jahren **geschenkt wurden**. (7) VW und Co. haben es den Bürgern nicht gerade gedankt, von der Regierung **protegiert worden zu sein**. (8) Die Bahn hat eine Chance verdient.

In allen Passivkonstruktionen in diesem Text ist ein Akkusativobjekt, das im Aktiv vorhanden sein müsste, zum Subjekt geworden, und überall außer in Satz (7) ist das ursprüngliche Aktiv-Subjekt verschwunden bzw. wurde eingespart, uns vorenthalten, verschwiegen. Allerdings fällt es relativ leicht, die Subjekte zu rekonstruieren. Ich versuche es in der folgenden Aktiv-Paraphrase – dabei greife ich nur im Notfall – wenn mir nichts anderes einfällt – zum unverbindlichen *man*.

> (1a) Zwar **hat** *das Management* die Bahn eben nicht **kaputtgespart**, wie *man* oft **behauptet hat**, sie investiert sogar auf Rekordniveau. (2a) Eben weil *die Bahn* die Gleise und Züge **saniert**, kommt es immer wieder zu Umleitungen und Verspätungen.
>
> (3a) Es braucht aber noch mehr Geld, soll die Bahn das leisten, was *wir* von ihr **erwarten**.
>
> (4a) Bis 2030, so steht es im Koalitionsvertrag, soll es doppelt so viele Bahnfahrten geben wie heute, zugleich **will** *die Bahn* mehr Güterverkehr auf die Schiene **bringen**. (5a) Ohne neue Züge, neue Gleise und neue Mitarbeiter wird dies nichts.
>
> (6a) Dafür aber braucht es genau die Milliarden, die *die Regierung* der Autoindustrie in den vergangenen Jahren **geschenkt hat**. (7a) VW und Co. haben es den Bürgern nicht gerade gedankt, dass *die Regierung* sie **protegiert hat**. (8a) Die Bahn hat eine Chance verdient.

Nicht jede meiner Einfügungen mag überzeugen. Aber meistens dürfte ich auf Zustimmung stoßen. In aller Regel sind wir vorverständigt darüber, wer oder was als Subjekt bei der „Re-Aktivierung" von Passivsätzen jeweils in Frage kommt. Das Faktenwissen führt uns in (1a) zu *das Management* (oder auch: *der Bahnvorstand*), in (6a) zu *die Regierung*. Allgemeines Hintergrundwissen über Dienstleistungen und Kundenerwartungen führt in (3a) zu *wir*. Vergleicht man den ursprünglichen, an Passivkonstruktionen reichen Text mit meiner Umformulierung, so besticht ersterer durch Knappheit und Redundanzfreiheit. Wir fühlen uns hier durch die Nicht-Nennung der Subjekte des Aktivs nicht unterinformiert. Das kann jedoch in anderen Texten auch anders sein. Das Aktiv-Subjekt mag unbekannt sein – warum sollte man dann unbedingt formulieren „Unbekannte haben gestern erneut in X das Denkmal mit Graffiti bemalt", anstatt knapp das Bekannte rüberzubringen: „Gestern wurde in X erneut das Denkmal mit Graffiti bemalt". Oder wir werden bewusst im Unklaren gelassen. Im politischen Kontext wird dies dann als „Täterverschweigung" verurteilt. Manchmal wird sogar aus sprachlichen Gründen zum Passiv geraten. So wird in dem Ratgeber „Richtig gendern" empfohlen, die Formulierung „Mitarbeiter müssen Folgendes beachten" zu ersetzen durch „Es muss Folgendes beachtet werden".[43] Damit soll das ‚generische Maskulinum' *Mitarbeiter* vermieden werden.

Was ändert sich semantisch an der Inszenierung, wenn statt des Aktivs das Passiv gewählt wird? Üblicherweise nimmt man an, es werde von einer Sehweise als Handlung zu einer Sehweise als Vorgang übergegangen. Das stimmt in vielen Fällen. Aber zum einen bleibt der Handelnde zwar im Hintergrund, aber benennbar. Nachfragen wie „Und von wem wurde denn das Denkmal bemalt? Weiß man das schon?" sind möglich. Insofern ist auch die Bezeichnung ‚Vorgangspassiv' nicht ganz zutreffend. Der Vorgangsaspekt mag im Vordergrund stehen. Dass aber, wenn Denkmäler bemalt werden oder Vorschriften (nicht) beachtet werden, Menschen Handlungen vollziehen, ist eigentlich jedem klar. Allerdings: Es besteht ein Unterschied zwischen dem Wissen, dass irgendwer oder auch die üblichen Verdächtigen eine Handlung vollzogen haben, und der konkreten Nennung der verantwortlichen Personen. Zum anderen sind nicht alle passivierbaren Aussagen im Aktiv auch tatsächlich Handlungsbeschreibungen. Wenn der Sturm zahlreiche Häuser zerstört oder ein Taifun die Insel Hokkaido erreicht, sind dies Naturereignisse, bei denen Naturgewalten, nicht aber menschliche ‚Agenten' beteiligt sind. Dennoch ist Passivierung möglich. Selbst Zustandsbeschreibungen wie *Viele teilen diese Meinung* oder *Hochhäuser überragen inzwischen die alten Katen* können ins Passiv gesetzt werden, jeweils in Form von *Diese Meinung wird von vielen geteilt* bzw. *Die alten Katen werden inzwischen von Hochhäusern überragt*.

Die Ersparung eines Ereignisbeteiligten ist nicht die einzige Funktion, die in der Wahl zwischen Aktiv und Passiv zu Buche schlägt. Wohl bedeutender sind die sich jeweils eröffnenden unterschiedlichen Möglichkeiten der Informationsgewichtung und der Textorganisation. Auf diese Gesichtspunkte kommen wir in den Kapiteln 5 und 6 zu sprechen.

Bisher haben wir nur die wichtigste Form des Passivs im Deutschen vorgestellt, das ‚Vorgangspassiv' oder, wie man neutraler sagen könnte, das *werden*-Passiv. Daneben gibt es noch ein ‚Zustandspassiv' (auch ‚*sein*-Passiv' genannt) und ein ‚Rezipientenpassiv' (auch ‚*bekommen*-Passiv') genannt). Die beiden sind allerdings in ihrer Qualität als Passivformen nicht ganz unumstritten. Wie sehen entsprechende Konstruktionen aus? Beim Zustandspassiv wird statt des Hilfsverbs *werden* das Hilfsverb *sein* gebraucht. Aber nicht zu jedem *werden*-Passiv gibt es ein *sein*-Passiv – manchmal klingt es perfekt, manchmal eher schlecht, manchmal verwerfen wir es ganz. Am besten lässt sich das Zustandspassiv logischerweise von Verben bilden, die eine Zustandsveränderung bezeichnen: Die *sein*-Konstruktion verweist dann auf den Resultatzustand des Vorgangs, den das *werden*-Passiv ausdrückt. Machen wir anhand des Textausschnitts oben die Probe aufs Exempel. Perfekt oder immerhin akzeptabel (?) im Zustandspassiv sind:

(1b) Zwar **ist** die Bahn eben nicht **kaputtgespart** ... (2b) Eben weil die Gleise und Züge **saniert sind** ... (4b) ... zugleich soll mehr Güterverkehr auf die Schiene **gebracht ?sein** ... (7b) VW und Co. haben es den Bürgern nicht gerade gedankt, von der Regierung **protegiert zu sein.**

Dagegen sind diese beiden Umformungen kaum akzeptables Deutsch (??):

(1b) .... wie oft **behauptet ??ist** ... (3b) ... was von ihr **erwartet ??ist.** ... (7b) ... die der Autoindustrie in den vergangenen Jahren **geschenkt ??waren.**

Beim Rezipientenpassiv muss ein (normalerweise) personenbezeichnendes Dativobjekt vorhanden sein; dieses wird im Passiv zum Subjekt, nicht das Akkusativobjekt. Eine Umformung ins Rezipientenpassiv ist bei Satz (7) unseres Textes sehr gut möglich:

(7b) ... die **die Autoindustrie** in den vergangenen Jahren **geschenkt bekommen hat.**

Bei Beispielen wie diesem kann man noch gut erkennen, dass dem Rezipientenpassiv eine Konstruktion zugrunde liegt, in der *bekommen* (oder *erhalten* bzw. *kriegen*) noch „normales" Vollverb war und das Partizip *geschenkt* als Prädikation über das Objekt, das man bekommen hat, verstanden wurde, also im Sinne von ‚als Geschenk', ähnlich wie man sagen kann „Ich habe die Ware gut erhalten / frisch verpackt bekommen". Inzwischen ist die Konstruktion, die wohl zuerst nur im Westmitteldeutschen verbreitet war und in der überregionalen Umgangssprache noch gar nicht so alt ist, aber so weit grammatikalisiert, dass man ohne Weiteres auch sagen kann: „Ich habe das wertvolle Schmuckstück leider weggenommen bekommen". Wörtlich verstanden ist das natürlich Unfug: Da hat eine Person angeblich ein Schmuckstück bekommen, das aber gleichzeitig für ihr weggenommen erklärt wird.

Allen Passiv-Unterarten ist gemeinsam, dass Passivfähigkeit semantisch keine scharf abgegrenzte Eigenschaft von Verben ist. Das Verb mit der Bedeutung ‚haben' wird aber z. B. wie im Deutschen auch im Englischen, Französischen oder Polnischen nicht ins Passiv gesetzt. Spielerisch werden auch Verben, die eigentlich nicht passivfähig sind oder die eine bestimmte Art des Passivs nicht zulassen, passivisch gebraucht: „Hier werden Sie geholfen" ist ein Verstoß gegen die Regel, dass im *werden*-Passiv nur ein Akkusativobjekt Passivsubjekt werden kann, kein Dativobjekt. Aber gerade deshalb bleibt dieser Spruch besser haften als das korrekte „Hier wird Ihnen geholfen". „Gehen oder gegangen werden?" hören oder lesen wir inzwischen häufig, wenn eine Person des öffentlichen Lebens ihren Posten mehr oder weniger freiwillig räumt. Wenn jemand gegangen wird, dann müsste eigentlich auch im Aktiv sagbar sein, dass einer einen anderen geht. Was nicht der Fall ist. *gehen* hat kein Akkusativobjekt – es sei denn in Verbindungen wie *einen langen Weg / schweren Gang gehen*. „Richtiges" Passiv bei *gehen* wie etwa in „Da wurde eindeutig zu weit gegangen" verschweigt den „Geher" des Aktivs. Und diese Regel, dass ein personales Aktiv-Subjekt ausgespart wird, gilt auch z. B. für „Es wird getanzt", „Es darf gelacht werden" und sogar für „Seit 5 Uhr 45 wird zurückgeschossen" oder „Es wird gestorben, wo immer auch gelebt wird".[44] So kommt es zu der deutschen Besonderheit des subjektlosen Passivs intransitiver Verben – bei dem, wie gesagt, immer eine Person – oder auch eine Gruppe von Personen – als handelnde oder vorgangsbetroffene im Hintergrund bleibt.

Ein subjektloses Passiv gibt es im Englischen, Französischen und Ungarischen gar nicht, im Polnischen nur ganz eingeschränkt.[45] Auch ein Rezipientenpassiv der deutschen Art kennt man in diesen Sprachen nicht. Allerdings unterscheidet sich das Englische durch eine äußerst liberale Hochstufungspraxis: Nicht nur direkte Objekte wie im Deutschen und anderen europäischen Sprachen werden im Passiv zum Subjekt, sondern auch indirekte. *Bill was offered a cigar* ist ein solches Beispiel. Im Deutschen müssen wir, um diesen Effekt zu erzielen, zum Rezipientenpassiv greifen: *Bill bekam eine Zigarre angeboten*. Umgekehrt gesehen, könnte man auch sagen, das Englische besitze ein Allround-Passiv, das ein Rezipientenpassiv ebenso einschließe wie die Beförderung von Präpositionalobjekten oder gar Ortsbestimmungen zum Subjekt. Man vergleiche: *I have been lied to many times* oder *This bed has been slept in*.[46] Die Präposition (hier *to* bzw. *in*) bleibt bei dieser Transformation einer Präpositionalphrase zum Subjekt, das sich nun an der Satzspitze befindet, an ihrer angestammten Stelle aus der Aktivkonstruktion „gestrandet" zurück. Im Deutschen sind derartige Umformungen ausgeschlossen. In manchen Fällen allerdings kompensieren wir die mangelnde Flexibilität der Satzglieder durch Wortbildung: Viele intransitive Verben wie *lügen*, auch solche mit Präpositionalobjekt wie *auf etwas achten* haben transitive und damit auch passivfähige Pendants wie *jemanden anlügen* bzw. *belügen* oder *etwas beachten*. So können wir das englische Lügen-Beispiel auf unsere Weise passivieren: *Ich bin schon häufig angelogen / belogen worden*. Beim anderen englischen Beispiel können wir auf ein subjektloses Passiv zurückgreifen: *In diesem Bett ist geschlafen worden.* Dabei ist es im Deutschen ohne weiteres üblich, die Ortsbestimmung an den Satzanfang zu stellen und damit hervorzuheben; der Umweg über die Transformation zum Subjekt ist nicht nötig. Der Vergleich zeigt, dass Sprachen jeweils eigene grammatische Verfahren bereitstellen, mit denen bestimmte Funktionen und Effekte wie etwa die Umordnung und Hervorhebung oder auch Herabstufung bestimmter Argumente erreicht werden. Im Bereich des Genus Verbi gibt es zwischen unseren Vergleichssprachen eine Grundübereinstimmung; aber das Deutsche zeichnet sich durch eine besondere Vielfalt der Konstruktionen und der lexikalischen Mittel aus, während etwa das Englische durch den breiten Anwendungsbereich einer einzigen Konstruktion glänzt.

Aufschlussreich ist die Verteilung der Passiv-Hilfsverben: Anders als im Deutschen fungiert ‚sein' als Hilfsverb für das Vorgangspassiv; man vgl. englisch *Rome was founded in 753 BC,* französisch *Rome fut fondée en 753 avant Jésus-Christ.* Im Englischen wird neben *be* auch das Verb *get* ‚bekommen' als Passiv-Hilfsverb gebraucht. *get* ist aber nur ein „falscher Freund" von deutschem *bekommen* im Rezipientenpassiv. Es wird gebraucht, wenn der Handlungsbetroffene zumindest teilweise an dem, was ihm zustößt, mitbeteiligt ist, wie etwa in *I got arrested* ‚ich wurde verhaftet' oder dem im Deutschen nicht direkt übersetzbaren Imperativ *Get lost!* ‚Hau ab!' (wörtlich: ‚werde verloren').[47] Im Polnischen signalisiert die Wahl zwischen *być* ‚sein' und *zostać* ‚bleiben' (perfektiv) in Verbindung mit den Vollverb-Partizipien Aspektunterschiede. Passivkonstruktionen mit *być* + Partizip Perfekt eines imperfektiven Verbs entsprechen einem deutschen Vorgangspassiv: Ein Prozess läuft – ohne Berücksichtigung von Grenzen – zur Betrachtzeit gerade ab; im Präteritum wird Wiederholung ausgedrückt. In Kombination mit dem Partizip eines entsprechenden perfektiven Verbs hingegen liegt das Zustandspassiv vor: Das Ergebnis, der Resultatzustand, wird betrachtet. *zostać* wird immer mit dem Partizip perfektiver Verben verbunden und entspricht einem Vorgangspassiv mit telischer Perspektive. Wir können somit kontrastieren: *Miasto jest założone* (perfektiv: Die Stadt ist gegründet. Der Gründungsprozess ist abgeschlossen) und *Miasto zostało założone* (perfektiv, entspricht etwa dem deutschen *Die Stadt ist gegründet worden*). Auch im Ungarischen kann das Verb *lesz* ‚werden' zur Bildung einer Art Passiv herangezogen werden, und wir hätten für unseren Beispielsatz dann: **Róma meg lett alapítva.* Allerdings sind Passivkonstruktionen im Ungarischen eher selten und werden traditionell nicht dem Verbparadigma zugeordnet. Muttersprachlerinnen, die zu Rate gezogen wurden, bewerteten sogar die – von ihnen selbst gebildete – ungarische Version des Beispielsatzes als ungrammatisch, als Germanismus. Anstelle einer Konstruktion mit Passivhilfsverb gibt es Suffixe, die an den

Verbstamm angehängt werden und aus einem Verb mit aktiver, transitiver Bedeutung ein Verb mit passiver, intransitiver Bedeutung machen, wie etwa bei *ad* ‚geben' gegenüber *adatik* ‚gegeben werden'. Aber diese für eine agglutinierende Sprache typische Bildungsweise ist heute nicht mehr wirklich produktiv.

Als Konsequenz aus dieser Dominanz von ‚sein' bei der Bildung des Vorgangspassivs in unseren Kontrastsprachen ergibt sich, dass sich ein Zustandspassiv, wie wir es aus dem Deutschen kennen, dort nicht klar diagnostizieren lässt. So kann englisch *The window should be closed* im Deutschen sowohl als *Das Fenster sollte geschlossen werden* wiedergegeben werden als auch als *Das Fenster sollte geschlossen sein*.[48] Dasselbe gilt für französisch *La fenêtre doit être fermée*.

4.5 Die Grammatik der Inszenierung zum anderen: Medial- und Reflexivkonstruktionen

Im Altgriechischen hat λούομαι (*loúomai*) die Bedeutungen ‚ich wasche mich' und ‚ich werde gewaschen'. Die Form (hier exemplarisch repräsentiert durch 1. Person Singular Präsens) bezeichnet man als ‚Medium' oder auch als ‚Mediopassiv'. Von Medium, einer ‚mittleren Form' spricht man, weil hier ein Genus Verbi zwischen Aktiv und Passiv vorliege, also eine Form, die sowohl Eigenschaften des Aktivs habe, insofern als ein Handelnder genannt werde, als auch Eigenschaften des Passivs, weil der Handelnde gleichzeitig der Handlungsbetroffene sei. Im Deutschen ahmen wir dieses „Zwischen" durch die – der Form nach aktive – Reflexivkonstruktion nach, in der ein und dieselbe Person in beiden Rollen auftaucht. Im Altgriechischen allerdings ist diese mittlere Form, wie wir sahen, gleichzeitig zuständig für das eigentliche Passiv. Es ist davon auszugehen, dass ein eigenes Passiv sich in den indoeuropäischen Sprachen generell erst später vom Medium abgetrennt hat. Im Lateinischen sind davon noch Spuren enthalten: Zum einen gibt es zahlreiche so genannte ‚Deponentien', Verben mit passiver Form und aktiver bzw. „selbstbezogener" Bedeutung wie *vehi* ‚selbst fahren' im Gegensatz zu *vehere* ‚jemanden anderen fahren', *laetari* ‚sich freuen'. Zum anderen werden Passivformen transitiver Verben durchaus auch dort noch verwendet, wo wir im Deutschen Reflexivkonstruktionen haben. Man denke etwa an das sprichwörtliche „Tempora mutantur et nos mutamur in illis" ‚Die Zeiten ändern sich und wir ändern uns in ihnen' (wörtlich: Die Zeiten werden geändert und wir in ihnen). Die Spekulation liegt nahe, dass die ursprüngliche semantische Opposition nicht die moderne zwischen Handeln und „Erleiden" (oder „Behandelt-Werden") war, sondern die zwischen fremdbezüglichem, externalisiertem und selbstbezüglichem, internalisiertem Geschehen.[49]

Das Medium in den alten indoeuropäischen Sprachen ist seinerseits durch die Anfügung von Personalsuffixen an den Verbstamm entstanden, λούομαι ist also zu lesen als ‚wasch-ich-mich'. Hier haben wir ein Beispiel für die sehr häufige Entstehung von Flexionsformen durch Anlehnung selbstständiger „kleiner" Wörter wie etwa Pronomina an ein Inhaltswort. Später werden diese angefügten Wörtchen mehr und mehr reduziert, bis sie schließlich zu Endungen geworden sind (vgl. dazu auch Kapitel 8). Dann aber können sie möglicherweise ihre ursprüngliche eigenständige Funktion nicht mehr voll erfüllen, weil sich aus der Bindung an bestimmte Inhaltswörter jeweils spezifische „unberechenbare" Neubedeutungen entwickelt haben. So ist auch in den skandinavischen Sprachen und im Russischen ein ursprüngliches Reflexivpronomen zu einem Mediopassivsuffix geworden. Diese Suffixe, nämlich dän./schwed./norw. -s und russisch -ся (-sja) ähneln formal unserem Reflexivpronomen *sich*. Sie verbinden sich mit (in der Regel transitiven) Verben zu intransitiven Reflexivverben; man vgl. norwegisch *han undres* ‚er wundert sich' oder russisch учи́ться (*utschitsja*) ‚lernen' gegenüber учи́ть (*utschit*) ‚lehren'. Im Einzelfall kann man nachvollziehen, wie die Neubedeutung zustande kommt: Ein Lernen kann man ja als ein Sichselbst-Lehren oder -Unterrichten verstehen. Will man aber frei eine Reflexivkonstruktion bilden, so dass deren Bedeutung sich aus den Bedeutungen von Verb + Reflexivausdruck ergibt, wie etwa in *Er schützt sich und andere*, *Sie gefährdet am meisten sich selbst*, so wird z. B. im Russischen nicht auf die Reflexivverben zugegriffen, sondern auf transitives Verb + Reflexivpronomen.

Damit kann aber im Prinzip ein neuer Zyklus der semantischen Spezialisierung und ggf. der formalen Reduktion beginnen. Auch ein freies Reflexivpronomen wie unser *sich* (bzw. *mich, dich, uns, euch* in reflexiver Lesart) wird einerseits genutzt, um auszudrücken, dass eine beliebige Handlung zufällig auch auf den Handelnden selbst gerichtet wird. Andererseits aber gebrauchen wir es, um intransitive Verben aus transitiven herzuleiten, und zwar in den verschiedensten Spielarten: Unbelebte Gegenstände konkreter oder abstrakter Natur, die wir manipulieren oder die von unbekannter Seite manipuliert werden, werden durch *sich* zum „Selbstläufer". Es kommt uns, genau genommen, so vor, als ob das betroffene Objekt sich selbst manipulierte: Die Tür öffnet sich; die Erde erwärmt sich; der Himmel färbt sich schwarz. Die Wirtschaftslage kann sich verbessern oder verschlechtern; eine Krise kann sich ausweiten; Konflikte können sich überstürzen oder überlagern usw. Dinge, die wir mühelos bewerkstelligen, geschehen wie von Geisterhand: Das Buch liest sich leicht, die Matratze verkauft sich gut. Und entsprechend kann sogar mit intransitiven Verben verfahren werden: Will man dem Stuhl – z. B. seiner tollen Konstruktion, seiner bequemen Polsterung wegen – bescheinigen, wie gut man darauf sitzt, kann man sagen: Auf dem Stuhl sitzt es sich gut.

Besonders ins Gewicht fällt aber die Inszenierung von Körper, Geist und Seele des Menschen mittels Reflexivierung: Der Mensch bewegt, reckt und streckt oder bückt sich. Er macht sich auf zu neuen Ufer oder verzieht sich. Eine Person kämmt, wäscht und duscht sich. Wir erinnern uns an Erlebnisse, interessieren uns für Neues. Eine Frau oder ein Mann ängstigt, ärgert, entrüstet sich, er oder sie regt sich auf, begeistert oder freut sich.

Unsere europäischen Nachbarsprachen nutzen Reflexivierung in diesen Domänen in unterschiedlichem Maße. Das Französische ist wie andere romanische Sprachen nah an den Strategien des Deutschen: **sich öffnen** hat ein Gegenstück in französisch *s'ouvrir*, aber auch in spanisch *abrirse* und italienisch *aprirsi*. Wie man sieht, sind die Reflexiva der romanischen Sprachen nicht selbstständig, sondern angelehnt bzw. ‚klitisch' gegenüber dem Verb – sei es, dass sie sich wie im Französischen vorn anlehnen; sei es, dass sie wie beim spanischen oder italienischen Infinitiv hinten angefügt werden. Anlehnungsbedürftig, aber in der Schreibung abgetrennt ist polnisch *się* wie in *otwierać się* ‚sich öffnen'. Auch im Feld der Emotion und Kognition gibt es im Französischen wie im Polnischen zahlreiche reflexive Konstruktionen, vgl. franz. *se réjouir*, pol. *cieszyć się* ‚sich freuen'. Allerdings ist nicht immer mit solchen Parallelen zu rechnen: Im Deutschen heißt es *Das Wetter hat sich geändert*. Im Französischen hingegen bedeutet *changer* sowohl ‚etwas ändern' als auch ‚sich ändern', somit *Le temps a changé*. Andererseits gebrauchen wir deutsch *kochen* transitiv wie in *Ich koche eine Suppe* und intransitiv wie in *Die Suppe kocht*. Im Polnischen hingegen wird bei intransitiver Verwendung reflexiv konstruiert, somit *gotować się*.

Das Englische hingegen bedient sich nur spärlich der Reflexivstrategie als Mittel der Intransitivierung. In der Regel werden Verben sowohl in der einen wie in der anderen Verwendung gleichermaßen gebraucht, also z. B. *to open* wie *to close* jeweils für ‚öffnen' und ‚sich öffnen', ‚schließen' und ‚sich schließen'. Auch bei körperzentrierten Handlungen wird in der Regel nicht reflexiv konstruiert: *to move* heißt ‚bewegen' und ‚sich bewegen', *to hunch* ‚(sich) krümmen'. Bei *to dress* ‚(sich) anziehen', *to shave* ‚(sich) rasieren)', *to wash* ‚(sich) waschen' usw. ist die Setzung eines Reflexivums nicht ganz ausgeschlossen, unterbleibt aber normalerweise – eine durchaus pragmatische und ökonomische Strategie, denn der Normalfall ist ja, dass man das an sich selbst erledigt.

Das Ungarische schließlich hat ähnlich wie bei der passivischen Perspektive verschiedene Suffixe aufzuweisen, mit denen Intransitivität oder Reflexivität zum Ausdruck kommt. Ein Beispiel ist das Suffix *-köd*, das nach dem Verbstamm und vor der Personalendung eingefügt wird wie in *Anna fésül-**köd**-ik* ‚Anna kämmt sich'.

Medialkonstruktionen sind im Übrigen nicht nur in alteuropäischer Zeit eng mit dem Passiv verwandt. Grammatikalisierung von reflexiven Konstruktionen zu funktionalen Passiväquivalenten findet auch in jüngerer Zeit noch statt, im Deutschen wie in anderen europäischen Sprachen. *sich sehen* + Partizip Perfekt ist dabei eine bevorzugte Konstruktion: „Präsident Obama **sieht sich gezwungen**, in Syrien und im Irak einen Krieg zu führen, den er nicht führen wollte" (Der Spiegel vom 29.09.2014). Ganz parallel heißt es im Italienischen: „Il presidente **si vide costretto** a dare le dimissioni" ‚Der Präsident sieht sich gezwungen zurückzutreten' (wörtl.: der Präsident sich sieht gezwungen zu geben seinen Rücktritt).[50]

4.6 Argumentrollen und ihre Sprachwerdung durch Kasus und andere Mittel

Das Verb – dies haben wir in den vorangehenden Abschnitten festgestellt – schart in seiner jeweils eigenen Art Argumente in Form von separaten Satzgliedern um sich, meist Nominalphrasen oder Pronomina, aber auch Präpositionalphrasen, Nebensätze oder Infinitivkonstruktionen. Die Argumente verkörpern semantische Rollen wie Handlungsträger oder ‚Agens', Handlungsbetroffener oder ‚Patiens', Empfänger oder ‚Rezipient'. Wie viele Argumente in welchen Rollen ein Verb zu sich nimmt, hängt selbstredend von seiner Bedeutung ab. Streng genommen sind die Rollen der Argumente nur Abstraktionen von Bedeutungsanteilen des Verbs. Denn nur Handlungsverben nehmen ein Agens-Argument, und das Auftauchen eines Rezipienten setzt ein Transaktionsverb (wie *geben* oder *nehmen*) voraus. Auch Kommunikation wird als eine Art Transaktion verstanden – nämlich von Wörtern und Gedanken; man sagt oder erzählt jemandem etwas wie man jemandem etwas gibt.

Woran erkennen wir, welches der Satzglieder welches Argument in welcher Rolle verkörpert? Dafür muss es ja Regeln geben. Beliebige oder ungeordnete Zuordnungen könnten zu gravierenden Missverständnissen und Schlimmerem führen. Wenn wir z. B. „TSG Hoffenheim schlägt den VfB Stuttgart deutlich" so verstehen, dass Hoffenheim die siegreiche und Stuttgart die unterlegene Mannschaft ist, aber bei der Schlagzeile „Hoffenheim deklassiert HSV" den HSV als Sieger und Hoffenheim als Verlierer sehen, gerät die ganze Bundesliga-Tabelle ins Wanken.

Es ist nun aber nicht so, dass die Satzteile ein Etikett für die semantische Rolle mit sich führten. Vielmehr muss aus formalen Markierungen die Zuordnung der Rolle erkennbar sein. Die wichtigste Markierung dieser Art ist im Deutschen der Kasus von Nominal- und Pronominalphrasen. Wir lernen ja – im Zweitspracherwerb des Deutschen oft mit Mühe – dass z. B. *geben* einen Nominativ, einen Dativ und einen Akkusativ ‚regiert' (wie in *Ich gebe dir mein Wort*), während *helfen,* aber auch *folgen* nur Nominativ und Dativ zulassen (wie in *Ich helfe dir* bzw. *Ich folge dir*). Man könnte zunächst nun annehmen, dass der Nominativ immer den Handlungsträger kodiert, der Dativ immer den Rezipienten (oder vielleicht noch abstrakter: eine weitere beteiligte Person neben dem Handlungsträger) und der Akkusativ den oder das Handlungsbetroffene(n). Dann hätten wir aber andere semantische Verbklassen, die z. B. gar kein Agens zulassen, nämlich Vorgangs- und Zustandsverben, oder auch die grammatischen Transformationen wie Passiv oder Medium nicht auf der Rechnung: Sie fordern nämlich in aller Regel auch einen Nominativ, wie in *Ich schlafe, Die Suppe kocht, Ich werde belächelt*. Unsere Kasus sind, kurz gesagt, keine semantischen Kasus. Allerdings muss es, wie bereits erwähnt, verlässliche Zuordnungen zwischen Rollen und Kasus geben. Der Nominativ ist – fast immer – da, wenn ein Verb (oder eine Kopulakonstruktion) nur ein Argument fordert. Er ist der Kasus des Subjekts. Nur wenige Verben oder Verbindungen aus *sein* + Adjektiv werden ohne Nominativ, ohne Subjekt, konstruiert: Dann wird ein Vorgangs- oder Zustandsbetroffener ausnahmsweise im Akkusativ oder Dativ kodiert: *Mich friert* (aber auch: *Ich friere*), *Mir schwindelt* (*Ich schwindle* bedeutet etwas anderes), *Mir ist kalt*. (Wenn es stattdessen heißt: *Es friert mich* oder *Es ist mir kalt*, ist *es* kein Subjekt. Das Wörtchen ist nur ein Platzhalter für die Stelle vor dem finiten Verb, die im Aussagesatz nicht leer bleiben darf.) Der fast allgegenwärtige Subjektsnominativ kann also jede beliebige Rolle übernehmen – sofern sie nicht schon von anderen Argumenten im Satz übernommen wurde. Für Akkusativ und Dativ kann man das Verhältnis zu möglichen Rollen am besten ex negativo beschreiben: Eine Agens-Rolle wird durch sie niemals kodiert.

Für das Dativobjekt gilt zusätzlich noch, dass auch eine Patiens-Rolle hier ausgeschlossen ist. Daraus kann man wiederum positiv rückschließen, dass Agens-Argumente immer im Subjektsnominativ erscheinen – wenn wir die Realisierung als *von*-Phrase im Passiv mal ignorieren. Daher wissen wir bei *Das Kind baut ein Haus* nicht nur, dass natürlich das Kind Agens ist und dass ein (Spielzeug-)Haus insofern von dessen Handlung „betroffen" wird, als mutmaßlich Bauklötzchen zusammen erst eben dieses Haus ergeben. Sondern *das Kind* muss auch Subjekt und *das Haus* direktes Objekt sein. Erst bei *Das Kind beobachtet die Frau* ist im Prinzip die Verteilung der beiden Rollen und damit auch die Kasuszuordnung offen. Hier müssen wir uns schon darauf verlassen, dass die übliche Reihenfolge Subjekt vor Objekt gilt. Darauf werden wir genauer in Kapitel 5 eingehen.

Damit ist natürlich das Zusammenspiel von semantischer Rolle und syntaktischer Realisierung nur in den Grundzügen erfasst. Schließlich spielen auch der Kasus Genitiv und vor allem gewisse Präpositionen beim Ausdruck von Argumenten eine Rolle und funken bei einer strikten Systematik erfolgreich dazwischen. Genitivobjekte finden sich einerseits bei zweistelligen Verben wie in *Diese Sache bedarf genauerer Prüfung* oder *Wir harren der Dinge* oder auch in Reflexivkonstruktionen wie *Wir haben uns seiner angenommen*. Vor allem aber finden sie sich bei dreistelligen Verben aus dem Kontext des Rechtswesens und der Strafverfolgung wie in *Man hat ihn des schweren Diebstahls angeklagt / beschuldigt / bezichtigt / verdächtigt / überführt*. Genitivobjekte gibt es im heutigen Deutsch allerdings bei höchstens 56 Verben. Schon seit dem 19. Jahrhundert werden sie z. B. alltagssprachlich bei *bedürfen, harren* oder *sich annehmen* durch andere Konstruktionen, mit Akkusativ- oder vor allem Präpositionalobjekt, ersetzt: *Diese Sache bedarf genaue Prüfung, Wir harren auf die Dinge, Wir nehmen uns um ihn an*. Auch zum Dativobjekt wird gegriffen: „wir gedenken all denen, die nach dem Ende des Krieges in Gefangenschaft und in Konzentrationslager gezwungen wurden" (aus dem Protokoll der Sitzung des Parlaments Landtag Mecklenburg-Vorpommern am 18.11.2004). In einem Hörbeleg mit der Fügung *Herr werden* als Satzprädikat heißt es: „Man kann diesem Problem Herr werden." Welcher „Ersatz" gewählt wurde, hängt in der Regel vom Vorbild bedeutungsverwandter Verben ab: *bedürfen* wie *brauchen, harren* wie *warten, sich annehmen* wie *sich kümmern*. Warum die Sprecher das Genitivobjekt zu meiden begannen, können wir nicht mehr zuverlässig ermitteln. Im Effekt hat es jedenfalls zu einer klaren Aufgabenverteilung geführt: Genitiv wird mehr und mehr zum Attributskasus (wie z. B. in *der Schatten **des Körpers des Kutschers***), während die anderen Kasus zusammen mit Präpositionen das Geschäft von Subjekt und Objekten fast vollständig übernehmen. Nur in der als konservativ eingeschätzten Rechtssprache hält sich das Genitivobjekt. Dabei hat es dort noch eine relativ klare semantische Funktion: Es nennt einen Sachverhalt, nämlich jenen Rechtsverstoß, um den es bei Handlungen wie Anklagen, Beschuldigen usw. geht. Man kann den Genitiv auch nicht immer durch eine kausale Bestimmung, also z. B. *wegen Diebstahls* ersetzen. Bei *zeihen* z. B. ist eine *wegen*-Konstruktion ganz ausgeschlossen, bei *überführen* kann eine Kausalbestimmung mit einem Genitivobjekt zusammen vorkommen, was zeigt, dass die Begründung (in der *wegen*-Phrase genannt) und der Gehalt des Rechtsverstoßes (im Genitivobjekt genannt) eigentlich zwei Paar Stiefel sind: „Zuletzt waren im Bereich des Weltverbandes vor sechs Jahren zwei Rodler wegen Cannabis-Missbrauchs des Dopings überführt worden" (dpa vom 10.10.2006).

Präpositionalobjekte spielen somit neben den Objekten in den Kasus Akkusativ und Dativ eine wichtige Rolle im Deutschen. Präpositionen wie *an (denken an, sich erinnern an), auf (warten auf, hoffen auf, antworten auf), aus (bestehen aus), in (einwilligen in, sich irren in), über (sprechen über, nachdenken über), mit (handeln mit, rechnen mit)* werden dabei nicht wörtlich interpretiert, z. B. lokal oder instrumental, wie dies in anderen Verwendungen der Fall ist: *Jemand setzt sich **auf das Sofa** (lokal) versus Jemand wartet **auf Besuch**. Jemand kommt **aus dem Haus** (lokal) versus Die Vorrichtung besteht **aus mehreren Teilen**. Jemand geht **über die Brücke** (lokal) versus Jemand spricht **über das Problem**. Jemand schneidet **mit einem scharfen Messer*** (instrumental) versus *Jemand handelt*

mit Schrott. Manchmal kann man den Weg von einer wörtlichen Bedeutung der Präposition zu ihrer Funktion in Präpositionalobjekten noch nachvollziehen: Wenn man an etwas denkt, machen sich die Gedanken an die Sache heran, nähern sich ihr mental.

Im Übrigen können aber auch die situationsbezogenen Bestimmungen selbst – ungrammatikalisiert – in der Verbbedeutung verankert und damit auch Teil des Valenzrahmens sein; sie sind dann also wie Subjekt und Objekte auch ‚Komplemente' des Verbs:[51] Bei *sitzen* oder bei anderen Verben der Ruhe, aber auch z. B. bei *wohnen, sich aufhalten* muss eine lokale Bestimmung genannt oder zumindest mitgedacht werden. Selbst wenn wir fragen „Sitzt du gut?" ist ja vorausgesetzt, dass der oder die Angesprochene irgendwo sitzt, auf dem Stuhl, im Sessel oder auf dem Boden, beispielsweise. Bei *fahren, gehen, fliegen* usw. erwarten wir die Angabe eines Ziels – oder auch außerdem eines Ausgangspunkts und eines Wegs, wie in: *Wir fahren demnächst* **in die Toskana***, und zwar von Frankfurt über den Brenner und die Poebene.* Bei *beginnen* und *enden* rechnen wir z. B. mit *um fünf Uhr*, bei *dauern* mit *von fünf bis sieben Uhr*. Diese so genannten ‚Adverbialkomplemente' kann man als weniger prototypische Valenzpartner des Verbs betrachten, spezifizieren sie doch anders als Subjekt und Objekte nicht einfach Sachverhaltsbeteiligte, also Referenzobjekte, sondern machen im Verb angelegte Prädikationen über Orte und Ziele oder Zeitintervalle explizit, an denen Sachverhalte stattfinden bzw. auf die sie sich richten. Zu nennen ist auch noch ein anderer Fall von untypischen Verbkomplementen, die quasi das Gegenteil von Adverbialkomplementen verkörpern: Liefern jene zusätzliche Prädikationen zum Verb, statten ‚Prädikativkomplemente' ein inhaltlich schwaches Verb wie *sein, bleiben, werden* mit prädizierendem Inhalt aus: „Däubler-Gmelin ist **Vorsitzende des Menschenrechtsausschusses des Bundestages**" (dpa vom 22.01.2008) oder „Herta Däubler-Gmelin ist weder **weinerlich** noch **sanft**, noch **bescheiden**" (Der Spiegel vom 27.11.2000).

Im Polnischen spielt Kasus für die Argumente des Verbs mindestens eine so große Rolle wie im Deutschen – hat das Polnische doch sieben Kasus gegenüber unseren vier. Das Polnische ist damit ähnlich wie auch das Russische noch näher an den Verhältnissen, die für das Ur-Indoeuropäische zu rekonstruieren sind, wo es wohl acht Kasus gab. Und zwar neben den im Deutschen erhaltenen auch einen Ablativ und einen Vokativ, die im Lateinischen noch existierten, einen Lokativ und einen Instrumentalis, die z. B. im Sanskrit belegt sind.

Das Ungarische hat sogar eine Palette von über 20 Kasusunterscheidungen. Aber hier haben wir es neben den typischen Subjekt-Objekt-Kasus (Nominativ, Akkusativ, Dativ), die keine eigenständige Bedeutung haben, noch ausgeprägter als in den alten indoeuropäischen Sprachen auch mit ‚semantischen Kasus' zu tun, die ganz gezielt bestimmte lokale oder auch kausal-finale oder instrumentale Verhältnisse ausdrücken. In diesen Fällen bedienen wir uns im Deutschen durchweg einer Präposition.

Im Englischen und Französischen, die zumindest bei substantivischen Phrasen keine Kasusunterscheidungen mehr kennen, müssen „ausgebleichte" Präpositionen stärker noch als im Deutschen für Objekte herangezogen werden. Das indirekte Objekt wird im Französischen durch die Präposition *à* ausgedrückt, im Englischen durch *to*. Beide haben wörtlich eine lokale Bedeutung, nämlich ‚in/an' bzw. ‚zu'. Auch im Deutschen kann ja bei manchen Verben statt eines indirekten Objekts im Dativ eine Konstruktion mit *an* gewählt werden. Neben „Das Kind wurde **ihm** übergeben" (Tiroler Tageszeitung vom 12.07.1996) finden wir z. B. in DeReKo auch „Der elterliche Bauernhof soll **an ihn** übergeben werden" (Niederösterreichische Nachrichten vom 12.09.2013).

Allerdings kann im Englischen das indirekte Objekt auch durch die „nackte", kasuslose Nominalphrase vertreten werden, wenn die eine bestimmte Satzposition einnimmt, nämlich vor dem direkten Objekt: *He gave **his friend** the book* neben *He gave the book **to his friend***. Das Englische verlässt sich mit dem kasus- und präpositionslosen indirekten Objekt auf eine weitere Möglichkeit der Argument- und Rollenunterscheidung – neben Kasus und Adposition[52] –, nämlich die durch die lineare Ordnung im Satz. Diese erscheint uns auf den ersten Blick als die einfachste und sprachökonomischste Lösung. Ob das wirklich so ist, danach werden wir in Kapitel 8 fragen.

Wenn wir also ein Verb auswählen, um ein Szenario sprachlich zu inszenieren, ist uns damit ein bestimmtes Muster vorgegeben: Wir wissen, wie viele Argumentstellen zu besetzen sind, eine wie bei *blühen* oder *verdursten*, zwei wie bei *sehen*, *helfen* oder *denken* oder drei wie bei *geben* oder *nehmen*. Aber Verben sind oft flexibel; manche Stellen kann man besetzen oder auch nicht: Man kann die Zeitung oder etwas anderes lesen, aber auch einfach nur lesen. Man kann an den nächsten Urlaub denken oder auch einfach nur denken. In solchen Fällen versteht sich das fehlende Argument von selbst – wie beim Lesen – oder es handelt sich wie beim Denken um eine Tätigkeit, die kein bestimmtes Objekt benötigt bzw. das Aufgreifen und Verknüpfen verschiedener Gegenstände impliziert. Neben der gegebenenfalls variablen Anzahl der Stellen, die zu besetzen sind, wissen wir auch, wie sie zu besetzen sind – und zwar sowohl formal (Kasus, Präposition oder auch Satz, Infinitivkonstruktion) als auch semantisch entsprechend den gegebenen Argumentrollen. Wir halten uns also – im Normalfall eines Aktivsatzes – an erlernte Satzbaupläne, die sich aus der so genannten ‚Valenz' des Verbs ergeben.

Einer der Gründe, warum das Erlernen einer auch nah mit dem Deutschen verwandten Fremdsprache so schwierig ist, liegt darin, dass wir gerade die Valenz von bedeutungsgleichen oder -ähnlichen Wörtern und damit den zu wählenden Satzbauplan nicht einfach übertragen können. Zwar haben z. B. in allen unseren Vergleichssprachen die Verben *lesen* und *lieben* zwei Argumentstellen, die durch das Subjekt und das direkte Objekt realisiert werden. Auch bei Verben, die im Deutschen Subjekt und indirektes Objekt (im Dativ) um sich haben – das indirekte Objekt bezeichnet hier normalerweise eine gegenüber dem Subjekt-„Agenten" weniger aktiv beteiligte Person – gibt es häufig Parallelen. Man denke hier an die Entsprechungen von *helfen, antworten, danken, drohen* oder *dienen*, die auch im Polnischen (mit *pomagać, odpowiadać, dziękować, zagrażać, służyć*) so konstruiert werden. Im Ungarischen gilt das immerhin für *ségit* oder *felel*, die Äquivalente von *helfen* und *antworten*.

Im Französischen hingegen wird bei den Entsprechungen von *helfen, danken, drohen* und *dienen* mit *aider, remercier, menacer* und *servir* ein direktes Objekt, kein indirektes (mit à) gesetzt. Auf den ersten Blick sieht es also so aus, als ob das Deutsche unter den genannten Sprachen, neben dem Polnischen, die Sprache mit der stärksten Tendenz zum indirekten Objekt sei. Allerdings ist es keineswegs so, dass im Deutschen immer mit indirektem Objekt konstruiert würde, wo im Polnischen oder im Ungarischen ein indirektes Objekt vorliegt. Gegenbeispiele sind polnisch *dokuczać* (mit indirektem Objekt) versus deutsch *jemanden ärgern* (also mit direktem Objekt) oder ungarisch *telefonál* versus *jemanden anrufen*.[53] Im Verhältnis zum Französischen immerhin gibt es nur selten eine Divergenz in diese Richtung, etwa bei *mentir à* versus deutsch *jemanden belügen*.

Man kann sich nun fragen, ob es etwas zu bedeuten hat, wenn wir auf Deutsch z. B. *helfen* mit indirektem Objekt ausstatten, auf Französisch *aider* mit direktem. Ist der Franzose, um es ganz krude zu sagen, direkter und zupackender in seinen Hilfeleistungen oder genereller: Werden Personen da eher in eine Patiens-Rolle versetzt, auch, wo es um kooperative Zuwendung gehen könnte? Man merkt schon, dass ich eine solch enge Korrelation zwischen syntaktischen Funktionen und ihren Kasusrealisierungen auf der einen Seite und semantischer Interpretation ablehne.

Im Verhältnis zum Englischen spielt das ganze Problem keine Rolle, solange wir nur bei zweistelligen Verben wie *helfen, danken, antworten* usw. bleiben. Das Englische kennt ein indirektes Objekt nur dort, wo es auch ein direktes als Teil des Satzbauplans gibt. Bei zweistelligen Verben wie den genannten gibt es einfach nur ein Objekt, mangels einer formalen Differenzierung.

Nicht nur für das deutsche Akkusativobjekt, sondern auch für die direkten Objekte der anderen Sprachen gilt also, dass sie grundsätzlich keine Agens-Rolle kodieren, aber keineswegs immer eine Patiens-Rolle kodieren müssen.

4.7 Es kann komplizierter werden mit Subjekt und Objekt

Fast alle europäischen Sprachen folgen im Prinzip der geschilderten Zuordnung von Rollen und Kasus oder anderen syntaktischen Mitteln. Unser unmarkierter Kasus, der Nominativ, kann zwar bei einstelligen Verben beliebige Rollen wahrnehmen, ist aber beim zweistelligen, transitiven Verb immer auf die Agens-Rolle festgelegt. Im Baskischen dagegen, einer uralten europäischen Sprache, die mit keiner anderen heute noch existierenden Sprache überhaupt verwandt ist, fällt auseinander, was nach unserem Verständnis zusammengehört: Vergleichen wir die beiden Sätze

(1) **Gizona** kalean dago ‚Der Mann ist auf der Straße'

(2) Emakumeak **gizona** ikusten du ‚Die Frau sieht den Mann'[54]

Hier fällt auf, dass der Ausdruck *gizona* – es handelt sich um eine Form ohne Kasussuffix; man spricht vom Kasus ‚Absolutiv' – in zwei Funktionen auftritt, die aus der Sicht der bisher betrachteten europäischen Sprachen miteinander inkompatibel sind: In (1) bezeichnet *gizona* ‚der Mann' den Zustandsträger, und er müsste als einziges Argument der Prädikation nach unserem Dafürhalten Subjekt sein. In (2) bezeichnet der Ausdruck den Gegenstand der Wahrnehmung, eine Art Patiens, und müsste nach unseren Verfahren direktes Objekt sein. Der Ausdruck *emakumeak* ‚die Frau' in (2) – es handelt sich um eine Form mit dem Suffix *-k* für den Kasus ‚Ergativ' – bezeichnet den Handlungsträger, also Agens, und müsste daher nach der Systematik der Sprachen, die wir üblicherweise im Auge haben, Subjekt sein. Nach dieser Logik also wäre mal Absolutiv, mal Ergativ Subjekt – das kann aber nicht angehen. Man kann das aber auch anders fassen, ohne „unser" Konzept von Subjekt und Objekt auf alle Sprachen zu übertragen, und zwar so, wie es die Sprachtypologen tun: In Sprachen wie dem Baskischen werde das einzige (oder zentrale) Argument einer intransitiven Prädikation – nennen wir es S – genauso kodiert wie das Patiens-Argument (P) einer transitiven Prädikation, während das Agens-Argument (A) hier im Ergativ steht. Diesem ‚ergativisch' genannten Muster steht das uns vertraute ‚akkusativische' Muster gegenüber. Wir können das schematisch so skizzieren:

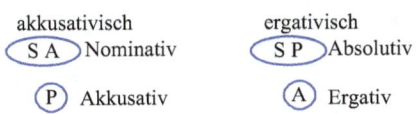

Akkusativische und ergativische Zuordnung zwischen Rollen und den syntaktischen Ausdrucksformen sind die beiden überwiegend in den Sprachen der Welt vertretenen Muster; daneben gibt es auch in geringer Zahl z. B. ‚dreigliedrige' Systeme, in denen alle drei funktionalen Größen syntaktisch unterschiedlich kodiert werden oder auch ‚aktive' Systeme, in denen eine mehr oder minder ausgeprägte Agenshaftigkeit bei einstelligen Prädikationen eine Rolle spielt.[55]

Kapitel 4
Der nominale Bereich: die vielerlei Arten, Gegenstände zu konstruieren

1 Einstieg

Im Armutsbericht 2013 der Bundesregierung heißt es:

> „Die fallbezogenen Kosten im Rahmen der Prävention von Kindeswohlgefährdungen im Kleinkindalter sind um ein Vielfaches niedriger als Interventionen bei vorliegender Kindeswohlgefährdung etwa im Kindergartenalter oder im Schulalter."[1]

Dieser Satz besteht im Wesentlichen aus zwei längeren Nominalphrasen (oder auch Nominalgruppen). Das Prädikat, das die beiden Nominalphrasen verbindet, nämlich *sind um ein Vielfaches niedriger als*, ist selbst ziemlich „nominal", insofern als es neben einer Form des Allerweltsverbs *sein* vor allem Adjektivformen wie den Komparativ *niedriger* und das substantivierte Adjektiv *Vielfaches* aufweist. Eine solche Ausdrucksweise, der so genannte ‚Nominalstil', wird im Deutschen vor allem in Textsorten der Verwaltung, des Rechts, aber auch in der Fach- und Wissenschaftssprache gepflegt. Und das schon seit Jahrhunderten. Dieser Stil hat durchaus seine Vorzüge: Auf diese Weise können komplexe Sachverhalte auf engstem Raum dargestellt und verschachtelte Satzgefüge mit diversen untergeordneten Nebensätzen vermieden werden. Auf der anderen Seite stellt er hohe Anforderungen an den Leser: Abstrakte Argumentation wird verdichtet, nicht Schritt für Schritt entfaltet. Verben, die durch „lebendige" Metaphern Anschaulichkeit vermitteln könnten, werden eingespart.[2] Ein Text im Nominalstil wirkt blutleer und ist unter Umständen unverständlich, abschreckend und bürgerfern. Insofern ist es gut, dass heute auch Fach- und Behördentexte sich um einen Stil bemühen, der weniger komplexe Nominalphrasen enthält bis hin zur so genannten „leichten" Sprache.

In diesem Kapitel soll es aber nicht um Stilfragen gehen.[3] Stilgewohnheiten setzen aber auf strukturellen Eigenschaften einer Sprache auf. Sie nutzen Möglichkeiten, die in einer anderen Sprache vielleicht nicht gegeben sind. Und dabei mögen sie über das Ziel hinausschießen.

Es sind verschiedene Eigenschaften des Deutschen, die hier genutzt werden können: Das sind zum einen auf der Wortebene die im Deutschen besonders ausgeprägte Substantivkomposition (wie in *Kindeswohl*) und die Nominalisierungen, also Umwandlungen von Verben, Adjektiven oder ganzen Sätzen in ein Substantiv (wie in *Gefährdung* zum Verb *gefährden*). Beides kann auch noch in

Kombination auftreten (wie in *Kindeswohlgefährdung*). Auf diese Punkte kommen wir in Kapitel 7 genauer zu sprechen.

Der Nominalstil profitiert zu allererst davon, dass der syntaktische Ausbau von Substantiven zu Nominalphrasen im Deutschen höchst komfortabel möglich ist. Wir verschaffen uns daher gleich im ersten Unterkapitel einen Überblick zu den Bauteilen und ihren Beziehungen.

Die Bauteile der Nominalphrase werden schon von alters her in Wortarten sortiert: Substantive, Adjektive und anderes mehr. Die Klassifikation läuft allerdings nicht immer so glatt, wie man sich das aus Gründen logischer Wohlgeordnetheit wünschen würde: Ist *Vielfaches* in *ein Vielfaches* ein Substantiv oder ein Adjektiv? Solche Fragen führen zwangsläufig auch zum Thema Substantivgroßschreibung, auf das ich in einem Exkurs im Rahmen des zweiten Unterkapitels zu den Wortarten eingehe. Nicht zuletzt wird der Substantivgroßschreibung auch zugeschrieben, sie schaffe Anker der Aufmerksamkeit innerhalb von Nominalphrasen, erleichtere das Lesen – und fördere damit möglicherweise indirekt den Nominalstil.

Ein weiterer wichtiger Aspekt ist, dass es im Deutschen noch – anders als z. B. im Englischen – den Mechanismus der ‚Kongruenz' gibt, der Wortformen der anderen nominalen Wortarten, z. B. den Artikel oder adjektivische Attribute auf Kasus, Numerus und Genus des zentralen Substantivs, des ‚Kopfs' der ganzen Phrase, abstimmt und damit zu deren Zusammenhalt beiträgt. Zwar können die nur sechs verschiedenen Formen des definiten Artikels *der* und die nur fünf verschiedenen flektierten Formen eines Adjektivs nicht die Aufgabe wahrnehmen, die 24 möglichen Fallunterscheidungen bei vier Kasus, zwei Numeri und drei Genera auszudrücken. In Wahrheit ist der Kongruenzmechanismus – oder unser Umgang mit ihm – intelligenter und effektiver als gedacht.[4] Dies hoffe ich im dritten Unterkapitel zu zeigen. Dabei befassen wir uns auch mit der Funktionalität von Numerus und Genus, und nicht zuletzt wird auch das brisante Thema Genus und Sexus angesprochen.

Wir nehmen diesen Gedanken aus Kapitel 2 wieder auf und unterfüttern ihn: Nominalphrasen erlauben uns die Bezugnahme auf Gegenstände unserer Welt – oder vielmehr: Sie ermöglichen uns, das, worüber wir etwas zu sagen haben, für unseren Verstand und unsere Kommunikation zu erschließen. Wir mögen es benennen, etwa mit dem Namen *Nero*, oder beschreiben, etwa mit der Nominalphrase *der römische Kaiser, der die Stadt im Jahr 64 nach Christus in Flammen gesetzt haben soll*. Beim Beschreiben sortieren wir auch, in Individuiertes und Zählbares wie Frauen, Männer, Rosen oder Kisten einerseits und Nicht-Individuiertes wie Wasser, Eisen und Blut andererseits. Die belebte Natur, an deren Spitze auch Sprachen gerne den Menschen stellen, ist ebenso Gegenstand referenzieller Akte wie menschengeschaffene Artefakte. Das Eingangsbeispiel zeigt, dass wir zumal im Nominalstil die Welt auch mit abstrakten Objekten, Geschehnissen, Möglichkeiten, Tatsachen, Eigenschaften anreichern. Im vierten Unterkapitel werden also die Klassifikationen besprochen, die den nominalen Wortschatz, vor allem den Wortschatz des Substantivs strukturieren. Sie grundieren unsere Alltagsontologie.

Zwischen den Bausteinen von Nominalphrasen bestehen Beziehungen. Die Attributbeziehung zwischen dem Kopf der Phrase und einer Phrase etwa im Genitiv wie in *das Haus **meiner Oma*** oder einer *von*-Phrase wie in *ein neues Auto **von Daimler*** wird als eine possessive Beziehung gedeutet: Es geht um das Haus, das meine Oma hat, um das Auto oder das Automodell, das Daimler produziert und an dem die Firma – zunächst – alle Rechte hat. Wir zeigen, dass sich im Deutschen, in anderen europäischen Sprachen und darüber hinaus die Spielarten der Possession, in handfesten wie in ganz abstrakten Varianten, in nominalen Konstruktionen niederschlagen. Was auch immer das über die Natur des Menschen sagt. Im letzten Unterkapitel befassen wir uns mit diesem exemplarischen Fall semantischer und syntaktischer Beziehungen in der Nominalphrase.

2 Die Nominalphrase: Köpfe und Attribute

Nominalphrasen sind die Phrasen par excellence. Das heißt, sie sind auf strukturierte Weise organisiert, haben eine erkennbare Gestalt und sind damit von ihrer Umgebung abgegrenzt. Organisator der ganzen Gruppe, ihr ‚Kopf', ist in der Regel ein übergeordnetes Substantiv, im Fall der ersten Nominalphrase im Beispielsatz oben das Substantiv *Kosten*. Der Kopf gibt vor, welche Formen gewisse andere Bestandteile der Gruppe haben: Der Artikel – also die Wortformen *das* bzw. *ein* in *das Haus meiner Großmutter, ein neues Auto von Daimler* – und ein adjektivisches Attribut (wie *neues*) – müssen mit dem Substantiv übereinstimmen, ‚kongruieren', und zwar in Genus, Numerus und Kasus. Dazu mehr in Abschnitt 4.3.

Attribut ist ein vieldeutiges Wort. Man kann darunter die charakteristischen Beigaben von jemandem oder etwas verstehen, die typischerweise mit jemandem assoziierten Dinge, Tiere oder auch Symbole, wenn es z. B. heißt: „Im antiken Griechenland galt der Schirm als eines der Attribute der Göttinnen Demeter und Persephone und wurde mit den Begriffen Fruchtbarkeit und Wohlergehen in Verbindung gebracht" (Mannheimer Morgen vom 01.09.2001). In der scholastischen Philosophie verstand man unter Attributen die wesentlichen Eigenschaften im Unterschied zu den Akzidentien, den zufälligen Eigenschaften. Auch in der sprachwissenschaftlichen Semantik verwendet man Attribut im Sinne von Eigenschaft, Zuschreibung. Vor allem aber ist Attribut ein Begriff der Syntax. In einer

Nominalphrase wie *das Haus meiner Großmutter* ist der Teilausdruck *meiner Großmutter* Attribut zu dem Teilausdruck *Haus*; in *ein neues Auto von Daimler* sind *neues* und *von Daimler* Attribute zu *Auto*. Ein Attribut ist also immer Attribut zu etwas, ‚Attribut' ist ein relationaler Begriff. Der Pfeil verdeutlicht in der folgenden Abbildung die Attributbeziehung; durch die eckigen Klammern zeige ich die Grenzen der Attribute:

das Haus [meiner Großmutter]   *ein [neues] Auto [von Daimler]*

Abb. 6: Attributbeziehungen.

Haus und *Auto* sind die wichtigsten Teile der gesamten Nominalphrase, sowohl semantisch als auch syntaktisch: Daher auch die Bezeichnung ‚Kopf', in Analogie zu dem entsprechenden Körperteil. Attribute kann man (meistens) in einem Satz weglassen, Köpfe dagegen können entweder allein oder zusammen mit einem Artikel als Satzglieder vorkommen: *Das Haus ~~meiner Großmutter~~ wird verkauft. ~~Neue~~ Autos ~~von Daimler~~ werden gezeigt.* Der Kopf wird als das ‚regierende' Element des gesamten Ausdrucks verstanden, die anderen Teilausdrücke auch als ‚abhängige' Teile oder ‚Dependentien'. Dies sind einerseits die Attribute, andererseits auch die Artikel oder Pronomina, die an Stelle des Artikels auftreten können wie in *das/mein/dieses/jenes Haus*.

Sowohl der Vorbereich als auch der Nachbereich des Kopfs kann im Deutschen mit Attributen aufgefüllt werden: Im Vorbereich finden sich adjektivische Attribute, zu denen auch attributive Partizipien gehören wie in *das verkaufte Haus, ein modernisiertes Auto*. Diese können aber nach Belieben ausgebaut werden wie etwa in *ein neues, besonders schnelles, leichtes, von den findigen Ingenieuren von Daimler modernisiertes Auto*. Den linken Rand kann statt eines Artikels oder Pronomens auch der Genitiv eines Eigennamens besetzen, und zwar eines Personen- oder Ortsnamens wie in *Peters neues Auto* oder *Berlins neuer Olympiapark*. In diesem „sächsischen Genitiv" trifft sich das Deutsche mit dem Englischen und anderen germanischen Sprachen wie Dänisch, Schwedisch oder Norwegisch. Im Englischen sind aber auch umständliche Phrasen, nicht nur Namen in dieser Konstruktion möglich, während im Deutschen Titel wie „Des Kaisers neue Kleider" oder „Eines langen Tages Reise in die Nacht" antiquiert oder manieriert klingen.[5] Bei der Formulierung „Goethes und der beiden Roosevelts Amerika existiert nicht mehr" (Spiegel vom 05.11.2001) ließ sich der Autor Rudolf Augstein wohl durch den in dieser Position üblichen Eigennamen *Goethe* dazu anregen, gleich die ganze Koordination nach vorn zu packen.

Dem Nachbereich sind im Prinzip keine Grenzen gesetzt. So besteht er in unserem Einstiegsbeispiel – typisch Nominalstil – aus einem Attribut mit der Präposition *im*, das aber seinerseits mehrfach ineinander geschachtelte weitere Attribute enthält:

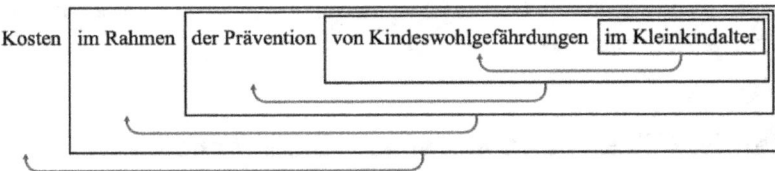

Abb. 7: Schachtelung von Attributen.

Auch im Englischen, Französischen und Polnischen ist der Nachbereich des Kopfs in ähnlicher Weise ausbaubar. Neben attributiven Nominal- und Präpositionalphrasen sind vor allem auch attributive Relativsätze zu nennen. Diese bilden meist das Schlusslicht in einer Reihe von Attributen. So könnten wir z. B. sämtlichen geschachtelten Attributen zu *Kosten* noch den Relativsatz *die für die öffentliche Hand entstehen* nachfolgen lassen. Im Englischen und Französischen wie im Polnischen stehen auch attributive Adjektive gegebenenfalls nach dem Kopf. Die jeweiligen Regeln unterscheiden sich im Einzelnen. In der Tendenz läuft es aber darauf hinaus, dass komplexe Adjektiv- und Partizipialphrasen im Englischen wie im Französischen unbedingt nachgestellt werden müssen. Man vergleiche das englische Beispiel: *These are issues [challenging traditional views on politics]* gegenüber dem ungrammatischen **These are [challenging traditional views on politics] issues*. Im Deutschen dagegen wird unerbittlich auch ein langes Partizipialattribut vorn platziert: *Dies sind [traditionelle politische Standpunkte in Frage stellende] Angelegenheiten.*[6] Nicht von ungefähr mokiert sich Mark Twain z. B. über folgende Konstruktion aus dem Roman „Das Geheimnis der alten Mamsell" von Eugenie Marlitt: „Wenn er aber auf der Strasse der in Sammt und Seide gehüllten jetzt sehr ungenirt nach der neusten mode gekleideten Regierungsrathin begegnet."[7]

Das Polnische ist wie generell in Fragen der Wortstellung liberaler; aber tendenziell schließt es sich dem Englischen und Französischen hier an. Die „Strategie" dieser Sprachen kommt auf diese Weise, so scheint es, der Sprachverarbeitung entgegen: Zuerst kann man die vom Kopf vermittelte Hauptinformation rezipieren, dann auf dieser guten Grundlage zusätzliche nähere Spezifikationen. Das Deutsche dagegen stellt bei solchen Konstruktionen hohe Anforderungen an Gedächtnis und Kombinationsfähigkeit von Hörerin oder Leser.[8]

Das Deutsche steht aber nicht allein. Das Ungarische favorisiert sogar eindeutig nur den Vorbereich des Kopfs. Attribute im Nachbereich außer satzförmigen, z. B. Relativsätzen, sind ungewöhnlich oder gar ausgeschlossen. Um Phrasen vorfeldfähig zu machen, verwandelt man sie in Adjektive oder Adjektiv-/Partizipialphrasen, wie in diesem einfachen Beispiel: *a [budapesti] lány* ‚das Mädchen aus Budapest'. Auf den definiten Artikel *a* folgt die durch das Suffix *-i* adjektivierte Form von *budapest*, danach das Kopfsubstantiv.

3 Substantiv, Adjektiv und was sonst? Die nominalen Wortarten

Substantiv und Verb werden oft als die beiden Hauptwortarten in einem Zug genannt. Es gibt aber bedeutende grammatische Unterschiede: Substantive haben mehrere Verwandte; es gibt neben ihnen als weitere nominale Wortarten Adjektive, Pronomina, Artikel und vielleicht noch andere. Substantive scharen in der Regel vor allem Elemente dieser nominalen Wortarten um sich zu einer substantivischen Nominalphrase. Verben dagegen haben keine direkten Verwandten, sie können Komplexe aus Hilfsverb(en) und so genannten Vollverben (wie in *gesehen haben wird*) bilden; aber diese formen anders als Nominalphrasen keine geschlossenen Gruppen, sondern können, jedenfalls im Deutschen, aufgespalten werden (wie in *Er wird die Frau gesehen haben*). Verben breiten so ihre Wirksamkeit auf den ganzen Satz aus, und daher wird in einigen Theorien der ganze Satz als ihnen zugehörige Phrase aufgefasst.

Aber klären wir doch zunächst, was ein Wort zum Mitglied einer Wortart, z. B. zu einem Substantiv macht.

3.1 Die Wortart Substantiv: im Deutschen ein vergleichsweise leichter Fall

Beim Klassifizieren oder Kategorisieren sind wir auf der sicheren Seite, wenn wir uns des klassischen Schemas bedienen. Wir nennen dann das, was unbedingt erfüllt sein muss, damit etwas ein X ist, z. B. ein Substantiv, und versichern uns, dass damit gleichzeitig ausgeschlossen ist, dass dieses Etwas auch ein Y, z. B. ein Verb oder ein Adjektiv, sein könnte. Wir brauchen, so sagt man dann, (mindestens) ein notwendiges und hinreichendes Merkmal, um Kategorien oder Klassen zu bestimmen. Für das Deutsche fällt es leicht, auf diese Weise die Klasse der Substantive zu bestimmen: Deutsche Substantive haben notwendigerweise ein feststehendes Genus, sie sind entweder Maskulina, Neutra oder Feminina.[9] Und: Wörter anderer Art haben eben kein fixes Genus – sei es, dass sie überhaupt kein Genus haben können wie Verben oder Adverbien (z. B. *hier, dort, gestern*), sei es, dass ihr Genus nicht ein für alle Mal feststeht, sondern je nach syntaktischer Umgebung veränderlich ist. Letzteres gilt in der Regel für Angehörige der anderen nominalen Wortarten. Adjektive oder Artikel passen sich chamäleonartig an das Genus des substantivischen Kopfs der Nominalphrase an: Es heißt *ein schöner Mann, eine schöne Frau* und *ein schönes Kind*. Pronomina zeigen durch Genuswechsel an, welches Genus ihr Bezugsausdruck hat: Beziehen wir uns auf den schönen Mann, benutzen wir *er*, bei der schönen Frau *sie*, beim schönen Kind *es*. Es reicht also nicht aus, dass Substantive dekliniert, d. h. nach Kasus und Numerus flektiert (oder „gebeugt") werden. Dieses Merkmal grenzt nur die nominalen Wortarten insgesamt ab gegenüber den Verben, die konjugiert werden, nicht dekliniert. Verben werden ja nach Person, Modus und Tempus gebeugt, also nach ganz anderen Prinzipien. Und natürlich sind durch das Merkmal Flektierbarkeit die Verben und die Wörter aus nominalen Wortarten abgegrenzt von denen, die nicht flektiert werden wie die oben genannten Adverbien, aber auch Konjunktionen wie *und, oder, weil, als* und Wörtchen wie *eben, doch, ja* (wie in *Das ist eben / doch / ja bekannt!*).

Mit dem notwendigen und hinreichenden Kriterium der Genuskonstanz kommen wir auch z. B. für das französische und polnische Substantiv zurecht, oder auch für das italienische, spanische, portugiesische bzw. das russische, tschechische, ukrainische oder auch das litauische oder lettische. Nicht aber für Substantive des Ungarischen oder Finnischen und Türkischen und auch nicht des Englischen. Die finnougrischen Sprachen und die Turksprachen haben kein Genus; das Englische hat nur bei bestimmten Pronomina (wie *he, she, it*) Genusunterscheidungen – wir kommen darauf in Abschnitt 4.4 zurück.

Man muss sich also auf die Suche nach anderen Kriterien machen. Im Englischen könnte zur Abgrenzung von Substantiv und Adjektiv helfen, dass nur Substantive Numerusunterscheidungen haben, Adjektive nicht. Aber für das Ungarische gilt das schon nicht. Wenn also die Wortformenebene, die Morphologie, bereits bei den europäischen Sprachen nicht zur Unterscheidung taugt, so liegt es denn nahe, auf andere Kriterien zurückzugreifen, z. B. syntaktische oder semantische. Als syntaktisches Merkmal kommt der schon öfter genannte Kopf-Status in Frage: Substantive sind die Köpfe von Nominalphrasen. Zwar ist gerade diese Eigenschaft gar nicht so leicht zu definieren, und es ist sogar umstritten, ob tatsächlich in den Konstruktionen, die wir landläufig als Nominalphrasen verstehen – z. B. *der schöne Mann* –, das Substantiv, also *Mann*, der Kopf ist und nicht etwa der Artikel *der*, zeigt der doch sehr viel deutlicher, was Sache ist im Hinblick auf Kasus, Genus und Numerus der ganzen Phrase. Aber immerhin ist das Substantiv hier der Hauptinformationsträger, und schließlich gibt das Substantiv zumindest das Genus vor, und die Nicht-Köpfe, wie der Artikel, haben sich anzupassen. Nun kann aber eine Nominalphrase auch einen anderen als einen substantivischen Kopf haben. Nicht immer sind also die Köpfe von Nominalphrasen Substantive.

Vor allem Adjektive kommen hier in Frage, wie schon beim Einstiegsbeleg mit *ein Vielfaches*. Im Deutschen dürfen Adjektive im Prinzip Köpfe von Nominalphrasen werden, denken wir nur an *die Reichen* oder *die Armen*, *die Kranken* oder *die Gesunden*. So konstruieren wir, wenn wir generelle Aussagen über Menschen unter einem bestimmten Gesichtspunkt, unter einer gerade relevanten Eigenschaft machen wollen. Mit einer Neutrumform des Adjektivs als Kopf der Phrase beziehen wir uns dagegen auf beliebige Verkörperungen der genannten Eigenschaft. In Schillers Nänie heißt es: „Auch das Schöne muss sterben." Mancher würde vielleicht auch sagen, wir meinten hier die Eigenschaft schön „an sich". Das Schöne kann ja allerorten und in beliebiger Gestalt in Erscheinung treten. Um das Kopf-Merkmal als hinreichend für die Zugehörigkeit zu den Substantiven zu retten, müssen wir also Kriterien nachlegen. Z. B., indem wir behaupten, nur Substantive seien von Haus aus dazu bestimmt, Köpfe von Nominalphrasen zu werden; sie seien „geborene" Köpfe, während Adjektive andere angeborene syntaktische Funktionen hätten und in diese syntaktische Funktion „manövriert" würden. Dafür spricht einiges, wie wir noch sehen werden. Dennoch ist das ein vergleichsweise schwaches Argument.

So scheint denn in erster Linie die semantische Ebene zu bleiben. Müssen wir also auf das tradierte Verständnis von Substantiven als „Ding"-Wörter zurückgreifen? Wenn man unter ‚Ding' konkrete Gegenstände versteht, dann ist dieser Versuch von vornherein zum Scheitern verurteilt. Und zwar aus zwei Gründen: Zum einen, weil zwar in den frühen Stadien des kindlichen Spracherwerbs – oder vielleicht auch in Zeiten, als Homo sapiens das Sprechen gelernt hat – zunächst die greifbaren Objekte der eigenen Lebenswelt einen „Namen" erhalten wie *Bär* oder *Ball*, *Kind* oder *Mütze*. Im Auge des Linguisten handelt es sich hier um die ersten Substantive. Aber die in die Hunderttausende gehenden Substantive des Deutschen bezeichnen ja – von *Angst* bis *Zwielicht* – überwiegend keine konkreten Gegenstände. Zum anderen sind es nicht die Substantive, sondern die ganzen Nominalphrasen, die sich um sie herum konstituieren, mit denen man Dinge, konkrete wie andere, meint: Mit *der grüne Ball da* meine ich – zumindest wenn ich nicht farbenblind bin – einen anderen Gegenstand als mit *der rote Ball da*, obwohl ich doch dasselbe Substantiv *Ball* gebraucht habe. Und auch das Zwielicht im Morgengrauen ist ein anderes als das Zwielicht in der Abenddämmerung. Bereits in Kapitel 2 (Abschnitt 6.1) wurde die Referenz auf Gegenstände als die Funktion von Nominalphrasen, nicht von Substantiven per se beschrieben. Wie wäre es also, wenn wir das syntaktische Kriterium für Substantive und das semantische Kriterium für Nominalphrasen zusammennehmen und so bestimmen: Substantive sind lexikalische Einheiten, deren prototypische syntaktische Funktion es ist, Kopf einer Phrase zu sein, mit der auf Gegenstände referiert werden kann? Damit hätten wir eine Kategorienbestimmung, die nicht nur für das Deutsche oder europäische Sprachen generell gilt, sondern auch für andere Sprachen, sofern sie überhaupt Konstruktionen haben, die man als referenzielle Phrasen bezeichnen kann. Nun ist letzteres allerdings umstritten, und so ist auch umstritten, ob Sprachen überhaupt notwendigerweise Substantive und Verben als separate Wortarten haben. Für Sprachen mit „richtigen" referenziellen Phrasen, Nominalphrasen, wie unter anderem das Deutsche und andere europäische Sprachen, können wir dann jeweils handfestere morphologische Kriterien hinzunehmen, wie z. B. für das Deutsche die erwähnte Genuskonstanz und damit jeweils die Kategorie Substantive des Deutschen oder Polnischen usw. bestimmen.

Der Weg, der in der Kategorienbestimmung in der Linguistik beschritten wird, besteht, wie wir gesehen haben, meist in Schritten, die weg führen vom klassischen Schema – aber auf kontrollierte Weise. So muss man, wenn man Substantive in der Sprache überhaupt oder vielmehr in den Sprachen der Welt finden will, eine Vorstellung von deren Funktion haben. Wenn man die Kategorie in einer einzelnen Sprache bestimmen will, muss man diese Vorstellung durch syntaktische und morphologische Kriterien unterfüttern, die sich von Sprache zu Sprache unterscheiden mögen. Dabei kann man Glück haben, und es gibt tatsächlich ein notwendiges und hinreichendes Kriterium wie etwa die Genuskonstanz als Alleinstellungsmerkmal von Substantiven in den europäischen Genussprachen.

3.2 Exkurs: Substantivgroßschreibung

Substantive heißen auf Deutsch nicht nur Dingwörter, sondern auch Hauptwörter. Diesem Status als vermeintliche Hauptsache im Satz könnten die Substantive auch ihre Großschreibung verdanken. Oder ist es umgekehrt? Heißen sie Hauptwörter, weil sie groß geschrieben werden? Die Großschreibung von Substantiven im Satzverbund hat sich im Verlauf des 17. Jahrhunderts im deutschen Sprachgebiet durchgesetzt.[10] Aber die Anfänge reichen weiter zurück: Zunächst wurden, beginnend mit der Zeit um 1500, nur Eigennamen, und zwar so genannte Nomina sacra (wie *Gott* oder *Herr*), Vornamen von Personen und Ortsnamen mit Anfangs-Majuskeln versehen, danach auch die Nachnamen von Personen, Bezeichnungen für Personen, Tiere und konkrete Gegenstände. Erst später folgten die Substantive, die Abstraktes bezeichnen. Allerdings wurde diese Ausdehnung entlang der ‚Nominalhierarchien', also z. B. der ‚Belebtheitshierarchie' (vgl. Abschnitt 5.2), anfangs vom Einsatz der Großschreibung als Mittel der Aufmerksamkeitssteuerung überlagert. So konnten Wörter unabhängig von ihrer Wortart groß geschrieben werden, wenn sie eine im Kontext besonders relevante Information transportierten. Recht gut können die Anfangsphasen dieser Entwicklung anhand der Bibelübersetzungen von Luther verfolgt werden. So werden in dem betreffenden Abschnitt des Berichts über den Bau der Arche Noah in der Bibelübersetzung von 1534 nur der Eigenname *Noah* und das Wort *Kasten* groß geschrieben. Bei dem Kasten handelt es sich um den Gegenstand, der Thema des ganzen Abschnitts ist: In ihm sind die Tiere eingesperrt, Rabe und Taube fliegen heraus, die Taube kommt wieder zurück in den Kasten. Alle anderen Substantive sind klein geschrieben. In der von Luther korrigierten Fassung, die nur 11 Jahre später erscheint, hingegen sind alle Substantive bis auf das Abstraktum *tag* sowie die Bezeichnungen für Körperteile (*fus, hand*) groß geschrieben.

> Nach viertzig tagen/thet Noah das fenster auff an dem Kasten/ das er gemacht hatte/vnd lies ein raben ans fliegen/der flog jmer hin vnd widder her/bis das gewesser vertrocket auff erden.
> Darnach lies er eine tawben von sich aus fliegen/auff das er erfüre/ob das gewesser gefallen were auff erden/Da aber die tawbe nicht fand/da jr fuss rugen kund/kam sie widder zu jm jnn den Kasten/ Denn das gewesser war noch auff dem gantzen erdboden/ da thet er die hand eraus/ vnd nam sie zu sich jnn den Kasten.

(Aus: Luthers Bibelübersetzung von 1534)

> Nach viertzig tagen/thet Noah das Fenster auff an dem Kasten / das er gemacht hatte/vnd lies einen Raben ausfliegen/ Der flog jmer hin vnd wider her/Bis das Gewesser vertrocket auff Erden.
> Darnach lies er eine Tauben von sich ansfliegen/ Auff das er erfüre/ ob das Gewesser gefallen were auff Erden.Da aber die Taube nicht fand/ da jr fuss rugen kund/kam sie wider zu jm in den Kasten/ Denn das Gewesser war noch auff dem gantzen Erdboden/ Da thet er die hand er aus / vnd nam sie zu sich in den Kasten.

(Aus: Luthers Bibelübersetzung von 1545)[11]

Die generelle Substantivgroßschreibung wurde schließlich mit der Einheitsorthografie für das Deutsche Reich im Jahre 1901 festgeschrieben und ist bis heute gültige Norm. Während auch in anderen Alphabetschriften die weiteren Anwendungsfälle für Wortanfangsmajuskeln, nämlich Satzanfang, Eigennamen (*Elisabeth, Maier, Frankfurt, Vereinigte Staaten, Institut für Deutsche Sprache*), Anrede-Personalpronomina und Anrede-Possessiva in Briefen oder auch adressatenbezogenen Textsorten der neuen Medien (*Du, Sie*; *Dein, Ihr*), zu finden sind, ist die Substantivgroßschreibung im Satzinnern ein Alleinstellungsmerkmal der deutschen Schriftsprache. Allerdings gab es im Zuge allfälliger Reformen immer wieder Bestrebungen, diese Sonderregelung abzuschaffen – zuletzt im Zuge der Reform von 1995/1996 – und stattdessen eine mit den andernorts üblichen Normen eher konforme „gemäßigte Kleinschreibung" zur Norm zu erheben. Neben dem Argument der Bewahrung einer durch die quasi natürliche Entwicklung des Schriftsystems beglaubigten Tradition spielte bei den Befürwortern der Substantivgroßschreibung auch das Argument eine Rolle, die Hervorhebung gerade der „Hauptwörter" nutze dem Leser und erleichtere und beschleunige die Rezeption geschriebener Texte. Da das Deutsche mit seinem Nominalstil (vgl. oben) in der geschriebenen Sprache sehr komplexe Nominalphrasen zulasse, helfe eine optische Hervorhebung der jeweiligen substantivischen Köpfe dem Leser, die wesentlichen inhaltlichen Informationen zu erkennen.[12]

Erkauft wird dies allerdings mit einem potenziellen Nachteil für die Schreiber, vor allem in der Phase des Schriftspracherwerbs. Denn so klar es ist, was im Deutschen zur Wortart Substantiv gehört, so schwierig kann es werden, im Satz- und Textzusammenhang zu entscheiden, ob ein Wort wirklich wie ein „richtiges" Substantiv gebraucht wird. Es ist also, so heißt es gelegentlich, zwischen einem lexikalisch-morphologischen Prinzip und einem syntaktischen Prinzip der Substantivbestimmung zu unterscheiden.[13] Substantive können in einem bestimmten Kontext aufhören, wie ein Substantiv gebraucht zu werden. Und umgekehrt können Wörter anderer Wortarten in einem Kontext anfangen, sich wie Substantive zu verhalten. So ist (*die*) *Stelle* lexikalisch-morphologisch zweifellos ein Substantiv, in *anstelle* (wie in *Anstelle eines Tisches nutzen sie eine Kiste*) aber ist es zum Teil einer komplexen Präposition geworden. Ähnlich verhält es sich mit (*der*) *Grund* in *aufgrund* oder (*die*) *Gunst* in *zugunsten* oder (*die*) *Hilfe* in *mithilfe*. Hier haben wir es mit einem allmählichen Übergang von einer Präpositionalgruppe, z. B. von *auf* + *Grund* zum Wort *aufgrund* zu tun. Daher sind noch beide Schreibweisen zugelassen: die in zwei Wörtern mit Substantivgroßschreibung und die in einem Wort. Der Verlust an „Substantivhaftigkeit" ist immerhin am Fehlen des Artikels erkennbar. „Die Burg entstand im 11./12. Jahrhundert **an der Stelle** einer frühzeitlichen Flieh- und Volksburg" lautet ein Satz aus einem Wikipedia-Eintrag. Hier hat *Stelle* noch seine konkrete lokale Bedeutung; aber man könnte die Gruppe durchaus durch das grammatikalisierte und nicht mehr lokale *anstelle* ersetzen.

Ein weiteres Beispiel für einen mehr oder weniger „unsubstantivischen" Gebrauch sind Verbindungen wie *Rad fahren*, *Klavier spielen* oder *eislaufen*, *kopfstehen* und *brustschwimmen*. Hier werden – spontan – so ziemlich alle möglichen Schreibweisen praktiziert: (1) *Wir wollen klavierspielen*, aber: (2) *Wir spielen heute Klavier*. (3) *Es kann wieder eisgelaufen werden* neben: (4) „Er konnte weder Eis laufen noch Rad fahren" (die tageszeitung vom 23.01.2010). In diesen Fällen addiert sich zum Problem ‚substantivischer Gebrauch oder nicht' noch das Problem ‚getrennt oder zusammen'. Zusammenschreiben kann man – muss man aber offenbar nicht wirklich – natürlich nur dann, wenn „Substantiv" und Verbform unmittelbar aufeinander folgen, wie in (1), (3) oder (4), nicht, wenn die Verbform dem „Substantiv" vorausgeht und möglicherweise noch andere Bestandteile dazwischen treten wie in (2). Diese Form der grammatisch gesteuerten Trennbarkeit ist ein besonderes Faszinosum bei der Bildung deutscher Verben, das nicht nur bei der Kombination mit Substantiven entsteht, sondern auch, wenn z. B. Präpositionen wie *ab, auf, aus, unter* oder *vor* als erste Bestandteile von komplexen Verben gebraucht werden wie in *ablaufen, aufpassen, ausgehen, untertauchen* oder *vorstellen* (*Das Wasser will nicht **ablaufen*** versus *Das Wasser **läuft** nicht **ab**; Er will bei uns **untertauchen*** versus *Er hat versucht, bei uns **unterzutauchen***). Vor der Neuregelung der deutschen Orthografie 1995/1996 lautete die orthografische Norm: In Fällen wie (1), (3) und (4) wird zusammengeschrieben, in Fällen wie (2) getrennt und das „Substantiv" groß. Das war problematisch, insofern als suggeriert wird, durch die grammatisch motivierte Abtrennung von *Rad/rad* oder *Eis/eis* usw. vom Verb würden diese plötzlich wieder – sozusagen vollgültig und vollinhaltlich und nicht nur orthografisch – zum eigenen Wort, während sie in Kontaktstellung nur Wortbestandteil sind.

Die Neuregelung von 1995/96 verordnete nun aber eine Radikalkur: Es sollte grundsätzlich – ohne Rücksicht auf Kontakt- oder Getrenntstellung – auseinander und der substantivische Bestandteil groß geschrieben werden. Das wiederum rief Kritiker auf den Plan. Sie argumentierten, man könne nicht alle Fälle über einen Kamm scheren. Bei Fällen wie *Klavier spielen* oder *Rad fahren* sei *Rad* oder *Klavier* immerhin noch eine Art direktes Objekt – man kann ja auch sagen „Sie fährt ein schnelles Sportrad" – während niemand irgendwelches Eis läuft oder einen Kopf steht. Dieser Kritik wurde insofern Rechnung getragen, als durch eine Revision im Jahr 2006 nun nur noch im ersten Fall, also bei einer Art Objekthaftigkeit, Getrennt- und Großschreibung Norm ist, während durchgängig *eislaufen* oder *kopfstehen* geschrieben wird, auch wenn *eis* oder *kopf* abgetrennt werden.

Auch bei dem umgekehrten Vorgang sind verschiedene Fälle zu unterscheiden. Man spricht dann von ‚Substantivierung' im Gegensatz zur eben erörterten ‚Desubstantivierung'. Besonders wichtig ist die Substantivierung des Infinitivs beim Verb und von Adjektivformen in den drei Genera Maskulinum, Femininum, Neutrum sowie im Plural. Ob ein Infinitiv tatsächlich „substantiviert" ist, erkennt man oft an der Artikelsetzung wie in: „Eine Alternative wäre **das Lesen eines spannenden Buches**" (Vorarlberger Nachrichten vom 08.07.2000). In der Umformulierung: *Eine Alternative wäre **ein spannendes Buch lesen*** ist der Infinitiv nicht substantiviert, und der Gegenstand des Lesens wird durch das direkte Objekt, nicht durch ein Genitivattribut ausgedrückt. Der definite Artikel kann auch mit einer Präposition verschmolzen sein wie in *zum Lesen eines spannenden Buches*.

„Trifft gar ein leidlich schöner **Reicher** auf eine leidlich reiche **Schöne**, so potenziert sich die Wonne noch" (NEWS vom 11.11.2004) – in diesem Wortspiel, einer Art Chiasmus, wechseln Wortformen von *schön* und *reich* zwischen attributiver und substantivierter Verwendung. Das Beispiel zeigt aber auch, dass substantivierte Adjektive morphologisch Adjektive bleiben: Das groß geschriebene *Reicher* ist eine Adjektivform mit denselben morphologischen Merkmalen wie das klein geschriebene *schöner*. Es sind die Merkmale: Maskulinum, Singular und Nominativ. Nur die syntaktische Funktion unterscheidet beide. Das groß geschriebene *Reicher* (oder *Schöne*) ist jeweils Kopf der Nominalphrase, das klein geschriebene *schöner* (oder *reiche*) ist jeweils Attribut zum Kopf. Substantivierte Adjektive werden also nicht wirklich zu Substantiven. Es ist daher angemessener, nicht von einer Substantivierung zu sprechen, sondern von einer Nominalisierung – wenn man unter einem Nomen die Kategorie der Ausdrücke versteht, die als Kopf einer Nominalphrase auftreten können. Dazu gehören – eher marginal – auch Wörter anderer Wortklassen wie z. B. in folgenden Fällen: *das Hier und Jetzt, ein großes Durcheinander, mit Ach und Krach, ein vielstimmiges Ja*. Wie man gerade am Beispiel Adjektiv sieht, ist das syntaktische Prinzip der Bestimmung von „Substantiven" in der Orthografie stärker als das lexikalisch-morphologische.

Man mag über die verschlungenen Wege der Reformen und Re-Reformen und die zahlreichen Einzelfall-Regelungen der Substantivgroßschreibung den Kopf schütteln. Immerhin ist einzuräumen, dass gerade bei der Desubstantivierung die Schreibregeln nicht Ursache von Unsicherheit und Zweifelsfällen sind, sondern dass diese nur grammatische Uneindeutigkeiten mit unklaren Grenzen und Übergängen zwischen den Kategorien widerspiegeln: das Sprachsystem im Wandel. Bei der Verbindung aus Substantiv und Verb ist die untrennbare Verbindung – wie wir sie z. B. aus *wetterleuchten* oder dem kleistschen *wetterstrahlen* kennen – eine Zielkategorie, bei der der Wandel zum Stillstand kommen kann.[14] Manche Schreiber (und Sprecherinnen) wagen sich auf diesem Weg durchaus weiter vor, etwa indem sie entschlossen *staubsaugen* wie ein nicht mehr trennbares Verb behandeln: „Seither **staubsaugt** er die ganze Wohnung mit Begeisterung" (Weltwoche vom 05.02.2009). Oder sie bleiben vorsichtig bei Verb + substantivischem Objekt: „Evelin Hertmann **saugte Staub**" (Nordkurier vom 18.08.2006). Es ist ein teuer und mühsam erkauftes Verdienst der deutschen Orthografie, uns diese Sollbruchstellen unseres Sprachsystems ins Bewusstsein zu rufen.

3.3 Die Wortart Adjektiv: vielgestaltig, schwer bestimmbar

Nicht so gut bestellt wie beim Substantiv ist es mit der Ausgrenzung der Kategorie Adjektiv. Beginnen wir wieder mit dem Versuch einer semantischen Bestimmung. Adjektive sind auf Deutsch ‚Eigenschaftswörter'. *alt, neu* und *jung, groß* und *klein, dick* und *dünn, lang* und *kurz, gut* und *schlecht, schön* und *hässlich, rot* und *grün, rund* und *eckig* tragen diesen Namen mit Fug und Recht: Mit der Angabe des Alters, der Erstreckung in einer der Dimensionen, des moralischen oder ästhetischen Werts, von Farbe und Form nennen wir Eigenschaften, die konkrete Gegenstände, ggf. auch Menschen permanent oder zeitlich begrenzt haben. Im letzteren Fall spricht man auch von Zuständen anstelle von Eigenschaften. Und ähnlich wie bei den substantivischen ‚Dingwörtern' scheint gerade diese Gruppe von Wörtern für Eigenschaften von ‚Dingen' am Anfang der Entwicklung zu stehen. Jedenfalls sind sie auch in Sprachen vertreten, die nur eine kleine Gruppe von Adjektiven haben – Alter, Dimension und Wert an vorderster Stelle. Eigenschaftswörter spiegeln aber begrifflich, dies zeigen bereits diese zentralen Gruppen, stärker subjektive Einschätzungen oder kollektive Normen wider, als dies Substantivbegriffe, zumindest bei simplen Dingwörtern, tun. Ob jemand alt ist oder jung, ob ein Kleid noch neu oder schon alt ist, darüber wird gestritten. Eine Zuschreibung ist also nicht absolut wahr oder falsch, sondern hängt ab von dem Maßstab, den wir anlegen. Mit wenigen Ausnahmen drücken Adjektive in diesem Sinne relative Eigenschaften aus. Ganz deutlich wird das auf der einen Seite bei Dimensionsadjektiven: Ein (beliebiger) Elefant ist groß im Vergleich zu allen anderen (beliebigen) Tieren; ein bestimmter Elefant kann aber klein sein im Vergleich zu anderen Elefanten. Und Entsprechendes gilt für die beliebige bzw. eine bestimmte Maus mit umgekehrten Vorzeichen. Aber auch für Länge, Breite, Dicke, Tiefe. Auf der anderen Seite ist die Qualifikation von etwas als schön oder hässlich nicht nur abhängig vom Gegenstandsbereich – was an einer Blumenvase schön ist, kann an einer Suppenschüssel als hässlich empfunden werden –, sondern eben relativ zu ästhetischen Normen und dem individuellen Geschmack. Und wenn wir erst an Bezeichnungen für menschliche Eigenschaften wie *klug* oder *dumm, arm* oder *reich, mutig* oder *feige* denken – auch diese gehören zum erweiterten Kreis von häufig in den Sprachen der Welt vertretenen Adjektiven –, dann wird die Abhängigkeit von gesellschaftlichen Normen und Werten ganz offenkundig. Zwar gibt es immer wieder Versuche, auch die Zuschreibung dieser Eigenschaften zu objektivieren und sie damit in verbindliche, ‚absolut' geltende Bestimmungen zu überführen, etwa wenn man sich auf Intelligenzquotienten als Maßstab für die Klugheit beruft oder auf das mittlere Einkommen als nationalen Maßstab für Armut.[15] Nur die Farbadjektive und diejenigen, die sich auf die Gestalt, etwa die geometrische Form eines konkreten Objekts beziehen, scheinen (mit gewissen Unschärfetoleranzen) absolut zu gelten: Ob etwas quadratisch ist oder nicht, kann nachgemessen werden – ob es auch praktisch und gut ist, dagegen nicht. Auch mit den an sich relativen Dimensionsadjektiven können absolute Größen angegeben werden, wenn man sie mit Messwerten verknüpft: Ein zwei Meter tiefes Schwimmbecken ist genauso tief wie ein zwei Meter tiefer See – auch wenn das Schwimmbecken tief sein mag für Schwimmbecken und der See flach für Seen.

Soweit so gut. Im Deutschen und in den anderen europäischen Sprachen ist die Wortart Adjektiv jedoch weit über die Bezeichnungen von Eigenschaften hinaus ausgedehnt. Der heutige Tag ist kein Tag mit der Eigenschaft heutig, die städtische Müllabfuhr hat nichts Städtisches an sich, und eine fürstliche Residenz ist zwar eine Residenz, wo ein Fürst seinen Sitz hat oder hatte, aber sie kann alles andere als fürstlich sein, was Grandeur und Komfort angeht. Das bedeutet, dass die Bezeichnung von Eigenschaften nicht notwendig ist für die Wortart Adjektiv. Auch ein weiteres semantisches Kriterium, die Steigerungsfähigkeit (wie in *groß – größer – größter/am größten*), liegt nicht notwendigerweise vor. (Es ist auch nicht hinreichend, denn auch Adverbien wie *oft* mit *öfter, am öftesten* oder *gern* mit *lieber, am liebsten* können gesteigert werden.[16]) Nur wo es um gewisse abstufbare Qualitäten geht, kann – in aller Regel – gesteigert werden. Es gibt aber – etwa im Reich der Mathematik oder der exakten Wissenschaften – Eigenschaften, die keine Abstufung kennen, sondern entweder ganz oder gar nicht gegeben sind, wie etwa ‚gerade' bei natürlichen Zahlen oder ‚reell' und ‚rational', wenn man von Zahlen allgemein spricht. Auch im sozialen Leben gibt es – zumal, wo es durch juristische Setzungen geregelt ist – nicht abstufbare Eigenschaften wie etwa ‚ledig' oder ‚minderjährig'. Aber selbst der durch ‚tot' beschriebene Zustand mag uns neuerdings als in sich abgestuft und damit gegebenenfalls auch komparierbar erscheinen, wenn wir an Intensivmedizin und Organentnahme denken. Zudem gibt es ja auch abgestufte Zuschreibungsmodi. So ist das mumifizierte Nashorn in einem Roman des Autors Martin Mosebach unbestreitbar tot, „sah aber toter aus als nach dem Schuss, der den angriffsbereiten Riesenpanzer in einen schlaffen Sack verwandelt hatte".[17] Besinnen wir uns also auf andere, weniger zweifelhafte Kriterien.

Faktisch haben wir bereits von einem syntaktischen Kriterium Gebrauch gemacht, als wir wie selbstverständlich immer von Verbindungen mit einem Substantiv wie in *ein heutiger Tag* oder *die fürstliche Residenz* als Testfall ausgegangen sind. Und in der Tat wird diese Vorkommensart, als Attribut zum substantivischen

Kopf der Nominalphrase häufig als ausschlaggebend für Adjektive angesetzt. Allerdings gibt es im Deutschen auch Wörter wie *barfuß, entzwei, kaputt, pleite, quitt* oder *schade*, die nicht attributiv gebraucht werden. Jedenfalls nicht in der (gehobenen) Standardsprache. Wir würden sie aber gern den Adjektiven zuordnen, unter anderem, weil ihre Entsprechungen in anderen Sprachen ohne Weiteres in eben dieser Funktion vorkommen. Man vgl. „The barfoot contessa" (dt.: „Die barfüßige Gräfin", US-amerikanischer Film von 1954). Auch im Polnischen, Italienischen oder Ungarischen erscheint bei diesem Titel ein attributives Adjektiv: polnisch: „bosonoga contessa", italienisch „La contessa scalza", ungarisch „a mezítlábas grófnő". (Im Polnischen und Ungarischen ist das Adjektiv dem Substantiv voran-, im Italienischen nachgestellt.) Außerdem kann man sie mit intensivierenden oder abschwächenden Partikeln verbinden, was auch typisch ist für Adjektive: *ganz kaputt* wie *ganz müde, sehr schade* wie *sehr traurig, total pleite* wie *total bankrott*.[18] Der Ausdruck *quitt*, der übrigens auf verschlungenen Wegen auf das lateinische Adjektiv *quietus* ‚ruhig' zurückgeht, ist in jeweils sprachspezifischer Form auch in anderen europäischen Sprachen vertreten, so mit *quitte* im Französischen, mit *quite* im Portugiesischen und *kwitt* im Ungarischen. Zumindest für Französisch und Ungarisch ist mir bekannt, dass auch dort diese Wörter nicht attributiv gebraucht werden.[19]

Im Deutschen sperren sich Eigenschaftswörter zum Teil deshalb gegen den attributiven Gebrauch, weil die dann notwendigerweise flektierte Form uns formal seltsam oder zumindest unvertraut vorkommt, so kann man jedenfalls vermuten. Das gilt z. B., wenn wir die auf einen „vollen" Vokal – nicht etwa ein als Murmellaut gesprochenes [e] – endenden Farbadjektive *rosa, lila* attributiv gebrauchen wollen. Um das Aufeinandertreffen von zwei Vokalen wie in *rosa-es T-Shirt, den ‚Hiatus', zu vermeiden oder vielmehr den Knacklaut, mit dem wir automatisch die Flexionsendung beginnen lassen würden und der leider auch nicht dahin gehört, schieben wir dann gern als Gleithilfe ein [n] ein wie in *rosanes T-Shirt*.[20] Eine andere Möglichkeit besteht darin, dass wir einfach die Flexion unterlassen und dann *ein rosa T-Shirt* oder auch *eine prima Idee* sagen. So wird auch gern bei Eigenschaftswörtern verfahren, die aus Substantiven ‚konvertiert' sind, wie man so schön sagt, also z. B. bei *ein klasse Film, ein scheiße Kommentar, ein spitze Festival* – ganz anders zu verstehen als *eine spitze Bemerkung*. Bei anderen wiederum, allen voran *kaputt*, wird einfach gegen obsolete Normen verstoßen und doch flektiert: Gegen *ein kaputtes Auto, ein kaputter Typ* hat „das Sprachsystem" absolut nichts einzuwenden.[21] Das gilt auch, wenn Anglizismen wie *fit* oder *cool* für das Deutsche durch Flexion fit gemacht werden wie in *fitte Sportlerinnen* und *coole Kids*. Und noch eine Strategie gibt es: Man kann an widerspenstige Wörter die Adjektivendung *-ig* anfügen wie in *barfüßig* zu *barfuß* oder in *trendig* zu aus dem Englischen übernommenen *trendy*.

Welche syntaktische Funktion teilen denn nun aber Wörter wie *barfuß* oder *quitt* mit den „richtigen" Adjektiven: Sie werden ‚prädikativ' gebraucht, z. B. in Verbindung mit *sein* oder *bleiben* wie in *Wir sind jetzt quitt* (wie *Wir sind einig*) oder in *Die Kinder blieben trotz der Kälte barfuß* (wie *Die Kinder blieben nackt*). Diese zweite syntaktische Funktion von Adjektiven, neben der attributiven, gilt nun aber dummerweise wiederum nicht für alle Kandidaten: Die oben schon genannten Aspiranten wie *heutig, fürstlich* oder *städtisch* kommen – in dieser Bedeutung – nicht prädikativ vor. Versuche, die attributiven Konstruktionen durch prädikative zu umschreiben, sind, wie man bereits erschließen konnte, entweder kein Deutsch, oder sie haben nicht die ursprüngliche Lesart: Der heutige Tag ist kein Tag, der heutig ist. Mit *die fürstliche Residenz* haben wir gegebenenfalls nicht gemeint, dass die Residenz fürstlich ist. Und die städtische Müllabfuhr ist, etwa im Gegensatz zum städtischen Lebensstil, nicht städtisch.[22] Adjektive wie diese sind aus Adverbien (z. B. *heute*) abgeleitet, viel häufiger noch aus Substantiven (z. B. *Fürst, Stadt*). Im Prinzip kann man aus Substantiven nahezu unbeschränkt durch Anhängung von *-lich* oder auch *-isch* ein solches Adjektiv bilden. Man vergleiche: *abendlich, bildlich, dienstlich, ... , wirtschaftlich, zoologisch*. Vergleichbares ist auch in anderen europäischen Sprachen möglich. Wir gehen darauf in Kapitel 7 (Unterkapitel 5) ein. Wenn diese Art von Adjektiven keine Eigenschaft ausdrückt, was bedeuten die Adjektive dann? Unter der städtischen Müllabfuhr verstehen wir die Müllabfuhr, die in den Zuständigkeitsbereich der Stadt fällt. Unter einer fürstlichen Residenz verstehen wir eine Residenz, die einem Fürsten (als Wohn- oder Amtssitz) dient(e). Unter einer wirtschaftlichen Kooperation verstehen wir eine Kooperation auf dem Gebiet der Wirtschaft. Es scheint so viele Lesarten zu geben wie Adjektive. Aber der Schein trügt. Es gibt eine Konstante in der Bedeutung solcher Adjektive: Sie drücken Zugehörigkeit von X (dem Inhalt des Kopfsubstantivs, z. B. ‚Müllabfuhr') zu Y (dem Inhalt des substantivischen oder adverbialen Stamms des Adjektivs, z. B. ‚Stadt') aus oder noch abstrakter: Beziehung von X zu Y. Man spricht daher auch von ‚Relationsadjektiven', Adjektiven, die nicht Eigenschaften, sondern Relationen bezeichnen. In zahlreichen Fällen haben diese Adjektive allerdings auch eine Eigenschaftslesart. Das haben wir schon bei *fürstlich* und *städtisch* bemerkt. Wir sprechen von fürstlicher Bewirtung, wenn es so üppig zugeht, wie der Bürger sich die Gastmähler bei Fürsten vorstellt. Mit einem städtischen Lebensstil meinen wir eine Art zu leben, wie sie in der größeren Stadt im Gegensatz zum flachen Land und zur Provinz gepflegt wird. Diesen Eigenschaftslesarten liegt also ein Vergleich, eine Analogie zugrunde. Soll man die Eigenschaften von jemandem oder etwas beschreiben, bedient man sich ja häufig des Umwegs über den Vergleich. In den Eigenschaftslesarten von aus Substantiven abgeleiteten Adjektiven ist ein solcher stereotyper

Vergleich kondensiert. Kontextfrei kann man dann manchmal nicht entscheiden, ob ein adjektivisches Attribut eine Eigenschafts- oder eine Relationslesart hat. Man denke z. B. an *das menschliche Verhalten*. Ist damit das Verhalten des Menschen als Gattungswesen gemeint (Relation) oder das Verhalten, das Menschen ansteht (Eigenschaft)? Bei *unmenschlichem Verhalten* dagegen kann es nur um eine Eigenschaftslesart gehen.

Zu erwähnen ist eine weitere syntaktische Funktion von Adjektiven im Deutschen: die als ‚adverbiale Bestimmung der Art und Weise', wie es in der grammatischen Tradition heißt. Wenn wir z. B. fragen: „Wie war sie denn gestern Abend gekleidet?", erhalten wir als Antwort z. B. „Sie war elegant / schön / nachlässig angezogen." Die in dieser wie in der prädikativen Funktion unflektierten Adjektive bestimmen das Verb, oder vielmehr die mit dem Verb ausgedrückte Prädikation näher. Auch die Qualität von zugeschriebenen Zuständen, Handlungen, Prozessen kann somit durch die deutschen Eigenschaftswörter angegeben werden, nicht nur die Qualität von Gegenständen der Referenz. Semantisch wirken sie also nicht nur auf die Bedeutung von Substantiven einschränkend bzw. modifizierend ein, sondern auch auf die von Verben: Elegante Kleider müssen über das Kleidsein hinaus ein weiteres Kriterium erfüllen. Um elegant gekleidet zu sein, reicht es nicht aus, Kleidung zu tragen. Deutsche Adjektive sind, so können wir sagen, Modifikatoren sowohl für substantivische als auch für verbale Inhalte oder Begriffe. Das gilt zwar ähnlich für viele Sprachen, für die europäischen allerdings nicht generell.

Neben Deutsch gebrauchen auch z. B. Niederländisch, Schwedisch oder Rumänisch in der Regel einfach den Adjektivstamm in dieser Funktion. Oft werden Adjektive für die adverbiale Funktion speziell mit einem Marker, meist einem Suffix versehen und – so wird das dann in der Regel interpretiert – in die Wortart Adverb überführt. Im Englischen dient das Suffix *-ly* (wie in *clearly, rapidly*) diesem Zweck. Romanische Sprachen haben oft ein Suffix, das auf das lateinische Substantiv *mens* ‚Sinn, Verstand' zurückgeht, mit französisch *-ment* (*rapidement*), italienisch, portugiesisch und spanisch *-mente* (*rapidamente* (ital., port.), *rápidamente* (span.)) gegenüber rumänisch *repede* (auch in adverbialer Funktion). Der „Adverbialisator" *-ment(e)* ist ein typischer Fall von Grammatikalisierung: Die ursprüngliche syntaktische Verbindung, z. B. lat. *rapida mente* ‚schnellen Sinns' ist, beginnend mit dem Vulgärlateinischen, zu einem Wort zusammengerückt worden und dessen Bedeutung sozusagen von ‚Sinn' entleert.[23] Suffixe machen auch im Polnischen und Ungarischen aus Adjektiven erst Adverbien. Linguisten haben aus dieser Tendenz zur Zugabe gefolgert, dass die adverbiale Funktion jedenfalls nicht die primäre Funktion von Adjektiven ist. Ihr Argument ist dabei: Formaler Aufwand bildet inhaltlichen Aufwand ab. Das nennt man auch ‚Ikonizität' von Form und Funktion.

Und was hat uns dies nun erbracht für eine Bestimmung der Wortart Adjektiv? Es gibt, kurz gesagt, weder hinreichende noch notwendige Kriterien – wenn wir alle Spielarten erfassen wollen, die hier am Beispiel des Deutschen erläutert wurden. Wenn wir, wie beim Substantiv, wieder eine Verbindung aus sprachübergreifenden syntaktischen und satz-semantischen Kriterien zugrunde legen, so wäre diese am sinnvollsten: Adjektive sind lexikalische Einheiten, deren prototypische syntaktische Funktion es ist, Attribut zum Kopf einer Phrase zu sein, mit der auf Gegenstände referiert werden kann. Mit dem Zauberwort ‚prototypisch' haben wir uns nun einen Ausweg aus dem strikten Aristotelischen Definitionsschema eröffnet. Es erlaubt uns, einen Kernbestand einer Kategorie, der alle Merkmale erfüllt, zu unterscheiden von einer – möglicherweise noch in sich gestuften – Peripherie, in der Merkmale, die auf den Kernbestand zutreffen, nicht erfüllt sind.

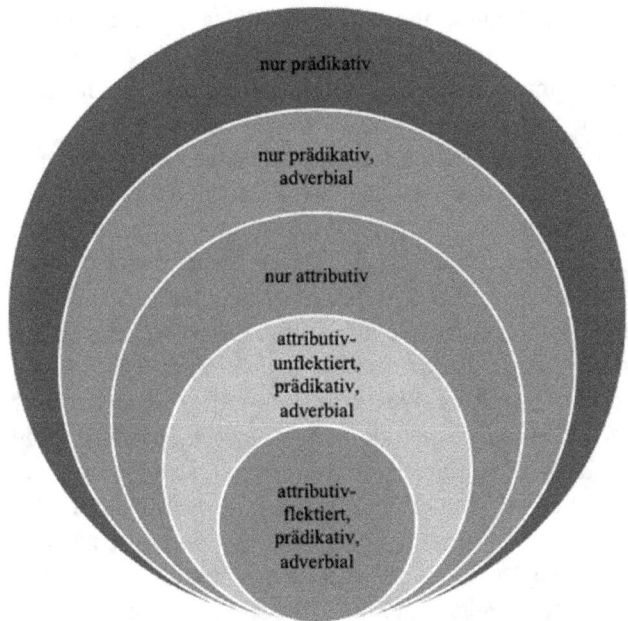

Abb. 8: Kern und Peripherie der Wortklasse Adjektiv im Deutschen.

3.4 Pronomina, Artikel und Konsorten, Numerale: die Schmuddelecke der Kategorisierung?

Die syntaktische Position von Nominalphrasen kann auch einfach nur durch *ich* oder *du*, *er* oder *sie*, *alle* oder *jene*, *niemand* oder *nichts* und andere Pronomina eingenommen werden. Pronomina sind also in erster Linie durch die Funktion als syntaktische „Ersatz"-Formen bestimmt. Semantisch wie morphologisch allerdings sind sie – im Deutschen wie in anderen Sprachen – kaum auf einen Nenner zu bringen. Immerhin dienen sie wie die Phrasen, für die sie stehen, zur Referenz – in jenem erweiterten Sinne, den wir in Kapitel 2 (Abschnitt 6.1) skizziert haben. Anders als Nominalphrasen referiert man mit Pronomina aber, ohne den oder die Referenten näher zu charakterisieren, etwa als Freund, Nachbarin, Nachbars Kettenhund oder Gartenzaun. Man prädiziert also nicht. Auch benennt man ihn oder sie nicht, etwa mit *Egon*, *Eva* oder *Bruno*. Vielmehr arbeitet man bei pronominaler Referenz mit dem Zeigen in der Äußerungssituation, also deiktischen Verfahren (bei *ich*, *du* oder auch *dieser*, *jener*), dem Verweisen im Textraum, also auf bereits Erwähntes oder noch zu Erwähnendes (bei *er*, *sie*, *es*), dem Erfragen (bei *wer/was*, *welcher*) und dem Quantifizieren (bei *etwas*, *alle*, *niemand*). Noch größer ist die Divergenz im morphologischen Verhalten: Die meisten Pronomina flektieren zwar irgendwie nominal, meist ähnlich wie Adjektive bei so genannter ‚starker Flexion'. Man vergleiche *Kalter Kaffee schmeckt nicht* wie *Dieser schmeckt nicht*. Aber die Personalpronomina aller drei Personen haben eine idiosynkratische Flexion. Daneben gibt es unflektierbare, nämlich *etwas*, *nichts*, *man*.

Es handelt sich also, kurz gesagt, kaum um eine echte Wortart, für die ein notwendiges und hinreichendes Merkmal gegeben ist wie bei den Substantiven, oder die wenigstens über einen prototypischen Kern verfügt wie die Adjektive. Eher geht es um eine Ansammlung von nominalen Wortklassen, die partiell untereinander durch Gemeinsamkeiten und Gegensätze verbunden und auf diese Weise insgesamt miteinander vernetzt sind. So haben die Kommunikantenpronomina *ich/wir*, *du/ihr* zweifellos einen Sonderstatus – man kann sie nicht durch eine Nominalphrase ersetzen: Wenn ich *die Sprecherin* statt *ich* sage, distanziere ich mich von mir. Wenn ich für eine anwesende Person nicht *du*, sondern ihren Namen verwende, spreche ich nicht mit ihr, sondern über sie. Aber die Kommunikantenpronomina selbst sind ebenso Mittel der eindeutigen Identifikation, also der definiten Referenz, wie *er/sie/es* und die Demonstrativa *dieser*, *jener* oder auch *der*. In dem Märchen „König Drosselbart" heißt es: „da fragte sie »ach, wem gehört **der schöne Wald**?« »**Der** gehört dem König Drosselbart.«" Mit dem Pronomen *der* referiert der Befragte – es ist der Bettelmann, den sie, die Königstochter, zur Strafe heiraten muss – auf dasselbe Objekt, das bereits zuvor durch *der schöne Wald* eindeutig identifiziert worden war. Wüsste der Bettelmann nicht, wem der Wald gehört, hätte er z. B. antworten können: „Der gehört **irgendjemandem**. Ich weiß nicht **wem**." Die Indefinitpronomina (wie *(irgend)jemand*, *(irgend)etwas*, *(irgend)einer*) stehen also in Opposition zu der definiten Gruppe. Und sie wiederum haben enge Beziehungen zu den Fragepronomina. Mit der Frage, wem denn der Wald gehöre, gibt die Königstochter zu erkennen, dass sie den Besitzer des Waldes nicht kennt, dass sie ihn nicht identifizieren kann. Nicht von ungefähr verwenden wir ja auch *wer* und *was* selbst umgangssprachlich als

Indefinitpronomina. Man vergleiche: „Da ist wieder **wer** in Seenot" (Berliner Zeitung vom 18.10.2006).

Indefinit sind auch Pronomina wie *einige, mehrere* oder *mancher* zu verstehen. Bei ihnen kommt allerdings noch die Vorstellung einer ungefähren quantitativen Abschätzung hinzu. Kommt es dagegen auf die vollständige Erfassung dessen an, was man gerade im Blick hat, hat man die Wahl zwischen dem „ganzheitlichen" *alle(r)* und dem „vereinzelnden" bzw. ‚distributiven' *jeder*. In vielen Fällen ist beides möglich: *Alle müssen sterben* oder *Jeder muss sterben*. Aber in *Alle umstanden den Trainer* oder *Alle sind miteinander verwandt* können wir *alle* nicht durch *jeder* ersetzen. Eine Prädikation der Gruppierung (wie *umstehen, sich versammeln, einen Kreis bilden* usw.) kann nicht auf jeden aus der Gruppe einzeln angewendet werden, sondern nur auf das Kollektiv. *jeder* schließt zudem ein ‚miteinander' aus: Jeder kann allenfalls mit (einem) anderen verwandt sein. Die Unterscheidung zwischen *alle(r)* und *jeder* gilt in ähnlicher Weise auch für Englisch mit *all* und *every*, Französisch mit *tout/tous* und *chacun*, Polnisch mit *wszystek/wszyscy* und *każdy*. Auch im Ungarischen gibt es das Paar *az összes* und *minden(ki)*. Allerdings läuft hier die Abgrenzung etwas anders. Auffällig ist z. B., dass *Jeder trug drei Koffer* oder auch *Alle trugen je drei Koffer* (Welch ein Kraftakt!) im Ungarischen so wiedergegeben wird: *Mindenki három-három bőröndöt vitt*; wörtlich: ‚Jeder/Alle drei-drei Koffer trug(en)'. Die Distributivität wird also durch die Wiederholung des Zahlworts für ‚drei' wiedergegeben. Aus meiner Sicht eine bestechende Idee, das Zuweisen einer numerischen Quantifikation auf die einzelnen Mitglieder einer Gruppe so auszudrücken: Man stellt sich vor, wie der Sprecher auf jeden zeigt und z. B. *drei* (*Koffer*) wiederholt. So verwundert es nicht, dass dieses Verfahren in den Sprachen der Welt weit verbreitet ist. In Europa zwar nur neben dem Ungarischen in einer samischen Sprache auf der Halbinsel Kola im nordwestlichen Russland, aber auch im Georgischen und Kurdischen sowie in zahlreichen Sprachen Afrikas, Indiens, Südostasiens sowie in indigenen Sprachen des nordamerikanischen Kontinents.[24]

Eine besonders verwirrende Eigenschaft vieler Pronomina haben wir bisher außer Acht gelassen: die Tatsache, dass sie anscheinend Doppelgänger haben, die eben nicht als Ersatz für eine Nominalphrase vorkommen, sondern im Deutschen wie in den meisten anderen europäischen Sprachen als (erster) Teil einer Nominalphrase. Statt im Kaffeeladen auf einen Sack einer bestimmten Sorte zu deuten und zu sagen: „Dieser schmeckt nicht" könnten wir auch sagen: „Dieser Kaffee schmeckt nicht" oder „Dieser kolumbianische Kaffee ist mir zu bitter". In der Linguistik spricht man da von ‚Determinativen' oder auch von ‚determinativischem Gebrauch'. Denn muss man wirklich annehmen, es handle sich jeweils um zwei verschiedene Wörter bei *dieser, jener, alle(r), etliche(r)* usw., je nachdem, ob man sie selbstständig oder determinativisch gebraucht?

Wörter anderer Wortklassen haben doch auch verschiedene syntaktische Verwendungen, wie etwa oben für die Adjektive diskutiert. Ausgenommen vom determinativischen Gebrauch sind die Personalpronomina, zumindest sieht es so aus. Wir kommen darauf weiter unten (Abschnitt 6.4) im Zusammenhang mit den Possessivpronomina zurück. Daneben gibt es als Spezialität des Deutschen morphologisch gespaltene Persönlichkeiten wie *keiner/kein, irgendeiner/igendein, seiner/sein.* „Denn keiner ist ohne Schuld" lautet in Anlehnung an eine Sentenz des römischen Philosophen Seneca[25] (oder auch an die christliche Version im Römerbrief, Kapitel 3, Vers 21) der deutsche Titel eines Krimis von Elizabeth George. Wir lesen das, wie wenn da stünde: „Denn kein Mensch ist ohne Schuld." Das heißt, wenn weder im außersprachlichen noch im sprachlichen Kontext eine andere oder eine bessere Spezifikation für *keiner, einer* oder *dieser, jeder* usw. erkennbar ist, interpretieren wir diese Formen „automatisch" personal. Und das ist, wie andere sprachübergreifende Merkmale, der Nominalhierarchie geschuldet.

Auf Englisch lautet Senecas Sentenz „No one is without fault". In dieser Sprache, die generell im nominalen Bereich wenig mit morphologischen Strategien arbeitet, wird also die selbstständige Variante bei personalem Bezug durch Hinzusetzung von *one* oder auch *body* zur determinativischen Variante erzeugt. Und zwar auf der ganzen Linie: *anyone/anybody, everyone/everybody, no one/nobody, someone/somebody.* Neben dieser Reihe gibt es konsequenterweise auch eine Reihe für den Bezug auf das Nicht-Personale oder Unspezifische mit *anything, everything, nothing, something.* Unspezifisch sind diese Ausdrücke, insofern als man z. B. auf die Frage „Did you see anything at all?" durchaus antworten kann: „Yes, two women with small children and far away a tall tree." Entsprechend kann man auch im Deutschen auf die Frage „Hast du überhaupt etwas gesehen?" unter Nennung von Personen antworten, nämlich mit: „Ja, zwei Frauen mit kleinen Kindern und einen großen Baum in der Ferne." Es handelt sich also – wenn wir ein klein wenig abschweifen – hier um eine ‚privative Opposition', wie sie ähnlich auch beim ‚generischen Maskulinum' vorliegt. Nur im Kontrast mit dem „anderen" Glied der Opposition, hier dem Personalen, wird das Unspezifische auf den oppositiven Wert festgelegt, nämlich das Nicht-Personale.

Auch im Französischen wird bei einem Indefinitpronomen wie im Englischen der selbstständige Ausdruck durch Hinzusetzung des Ausdrucks für ‚einer' und ‚Sache' zum determinativischen abgeleitet: *quelque* ‚irgendein': *quelqu'un* ‚(irgend) einer' – *quelque chose* ‚(igend)etwas'. Zu determinativischem *chaque* ‚jeder' haben wir immerhin *chacun* für das Personale, *chaque chose* ist (noch) nicht zur festen Verbindung geworden. Das Deutsche hatte vom Althochdeutschen her durchaus auch solche Verbindungen, und zwar mit *man* (‚Mann', ‚Mensch') für das Personale und *waz* für das Unspezifische; diese Verbindungen sind uns nur noch in verdunkelter oder verstümmelter Form erhalten, z. B. in *jemand* oder *niemand* bzw. *etwas*.[26]

Nicht durch die Zeiten verdunkelt, aber noch heute verwirrend ist das Verhältnis zwischen dem Demonstrativpronomen *der/die/das* und dem Artikel *der/die/das*. Auf den ersten Blick könnte man auch hier sagen, es handle sich um das Nebeneinander von selbstständiger Form (Demonstrativum) und determinativischer Form (Artikel). Denn auch hier gibt es morphologische Variation. Man vgl.: *Ich erinnere mich **dessen/derer** – Ich erinnere mich **des** Mannes/**der** Besucher* oder *Ich glaube **denen** – ich glaube **den** Politikern*. Es gibt also in den Kasus Genitiv und Dativ (hier nur im Plural) eine Opposition zwischen einer Langform für das selbstständige Demonstrativum und einer Kurzform für den Artikel. In der Tat ist der definite Artikel erst im Laufe der althochdeutschen Zeit aus dem Demonstrativpronomen hervorgegangen und allmählich bei ‚zählbaren' substantivischen Begriffen (wie *König*, *Ross* oder *Tisch*) notwendig geworden. Dabei ist der zeigende, der deiktische Charakter des Demonstrativums verloren gegangen. Wenn ich z. B. von dem Tisch spreche, ist nur vorausgesetzt, dass der Adressat diesen Gegenstand eindeutig identifizieren kann, z. B. weil es nur einen einzigen im Raum gibt oder weil die ganze Zeit schon eben dieser Gegenstand Gesprächsthema war. Nur wenn ich das Wörtchen besonders betone und z. B. 'den Tisch hier mit 'dem Tisch dort vergleiche, ist noch eine lautliche Zeigegeste vorhanden. Heute empfinden wir den Artikel aber nicht mehr als unbetonte, unselbstständige Variante des Demonstrativpronomens. Er hat sich abgenabelt.

Im Übrigen haben viele indoeuropäische Sprachen den gleichen Weg beschritten. Kannte das Lateinische wie die rekonstruierte indoeuropäische ‚Protosprache' keine Artikel, so haben die romanischen Sprachen auch ein Demonstrativum, nämlich *ille* ‚jener', zum definiten Artikel umfunktioniert, man denke an französisch *le/la* oder italienisch *il/la*. In slawischen Sprachen wie Russisch und Polnisch braucht man bis heute keine Artikel. Allerdings gibt es zumal im Tschechischen, aber auch im Polnischen die Tendenz, das Demonstrativum *ten* ‚dieser' zum Artikelwort verblassen zu lassen. Woher nur dieses Bedürfnis nach einer sichtbaren oder hörbaren Signalisierung von Definitheit (oder auch Indefinitheit durch den indefiniten Artikel) kommt?

Abschließend zur Unübersichtlichkeit des pronominal-determinativischen Komplexes noch ein weiterer Gesichtspunkt: In den europäischen Artikelsprachen sind die einschlägigen Kandidaten gut von Adjektiven abgegrenzt. Im Allgemeinen markieren sie die linke Grenze der Nominalphrase, Adjektive folgen ihnen nach. Es heißt also *dieser gute Kuchen* wie *this good cake* oder *ce bon gâteau* und nicht etwa **gute dieser Kuchen* usw. In artikellosen Sprachen gibt es keine solche strikte Ordnung, ein Demonstrativum kann im Polnischen unter

Umständen auch auf ein Adjektiv folgen. Und damit ist auch in Frage zu stellen, ob nicht die ganze Pronomenklasse zumindest dort als Randphänomen den Adjektiven zuzuschlagen ist. Zumal es – ganz generell – auch inhaltlich Übergänge etwa zwischen quantifikativen Pronomina wie *mehrere, einige, manche* und quantifizierenden Adjektiven wie *viele, zahlreiche* gibt. Im Deutschen kann man eine feine Trennlinie insofern aufrechterhalten, als wir sagen: *die vielen/zahlreichen Leute,* nicht aber **die einigen/manchen Leute.* Die Zahlwörter im engeren Sinne – also die, die man auch durch Ziffern repräsentieren kann – verhalten sich ohnehin, im Deutschen jedenfalls, syntaktisch wie Adjektive, wenn sie auch bis auf Reste bei *zwei, drei, vier* nicht flektiert werden. Für *zweier, dreier, vierer* wie in *Sie ist Mutter zweier/dreier/vierer Kin*der gibt es in DeReKo Belege, und zwar absteigend von über 250.000 bei *zweier* über ca. 55.000 bei *dreier* bis nur 679 bei *vierer*. Auch die Dativformen gibt es, z. B. in *mit zwei(en) ihrer Kinder, bei allen drei(en)*. Bei *auf allen vieren* zweifeln manche, ob es nicht „logischer" wäre, *vieren* hier groß zu schreiben, sind doch Hände und Füße, und damit „substantivische" Konzepte gemeint.

4 Kurze Endung – große Wirkung: die Markierung von Kasus, Genus und Numerus

Die nominalen Wortklassen flektieren im Deutschen nach Numerus und Kasus, alle außer den Substantiven auch noch nach dem Genus. Was heißt eigentlich ‚nach Genus, Numerus und Kasus flektieren'? Es bedeutet bei den europäischen Sprachen, die wir im Blick haben, dass an einen Wortstamm eine aus einer Anzahl verschiedener Endungen angefügt wird, die Kasus-, Numerus- und ggf. auch Genusinformation enthält. Substantive, Adjektive, Pronomina und mit ihnen ihre determinativischen Verwandten flektieren unterschiedlich, aber ähnlich. Die pronominale Flexion ist die aufwendigste. An ihr lässt sich am meisten zeigen. Beginnen wir also mit der pronominalen Flexion.

4.1 Die pronominale Flexion im Deutschen: wo Fälle noch sichtbar werden

Wird an den Pronominalstamm *dies-* die Endung *-er* angehängt, so werden z. B. folgende Informationen kodiert, die sich im konkreten Kontext wechselseitig ausschließen:
a) Genus: Maskulinum, Numerus: Singular, Kasus: Nominativ (wie in: **Dieser** Wein hat seinen Preis)

b) Genus: Femininum, Numerus: Singular, Kasus: Genitiv (wie in: *der Geschmack **dieser** Butter*)
c) Genus: Femininum, Numerus: Singular, Kasus: Dativ (wie in: *bei **dieser** Butter*)
d) Genus: –, Numerus: Plural, Kasus: Genitiv (wie in: *das Lob **dieser** Männer/**dieser** Frauen/**dieser** Kinder*)

Die Endung *-er* beim Pronomen scheint also vier verschiedene Informationen zu tragen, wobei jeweils Genus, Numerus und Kasus „auf einmal" ausgedrückt werden. Man spricht hier auch von ‚fusionierender' Flexion, die nach allem, was wir wissen, für die indoeuropäischen Sprachen am Anfang ihrer Entwicklung generell gegeben war. Neben *-er* gibt es im heutigen Standarddeutschen gerade mal noch vier weitere Suffixe für die nominale Flexion, bestehend aus dem Murmellaut (‚Schwa') und ggf. einem Konsonanten. Das vollständige Inventar ist in der geschriebenen Variante dieses: *-e*, *-er*, *-en*, *-em*, *-es*. Dabei ist der Murmellaut selbst instabil und kann unter bestimmten Bedingungen oder auch wahlweise entfallen. Nur in der so genannten pronominalen Flexion wird das Inventar voll ausgeschöpft. Trotzdem reichen fünf Endungen natürlich nicht aus, um die theoretisch 3 × 2 × 4, also 24 Genus-Numerus-Kasus-Konstellationen eindeutig zu differenzieren. So kommt es zu den Zusammenfällen, vornehmer ausgedrückt ‚Synkretismen', die wir oben am Beispiel von *-er* gezeigt haben. Vorzeiten, als z. B. anstelle des Murmellauts noch „volle" Vokale in den Endungen auftraten wie etwa in *dies**an*** für die maskuline Akkusativform anstelle des heutigen *dies**en***, gab es noch etwa doppelt so viele verschiedene Formen. Der massive Formenabbau, der wohl in erster Linie der Tatsache geschuldet ist, dass die Flexionssilben unbetont waren – und noch heute sind –, mit weniger artikulatorischem Aufwand ausgesprochen wurden und daher zunehmend an Klangfülle verloren, ist mit Sicherheit nicht zielgerichtet verlaufen. Und doch hat er – so lässt sich zeigen – zu einem Ergebnis geführt, das als in sich stimmig und funktional betrachtet werden kann. Ungeplant haben sich gewisse Strukturprinzipien für die Verteilung der Wortformen, hier Stamm + Flexionsendung, geltend gemacht. Nützlich ist hierfür die alte Vorstellung eines ‚Paradigmas'. Sie mag dem Leser aus dem Latein- oder Griechischunterricht bekannt sein: Das Paradigma zeigt, meist in Form einer Tabelle visualisiert, am Beispiel eines jeweils typischen Wortes, also ‚paradigmatisch', alle Formen auf. Der Tradition folgend spezifizieren die Spalten die Kasus in der Reihenfolge Nominativ, Genitiv, Dativ, Akkusativ – für das Deutsche ist es damit genug – und die Zeilen die beiden Numeri, jeweils unterteilt für Maskulinum, Femininum und Neutrum. Belegt man hier schematisch alle 24 als Schnittpunkt von Genus-, Numerus- und Kasuswerten vorgegebenen Zellen mit einer Wortform, wobei man dann natürlich mehrfach die gleiche einfügen muss, so ist keine Ordnung zu erkennen. Versucht man aber – ähnlich wie beim magischen Würfel – so an der vertikalen und horizontalen Ordnung zu drehen, dass identische Formen möglichst benachbart erscheinen, so ist die folgende die optimale Lösung. Zudem werden bei solcher Nachbarschaft die Zellen vereinigt und nur mit einem Vorkommen der Form belegt.

Tab. 3: optimiertes Paradigma für *dieser*.

	Singular Maskulinum	Singular Neutrum	Singular Femininum	Plural
Nominativ	*dies-er*	*dies-es*	*dies-e*	*dies-e*
Akkusativ	*dies-en*			
Dativ		*dies-em*	*dies-er*	*dies-en*
Genitiv		*dies-es*		*dies-er*

Was hat zu der optimalen Lösung mit nur 10 Wortformen geführt? (1) Die Kasus wurden umgeordnet. (2) Die Genera wurden umgeordnet. (3) Beim Plural wurden keine Genera unterschieden. Diese drei Strategien sind keine Tricks, sondern sie haben nur das zusammengebracht, was zusammengehört. Oder anders gesagt: Formale Identität kann ein Indiz für funktionale Nähe sein. Das heißt jeweils mit Blick auf (1) und (2): (i) Orientiert man sich an dem Zusammenfall von Kasusformen, so bilden die Kasus zwei Gruppen: Nominativ und Akkusativ sind die erste Gruppe. Nur im Maskulinum Singular sind diese Kasusformen verschieden. Dativ und Genitiv bilden die zweite Gruppe, bei der immerhin im Femininum Singular die Formen zusammenfallen. (ii) Die Genera Maskulinum und Neutrum scheinen in Abgrenzung zum Femininum enger zusammenzugehören, denn sie fallen im Dativ und Genitiv Singular zusammen,

Formenreduktion hat neben der Signalisierung von Zusammengehörigkeit noch einen weiteren Effekt: Sie kann auf den vergleichsweise geringeren systematischen Stellenwert, ‚die Markiertheit', einer Kategorie hinweisen. Und so gilt: (iii) Plural ist markierter als Singular, denn dort unterbleibt die Genusdifferenzierung. Aber auch Femininum ist markierter als Maskulinum (und Neutrum), denn dort gibt es nur jeweils eine Form für die beiden Kasusgruppen.

Nun sind Strukturprinzipien wie (i) bis (iii) keine wilde Spekulation, sondern erweisen sich durch sprachspezifische wie sprachübergreifende Beobachtungen als belastbare Annahmen. Was (i) angeht, so haben wir in Kapitel 3 (Abschnitt 4.6) gesehen, dass Nominativ und Akkusativ nicht nur im Deutschen die beiden zentralen grammatischen Kasus sind und dass z. B. im Passiv der Akkusativ des Aktivs zum Nominativ wird. Die beiden Kasus sind also eng verknüpft. Übrigens fallen im Neutrum in allen indoeuropäischen Sprachen

Nominativ und Akkusativ zusammen. Für die Nähe zwischen Dativ und Genitiv sprechen in erster Linie Befunde aus anderen europäischen Sprachen: In mehreren Sprachen Südosteuropas, die dem so genannten ‚Balkan-Sprachbund' zugerechnet werden, so dem Albanischen, Bulgarischen, Griechischen und Rumänischen, aber auch dem Ungarischen, sind Dativ und Genitiv – bzw. der Kasus des indirekten Objekts und der Attributskasus – zu einem einzigen Kasus verschmolzen.

Was (ii) angeht, so spricht der häufige Zusammenfall von Maskulinum und Neutrum bei den indoeuropäischen Sprachen, die das ursprüngliche dreigliedrige Genussystem auf ein zweigliedriges reduziert haben, für die Nähe zwischen den beiden Genera. In den romanischen Sprachen etwa ist dies überwiegend der Fall. Besonders deutlich wird das Aufgehen des Neutrums im Maskulinum z. B., wenn im Französischen unser deutsches *es* durch *il* wiedergegeben wird wie z. B. bei *il pleut* für *es regnet*.

Die Markiertheit des Plurals gegenüber dem Singular ergibt sich unter anderem auch aus der Erkenntnis, dass für die menschliche Wahrnehmung und Kognition das und der Einzelne manifester und klarer individuiert sind als Vielheiten, die gegebenenfalls zur undifferenzierten Masse werden können. Zudem sind Pluralformen – wenn es sie denn in einer Sprache überhaupt gibt – in der Regel mindestens so lang wie die entsprechenden Singularformen, meistens aber länger, einfach weil ein extra Affix hinzukommt, während Singular formal nicht angezeigt wird. Das gilt auch für das Deutsche oder Englische und ganz deutlich das Ungarische. Das Markiertere, inhaltlich Abliegendere, hat, gemäß dem bereits erwähnten ikonischen Prinzip, auch die aufwendigere Form.

Das betrifft auch Personenbezeichnungen, wo die feminine Form als markiertere mit *-in* ein zusätzliches Suffix aufweist. Die Markierungsverhältnisse beim Genus werden uns weiter unten bei dem leidigen Thema des Verhältnisses von Genus und Sexus noch zu beschäftigen haben. Halten wir an dieser Stelle nur noch fest, dass die maskulinen Formen der pronominalen Flexion die differenziertesten der gesamten Nominalflexion sind. Nur bei ihnen sind alle vier Kasus formal unterschieden.

Die „synkretismenbereinigte" Paradigmenstruktur von Tab. 3 für deutsch *dieser* ähnelt der für das polnische Äquivalent *ten* und damit der Flexion der polnischen Pronomina insgesamt. Zwar sind neben den uns bekannten Kasus noch zwei – oder drei, wenn man den randständigen Vokativ hinzunimmt – weitere einzubeziehen. Aber auch hier sind im Plural die Genusunterschiede weitgehend hinfällig, maskuline und neutrale Formen fallen außer im Nominativ und Akkusativ zusammen, und im Femininum sind wie im Deutschen Genitiv und Dativ und dazu noch Lokativ identisch. Das Polnische ist konservativer, was die Bewahrung eines hochdifferenzierten Flexionssystems angeht, und es zeichnet sich durch eine Aufspaltung des unmarkierten Genus in ein belebtes und ein unbelebtes Subgenus (im Singular) und die Absonderung eines personalen Subgenus vom Rest (im Plural) aus. Wird damit der latente Machismo unseres ererbten Genussystems auf die Spitze getrieben? Dazu später etwas mehr.

4.2 Die Flexion des Substantivs: Wie wird Numerus profiliert?

Bei der Substantivdeklination wird im Deutschen nur von vier der nominalen Flexionsendungen Gebrauch gemacht, und dies auch keineswegs flächendeckend. *-em* entfällt hier, *-er* – immer mit Murmellaut – erscheint nur im Plural (wie bei *Kinder* oder *Lämmer*), *-es* oder auch *-s* ohne Schwa zeichnet die Genitivform von Maskulina und Neutra aus (wie in *Mannes* oder *Profils*). Durchweg ohne den Murmellaut ist hingegen der *s*-Plural (wie in *Uhus, Omas, Schmidts* oder *Kids*). Auch die Endung *-e* ist weitgehend auf den Plural beschränkt, sieht man einmal von der altmodischen Dativendung im Singular von Non-Feminina, wie wir Maskulina und Neutra zusammenfassend nennen können, ab. Sie kommt fast nur noch in gehobener Rede und in festen Wendungen vor wie „Dem Man**ne** kann geholfen werden". Eigentlich werden in unserem heutigen Deutsch produktiv beim Substantiv nur zwei Kasus überhaupt durch eine Endung gekennzeichnet: der Genitiv Singular (wie in (*des*) *Geldes*) und der Dativ Plural (wie in (*den*) *Geldern*).

Trotz oder vielleicht gerade wegen dieser Kargheit im Gebrauch der Mittel, erscheint vielen, gerade auch den Deutschlernenden, die Deklination der deutschen Substantive als recht chaotisch. Das vor allem, weil schlecht vorhersagbar zu sein scheint, wie ein bestimmtes Substantiv dekliniert wird. Da Kasus ja offenbar für die Substantive nur eine geringere Rolle spielt, geht es dabei im Wesentlichen darum, wie der Plural gebildet wird. Warum heißt es *die Hunde*, aber *die Affen,* warum *die Mütter,* aber *die Frauen?* Man spricht hier von Deklinationstypen oder -klassen, die keinen tieferen Sinn zu haben scheinen, so dass einfach erlernt werden muss, zu welcher Klasse ein Substantiv gehört. Je nach Feinheit der Unterscheidung werden in der Literatur zwischen sechs und – sage und schreibe – 77 Deklinationsklassen für das deutsche Substantiv genannt.[27] Da kommt man geradezu gleichauf mit der Anzahl der polnischen Deklinationsklassen. Dabei ist die polnische Substantivflexion zweifellos bedeutend reichhaltiger als die deutsche. Mit gutem Willen, Sinn und Verstand, können aber für beide Sprachen Ordnungsprinzipien erkannt und die Vielfalt der Klassen reduziert werden.

Ein wichtiges Prinzip ist die ‚Schwa-Regel' für das Deutsche. Sie besagt, dass nur Suffixvarianten ohne den Murmellaut an einen Substantivstamm antreten können, wenn dieser selbst auf ein Schwa oder auf *er, el, en, em* endet: Die Pluralform zu (*der*) *Igel* kann also weder (*die*) *Igele* noch (*die*) *Igelen* oder (*die*) *Igeler* lauten, bleibt also (*die*) *Igel* (suffixlos), (*die*) *Igeln* oder (*die*) *Igels*. Die Genitivform könnte (*des*) *Igel* heißen oder (*des*) *Igels*, nicht aber (*des*) *Igeles*. Die Pluralform zu (*die*) *Feder* kann nach demselben Prinzip (*die*) *Feder* (nicht aber: *die Federe*), (*die*) *Federn* (nicht aber: *die Federen*) oder (*die*) *Feders* lauten, und der Genitiv: *der Feder* oder *der Feders*. Die Falsch-Formen wiederum können wir durch zwei weitere Prinzipien ausschließen oder zumindest für unwahrscheinlich bzw. markiert erklären. Da ist zum einen die Regel für *s*-Plurale: Einen *s*-Plural haben nur Wörter, die auf einen Vollvokal enden (*u* wie bei *Kakadus, Uhus, o* wie bei *Euros, i* wie bei *Schlaffis, a* wie bei *Omas, Opas*) oder die Eigennamen sind (wie bei *die Schmidts, die Solveigs, die Berlins*), Kurzwörter (wie in *die LKWs*) oder nicht-integrierte Fremdwörter (wie *die Laptops, die Events*). Zum anderen ist vor allem die Regel für den Zusammenhang zwischen Genus und Numerusbildung sowie zwischen Genus und Kasusmarkierung zu nennen. Der „Normalplural" für Non-Feminina ist nämlich *-e* bzw. die nach der Schwa-Regel suffixlose Variante, während der „Normalplural" für die Feminina *-(e)n* ist.[28] Also kommt als Plural für *Igel* am ehesten *die Igel* in Frage, während bei *die Feder* die wahrscheinlichste Form *die Federn* ist. Und genauso lauten auch jeweils die Pluralformen. Der Zusammenhang zwischen Genus und Kasus wiederum sieht so aus: Non-Feminina bilden im Normalfall den Genitiv Singular auf *-(e)s*. Feminina haben im Singular überhaupt keine Kasusendungen. Das bedeutet dann: *des Igels* und *der Feder* sind die korrekten Formen. Wenn wir jetzt noch die Verteilung der Dativ-Plural-Endung regeln, haben wir die Normalflexion praktisch im Griff: Ohne Rücksicht auf die Genera wird die Dativendung *-(e)n* – unter Berücksichtigung der Schwa-Regel – an die bereits vorliegende Pluralform angefügt, es sei denn, das Substantiv hat einen *s*-Plural, oder es hat wie die Normal-Feminina bereits *-(e)n* als allgemeines Pluralsuffix. Wir haben also *den Igeln, den Federn* sowie *den Männern, den Frauen*. Den Zungenbrecher (*den*) *Omasn* erspart uns das Deutsche.

Die Bildung des Dativs Plural wie in *Kindern* ist auffällig: Hier werden Numerus (Plural) und Kasus (Dativ) nicht fusioniert ausgedrückt, sondern jeweils durch ein eigenes Suffix. In einem solchen Fall spricht man von ‚agglutinierender' Flexion. Dabei wird zuerst ein Suffix für den Numerus Plural „angeklebt", dann ein Kasussuffix. Die nominale Flexionsmorphologie des Deutschen ist also ein Mischtyp: nicht mehr rein fusionierend, wie es wohl in der indoeuropäischen Protosprache zuging, sondern mit agglutinierenden Einsprengseln. Echt agglutinierend ist die nominale Morphologie im Ungarischen oder auch im Türkischen. In beiden Sprachen wird zuerst ein (mehr oder weniger) gleichbleibendes Pluralsuffix an den Substantivstamm angehängt, dann – möglicherweise noch nach anderen Suffixen – ganz am Ende ein Kasussuffix.[29] Nehmen wir zum Beispiel die

Übersetzung für *Kindern*, also den Dativ Plural von *Kind*, ins Türkische und Ungarische, so haben wir:

Tab. 4: Agglutination im Türkischen, Ungarischen und Deutschen.

Türkisch	çocuk	-lar	-a
Ungarisch	gerek	-ek	-nek
Deutsch	Kind	-er	-n

Die agglutinierende Strategie ist also im Vergleich zur fusionierenden die durchsichtigere. Hinter ihre Logik kommt man leicht: Jedes Suffix hat eine Funktion, für jede Funktion gibt es ein bestimmtes Suffix. Zudem richtet sich die Anklebe-Folge ikonisch nach der Relevanz der kategorialen Information für die Bedeutung des Stammes: Je näher am Substantivstamm selbst, desto relevanter ist sie für die Bedeutung des Substantivs und das Referenzpotenzial der Nominalphrase. Numerus liefert eine Information, die direkt mit der Bedeutung des Substantivstamms und dem Referenzpotenzial der Nominalphrase zu tun hat: Geht es im Singular um den Begriff für ein einzelnes Individuum, so geht es im Plural um das Konzept einer Vielheit, einer Gruppe von einzelnen Individuen. Kasus hingegen ändert nichts an der möglichen Bezugsweise: Ob ich die Kinder sehe oder den Kindern die Hand gebe – das Konzept wie auch die Gruppe, auf die ich Bezug nehmen kann, bleibt die gleiche. Kasus ist wichtig für die Einpassung der Nominalphrase in den Satz, nicht für die Bedeutung und die Referenz der Nominalphrase per se. So verwundert es nicht, dass in allen drei Sprachen – und weit darüber hinaus – dieselbe Anklebe-Folge gilt.

Der starke inhaltliche Einfluss, den der Numerusmarker auf das Kernsubstantiv einer Nominalphrase und deren Referenzpotenzial hat, wird auch daran kenntlich, dass der Ausdruck von Numerus, und zwar des markierten Numerus Plural, im Deutschen auf das Kernsubstantiv, so vorhanden, konzentriert ist. Andere Mitspieler, die Determinative und die adjektivischen Attribute, tragen dann zwar auch Flexionssuffixe, die mit dem Numerus Plural kompatibel sind, aber diese sind, anders als meist beim Substantiv, nicht speziell als Pluralmarker erkennbar. Man vergleiche: *süße Kinder, die süßen Kinder*. Das *-e* von *süße* kommt auch im Singular vor (*süße Sahne, die süße Sahne*), die Form *die* des definiten Artikels ist auch die Nominativ-/Akkusativform im Femininum Singular, und *-en* ist im Singular ebenfalls stark vertreten (wie bei *süßen Wein, den/dem süßen Wein*). So hält man also in Grammatiken fest: Die Flexion des Kernsubstantivs einer Nominalphrase dient der Numerusprofilierung, während Kasusmarkierung Sache der kongruierenden „Begleiter" ist.

4.3 Kongruenz: ein Lehrstück in Kooperation

Besonders verwirrend für Menschen, die Deutsch als Fremdsprache erlernen, ist, dass es, wie eben gezeigt, *süße Kinder* und *die süßen Kinder* heißt, oder auch *der kleine Unterschied*, aber *ein kleiner Unterschied* usw. Warum, so fragt man sich, kann man das Adjektiv nicht – bezogen auf einen bestimmten Numerus und Kasus – immer gleich flektieren? Man erfährt dann, dass das attributive Adjektiv stark, schwach oder gemischt flektieren kann und dass das mit seinem Umfeld zusammenhängt. Ist ein definiter Artikel oder auch ein Demonstrativum da, dann reagiert das Adjektiv mit Schwäche, ist ein indefiniter Artikel da oder *mein, dein* usw., dann flektiert es gemischt. Wenn aber gar kein Determinativ da ist, dann wird das Adjektiv stark. Der Stark-schwach-Metaphorik – wir kennen sie schon vom Verb – wollen wir nicht im Einzelnen nachgehen. Es reicht zu wissen, dass ‚stark' soviel wie differenziert bedeutet, ‚schwach' eher einförmig und ‚gemischt' natürlich etwas dazwischen. Die differenzierteste nominale Flexionsart ist – siehe oben – die pronominale. Diese übernehmen attributive Adjektive, außer im Genitiv Singular, bei starker Flexion, also etwa mit der Reihe *süßer Wein / süßes Limo / süße Sahne* (Nominativ), *süßen Wein / süßes Limo / süße Sahne* (Akkusativ), *süßem Wein/Limo / süßer Sahne* (Dativ), *süßen Weins/süßen Limos / süßer Sahne* (Genitiv). Wenn das Adjektiv schwach wird, also z. B. in Anwesenheit des definiten Artikels, kommen nur noch zwei Endungen, und zwar lautlich recht simple, zur Anwendung: *-e* und *-en*. *-e* zeichnet den Nominativ Singular aller drei Genera aus: *der süße Wein / das süße Limo / die süße Sahne*. Auch im Akkusativ Neutrum ist wegen des Gleichheitsgebots für Akkusativ und Nominativ in diesem Genus *-e* angezeigt, während *-en* den gesamten Rest des schwachen Adjektiv-Paradigmas abdeckt. Gemischt heißt für ein Adjektiv: Sei im Nominativ Singular und natürlich im Akkusativ des Neutrums stark, sonst schwach.

Was soll das Ganze? Oder vielmehr – weder Adjektive noch Sprecher handeln ja hier absichtlich oder unter Zwang – wieso hat sich dieses anscheinend überkomplexe System im Laufe der Sprachgeschichte herausgemendelt? Der Clou an der Sache scheint zu sein: Erhalt von relevanter Information bei Minimierung von morphologischem Aufwand. Relevante Information bei der Flexion der Substantiv-„Begleiter" betrifft, wie erwähnt, die Kasusmarkierung. Zwar gibt es da große Unterschiede zwischen dem unmarkierten Genus Maskulinum und Neutrum oder gar Femininum, aber immerhin: Wo pronominale Flexion da ist, ist zumindest für die Maskulina eine gute Sichtbarkeit der Kasus gesichert. Andererseits ist die pronominale Flexion mit ihren „vielen" Endungen aufwendig. Ökonomischer ist es, nur einmal die Begleiter pronominal bzw. stark zu flektieren, ansonsten die schwächeren Varianten zu wählen. Pronominale bzw. starke Flexion wird also effektiverweise nur am linken Rand der Nominalphrase praktiziert und damit an einem Ort mit erhöhtem Aufmerksamkeitswert seitens des Hörers oder der Leserin, ganz egal ob diese Außenposition ein pronominal flektierendes Determinativ oder ein Adjektiv einnimmt. Nur wenn „vorn" ein Determinativ ohne Endung steht (*ein/mein/dein* usw.) rückt die Andockstelle für ein starkes Flexiv nach rechts, also zum Adjektiv (wenn vorhanden), und es kommt zum „gemischten" Fall.

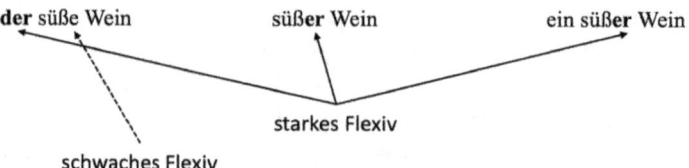

Abb. 9: Andockstellen starker und schwacher Flexive.

In der deutschen Nominalphrase herrscht also, so könnte man bildlich sagen, das Prinzip der flexivischen Kooperation. Begleiter und Kopf übernehmen jeweils die Hauptlast für die Funktionen, die sie am besten leisten können. Die anderen Partner beteiligen sich nur „träge" am Kongruenzmechanismus, wenn der jeweilige Hauptakteur gut arbeitet. Allerdings springt auch das Substantiv bei der Kasusmarkierung ein, etwa bei der Unterscheidung zwischen *dieses Kind* und *dieses Kindes*. Hier, im Neutrum, fällt die Form für Nominativ/Akkusativ des Determinativs *dieser* – anders als beim definiten Artikel – mit seiner Genitivform zusammen. Die „zusätzliche" Kasusmarkierung des substantivischen Kopfs hilft weiter. Wo aber flexivische Kooperation versagt, wird auf einen anderen Mechanismus umgestiegen. Ein Beispiel sind etwa folgende Fälle, wo ein begleitetes Substantiv möglich, die begleiterlose Variante ungrammatisch ist: *der Genuss guter Milch* versus **der Genuss Milch*. Dass es sich bei dem begleiterlosen Substantiv um einen Genitiv handeln soll, ist – wie bei allen Feminina (außer Eigennamen) – nicht erkennbar. Wir weichen aus oder reparieren die Konstruktion durch den Einsatz der Präposition *von*: *der Genuss von Milch*. Selbst bei Maskulina und Neutra mit -(e)s im Genitiv wird so verfahren: *der Genuss dieses Weins/Wassers*, versus: **der Genuss Weins/Wassers*. Das System verfährt nach dem Prinzip ‚ganz oder gar nicht'. Flexivische Kooperation (oder ‚Gruppenflexion') ist eine Besonderheit des Deutschen.[30] Unsere Vergleichssprachen ziehen entweder fusionierende Genus/Numerus/Kasus-Flexion bei allen kongruierenden Wortformen einer Nominalphrase ohne Kooperations-Management durch (Polnisch), oder sie lassen nur das Kopfsubstantiv agglutinierend nach Numerus und Kasus flektieren (Ungarisch), oder sie haben reine Genus/Numerus-Flexion bei allen kongruierenden Formen (Französisch), oder aber nur das Kopfsubstantiv hat Numerusflexion (Englisch).

4.4 Sortierung und Diskriminierung: Genus, Sexus und Gender

Die drei nominalen Kategorisierungen Genus, Numerus und Kasus habe ich in einem Zug genannt. Sie bewegen sich aber, dies dürfte klar geworden sein, in ganz unterschiedlichen Welten. Knapp formuliert gilt: Genus sortiert, Numerus quantifiziert, Kasus schafft Ordnung im Satz. Über Sortierungsverfahren und -kriterien kann man in Streit geraten, vor allem, wenn sie Personen betreffen. Das in den Sprachen der Welt weit verbreitete Sortierungsverfahren Genus hat – wie könnte es anders sein? – grundsätzlich einen semantischen Kern: Von den in den entsprechenden WALS-Kapiteln untersuchten 247 Sprachen haben weniger als die Hälfte ein Genussystem. Dabei ist die Mehrheit der Genussprachen sexusbasiert. Die übrigen basieren „on some notion of animacy", wie es der Autor formuliert.[31]

In den europäischen Sprachen mit einem – aus der sprachtypologischen Perspektive betrachtet – sexusbasierten Substantivgenus bezeichnet natürlich nur ein geringer Teil der Maskulina und Feminina in irgendeinem Sinne Männliches oder Weibliches. Selbst mit viel Fantasie kann man sich kaum vorstellen, dass z. B. Wald, Busch, Apfel als Träger männlicher Eigenschaften gesehen wurden, Wiese, Hecke, Birne als Trägerinnen weiblicher. Viel eher ist die morphologische und in geringerem Maß auch die phonologische Gestalt der Wörter für das Genus von Sachbezeichnungen verantwortlich. Bei Komposita bestimmt immer das Grundwort (vgl. dazu Kapitel 7, Abschnitt 4.2) das Genus: *Blumengarten* ist Maskulinum wie *Garten*, *Gartenblume* ist Femininum wie *Blume*. Und wenn wir die obigen Beispiele von *Wiese* bis *Blume* anschauen, kann man es schon ahnen: Etwa 90% der Wörter, die auf *-e* enden, sind Feminina. Wörter wie *Breite*, *Länge*, *Suche*, bei denen das *-e* ein Ableitungssuffix ist – die genannten Wörter sind jeweils aus *breit*, *lang*, *suchen* abgeleitet –, sind immer feminin. Auch andere Suffixe, mit denen wir Bezeichnungen für Abstraktes ableiten, nämlich *-heit/-keit* oder *-ung* „erzeugen" Feminina wie in *Freiheit*, *Feuchtigkeit* oder *Schulung*.

Was das Lautliche angeht, so gibt es eine statistische Korrelation zwischen der Häufung von Konsonanten – am vorderen oder hinteren Wortrand von einsilbigen Wörtern –, die man auf folgenden einfachen Nenner bringen kann: Je mehr Konsonanten an einem der Wortränder (oder an beiden) auftreten, desto größer ist die Wahrscheinlichkeit, dass es sich um Maskulina handelt. Bei der Häufung von drei Konsonanten sind 80% Maskulina. Das betrifft dann so typisch deutsch klingende Wörter wie *Spross* (mit drei Konsonanten vorn) oder *Strumpf* (mit drei Konsonanten vorn und drei hinten). Die wenigen Einsilbler, die auf vier Konsonanten enden, wie *Arzt*, *Ernst*, *Herbst* sind alle Maskulina. Zwar klingen sie nicht gerade weich und melodisch. Dennoch ist der Gedanke, ihr maskulines Genus beruhe auf einer Ähnlichkeit zum sozialen Konzept des Männlichen, völlig abwegig. Nüchtern betrachtet, ist ein hoher Prozentsatz an

Maskulina allemal wenig eindrucksvoll, wenn man bedenkt, dass ohnehin einfache Substantive zu zwei Dritteln maskulines Genus haben.

Die Sortierung durch das Genus folgt also auf weite Strecken – vor allem bei Zusammensetzungen und Ableitungen – nachvollziehbaren und erlernbaren Prinzipien. Von einer Prägung durch Sexus kann aber nur bei Bezeichnungen für Personen und höhere Tiere, zumal Nutztiere, die Rede sein. Es gibt bei Bezeichnungen für erwachsene Personen eine klare Korrelation: Weibliche Personen werden durch Feminina bezeichnet, männliche durch Maskulina. Ausnahmen wie *die Memme, die Schwuchtel* für männliche, *der Vamp, das Mensch, das Weib* für weibliche Personen verwiesen auf „gesellschaftlich missbilligte Geschlechtsrollenverstöße", wie es Damaris Nübling formuliert. Missliebig waren und sind vielleicht noch der weichliche oder der homosexuelle Mann, die unbotmäßige oder die männerverschlingende Frau. Weiter heißt es: „Die betreffenden Personen – werden aus ihrer ‚richtigen' Genusklasse verstoßen, weil sie sich ‚falsch' verhalten, der soziale Verstoß wird durch einen grammatischen geahndet, Genus erlangt hier ausstellendes und sozial disziplinierendes Potenzial."[32]

Aber auch bei der „Normalverteilung" stellen sich nun, je nach Standpunkt, unterschiedliche Probleme: Da ist zum einen das Problem der beschränkten Anzahl, oder genauer: der binären Aufteilung in das Männliche und Weibliche. Das Genus Neutrum ist ja reserviert für einerseits nicht-personale Begriffe und im personalen oder belebten Bereich, abgesehen von den wenigen bereits angesprochenen Ausnahmen, für nicht erwachsene Wesen (*das Kind, das Kalb, das Fohlen* usw.). Daneben dienen personale Neutra auf dem Weg über die sogenannten Diminutivsuffixe *-chen* und *-lein* dem Ausdruck von Nähe und Zuwendung, etwa bei Kosewörtern wie *Schätzchen, Herzchen, Bärlein, Herzilein*. Diminutive Formen können aber dem kritischen Blick auch als Ausdruck von Verniedlichung und des Nicht-für-voll-Nehmens erscheinen, wenn man bedenkt, dass vor allem weibliche Personen damit bedacht werden. In der partiell obsoleten Abstufung *Mädchen – Fräulein / Jungfer – (Ehe-)Frau / Mutter* erkennt Nübling gar eine durch das neutrale Genus markierte Verkleinerung bzw. Verkinderung, die andauere bis zu Ehe und Mutterschaft.[33]

Die binäre Unterscheidung wird, so kann man argumentieren, kaum den Gegebenheiten des biologischen Sexus gerecht – man denke an die Diskussion um die Kategorie ‚divers' – noch gar der Diversität von Gender als sozialer Kategorie. Eine entsprechende Vermehrung der grammatischen Genuskategorien allerdings wäre ebenso undurchführbar wie absurd. Die Sichtbarmachung differenzierter Gender-Konzepte kann nur lexikalisch oder unter Zuhilfenahme von Symbolen wie etwa dem Gendersternchen bewerkstelligt werden.[34]

Ein weiteres, gravierenderes Problem ist das Ungleichgewicht der Genera. Dass das Maskulinum das unmarkierte Genus ist, macht sich bei personalem

Bezug empfindlich bemerkbar: Feminine Personenbezeichnungen werden in aller Regel – abgesehen vom Kernbestand der Verwandtschaftssubstantive wie *Mutter, Tochter, Tante* und der Klassenbezeichnungen wie *Frau* (versus *Mann*) oder *Dame* (versus *Herr*) – aus maskulinen abgeleitet: Man hängt das Suffix -*in* an einfache Substantive an wie bei *Freundin, Ärztin, Herrin* sowie an bereits abgeleitete wie bei *Lehrerin, Inspektorin* usw. Manche betrachten bereits dies als eine Form sprachsystematischer Diskriminierung. Noch gravierender ist der Gebrauch maskuliner Personenbezeichnungen, wenn im Singular, z. B. in einer allgemeinen Aussage auf eine beliebige Person, deren Sexus man nicht kennen kann, und im Plural auf eine (potenziell) gemischtgeschlechtliche Gruppe Bezug genommen wird. „Aber **der Wähler** ist der Souverän. Er wird entscheiden" heißt es in den Niederösterreichischen Nachrichten vom 30.03.2010. „Dreißig Jahre später haben die Parteistrategen begriffen, dass die Hälfte **der Wähler** Frauen sind, [...]" schreibt die Berliner Zeitung am 27.04.2010. Gegen dieses so genannte ‚generische Maskulinum' ist sprachsystematisch eigentlich nichts einzuwenden. Es gehorcht dem Prinzip der ‚privativen Opposition', das auch sonst, etwa bei dem Kontrast zwischen *etwas* und *jemand, nichts* und *niemand* wirksam ist. Das unmarkierte Oppositionsglied, hier das Maskulinum, kann sich das andere Oppositionsglied einverleiben und damit semantisch die Sexusdifferenz zum Verschwinden bringen. Nur in direkter Opposition zum markierten Glied wie in *die Wählerinnen und Wähler* wird nach diesem Prinzip eine maskuline Personenbezeichnung auf männliche Personen eingeschränkt. So kann man bereits aus mittelalterlichen Texten „die Fähigkeit zur Geschlechtsabstraktion männlicher Personenbezeichnungen" indirekt erschließen, wenn sich auch eine explizite Würdigung dieser Tatsache in den Grammatiken kaum finden lässt.[35]

Allerdings gilt: Was sprachsystematisch möglich ist, muss nicht unbedingt dem Sprachgebrauch entsprechen oder den Intentionen der Sprecherinnen und Sprecher entgegenkommen. So konnte etwa einerseits in der Frauenbewegung des späten 19. und beginnenden 20. Jahrhunderts ein Pochen auf dem generischen Verständnis maskuliner Personenbezeichnungen durchaus emanzipatorisch verstanden werden: Durch die symbolische Einbeziehung von Frauen in den dominanten, mit Macht und Einfluss verbundenen Referenzbereich „männlicher" Bezeichnungen wurde klar ins Bewusstsein gerufen, dass Frauen dieselben Rechte wie Männer genießen und ihnen z. B. ebenso der Zugang zu Prestigeberufen wie Redakteur, Ingenieur oder Arzt zustehen sollte. Bedeutete diese Praxis doch einen Fortschritt gegenüber einem Zustand, der Frauen als Rechtspersonen und im öffentlichen Leben nicht einmal der stillschweigenden Einbeziehung würdigte. Auch in den sozialistischen Gesellschaften nach dem Zweiten Weltkrieg herrschte lange Zeit die Einstellung vor, dass der völligen rechtlichen und gesellschaftlichen Gleichstellung der Geschlechter am ehesten durch eine Ausblendung des Sexusmerkmals in einem generisch verstandenen Maskulinum Rechnung getragen werden könne.[36]

Die Janusköpfigkeit maskuliner Personenbezeichnungen – geschlechtsunspezifisch und männlich je nach Kontext – kann aber andererseits, wie seit der feministischen Linguistik ab Mitte der 1980er Jahre geschehen – auch ganz anders bewertet werden: Sie versteht das generische Maskulinum als Ausdruck und Mittel der Unsichtbarmachung von Frauen und damit als eine diskriminierende Scheinlösung oder gar ein „Ideologem".[37]

Zudem erweisen sich vermeintliche generische Maskulina im weiteren Kontext häufig als „Fiktion", etwa in folgendem Beleg, wo dem hypothetischen jungen Arzt umgehend eine Frau zur Seite gestellt wird: „In einigen Regionen Mecklenburg-Vorpommerns sind rund 40 Prozent der Ärzte kurz vor dem Rentenalter, viele davon auch rings um Neubrandenburg. Kaum ein junger Arzt wolle sich jedoch hier ansiedeln, selbst gut gehende Praxen nehme zum Teil niemand mehr geschenkt, weil etliche Standortfaktoren noch nicht stimmen. Denn auch ein Arzt brauche einen Job für seine Frau, wolle eine solide Schulbildung für seine Kinder und später für diese eine Lehrstelle" (Nordkurier vom 27.10.2004).

Und auch wenn keine solchen kontextuellen Widersprüche das generische Verständnis maskuliner Bezeichnungen ad absurdum führen, deuten zahlreiche Experimente darauf hin, dass das maskuline Genus bei den Testpersonen die Assoziation einer männlichen Gruppe begünstigt.[38] Allerdings spielen zahlreiche weitere Faktoren eine Rolle: So werden bei typisch männlichen Rollen- und Berufsbezeichnungen wie *Mechaniker* oder *Chirurg* erwartbarerweise männliche Rollenträger assoziiert. Und letztlich ist wohl generell der „Mann als menschlicher Prototyp" tief im kollektiven Bewusstsein – wenn es so etwas gibt – verankert, wird doch auch mit geschlechtsneutralen Bezeichnungen wie *Kinder* oder *Angestellte* (Plural) eher die Vorstellung männlicher Personen verbunden. Dennoch scheint in Sprachen wie Deutsch oder Französisch die maskuline Bezeichnungsform zumindest eine verstärkende Wirkung zu haben. Denn während in der englischsprachigen Version eines Tests[39] nur die männlichen bzw. weiblichen Rollen-Stereotype zu Buche schlagen, reagieren die deutsch- und französischsprachigen Testpersonen auch etwa bei *Kosmetiker* oder *Kassierer*, also Bezeichnungen für Berufe, die typischerweise von Frauen ausgeübt werden und entsprechend ein weibliches Stereotyp generieren sollten, nach Interpretation der Tests überwiegend mit der Vorstellung ‚männlich'.

Nun sind Vorstellungen oder „mentale Repräsentationen" etwas anderes als Handlungen: Weder die Referenzakte, die wir beim Gebrauch einer Nominalphrase vollziehen, noch das Geschehen, das aus einer sprachlichen Handlung folgt, ist durch unsere „Vorstellungen" determiniert: Auch diejenigen, die bei einem Ausdruck im generischen Maskulinum zuerst Männer vor Augen haben, werden die Kundin nicht von der Nutzung des Online-Bankings ausschließen, obwohl in den entsprechenden Benutzungshinweisen nur von dem oder den Kunden die Rede ist. Sich nicht angesprochen fühlen mag kränkend sein, ist aber nicht identisch mit dem Nicht-gemeint-Sein. Ganz davon abgesehen, dass Sprecher, die Frauen nachweislich nicht „mitmeinen", wo diese gemeint sein müssen oder sollten, auch zur Ordnung gerufen werden können. Wenn damit gar nachteilige Folgen für weibliche Personen verbunden sind, steht zudem der Rechtsweg offen.

Die Linguistik hat sich – nicht nur auf diesem Feld – weitgehend in die Knechtschaft der experimentellen Psychologie oder der Kognitionswissenschaften begeben, weil sie in entsprechenden Tests den einzig möglichen empirischen Zugang zum Reich der sprachlichen Bedeutungen sieht. Sie wirft damit nicht nur die Einsicht in die Verschiedenheit von sprachlicher Bedeutung und Vorstellung über Bord – sprachliche Bedeutung ist aus meiner Sicht eine Regel des Gebrauchs, nicht eine Regel der Vorstellung –, sondern auch ein Stück weit den aufklärerischen Anspruch auf einen reflektierten und kritischen Umgang mit Sprache. Wir sind nicht die willenlosen Opfer unserer Bilder im Kopf. Wer den Abstand und das dialektische Verhältnis zwischen der unbewussten Präsenz sprachlich erzeugter Bilder und dem intentionalen Sprachhandeln leugnet oder herunterspielt und damit die Möglichkeit, sich diese Bilder bewusst zu machen, sie zu hinterfragen und zu revidieren, negiert im Grunde das Konzept des mündigen Bürgers. Die Gedanken und Bilder im Kopf sind frei, entscheidend ist, was in der Interaktion geschieht."[40]

In diesem Licht ist es auf der anderen Seite sicher sinnvoll und für die Reflexion förderlich, wenn die etwa durch das generische Maskulinum suggerierten Bilder im sprachlichen Handeln immer wieder konterkariert werden, indem durch Paarformeln wie *die Kundin oder der Kunde* oder auch durch die für die schriftliche Kommunikation vorgeschlagenen symbolischen Verfahren (Schrägstrich; Binnen-I, Genderstern usw.) die Bilder im Kopf zurecht gerückt werden. Ein systematisch oder eher noch bürokratisch-stur durchexerziertes Gendern allerdings wird den Tücken unseres Sprachsystems nicht gerecht, überfordert viele Schreiberinnen und Sprecher und dürfte abgesehen von den Aktivisten kaum Anklang finden.[41]

„Sprecher des Englischen und des Ungarischen – ihr habt es besser." So könnte man in Abwandlung von Goethes Diktum aus den „Zahmen Xenien" vermuten.[42] Sprecher und Sprecherinnen von Sprachen ohne Substantivgenus dürften, so sollte man annehmen, nicht Opfer eines genusgetriebenen männlichen Bildes vom Menschen sein. Allerdings unterscheiden sich die beiden Sprachen doch erheblich. Das Englische hat, ähnlich wie auch die festlandskandinavischen Sprachen bei den Personalpronomina und zudem bei den auf diesen beruhenden Reflexiva noch eine dreifache Unterscheidung zwischen männlich (*he / himself*), weiblich (*she / herself*) und nicht-personal (*it / itself*). Die Wahl zwischen den Pronomina *she* und *he* ist bei Wörtern wie *mother, daughter, wife, spinster, queen* versus *father, son, husband, bachelor, king* als Bezugsausdruck lexikalisch gesteuert. Bei *professor, doctor, tutor, artist, poet* und dem überwiegenden Teil der übrigen Personenbezeichnungen hingegen entscheidet die Realität, nicht die Sprache die Wahl zwischen *he* und *she*. Das gilt zumindest, wenn auf eine bestimmte, der Sprecherin oder dem Sprecher bekannte Person Bezug genommen wird: Bei einem weiblichen *professor* heißt es *she*, bei einem männlichen *he*. Plural ist generell unproblematisch, da *they* wie deutsch *sie* keine Sexusinformation trägt. Auf pluralisches *they* wird auch in aller Regel bei einem Indefinitpronomen wie *everybody, someone* als Vorgängerausdruck zurückgegriffen: „Everybody has something they want to hide" (British National Corpus, Text ADD). Allerdings kann ein Analogon zum ‚generischen Maskulinum' des Deutschen dann am Werk sein, wenn im nicht-spezifischen Modus auf eine unbekannte Person oder die betreffende Person allgemein Bezug genommen wird und dabei ein „purportedly sex-neutral *he*", wie es die Grammatik von Huddleston et al. nennt, gebraucht wird.[43] Als Beispiel für ein „vorgeblich sexusneutrales *he*" wird dort genannt: „A Member of Parliament should always live in his constituency." Geschlechtergerechtigkeit kann durch die Verbindung *he or she*, schriftsprachlich abgekürzt als *s/he* erreicht werden. Neuerdings wird auch das eigentlich pluralische *they* eingesetzt.

Eleganter passiert Vergleichbares z. B. im Schwedischen, das neben dem männlichen *han* ‚er' und dem weiblichen *hun* ‚sie' über die sexusunspezifische Neubildung *hen* verfügt. Dieses wirklich „personale", auf den Ausdruck von Personalität beschränkte Pronomen wurde 2015 in das für Schulen und Hochschulen verbindliche Wörterbuch "Svenska Akademiens ordlista" (SAOL) aufgenommen und stößt auf große Akzeptanz. Es hat zudem, anders als etwa englisch *s/he*, den Vorteil, dass es alle Formen der Diversität im Hinblick auf Sexus und Gender abdecken kann.

Im Ungarischen ist auch das Personalpronomen sexusunspezifisch. Dass dies zu einer ausgeglicheneren Bilderwelt in den Köpfen oder gar zu einer vergleichsweise stärkeren gesellschaftlichen wie politischen Bedeutung von Frauen geführt hat, darf jedoch bezweifelt werden.

Das Polnische wiederum verschafft dem männlichen Geschlecht grammatisch noch mehr Sichtbarkeit als das Deutsche. Durch eigene Subgenera des Maskulinums, nämlich das ‚belebte Maskulinum' im Singular und das ‚personale Maskulinum' im Plural werden – in einer Art maskulinisierter Version der Belebtheitshierarchie – eigene Flexionsformen für Substantive und die kongruierenden Adjektive und Pronomina bereitgestellt. So lautet etwa die Akkusativ-Singular-Form der belebten Maskulina *syn* ‚Sohn' und *pies* ‚Hund' jeweils gleichlautend mit dem Genitiv *syna* bzw. *psa*, während die Akkusativform des unbelebten Maskulinums *dom* ‚Haus' gleichlautend mit dem Nominativ *dom* lautet. Im Singular werden immerhin neben den „beiden Maskulina" auch feminine und neutrale Formen unterschieden. Im Plural hingegen ist neben dem personalen Maskulinum nur noch Raum für ein „Restgenus", in dem alle anderen Genera aufgehen. Dies erscheint mir als besonders gravierend für den Sprachgebrauch: Eine generisch zu verstehende maskuline Personenbezeichnung im Plural wie *studenci* ‚Studenten' oder *nauczyciele* ‚Lehrer' muss z. B. durch die maskulinpersonale Pronomenform *oni* ‚sie' wieder aufgenommen werden, auch wenn unter der jeweils gemeinten Personengruppe neben 99 Frauen nur ein einziger Mann ist. Mit der Form *one* im Restgenus müsste man sich nicht etwa nur auf eine reine Frauengruppe zurückbeziehen, sondern auch z. B. auf Stühle oder Häuser, für die Substantive jeweils mit neutralem oder maskulin-unbelebtem Genus stehen. Wohl nicht von ungefähr hat diese besonders drastisch erscheinende Form des Sprach-Machismo eine lebhafte, wissenschaftlich wie gesellschaftlich aktive Genderlinguistik der polnischen Sprache auf den Plan gerufen.[44]

Insgesamt zeigen die europäischen Sprachen somit ein vielfältiges Bild des Verhältnisses von Genus und Geschlecht. Man darf gespannt sein, wie die gesellschaftliche Diskussion sich auf die weitere Sprachentwicklung auswirkt. Was das Deutsche angeht, so ist, ungeachtet aller wünschenswerten Experimentierfreude im Umgang mit Formen der Sichtbarmachung von Frauen oder von Diversität allgemein, nicht damit zu rechnen, dass das etablierte Genussystem mit seiner systematisch verankerten Dominanz des Maskulinums auf absehbare Zeit verschwindet. Das muss nicht bedeuten, dass wir weiter die Welt nur als Tummelplatz des männlichen Geschlechts erfahren.

5 Die Ordnung der Gegenstände und die Ordnung der Wörter

5.1 Nero, Brot und Spiele: Benamstes, Unzählbares und Zählbares

Im Substantiv-Wortschatz gibt es eine klare Zäsur: die zwischen den (wortförmigen) Eigennamen und dem Rest, den wir ‚Appellativa' (Gattungsbezeichnungen) nennen wollen. Auf die semantischen Unterschiede zwischen beiden Klassen sind wir bereits im Abschnitt 6.1 von Kapitel 2 eingegangen. Dort haben wir u. A. festgestellt, dass Eigennamen mangels prädizierender und damit zuschreibender oder beschreibender Bedeutung den Namensträger nicht charakterisieren und allenfalls indirekt und grob in eine Klasse einordnen: Weibliche Vornamen z. B. lassen, mehr oder weniger verlässlich, auf eine Namensträgerin schließen. Die typischen Eigennamen des Deutschen, Englischen, Französischen, des Ungarischen und anderer europäischer Artikelsprachen haben in ihren „gewöhnlichsten" syntaktischen Umgebungen keinen Artikel. Auch wenn nur ein Titel hinzugesetzt wird, gilt Artikellosigkeit: „Wer war Kaiser Nero wirklich?" heißt es in der Rhein-Zeitung vom 14.05.2016. Nur wenn sie z. B. – mit einem eher „ausschmückenden", nicht differenzierenden – adjektivischen Attribut gebraucht werden wie „der Leier spielende Nero" (Neue Zürcher Zeitung vom 06.11.2002), setzt man den definiten Artikel. Im süddeutschen Sprachraum ist umgangssprachlich und in den Mundarten auch von der Anni und dem Franz die Rede. Gelegentlich wird auch in herabsetzender Manier die Bundeskanzlerin mit *die Merkel*, der französische Präsident mit *der Macron* apostrophiert.

Die allertypischsten Eigennamen sind Personennamen oder auch die dazu weitgehend analogen Namen für Haustiere. Danach folgen Ortschaftsnamen, Namen für Firmen, Benennungen für geografische Größen, Örtlichkeiten unterschiedlichster Art. Ganz am Ende finden sich die Namen von Schiffen oder anderen Transportmitteln. Die nach der Nähe zum Ego der Sprecher gebildete Hierarchie wird in den Artikelsprachen teilweise durch die Artikelsetzung widergespiegelt. Je weiter weg von Ego, je weiter unten in der Benamsungshierarchie, desto wahrscheinlicher die Artikelsetzung. Das gilt sprachübergreifend, aber mit gewissen Unterschieden im „mittleren" Bereich. So ist das Französische unter unseren Vergleichssprachen die hier „artikelfreundlichste": Bereits bei den Namen von Kontinenten und Ländern wird der definite Artikel gesetzt wie in *L'Afrique, la France* und *le Sénégal*. Im Deutschen ist Artikelsetzung bei Ländernamen nur ausnahmsweise obligatorisch wie bei der Schweiz und der Türkei. In manchen Fällen schwankt der Gebrauch: (*der*) *Iran*, (*der*) *Irak*. Im Deutschen beginnt die Artikelsetzung erst bei politisch-institutionell weniger bedeutenden Örtlichkeiten, etwa den Namen von Seen (*der Bodensee*), Bergen (*der Katzenbuckel*), Landschaften (*die Pfalz*) oder auch Straßennamen (*die Mozartstraße*). Das Englische ist am artikelfeindlichsten: Nur die Namen von Schiffen (*The Titanic*) enthalten ihn, während etwa Seen (*Lake Michigan*), Berge (*Mount Everest*) oder Straßen (*Oxford Street*) im Allgemeinen ohne Artikel auskommen.

Die zuletzt genannten Beispiele zeigen auch, dass Namen für Örtlichkeiten unten in der Hierarchie in aller Regel durch Hinzusetzung einer Klassenbezeichnung vereindeutigt werden. Im Englischen steht dann z. B. *Lake* oder *Mount* als eigenes Wort voran oder wie bei *Street* danach, im Deutschen wird *See* oder *Berg/Buckel*, *Straße* usw., wie bereits gezeigt, als zweiter Bestandteil eines Kompositums integriert.

Die Substantive jenseits der Zäsur, die Appellativa, zerfallen wiederum in zwei Klassen. Wir bezeichnen sie als ‚Individuativa' und ‚Kontinuativa'. Die üblicheren Bezeichnungen, allen voran die englischen Termini *count noun* und *mass noun* oder im Deutschen ‚Stoffname' im Sinne von *mass noun* – für *count noun* gibt es überhaupt keinen vernünftigen deutsche Terminus – sind eher

Verlegenheitslösungen. Man möchte Substantive wie *Mensch, Huhn, Tisch, Spiel, Traum* auf der einen Seite von *Wasser, Stahl, Brot, Obst, Schlaf* auf der anderen Seite abgrenzen, weil sie sich grammatisch deutlich unterscheiden. Nun ist aber das Kriterium der *countability*, der Zählbarkeit, mit Vorsicht zu genießen. Landläufig versteht man darunter Substantive, die sowohl Singular- als auch Pluralformen haben und mit einer Zahlangabe versehen werden können. Man setzt jedoch z. B. *Weltall* oder *Kosmos, Bürgertum* oder *Jugend* nicht in den Plural, weil es mutmaßlich jeweils nur eines davon gibt. Auch *Heimat* hat man bis zum heutigen Tag nicht in den Plural gesetzt. Im Zuge von Zuwanderung und Globalisierung ist nun aber immer öfter von (mehreren) Heimaten die Rede, ähnlich auch bei *Publikum* versus *Publika*. Auch von Ewigkeiten sprechen wir, obwohl es die allenfalls in alternativen „Welten" – auch das eigentlich eine Singularität – geben kann.[45] Pluralfähigkeit ist also keine absolut festgezurrte Eigenschaft auf Sprachsystemebene. Trotzdem würden wir diese Bezeichnungen für Unikate ungern mit *Wasser, Stahl*, also den *mass nouns*, die man nicht in den Plural setzt, in einen Topf werfen. Schließlich kommen sie anders als die *mass nouns* nicht ohne Artikel oder anderes Determinativ vor: Man trinkt Wasser, aber man bestaunt den Kosmos und hat eine Heimat. Im Übrigen hat *Wasser* auch die Pluralformen *(die) Wasser* (wie in *die Wasser des Rheins*) sowie *(die) Wässer* neben sich. Mit letzterer Form kann man verschiedene Mineralwassersorten meinen oder auch Abfüllungen von einem kostbareren Nass, wie in der Berliner Morgenpost vom 26.06.2018 beschrieben: „Und dennoch gibt es den Plural *die Wässer*, nämlich wenn es sich um die teuren Duftwässer in den verspiegelten Regalen einer Parfümerie handelt." Man kann verschiedene Weine oder Biere genießen und, obwohl Erde für gewöhnlich ein krümeliger Stoff ist, gibt es verschiedene Erden.

Aber, so wird man einwenden, wenn man Stoffbezeichnungen in den Plural setzt, macht man einen qualitativen Sprung: Es geht nicht mehr um den Stoff an sich, sondern um verschiedene Sorten davon. Zu allem Überfluss werden viele Wörter sowohl pluralisierbar und zählbar als auch „unzählbar" gebraucht: Man kann drei Brote essen oder kaufen, ebenso wie man einfach Brot essen oder viel Brot kaufen kann. Das ist Ansichtssache: Ich kann die einzelnen Objekte in den Blick nehmen oder aber, woraus sie bestehen oder gemacht sind. Gerade im Bereich des Ess- und Trinkbaren ist dieses Umschalten von einem ‚Nominalaspekt' (oder einer ‚Seinsart') in den anderen üblich. Recht anschaulich sprechen Sprachphilosophen von einem *universal grinder*, also einem (kognitiven) Allzweckmahlwerk, das gewissen *count nouns* jeweils ein gleichlautendes *mass noun* zuordnet. Wo auf der anderen Seite der Rohstoff eher im Vordergrund steht, kann man mithilfe von einer Art (kognitivem) Portionierer (*universal packager*) den Übergang etwa vom Bier oder Wasser, das man trinkt, zu einem Bier oder einem Wasser, das man bestellt, bewerkstelligen. Mahlwerk und Portionierer sind allerdings in verschiedenen Sprachen leicht unterschiedlich eingestellt: Während *Kuchen, cake, gâteau, ciasto* und *sütemény* jeweils im Deutschen, Englischen, Französischen, Polnischen und Ungarischen sowohl den Kuchen als Stoff als auch als geformtes Etwas bezeichnen, ist englisch *bread* nur *mass noun*, während die anderen Sprachen auch hier beide Nominalaspekte zulassen.

Nicht pluralisierbar und artikellos zu gebrauchen sind auch Wörter wie *Obst* (oder *Vieh, Geflügel, Buschwerk*) auf der einen Seite und *Schlaf, Hunger, Wahnsinn, Wissen, Unsinn* oder auch *Liebe, Kälte, Wärme* auf der anderen Seite. Es werden also auch Kollektive wie etwa eine Ansammlung von Früchten, Tieren und Pflanzen unterschiedlicher Art und Zustände physikalischer wie mentaler Natur durch *mass nouns* bezeichnet. Hier kann von Stoffen natürlich keine Rede sein.

Ich habe mich daher, um konkret Stoffliches wie Kollektives und Abstraktes gleichermaßen zu berücksichtigen, für die Benennung ‚Kontinuativa' entschieden. Bei Kontinuativa kommt es nicht auf die einzelnen individuellen oder atomaren Bestandteile an, sondern eher auf Quanten unterschiedlicher Größe. Bei Wasser, Sand oder Gold usw. ergibt sich diese Sehweise mehr oder weniger von selbst. Bei Obst oder Vieh entspricht es eher der Perspektive des Verbrauchers oder Nutztierhalters, dass nicht die einzelnen Äpfel oder Kühe „zählen", sondern die für bestimmte Zwecke zusammengestellte Gruppe. Es kommt dann auch nicht darauf an, ob ich z. B. noch einen weiteren Apfel oder gar eine Birne hinzufüge, Obst bleibt Obst. Ganz anders bei der anderen Klasse der Appellativa, den Individuativa: Mit einer Nominalphrase, deren Kopf ein singularisches Individuativum ist, referiere ich auf ein Einzelding, ein Individuum. Meine ich nicht einen Apfel, sondern (zwei, drei, viele) Äpfel, muss ich das Kopfsubstantiv in den Plural setzen, und ich beziehe mich dann auf eine Menge oder eine Summe von Einzeldingen. Interessanterweise kann man nun ja, nicht nur im Deutschen, auch die innere Welt in Kontinuatives und Individuatives aufteilen: In dem Sinne, dass man sich in kontinuativer Sehweise z. B. vom Gesamtvorrat an Trost, Liebe, Wissen oder Hoffnung sozusagen eine Portion abschneidet und auf der anderen Seite einzelne Träume, Ideen, Kenntnisse identifiziert. Nicht immer wird da in verschiedenen Sprachen ganz parallel verfahren. Wir sprechen kontinuativ von wenig Evidenz, viel Information, aber auch individuativ von klaren Evidenzen und eindeutigen Informationen. Im Englischen sind *evidence* und *information* nicht pluralisierbar. Im Französischen ist die Idee des Portionierens in der Syntax von Nominalphrasen mit einem Kontinuativum als Kopf noch erkennbar. Statt einfach zu sagen: *Wir trinken Wein,* ist der ‚Teilungsartikel' zu setzen: *Nous buvons **du** vin.* Aber auch in „Schneewittchen" fragt der vierte Zwerg: „Wer hat **von** meinem Gemüschen gegessen?"

Die Individuativ-Kontinuativ-Unterscheidung ist aber – mit gewissen Unterschieden – in den europäischen Sprachen generell gegeben. Notwendig ist sie als sprachliche Differenz jedoch nicht. Mithilfe von so genannten Klassifikatoren wie etwa ‚Pflanze', ‚Frucht', ‚Büschel', ‚Bisschen' kann z. B. im Yukatekischen Maya auf vielfältige Erscheinungsformen im Zusammenhang mit dem Konzept ‚Banane' Bezug genommen werden, während der Ausdruck für ‚Banane' selbst unspezifisch bleibt.

5.2 *Me first* und dann hinunter bis zum Unbelebten: die Nominalhierarchien

Unbeschadet aller Unterschiede zwischen den Sprachen herrschen in der nominalen Sphäre überall dieselben Rangordnungen, die so genannten Nominalhierarchien. Sie beruhen letztlich auf allgemein menschlichen Ordnungsprinzipien, die die Gegenstände der Welt nach ihrer Bedeutung für den Einzelnen und die Gesellschaft, aber auch nach Maßgabe von Kriterien wie Identifizierbarkeit oder Handlungsfähigkeit einstufen. Sprachlich reflektiert wird höherer Rang durch höhere grammatische Potenz, d. h. durch einen höheren Differenzierungsgrad in Bezug auf Kategorisierungen wie Kasus oder Numerus oder eine verstärkte Zugänglichkeit für grammatische Operationen, wie etwa Passivierung oder Reflexivierung.

Ich erläutere hier die bekannteste dieser Hierarchien, die auf den Typologen Robert M. Dixon zurückgehende ‚Allgemeine Nominalhierarchie' oder auch ‚Erweiterte Belebtheitshierarchie':[46]

(i) Personalpronomen 1. und 2. Person > Personalpronomen 3. Person > Eigenname > Appellativum menschlich > Appellativum nicht-menschlich, belebt > Appellativum unbelebt

Personalpronomina der ersten und zweiten Person sollen also die grammatisch potentesten nominalen Wörter überhaupt sein. Sie sind diejenigen Wörter, die sprachübergreifend die größte Chance auf eine Singular-Plural-Unterscheidung haben. Die Personalpronomina insgesamt sind in den europäischen Sprachen die am stärksten nach Kasus differenzierenden Wörter. Man muss nur an Englisch oder Französisch denken, wo die Substantive, aber auch alle anderen Pronomina kaum oder gar nicht nach Kasus flektieren, wohl aber bei den Personalia eine Form für die Subjekt- und eine für die Objektfunktion vorliegt (wie bei englisch: *I – me, he – him, she – her, we – us, they – them*) oder gar noch eine Unterscheidung der Formen für das direkte und das indirekte Objekt (wie in französisch *il – le – lui, elle – la – lui*). Die Ordnung in (i) beruht aber (neben der Personenunterscheidung) auf zwei weiteren Faktoren: Was direkteren referenziellen Zugriff erlaubt, ist höher in der Hierarchie; Personalpronomina und Eigennamen sind hier Appellativa, die ja nur Klassen bezeichnen, überlegen. Und: Das Belebte steht höher als das Unbelebte und das Belebt-Menschliche ganz oben. Der letzte Punkt erklärt nun auch, warum die Personalpronomina der 1. und 2. Person denen der dritten Person übergeordnet sind. Mit *er* und *sie* bezieht man sich ja keineswegs nur auf eine männliche bzw. weibliche Person, sondern auch auf z. B. einen Tisch bzw. eine Haustür. Mit *ich/wir* und *du/ihr* hingegen bezieht man sich nur auf Personen.

Ein Kommentar zum Schlusslicht der Hierarchie, den unbelebten Appellativa: Wir haben gerade festgestellt, dass man bei den Kontinuativa keine Singular-Plural-Differenzierung macht und dass sie keinen oder gegebenenfalls (wie im Französischen) einen „ungewöhnlichen" Artikel brauchen. Sie sind also, wenn man so will, grammatisch defektiv. Die Kontinuativa des Deutschen wie der anderen Vergleichssprachen passen semantisch in der Tat zum größten Teil in die unterste Kategorie der Appellativa: Es finden sich kaum welche mit belebtem, oder gar menschlichem Denotat. Diese sind zudem überwiegend Kollektivbezeichnungen mit negativem Beigeschmack wie deutsch *Gesindel, Pack, Pöbel* oder englisch *mob* ‚Gesindel', *vermin* ‚Ungeziefer' und französisch *vermine* ‚Ungeziefer, Gesindel'. Wertungsneutrale kontinuative Kollektivbezeichnungen sind immerhin deutsch *Polizei, Personal*.

6 Was zu uns gehört: Possession und Possessivpronomina

6.1 Possession: sprachlich ein weites Feld mit innerer Ordnung

Es ist leicht, die Bedeutung von *das Auto von Hans* oder *das Haus meiner Großmutter* zu verstehen: Das Auto muss wohl dem Hans gehören, das Haus der Großmutter. Und schon nehmen wir an, der Genitiv oder die *von*-Konstruktion, die hier als Attribute gebraucht werden, bedeuteten Besitz oder, professioneller ausgedrückt, ein Verhältnis der ‚Possession'. Aber schon bei *ein Auto von Daimler* ist die nächstliegende Interpretation die, dass das betreffende Auto von Daimler hergestellt wurde, nicht dass es Daimler gehört. Und wie steht es erst mit *der Entdeckung der Currywurst* (Titel einer Novelle von Uwe Timm) oder *dem Begehren des Anderen* (Jacques Lacan)? Offensichtlich ist der Interpretationsspielraum dieser Attribute sehr viel weiter als gedacht. Das verwundert kaum, denn ‚Possessivattribute' sind die verbreiteste Form der Attribute in unseren Sprachen überhaupt. Sie müssen ein weites Feld abdecken. Dabei habe ich nicht mehr von Genitivattributen gesprochen, denn nicht in allen europäischen

Sprachen werden die entsprechenden Verhältnisse durch den Kasus Genitiv ausgedrückt: Im Französischen etwa wird die Präposition *de* gebraucht.

Außerdem teilen Genitiv oder Präposition das Feld der ‚Possession' im weiteren Sinne auch noch mit den Possessivpronomina: Nicht nur der Bezug auf das Ich, das Du und die übrige Welt ist in vielen Sprachen in Form der Personalpronomina in grammatische Form gegossen, sondern auch der Bezug auf das, was jeweils zum Ich, zum Du und zu beliebigen oder beliebigem Anderen gehört. Neben *ich* haben wir im Deutschen *mein*, neben *du* steht *dein* und neben *er/sie/es* steht *sein/ihr*. „Zu den beliebten Statussymbolen zählen immer noch das teure Auto, Elektronik oder exklusive Kleidung. Doch der Dreiklang "Mein Auto, mein Haus, mein Boot" ist veraltet. Wer wirklich protzen will, sagt: Meine Freizeit, meine Fitness, meine Fremdsprachen"" (Focus-online vom 08.01.2014). Spiegelt also, getreu diesem von der Zeitschrift Focus aktualisierten Motto, der hohe grammatische Stellenwert der Possession und der Possessivpronomina einfach nur den entsprechenden Stellenwert des menschlichen Besitz- und Statusdenkens wider? Ganz so simpel ist es tröstlicherweise nicht. Denn die Possessivpronomina decken ein ähnlich weites Feld ab wie die Genitivphrase oder ihre Entsprechungen in den anderen Sprachen. Wir sagen ja auch *sein Mut* oder *ihre Schönheit*, wenn wir über einen Menschen sprechen oder *ihre Inszenierung*, wenn wir über eine Opernpremiere oder *sein Gipfel*, wenn wir über einen Berg sprechen.

Wie können wir die besondere Beziehung fassen, die von Possessivattributen oder aber von den Possessivpronomina ausgedrückt wird? Die namengebende Besitz-Relation scheint in der Tat einen Sitz im Leben von sozio-kulturellen Gemeinschaften weltweit zu haben, unabhängig davon, ob Tauschhandel oder Kapitalverkehr herrschen, ob Gemeineigentum, Staatseigentum oder Privateigentum die gesellschaftliche Norm darstellen.

Zwar mag es zutreffen, dass Besitzdenken kennzeichnend für bürgerliche und insbesondere kapitalistische Gesellschaften ist, beschränkt ist es jedoch darauf nicht.[47] Der Typologe Leon Stassen[48] geht davon aus, dass die Vorstellung einer exklusiven Inhaberschaft (*ownership*) ein kulturübergreifendes Universale ist. Und er begründet dies damit, dass es seines Wissens keine Gesellschaft gebe, in der der Begriff des Diebstahls nicht existent sei. Auch wenn es gar kein Privateigentum gibt, ist Diebstahl an der Gemeinschaft durch „Andere" oder auch egoistische Gemeinschaftsmitglieder natürlich unerwünscht und wird sanktioniert. Das zentrale Merkmal von Inhaberschaft ist, dass eine Person, eine Personengruppe (oder auch ein Tier – man denke z. B. an den einer Hauskatze gehörenden Kratzbaum) etwas durch eigene Arbeit oder auch einen Transaktionsakt wie Tausch, Schenkung, Erbschaft, Kauf erworben hat, das ihr im Prinzip permanent zur Verfügung steht und an dem sie ausschließliche oder privilegierte Nutzungs-

und ggf. auch Veräußerungsrechte hat. Diese Bestimmung gilt unabhängig von der Ausgestaltung der gesellschaftlichen Besitzverhältnisse oder auch der speziellen juristischen Form (etwa als ‚Eigentum' gegenüber ‚Besitz' im Sinne des BGB).

Besitz ist der Prototyp einer der beiden grundlegenden Formen der Possession. Linguisten nennen sie die veräußerliche oder ‚alienable' Variante. Bei der anderen, der unveräußerlichen oder ‚inalienablen' Variante können wir (die Possessoren) unser Possessum gar nicht loswerden. Oder vielmehr: Selbst wenn uns das Possessum verloren geht, bleibt die Beziehung bestehen. Unveräußerlich sind prototypischerweise Verwandtschafts- und Köperteilbeziehungen: Meine Mutter bleibt auch nach ihrem Tod meine Mutter, mein Zahn ist auch nach der Extraktion noch mein Zahn, und ich kann ihn als Erinnerungsstück mit nach Hause nehmen. (Etwas heikel allerdings werden die Besitzverhältnisse bei Spenderherzen oder -nieren. Sie dürften wohl zwei Possessoren haben.) Was Verwandtschaftsbeziehung angeht, so sind nur „leibliche" – realiter und sprachlich – unauflöslich: Der Ehemann, von dem ich geschieden bin, ist nicht mehr mein Ehemann, allenfalls mein geschiedener oder früherer Ehemann.

Ein Merkmal der sprachlichen Possession ist nun aber, dass sie ausgedehnt wird auf andere Beziehungsformen, bei denen von einem Besitz oder einer unauflöslichen Zugehörigkeit nicht die Rede sein kann. Ich kann von deinem Lieblingscafé sprechen oder auch von meinem Zug – damit könnte die S-Bahn gemeint sein, die ich in 5 Minuten zu besteigen beabsichtige. Diese temporäre Zugehörigkeit unterliegt keiner prinzipiellen Beschränkung; sie hängt nur vom Kontext und der kommunikativen Intention des Sprechers ab, der zusammenbringen kann, was für ihn zusammengehört, aber damit natürlich nicht unbedingt auf Akzeptanz bei der Adressatin stoßen muss. Eine markante Ausdehnung der personalen Inhaberschaft ist die Urheberschaft wie in *ein Bild von Picasso, das bekannteste Drama Friedrich Schillers* oder *ein Brief von Anna* oder eben *ein Auto von Daimler*. Auf der anderen Seite kann auch das „Urbild" einer Darstellung oder Abbildung hinter einem Possessivattribut stecken, wie in *ein Röntgenbild meiner Lunge, das geplante Porträt des Deutschen*. Ein Substantiv wie *Bild, Porträt* erlaubt sogar die Kombination von zwei „Possessoren" in den spezifischen Varianten Inhaber, Urheber und Urbild: *sein Bild von Picasso, Picassos Porträt eines jungen Mannes*. Welche Relation wir jeweils realisiert sehen, hängt von unserem Wissen ab, hier z. B. unserem Wissen über Picasso oder Schiller. Permanente oder temporäre Eigenschaften sind ebenfalls mögliche Possessa: *Evas Charakter, seine Schönheit, sein plötzlicher Zorn*. Die inalienable Possession kann außerdem auch einfach als Teil-Ganzes-Beziehung verstanden werden wie in *die Tür des Hauses, die vordere Kante des Werkstücks.*

Nicht zu vergessen sind aber vor allem die Fälle, wo ein Substantiv ins Spiel kommt, das selbst ein oder mehrere Argumente fordert. Bei *Sieg* oder *Nie-*

derlage wissen wir, dass jemand siegt oder gesiegt hat bzw. eine Niederlage erleidet oder erlitten hat. Die Schlagzeile *Sieg von Japans Regierungspartei bei den Parlamentswahlen* interpretieren wir als Komprimierung der Aussage: *Japans Regierungspartei siegt bei Parlamentswahlen.* Hier steht die *von-*Phrase für das Subjekt des entsprechenden Aussagesatzes. Bei *Eingeständnis eines Fehlers* dagegen wissen wir, dass eine ungenannte Person einen Fehler eingestanden hat. Die Genitivphrase nennt also das Objekt des entsprechenden Satzes. Viele Substantive, die aus Verben abgeleitet sind – man erkennt sie oft am Suffix *-ung* – lassen einen Possessor-Ausdruck in beiderlei Lesarten, also in der Subjekt- und der Objekt-Rolle zu: *die Erziehung der Eltern* werden wir eher mit Subjekt-Rolle interpretieren, *die Erziehung der Kinder* eher mit Objekt-Rolle. Aber das beruht auf unseren Vorannahmen oder auch Vorurteilen, nicht auf der Grammatik. Auch ein nominalisierter Infinitiv, wie *(das) Begehren* lässt beide Lesarten seiner Possessivattribute zu. Lacan allerdings soll bei seiner Sentenz „Das Begehren ist das Begehren des Anderen" nicht eine Objekt-Lesart gemeint haben, keinen *genitivus obiectivus*, sondern eine Subjekt-Lesart, einen *genitivus subiectivus*.

Schwierig wird es, wenn wir beide Rollen unterbringen wollen. Wir können nicht zwei Genitive in diesen beiden Rollen hintereinander fügen: *die Erziehung der Eltern der Kinder* bzw. *die Erziehung der Kinder der Eltern* sind zwar nicht ungrammatisch, aber sie bedeuten nicht das Gewünschte. Der zweite Genitiv bezieht sich nicht auf *Erziehung*, sondern jeweils auf den ersten Genitiv.

All diese Spielarten der Possession stehen in einem inneren Zusammenhang. Die prototypischen Formen etwa haben herausragende Merkmale: Es geht bei *Buch des Mannes* wie bei *Mutter dieses Mannes, Fuß dieses Mannes* um einen menschlichen Possessor und ein konkretes Possessum. Die Beziehung zum Possessor ist stabil oder gar permanent, und die Beziehung selbst spielt für die Orientierung in der physischen oder sozialen Umwelt eine zentrale Rolle. Prototypizität heißt hier auch konkret: erhöhte Vorkommenshäufigkeit. Viel öfter als andere Ausdrücke werden Verwandtschafts- und Körperteilbezeichnungen mit Possessiva verknüpft, wenn man das jeweils mit ihrem Vorkommen ohne Possessiva vergleicht. Man sagt also öfter *meine Tante* und *ihre Schwester* – und nicht *die Tante* oder *die Schwester* – während z. B. *mein Gärtner* oder *ihr Pfarrer* gegenüber *der Gärtner* oder *der Pfarrer* viel seltener vorkommen. Diese Merkmale nun können verändert, abgeschwächt oder gar ausgeblendet werden: Statt Permanenz kann für die Beziehung Flüchtigkeit gelten oder sie kann von der Inhaberschaft etwa zur Urheberschaft verschoben werden. An die Stelle eines menschlichen Possessors kann eine Sache treten, an die Stelle eines konkreten (belebten oder dinglichen) Possessums eine Eigenschaft oder gar ein Ereignis. Schließlich sind alle Merkmale so ausgedünnt, dass Typologen nur noch von einer

Beziehung der ‚Verankerung' zwischen dem Kopf und dem Dependens sprechen. Das kann man etwa an *die Ereignisse dieses Jahres* zeigen: Dabei müssen wir zunächst das identifizieren, was mit dem Dependens gemeint ist. In unserem Beispiel ist das Jahr 2017 gemeint. Dieses Gemeinte kann dann als Anker dienen, von dem aus dann auch identifiziert werden kann, was der ganze Ausdruck bezeichnet, nämlich die Ereignisse im Jahr 2017, auf die es gerade ankommt. (Auf der Ebene der großen Politik z. B. die Wahl von Macron zum französischen Präsidenten, der Einzug der AfD in den Bundestag usw.)

Die Zusammenhänge zwischen den Spielarten kann man in einer ‚semantischen Landkarte' skizzieren, in der die Wege von der einen zur andere Spielart eingetragen sind. Abbildung 10 (s. folgende Seite) zeigt die vereinfachte semantische Landkarte der Possession. Man kann, beginnend ganz unten mit den prototypischen Spielarten, den Weg zu ihnen zurückverfolgen. Dabei muss man stets „den direkten Weg" gehen, sprich: die Alternative links in der Abbildung wählen und damit der positiven Merkmalsspezifikation folgen. Jede Abweichung, also eine negative Merkmalsspezifikation, führt ein kleines Stück weg vom prototypischen Besitzen.

6.2 Wie wird Possession ausgedrückt?

Die Landkarte der Possession gilt mit nur geringen Modifikationen für das Deutsche genauso wie für andere europäische Sprachen. Die Unterschiede liegen in erster Linie auf der Ausdrucksseite: Im Deutschen, Englischen, Französischen, Polnischen und anderen indoeuropäischen Sprachen markieren wir die Beziehung am Dependens: Wir sehen bei *die Tochter **der Frau**, the woman's daughter*, *la fille **de la femme**, córka **kobiety*** jeweils ein formales Kennzeichen in Form einer Genitivendung oder Präposition beim Dependens, dem fett gesetzten Teil. Im Polnischen folgt auf den Kopf *córka* ‚Tochter' mit *kobiety* eine Genitiv-Singular-Form des Substantivs *kobieta* ‚Frau'. Ganz anders ist es im Ungarischen: In der ungarischen Version *az asszony lánya* – man kann sie wiedergeben als ‚die Frau Tochter-ihre' – ist der Kopf durch eine Possessiv-Markierung erweitert; das Dependens bleibt unverändert. Ähnlich steht es auch im Türkischen. Auch bei **meine** *Tochter,* **my** *daughter,* **ma** *fille,* **moja** *córka* wird die Relation in Form eines eigenen untergeordneten Ausdrucks, also am Dependens sichtbar – im Gegensatz zum ungarischen Gegenstück *lányom*. Dort wird einfach an den Kopf *lány* ‚Tochter' eine Possessiv-Markierung als Suffix angehängt. Dieses Suffix besteht in der 1. Person Singular aus dem Konsonanten *-m*, dem ein Vokal vorausgehen kann, der mit dem Stammvokal in „Vokalharmonie" abgestimmt ist, in diesem Fall ist es der Vokal /o/.

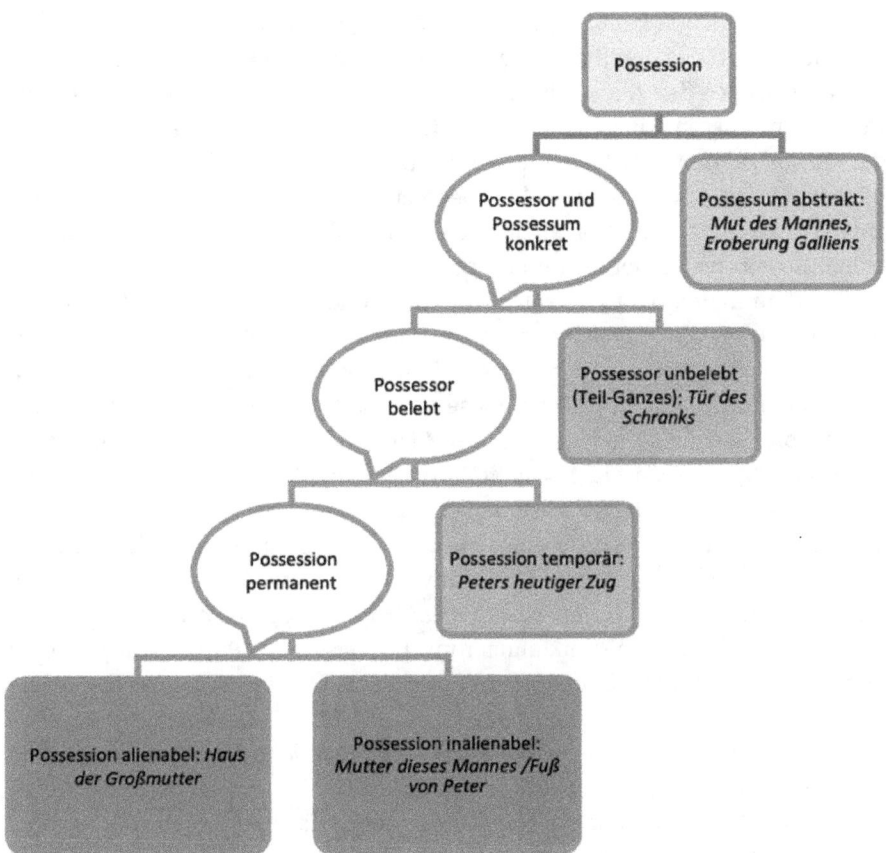

Abb. 10: Semantische Landkarte der Possession.

Man könnte das umschreiben als ‚Tochter-mein' oder auch ‚Tochter-ich', denn diese Possessivsuffixe stimmen weitgehend mit Personalendungen am Verb überein. Z. B. lautet die 1. Person Singular Indikativ Präsens in einer der beiden Konjugationsklassen beim Verb *kér* ‚bitten' so: *kérem* ‚ich bitte ihn/sie/es'.

Die indoeuropäischen Sprachen nutzen entweder einen Kasus, den Genitiv, oder aber eine Präposition zur Markierung. Das hängt vom (noch) zur Verfügung stehenden Kasussystem ab. Darauf sind wir schon in Kapitel 3, Abschnitt 4.6 zu sprechen gekommen. Wo kein entsprechendes Kasussystem mehr da ist, z. B. in den romanischen Sprachen (mit Ausnahme des Rumänischen), wird eine Präposition, die auf das lateinische *de* ‚von' zurückgeht, gebraucht. Besitz wird also über ‚Herkunft' ausgedrückt und erinnert damit an die enge Beziehung zwischen Besitz und Transaktion.

Eine Präposition kann auch im Deutschen oder Englischen auftreten, wenn *von* oder *of* statt des Genitivs verwendet werden. In beiden Sprachen ist das Verhältnis zwischen den Alternativen kompliziert, aber auf verschiedene Weise. Im Deutschen müssen wir manchmal standardsprachlich zu *von* greifen, dort wo der Genitiv „verboten" ist. (Das „Genitivverbot" wird in Abschnitt 4.3 dieses Kapitels erläutert.) In anderen Fällen bevorzugen wir *von*, weil der Genitiv gespreizt klänge. Das gilt vor allem für die mündliche Sprache und ist zudem abhängig von regionalen Faktoren. Im süddeutschen Sprachraum ist der Genitiv nicht nur in den Dialekten verschwunden, sondern wird auch in standardnaher Ausdrucksweise gemieden. Man greift also zu *von* wie in *in der Hut von dem Mann*, oder in gewissen Fällen sogar zu Konstruktionen wie *dem Mann sein Hut* (statt *der Hut des Mannes*). Auch diese Form ist übrigens in anderen europäischen Sprachen und Dialekten, z. B. in Skandinavien, anzutreffen. Der große Unterschied zum Englischen besteht darin, dass im Deutschen die Genitiv- und die *von*-Phrase in der Regel dieselbe Position einnehmen – und sie sich bei gemeinsamem Auftreten streitig machen –, nämlich unmittelbar nach dem Kopf. Im Englischen dagegen muss die Genitivphrase vor dem Kopf stehen, die *of*-Phrase danach, wie in *the man's hat* gegenüber *the hat of the man*.

Ein Vorteil der Kopf-Umklammerung ist, dass zwei Possessivattribute zu demselben Kopf treten können wie in folgendem skurrilen Beleg aus dem Internet: **This man's** introduction **of sauerkraut** into his crew's diet was one reason why, over two voyages, scurvy killed none of his sailors. Im heutigen Deutsch können wir praktisch nur noch Eigennamen im Genitiv vor den Kopf platzieren wie z. B. in *Merkels Ankündigung von finalen Zeiten für den Verbrennungsmotor.*[49] Alle anderen Genitivattribute gehören hinter den Kopf – es sei denn, wir wollen klingen wie der Titel von Hans Christian Andersens Märchen „Des Kaisers neue Kleider". Die wörtliche Übersetzung des englischen Belegs, nämlich **Dieses Mannes** Einführung **von Sauerkraut** *in den Speiseplan seiner Mannschaft war ein Grund dafür, dass bei zwei Reisen keiner seiner Matrosen am Skorbut starb* wird beim Hörer auf Kopfschütteln oder gar Unverständnis stoßen. Korrekt, aber auch nicht elegant wäre *Die Einführung* **von Sauerkraut** *in den Speiseplan* **durch diesen Mann** usw. Der Einführer, der Träger der Subjekt-Rolle, wird hier nicht possessiv kodiert, sondern sozusagen instrumental: Die Präposition *durch* gebrauchen wir z. B., wenn wir über die Verfahren, Werkzeuge oder auch Personen sprechen, deren man sich bedient, um etwas zu bewerkstelligen. Die Wiedergabe der Subjekt-Rolle durch einen instrumentalen Ausdruck, der Objekt-Rolle durch einen possessiven, wie bei der deutschen Übersetzung, ist auch im Englischen und anderen europäischen Sprachen möglich. Sie ist sogar gegenüber zwei Possessivattributen wie im englischen Beleg oft die üblichere oder auch die einzig mögliche Variante. Im Französischen etwa hätten wir *l'introduction **de choucroûte** dans le menu de son équipage **par cet homme***; *de* statt *par* wäre nicht möglich.

6.3 Possession anderswo

Während das Konzept Possession überall in den Sprachen der Welt existent zu sein scheint, ist die für unseren europäischen Bereich angenommene semantische Landkarte keineswegs überall gültig. Es können z. B. weniger (vielleicht auch mehr) Verhältnisse possessiv kodiert werden. Es können feinere Differenzierungen innerhalb der possessiv wiedergegebenen Verhältnisse vorgenommen werden. Die Ausdehnung von Possession auf den Bereich der Ereignis- oder Handlungsbezeichnungen z. B. setzt voraus, dass eine Sprache über die Möglichkeit der Nominalisierung von Verben bzw. ganzen Sätzen verfügt, wie dies im Deutschen gegeben ist, etwa durch (*die*) *Liebe* gegenüber *lieben*, (*die*) *Einführung* gegenüber *einführen*, (*das*) *Begehren* gegenüber *begehren*. Nicht alle Sprachen verfügen über diese Möglichkeit. Man kommt auch ohne sie ganz gut zurecht, denn was ich durch eine solche Nominalisierung ausdrücken kann, kann ich letztlich auch durch Satzverknüpfung ausdrücken. So zöge man der ungelenken Nominalisierung in der Übersetzung des oben genannten englischen Belegs wohl folgende Formulierung mit Haupt- und Nebensatz vor: *Dass dieser Mann Sauerkraut in den Speiseplan seiner Mannschaft einführte, war ein Grund dafür, dass bei zwei Reisen keiner seiner Matrosen am Skorbut starb*. Nominalisierungsmöglichkeiten, wie sie in den europäischen Sprachen vor allem durch Wortbildung gegeben sind, fehlen nach Maria Koptjevskaja-Tamm in vielen indigenen Sprachen Nord-Amerikas und wahrscheinlich allen australischen Sprachen.[50]

Von ‚Possessionsspaltungen' spricht man, wenn unterschiedlichen possessiven Verhältnissen verschiedene Ausdrucksmittel zugeordnet sind. Besonders wichtig sind Alienabilitätsspaltungen. Hier wird der veräußerliche Besitz anders ausgedrückt als die unveräußerliche Zugehörigkeit bei Verwandtschafts- oder Körperteil-Beziehungen. Im Deutschen machen wir da keinen Unterschied. Überhaupt sind in Europa Possessionsspaltungen wenig ausgeprägt. Allerdings wird mit Verwandtschaftsverhältnissen in einer ganzen Reihe europäischer Sprachen bei pronominalem Possessor etwas anders umgegangen als bei anderen Possessionen. Im Italienischen etwa wird *mein Vater* wiedergegeben durch *mio padre*, *mein Name* dagegen durch *il mio nome*. Das heißt, außer bei engen Verwandtschaftsverhältnissen[51], muss zum Possessivpronomen noch der definite Artikel hinzutreten. Auch im Albanischen, Georgischen, Portugiesischen und den beiden inselskandinavischen Sprachen Isländisch und Färöisch gibt es ähnliche Regeln. Eine Alienabilitätsspaltung bei Körperteil-Beziehungen findet sich ebenfalls in diesen skandinavischen Sprachen, aber auch im Schwedischen und Norwegischen: Dort werden lokale Präpositionen, also z. B. solche in der Bedeutung ‚auf' oder ‚in' gebraucht, wenn Körperteilen Personen zugeordnet werden. Statt *Harrys Fuß* heißt es dann plastischer ‚Fuß auf Harry'. Das Maltesische, eine mit dem Arabischen verwandte afroasiatische Sprache, spaltet alles Inalienable, nämlich Verwandtschaft und Körperteil, vom Alienablen in der Kodierung ab.

Wenn wir aber nach dem Ausdruck der Possession in anderen Teilen der Welt fragen, so wird deutlich, wie vergleichsweise arm oder vielmehr „gleichmacherisch" unser System ist. Nicholas Evans[52] illustriert dies anhand der Übersetzung von *meine Kokosnuss* in eine ozeanische Sprache, das im südpazifischen Inselsaat Vanuatu gesprochene Paamesische: Zwischen dem Ausdruck *ani* ‚Kokosnuss' und dem Suffix *-k* ‚mein' steht „ein Element, das angibt, wie der „Besitzer" (Possessor) das entsprechende Objekt verwenden will." Solche ‚Possessivklassifizierer' zeigen die Art des Besitzverhältnisses an; sie stellen nach Evans eine Mischung von gesellschaftlich anerkannten Besitzstandsarten und möglichen Nutzungs-Absichten dar, wie z. B. in *ani aak* ‚meine Kokosnuss, deren Fleisch ich gleich esse' oder *ani esak* ‚meine Kokosnuss, die auf meinem Land wächst'.

6.4 Possessivpronomina

Possessivpronomina der dritten Person drücken Beziehungen aus, die auch durch eine Konstruktion mit Genitiv oder auch mithilfe des Wörtchens *von* ausgedrückt werden können: *das Fahrrad meines Sohnes/dieses Kindes – sein Fahrrad*; *die Kette von Elisabeth – ihre Kette*. Allerdings wird der Possessor (der Sohn, dieses Kind, Elisabeth) nicht genannt, sondern wir müssen die Person oder Sache wie bei den Personalpronomina der dritten Person aus dem Vorerwähnten erschließen. In *sein* steckt sozusagen *er* und *es*, in *ihr* steckt *sie* (Singular und Plural). Daneben haben wir auch die Possessivpronomina *mein/unser* und *dein/euer*, in denen dann natürlich die Personalpronomina der 1. und 2. Person in Singular und Plural stecken. Nicht zu vergessen das Höflichkeits-Possessivpronomen *Ihr*, in dem ganz konsequent die *Sie*-Anredeform steckt. Beide sind jeweils formal identisch mit den Pronomina der 3. Person Plural und nur durch die Großschreibung in schriftlicher Kommunikation von diesen zu unterscheiden.

Possessivpronomina können – ähnlich wie andere Pronomina – in zwei Versionen auftreten: einmal ihrem Kopf vorangestellt wie in *sein Fahrrad*, einmal kopflos wie in *seines*. Das Vorkommen ohne Kopf, also das selbstständige Vorkommen, setzt voraus, dass aus dem Kontext klar wird, welches Possessum gemeint ist; der Kopf muss also zuvor schon erwähnt worden oder durch eine Zeigegeste identifizierbar sein. Kopflose, selbstständige Verwendungen treten oft zur Kontrastierung auf: „Mein College ist besser als deines" heißt es in einem Bericht der „St. Galler Nachrichten" vom 12. Mai 2015 über das US-amerikanische Hochschulsystem. Die Flexionsendung *-es* an *deines* zeigt an, dass der erschließbare Kopf ein neutrales Substantiv sein muss. Kämen im Kontext andere Substantive als implizite Köpfe in Frage und wären die eben keine Neutra, könnte das die Identifikation des vom Sprecher gemeinten Kopfes erleichtern. Verweist der Sprecher beispielsweise mit einer vagen Bewegung auf einen Tisch, auf dem Dokumente und ein Buch bereit liegen, und äußert: „Das ist dem Hans seines", dann kann der Hörer erschließen, dass das Buch gemeint ist, nicht die Dokumente. Im Deutschen stimmen Possessiva ebenso wie Artikel oder Adjektive mit dem vorhandenen oder impliziten Kopfsubstantiv in Genus, Kasus und Numerus überein, sie kongruieren also.

Im Englischen – das ja ohnehin kein Substantivgenus und keine echten Kasusunterscheidungen hat – entfällt Kongruenz weitgehend, bei den Possessivpronomina ganz: Es heißt *my, your* usw., wenn der Kopf, ob in Singular oder Plural, direkt benachbart ist und *mine, yours* usw. bei kopflosem Vorkommen. Französisch und andere romanische Sprachen, Polnisch und andere slawische Sprachen dagegen lassen die Substantiv-„Begleiter" ähnlich wie das Deutsche in der Regel kongruieren. Es heißt also z. B. im Französischen *ma bicyclette* (feminin) – *la mienne*, aber *mon vélo* (maskulin) – *le mien* ‚mein Fahrrad – meines', im Plural *mes bicyclettes / vélos – les miennes / les miens*. Auch im Deutschen können wir uns im kopflosen Gebrauch des definiten Artikels bedienen: Statt *meines* können wir – das mag etwas geschraubt klingen – auch sagen: *das meine*. Im Französischen läuft es grundsätzlich so, unter Hinzusetzung des definiten Artikels *le/la*. Der definite Artikel, der hier gesetzt wird, zeigt eine semantische Spezialität, die die Possessivpronomina unter anderem im Deutschen, Englischen und Französischen besitzen: Sie verweisen immer auf ein bestimmtes Possessum bzw. eine bestimmte Menge von Possessa: Wenn ich von meinem Fahrrad spreche, signalisiere ich, dass ich genau ein Fahrrad habe, oder auch, dass es um jenes Fahrrad von mir geht, das Sprecher und Hörer gerade „auf dem Schirm" haben. Will ich dagegen eines aus einer ganzen Menge von Possessa der gleichen Art herausgreifen, das nicht in dieser Weise im Aufmerksamkeitsfokus ist, muss ich umständlicher formulieren: nicht *mein Buch*, sondern *eines meiner Bücher*. In anderen europäischen Sprachen sind die Possessivpronomina nicht auf Definitheit festgelegt. So setzt der Sprecher im Italienischen, wenn er über ein bestimmtes Buch spricht, das ihm gehört, den definiten Artikel zum Possessivpronomen hinzu (*il mio libro*), wenn er dagegen eines seiner Bücher meint, den indefiniten (*un mio libro*).

Durch Kongruenz fallen die Possessivpronomina in den üblichen Rahmen für Substantiv-Begleiter. Allerdings sind sie semantisch komplexer als andere Begleiter, weil ja der Possessor in ihnen steckt. Bei Possessoren der ersten und zweiten Person ist das nicht weiter problematisch: Der Bezug wird direkt, durch das jeweils gewählte Wort, ausgedrückt; Sprecher (*mein* führt zum Sprecher) versus Hörer (*dein* führt zum Hörer), Singular versus Plural (*unser, euer* führen zu den jeweiligen Gruppen). In der dritten Person vertritt eine Nominalgruppe im Kontext den Possessor. Wir müssen im Deutschen bei der Wahl des Possessivpronomens deren Genus und Numerus beachten: *Hans putzt **sein** Fahrrad, Eva putzt **ihr** Fahrrad, Hans und Eva putzen meistens jeweils **ihr** eigenes Fahrrad, manchmal putzen sie gemeinsam **ihre** Fahrräder.* Possessor-Ausdrücke sind hier jeweils *Hans, Eva* sowie *Hans und Eva.* Auf einen maskulinen (oder auch neutralen) Possessor-Ausdruck müssen wir mit *sein* Bezug nehmen, auf einen femininen und pluralischen mit *ihr.* Die deutschen Possessivpronomina der 3. Person reflektieren also nicht nur grammatische Kategorien des Kopfes (bzw. des ganzen Possessum-Ausdrucks), sondern auch grammatische Kategorien des Possessor-Ausdrucks. Der vordere Teil, der so genannte ‚Stamm' des Pronomens, zeigt mit der Alternative *sein* oder *ihr* Person, Genus und Numerus des Possessor-Ausdrucks an. Der hintere Teil, z. B. das *-e* in *ihre*, das *-em* in *ihrem*, zeigt die Possessum-Kategorien Genus, Numerus und Kasus an. Der hintere Teil, die Flexionsendung, kann auch fehlen, wie etwa bei *ihr Fahrrad*. Auch das sagt uns etwas, nämlich, dass es um eine Nominativ- oder eine Akkusativform geht. Man kann das an dem Satz in Abb. 11 (s. folgende Seite) verdeutlichen. Dabei sind die Beziehungen zum Possessor-Ausdruck durch rote Pfeile angedeutet, die Beziehungen zum Kopf durch grüne.

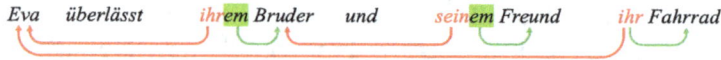

Abb. 11: Rückbezug und Kongruenz von Possessiva.

Durch diese doppelte Kategorisierung mögen die Possessivpronomina der dritten Person im Deutschen die Sprecher manchmal überfordern. Sie müssen, ganz abgesehen von der eigentlichen Aufgabe, Gedanken in Worte zu fassen, auch nebenbei Buch führen über Genus und Numerus potenzieller Possessor-Ausdrücke, um dann im entscheidenden Augenblick die richtige Wahl zwischen *sein* und *ihr* zu treffen. Nicht selten greifen sie dann einfach zu *sein*. Es gibt unzählige solche Hörbelege. Ich möchte hier zwei aus prominentem Mund zitieren. Frank Witzel, Gewinner des deutschen Buchpreises 2017, wird in einem SWR2-Hörfunk-Interview vom 4. November 2017 zu seiner Aufgabe als Gastgeber der 20.

Wiesbadener Literaturtage befragt. Er nennt das Museum seiner Heimatstadt einen Ort, „wo ich mit bildender Kunst in all seinen Formen in Berührung kam". Peter Fischer, der Präsident von Eintracht Frankfurt, wiederum sagte am 29. Januar 2018 in einem Interview im *heute-journal* – befragt zu der AfD-Mitgliedschaft von Vereinsmitgliedern seines Fußballclubs: „Demokratie hat seine Grenzen." Ich habe den Eindruck, dass vor allem bei abstrakten Possessor-Ausdrücken, wie *Kunst* und *Demokratie* anstelle von *ihr* die ‚unmarkierte' maskuline Form *sein* gesetzt wird. Bei konkretem und vor allem menschlichem Possessor, sprich bei Bezug auf eine weibliche Person, wird die falsche Form eher nicht gesetzt. Das ist wohl darauf zurückzuführen, dass außer bei Personenbezeichnungen im Deutschen verschiedene Genera keine direkte Widerspiegelung von Unterschieden in der Sache darstellen. Wenn denn schon das Genus willkürlich festgelegt ist – so das stille Räsonnement des Sprechers – kann es kaum schaden, wenn ich *sein* als Einheitsform nutze.

Andere europäische Sprachen machen es den Sprechern hier leichter. Im Englischen ist keine Abstimmung mit dem Kopf nötig. Nur die Unterscheidung nach Einzahl oder Mehrzahl von Possessoren, bei nur einem Possessor die nach Belebtheit versus Unbelebtheit und beim Belebten die nach Sexus bzw. Gender bestimmen die Wahl zwischen *its, his, her* sowie im Plural *their*. Im Französischen wird in erster Linie die Kongruenz mit dem Kopf sichtbar, wird in der dritten Person Singular das Genus des Possessor-Ausdrucks ausgeblendet: *sa fille* steht für ‚seine Tochter' und ‚ihre Tochter', *son fils* für ‚sein Sohn' und ‚ihr Sohn'. Allerdings wird, anders als bei uns, der Unterschied zwischen einem Possessor und mehreren Possessoren deutlich markiert: ‚ihr Sohn' (Plural des Possessors) entspricht *leur fils*. So lauert denn auch hier, will man französischen Sprachratgebern glauben, mancher grammatische Fallstrick. Wieder anders ist die Option im Polnischen (oder auch anderen slawischen Sprachen sowie im Neugriechischen). Der Genitiv des Personalpronomens, z. B. im Polnischen die Form *jego* ‚seiner / von ihm' wird statt eines speziellen Possessivpronomens gebraucht. *sein Sohn* wird also durch *jego syn*, wörtlich ‚von ihm Sohn', wiedergegeben. Wo genitivisch konstruiert wird, kann keine Kongruenz mit dem Kopfnomen vorliegen; es kommen also nur Possessor-Kategorien zum Zuge.

Dafür kennt das Polnische eine weitere Unterscheidung, die im Deutschen nicht gemacht wird: die zwischen reflexiver Zugehörigkeit und nicht-reflexiver. Wenn der Possessor-Ausdruck im selben Satz wie das Pronomen auftritt, also ein reflexiver oder ‚lokaler' Bezug vorliegt, wird eine andere Form gewählt als bei Distanz über Satzgrenzen hinweg. *seine* wird also z. B. in den folgenden beiden Beispielen unterschiedlich wiedergegeben: *Jan besucht morgen seine Tochter* (reflexiv) gegenüber *Jan wohnt in Breslau. Wir besuchen morgen seine Tochter* (nicht-reflexiv). Eine ähnliche Unterscheidung machen auch die skandinavischen Sprachen, jedenfalls in der 3. Person: Reflexiv werden z. B. im Norwegischen Genus-Numerus-Formen zum Stamm *si-* gebraucht, nämlich *sin, sitt, sine*. Nicht reflexiv kommen wie im Polnischen Genitivformen des Personalpronomens zum Einsatz. Man kann sich leicht vorstellen, dass die lautliche Nähe zwischen *si* und *sein* (die ja auch auf gemeinsamer Herkunft beruht) beim Norwegisch-Übersetzen aus dem Deutschen wie beim Deutsch-Übersetzen aus dem Norwegischen zu Fehlern führen kann. Vielleicht erinnern sich manche Leser noch an ihren Lateinunterricht: Auch im Lateinischen stellt die Opposition zwischen *suus* (reflexiv) und *eius* (Genitiv des Personalpronomens, nicht-reflexiv) eine besonders ungeliebte grammatische Schikane dar.

6.5 Wo das Possessivattribut wirklich nicht mehr possessiv ist

Obwohl sie doch schon recht ausgedehnt ist, erfasst die semantische Landkarte der Possession eine ganz Reihe von Attributen nicht, die sich derselben formalen Mittel (Genitiv, Präpositionen wie *von*, *de* oder *of*) bedienen. Wenn im Internet die Toilette als „Ort größter Abgeschiedenheit" bezeichnet wird oder Leonardo da Vinci und Michelangelo „Kunstwerke von eindrucksvoller Schönheit" zugeschrieben werden, spricht man vom Eigenschaftsgenitiv oder *genitivus qualitatis*. Vergleicht man diesen Typ mit einem echten Possessor-Genitiv, so liegt eine Umkehrung der Verhältnisse vor: Während bei *Kunstwerke dieses Museums* das Museum die Kunstwerke hat, haben bei *Kunstwerke von eindrucksvoller Schönheit* die Kunstwerke die Qualität Schönheit. Auch dieser Typ hat Parallelen im Englischen wie in anderen europäischen Sprachen: Man denke ganz aktuell an *person, people* oder *citizen of colour*. Oder an die klassische Literatur: Odysseus wird im ersten Vers der Odyssee auf Englisch als „man of many devices" apostrophiert, als ‚Mann vieler Listen'. Im Deutschen heißt er traditionell der ‚listenreiche'; es wird also wie im griechischen Original mit πολύτροπος (*polytrópos*) ‚vielgewandert' (oder auch ‚viel**be**wandert', ‚der sich zu drehen und wenden weiß') ein Adjektiv gebraucht.

Wenn von einem „Schrei der Empörung", einem „Mut der Verzweiflung" oder auch „einem Gott der Farben" (mit Bezug auf Albrecht Dürer: Spiegel vom 23.04.2012) gesprochen wird, dann mag es um einen konkret geäußerten Schrei oder den Mut einer bestimmten Person, auch um eine Person selbst gehen, die wie ein Gott erscheint. Das Attribut hat aber nicht die Funktion, eine bestimmte Person zu identifizieren, von der der Schrei produziert wurde oder die diesen Mut hat oder die diesen Gott verehrt. Es spezifiziert nur einen Begriffsinhalt, der sagt, welcher Art der Schrei oder der Mut ist, oder was für eine Art von „Gott" hier vorliegt. Possessive Attribute, die keine Person oder keinen Gegenstand –

allgemeiner gesagt: kein Referenzobjekt – bezeichnen, sondern Qualitäten oder Begriffsinhalte, können nicht durch ein Possessivpronomen ersetzt werden: In der Satzfolge *Leonardo hat Kunstwerke von eindrucksvoller Schönheit geschaffen. Ihre Kunstwerke sind über die ganze Welt verteilt* können wir *ihre* nicht auf *von eindrucksvoller Schönheit* beziehen; unsere Suche nach einem femininen Bezugsausdruck bleibt vergeblich.

In anderen europäischen Sprachen wird diese Art von Possessivattributen auch dort oft gebraucht, wo im Deutschen ein zusammengesetztes Wort erscheint: Für *Geburtsdatum* etwa haben wir folgende Entsprechungen: englisch *date of birth*, französisch *date de naissance*, polnisch *data urodzenia* (dabei ist *urodzenia* eine Genitivform zu *urodzenie* ‚Geburt'). Das Fehlen des bestimmten Artikels im Englischen und Französischen – es heißt z. B. nicht *date of the birth* oder *date de la naissance* – kann als Hinweis darauf gesehen werden, dass es nicht um eine bestimmte Geburt geht, also als Hinweis auf den nicht-referenziellen Status des Attributs.

Ganz aus der Reihe tanzen schließlich Konstruktionen wie *die Schlacht der Schlachten* (nach lateinisch *pugna pugnarum*), wo die Wiederholung desselben Wortes im Genitiv Plural eine übersteigernde Wirkung – in der Rhetorik Hyperbel genannt – haben soll. In dem Ausruf „Schurke von einem Wirte!" (geäußert zu Beginn von Lessings „Minna von Barnhelm", vom Diener Just „im Traume") schließlich sehen wir eine weitere als Stilmittel gebrauchte genitivische Konstruktion. Prosaischer würden wir vielleicht formulieren: „So ein schurkischer Wirt!" Der emotional aufgeladene Ausdruck *Schurke* wird zum Kopf und damit besonders betont, der objektiv charakterisierende Ausdruck *Wirt* zum possessiven Attribut. Dieses Stilmittel, das in zahlreichen europäischen Sprachen belegt ist, ist auch heute noch im Gebrauch und nicht nur bei negativen Emotionen: Häufig finden wir etwa *ein Engel von (einer) Frau* oder englisch *an angel of a girl*. Wo wir von Mordsschweinerei sprechen, heißt es auf Englisch *a hell of a mess*, wörtlich ‚eine Hölle von einer Schweinerei'. Wo wir von ihrem verwilderten Garten sprechen, kann sich der Brite über *their wilderness of a garden* wundern.

6.6 Possessivattribute als Attribute par excellence

Es gibt natürlich auch andere Arten von Attributen. In unseren Sprachen sind da vor allem solche in Form von Adjektiven zu nennen (wie bei dem oben genannten *listenreichen Odysseus*) oder in Form von ‚Präpositionalphrasen' wie in *Odysseus' Begegnung* **mit Kirke**. Im Ungarischen werden viele deutsche Präpositionalverhältnisse durch Kasussuffixe wiedergegeben, so würde z. B. ‚mit Kirke' durch *Kirkével* wiedergegeben. An den Namen *Kirké* würde die Kasusendung

-*vel* angefügt, die eine instrumentale (im Sinne von ‚durch') oder komitative Bedeutung (im Sinne von ‚mit') hat. Außerdem werden Attribute durch Relativsätze kodiert (wie in *Odysseus, der auf seiner Irrfahrt Kirke begegnete*) oder durch Partizipialkonstruktionen (wie in *der mit allen Wassern gewaschene Odysseus*).

Possessivattribute sind vor allem gegenüber den Attributen mit inhaltlich eindeutigeren Präpositionen durch ihre ungeheure, aber wie ich hoffentlich gezeigt habe, nicht ungeregelte Vieldeutigkeit ausgezeichnet. Attribute mit Präpositionen wie *mit, für* oder *in* sind zwar auch nicht auf eine Lesart festgelegt, aber doch deutlich semantisch spezifischer als Possessivattribute: Bei *mit* z. B. ist unsere erste Interpretationshypothese die, dass der Referent sich in Begleitung eines anderen Referenten (Person oder Gegenstand) befindet oder unter Zuhilfenahme eines anderen Referenten etwas tut oder mit sich geschehen lässt. Possessivattribute – könnte der Leser nun einwenden – können ja im Deutschen und Englischen auch durch eine Präpositionalphrase ausgedrückt werden; in anderen Sprachen müssen sie es sogar. Richtig. Aber bei englisch *of*, bei deutsch *von* wie bei französisch *de* oder italienisch *di* hat die Präposition in den meisten Fällen ihre ursprüngliche Bedeutung der lokalen Herkunft verloren. Erst diese semantische „Ausbleichung" im Zuge von Grammatikalisierung macht die Präposition tauglich für possessive Verhältnisse. Konstruktionen, in denen noch Herkunft gemeint ist, gibt es etwa bei Namenszusätzen wie bei *Franz von Assisi*; auch das „Adels-*von*" ist ursprünglich als Herkunftsbezeichnung zu verstehen. Aber auch hier fand ein Bedeutungsverlust statt, wenn im Zuge der Erhebung in den Adelsstand einem bürgerlichen Namen einfach ein *von* hinzugefügt wurde, wie etwa bei *Johann Wolfgang von Goethe*.

Kapitel 5
Der Satz: wie wir organisieren, was wir zu sagen haben, und wie wir zeigen, was uns wichtig ist

1 Einstieg

„Nach Herbert Wehner, Dietrich Bonhoeffer und Erwin Rommel spielt Ulrich Tukur jetzt den legendären Tierschützer Bernhard Grzimek."

So zitiert der „Hohlspiegel" vom 4. April 2015 aus dem „Hamburger Abendblatt". Wer spielt hier wen? Zwar wissen wir, dass Ulrich Tukur schon Wehner, Bonhoeffer und Rommel gespielt hat und sich „jetzt" den Grzimek vornimmt. Aber allein dem Wortlaut nach könnten auch Wehner, Bonhoeffer und Rommel schon vor Tukur in die Rolle von Bernhard Grzimek geschlüpft sein.

Wie kommt das? Offenbar können wir die Phrase mit der Präposition *nach* unterschiedlich beziehen, mal auf das Subjekt, den Ausdruck *Ulrich Tukur*. Dann verstehen wir ein Nacheinander der Darsteller. Mal beziehen wir die Phrase auf das direkte Objekt, den Ausdruck *den legendären Tierschützer Bernhard Grzimek*. Dann verstehen wir ein Nacheinander des Dargestellten.

Sätze sind also Gebilde, bei denen es wesentlich auf die Beziehungen zwischen den Teilen ankommt. Und zwar nicht zwischen irgendwelchen Teilen, sondern den „großen Stücken", den so genannten ‚Satzgliedern', die sich bei einer ersten Zerlegung ergeben. Vor allem solche Satzglieder können wir im Deutschen häufig auch an eine andere Stelle im Satz verschieben, ohne dass Unsinn entsteht. Im Beispielfall etwa so: „Ulrich Tukur spielt nach Herbert Wehner, Dietrich Bonhoeffer und Erwin Rommel jetzt den legendären Tierschützer Bernhard Grzimek." Hier würde sich an der beschriebenen Mehrdeutigkeit nichts ändern. Vertauschen wir dagegen in *Das ist nicht oft der Fall* die beiden Wörtchen *nicht* und *oft* ändert sich die Bedeutung: *Das ist oft nicht der Fall*. Welche Satzglieder in einem Satz zugelassen sind, wird einerseits von der Wertigkeit, der ‚Valenz', des Verbs gesteuert. Subjekt und Objekte müssen im Valenzrahmen des Prädikatsverbs ihrer semantischen wie morphosyntaktischen Art nach vorgesehen sein. Diesen Satzgliedtyp, die Komplemente, haben wir daher schon im Kapitel zum Verb angesprochen. Sätze bestehen aber andererseits nicht nur kurz und knapp aus Prädikat + Komplementen. Wir schweifen aus, fügen alle möglichen ‚Supplemente' hinzu: Die *nach*-Phrase und *jetzt* sind solche Supplemente, die zum Satzkern in unserem Beispielsatz hinzukommen. Mit diesen Gliedern des Satzes beschäftigen wir uns in Unterkapitel 2.

Neben der inneren Ordnung nach Satzgliedern unterschiedlicher Art haben Sätze aber eine sicht- oder hörbare lineare Ordnung. Und diese ist es im Übrigen auch, die uns hilft, die innere Ordnung überhaupt herzustellen oder zu erkennen. Das haben wir gerade schon angesprochen. Das Nacheinander im Satz, seine ‚Topologie', hat verschiedene Dimensionen und Funktionen. Im Deutschen spielt die Position des finiten Verbs hier eine zentrale Rolle. Das Finitum kann ganz vorn stehen (*Spielt Tukur Grzimek*); es kann als zweites ‚Stellungsglied' erscheinen (*Tukur spielt Grzimek*) oder es kann den Satz abschließen (*wenn Tukur Grzimek spielt*) oder vielmehr dessen zentrales Feld, das ‚Mittelfeld', gegenüber einem ‚Nachfeld' abgrenzen (*wenn Tukur Grzimek spielt nächstes Jahr*). Wir haben die Beweglichkeit des finiten Verbs schon in Kapitel 2, Abschnitt 5.2 kennen gelernt. Dort ging es um den Zusammenhang zwischen Verbstellung und ‚Satzmodus', zwischen Sprachstruktur und Sprechakt. Aber die Verbposition strukturiert darüber hinaus den Satz in mindestens drei unterschiedliche Felder, die den dort verteilten Satzgliedern gegebenenfalls unterschiedliche Bezüge zuweisen können, vor allem aber jeweils unterschiedliche Rollen in der Informationsaufbereitung oder unterschiedliches Gewicht. Sagen wir etwa *Den Grzimek spielt der Tukur* statt dem üblicheren und „normaleren" *Der Tukur spielt den Grzimek*, so wäre diese Formulierungsvariante angemessen, wenn zum Beispiel der Satz vorher gelautet hätte: *Die Rollenbesetzung für den geplanten Film ist schon teilweise bekannt*. In diesem Fall stünde das Thema ‚Rollen' schon im Raum, und im ‚Vorfeld' des Folgesatzes, also vor dem Verb, könnte gleich die zentrale Rolle, nämlich die des Grzimek, genannt werden. Die „Drei-Felder-Wirtschaft" des Deutschen wird so im Übrigen von anderen europäischen Sprachen nicht geteilt. Mit seiner teilweise fixen, teilweise aber auch variablen Satztopologie steht das Deutsche z. B. zwischen Französisch und Englisch auf der einen und Polnisch auf der anderen Seite: In den ersteren gibt es weniger topologische Freiheiten, im Polnischen eher mehr. Das so vielseitige Thema der linearen Ordnung im Satz ist Gegenstand von Unterkapitel 3.

Was eigentlich ist ein Satz? Ich stelle die Diskussion dieser Frage ans Ende, nicht an den Anfang des Kapitels, erörtere sie also in Unterkapitel 4. Dabei vertraue ich darauf, dass sich meine Leserinnen und Leser ganz selbstverständlich auf die eine Lesart eingelassen haben, die ich ihnen zuvor präsentiert habe: der Satz als grammatische, als syntaktische Einheit, bestehend mindestens aus dem verbalen Prädikat und seinen Komplementen. Man kann den Terminus aber auch anders verstehen und dabei den Satz als kleinste Einheit der Rede oder des kommunikativen Handelns im Auge haben. Kann man die Sehweisen aufeinander beziehen oder gar miteinander versöhnen?

2 Die Glieder des Satzes: Wo, wann, warum spielt die Musik? Und wie finden wir das?

2.1 Die verschiedenen Arten der Supplemente

Im schulischen Grammatikunterricht lernen wir, uns die innere Form des Satzes über Fragen zu erschließen. Mit *wer oder was* fragen wir nach dem Subjekt, mit *wen oder was* nach dem direkten, mit *wem* nach dem indirekten Objekt, etwa bei einem Satz wie „Wir schulden den Bürgern gute Daten" (Süddeutsche Zeitung vom 24.05.2003). Bei diesen Komplementen des verbalen Prädikats stimmt der Kasus des Fragepronomens mit dem Kasus der Phrase, die als Antwort geliefert wird, überein: Nominativ für das Subjekt, Akkusativ für das direkte Objekt, Dativ für das indirekte. Aber wir haben ja in der Regel noch zahlreiche andere Fragen zu dem vom Verb und seinen Komplementen knapp entworfenen Szenario.[1] Wir stellen sie – getreu dem Motto der Sesamstraße – z. B. mit *wieso, weshalb, warum* oder auch oft mithilfe von *wo, wann, wie* usw. Diese Frageadverbien, nicht flektierbare *w*-Wörter, sollen uns zu Informationen über die „Umstände" eines Szenarios führen, wie man so sagt. Die eingeforderten ‚Umstandsangaben', ‚adverbialen Bestimmungen' oder auch kurz ‚Adverbiale' – so nannte oder nennt man sie in der Schulgrammatik – können als Supplemente im Satz bereits gegeben sein, z. B. wenn unser Beispielsatz gelautet hätte: *Heute schulden wir in Europa den Bürgern aus demokratischer Verantwortung gute Daten in Form verständlicher Statistiken*. Oder aber sie werden auf Nachfrage nachgeliefert.

Welche und wie viele solcher Supplemente gibt es? Diese Frage wird von den Grammatikern nicht klar beantwortet. Denn anders als bei den Komplementen, die ja durch die Verbvalenz präfiguriert und mehr oder weniger festgelegt sind, sind die Supplemente grammatisch frei – zumindest mehr oder weniger. So erfolgt auch ihre Klassifikation – anders als im Komplementbereich – nicht nach der grammatischen Form oder Funktion, sondern nach ihrem Beitrag zum dargestellten Szenario, seiner Inszenierung oder seiner kognitiven und evaluativen Verarbeitung. Da sind an vorderster Stelle Temporal- und Lokalangaben: Das Wann und Wo, die Verankerung in Zeit und Raum, gehört zu jedem singulären Ereignis als dem Prototyp eines dargestellten Szenarios hinzu. Angaben zur Zeitdauer, ‚Durativangaben', wie *stundenlang, seit heute Morgen*[2] setzen bereits ein Ereignis von einer merklichen Dauer voraus, sind also mit ‚telischen', auf ein Ende fixierten oder ‚punktuellen' Prädikationen wie *den Gipfel erreichen* oder *das Portemonnaie stehlen / finden* kaum vereinbar. Allenfalls in Kombination mit einer ‚Frequenzangabe' wie *dreimal, mehrfach, zum x-ten Mal* ergeben sie wieder Sinn, denn dann ist ja von mehreren Einzelereignissen die Rede, die sich insgesamt über einen gewissen Zeitraum erstrecken: „Der 22-jährige Arbeitslose soll seit Juli mehrfach Geldbörsen und Taschen gestohlen haben" (Braunschweiger Zeitung vom 25.10.2005).

Auch ‚Modalangaben' (wie?), und ‚Instrumentalangaben' (womit?) oder ‚Komitativangaben' (mit wem?, unter welchen Begleitumständen?) setzen bestimmte Ereignistypen voraus. Handlungen werden typischerweise mit Werkzeugen oder Instrumenten durchgeführt: Man schneidet mit einem Messer, Kinder rechnen zunächst mit den Fingern. Hier also sind ‚Instrumentalangaben' erwartbar. Diejenigen Komitativangaben, die einen belebten Begleiter benennen – er kann natürlich auch durch Abwesenheit glänzen –, beziehen sich in der Regel auf Ereignisse oder Zustände mit einem menschlichen Träger wie in *Der Mann geht mit seinem Hund spazieren, Sie ist diesmal ohne ihre Freundin in Frankfurt.*

‚Kausalangaben' beantworten die Frage nach dem Warum und Wieso, während ‚Finalangaben' benennen, wozu etwas geschah: „Er habe dann aus Angst, und um sich und seine Freundin zu schützen, geschossen" (dpa vom 19.02.2013). Die Angst ist der Grund, das Motiv des Handelns, der Schutz der Freundin dessen – vorgebliches – Ziel. Obwohl Gründe und Motive vor einem Geschehen zu liegen scheinen und Ziele oder Zwecke dessen beabsichtigte Folgen sind, liegt beiden eine Verknüpfung von Voraussetzung und Folge zugrunde. Man kann sie also auf eine Wenn-dann-Aussage, ein ‚Konditionalgefüge', zurückführen. Im Fall unseres Belegs also z. B. „Wenn man Angst hat, schießt man unter Umständen". Bei einer kausalen Verknüpfung kommt dann noch hinzu, dass die Voraussetzung tatsächlich vorliegt, in unserem Fall der Schießwillige seiner Aussage nach wirklich Angst hatte. Für die Finalangabe gilt entsprechend: „Wenn man jemanden schützen will, muss man unter Umständen schießen." Auch wenn es sich hier um abwegige Überlegungen handeln mag, so zeigt sich doch die grundlegende Bedeutung der Schemata rationalen Argumentierens für einen ganzen Komplex von Umstandsangaben: Nicht nur Kausal- und Finalangaben, sondern auch ‚Konsekutivangaben' und sogar ‚Konzessivangaben' gehören dazu. Konsekutivangaben sind sozusagen die Umkehrung von Kausalangaben: Wenn der Betreffende aus Angst geschossen hat, dann hatte er offenbar Angst und schoss infolgedessen. ‚Konzessivangaben' hingegen nennen Gründe, die eigentlich gegen etwas sprechen, aber nicht zum Zuge kommen oder kommen können. Unser Beleg hätte ja auch lauten können: „Er habe dann trotz seiner Angst geschossen." Oder: „Er habe dann, obwohl er solche Angst hatte, geschossen."

Gerade bei den konditional fundierten Supplement-Typen kann man feststellen, dass Sprecher ihre Aussagen nicht nur auf der Ebene der thematisierten Sachverhalte zum Beispiel kausal oder konzessiv ergänzen, sondern mit (fast) denselben sprachlichen Mitteln auch auf die ‚epistemische', also wissensbezogene, oder gar die illokutive Ebene umschwenken können. Auf das „fast", das z. B. Linearität und Prosodie betreffen kann, kommen wir im nächsten Abschnitt zurück. Während auf der Sachverhaltsebene ein *weil*-Satz die Ursache einer Wirkung beschreibt, kann ein epistemischer *weil*-Satz die Begründung formulieren, die jemand sich für etwas zurechtgelegt hat. Wenn der kleine Christian auf die Frage, wie denn das Christkind auf die Erde herunterkomme, antwortet: „Vielleicht fliegt's ja, weil, das ist ja immer so leise" (Mannheimer Morgen vom 18.12.1995), dann hat er eine solche für ihn plausible Begründung geäußert. Er schließt aus der lautlosen Annäherung zurück auf einen möglichen Flugmodus. Nicht nach dem Schema: „Wenn man leise ist, dann fliegt man", sondern umgekehrt: „Wenn man fliegt wie ein Vogel, dann macht man nicht viel Lärm". Also kann es sein, dass die lautlose Annäherung des Christkinds auf das Fliegen zurückzuführen ist. Wenn andererseits Dirk Nowitzki im Stern-Interview vom 14. August 2008 sich so äußert: „Während der Saison schreiben wir uns ab und zu eine E-Mail, obwohl, ich muss zugeben: Ein großer Poet bin ich nicht", dann ordnet er seine Aussage als Zugeständnis, als Einräumung ein, bewegt sich also auf der illokutiven Ebene.

Die Beispiele haben gezeigt: Umstandsangaben können nicht nur durch Adverbien wie ein temporales *dann*, ein lokales *hier*, ein konsekutives *infolgedessen*, ein konzessives *trotzdem* und Präpositionalphrasen wie *nach zwei Stunden, in Frankfurt, trotz seiner Angst* realisiert werden, sondern auch durch Nebensätze. Temporale Nebensätze werden z. B. durch *als, wenn, nachdem* oder *während* eingeleitet, kausale typischerweise durch *weil* und konzessive durch *obwohl*. Dabei werden zwei Szenarios ins Verhältnis gesetzt und durch die einleitenden ‚Subjunktoren' – man nannte diese Wörtchen traditionell ‚unterordnende Konjunktionen' – wird das Verhältnis zwischen dem Szenario des Hauptsatzes und dem Szenario des Nebensatzes relativ klar benannt. Finalangaben werden oft durch *damit*-Sätze ausgedrückt, daneben aber auch durch Infinitivkonstruktionen mit *um ... zu*, wie wir in dem Beleg oben gesehen haben, wo einer schoss, um sich und seine Freundin zu schützen.

Man kann noch weitere Typen von Supplementen unterscheiden, denkt man nur an das ‚adversative' *während* wie in *Doch während die einen feierten, hatten andere Grund zum Ärgern* oder das ‚substitutive' *anstatt* wie in *Anstatt zu feiern, hatten wir Grund zum Ärgern*. Diese Typen wie schon den konzessiven Typ kann man nicht mit einem entsprechenden Frageadverb erfragen: *Wann / Wo / Wie / Warum ist das geschehen?* Das sind gute Fragen, aber nicht: **Trotzwessen / *Währendwessen / *Anstattwessen ist das geschehen?* Ebenfalls nicht erfragbar ist der gesamte Komplex von Angaben, die man als ‚Kommentarglieder' bezeichnet hat. Bei ihnen geht es nicht um die Situierung oder Relationierung von Szenarios als solchen, sondern um Zugaben aus der Sicht des Sprechers. Auch dies ist ein weites Feld: Sprecher können z. B. die Gültigkeit ihrer Aussagen bekräftigen mit *tatsächlich, ohne Zweifel* oder sie auch relativieren mit *vielleicht, wahrscheinlich*. Sie können sie bedauernd oder erfreut kommentieren, etwa mit *leider* und *gottsei-*

dank. Sie können mit *wie erhofft* ihre Stellung zu Sachverhalten, von deren Eintreten sie (noch) nichts wissen, bekunden oder mit *erwartungsgemäß* oder *zu meinem größten Bedauern* ihren Senf zu bereits Eingetretenem geben.

Schließlich und endlich werden durch Wörtchen wie *eben, halt, ja* oder *doch* Einschätzungen des Sprechers ausgedrückt, deren „Sinn" nur schwer erfasst, geschweige denn umschrieben werden kann. „So funktioniert eben der Mensch" heißt es in einem Beitrag der Süddeutschen Zeitung vom 4. April 2009. Durch *eben* scheint der Autor oder die Autorin darauf abzuheben, dass der Sachverhalt, um den es geht, eine allseits bekannte und daher nicht mehr in Frage stehende Tatsache ist. Würde sich an dieser Note viel ändern, wenn stattdessen das eher süddeutsche *halt* stände? Wohl kaum. Der Einsatz von *ja* würde vielleicht die Aussage eher als Antwort auf eine unausgesprochene Frage qualifizieren und gleichzeitig ebenfalls andeuten, dass es dabei um eine bekannte Tatsache geht. Wäre dagegen die Aussage mit *doch* „gewürzt" worden, so würden wir im Hinterkopf des Autors vielleicht einen antizipierten Widerspruch vermuten, dem er gleich zuvorzukommen und damit seine Aussage noch zu bekräftigen versucht. Ginge es um eine Frage, dann würden die Partikeln *denn* oder *bloß* gut passen, und man könnte sie sogar noch anhäufen: „Funktioniert der Mensch denn so?" „Warum funktioniert der Mensch (denn) bloß so?"

Wie man sieht, steht der Erklärungsaufwand, den man hier betreiben muss, in keinem Verhältnis zur Kürze und subtilen Wirkung dieser so genannten ‚Abtönungspartikeln'. Nicht von ungefähr waren diese auch „Würzwörter" genannten Ausdrücke vor allem in den 1980er und 1990er Jahren besonders beliebte und intensiv beforschte Untersuchungsgegenstände der germanistischen Linguistik. „Sie tragen zur Einpassung der kommunikativen Minimaleinheit in den jeweiligen Handlungszusammenhang bei, indem sie auf den Erwartungen und Einstellungen des Sprechers und der Adressaten operieren", so und ähnlich wird ihre Funktion zu fassen gesucht.[3] Besonders betont wurde, dass es sich dabei um ein Spezifikum des Deutschen zu handeln scheint: Vor allem in dieser Sprache wurden Adjektive (wie *eben, bloß*), aber auch die Antwortpartikel *ja* oder ‚Konnektoren', also Satzverknüpfer wie *denn* oder *doch* so weit grammatikalisiert, dass sie nur noch auf einer quasi nicht-verbalen Ebene funktionieren.[4] So werden z. B. Englisch, Französisch oder Polnisch im Vergleich zum Deutschen als „partikelarme" Sprachen bezeichnet. Nur dem Ungarischen wird ein ähnlicher Reichtum an solchen Wörtchen bescheinigt.[5] Die deutschen Abtönungspartikeln sind aber eben nicht nur durch funktionale, sondern auch durch formale Gemeinsamkeiten ausgezeichnet. Sie können z. B. nur im Mittelfeld (vgl. Abschnitt 3.4) und dort zudem gehäuft auftreten. Eine solche Profilierung als formale Klasse findet man auch im Englischen nicht, selbst wenn sich z. B. Parallelen zwischen deutsch *denn* und englisch *then* oder deutsch *schon* und englisch *already* zu ergeben scheinen. Ein Beispiel: Eine deutsche Frage wie „Was wirst du denn (bloß) tun?" kann im Englischen durch „What are you going to do then?" übersetzt werden. Das könnte aber auch interpretiert werden als ‚Was wirst du dann tun?'.[6]

Aus sprachvergleichender Perspektive sind daneben auch die Muster interessant, nach denen die zahlreichen Präpositionen, Adverbien und Subjunktoren gebildet werden, mit denen man temporale, kausale und andere Verhältnisse ausdrückt. Ein wichtiges sprachübergreifendes Prinzip scheint dabei zu sein, dass die Verhältnisse im Raum als Übertragungsquelle zunächst für zeitliche Relationen dienen, dann auch für die abstrakteren konditional fundierten und weitere Beziehungen. Deutsch *an*, *bei*, *in*, *nach* und *vor* beispielsweise haben neben einer lokalen auch eine temporale Interpretation: *an der Straße* versus *an einem Montag*, *bei Frankfurt* versus *bei Sonnenuntergang*, *in der Schule* versus *in einer Stunde*, *nach Frankfurt* versus *nach Sonnenuntergang*, *vor dem Haus* versus *vor einer Stunde*. Auch in anderen Sprachen sind lokale Präpositionen gleichzeitig temporal. Aber die Zuordnungen sind nur teilweise parallel. Heißt es im Deutschen: *bei Tag und Nacht*, *am Tag und in der Nacht*, sieht es im Englischen so aus: *by night and day*, *in the day and in the night* und im Polnischen *w dzień i w nocy*. Im Polnischen wird also die lokale Standardpräposition in der Bedeutung ‚in' gebraucht. Im Französischen wird die zeitliche Lokalisierung oft ohne Präposition ausgedrückt, nicht nur bei formelhaften Verbindungen wie *jour et nuit*, das wir auch im Deutschen kennen (vgl. *Er arbeitet Tag und Nacht*), sondern generell, z. B. *Il travaillait le lendemain* ‚Er arbeitete am Tag danach'. Im Deutschen kennen wir eher bei Zeitdauerangaben einen ‚Akkusativ der Erstreckung' wie in *Er arbeitete den ganzen Nachmittag*.

Kausale Präpositionen sind ebenfalls sprachübergreifend häufig gleichlautend mit lokalen. Im Deutschen gilt dies in erster Linie für emotionale Beweggründe: *vor Angst weinen*, *aus Eifersucht durchdrehen*, aber auch *aus diesem Grund*, *aus Versehen*. Auch das Polnische scheint mit der Präposition *z* oder *ze* ‚aus' wie in *ze strachu* ‚aus Angst', *z głodu* ‚aus/vor Hunger' die Vorstellung zu bedienen, unser Verhalten werde durch von innen nach außen drängende Kräfte bewirkt. Im Ungarischen übernimmt häufig ganz parallel dazu das Suffix *-ből/-ból* für den Kasus ‚Elativ', also den Kasus des „woher?", die Markierung von Gründen wie in *barátságból* ‚aus Freundschaft'. Aber Vorsicht: Es handelt sich um längst „tote" Metaphern, über die der Sprachgebrauch souverän hinweggeht. Vielleicht geht es ja auch bei der Entstehung der Praxis ‚Kausales durch Lokales' eher um den Gesichtspunkt der Sprachökonomie – durch Recyceln einer lokalen Präposition für kausale Zwecke spart man sich die Erfindung neuer Ausdrucksmittel – als um psychologische Annahmen einer längst vergangenen Zeit.

Im Englischen ist in erster Linie *for* zu nennen *for fear* ‚aus Angst', *for some reason* ‚aus irgendeinem Grund', aber auch *just for fun* ‚nur zum Spaß' oder auch, etwas weniger beliebt, ‚nur aus Spaß'.[7] Hier kann offenbar die Perspektive zwischen der Nennung des Grundes (*aus*) und des Zwecks (*zu*, englisch *for*) wechseln. Gründe erscheinen uns oft als Zwecke. Denken wir bei der Angabe des Grundes eher egoistisch an die Gefühle, die aus uns aufsteigen, und bei der Nennung von Zwecken altruistischer an das, was für uns und andere daraus folgen soll? Eher spielt wohl die alte etymologische Verwandtschaft zwischen *vor* und *für* bzw. germanisch *fora* und *furi* eine Rolle. Beide Varianten gehen auf eine erschlossene proto-indoeuropäische Wurzel *per zurück. Diese wiederum ist in den verschiedensten Tochtersprachzweigen nachweisbar. Das Französische kleidet übrigens ähnlich wie das Englische Gründe gern in Zwecke wie bei *pour cette raison* ‚aus diesem Grund' oder aber bedient sich der ebenfalls auch sonst verbreiteten Metaphorik des Wegs (vgl. deutsch *wegen*), Mittels oder Instruments. Hier kommt dann eine weitere Variante von *per zum Zug, wie in *par hasard* ‚aus Versehen' oder *par courtoisie* ‚aus Höflichkeit'. Der externe Auslöser einer Gemütsbewegung oder Gefühlsäußerung, der Stimulus, wird oft mittels der Präposition *über* gekennzeichnet: Wir lachen über einen Witz; aber wir lachen aus Übermut oder vor Freude. Im ersteren Fall stehen wir dem Anlass der Emotion als Beobachter gegenüber, im zweiten Fall sind wir die unmittelbar Betroffenen, die sich gegen Gefühle kaum wehren können. Es sei auch noch angemerkt, dass die lokale Vorstellung des Sich-in-etwas-Befindens ihrerseits genutzt wird, um emotionale Befindlichkeiten – ohne eine notwendige kausale Note – zu beschreiben. Gefühle umschließen uns dann sozusagen wie Gefäße. Man vgl. *in Wut/Rage sein / handeln* oder englisch *in rage*, französisch *en colère*. Auch auf Polnisch ist die Vorstellung lebendig, wenn die Präposition *w* oder *we* zum Zuge kommt, wie in *w złości* ‚im Zorn'. Im Ungarischen wird das Suffix *-ben/-ban* für den Kasus ‚Inessiv', also den Kasus des „wo?" gebraucht, wie in *méregben* oder *dühben* ‚in Wut'.

Bei kausalen Nebensätzen wiederum ist häufig das Prinzip des *post hoc ergo propter hoc*, des ‚danach also deshalb', wirksam: Zeitlich Vorangehendes wird als Verursachendes gedeutet.[8] Ähnlich wie beim Vorgehen des oben erwähnten kleinen Christian wird hier von einem vorliegenden Sachverhalt auf einen verursachenden rückgeschlossen. Dabei ist natürlich das rein zeitliche Vorher nicht hinreichend für eine Kausalbeziehung. Logisch gültig ist das Prinzip nicht. Aber immerhin möglich ... Im Deutschen können z. B. *nachdem*-Sätze gegebenenfalls kausal interpretiert werden. Man vergleiche folgenden Beleg aus einem Sitzungsprotokoll des baden-württembergischen Landtags vom 25. März 1999: „Sie wissen auch, dass es, nachdem Rot-Grün in Bonn regiert, nicht so leicht ist, Geld für sinnvolle Dinge aufzutreiben, sondern dass man Prioritäten zu setzen hat." Es kann durchaus gemeint sein „weil Rot-Grün in Bonn regiert"; beweisen lässt sich das allerdings nicht. Auch *seit* konnte vergleichbar englisch *since* bis zum Mittelhochdeutschen kausal interpretiert werden. Heute wird nur noch der seltene und altertümelnde Subjunktor *sintemal(en)* kausal gebraucht. „Die Rechnung dafür wird jetzt mit Verzugszinsen fällig, sintemal auch bei Kirchens Personal- und Baukosten die großen Happen in den Haushalten sind" (ZEIT vom 15.09.1995).

Kommen wir noch auf einen Supplementtyp zu sprechen, der nicht so recht unter die ‚Umstandsangaben' passt. Wenn man gut gelaunt das Büro verlässt oder voller Wut die Türen zuknallen lässt, dann geht es eigentlich nicht um das Wie der betreffenden Handlung, sondern um die Befindlichkeit des Akteurs oder der Akteurin während des Handlungsvollzugs. Man spricht also eine zusätzliche Prädikation über diese Person aus. Diesen Typ bezeichnet man daher als ‚freies Prädikativ'. Charakterisiert wird in erster Linie das vom Subjekt Bezeichnete, aber es kann auch um die Befindlichkeiten des im Objekt Genannten gehen: „Und Weißensee hat an diesem Spätsommertag offenbar keine Kneipe, die nicht Betriebsferien macht und den Besucher hungrig stehen läßt" (ZEIT vom 23.09.1966). Hungrig sind hier die Besucher. Neben freien Prädikativen, die den jeweils aktuellen Zustand beschreiben, gibt es auch solche, die den Zustand beschreiben, der für den Betroffenen aus dem vom Verb bezeichneten Ereignis resultiert. Einer kann sich selbst grün und blau ärgern, eine mag sich die Fußnägel grün oder blau anmalen. Oftmals sind resultative Prädikative gar nicht freie Zugaben, sondern setzen eine ohne sie gar nicht gegebene Konstellation von Verb-Komplementen voraus; sie erzeugen sozusagen einen veränderten Valenzrahmen, in dem sie selbst als Komplement integriert sind: Man kann eine(n) andere(n) müde oder an die Wand quasseln, aber nicht jemanden quasseln. Bei *machen* (*Das macht mich glücklich*) oder *zu etwas bringen* (*Das bringt sie zur Weißglut*) ist die Herbeiführung eines Resultatzustandes Teil der normalen Verbbedeutung, und das Prädikativ gehört ebenfalls eindeutig in den Valenzrahmen.

Die sprachliche Umsetzung freier (oder auch valenzgebundener) Prädikative divergiert recht erheblich zwischen europäischen Sprachen: Im Französischen und Polnischen beispielsweise werden prädikative Adjektive – anders als im Deutschen oder Englischen – flektiert und können mit der Bezugsphrase kongruieren. Das gilt nicht nur in Kopulasätzen, man vgl. französisch *Il est fatigué / Elle est fatiguée*, polnisch *Jest zmęczony / Jest zmęczona* ‚Er / Sie ist müde', sondern auch, wenn sie als freie Prädikative gebraucht werden. Durch Kongruenz kann so ggf. der Bezug – ob Subjekt oder Objekt – verdeutlicht werden: Zwar würde bei *Peter isst das Fleisch roh* auch im Deutschen kaum ein Zweifel entstehen, in der französischen Version *Pierre mange la viande crue* zeigt die feminine Form *crue* eindeutig Objektbezug an. Im Ungarischen wird ein Adjektiv als freies Prädikativ formal nicht von der Modalangabe unterschieden. Während aber im Deutschen – das ja hier auch nicht formal differenziert – die unflektierte Adjektivform gesetzt wird, erscheint im Ungarischen das vom Adjektiv abgeleitete

Adverb. Das Fleisch oder den Fisch roh zu essen, erscheint dann – im Ungarischen explizit, im Deutschen eher durch die adjektivische Form verdeckt – sozusagen als eine rohe Weise, Fleisch oder Fisch zu essen, was ja als gar nicht so abwegig erscheinen mag.

Was Resultativkonstruktionen angeht, sind wohl am ehesten im Deutschen Adjektive als Bezeichnungen für den Nachzustand üblich. Bei uns gibt es sogar die Tendenz, resultatives Objektsprädikativ und Verb zusammenwachsen zu lassen und sogar übertragen zu verwenden: *etwas glatt bügeln, totreiten, schönreden* oder *schwarzmalen, sich krummlegen, ein Unternehmen, (z. B. die Deutsche Bahn) kaputtsparen.*[9] Meist wird in anderen Sprachen mit Umschreibungen nach dem Motto ,durch X-en in den Zustand Y versetzen' gearbeitet.[10]

2.2 Mut zur Mehrdeutigkeit

Mehrfach sind wir bereits darauf gestoßen, dass Supplemente verschiedene Bezüge auf andere Teile des Satzes – bzw. das jeweils von diesen Bezeichnete – haben können. Manchmal ist diese Mehrdeutigkeit auch durch Umstellungen nicht wegzukriegen (man vergleiche unser Einstiegsbeispiel). Dann liegt es nicht an mehreren unterschiedlichen Satzstrukturen, die nur auf der Oberfläche zusammenfallen, sondern, wenn man so will, an einer Unzulänglichkeit der sprachlichen Möglichkeiten gegenüber einer komplexeren Realität. Sprachlich behandeln wir *Nach Wehner spielt Tukur Grzimek* genauso wie *Nach 2017 spielt Tukur Grzimek*, obwohl letzteres nur eine, ersteres aber zwei Deutungsmöglichkeiten hat. In den meisten Fällen von Mehrdeutigkeiten aber gilt: Die eindimensionale lineare Folge entspricht zwei oder noch mehr „inneren Ordnungen". Die innere Ordnung im Satz, die man selbstverständlich immer schon gesehen hat, wird seit dem Strukturalismus explizit als eine hierarchische Ordnung begriffen. Man visualisiert die Abstufung in der Aufteilung des Satzes in der Regel durch Baumstrukturen: Zunächst wird der Satz in seine Hauptäste, die ‚unmittelbaren Konstituenten' zerlegt, diese wiederum in ihre Konstituenten – ‚mittelbare Konstituenten' des Satzes –, bis hinunter zu einzelnen Wortformen, oder gar bis zu den Morphemen als Wortbausteinen. So ist zumindest das klassische Vorgehen, bei dem man nur zerlegt, was auf dem Papier steht oder zu Ohren kommt, also darauf verzichtet, in den Strukturen nicht real existierende Elemente, für die man Evidenzen zu haben glaubt, erscheinen zu lassen.[11]

Ich zeige jetzt an einem Beispiel aus dem „Hohlspiegel" (Spiegel vom 21.12.2013) exemplarisch, wie sich hinter einer linearen Struktur zwei verschiedene innere Strukturen verbergen können, in Form von zwei verschiedenen Baumstrukturen.

Meine Bäume stehen auf dem Kopf: Das entspricht der analytischen Vorgehensweise beim Sprachverstehen: Wir tasten uns verstehend von links nach rechts bzw. vom Früheren zum Späteren vor und synthetisieren in rasender Eile Wörter zu Satzgliedern und Satzglieder zum Satzganzen.[12] Ein Baum, bei dem wie üblich der Gipfel nach oben und die Wurzeln nach unten zeigen, entspräche eher der Produktionsperspektive. Man muss ihn dazu nur horizontal spiegeln.

Das Beispiel entstammt einer Schlagzeile, ist also durch Weglassung der Artikel besonders kurz und knapp gestaltet. Aber das ändert nichts an der strukturellen Mehrdeutigkeit, die uns hier interessiert. Und natürlich verdankt das Ganze seine Hohlspiegel-Würdigkeit der Tatsache, dass wir zwar zunächst in die Irre geführt, durch die Absurdität der **einen** Interpretation aber rasch eines Besseren belehrt werden: „Polizist erschießt Mann mit Machete".

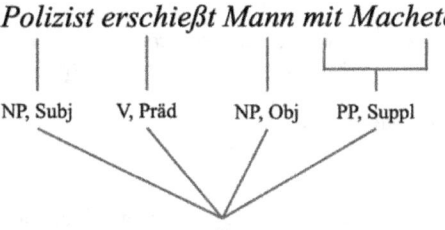

Abb. 12: Struktur a.

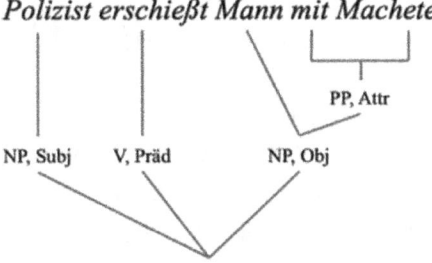

Abb. 13: Struktur b.

Bei Struktur a), der absurden, ist *mit Machete* unmittelbare Konstituente des Satzes, oder in relationaler Ausdrucksweise ein Supplement, ein echtes „Satzglied". Bei Struktur b) hingegen, der gemeinten, ist *mit Machete* nur mittelbare Konstituente, als Attribut Teil des direkten Objekts.

Vieles aus der Hohlspiegel-Blütenlese ist von ähnlicher Art. Ein Teil des Satzes kann als Supplement auf Satzebene oder als Attribut interpretiert werden.

Und eine der beiden Lesarten bringt uns zum Schmunzeln. Genau gleich gestrickt wie unser Beispiel eben ist diese Schlagzeile: „Polizist erschießt Mann mit Messer" (Hohlspiegel, Spiegel vom 06.05.2017). Oder auch: „Polizist schießt mit Messer bewaffneten Mann nieder" (Hohlspiegel, Spiegel vom 23.09.2017). Hier gehört *mit Messer* zu *bewaffneten*, wieder nicht als Umstandsangabe zur polizeilichen Schießaktion. Oder, wie es in einem Kluftinger-Krimi heißt: „Es ist jedenfalls so, dass viele Morde von Hausärzten unentdeckt bleiben."[13]

Ich nenne einige weitere Beispiele dieser Art. Im Anschluss kennzeichne ich die alternativen inneren Strukturen mithilfe von eckigen Klammern: Sie zeigen die Grenzen von Konstituenten auf und sind damit ein probates Mittel, um Baumstrukturen in angereicherte lineare Strukturen umzusetzen. Das erste Beispiel zeigt zudem, dass auch Infinitivkonstruktionen im Prinzip wie Sätze gebaut sind; es fehlt das Subjekt, und das Verb steht natürlich im Infinitiv.

Kapitän Philipp Lahm war es dann um 22.54 Uhr vorbehalten, den riesigen Pokal mit den Ohren hochzustemmen. (Hohlspiegel, Spiegel vom 03.06.2013)

[*den riesigen Pokal*] [*mit den Ohren*] *hochzustemmen* versus

[*den riesigen Pokal mit den Ohren*] *hochzustemmen*

Viele von ihnen mussten Zeltstädte auf der Insel Bohol verlassen, in denen sie seit dem Erdbeben im Oktober mit mehr als 200 Todesopfern lebten. (Hohlspiegel, Spiegel vom 25.11.2013)

[*in denen*] [*sie*] [*seit dem Erdbeben im Oktober*] [*mit mehr als 200 Todesopfern*] *lebten* versus

[*in denen*] [*sie*] [*seit dem Erdbeben im Oktober mit mehr als 200 Todesopfern*] *lebten*

Eine Aktivistin der Frauengruppe Femen ist während der Weihnachtsmesse im Kölner Dom mit Kardinal Meisner halb nackt auf den Altar gesprungen. (Hohlspiegel, Spiegel vom 06.01.2014)

[*Eine Aktivistin der Frauengruppe Femen*] [*ist*] [*während der Weihnachtsmesse im Kölner Dom*] [*mit Kardinal Meisner*] [*halb nackt*] [*auf den Altar*] [*gesprungen*] versus

[*Eine Aktivistin der Frauengruppe Femen*] [*ist*] [*während der Weihnachtsmesse im Kölner Dom mit Kardinal Meisner*] [*halb nackt*] [*auf den Altar*] [*gesprungen*]

Die an erster Stelle genannte Alternative ist jeweils diejenige, in der eine Präpositionalphrase als Supplement verstanden wird. Sie ist eigentlich, denke ich, schon nach dem Prinzip ‚Strukturiere so einfach wie möglich' die erste Wahl – aber jeweils ein Fehlgriff. In allen drei Fällen sollen wir die Präpositionalphrase als Attribut zum Kopf der jeweils vorangehenden Nominalphrase verstehen. Es geht also um den Pokal mit den Ohren, das Erdbeben mit mehr als 200 Todesopfern und die Weihnachtsmesse mit Kardinal Meisner.

Allerdings ist eine Fehlinterpretation unter umgekehrten Vorzeichen nicht ausgeschlossen. In der Überschrift „Befragung zu Alkoholverbot am Telefon?" (Hohlspiegel, Spiegel vom 13.02.2016) – kurz etwa für „Darf eine Befragung zu Alkohol am Telefon durchgeführt werden?" – ist *am Telefon* als Supplement zu verstehen. Wir tendieren aber zum Verständnis als Attribut, vielleicht weil wir die Fügung *Alkohol am Steuer* im Ohr haben.

Sprachliche Verständigung bedeutet also immer ein Umgehen mit potenziellen Mehrdeutigkeiten. Sie könnte uns daher durchaus als eine Schule der „Ambiguitätstoleranz" dienen.[14]

3 Lineare Ordnung

3.1 Kurzer Rückblick auf die lineare Ordnung als Indikator der Illokution

Der Aussagesatz hat im Regelfall Verbzweitstellung – erinnern wir uns an *Das Portemonnaie ist weg*. In Ja-/Nein-Fragen wie *Hast du wieder das Portemonnaie verlegt?* und Aufforderungen wie *Verlege bloß nicht wieder das Portemonnaie!* haben wir es mit Verberststellung zu tun. Die Verbletztstellung wie in *Dass du mir ja nicht das Portemonnaie verlegst* ist typisch für Sätze, die mit einem Wörtchen wie *dass* oder *wenn* beginnen. Solche Sätze sind normalerweise ‚Nebensätze', wie etwa in *Ich weiß, dass du das Portemonnaie nicht verlegst*. Nur ausnahmsweise formulieren wir mit ihnen selbstständige Ausrufe oder Wünsche. Die beiden Verbstellungstypen Verbzweit- und Verberstsatz – metaphorisch nannte man sie früher gern auch ‚Kernsatz' und ‚Stirnsatz' – sind also klar verknüpft mit der Selbstständigkeit des betreffenden Satzes. Sie markieren ihn als eigene kommunikative Einheit. Dabei machen sie Vorgaben für den Satzmodus und durch diesen vermittelt für die möglichen Sprechakte, wenn auch keineswegs eindeutig.

Allerdings gibt es im Deutschen – keine Sprachregel ohne Ausnahme – auch Nebensätze mit Verbzweitstellung anstelle von Verbletztstellung, wie etwa in *Ich hoffe, das geht klar* anstelle von *Ich hoffe, dass das klar geht*. Das findet sich nicht nur wie im Beispiel oben bei Komplementsätzen, sondern auch bei Kausalsätzen mit *weil* oder auch bei *obwohl*-Sätzen. Wir hatten im vorangehenden Abschnitt bereits mit Christians Erklärung für die Reise des Christkinds zur Erde ein *weil* und mit der Bemerkung von Dirk Nowitzki ein Beispiel für ein *obwohl*, auf das jeweils ein Verbzweitsatz folgt. Häufig wird dies damit begründet, dass bei dieser „Hauptsatzstellung" im Nebensatz das Hauptgewicht der Information eben auf dem Nebensatz liege, auf der Begründung, dem Einwand. Damit verkehre sich das informationelle Gewicht zwischen Haupt- und Nebensatz, und die Topologie trage dem Rechnung, indem sie dem Nebensatz Hauptsatzstellung zubillige.

Der Verbstellungstyp hat aber darüber hinaus weitere Funktionen. Zentral ist dabei die Portionierung des Satzes in unterschiedliche ‚Felder'.

3.2 Die Felder des Satzes und wie sie bestellt werden

Den Satz *Die Ehefrau hat tatsächlich schnell das Portemonnaie gefunden, das ein Geschenk ihres Mannes ist* teilen wir so in Felder ein:

Tab. 5: die Felder des Satzes.

Vorfeld	linker Klammerteil	Mittelfeld	rechter Klammerteil	Nachfeld
(1) *Die Ehefrau*	*hat*	*tatsächlich schnell das Portemonnaie*	*gefunden*	*das ein Geschenk ihres Mannes ist*

Der springende Punkt ist dabei die so genannte ‚Satzklammer', auch ‚Verbklammer' genannt. Typischerweise besteht sie wie in unserem Fall aus zwei Teilen: Den linken Klammerteil bildet hier die finite Form *hat* des Hilfsverbs, den rechten Klammerteil bildet die infinite Verbform *gefunden* des Vollverbs. Diese beiden Formen „umklammern" das Mittelfeld: Dort befinden sich gleich drei Satzglieder: *tatsächlich*, *schnell* und *das Portemonnaie*. Allerdings ist mit *das Portemonnaie* das direkte Objekt, wie wir sehen werden, noch nicht abgeschlossen. Vor dem linken Klammerteil steht das Satzglied *die Ehefrau* als Besetzung des Vorfeldes. Nach dem rechten Klammerteil erstreckt sich das Nachfeld, hier besetzt durch den Relativsatz.

Wenn unser Satz – siehe (2) in Tab. 6 (s. folgende Seite) – z. B. im Präsens stände und das Prädikat nur aus der finiten Vollverbform *findet* bestände,[15] hätten wir es nur mit einem linken Klammerteil zu tun. Das finite Verb ist nämlich im Verbzweitsatz, wie es dem Namen entspricht, auf diese Position abonniert. Mit dem Wegfall der rechten Klammer rutscht der Relativsatz ins Mittelfeld und steht damit dort, wo er eigentlich hingehört, nämlich unmittelbar nach dem Bezugswort *Portemonnaie*. Der Relativsatz ist ja Attribut dazu und damit auch Teil des direkten Objekts. Zuvor war er „ausgeklammert" worden ins Nachfeld.

Auch im Verberstsatz – siehe (3) in der Tabelle – hält das Finitum seine Position in der linken Klammer. Nur das Vorfeld entfällt. Bei der Frage *Hat die Ehefrau tatsächlich schnell das Portemonnaie gefunden?* z. B. muss nun *die Ehefrau* automatisch ins Mittelfeld zurücktreten. Das Mittelfeld ist also nicht nur rein linear zentral, sondern auch als Ort, der praktisch alle Satzglieder (außer dem Prädikat) aufnehmen kann.

Im Verbletztsatz schließlich – siehe (4) in Tab. 6 – überlässt das finite Verb seinen Platz in der linken Klammer dem Nebensatzeinleiter, also einem Subjunktor wie *dass*, *weil*, *wenn* usw. oder auch einem Relativpronomen und wandert in die rechte Satzklammer oder gesellt sich zu dem oder den infiniten Teilen des Verbalkomplexes, also des Prädikats:

Tab. 6: die Felder im Verberst-, Verbzweit und Verbletztsatz.

Vorfeld	linker Klammerteil	Mittelfeld	rechter Klammerteil	Nachfeld
(2) *Die Ehefrau*	findet	*tatsächlich schnell das Portemonnaie, das ein Geschenk ihres Mannes ist.*		
(3)	Findet	*die Ehefrau tatsächlich schnell das Portemonnaie, das ein Geschenk ihres Mannes ist?*		
(4)	weil	*die Ehefrau tatsächlich schnell das Portemonnaie, das ein Geschenk ihres Mannes ist*	findet / gefunden hat / gefunden haben soll	

Während also die linke Satzklammer immer „da" ist, fehlt der rechte Gegenpart bei einem einfachen Prädikatsverb. Linguisten behaupten aber, sie sei zwar nicht sichtbar, aber virtuell doch vorhanden. Wenn wir in (2) die Reihenfolge im Mittelfeld verändern – wir kommen auf diese Möglichkeit noch ausführlich zu sprechen – können wir den Relativsatz „hinten" belassen, vgl. (2'). Wäre er auch dann noch Teil des Mittelfeldes, müsste auch die Besetzung der rechten Satzklammer unmittelbar nach dem Relativsatz möglich sein, also (1'). Dies jedoch ist ungrammatisch. Somit zeigt sich, dass der Relativsatz in (2') nach wie vor ausgeklammert ist, von unsichtbarer Hand.

(2') Die Ehefrau findet das Portemonnaie tatsächlich schnell, das ein Geschenk ihres Mannes ist.

(1') *Die Ehefrau hat das Portemonnaie tatsächlich schnell, das ein Geschenk ihres Mannes ist, gefunden.

Der rechte Satzklammerteil ist auch sonst etwas eigenwillig: Sogar die abtrennbaren Vorderteile von Prädikatsverben, Verbpartikeln wie *ab, aus, ein* usw., müssen in Verberst- und Verbzweitsätzen in den „einfachen" Tempora, also im Präsens und Präteritum, dorthin wandern: **Legt** *die Ehefrau das Portemonnaie schnell in der Garderobe* **ab**? *Sie* **las** *ihre Bücher immer schnell* **aus**. In den anderen, „zusammengesetzten" Tempora und in Verbletztsätzen generell stehen diese Elemente dort, wo sie inhaltlich hingehören, im Wortverbund mit dem Verbstamm: **Wird** *die Ehefrau das Portemonnaie schnell in der Garderobe* **ablegen**? *Sie* **hat** *ihre Bücher immer schnell* **ausgelesen**. [...] *weil sie ihre Bücher immer schnell* **ausliest / ausgelesen hat**. Wie man sieht, können *ab, aus* usw. aber auch im Wortverbund noch durch das Perfektmorphem *ge-* vom Verbstamm getrennt sein. Oder auch durch das Infinitivmorphem *zu* wie in *weil sie ihre Bücher immer schnell* **auszulesen** *hat*. So instabil sind diese Verbindungen. Wir kommen darauf in Kapitel 7, Abschnitt 4.5 zurück.

In der rechten Klammer kommt bei den zusammengesetzten Tempora, zumal im Passiv, schon einiges zusammen: So kann dort eine längere Kette von Verbformen aneinandergereiht erscheinen, wie z. B.

(5) weil er es gefunden haben wird:

(6) weil es gefunden worden sein wird:

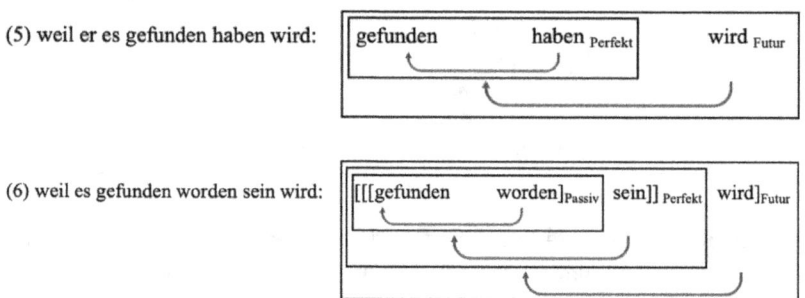

Abb. 14: Struktur von Verbketten in der rechten Klammer.

Hier wird, wie durch die Pfeile angedeutet, nach links „operiert": Das übergeordnete Futurhilfsverb *wird* in (5) und (6) verlangt einen Infinitiv – und das darf auch wie hier ein Perfektinfinitiv sein. Der besteht in (5) aus dem Perfekthilfsverb *haben* und dem Partizip des Vollverbs *finden*. In (6) wird nun noch das Passiv eingeschaltet und zwar in Form des Infinitiv Perfekt Passiv. Dieser baut sich auf aus dem für das Passiv zuständigen Perfekthilfsverb *sein*, dem Partizip Perfekt des Passivhilfsverbs *werden* und dem Partizip des Vollverbs *finden*.

Auch die Modalverben *können, müssen, sollen* oder *wollen* mischen hier mit, wie in diesen Variationen:

(7) weil er es gefunden haben soll

(8) weil es gefunden worden sein kann

(9) weil es nicht hat gefunden werden können

In (9) ist das höchste Glied der Verbkette, die finite Verbform *hat*, nach vorn „bewegt" worden. Für diese Vorverlegung – die der Verarbeitung langer Ketten durchaus entgegenkommt – gibt es recht komplizierte Regeln, die aber nicht unbedingt befolgt werden, wie der Beleg (12) unten zeigt.

Damit nicht genug: Auch das Verb *lassen* oder die Wahrnehmungsverben *sehen* bzw. *hören* können sich noch einfügen und zwar als unmittelbare „Operatoren" des Vollverbs, wie in den folgenden Belegen. Hier ist im Übrigen noch eine Besonderheit zu beobachten, der so genannte „Ersatzinfinitiv". Im Perfekt heißt es standardsprachlich nicht, wie eigentlich zu erwarten, *singen gehört hat*, sondern eben (vgl. (12)) mit Infinitiv *singen hören hat* bzw. – noch besser – *hat singen hören*:

(10) [...] weil sie den renommierten Schauspieler Jan Josef Liefers singen hören wollen (Rheinpfalz vom 11.03.2016)

(11) Klar darf einer nicht fünf Hochhäuser bauen, nur weil er nebenan eine Fabrikhalle hat stehen lassen (Tages-Anzeiger vom 18.01.2001)

(12) [...] weil sie mich schon so oft singen hören hat (Berliner Morgenpost vom 23.12.2004)

Im Englischen oder auch anderen Sprachen ohne Verbletztstellung kommt es nicht zu einer solchen Kettenbildung. Man vergleiche (13) mit dem englischen Gegenstück (14), wo – dies ist zumindest eine der möglichen Stellungen – die Adverbien *certainly* und *thoroughly* zwischen die einzelnen Teile der Verbgruppe eingefügt werden:

(13) weil er das Zimmer sicher gründlich durchsucht haben wird

(14) because he will certainly have thoroughly searched the room

Für Liebhaber der Felderstruktur sei noch darauf hingewiesen, dass jeder Teilsatz eines komplexen Satzes einerseits seine eigene Felderstruktur hat, andererseits aber auch in die Felderstruktur des Satzes, dessen Teil er ist, eingeordnet sein muss. Die Felderstruktur ist also ‚rekursiv', wenn die Satzkonstruktion selbst rekursiv verläuft. Ich illustriere das hier am Beispiel von *Die Ehefrau, der das Portemonnaie abhanden kam, hat einen verständnisvollen Mann.* abhanden in *abhanden kommen* ist dabei übrigens auch als Verbpartikel einzuschätzen.

Tab. 7: Rekursion der Felderstruktur: ‚lKl' steht für ‚linker Klammerteil', ‚rKl' für ‚rechter Klammerteil'.

Vorfeld	linker Klammerteil	Mittelfeld	rechter Klammerteil	Nachfeld
(15) *Die Ehefrau, der das Portemonnaie abhanden kam,* ↓ ↓ ↓ lKl Mittelfeld rKl	hat	einen verständnisvollen Mann		

Die Belegung der Felder ist teilweise grammatisch geregelt, teilweise aber auch „frei", das heißt, sie kann je nach den Intentionen der Sprecher oder der Schreiberin gestaltet werden. Diese raffinierte Mixtur aus Determination und Freiheit ist überhaupt kennzeichnend für die Topologie des Deutschen. So gilt für das Vorfeld zunächst einmal eine quantitative Beschränkung: Es darf, so heißt es, nur ein einziges Satzglied enthalten. Allerdings ist die Angabe ‚ein Satzglied' in gewissen Fällen durchaus dehnbar. Während es in der Tat vollkommen „undeutsch" ist, z. B. das Subjekt und das direkte Objekt zusammen ins Vorfeld zu setzen (wie etwa in **Er sie trifft morgen hier*), kann man Umstandsangaben schon manchmal „zusammen" nach vorn bringen. Bei dem Beleg „Gestern in Brüssel ist man dazu nicht in die Details gegangen" (dpa vom 03.05.2013) stehen genau genommen zwei verschiedene Umstandsangaben im Vorfeld, eine temporale und eine lokale. Beide scheinen aber zu einer globaleren Situationsangabe zu verschmelzen. Und diese Möglichkeit entspricht auch unserem Bild von Ereignissen als durch die Kopplung von Raum und Zeit verankerte Szenarios.

Das Nachfeld hingegen ist quantitativ flexibler. Es beherbergt regelmäßig Nebensätze – etwa Relativsätze wie in den Beispielen oben – und Infinitivkonstruktionen. Deren Präferenz für dieses Stellungsfeld liegt auf der Hand: Versetzt man sie ins Mittelfeld, wird dort unter Umständen allzu viel an Information angehäuft. Und das, bevor der Adressat überhaupt weiß, was Sache ist. Denn das Vollverb steht oft immer noch aus. Aber auch Präpositionalphrasen, die sehr wohl im Mittelfeld stehen könnten, werden oft ausgeklammert. So kann es statt *Sie hat das Portemonnaie schließlich an den richtigen Platz zurückgelegt* auch heißen: *Sie hat das Portemonnaie schließlich zurückgelegt an den richtigen Platz*. Kasuskomplemente, also z. B. das Subjekt oder das direkte Objekt verweigern sich in aller Regel der Ausklammerung. Nur in dem hohen, nach Gesetzen des Rhythmus gestalteten Predigtton von Luthers Übersetzung der Worte Jesu kann es heißen: „Mir ist gegeben alle Gewalt im Himmel und auf Erden" (Matthäus 28, 18). Hier befindet sich das Subjekt des Satzes im *sein*-Passiv hervorgehoben am Satzende, nach dem rechten Klammerteil.[16]

Betrachten wir hingegen das direkte Objekt des letzten Beispielsatzes, so sagen wir nicht: **Sie hat schließlich an den richtigen Platz zurückgelegt das Portemonnaie*. Wenn uns gerade die Bezeichnung für das Objekt der Recherche nicht präsent ist, wenn wir noch einen Augenblick zum Nachdenken brauchen oder auch wenn wir die Sache besonders herausstellen wollen, dann müssen wir im Mittelfeld als „Platzhalter" ein *es* einfügen. Erst dann dürfen wir das direkte Objekt hinter die rechte Klammer platzieren: *Sie hat **es** schließlich an den richtigen Platz zurückgelegt, **das Portemonnaie***. Hier deutet dann das Komma – mündlich eine kleine Sprechpause – darauf hin, dass dieser Ausdruck noch weniger in den Satz „integriert" ist als eine normale Nachfeldbesetzung. Linguisten sprechen dann von einem ‚Nach-Nachfeld' oder einem ‚rechten Außenfeld'. Besonders in mündlicher Rede nutzen wir Nachfeld und Nach-Nachfeld, wo es denn möglich ist. Das kommt der „allmählichen Verfertigung der Gedanken" sehr entgegen. Mündlich und in informeller schriftlicher Kommunikation werden auch Ausdrücke ausgeklammert, die wir in wohlgeformten schriftlichen Texten nicht ausklammern würden, z. B. Zeitadverbien wie *dann, jetzt, heute* oder Ortsadverbien wie *hier, dort* oder auch andere Adverbien. So heißt es in einer elektronischen Kurznachricht: „Hey sister wann kommt ihr denn nach hamm heute?"[17] (In diesem Fall ist es offen, ob *heute* das Nachfeld oder das Nach-Nachfeld besetzt.)

Das Nach-Nachfeld hat ein Pendant im Vor-Vorfeld bzw. linken Außenfeld. Die Besetzungsmöglichkeiten für beide Außenfelder ähneln sich. Wir können z. B. den Satz mit einer Anrede beginnen oder mit ihr ausklingen lassen: Statt „Frau Bundeskanzlerin, nehmen Sie die Wahl an?" könnte es auch heißen: „Nehmen Sie die Wahl an, Frau Bundeskanzlerin?" Im Vor-Vorfeld finden sich allerdings auch Elemente, die im Nach-Nachfeld nichts zu suchen haben. Nämlich Verknüpfungsausdrücke wie *denn* oder *aber* und allen voran natürlich *und* sowie *oder*. Auch die Besetzung der beiden Außenfelder sei für die gerade erwähnten Beispiele in einer Tabelle nachgezeichnet:

Tab. 8: Erweiterung um Außenfelder.

Vor-Vorfeld	Vorfeld	lKl	Mittelfeld	rKl	Nachfeld	Nach-Nachfeld
(16) *Hey sister,*	*wann*	*kommt*	*ihr denn nach Hamm*		*heute?*	
(17) *Frau Bundeskanzlerin*		*Nehmen*	*Sie die Wahl*	*an?*		
(18)		*Nehmen*	*Sie die Wahl*	*an*		*Frau Bundeskanzlerin?*

Die Besetzung von Vorfeld und Mittelfeld birgt aber insgesamt die interessanteren Möglichkeiten: In diesen beiden Feldern schlägt sich vor allem nieder, wie die Intentionen des Sprechers, seine Gestaltungsabsichten und Schwerpunktsetzungen mit gegebenen grammatischen Restriktionen eine Verbindung eingehen. Wir wenden uns daher diesen beiden Feldern im Einzelnen zu.

3.3 Was alles im Vorfeld stehen kann und was nicht dort stehen darf

Im Vorfeld des deutschen Aussagesatzes befindet sich üblicherweise das Subjekt. Allerdings stehen, wie Auszählungen ergeben haben, nur etwas mehr als die Hälfte aller Subjekte im Vorfeld; ansonsten stehen Subjekte im Mittelfeld. Und umgekehrt: Nur ca. 57% der Vorfeldbesetzungen in einem Korpus von Texten aus dem „Spiegel" sind Satzsubjekte.[18] Im Vorfeld tummeln sich alle möglichen anderen Satzglieder. Am zweithäufigsten sind adverbiale Bestimmungen, Supplemente, und zwar vor allem solche der lokal oder temporal situierenden Art. Aber auch Objekte jeglicher Couleur, Prädikativa und Anderes finden sich dort, wenn auch nur in geringerem Umfang.

Wieso steht mal das Subjekt vorn, mal aber auch z. B. das direkte Objekt? Bei einem Vergleich entsprechender Belege – es handelt sich jeweils um Vorkommen von *der Mann* (Subjekt) bzw. *den Mann* (direktes Objekt) im Vorfeld – muss der vorausgehende Kontext mit herangezogen werden: „Die Kirche feiert Paulus 2000. Geburtstag. **Der Mann** hat es sich nicht leicht gemacht" (FOCUS vom 23.06.2008) versus „Deutschland, willst du wirklich mit dem Klopp durch die Wand? **Den Mann** hat schließlich nicht nur sein Witz und seine Eloquenz groß gemacht" (Berliner Zeitung vom 05.12.2015). Von dem jeweiligen Mann – hier der Apostel Paulus, dort der Erfolgstrainer Jürgen Klopp – ist bereits im Satz vorher und noch weiter zurück die Rede. Es geht um diesen Mann, der Mann ist Thema des Text(abschnitt)es. Lesen wir den Text laut vor, werden wir *der Mann* bzw. *den Mann* nicht besonders hervorheben. Wir werden den Ausdruck nicht durch Betonung gewichten. Denn es geht um das Bekannte, Erwartete, nicht um neue Information. Genau genommen betonen wir nur eine Silbe, in diesem Fall läge der Akzent auf der Silbe *Mann*. Aber die Wirkung des Akzents, die Hervorhebung, erstreckt sich auf die ganze Konstituente – sie könnte auch noch sehr viel komplexer sein wie etwa in *den von mir erwähnten 'Mann*.

Auch Passivierung kann in den Dienst der thematischen Kontinuität gestellt werden. Dies verdeutlichen die folgenden Variationen der Sequenz über den Apostel Paulus: *Die Kirche feiert Paulus 2000. Geburtstag.* **Dem Mann** *wurde das Missionieren nicht leicht gemacht.* / **Der Mann** *wird als eigentlicher Gründer des Christentums betrachtet.* Dabei ist das Vorfeld in der zweiten Variante durch das Passivsubjekt besetzt, in der ersten durch das Dativobjekt einer Passivkonstruktion.

Wir können daher als Hauptfunktion der Vorfeldbesetzung die Fortschreibung bekannter Information betrachten. Sofern es sich um Komplemente handelt, also in der Regel referenzielle Ausdrücke, ist im Vorfeld damit der Gegenstand genannt, um den es thematisch bereits gegangen ist und um den es nun auch in dem neuen Satz wieder geht. Dabei kann auch ein neuer Aspekt, eine neue Perspektive ins Spiel kommen, bei einer Person z. B. ihr Beruf, ihr Aussehen, ihre Familie usw. So könnte der zweite Satz des Paulus-Belegs z. B. lauten: „Sein Weg war nicht leicht." Nicht erstaunlich ist es daher, dass viele Vorfeldbesetzungen Personalpronomina der dritten Person sind, sind diese doch die thematischen Ausdrücke par excellence. Auch das Possessivum *sein*, wie in *sein Weg*, hat die Funktion der thematischen Fortführung, allerdings steht es nicht für ein Subjekt oder Objekt, sondern ein Genitivattribut, hier ist ja gemeint: der Weg des Mannes. Im modifizierten Thema ‚der Weg des Mannes Paulus' wird das alte Thema auf der herabgestuften grammatischen Ebene als Attribut fortgeführt.

Zudem gibt es natürlich auch den Fall, dass zu einem neuen Thema übergegangen wird wie im folgenden Ausschnitt aus einer Reportage über einen Warnstreik: „Aber weitere Streiks im hessischen Handel werden folgen, kündigt Schmidt an. **Eine Frau** hat es sich auf einem Blumenkübel am Straßenrand gemütlich gemacht" (Frankfurter Allgemeine vom 20.05.1999). Der neue Gesprächsgegenstand, hier ‚eine Frau', wird typischerweise durch den indefiniten Artikel kenntlich gemacht, während definite Artikel, Demonstrativa oder eben Personalpronomina gebraucht werden, wenn Bekanntes fortgeführt oder elaboriert wird. In der „klassischen" Version des linguistischen Thema-Konzepts hat man Bekanntheit und „Aboutness" – ich finde keinen passenden deutschen Ausdruck – eng verknüpft und in erster Linie bekannte, fortgeführte Gesprächsgegenstände im Auge gehabt. Neuerdings hält man „Aboutness", also die Frage, worüber der Satz handelt, und Bekanntheit auseinander. Den Gesprächsgegenstand nennt man nun eher auch *topic* oder eingedeutscht ‚Topik'.

Nicht immer allerdings ist ein Ausdruck im Vorfeld unbetont. Schauen wir wieder zwei Belege an, jeweils mit Subjekt und direktem Objekt. Im „Spiegel" vom 27. April 1998 heißt es: „Deutschlands führender Aufklärer, der Philosoph Immanuel Kant, kam nicht sehr weit. ‚**Der Mann** ist leicht zu erforschen', schrieb er, aber ‚die Frau verrät ihr Geheimnis nicht'." Im FOCUS vom 3. Februar 2018 liest man: „Es ist ein Geschenk und zeigt eine Frau mit Leggings und in der Mitte einen Stab, neben dem ein Mann steht. **Den Mann** hat Neo gemalt, die Frau hat Rosa gemalt." (Hier werden *der* bzw. *den Mann* – und selbstverständlich auch *die Frau* – mit einem Akzent versehen, der den Kontrast verdeutlichen soll. Denn es geht jeweils um die Gegenüberstellung von Mann und Frau. (Dabei spielt es keine Rolle, dass im ersten Fall der Mann und die Frau „an sich", als Gattungswesen, gemeint sind, im zweiten Fall dagegen spezifische „Personen", nämlich Darstellungen in einem Bild des Maler-Ehepaars Neo Rauch und Rosa Ley.) Während unbetonte Ausdrücke den so genannten ‚Hintergrund' der Information bilden, bilden betonte den Vordergrund oder ‚Fokus'. Das Thematische, das Bekannte oder auch Alte, bleibt in aller Regel im Hintergrund. Im Vordergrund steht natürlicherweise das Neue, das Noch-nicht-Dagewesene.

Und üblicherweise bildet die lineare Struktur das Verhältnis von Hintergrund und Vordergrund im Deutschen als ein Nacheinander ab. Der Informationsschwerpunkt liegt, in Form des Hauptakzents einer Äußerung, in der Regel „hinten", meist am Ende des Mittelfelds. Wo er genau liegt, ist durch subtile Regeln bestimmt, auf die wir hier nicht eingehen. Man setze nur mal in Gedanken die Hauptakzente in den beiden Sätzen des Paulus-Belegs oben – ich markiere sie durch ' vor der akzenttragenden Silbe: *Die Kirche feiert Paulus 2000. Ge-'burtstag. Der Mann hat es sich nicht 'leicht gemacht.*

Allerdings können wir den Hauptakzent auch anderswo setzen, wenn wir einen Informationsschwerpunkt setzen wollen, der nicht gleichläuft mit dem normalerweise linear gegebenen. Auch z. B. im Vorfeld, wie eben gesehen. Dabei kann dieses Hervorgehobene bereits bekannt sein wie in dem Beleg über das Bild des Ehepaars Rauch-Ley, oder auch nicht, wie in dem Beleg über Kant.

Kommen wir zurück zu dem großen Vorsprung des Subjekts vor dem Objekt als Vorfeldbesetzung. Zwar gibt es kaum deutsche Sätze ohne Subjekt und viele dieser Sätze haben kein Objekt. Doch wie die Untersuchung des Spiegel-Korpus zeigt,[19] beruht der Vorsprung nicht, jedenfalls nicht allein, darauf. Er könnte auch der besonderen Eignung des Subjekts zur Ausdruck von Topiks, also Gesprächsgegenständen, geschuldet sein. Diese wiederum könnte u. a. darauf beruhen, dass nur das Subjekt die Agens-Rolle kodieren kann, also handelnde Personen oder auch institutionelle Akteure, die normalerweise textsortenübergreifend auch die jeweils dort verhandelten „Agenda" bestimmen und damit erwartbarerweise auch präferierte Topiks sind. Und da das dann recht häufig für die aufeinanderfolgenden Sätze eines Textes gleichermaßen gilt, sind Subjekt-Topiks eben häufig auch thematisch im klassischen Sinne. Objekte machen dem Subjekt vor allem dann den Platz im Vorfeld streitig, wenn sie unmittelbarer an den Vortext anschließen als das Subjekt, wenn sie also Bekanntes kodieren, während das Subjekt Neues bringt. Das kann man ganz gut an dem Klopp-Beleg oben beobachten. Besonders schlagende Beispiele für Subjekte als Lieferanten neuer Information liegen übrigens vor, wenn uns Antworten auf Fragen wie „Was ist da / gestern / in China passiert?" gegeben werden, etwa mit: „Da ist bedauerlicherweise ein Unfall passiert.", oder „Gestern gab es im Süden Deutschlands einige heftige Gewitter." Oder „In China ist ein Sack Reis umgefallen." Will man ein solches neues, in den Fokus zu stellendes Subjekt – in der Regel ist es eine indefinite Nominalphrase – ans Mittelfeldende verfrachten und man hat keine Alternative für das Vorfeld, setzt man einfach ein Platzhalter-*es* dorthin: „«Es haben sich hier schon einige Paare gefunden» sagt die Leiterin eines Single-Treffs" (St. Galler Tagblatt vom 08.10.1998).

Aber genug der Spekulation. Tatsache ist, dass das Vorkommen von Objekten im Vorfeld, und zwar Objekten, die formal identisch sind mit dem Subjekt, Anlass zu Missverständnissen sein kann. Betrachten wir wieder einige Hohlspiegel-Belege: „Auch Einbrecher könnten Sensoren erkennen" (Spiegel vom 01.03.2014). Zwar ist es im Sinne des Erfinders, dass Sensoren die Erkennungsleistung vollziehen, nicht etwa Einbrecher. Aber wir sind erst mal darauf geeicht, *die Einbrecher* als Subjekt und damit die Einbrecher als Akteure zu lesen. Was zwar nicht gewollt, aber gar nicht so abwegig ist. Eher schon abwegig ist das Missverständnis hingegen bei: „Zwei Gullydeckel haben Unbekannte von einer Brücke über der A 27 bei Walsrode im Heidekreis geworfen" (Spiegel vom 10.09. 2016).

Der folgende Beleg ist besonders witzig, weil mit dem Fehlverständnis ‚Satzteil vor dem Prädikat ist Subjekt' gleichzeitig das wörtliche Verständnis dieses Prädikats einhergeht, also die Verlobte wortwörtlich als rollend – z. B. den Berg hinunter, die Straße entlang – vorgestellt wird: „Das Verfahren bringt die Ex-Verlobte ins Rollen" (Hohlspiegel, Spiegel vom 15.04.2013).

Im normalen Text betreffen diese Missverständnisse nur das direkte Objekt, weil Subjekt und direktes Objekt formal häufig zusammenfallen. In Schlagzeilen dagegen werden gerne die Artikel weggelassen, die z. B. Subjekt und Dativobjekt zuverlässig unterscheiden. So etwa in: „Polizei ging Diebespaar ins Netz" (Hohlspiegel, Spiegel vom 30.03.2013). Gemeint ist: Der Polizei ging ein Diebespaar ins Netz. Wir tippen aber zunächst auf: Die Polizei ging einem Diebespaar ins Netz.

Solche Missverständnisse werden auch dadurch befördert, dass die ins Vorfeld versetzten Objekt-Satzglieder als Vordergrundelemente, als im Fokus stehend und somit betont zu lesen sind. Aber auch dies entspricht nicht dem gängigsten Muster, wie wir oben gesehen haben.

Ein Wort zu den adverbialen Bestimmungen als zweithäufigste Vorfeldbesetzung: Sie sorgen für den Zusammenhalt, die Kohärenz des Textes. Ihre Text-Funktion ist damit gar nicht so verschieden von der Funktion thematischer Subjekte oder Objekte. Allerdings liefern sie nicht Gegenstände, Topiks, sondern sie setzen den Rahmen für das Auszuführende, sei es durch (nähere) Situationsbestimmung, sei es durch argumentative Anbindung. Nehmen wir zwei Belege. Im ersten (aus der „Rheinpfalz" vom 22.08.2014) berichtet ein Redakteur über seine berufliche Laufbahn, die er einem Mentor verdankt. Das ist die Person, auf die hier mit *er* Bezug genommen wird: „Er ging dann nach Ostdeutschland, *da* wollte ich nicht mit. Die können kein Pfälzisch. **Dann** hat mir der SWR ein Angebot gemacht, und **dort** bin ich heute noch." Die lokalen Ausdrücke *da* und *dort* und das temporale *dann* sind hier Vorfeldbesetzungen Neben *dort* ist im letzten Satz auch eine weitere – temporale – Angabe, nämlich *heute* vorhanden. Da es thematisch um Ortswechsel und „heimatliche" Präferenzen geht, bietet sich das lokale *dort* eher als Vorfeldbesetzung an als das temporale *heute*. Im zweiten Beleg findet sich mit *dagegen* ein Ausdruck im Vorfeld, der einen Widerspruch zwischen aufeinanderfolgenden Aussagen anzeigt und uns damit weiter durch die Argumentation navigiert. Die vorausgehenden beiden Sätze haben das Subjekt im Vorfeld: „Coats folgt auf James Clapper. Er gilt als moderater Konservativer. **Dagegen** hat Trump mit Mike Pompeo einen republikanischen Hardliner zum Chef der CIA gemacht" (Spiegel-Online vom 05.01.2017). Wir werden auf die Frage der Kohärenz im Text in Kapitel 6 zurückkommen.

Es sei nun noch der Blick gelenkt auf die – eher seltenen – aber für das Deutsche charakteristischen – Vorfeldbesetzungen mit einem infiniten Teil des Satzprädikats, also einem Partizip Perfekt oder einem Infinitiv oder gar einer Verknüpfung von beiden. In den folgenden Belegen steht das Partizip *gefunden* vorn, es ist, wie man so sagt, ,topikalisiert'. Im ersten würden wir dieses Wort wohl kaum besonders betonen, im zweiten schon eher: „Während des Zweiten Weltkrieges wurde in der Gemeinde Entlebuch Torf abgebaut, Ende der siebziger Jahre gar nach Erdöl gesucht. **Gefunden** wurde Erdgas, das ein paar Jahre gefördert wurde" (Neue Zürcher Zeitung vom 31.12.2003). Der zweite Beleg thematisiert „eine groß angelegte Suche nach Rauschgift". Dann heißt es: „Auch Drogenhunde wurden dabei eingesetzt. **Gefunden** wurde nichts" (Nürnberger Zeitung vom 25.06.2013). Wie man sieht, geht es jeweils um das Minidrama ,gesucht – gefunden'. In den meisten Fällen ist bei dieser Art der Vorfeldbesetzung in ähnlicher Weise eine Erwartungshaltung bezüglich des Prädikatsinhalts bereits aufgebaut, der dann mit dem topikalisierten Prädikatsteil entsprochen wird. Um es noch ein bisschen komplizierter zu machen: Es könnte auch z. B. heißen: „[...] **Erdgas gefunden** wurde erst einige Jahre später." Oder gar: „[...] **Erdgas gefunden haben** werden sie nicht." Auch bei dieser Art der Vorfeldbesetzung erkennen wir unschwer eine typische Vorfeldfunktion wieder: die der Anknüpfung an das Bekannte oder Erwartete.

Wenn denn im Vorfeld so vieles möglich ist, welche Elemente können dort nicht erscheinen? Zeigen wir es an entsprechenden Beispielen:

Er hat mich ja nicht gesehen versus **Nicht hat er mich gesehen* und **Ja hat er mich nicht gesehen.*

Ich hab es gewusst versus **Es hab ich gewusst.*

Ich hab mich geschämt versus **Mich hab ich geschämt.*

Da kann einem schlecht werden versus **Einem kann da schlecht werden.*

Die Negationspartikel *nicht* ist also eines dieser Elemente, die Abtönungspartikel *ja* (und andere Abtönungspartikeln), das Pronomen *es*, sofern es nicht Subjekt ist oder Platzhalter für das Subjekt (wie z. B. in *Es ist ein Stein ins Rollen gekommen*), ein reflexiv zu verstehendes Pronomen, das fest zum Verb gehört wie bei *sich schämen, sich brüsten* und das generische *einem* (bzw. *einen*), das die fehlenden Formen von *man* ersetzt.

Ist das nur ein zufälliges Sammelsurium, oder folgt das Verbot aus den Eigenschaften oder Funktionen des Vorfelds? So ganz klar ist mir das nicht. Immerhin so viel: *mich/dich/sich/uns/euch* bei *schämen* ist nicht betonbar, während die Reflexiva bei anderen Verben durchaus betonbar sind – weil sie eben nicht alternativlos sind – und dann auch im Vorfeld stehen können: „Sich hat sie aufgegeben, die Kinder nicht" (Berliner Zeitung vom 10.08.2009). Abtönungspartikeln wie *ja, halt, eben, ruhig* tragen keinen Akzent. Auch *einen/einem* ist in diesem Sinne nicht betonbar. Versehen wir es mit Akzent, haben wir wieder die Alternativen vor Augen, einen und andere. Dann kann der Ausdruck im Vorfeld stehen: „Er habe nicht mehr viele Freunde, heißt es. Einen hat er noch" (Die Presse vom 20.08.2003). Auch *es* ist nicht betonbar – allerdings gilt das generell, also auch für ein Subjekt-*es*.

nicht schließlich ist durchaus betonbar: „*Nein ich habe das 'nicht getan!*" kann man antworten, wenn hartnäckig nachgefragt und einem eine Tat unterstellt wurde. Allerdings ist das eher ein Sonderfall: Hier steht die Negation eines Sachverhalts selbst ganz im Fokus. Im „Normalfall" negieren wir die Satzaussage; die Prädikation in einem weiteren oder engeren Sinne steht also im Fokus. Der Akzent liegt dann üblicherweise auf dem Vollverb, dem Prädikativ oder einem Satzglied, das eng zum Vollverb gehört, das als Teil der Prädikation zu verstehen ist: *Er hat mich nicht ge'sehen. Da braucht einem nicht 'schlecht zu werden. Er hat es sich nicht 'leicht gemacht.* Würde man *nicht* ins Vorfeld versetzen, ginge der unmittelbare Kontakt zum eigentlichen Negationsbereich verloren. Auch andere ‚Fokuspartikeln', z. B. *ausgerechnet, lediglich* oder *sogar* können nicht alleine das Vorfeld besetzen. Sie müssen das von ihnen Fokussierte mitnehmen: „**Sogar einen Hund** habe jemand mal auf sie losgelassen" (Spiegel-Online vom 23.01.2018) klagt eine Betroffene. Entsprechend könnte es auch heißen „Nicht einen Hund habe jemand mal auf sie losgelassen, sondern [...]".

So gesehen könnte man die Fälle nicht im Vorfeld zugelassener Elemente folgendermaßen zusammenfassen: Nicht hervorhebbare Konstituenten und solche, die von ihrer Hervorhebungsdomäne abgetrennt würden, sind im Vorfeld ausgeschlossen. Nicht erfasst wäre jedoch das Subjekt- und das Platzhalter-*es*.

3.4 Was alles wo im Mittelfeld stehen kann

Das Mittelfeld ist ein weites Feld: Es kann, wie gesagt, im Prinzip alle Satzteile außer dem Prädikat beherbergen. Wie die einzelnen Konstituenten aufeinander folgen, ist teils grammatisch geregelt, teils folgt es unseren Gewichtungswünschen.

Beginnen wir hier mit den Gewichtungswünschen. Dies hat uns ja gerade auch für das Vorfeld beschäftigt.

Man stelle sich also vor, eine Aussage liege uns – im Kopf oder auf einem Datenträger – in ihrer normalen Reihenfolge und mit ihrer „Normalgewichtung" vor, z. B. so:

> Ich habe meinem Freund gestern mein 'Fahrrad geliehen.

In der Normalreihenfolge und der Normalgewichtung sind, so kann man argumentieren, die linearen Folgen und Akzentverteilungen quasi kondensiert, die Sprecher und Schreiberinnen des Deutschen über Jahrhunderte hinweg praktiziert haben, wenn sie mit dieser und analog gestalteten Aussagen einfach nur pauschal den Inhalt transportieren wollten. Das heißt, wenn sie das aussagen wollten, was sich aus der Komposition der Teile ergibt, – ohne einzelne Konstituenten besonders hervorzuheben. Die Gestaltung sollte alle in ihr verborgenen Optionen offen halten.

Wenn die Normalgewichtung, was die drei Mittelfeld-Satzglieder *meinem Freund, gestern* und *mein Fahrrad* angeht, nicht unseren Wünschen entspricht, können wir einfach statt *meinem Freund* eines der beiden anderen Satzglieder betonen. Effektiver ist es aber, diese Aktion auch mit einer Änderung der Reihenfolge zu verknüpfen und das besonders gewichtige Satzglied in Richtung Mittelfeldende zu bewegen, wie in:

> „Ich habe gestern mein Fahrrad meinem 'Freund geliehen." Hier wäre *meinem Freund* im Fokus.

Oder:

> „Ich habe meinem Freund mein Fahrrad 'gestern geliehen." Hier wäre *gestern* im Fokus.

Dies ist im Prinzip die Wirkungsweise der Gewichtsverteilung im Mittelfeld.

Wie steht es aber nun mit der Normalreihenfolge im Mittelfeld? Schön wäre es, wenn man da einfach ein einziges grammatisches Prinzip nennen könnte, z. B. ‚Subjekt steht vor dem direkten Objekt, dieses vor dem indirekten Objekt bzw. dem Genitivobjekt, dieses wiederum vor einem Präpositionalobjekt'. Diese Regel spiegelt die Hierarchie unter Subjekt und Objekten wider. So einfach ist es allerdings nicht. Wie auch in anderen grammatischen Bereichen überlagern sich mehrere Regeln oder vielmehr: Mehrere unterschiedlich gewichtige Regeln kommen hier ins Spiel. In der IDS-Grammatik werden insgesamt vier Regeln für die Ordnung der Komplemente im Mittelfeld genannt; die Supplemente bleiben erst einmal außen vor. Ich nenne diese Regeln hier kurz nach Maßgabe ihres Gewichts. Gewicht heißt hier übrigens, dass eine gewichtigere Regel vor den jeweils nachgeordneten anzuwenden ist bzw. umgekehrt betrachtet, dass weniger gewichtige Regeln durch die gewichtigeren überschrieben werden.

(Regel 1)   Prototypische Komplemente zuerst
(Regel 2)   Pronominale Komplemente zuerst
(Regel 3)   Das Belebte zuerst
(Regel 4)   Das in der Subjekt-Objekt-Hierarchie Übergeordnete zuerst

Zwar können wir diese Regeln nicht an einem einzigen Beispiel gleichzeitig zeigen. Aber mit Abwandlungen unseres Beispielsatzes oben wird es gehen. Der Satz *Ich habe meinem Freund mein Fahrrad geliehen* belegt Regel 3: Das Komplement, das etwas Belebtes bezeichnet, nämlich *meinem Freund*, steht vor dem, das etwas Unbelebtes bezeichnet, nämlich *mein Fahrrad*. Der Nebensatz *weil ihm das diese Frau geliehen hat* belegt Regel 2 und wiederum Regel 3: Die beiden Pronomina *ihm* und *das* stehen vor dem nicht-pronominalen Komplement *diese Frau*, und die Pronomina folgen dem Belebtheitsprinzip. Der Satz *Ich habe meinem Freund das Fahrrad in die Garage gestellt* belegt neben Regel 3 auch Regel 1: Die prototypischen Komplemente, nämlich das indirekte Objekt *meinem Freund* und das direkte Objekt *das Fahrrad* stehen vor dem nicht-prototypischen, nämlich dem Adverbialkomplement *in die Garage*. Um die am wenigsten gewichtige Regel zu demonstrieren, müssen wir Beispiele wählen, bei denen die höheren Regeln nicht zum Zuge kommen können, es also z. B. nur um prototypische Komplemente geht, die sich in Sachen Pronominalität und Belebtheit nicht unterscheiden: *weil das Motorrad mein Fahrrad mit Dreck bespritzt hat*. Hier steht das unbelebte Subjekt vor dem unbelebten direkten Objekt, das wiederum vor dem Präpositionalobjekt steht. Analog mit pronominaler Realisierung: *weil etwas das damit bespritzt hat*.

Versuchen wir, den Sinn dieser Regeln zu ergründen. Allerdings führt auch hier die Sinnsuche eher ins Spekulative. Regel 1 ist vielleicht darin begründet, dass die weniger prototypischen Komplementarten, die Prädikativ- und Adverbialkomplemente, enger an das verbale Prädikat gebunden sind, das ja oft – und möglicherweise sogar in der Grundreihenfolge, vgl. dazu das Ende dieses Abschnitts – in der rechten Klammer steht. Diese Komplemente wären dann ganz nah bei dem Ausdruck platziert, auf dem sie inhaltlich operieren. Die Regeln 2 und 3 kann man möglicherweise zurückführen auf die Eigenschaften der Thematizität oder Topikalität, die in entsprechenden Ausdrücken angelegt ist. Pronomina sind in aller Regel thematisch, beziehen sich auf Vorerwähntes oder Bekanntes. Wenn ein Pronomen im Vorfeld keinen Platz findet, z. B. weil Sprecherin oder Schreiber einer Umstandsangabe den Vorzug gegeben hat, wird es möglichst an den Mittelfeldanfang gestellt, also in den Hintergrundbereich der Äußerung. Sind auch andere Komplemente pronominal besetzt, wiederholt sich der Vorgang. So kommen ganze Bündel von Pronomina an dieser Stelle zusammen wie bei *weil ich es ihm* [...] / *dass er sie dessen* [...] / *wo du sie mir* [...] usw. Belebte Ausdrücke wiederum charakterisieren, wie oben skizziert, vorzugsweise Topiks und damit ggf. Akteure oder aber, insbesondere in Form des Dativobjekts, andere Mitspieler eines Szenarios, die ihrerseits häufig im vorangehenden Text oder Diskursverlauf schon erwähnt worden waren. Regel 4 schließlich liefert sozusagen das syntaktische Substrat der Linearisierungsoptionen im Mittelfeld. Wir müssen auch dann wohlgeordnet reden und schreiben, wenn keine der semantisch oder pragmatisch motivierten Regeln greift.

Es würde zu weit führen, auch auf die Stellung der Supplemente im Mittelfeld im Einzelnen einzugehen. Ich belasse es bei der Nennung eines allgemeinen Prinzips: Supplemente können generell an verschiedenen Positionen im Mittelfeld auftreten, vor den Komplementen (außer pronominal realisierten), zwischen und nach ihnen. Sind mehrere Umstandsangaben vorhanden, so ist bei normaler Gewichtung ihre Reihenfolge durch das Prinzip ‚Was einen größeren Wirkungsbereich hat, kommt zuerst' bestimmt. Illustrieren wir das an einem konstruierten Beispiel mit möglichst vielen Umstandsangaben:

> weil ihn der Dackel [angeblich] [gestern] [am Gartentor] [laut] angebellt hat

Das Supplement *angeblich* hat den weitesten Wirkungsbereich, nämlich die ganze Aussage, deren Gültigkeit durch *angeblich* abgeschwächt wird. *gestern* und *am Gartentor* bringen Spezifikationen des Geschehens, des ganzen Sachverhalts ins Spiel. Zwischen ihnen ist nicht unbedingt ein Bereichsunterschied auszumachen. Immerhin aber ist eine zeitliche Spezifikation mit sehr viel mehr parallel verlaufenden Ereignissen vereinbar als eine örtliche. In diesem Sinne hat erstere einen weiteren Wirkungsgrad. In der Regel geht eine temporale Bestimmung einer lokalen im deutschen Mittelfeld voraus. Der Ausdruck *laut* hat den engsten Wirkungsbereich, er bezieht sich nur auf das Bellen, also die Prädikation. Was übrigens die Abtönungspartikeln angeht, so können sie einzeln oder zu mehreren an verschiedenen Stellen im Mittelfeld – und nur dort – auftreten. Ich deute das durch an den entsprechenden Positionen in Klammer gesetztes *ja* an:

weil ihn der Dackel (ja) [angeblich] (ja) [gestern] (ja) [am Gartentor] (ja) [laut] angebellt hat

An dieser Stelle bietet sich der Vergleich mit dem Englischen unmittelbar an. Dort herrscht, was die Reihenfolge von adverbialen Bestimmungen angeht, geradezu ein „Spiegelbild" zum Deutschen. König/Gast[20] zeigen dies an folgenden beiden übersetzungsäquivalenten Sätzen:

She has worked [on her boat] [with great care] [in the garden] [the whole time] [today]

Sie hat [heute] [die ganze Zeit] [im Garten] [mit großer Sorgfalt] [an ihrem Boot] gearbeitet

Die Autoren bringen diesen Unterschied in Zusammenhang mit der unterschiedlichen Verbposition in beiden Sprachen. Das Verb leite im Englischen die „Verbphrase" ein, also den gesamten Satz mit Ausnahme des Subjekts, während es in der Grundstellung im Deutschen an deren Ende stehe. Sie betrachten also wie viele andere Forscher die Verbletztposition bzw. zumindest die Position des Vollverbs in der rechten Klammer als die Grundreihenfolge im Deutschen. In der Tat haben wir für die Reihenfolge der Komplemente bei Regel 1 ja bereits die Nähe zum Vollverb in der rechten Klammer geltend gemacht. Nun scheint auch die Positionierung der Supplemente ikonisch von der Nähe zum Prädikat, zum Gehalt des Verbs bestimmt zu sein – mit jeweils spiegelbildlichen Folgen für das Englische und das Deutsche. Möglicherweise lässt sich das zugrunde liegende Prinzip auch auf andere Sprachen übertragen. Auch im Französischen und im Polnischen dürfte ähnlich wie im Englischen verfahren werden.

3.5 Die lineare Ordnung in den Sprachen der Welt und in europäischen Sprachen

In den vorangehenden Abschnitten habe ich in einigem Detail und doch im Wesentlichen beschränkt nur auf die Stellung der Komplemente die Topologie des deutschen Satzes dargestellt. Wie kann dieses doch recht facettenreiche Bild auf das notwendigerweise grobe Raster einer für alle Sprachen gültigen Wortstellungstypologie projiziert werden? Und wie verhalten sich vor diesem Hintergrund andere europäische Sprachen, zumal unsere Kontrastsprachen?

Wortstellung, in erster Linie die Wortstellung der fundamentalen Satzteile Subjekt (S), (direktes) Objekt (O), Verb (V) ist seit den Arbeiten von Joseph Greenberg in den 1960er Jahren eines der Aushängeschilder der Sprachtypologie. Die in dieser Tradition stehenden Artikel im „World Atlas of Language Structures" (WALS) zu dieser Thematik[21] ergeben vereinfacht folgendes Bild: Insgesamt gibt es sieben Möglichkeiten der Reihenfolge von S, O und V. Sechs davon ergeben sich durch Permutation der drei beteiligten Größen, als siebte Möglichkeit ist der Fall zu nennen, bei dem eine Sprache keine dominante Wortfolge hat („lacking a dominant word order"). Alle sieben sind in dem Sample von 1377 Sprachen der Welt belegt. Weit vorn liegen jeweils SOV und SVO mit um die 500 einschlägigen Sprachen, um die 200 weisen keine dominante Folge auf, immerhin noch ca. 100 Sprachen haben VSO, die restlichen drei Ordnungen sind weit abgeschlagen. Was die regionale Verteilung angeht, so ist Europa neben den Regionen Afrikas südlich der Sahara sowie in Ost- und Südasien von China bis Indonesien und dem Westpazifik derjenige Teil der Welt, wo SVO vorherrscht. Die keltischen Sprachen an den westlichen Rändern Europas allerdings haben VSO. Baskisch und Sorbisch werden als SOV eingeordnet.

Von den europäischen Sprachen, die wir hauptsächlich im Auge haben, werden jedoch entgegen dem europäischen Trend nur Englisch, Französisch und Polnisch als Sprachen mit SVO klassifiziert. Deutsch und Ungarisch hingegen zählen nach WALS zu den Sprachen, denen eine dominante Stellungsfolge abgeht. Dabei sind die Gründe in beiden Fällen durchaus unterschiedlich. Für das Deutsche, wie auch für das Niederländische, wird der syntaktisch motivierte Wechsel zwischen der Folge SVO im Hauptsatz (des Aussagesatztyps) und der SOV-Ordnung, also der Verbletztstellung, im Nebensatz geltend gemacht. Beide Folgen werden hier als gleichberechtigt gesehen. Im Ungarischen hingegen ist deshalb nicht von einer dominanten Wortstellung auszugehen, weil gar nicht die syntaktischen Funktionen Subjekt und Objekt entscheidend sind, sondern die pragmatischen Funktionen Topik und Fokus. Radikal vereinfacht steht nämlich ein Topik – es können gelegentlich auch mehrere sein – vorn im Satz. Unmittelbar vor dem Verb aber befindet sich die Fokus-Konstituente. Die kann aus allen möglichen Satzgliedern, oder gar Teilen davon, bestehen.

Illustrieren wir das an der Wiedergabe des Beispiels *Ich habe mein Fahrrad meinem 'Freund geliehen* im Ungarischen: *mein Fahrrad* gelte als Topik, *meinem Freund* ist Fokus, das pronominale Subjekt wird nicht als eigene Konstituente ausgedrückt, sondern ist in das Verb integriert. Es ergibt sich also diese Folge:

Tab. 9: Topik und Fokus im Ungarischen.

Topik	Fokus	Verbales Prädikat
a biciklimet	*barátomnak*	*kölcsönöztem*
mein Fahrrad	*meinem Freund*	*habe-geliehen-ich*

Die Leser könnten nun einwenden, dass ja auch im Deutschen nicht unbedingt das Subjekt vorn, im Vorfeld, stehen muss, sondern sehr wohl auch eine Topik- und unter Betonung sogar alternativ eine Fokus-Konstituente. Der wesentlicher erscheinende Unterschied ist jedoch die Beschränkung auf genau ein Satzglied vorn im Deutschen, während das Ungarische erstens überhaupt kein Vorfeld kennt und zweitens das Prädikat praktisch an jeder Stelle stehen kann, z. B. ganz vorn, wenn es selbst fokussiert ist und kein Topik vorhanden ist.[22] Aus der übergreifenden Sicht des Typologen spielen aber auch die Frequenz oder die Unmarkiertheit der Stellungsmuster eine Rolle: Während im Deutschen das Subjekt und seltener ein anderes Topik vorn steht, steht im Ungarischen das Topik, das Subjekt oder ein anderes Satzglied sein kann, vorn. Während das Deutsche, so sagt man, wie andere europäische Sprachen eine subjektprominente Sprache ist, ist das Ungarische eine topikprominente. Nun wird zwischen einer frühen Nennung des Topiks und der Erstposition des Subjekts oft ein Zusammenhang hergestellt. So könne letzteres ein Grammatikalisierungseffekt aus ersterem sein. Dafür spreche, dass das Subjekt ein präferiertes Topik sei. Das sei besonders evident in vergleichsweise flexiblen Sprachen wie dem Deutschen, wo Subjekte noch eindeutiger mit Topikalität assoziiert sind als in Sprachen wie Englisch oder Französisch, wo (fast) jedes Subjekt, ohne Beachtung der Topikalität, vorn stehe. Allerdings ist es keineswegs der Fall, dass Topiks grundsätzlich, also quasi biologisch fundiert, in den Sprachen der Welt am Äußerungsbeginn genannt würden. Für viele Sprachen gilt eher das Gegenteil.[23]

Aber auch die SVO-Sprachen Englisch, Französisch und Polnisch sind nicht über einen Kamm zu scheren. Während Englisch und Französisch im Aussagesatz recht strikt die Regel ‚Subjekt vor Prädikat' befolgen, wird im Polnischen bei Geschehens-Prädikationen ein indefinites Subjekt gern im Bereich des Satzendes, auch nach dem Prädikat, positioniert. In der deutsch-polnischen Grammatik von Engel et al. wird das deutsche Beispiel „Auf dem Weg nach Rom ist ihm **viel Leid** widerfahren" wiedergegeben mit „W drodze do Rzymu spotkało go **wiele cierpień**" (wörtlich: Auf Weg nach Rom ereilte ihn viel (des) Leids).[24] Unschwer erkennen wir eine Parallele zu der oben vermerkten Tendenz, im Deutschen indefinite Subjekte, zumal bei Geschehens-Prädikationen, im Bereich des Mittelfeldendes zu positionieren. Auch Englisch und Französisch implementieren auf ihre eigene Art die Rechts-Tendenz des „logischen" Subjekts bei Geschehens-Aussagen. Im Englischen wird dann an der Subjekt-Stelle ein *there* eingefügt, das manche gar selbst als Subjekt betrachten. Im Französischen wird das Pronomen *il* ‚es' als „formales" Subjekt eingefügt. Man vergleiche: „There appeared **a ship** on the horizon" ‚Da/Es erschien ein Schiff am Horizont' und „Il est arrivé **un malheur**" ‚Es ist ein Unglück geschehen'.[25] Eine weitere Parallele kann man in der Bündelung von Personalpronomina erkennen. Im Deutschen finden sie sich ja möglichst dicht nacheinander am Mittelfeldanfang, im Französischen und anderen romanischen Sprachen werden sie, oder vielmehr ihre unbetonten Varianten, unmittelbar vor dem finiten Verb eingeschoben. Damit wird im Französischen scheinbar die obligatorische SVO-Ordnung gestört. Allerdings gelten die kleinen Ausdrücke gar nicht als vollgültige Wörter, sondern sie bilden mit dem finiten Verb eine Einheit, man spricht dann von ‚Proklitika', also vorn angelehnten Ausdrücken wie in: *Je te le donnerai demain* ‚Ich gebe es dir morgen'. Auch im Polnischen stellt man die Personalpronomina, im Beispiel *ci* ‚dir' und *to* ‚das' gern unmittelbar vor oder auch nach das Finitum wie in: *Dam **ci to** jutro* oder *Jutro **ci to** dam*.

Können wir nun ein generelleres Fazit zur Satztopologie im Deutschen und darüber hinaus ziehen? Zumindest Folgendes scheint mir klar: Das Deutsche unterscheidet sich nicht so sehr von Sprachen wie Englisch, Französisch oder Polnisch, was die Anordnung nach dem Gewicht der Teile, nach ihrem Mitteilungswert angeht. Wie in diesen Sprachen gehen im Deutschen Hintergrundinformationen dem Vordergrund in der Regel voraus. Andererseits kann auch sprachübergreifend der Anfang der Äußerung, mit Unterstützung durch den Akzent – oder anderer aufwendigerer Strategien –, der Hervorhebung dienen. Das Deutsche zeichnet sich vor allem durch zwei Besonderheiten aus: die Klammerstruktur und die damit erzeugte Aufteilung in topologische Felder und die nur statistische, nicht obligatorische Besetzung des „normalen" Satzanfangs mit dem Subjekt. Diese syntaktischen Besonderheiten haben eine ganze Reihe von Folgeeffekten: Da im Deutschen auch z. B. Umstandsangaben den „normalen" Satzanfang, sprich das Vorfeld, bilden können, besteht keine Notwendigkeit, diese in eine Extraposition links außen zu versetzen, wie es im Englischen und Französischen oft der Fall ist. Man vergleiche: [**Heute**] *trafen sich* [**die Außenminster**] *in Brüssel* versus [**Today**] [***the foreign ministers***] *met in Brussels* versus [**Aujourd'hui**] [***les ministres des Affaires étrangères***] *se sont assemblés à Bruxelles.*

Was aufwendigere Hervorhebungsstrategien wie ‚Spalt'- und ‚Sperrsätze' angeht, so sind diese im Deutschen, etwa im Vergleich zu Englisch und Französisch seltener. Beispiel für einen französischen Spaltsatz ist „C'est mille francs que cela coûte", Beispiel für einen englischen Sperrsatz ist „What I need now is a long cool drink".[26] Im Deutschen können wir ohne Weiteres entsprechend dem Englischen sagen: „Was ich jetzt brauche, ist ein großes kühles Getränk." Bei dem französischen Beispiel wird es schon schwieriger: ??„Es sind tausend Francs, die das kostet." Man kann es aber auch einfach bei „normalen" Sätzen und intonatorischer Hervorhebung belassen: „Ein großes kühles Ge'tränk brauche ich jetzt" bzw. „'Tausend Francs kostet mich das".

Abschließend vielleicht folgendes Fazit: Pragmatische Wortstellungstendenzen mögen von vielen Sprachen, z. B. in einer geografischen Region, geteilt werden. Es mag auch sprachübergreifende Grammatikalisierungstendenzen, wie die

4 Satz oder Nichtsatz: Das ist hier die Frage

Im „Blog der Republik" liest man zum 12. Februar 2017, dem Tag der Bundesversammlung, Folgendes:[27]

> Es war bezeichnend, dass der frisch gewählte künftige Bundespräsident, der Sozialdemokrat Frank Walter Steinmeier, einen Satz des ersten Sozialdemokraten im Amt des deutschen Staatsoberhauptes an den Anfang seiner Rede in der Bundesversammlung stellte. Gustav Heinemann hatte 1969 gesagt: „Es gibt schwierige Vaterländer, eines davon heißt Deutschland!"

Satz wird hier verstanden im Sinne von ‚in sich abgeschlossener Redebeitrag' oder auch ‚vollständige Mitteilungseinheit'. Wobei natürlich die Merkmale ‚abgeschlossen' bzw. ‚vollständig' immer als relativ zu verstehen sind, denn in Wahrheit sind ja alle Redebeiträge, die wir so machen, auf dem Hintergrund von bereits Gesagtem zu verstehen, als Teile unendlicher Diskurs-Geschichten. Aber mit einem abgeschlossenen Redebeitrag wie dem oben genannten können Hörer etwas anfangen; sie verstehen ihn und ordnen ihn in ihr Wissen ein. Oft handelt es sich auch um besonders markante Redebeiträge, die es nach Meinung derer, die sie zitieren, verdienen, als Leit- oder Merksätze, als Sentenzen (von lat. *sentential* ‚Satz') aufbewahrt zu werden.

Bei diesem Verständnis von *Satz* kommt es nicht oder kaum auf die Form an. Dem steht das grammatische Verständnis des Ausdrucks *Satz* gegenüber, auf das wir uns bisher in diesem Buch und vor allem in diesem Kapitel bezogen haben. Machen wir dieses grammatische Verständnis von *Satz* hier noch einmal explizit: Ein Satz besteht aus einem finiten Verb und mindestens den vom Verb geforderten Komplementen. Dies ist eine syntaktische, eine formbezogene Definition. Sie hebt aber keineswegs auf eine willkürliche Form ab, sondern auf diejenige, die in den uns vertrauten Sprachen typischerweise die grundlegende semantische Einheit, die Proposition, also die Kombination von Prädikat und zugehörigen Argumenten ausdrückt; vgl. dazu Kapitel 2, Unterkapitel 6.

In dem Satz, den Gustav Heinemann und nach ihm Frank Walter Steinmeier äußerten, gibt es aber zwei finite Verben mit ihren jeweiligen Komplementen. Dieser Satz des Typs ‚Redebeitrag' besteht also aus zwei grammatischen Sätzen. Offensichtlich steht es oft im Ermessen der Sprecherinnen oder der Schreiber, mehr als einen grammatischen Satz zu einem Redebeitrag zu erklären. In der

Schrift setzen sie dann zwischen den einzelnen nur ein Komma oder einen Strichpunkt und erst am Ende einen Punkt, ein Frage- oder ein Ausrufezeichen. Mündlich senken oder heben sie nach dem ersten grammatischen Satz nicht etwa ihre Stimme, sie machen keine längere Pause, sondern fahren einfach auf etwa der gleichen Tonhöhe fort. Warum tun sie das wohl? Offensichtlich werden die Teile so enger aneinandergebunden. In unserem Beispiel etwa wird die durch den ersten Teil beim Hörer erzeugte Frage – welche Vaterländer mögen das wohl sein? – umgehend durch den zweiten Teil beantwortet, jedenfalls für diesen Kontext zureichend beantwortet. Allgemeiner könnte man sagen, dass Redebeiträge, die aus mehreren ‚gleichgeordneten' Sätzen bestehen, wie in diesem Fall, unter eine einheitliche illokutive Kraft gestellt werden: Es werden nicht getrennte Behauptungen aufgestellt, sondern eine Behauptung, die sich in Teilbehauptungen gliedert. Das ist nach den Gesetzen der Logik und Mathematik nicht unbedingt ganz sauber, aber gelegentlich wirkungsvoll.

Auch die erste Mitteilungseinheit des obigen Zitats besteht aus zwei grammatischen Sätzen. Hier sind die Teile jedoch nicht gleichgeordnet, sondern wir haben es mit Unterordnung zu tun: Der *dass*-Satz ist als Nebensatz untergeordnet. Unterordnung heißt jedoch nicht notwendigerweise Verzichtbarkeit. In diesem Fall ist der Nebensatz Subjekt des ‚Ganzsatzes', so könnte man die Kette von einem Punkt zum anderen nennen. Und als Subjekt natürlich unverzichtbar; das *es* am Satzanfang ist ja nur sein Platzhalter und hält ihm, dem eigentlichen Subjekt, die angestammte Stelle sozusagen warm. Der Nebensatz ist also **im** Ganzsatz untergeordnet, nicht etwa **unter** einen anderen Satz geordnet. Was übrig bleibt, wenn der *dass*-Satz entfällt, ist nämlich kein Satz, sondern nur der unvollständige Rest eines Satzes. So verhält es sich auch bei Objektsätzen oder allgemeiner gesagt bei allen Komplementsätzen, etwa dem *ob*-Satz in folgendem Beleg aus dem Märchen „Die Gänsehirtin am Brunnen": „Der Graf wußte nicht, ob er weinen oder lachen sollte."

Bei Supplementsätzen dagegen, z. B. *weil-* oder *wenn*-Sätzen, ist die traditionelle Sehweise, dass ein Nebensatz einem ‚Hauptsatz' untergeordnet ist, eher angebracht: Der Nebensatz kann weggelassen werden und, was bleibt, ist immer noch ein Satz. Man prüfe es nach etwa an der traurigen Aussage der Schwester aus dem Märchen „Die zwölf Brüder": „Ich will gerne sterben, wenn ich damit meine zwölf Brüder erlösen kann."

Bei Satzgefügen mit untergeordneten Sätzen stellt sich die Frage ‚ein Sprechakt oder mehrere?' nicht. Nebensätze haben keine eigene illokutive Kraft; nur der Ganzsatz wird als Behauptung, als Versprechen oder Aufforderung usw. verstanden. Und nur aus den Eigenschaften des Satzes, in dem oder dem der Nebensatz untergeordnet ist, lässt sich der Satzmodus als syntaktische Grundlage des Sprechaktpotenzials erkennen, vor allem an seiner Verbstellung. Die Nebensätze sind ja ohnehin in aller Regel Verbletztsätze.

Im Deutschen müssen wir mit der Zwei- oder Mehrdeutigkeit von *Satz* leben. In der alltäglichen Kommunikation ist das nicht weiter problematisch. Auch andere Begriffe haben einen Interpretationsspielraum, der sich im Zusammenhang nicht störend bemerkbar macht und meist sogar auflöst. Auch das Wort *Wort* hat ja eine engere, „linguistische" Bedeutung und eine weitere. Hier allerdings unterscheiden sich die Pluralformen: Mein Text hier enthält eine ganze Menge deutsche **Wörter**. Die **Worte** des Vorsitzenden Mao Tsetung, die in dem „kleinen roten Buch", der „Mao-Bibel", gesammelt wurden, waren Zitate aus dessen Reden, die immer aus mehr als einem Wort und oft auch aus mehr als einem Satz (in beiderlei Sinne) bestanden.

Die Sprachwissenschaft allerdings tut sich schwer mit der Doppeldeutigkeit von *Satz*. In der englischen und französischen Tradition unterscheidet man terminologisch zwischen *sentence* bzw. *phrase* und *clause* bzw. *proposition*, jeweils für die Mitteilungseinheit und die grammatische Einheit. In der Sprachwissenschaft des Deutschen hat sich eine solche Unterscheidung nicht eingebürgert. Eher arbeitet man mit näheren Bestimmungen von *Satz* in Komposita wie dem bereits erwähnten *Ganz-* oder auch *Gesamtsatz* bzw. *Vollsatz*[28], *Nebensatz* usw.

Die enge Beziehung zwischen (grammatischem) Satz und Mitteilungseinheit, die zu der Doppeldeutigkeit geführt hat, gilt jedoch nur im Sinn von ‚Alle Ganzsätze sind Mitteilungseinheiten', nicht in der Umkehrung. Nicht alle Mitteilungseinheiten haben nämlich die Form von Sätzen. Wir wissen alle, was gemeint ist, wenn in einer brenzligen Situation einer ruft: „Nichts wie weg hier!" Das ist in der Situation sparsamer und effektiver als etwa der Satz „Laufen wir weg von hier!" Solche Kurzformen, neuerdings als „dichte Konstruktionen" bezeichnet,[29] enthalten kein finites Verb; sie sind aber, was ihren propositionalen Gehalt und ihr illokutives Potenzial angeht, hinreichend vollständig: Die in der Situation Anwesenden werden aufgefordert, sich von ihrem Aufenthaltsort wegzubegeben – manchmal richtet der Sprecher sich damit auch nur an sich selbst. Diese Kurzform scheint zwar fest gefügt zu sein – in DeReKo ist sie wortwörtlich 179 Mal belegt. In Wahrheit ist sie aber doch recht flexibel. Man findet unter Anderem: „Nichts wie hin / los / raus / heim!" Auch Formen wie „Nichts wie rein in die gute Stube / raus aus dem Bett / heim an die Wärme!" sind belegt. Dabei wird zur Richtung, in die es gehen soll, noch der Zielort näher spezifiziert. Im Grunde dient ja das formelhafte „nichts wie" nur zur Verstärkung. Es kann also auch weggelassen werden wie in „Weg hier!", „Ab nach Kassel!", „Raus in die frische Luft!". Daneben kann auch das, was sich wegbewegen oder wegbewegt werden soll, explizit genannt werden. In der 2. Szene des 2. Aktes von Schillers „Kabale und Liebe" empört sich Lady Milford angesichts der Juwelen, eines Geschenks des Herzogs, die dieser mit dem Verkauf von Landeskindern als Soldaten nach Amerika erworben hat: „Weg mit diesen Steinen – sie blitzen Höllenflammen in mein Herz!" Die *mit*-Phrase – vgl. auch kurz: „Weg damit!" – hat hier keine ihrer üblichen Lesarten. Weder nennt sie das Instrument noch eine Begleitperson oder einen Begleitumstand. Es scheint sich zudem um eine Verwendungsweise von *mit* zu handeln, die spezifisch für das Deutsche ist.

Handlungsanweisungen scheinen eine besondere Affinität zu solchen Verdichtungen zu haben. Das nimmt nicht Wunder, kommt es doch gerade in solchen Situationen oft auf prägnante Anweisung und prompte Ausführung an. Bei der zuvor geschilderten Form blieb die genaue Art der Aktion offen; immer ging es um Bewegung oder Transfer. Geht es aber um eine konkrete Handlung beliebiger Natur, wird ein verbaler Ausdruck genutzt, der aber in infiniter Form vorliegen kann wie in: „Hier geblieben!", „Die Hände hochnehmen!", „Nicht schießen!", „Sofort alles dichtmachen!"

Andere Sprechakttypen, Aussagen oder Fragen etwa, werden in der Regel nur in speziellen Gattungen, wie der Schlagzeile oder allgemeiner im Telegrammstil, in einer Form ohne finites Verb formuliert. So findet sich auf der ersten Seite der aktuellen Ausgabe meiner Tageszeitung eine Schlagzeile mit dem Partizip Perfekt eines Verbs, nämlich „Armbrustfall aufgeklärt", eine mit einem Adjektiv als Prädikatsausdruck, nämlich „FDP-Chef Theurer offen für Grün-Gelb" und eine, in der eine Frage formuliert ist: „Neuer Standort fürs Nahostarchiv?"[30] In den beiden ersten Fällen ist neben dem Prädikatsausdruck (*aufgeklärt* bzw. *offen für Grün-Gelb*) auch das jeweilige Argument artikuliert (*Armbrustfall* bzw. *FDP-Chef Theurer*). Und damit ist die jeweilige Proposition semantisch auch abgeschlossen. Der letzte Fall ist etwas komplexer. Es wird zwar nur eine Nominalphrase genannt und mit Fragezeichen versehen. Aber offensichtlich, so schließen wir, wird auf diese Weise nach einer Bereitstellung des von der Nominalphrase Bezeichneten, also der künftigen Existenz eines neuen Standorts fürs Nahostarchiv gefragt. Man kann die Kurzform aber nicht einfach als Weglassen von „Gibt es" erklären, denn dann müsste ja die Nominalphrase im Akkusativ, nicht, wie hier, im Nominativ stehen. Dichte Konstruktionen sind also keine Ellipsen, Weglassungen von sprachlichem Material. Diese gibt es schon auch, und wir gehen auf diesen Typ im nächsten Kapitel näher ein. Vielmehr handelt es sich um satzunabhängige Konstruktionsformen, die eine weniger transparente Struktur als Sätze und einen eingeschränkteren Anwendungsbereich haben. Gut platziert, können sie dort aber besonders ökonomisch und effektiv wirken.

Sätze und Kurzformen bzw. dichte Konstruktionen kommen also unterschiedlichen Interessen entgegen, obwohl sie beide einen propositionalen Gehalt und eine Illokution ausdrücken und damit als kommunikative Einheiten fungieren können: In Sätzen wird z. B. notwendigerweise durch Tempus und Modus des finiten Verbs die zeitliche Verortung und der Realitätsbezug der Information kodiert. Zudem liegen die syntaktischen Funktionen der Teile vergleichsweise offen. Sätze sind also prädestiniert für den Austausch präziser Information auf der Darstellungsebene im Sinne Bühlers.[31] Wo es hingegen um Kürze, aber auch nach Bühler um Ausdruck und Appell geht, können Kurzformen durchaus konkurrieren.

Kapitel 6
Der Text: wenn wir kohärent und dabei narrativ oder argumentativ werden

1 Einstieg

Texte bestehen, oberflächlich betrachtet, aus aneinandergereihten Sätzen. Zwischen den Sätzen können auch ‚Nichtsätze' auftreten.[1] Man vergleiche die ersten drei Absätze von Eugen Ruges Roman „In Zeiten des abnehmenden Lichts":

> Zwei Tage lang hatte er wie tot auf seinem Büffeldersofa gelegen. Dann stand er auf, duschte ausgiebig, um auch den letzten Partikel Krankenhausluft von sich abzuwaschen, und fuhr nach Neuendorf.
> Er fuhr die A115, wie immer. Schaute hinaus in die Welt. Prüfte, ob sie sich verändert hatte. Und – hatte sie?
> Die Autos kamen ihm sauberer vor. Sauberer? Irgendwie bunter. Idiotischer.

Während im ersten Absatz zwei Sätze, einer einfach, einer komplex, brav aufeinander folgen, ist in den beiden nächsten Absätzen jeweils nur die erste Texteinheit ein vollständiger Satz. Die anderen sind – auf unterschiedliche Weise – elliptisch. Es ist also etwas ausgelassen. Oder besser gesagt: Es wird nicht gesagt, was nicht gesagt werden muss, weil wir es erschließen können. Auf elliptische Texteinheiten gehen wir im letzten Unterkapitel ein.

Zuvor aber fragen wir: Was macht eigentlich aus einer Satzreihe – oder auch Satz- und Nichtsatz-Reihe – einen Text? In der Regel ein inhaltlicher Zusammenhang. Der inhaltlichen Zusammenhänge gibt es jedoch viele. Und es ist nicht einmal klar, ob wir sie trotz vielfältiger Klassifikationsversuche jemals vollständig erfassen können. Dem steht möglicherweise die menschliche Kreativität im Wege. Was als literarischer Text zu gelten beansprucht, kann von unseren gewöhnlichen Erwartungen auf einen Zusammenhang vollständig abweichen. In diesem Fall kommt es besonders auf die Anstrengung der Rezipienten an, in der Reihung Zusammenhang und Sinn zu erkennen oder zu stiften.

Aber auch der Zusammenhang eines nicht-literarischen Textes, z. B. eines Zeitungsartikels, eines wissenschaftlichen Aufsatzes oder einer Kindergeschichte, will erschlossen werden. Es gibt eine ganze Reihe von sprachlichen Mitteln und Verfahren, die dabei helfen, den Textzusammenhang, fachlich auch ‚Kohärenz' genannt, zu erkennen. Sie halten den Text zusammen, man spricht daher auch von Mitteln der ‚Kohäsion'. Die wichtigsten sind dabei zwei Typen von Mitteln oder Verfahren. Einerseits jene, die garantieren, dass wir nicht etwa über völlig disparate Gegenstände sprechen, sondern entweder fortlaufend über dieselben oder über solche, zu denen überzugehen uns plausibel gemacht wird. Andererseits jene, die garantieren, dass wir nicht über völlig disparate Sachverhalte sprechen, sondern über solche, die miteinander ins Verhältnis gesetzt und verknüpft sind. Nennen wir sie Mittel der Anaphorisierung und Mittel der Konnexion. Typische Mittel der Anaphorisierung sind die Personalpronomina der 3. Person und die Demonstrativa. Typische Konnexionsmittel oder kurz ‚Konnektoren' sind Wörtchen wie *dann*, *aber*, *trotzdem*. In den beiden ersten Absätzen unseres kurzen Beispieltextausschnitts oben wird *er* als Mittel der Anaphorisierung eingesetzt, wenn auch auf unorthodoxe Weise: Wir wissen nämlich zunächst gar nicht, wer „er" denn ist. Zudem findet sich der Konnektor *dann*. Allerdings gilt: Ein Text kann kohärent sein ohne den Gebrauch solcher Mittel. Und umgekehrt: Ein Text kann von Kohäsionsmitteln Gebrauch machen, ohne kohärent zu sein. Insofern ist es sinnvoll, die beiden Phänomene getrennt zu halten – auch wenn uns das Nebeneinander beider Termini zunächst lästig erscheinen mag. Anaphorisierung und Konnexion behandeln wir in den ersten beiden Unterkapiteln.

Danach wenden wir uns den Tempora zu. Denn auch der Einsatz der Tempora sollte der Kohärenz dienen; wir springen nämlich nicht willkürlich in der Zeit umher, wenn wir im Zusammenhang bleiben wollen. In einem narrativen Text wie dem obigen macht man typischerweise Gebrauch von den Erzähltempora Präteritum, wenn etwa der Hauptstrang des Geschehens erzählt wird, und Präteritumperfekt, wenn die Vorgeschichte ins Spiel kommt. Auch dies demonstriert unser Textabschnitt.

Wie beim Thema Tempus (vgl. Kapitel 3, Unterkapitel 2) sind wir auch auf die Personalia und Demonstrativa (vgl. Kapitel 4, Abschnitt 3.4) und Konnektoren (vgl. Kapitel 5, Abschnitt 2.1) schon zu sprechen gekommen. Dies allerdings in erster Linie mit Blick auf die morphologischen und syntaktischen Eigenschaften dieser Ausdrucksmittel. Hier nun haben wir eine andere, satzüberschreitende Perspektive. Aber auch hier wollen wir den grammatischen Blick beibehalten, insbesondere auch im zwischensprachlichen Vergleich. Ohnehin sind viele Merkmale der Textualität, etwa das Verfügen über eine bestimmte Intention oder Informativität und Akzeptabilität auf der interpersonalen Ebene, nicht an eine Einzelsprache oder überhaupt an die sprachliche Form gebunden oder aus ihr heraus erklärbar. Insofern gehen sie über den Gegenstand dieses Buches hinaus.

Übereinzelsprachlichkeit und weitgehende Sprachunabhängigkeit – bei durchweg gegebener Prägung durch die Kultur der entsprechenden Kommunikationsgemeinschaft – gelten auch in gewissem Maße für die Betrachtung der fast unüberschaubar zahlreichen Textsorten oder allgemeiner: ‚kommunikativen Gattungen'. Diese können nach ganz unterschiedlichen, zum Teil auch sich überschneidenden Gesichtspunkten geordnet werden: etwa nach der Relation zwischen Sender und Adressat (z. B. an einen Adressaten gerichtet wie bei einem Privatbrief, an eine bestimmte Nutzergruppe wie bei einer Gebrauchsanleitung oder gar an eine undifferenzierte Öffentlichkeit wie bei Zeitungsnachrichten) oder nach dem Medium (mündlich versus schriftlich, gedruckt oder über elektronische Medien verbreitet usw.). Auch die Interaktionskonstellation insgesamt kann geltend gemacht werden, wenn ein Gespräch zwischen Gleichgestellten von Angesicht zu Angesicht z. B. einem per Videobotschaft über das Internet in alle Welt verbreitetem Pamphlet gegenübergestellt wird. Natürlich sind auch der Inhalt und die Mitteilungsintention wichtige Kriterien. In der Regel werden in Typologien Gattungen nach mehreren dieser Parameter kreuzklassifiziert. Für unsere Zwecke möge als Bezugsrahmen eine grobe ausschließlich an Inhalt und Textintention orientierte Einteilung genügen: narrative Gattungen (wie Roman, Novelle oder biografische Erzählung), deskriptive (wie Landschaftsschilderung oder Wegbeschreibung), explikativinstruktive (wie Vorlesung, wissenschaftlicher Aufsatz), argumentative (wie Zeitungskommentare oder Essays) und unterhaltende (wie Witz, Glosse).

Der Leser mag sich fragen, warum hier überwiegend nur von Texten oder dem Text die Rede ist, also der „Form situationsentbundener, meist schriftlicher Kommunikation", wie es in der IDS-Grammatik heißt.[2] Ist nicht die alternative Form, nämlich die situationsgebundene, meist mündliche, die genuine und auch nach wie vor häufigere Kommunikationsform? Für diese wollen wir den Terminus ‚Diskurs' wählen, als Sammelbezeichnung, unter die wiederum alle möglichen Gattungen, wie der Small Talk, das Beratungsgespräch beim Arzt oder auch die Talkrunde fallen. Die mediale Revolution hat zudem eine ganze Reihe neuer Gattungen wie die Email, die Kurznachricht über SMS und WhatsApp oder den Chat hervorgebracht, oder auch an eine breitere Öffentlichkeit gerichtete, über Kommunikationsplattformen verbreitete Formen wie den Tweet oder das Posting in einem Blog. Solche neuen Gattungen sprengen z. T. die alten Schemata und stellen die herkömmliche Dichotomie von Text und Diskurs in Frage – etwa dadurch, dass schriftlich nicht nur mit Schreibnormen locker und kreativ umgegangen, sondern auch ein eingängigerer, von „schweren" syntaktischen Konstruktionen befreiter „Parlando"-Stil gepflegt wird. Zudem sind Multimodalität und Multimedialität in Rechnung zu stellen, wenn etwa die audio-visuelle Kommunikation in Youtube-Videos mit schriftlichen Nutzer-Kommentaren verschränkt wird oder bei Online-Spielen spielbegleitende verbale Kommunikation online und offline möglich ist.[3]

Es mag also durchaus sein, dass der Diskurs und die neuen Hybridformen interaktiv bedeutender sind als die klassischen Textsorten. Aber zum einen gelten gewisse Textualitätsmerkmale und Kohäsionsphänomene einschließlich des Vorkommens von Ellipsen auch für Diskurse, zum Teil in abgewandelter Form. Wir können also bei der Behandlung dieser Phänomene auch auf z. B. dialogische Beispiele eingehen. Zum anderen aber zeigen sich vor allem in der spontanen mündlichen Kommunikation eine ganze Menge von sprachlichen Verhaltensweisen, die situationsangemessen sein und die Verständigung gar nicht behindern, sondern u. U. sogar befördern mögen, die aber mit Blick auf das Sprachsystem eher als unorthodox, wenn nicht gar als abweichend erscheinen: Da überlagern sich die Redebeiträge der Sprecher, oder einer verschluckt ganze Silben oder fällt gar aus der Konstruktion. Möglicherweise bricht eine Sprecherin einfach ab, mitten im Satz oder gar Wort, um dann eine Reparatur nachzuschieben. Von daher ist es verständlich, wenn „Systemlinguisten" sich nach wie vor auf Texte (aus schriftlichen Korpora) oder allenfalls formellere aufbereitete Diskurse konzentrieren und die Beschäftigung mit authentischen Diskursen aller Art den Spezialisten überlassen. Dieser Opportunitätserwägung folge ich meist auch hier.

2 Anaphorisierung: wie wir im Gegenstandsbezug kohärent bleiben

2.1 Pronomina und andere Formen der Wiederaufnahme

Das Personalpronomen der 3. Person führt uns normalerweise durch längere Text- oder auch Redepassagen. Es ist wie ein Ariadnefaden, der uns letztlich zu der Person oder Sache zurückbringt, um die es gerade geht und die wir zuvor durch einen Eigennamen oder eine Deskription benannt haben. Ausnahmsweise aber kann ein „er", ein „es" oder ein „sie" auch ohne eine solche Vorerwähnung vorkommen. (Dabei sehen wir von den Fällen ganz ab, wo *es* – und ähnlich auch englisch *it* oder französisch *il* – nur ein Platzhalter, also nicht-referenziell ist und ohnehin keinen Vorgängerausdruck benötigt.) Und genau dies ist in dem im Einstieg genannten Textausschnitt der Fall. Erst etwa eine halbe Seite später erfahren wir, dass dieser „er" ein Alexander ist. In gewissen Fällen kann die Offenlegung des oder der Gemeinten – hier geht es in der Regel um Personen – auch ganz unterbleiben, wenn die Kommunikationspartner nach Meinung des Autors oder der Sprecherin vorverständigt sind über dessen oder deren Identität. Etwa wenn es in dem Roman über das Pariser Hotel Lutetia heißt: „Bald würden »sie« in Paris sein:"[4] Der Leser weiß, dass »sie« die Deutschen sind, die „boches", die kurz davor stehen, Paris im Jahr 1940 zu besetzen.

Welche literarische Intention mit einer Umkehrung der normalen Folge von benennender oder beschreibender Nominalphrase und referenzidentischer ‚Anapher' – so heißt das Personalpronomen der 3. Person auch aus funktionaler Sicht – verbunden ist oder verbunden sein kann, mag von Fall zu Fall verschieden sein.[5] Sicher spielt dabei die durch enttäuschte Erwartung genährte erhöhte Aufmerksamkeit beim Rezipienten eine Rolle. Dieser markierte Fall verweist aber deutlich auf die Asymmetrie zwischen Nominalphrase und mit ihr als ihrem ‚Antezedens', dem Vorgängerausdruck, referenzidentischer Anapher. Die Anapher entbehrt jedes beschreibenden, deskriptiven Gehalts. Sie ist inhaltlich parasitär zu ihrem Antezedens. Auch die Genusunterscheidung liefert in Sprachen mit einem weitgehend formalen Genussystem wie dem deutschen, französischen oder polnischen keine gegenstandsbezogene Information – es sei denn, ein personaler Antezedens-Bezug steht ohnehin außer Frage. Bei einem *he* oder *she* in einem englischen Text können wir weitgehend sicher sein, dass ein Antezedens zu suchen ist, das eine männliche bzw. weibliche Person oder auch ein Tier des jeweiligen Geschlechts bezeichnet. Bei *er* oder *sie*, *il* oder *elle*, *on* oder *ona* in einem deutschen, französischen oder polnischen Text hingegen muss der ganze Kontext zur Klärung des Bezugs herangezogen werden.[6] Sprachen ohne Genusdifferenzierung wie das Ungarische oder Türkische bieten weder auf dem semantischen Weg über Personalität und Sexus noch auf dem Weg über formale Genuskongruenz Hilfe bei dieser Suche.

Nun ist die Identifizierung eines Antezedens in aller Regel für das menschliche Textverstehen keine allzu schwierige Aufgabe. Auch bei dem Textabschnitt aus dem „Einstieg" tippen wir spätestens beim zweiten Vorkommen von *er* auf eine männliche Person – Person deshalb, weil nur Personen Büffelledersofas besitzen und duschen, männlich wegen des bei Personen sexusbestimmten Genus von *er*. Und das, obwohl von einem „Ante"zedens ja keine Rede sein kann, eher von einem „Post"zedens. Die so genannte ‚Anaphernresolution', also die Zurückführung eines anaphorischen Ausdrucks auf einen Bezugsausdruck, ist aber in der Computerlinguistik, etwa bei Aufgaben wie der (teil-)automatischen Übersetzung oder der maschinellen Informationsextraktion, eine wichtige und intensiv bearbeitete Problemstellung. Dabei muss alles implizite Wissen, über das wir selbstverständlich verfügen, Schritt für Schritt explizit gemacht und in Verarbeitungsschritte umgesetzt werden, z. B. etwa das Wissen, dass nur Personen Büffelledersofas besitzen und duschen. Man denke daran, dass man Nominalphrasen ja nicht ansieht, ob sie Personen bezeichnen oder Dinge. Vielmehr muss, wo als ein Antezedenskandidat ein Eigenname in Frage kommt, ein umfassendes Personennamenregister herangezogen werden. Oder aber man leitet mühsam über eine Art ‚Ontologie', also ein Ordnungssystem für das Seiende, aus den Köpfen von Nominalphrasen ab, ob sie letztlich Unterbegriffe für ‚Person' bezeichnen oder nicht. Erst dann kann z. B. im vergleichsweise einfacheren Fall von englisch *he* (bzw. *him*, *himself*, *his*) oder *she* (bzw. *her*, *herself*) ermittelt werden, ob ein Antezedenskandidat wirklich einschlägig ist oder nicht.

Bleiben wir noch einen Moment bei der Hilfe, die das Genus bei der Anaphernresolution leistet, und zwar aus sprachvergleichender Perspektive. Interessant ist hier zunächst, dass vor allem die Personalia der 3. Person sprachübergreifend

Genusunterscheidungen aufweisen. Genusdifferenzierende Personalpronomina der 1. und 2. Person haben Sprachen generell nur dann, wenn sie auch solche in der 3. Person haben.[7] Fast alle europäischen Sprachen, die wir so überblicken, differenzieren, wenn überhaupt, nur bei den Pronomina der dritten Person. Und da in erster Linie nur im Singular: so im Deutschen mit *er/sie/es* (Singular) versus *sie* (Plural) oder im Englischen mit *he/she/it* versus *they*. Französisch und Polnisch oder auch Spanisch hingegen machen, zumindest bei den Subjektpronomina, auch im Plural das Genus sichtbar.[8] Sowohl der Genus-Vorsprung bei den anaphorischen gegenüber den deiktischen Pronomina als auch der beim Singular der Anapher gegenüber dem Plural leuchten aus funktionaler Sicht unmittelbar ein: Die deiktischen Kommunikantenpronomina haben überhaupt kein Antezedenz; sie verweisen an jeder Text- oder Diskursstelle unmittelbar auf die Person(en), die in der Situation mit ihnen gemeint ist bzw. sind. Also muss ihre Identität auch nicht z. B. über das Genus zurückverfolgt werden. Und im Plural ist einerseits der Individuationsgrad ohnehin geringer – d.h., es kommt nicht so sehr auf die Eigenschaften jedes Einzelelementes an –, und andererseits können ja etwa bei Koordinationen genusverschiedene Ausdrücke zusammenkommen. Bezieht man sich z. B. auf *ein Mann und eine Frau* zurück, ist es schon ganz angenehm, dass man einfach das genuslose Pronomen *sie* gebrauchen kann. Was speziell im Vergleich zwischen dem Deutschen und Englischen deutlich wird: Englisch erleichtert über *he* und *she* die Anaphernresolution bei Personenbezeichnungen, während das Deutsche mit seinem generalisierten ‚abstrakten' Genus hier von Nachteil ist. Auf der anderen Seite hilft die Genusdifferenzierung im Deutschen auch bei Sachbezeichnungen, während wir im Englischen vor dem undifferenzierten *it* stehen.

Nicht trivial ist auch für uns Menschen die Rückverfolgung eines anaphorischen Bezugs vor allem in zwei Fällen: Zum einen dann, wenn es mehrere anscheinend gleich gute Antezedenskandidaten gibt. Zum anderen dann, wenn die Beziehung zwischen Anapher und Antezedens indirekt ist.

Zum ersten Fall vergleiche man etwa folgenden Beleg. Dabei spielt es keine Rolle, dass es hier nur um einen einzigen Textsatz geht. Die Prinzipien gelten in vergleichbarer Weise: „Wenn vor drei Jahren eine Frau wegen Gewalt ihres Gatten zur Polizei ging, sagte **ihr diese**, das sei ein Familienproblem" (St. Galler Tagblatt vom 29.08.2000). Potenzielle Antezedentien für *ihr* und *diese* sind *eine Frau* und (*die*) *Polizei*, beides Ausdrücke im Femininum Singular und damit für *ihr* als Dativform eine notwendige und für *diese* als Nominativ- oder Akkusativform eine mögliche Option. Nun sagt uns der Zusammenhang, dass *ihr* sich auf *eine Frau* bezieht, *diese* auf (*die*) *Polizei*. Aber diese Zuordnung kann sich auch auf den sprachlichen Befund selbst stützen: Wo immer das anaphorische Personalpronomen und das Demonstrativum im Antezedensbezug konkurrieren, greift das Personalpronomen auf den ‚salienteren' der beiden Antezedenskandidaten zurück, das Demonstrativum auf den weniger salienten. Salienter heißt hier: von höherem Stellenwert im kognitiven Umgang mit den Redegegenständen des Textes. Wir können hier auf die in Kapitel 5 (Abschnitt 3.3) besprochenen Überlegungen zur Informationsverteilung zurückgreifen und Salienz mit dem Konzept des Themas oder eher noch des Topiks in Verbindung bringen. Ein bereits eingeführtes und ggf. satzübergreifend fortgeführtes Topik ist salienter als ein gerade neu eingeführter Beteiligter. Und ein solches Topik ist wiederum meist durch ein Subjekt im vorausgehenden Satz verkörpert, während der neue Redegegenstand eher durch ein Objekt oder ein anderes Komplement, z. B. ein Adverbial, ausgedrückt wird. Das bedeutet zudem, dass das Personalpronomen oft auf die in der Ausdruckskette entferntere, im Vorfeld oder am Mittelfeldanfang platzierte Subjekt-Nominalphrase zurückverweist, während das Demonstrativum auf das nähere, da dem Subjekt folgende, Objekt oder Adverbial verweist. Genau diese Konstellation liegt hier – und in vielen vergleichbaren Fällen – vor.

Es sei nun noch ein längerer Textabschnitt angefügt, der eine ähnliche, aber deutlich verwickeltere Verteilung von *sie/ihr* und *diese(s)* aufweist. Ich markiere Antezedens und zugehörigen anaphorischen Ausdruck durch übereinstimmende Indizes:

> Am Mittwoch, gegen 12 Uhr, ließen sich zwei unbekannte Frauen in einem Geschäft in der Ludwigstraße nach Polizeiangaben Bettwäsche zeigen. Als beide verschwunden waren, bemerkte die Verkäuferin$_1$ das Fehlen der Bettwäsche und lief den Frauen hinterher, so die Polizei. Dabei entdeckte **diese**$_1$ unter dem Mantel der einen Frau ein vermisstes Päckchen$_2$. Als **sie**$_1$ **dieses**$_2$ an sich genommen hatte und die zweite Frau$_3$ am Weglaufen hindern wollte, versetzte **diese**$_3$ **ihr**$_1$ einen Faustschlag ins Gesicht, wonach beide flüchteten.
>
> (Mannheimer Morgen vom 08.02.2002)

Wir sind nicht gezwungen, neben dem Personalpronomen das Demonstrativum einzusetzen. In weniger komplexen Fällen kommt man auch für beide Antezedensbezüge nur mit Personalpronomina aus – zumal in der Alltagssprache, die kein Faible für das Demonstrativum *dieser* hat. Man vergleiche: „Aber wie soll eine Frau eine Frau kennenlernen, wenn **sie sie** nicht von der Seite ansprechen darf?" (die tageszeitung vom 30.10.1999).

Anzumerken ist noch, dass das Possessivum *sein/ihr* sich zum Demonstrativum *dessen/deren* ähnlich verhält wie *er/sie/es* zu *dieser*: „In welchem Asterix-Abenteuer rettet Idefix durch seinen Spürsinn seinem Herrchen Obelix und dessen Freund Asterix das Leben?" (Tiroler Tageszeitung vom 08.01.2000). *sein/ihr* wird im Kontrast zu *dessen/deren* gebraucht, um ein Possessor-Verhältnis zu einem salienteren Redegegenstand anzuzeigen: Es geht bei dieser Frage um Idefix, nur in zweiter Linie um Obelix. Was zu Idefix gehört, ist „sein", was zu Obelix gehört, ist „dessen".

Gehen wir nun kurz über zum zweiten, schwierigen Fall der Anaphernresolution: dem Fall eines nur indirekten Bezugs. In der IDS-Grammatik werden die beiden folgenden Beispiele genannt:[9]

Das Brautpaar trat aus der Kirche. **Er** strahlte über das ganze Gesicht.

Der Fürst heiratete wieder. **Sie** war eine Schauspielerin.

Weder *er* noch *sie* haben ein Antezedens, das in Genus und Numerus passt. Dennoch erschließen wir, dass mit *er* – wir setzen hier mündlich oder in Gedanken einen Akzent – der Bräutigam, mit *sie* die Braut gemeint sein muss. Im ersten Beispiel müssen wir nur die „Kollektiv"bezeichnung *Brautpaar* auf die beiden beteiligten Individuen „herunterrechnen". Im zweiten Beispiel führt erst die Verrechnung der Bedeutung von *heiraten* mit der Nennung des einen, des männlichen Akteurs, auf die richtige Spur.

Auch abgesehen von den Vorkommen als Platzhalter ist nicht jedes Vorkommen der Anapher im Sinne der Referenzidentität mit einem Antezedens zu interpretieren. Jedenfalls nicht im engeren Sinne. Betrachten wir folgenden Beleg, bei dem es um die riskante männliche Galanterie gegenüber einer emanzipierten Frau namens Maria geht: „Selbst wenn sie groteske Verrenkungen beim Anziehen vollführt: **fast jeder Begleiter** macht keinen Rührer. Aus Angst, **er** könnte dafür mit einem Kinnhaken belohnt werden?" (Salzburger Nachrichten vom 10.04.1996). *er* bezieht sich ohne Zweifel zurück auf *fast jeder Begleiter*. Bei Nominalphrasen mit Quantoren wie *jeder, alle, keiner* usw. als Antezedens spricht man nicht von referenzidentischen Anaphern, sondern im Anschluss an die formale Logik von durch den Quantor ‚gebundenen'. Man kann sich das so plausibel machen: Um zu bestimmen, wer mit dem „er" gemeint ist, der Angst davor hat, für sein Hilfsangebot mit einem Kinnhaken belohnt zu werden, können wir diesen Ausdruck nicht einfach auf eine bereits identifizierte Person oder bestimmte Personen beziehen, sondern müssen alle, die als Begleiter von Maria zu betrachten sind und die noch künftig dafür in Frage kommen, in Gedanken durchgehen. Nur wenn es auf die allermeisten – sagen wir 90% – der Begleiter und Begleiter-Kandidaten zutrifft, dass sie diese Angst vor einem Kinnhaken haben, beantworten wir die Frage mit „ja" und bewerten damit die dahinter stehende Aussage als wahr. Wenn wir dann einzelne Begleiter identifiziert haben, etwa Marias langjährigen Kollegen Hans, dann könnten wir fragen, ob „er", der Hans, tatsächlich Angst vor einem Kinnhaken hat. Bei dieser Instanz einer generelleren Aussage handelte es sich wieder um Referenzidentität im gewöhnlichen Sinne. Wir haben jenes kompliziertere Verständnis von Referenz, das auch bei der Anaphorik in solchen Fällen zugrunde gelegt werden muss, bereits in Kapitel 2 (Abschnitt 6.1) angesprochen.

Nicht nur pronominal, sondern auch nominal können wir bereits Eingeführtes wieder aufnehmen. Was zunächst durch einen Eigennamen benannt wurde, kann im weiteren Text in Form einer referenzidentischen Nominalphrase wiederkehren. Und umgekehrt. Ich zeige hier den ersten Fall an einem französischen Beleg aus „Le Parisien" vom 26. August 2019 und seiner deutschen Übersetzung:

> L'Amazonie brûle, et les échanges se font de plus en plus vifs entre **Emmanuel Macron** et son homologue brésilien Jair Bolsonaro. Ce dernier a dénoncé lundi les attaques « déplacées » du **président français**, l'accusant une nouvelle fois de « colonialisme ».
>
> Amazonien brennt, und die Wortgefechte zwischen **Emanuel Macro**n und seinem brasilianischen Amtskollegen Jair Bolsonaro werden immer heftiger. Letzterer hat am Montag die „deplazierten" Angriffe des **französischen Präsidenten** angeprangert und ihn ein weiteres Mal des „Kolonialismus" beschuldigt.

Den zweiten Fall illustriert der (im Original fett gesetzte) Vorspann und der erste Satz der folgenden Nachricht, die über eine britische Online-Nachrichtenagentur am 9. September 2019 verbreitet wurde: Die offiziellen Titel der beiden Staatsmänner gehen als Träger deskriptiver Information den jeweiligen Eigennamen voraus:

> The **Prime Minister** is to travel to Dublin on Monday for his first official meeting with **the Irish Premier**.
>
> **Boris Johnson** and **Leo Varadkar** will meet in the city for talks on Brexit.
>
> Der Premierminister wird am Montag zu seinem ersten offiziellen Treffen mit dem irischen Premier nach Dublin reisen.
>
> Boris Johnson und Leo Varadkar werden in der City zu Gesprächen über den Brexit zusammentreffen.

Es leuchtet ein, dass gerade in dieser Textsorte Akteure des politischen Lebens sowohl ihrer Funktion nach als auch mit ihrem Eigennamen im Text präsent sein müssen. Auf diese Weise ist die Verknüpfung mit dem Vorwissen der Rezipienten gewährleistet. In längeren Textpassagen, etwa in den Kommentaren der Printmedien, wird sogar von der Wiederholung eines Eigennamens Gebrauch gemacht, obwohl es nur um diese eine Person geht und somit die Folge Eigenname – Personalpronomen für die Referenzsicherung vollauf genügen würde. So wird in einem Beitrag der Online-Ausgabe der Süddeutschen Zeitung vom 1. Juli 2014 in zwei aufeinanderfolgenden Sätzen, die allerdings durch einen neuen Absatz getrennt sind, der Name des damaligen italienischen Ministerpräsidenten genannt:

> **Renzi** wird zwei Schlüsselthemen anpacken: das Flüchtlingsproblem und die Wachstumsschwäche vor allem im Süden des Kontinents.
>
> Doch **Renzi** lebt auch gefährlich.

Die Wiederholung des Eigennamens hat hier eine rhetorische Funktion: Der durch *doch* eingeleitete neue Argumentationsschritt, eine Art Antithese,[10] wird so wirkungsvoll unterstrichen.

2.2 Anaphorisierung ohne Pronomen

Übersetzen wir den deutschen Minitext

> Anna hat ein neues Buch. **Sie** liest **es** interessiert.

ins Italienische oder Polnische, sparen wir üblicherweise das Subjektpronomen ein. Nur das Objektpronomen – ich markiere es durch Fettdruck – tritt in Erscheinung.

> Anna ha un libro nuovo. **Lo** legge con interesse.
>
> Anna ma nową książkę. Czyta **ją** z zainteresowaniem.

Italienisch ist wie schon das Lateinische und neben anderen romanischen Sprachen (außer dem Französischen) eine so genannte ‚Pro-Drop-Sprache', also auf Deutsch eine „Pronomen-Wegfall-Sprache": Deiktische und anaphorische Personalia oder auch phorisch gebrauchte Demonstrativa können entfallen. Auch das Polnische gehört wie andere slawische Sprachen zu dieser Gruppe. Zweifellos handelt es sich hier um ein ökonomisches Verfahren. Und so kann man sich fragen: Welche Sprachen können sich diese Ökonomie leisten? Aber auch: Wie kommt es dazu? Eine gängige Antwort auf die erste Frage lautet: Sprachen mit einer reichen Verbalmorphologie, die die Unterschiede zwischen den Personen und Numeri durch Flexion ausdrücken können, erlauben sich den Pronomen-Wegfall. Das scheint im Großen und Ganzen auch zuzutreffen – denken wir z. B. an die Konjugation von lat. *amare* ‚lieben' im Präsens Aktiv. In der Reihe *amo, amas, amat, amamus, amatis, amant* haben wir für jede der sechs Person-Numerus-Stellen eine eigene Form mit einem jeweils eigenen Flexionsmorphem. Vergleicht man das mit der deutschen Reihe *liebe, liebst, liebt, lieben, liebt, lieben*, so gibt es nur vier unterschiedliche Formen. Allerdings kann es ja nicht nur um das Präsens Aktiv gehen, sondern um das ganze verbale Paradigma mit seinen verschiedenen Tempora und Modi. In diesen Gesamtparadigmen gibt es z. B. auch im Italienischen durchaus Formenzusammenfall; man denke etwa an die Form *ami* des italienischen Verbs *amare* ‚lieben': Sie steht für die 2. Person des Indikativs Präsens sowie für alle drei Personen im Singular des Konjunktivs Präsens, hat also die Lesarten ‚du liebst' (Indikativ) ‚ich liebe, du liebest, er liebe' (Konjunktiv). Im Lateinischen wurde da noch differenziert! Sind die ‚Synkretismen', die Formenzusammenfälle, im Italienischen etwa weniger schwerwiegend als die im Deutschen? Ist das die Erklärung dafür, dass das Deutsche sich kein Pro-Drop leistet, das Italienische schon? Aber wie misst man das Gewicht eines Synkretismus? Aus der Sicht der Textgrammatik könnte man spekulieren, dass vor allem die Erkennbarkeit der 3. Person Singular, der potenziell anaphorischen Form par excellence, quer durch die Tempora gewährleistet sein sollte, wenn auf die Setzung des Pronomens verzichtet wird.

Vielleicht sollte man aber auch die unterschiedliche Sprachgeschichte etwa des Deutschen und des Italienischen berücksichtigen. Zwar soll im Althochdeutschen noch nicht der heutige Pronomenzwang geherrscht haben. Aber es dürfte keine generelle Pro-Drop-Sprache wie etwa das Lateinische gewesen sein. Oder anders gesagt: Möglicherweise war das Althochdeutsche schon „weiter" als das Lateinische. Man nimmt nämlich an, dass es eine Art sprachgeschichtlichen Zyklus gibt, an dessen Beginn (Stadium 1) selbstständige Personalpronomina stehen. Diese entwickelten sich dann zunächst (Stadium 2) zu klitischen, an das Verb angelehnten Formen, bis sie schließlich zu verbalen Flexionsendungen abgeschliffen wurden (Stadium 3). Aber auch damit ist noch kein Halten. Werden auch diese Endungen noch weiter abgebaut, entsteht erneut der Bedarf nach einer Setzung der Pronomina (Stadium 4). Wenn das Lateinische sich klar in Stadium 3 befindet, ist das Althochdeutsche, so scheint es, an der Schwelle zu Stadium 4.[11]

In der Übersetzung unseres Minitextes ins Ungarische findet sich weder ein Subjekt- noch ein Objektpronomen. Ich ergänze sie durch eine Glossierung und eine wörtliche Übersetzung:[12]

Annának van egy új könyve. Érdeklődve olvassa.
Anna.Dat ist ein neu Buch. sich-interessier.Adverb les.3Sgdef
„Der Anna ist ein neues Buch. Auf interessierte Weise liest-sie-es."

Allerdings geht die Information, dass ein zuvor erwähnter Referent ein zuvor erwähntes Referenzobjekt liest, nicht verloren. Vielmehr verbirgt sie sich im Verb selbst. Das Ungarische verfügt nämlich über eine spezielle Konjugationsklasse, die so genannte definite Konjugation, hier realisiert in der Form *olvassa*, die bei einem transitiven Verb gesetzt wird, wenn das Objekt-Argument für einen bestimmten, identifizierten Gegenstand steht. Dabei kann natürlich eine Nominalphrase im Akkusativ im betreffenden Satz selbst dieses Argument bezeichnen. Oder aber es ist, wie in diesem Fall, aus dem unmittelbaren Kontext zu erschließen. Das Ungarische führt also, implizit über seine Verbmorphologie, nicht nur wie die anderen europäischen Pro-Drop-Sprachen Buch über ein Topik in Subjektfunktion, sondern auch über einen nachgeordneten, weniger salienten Beteiligten.[13]

2 Anaphorisierung: wie wir im Gegenstandsbezug kohärent bleiben — 227

Der auf der Systemebene gegebene Pronomenzwang kann allerdings auch im Deutschen unter bestimmten Bedingungen umgangen werden. Im mündlichen Austausch, aber auch in informeller schriftlicher Kommunikation oder im ‚Telegrammstil' „fehlt" oft das Subjekt- oder auch das Objekt-Pronomen. Man vergleiche etwa folgende fiktive Twitter-Nachricht:

> twitter.com/community: Bin in Nürnberg. Treffen von coolen Typen und zwei Politikerinnen. Kenn ich nicht. Sind nur am Tippen, die zwei. Was gibt's zu essen?
> (Nürnberger Zeitung vom 28.07.2010)

Beim ersten Textsatz wäre „ich" zu ergänzen, beim dritten und vierten am ehesten „die". (Das Demonstrativum *der/die/das* wird mündlich dem formelleren *dieser* vorgezogen. Im Vorfeld würden wir zumindest in Objektfunktion ein „die" auch dem einfachen anaphorischen „sie" vorziehen.) Das Demonstrativum *die* wäre im dritten Satz direktes Objekt, im vierten Subjekt. Das Vorfeld, in das die Pronomina gehören würden, bleibt also – anders als im normalen Aussagesatz – leer. Man nennt dieses Verfahren in Assoziation zu ‚Pro-Drop' auch ‚Topik-Drop'. Anders als beim systeminhärenten Pro-Drop romanischer und slawischer Sprachen spielt die syntaktische Funktion des fehlenden Pronomens hier keine wesentliche Rolle, nur der Wert als Text- oder Diskurstopik und davon abgeleitet die dem Pronomen eigentlich zustehende Vorfeldposition. Sogar ein indirektes Objekt kann „getopikdroppt" werden wie in: „Hast du was von Anna gehört? – Bin ich gestern auf der Straße begegnet."

Auch im Englischen und Französischen – wie das Deutsche keine Pro-Drop-Sprachen – kann informell ein Pronomen an der Satzspitze weggelassen werden. Hier allerdings aufgrund der strikten Subjekt-Verb-Objekt-Ordnung nur ein Subjekt-Pronomen. Ein kurzer Dialog auf Englisch kann z. B. lauten: „What's the new guy like? – Can't play at all."[14] In französischen Grammatiken findet das Phänomen keine Beachtung. Immerhin wird es als neue „Manie" der Pressesprache in einer sprachpflegerischen Zeitschrift aufgegriffen und u. A. mit folgendem Beispiel belegt:[15] « N'ont rien d'autre à regarder, ces touristes? » ‚Haben nichts anderes anzuschauen, diese Touristen?' Hier wird das zunächst ersparte Topik bzw. Subjekt nachgeliefert. Auch dies ist im Deutschen, wie meine Übersetzung zeigt, möglich.

Pro-Drop und Topik-Drop finden sprachübergreifend nicht statt, wenn es nicht einfach um die Beibehaltung des Topiks geht, sondern z. B. um den Kontrast zu anderen (potenziellen) Beteiligten wie in „Hans kam mal wieder zu spät. 'Er ist oft unpünktlich, während seine 'Frau immer pünktlich ist." Das Subjektpronomen wird etwa im Polnischen auch dann gesetzt, wenn auf einen zwar bereits erwähnten Beteiligten zurückgegriffen wird, dieser aber aktuell nicht salient ist, sondern von einem neuen Topik abgelöst wurde, wie z. B. in:

*Koleżanka z Budapesztu właśnie przyjechała. Przewodnicząca sekcji zapytała, o czym **ona**
chciałaby referować.*

‚**Die Kollegin aus Budapest** ist gerade eingetroffen. Die Sektionsleiterin hat gefragt, worüber **sie** vortragen möchte.'

Abb. 15: Rückbezug im Polnischen.

Wie steht es mit der Ersparung von (Subjekt-)Pronomina weltweit? Der oben skizzierte Zusammenhang mit einer reichhaltigen, Person und Numerus differenzierenden Verbmorphologie kann jedenfalls nicht die ganze Wahrheit sein. Denn auch Sprachen wie Japanisch, Koreanisch oder Chinesisch (Mandarin), die gar keine Person-Numerus-Flexion am Verb oder nur eine schwach ausgeprägte besitzen, sind in unterschiedlichem Maße Pro-Drop-Sprachen. So scheint die Pronomen-Einsparung ein Phänomen der Extreme zu sein: Kandidaten sind Sprachen mit maximaler oder gar nicht vorhandener Differenzierung am Verb. Sprachen, die dazwischen liegen, wie etwa die germanischen Sprachen, neigen nicht zu Pro-Drop.

3 Konnexion: wie wir im Sachverhaltsbezug kohärent bleiben

Nur eine der Einheiten unseres Einstiegstextes ist explizit verknüpft – also in eine semantische Beziehung gebracht – mit der Vorgängereinheit: Der zweite Satz beginnt mit *dann*. *dann* ist ein temporaler Satzverknüpfer bzw. ‚Konnektor'. Alle anderen Texteinheiten sind konnektorlos oder ‚asyndetisch' gereiht. Das heißt freilich nicht, dass sie zusammenhanglos sind. Wir müssen uns nur den Zusammenhang ohne eigens dafür gedachte Stütze erschließen. Wir kommen darauf im nächsten Abschnitt zurück.

Sachverhaltsverknüpfung gibt es auch unterhalb der Textebene. Nämlich dann, wenn die Teilsätze eines komplexen Satzes in eine z. B. temporale, kausale oder konditionale Beziehung gesetzt sind. Das geschieht in erster Linie durch adverbiale Bestimmungen in Form von Nebensätzen, die z. B. durch *als*, *weil* oder *wenn* eingeleitet sind. Wir haben dieses Thema in Kapitel 5 (Abschnitt 2.1) angesprochen.

In diesem Kapitel konzentrieren wir uns auf die Verknüpfung zwischen Texteinheiten, also – in aller Regel – zwischen Ganzsätzen. Temporale Nebensatzeinleiter bzw. ‚Subjunktoren' (wie *als*, *wenn*, *sobald*, *bis*, *nachdem*) sind durchweg andere Ausdrücke als temporale Texteinheitenverknüpfer (wie *dann*, *danach*, *darauf*, *eben*, *gerade*, *schließlich*, *zuvor*), und dasselbe gilt in der Regel auch für die anderen semantischen Typen.[16] Allerdings müssen wir im Auge behalten, dass vor dem Satz mit *dann* oder *schließlich* usw. auch ein Komma oder ein Semikolon stehen kann. Die Syntax und Semantik der Verknüpfung macht keinen Unterschied zwischen der Konnexion von Texteinheiten und der zwischen gleichgeordneten Sätzen: „Der Barbar schien zu zögern, schüttelte dann langsam den Kopf; **schließlich** trat er einen Schritt vor und blickte Varus eindringlich an" (Hannoversche Allgemeine vom 05.11.2008). Noch ein Weiteres gilt es zu beachten: Manche Texteinheitenverknüpfer, z. B. *dann, deshalb* werden auch genutzt, um innerhalb desselben Ganzsatzes auf den Nebensatz zu verweisen: *Ich komme dann, wenn es mir passt. / Er ist deshalb einverstanden, weil es ihm nützt.*

Welche Arten der semantischen Verknüpfung kommen vor? Auch hier gibt es natürlich unterschiedliche Einteilungen. Ich stelle kurz die des „Handbuchs der deutschen Konnektoren" vor. Dort werden neben den erwähnten temporalen fünf weitere Großklassen unterschieden: ‚additiv basierte', ‚alternativebasierte' („disjunktive"), ‚konditional basierte' und ‚metakommunikative'. Bei den additiv basierten ist an erster Stelle *und*, der Universalkonnektor, zu nennen, bei den alternativebasierten als Gegenstück *oder*. Diese beiden und einige andere werden, wenn sie vollständige Aussagesätze verknüpfen, ganz an den linken Rand gesetzt, also in das linke Außenfeld bzw. die ‚Nullstelle', wie es im Handbuch heißt. Diesem Typ, den ‚Konjunktoren', stehen die sehr viel zahlreicheren Konnektoren gegenüber, die man relativ frei im Satz hin und her schieben kann. Sie verhalten sich syntaktisch ähnlich wie Adverbien, deshalb nennt sie das Handbuch auch Adverbkonnektoren. Vergleichen wir z. B. eine *und*-Verknüpfung mit einer *dagegen*-Verknüpfung, die ebenfalls additiv basiert ist: „Er möchte die Sommerspiele verkleinern. **Und** er hat dem Doping den Kampf angesagt" (Tages-Anzeiger vom 26.11.2002). Mit *dagegen* anstelle von *und*: ***Dagegen** hat er dem Doping den Kampf angesagt / Er hat **dagegen** dem Doping den Kampf angesagt / Er hat dem Doping **dagegen** den Kampf angesagt.*

Wie man sieht, ist in der Großklasse des additiv Basierten der Kontrast enthalten, der auch z. B. durch *aber, doch* oder *jedoch* ausgedrückt werden kann. Gegensätze zwischen Sachverhalten sind – in einer logischen Analyse – nichts weiter als Aussagen, die gleichermaßen als wahr behauptet werden, trotz ihrer Kontrarität, die nur im Auge des Betrachters liegt. Auch Negation kann bei der additiv basierten Konnexion ins Spiel kommen: Bei *weder ... noch* sind beide Teile negiert, *sondern* fügt an einen negierten ersten Teil einen affirmierten zweiten Teil an, korrigiert also quasi: „Das ist kein Klassenkampf, **sondern** das ist fair und richtig", soll Obama laut Spiegel-Online vom 20. September 2011 zu einer geplanten Steuererhöhung für Millionäre gesagt haben.

Überschaubar ist gegenüber dem additiv basierten der disjunktive Bereich. Hier begnügen wir uns im Wesentlichen mit *oder* sowie *entweder ... oder*. Der Übergenaue kennt noch das Kunstwort *und/oder*. Es ist eigentlich überflüssig, ist doch – aus Sicht des Logischen – beim üblichen ‚inklusiven' *oder* nur gefordert, dass mindestens eine von (je) zwei verknüpften Aussagen wahr ist. Also können es auch beide sein – wie dies bei *und* gefordert ist. Wollen wir diese Möglichkeit ausschließen, sollten wir zu dem ‚exklusiven' *entweder ... oder* greifen. Natürlich kann man, wie auch schon bei *und*, mehr als zwei Textsätze durch *oder* verknüpfen. Ein *entweder* kann nur zu Beginn der Reihung auftreten: „Entweder man lehnt ab oder man stimmt zu oder man enthält sich."

Auf die konditional fundierten Verhältnisse sind wir schon in Kapitel 5 eingegangen, als es um entsprechende unterordnende Ausdrücke ging, z. B. um das konditionale *wenn* (oder auch *falls, sofern*), das kausale *weil*, das konsekutive *sodass*, das finale *damit* oder das konzessive *obwohl*. Interessanterweise gibt es keine konditionalen Konnektoren auf der Textebene. Das erklärt sich damit, dass bei einer *wenn/falls ... (dann)*-Konstruktion ja nur eine Annahme geäußert wird und was aus ihr folgt: „Wenn das Unternehmen scheitert, sind wir geliefert." Formulieren wir hier mit zwei Aussagesätzen, verliert der erste automatisch seinen Annahmecharakter und wird zur Behauptung – kein Konnektor kann das verhindern. Allenfalls könnten wir umständlicher konstruieren: „Nehmen wir einmal an, (dass) das Unternehmen scheitert. Dann sind wir geliefert." Für alle anderen konditional fundierten Verhältnisse stehen jedoch auch Konnektoren auf der Textebene zur Verfügung. Kausal begründen können wir unter anderem mithilfe von *denn* oder *nämlich*. In einem Artikel über einen japanischen Action-Helden (aus SonntagsZeitung (Tages-Anzeiger) vom 01.02.2004) heißt es: „Der Blonde mit dem roten Schwert gewinnt immer. Obwohl er nichts sieht. Denn er ist blind." Die ohnehin unwahrscheinliche Aussage im ersten Textsatz – einer gewinnt immer (s1) – wird durch den „Gegengrund"– und dabei sieht der nichts (s2) – noch getoppt. Der Gegengrund, das Nichts-Sehen, wird seinerseits begründet: er ist nämlich blind (s3). Nun kann man das Ganze auch umgekehrt aufziehen, indem man jeweils zu *denn* und *obwohl* semantisch spiegelbildliche Konnektoren gebraucht: „Der Blonde mit dem roten Schwert ist blind. (s3) Er sieht also nichts. (s2) Trotzdem gewinnt er immer. (s1)" Statt des kausalen Konnektors *denn* wird der konsekutive, schlussfolgernde Konnektor *also* gebraucht. Statt des den unwirksamen Gegengrund markierenden *obwohl* erscheint nun *trotzdem*, das den Sachverhalt markiert, gegen den der Gegengrund eigentlich spricht. Die Dramaturgie des Textes allerdings wird dadurch entscheidend geändert. Während der originale Text den interessanten Sachverhalt, auf den es ankommt, gleich zu Beginn herausstellt und erst dann Gegengrund und Begründung des Gegengrundes rückblickend nachschiebt, setzt die Textumstellung beim „letzten" Grund an, geht zu dessen Wirkung und damit dem potenziellen Gegengrund über und gelangt erst am Ende, sozusagen deduktiv, zur eigentlich interessanten Aussage.

Der kleine Exkurs, den ich hier eingeschoben habe, soll auch die unterschiedlichen Muster im Aufbau vor allem argumentativer Texte an einem einfachen Beispiel demonstrieren. Man erkennt, welch wesentlichen Anteil daran Konnektoren haben können.

Werfen wir noch einen Blick auf die metakommunikativen Konnektoren. Es gibt deren erstaunlich viele, für ganz unterschiedliche Zwecke. Dabei handelt es sich meist um Fügungen aus mehreren einzelnen Wörtern: So kann man mit *anders gesagt* oder *sozusagen* etwas reformulieren, mit *das heißt* oder *d. h.* das Gesagte genauer identifizieren, mit *kurz gesagt* oder *kurzum* etwas resümieren und es mit *und zwar* oder *nämlich* präzisieren.

Der knappe Einblick, den ich hier gegeben habe, lässt die hochgradige Ausdifferenzierung konnektiver Verhältnisse kaum erahnen. Im „Handbuch der deutschen Konnektoren" werden allein über 200 Adverbkonnektoren aufgeführt. Hinzu kommen eine Reihe von Konjunktoren und syntaktischen „Einzelgängern" als weitere Verknüpfer auf Textebene. Andere europäische Sprachen dürften in der Vielfalt der Ausdrucksmittel von Konnexion nicht hinter dem Deutschen zurückstehen. Auch was die Typenbildung angeht, sind starke Parallelen zu erwarten. Dies gilt nicht nur für so naheliegende Klassen wie temporale oder kausale Konnektoren, sondern auch z. B. für konzessive. Konzessives Argumentieren gilt als kognitiv komplex – es wird ja mit dem Erwartbaren, aber nicht Eingetretenen argumentiert und damit um die Ecke gedacht – und dennoch, so heißt es, tendieren die Sprachen der Welt dazu, mindestens einen konzessiven Konnektor zu haben, selbst wenn sie sonst nicht gerade reich an Verknüpfungsmitteln sind. Zudem sind konzessive Ausdrücke oft noch vergleichsweise transparent; sie bedienen sich häufig aus einem überschaubaren Inventar von Markern, die eigentlich anderen Klassen angehören und schaffen aus diesen Elementen eine innovative Verbindung. Man denke an die Kombination aus Negationsmarker, Grad- und Vergleichsausdruck in deutsch *nichtsdestoweniger* oder englisch *nevertheless*, französisch *néanmoins*. polnisch *tym niemniej* (wörtlich ‚desto nichtweniger'). Der französische konzessive Konnektor *cependant* ist das Ergebnis einer Grammatikalisierung einer Partizipialkonstruktion (wörtlich ‚das hängend'), die etwa so zu interpretieren ist: ‚solange das, nämlich das soeben Gesagte, anhängig / andauernd ist'. Eigentlich hat *cependant* temporale Bedeutung, aus der heraus sich die konzessive entwickelte. Ähnlich etwa wie bei deutsch *indes / indessen*.

Auch andere europäische Sprachen unterscheiden wie das Deutsche zwischen den platzfesten Konjunktoren (oder ‚koordinierenden Konjunktionen') und den stellungsvariablen Adverbkonnektoren. Man denke an die englischen und französischen Konjunktoren *and, or, but* bzw. *et, ou, mais, car, or*. Diese erscheinen wie etwa deutsch *und*, *oder* und *denn*, notwendig an der Satzspitze, sofern sie vollständige Satzstrukturen verknüpfen. Allerdings können in den beiden „Subjekt-zuerst-Sprachen" Englisch und Französisch Adverbkonnektoren, die verschiedene Positionen im Satzinneren haben (wie engl. *now, therefore*, französisch *alors, donc*), auch ganz links außen, vor dem Subjekt, erscheinen. Im Deutschen dagegen besetzen Adverbkonnektoren ggf. das Vorfeld, verdrängen also das Subjekt. Vergleichen wir z. B. einen berühmten Syllogismus in seiner Fassung in den drei Sprachen:

> Tous les hommes sont mortels, **or** Socrate est un homme, **donc** Socrate est mortel.
>
> All men are mortal. (**Now**) Socrates is a man. **Therefore**, Socrates is mortal.
>
> Alle Menschen sind sterblich. **Nun** ist Sokrates ein Mensch. **Also** ist Sokrates sterblich.

Zudem stimmen die Grenzen zwischen der Klasse der Konjunktoren und der Adverbkonnektoren nicht überein: Deutsch *aber* hat anders als französisch *mais* und englisch *but* auch adverbiale Positionen im Satzinneren. Das französische *or* ist ein Konjunktor, seine – wohl nur annähernd befriedigende – Übersetzung *nun* ist dagegen ein Adverbkonnektor. Die Verschiedenheit in der Bedeutung und pragmatischen Funktion einander oberflächlich entsprechender Konnektoren zeigt auch der Vergleich zwischen *aber* auf der einen und *mais* und *but* sowie dem polnischen *ale* und dem ungarischen *de* auf der anderen Seite: *mais, but, ale* und *de* decken anders als deutsch *aber* nicht nur den Bereich des Kontrasts zwischen zwei Prädikationen ab, sondern auch den der Korrektur der einen durch eine andere Prädikation.[17] Daher stehen den beiden nicht synonymen deutschen Versionen nur jeweils eine englische, französische, polnische bzw. ungarische Übersetzung gegenüber, die somit eine weitere Bedeutung hat.

> Sie ist nicht fleißig, **aber** ehrgeizig. / Sie ist nicht fleißig, **sondern** ehrgeizig.
>
> She is not industrious, **but** ambitious.
>
> Elle n'est pas assidue, **mais** ambitieuse.
>
> Ona nie jest pilna, **ale** jest ambitna.
>
> Ő nem szorgolmas, **de** ambiciózus.

Der subtile Unterschied zwischen den beiden deutschen Aussagen besteht darin, dass bei der *sondern*-Verknüpfung die Prädikation aus dem ersten Teil schlicht zurückgewiesen, eben korrigiert wird. Bei der *aber*-Verknüpfung hingegen wird eine Hintergrundannahme, die aus dem ersten Teil gemäß der Sicht des Sprechers folgen könnte, durch die zweite Prädikation (oder Schlussfolgerungen aus ihr) widerlegt. Hinter unserem *aber*-Beispiel könnte folgende Annahme stehen: Wenn jemand nicht fleißig ist, hat er wohl auch keine anderen für die berufliche Karriere wichtigen Eigenschaften. Die Prädikation als ehrgeizig – zweifellos eine für die Karriere zentrale Eigenschaft – konterkariert diese Hintergrundannahme.

Zwischen Konnexion und Anaphorisierung besteht übrigens ein enger Zusammenhang. Denn es liegt nahe, in einem Zug mit der inhaltlichen Verknüpfung auch das aufzurufen, womit verknüpft werden soll. Man vergleiche den Beleg (Rhein-Zeitung vom 04.08.2001) in der ersten Zeile und die beiden folgenden Abwandlungen:

Auf ihr Klingeln und Klopfen öffnete aber niemand.   **Da**raufhin holten die beiden die Polizei zur Hilfe.
Auf ihr Klingeln und Klopfen öffnete aber niemand.   **Des**halb holten die beiden die Polizei zur Hilfe.
Auf ihr Klingeln und Klopfen öffnete aber niemand.   Trotz**dem** holten die beiden die Polizei zur Hilfe.

Abb. 16: Rückbezügliche Konnexion durch Adverbien.

Die Formen *des* und *dem* sind jeweils Genitiv und Dativ des Demonstrativums *das*, mit dem auf das zuvor beschriebene Ereignis verwiesen wird – eben jenes Ereignis, dessen unterschiedlich interpretierte Folgeeffekte im zweiten Textsatz beschrieben werden. Dass die beiden unterschiedlichen Kasus von neutralem *das* hier zum Zuge kommen, ist der Rektion, also der Kasusforderung, von jeweils *halb*(*er*) und *trotz* geschuldet. Anstelle einer Wortform von *das* erscheint im Ausgangsbeleg die Form *da*(*r*). Das eigentlich lokale Adverb *da* steht als erster Teil von Verbindungen wie *dabei*, *dafür*, *damit*, *darauf*(*hin*), *darunter* usw. anstelle einer Form von *das* oder *es* in der Regel dann, wenn sich das Komplement von *bei*, *für*, *mit* usw. auf nicht-personale, zumal abstrakte Gegenstände bezieht. So sagen wir *Sie setzt sich für ihn/den ein*, wenn wir mit *er* und *der* eine Person meinen, aber *Sie setzt sich dafür ein*, wenn es zum Beispiel um den Klimaschutz geht.

Da es, wie es scheint, kognitiv naheliegt und der Verarbeitung hilft, verwundert es nicht, dass sprachübergreifend gern in diesem Sinne anaphorisch-konnektiv (oder konnektiv-anaphorisch) verfahren wird. So heißt es etwa im Französischen im Sinne von ‚deshalb' *pour ça*, *à cause de ça* oder im Polnischen im Sinne von ‚trotzdem' *mimo to* oder im Sinne von ‚außerdem' *poza tym*. Hier haben wir jeweils eine syntaktische Verbindung aus Präposition und den Demonstrativa *ça* bzw. *to/tym* (*tym* ist Instrumental-Form von *to*). Im Polnischen gibt es mit *dlatego* ‚deshalb' (wörtlich: ‚für das') ähnlich wie im Deutschen auch eine Wortverbindung. Im Englischen hingegen finden sich parallel zu deutsch *da* + Präposition Komposita der Struktur *there* + Präposition wie *thereat*, *therein*, *thereby, therefrom*. Nur *therefor(e)* ‚dafür, deshalb' ist allgemein üblich. Die anderen sind altmodisch oder klingen gestelzt. Das Deutsche hat daneben auch noch eine Reihe, wo anstelle von *da(r)* das entsprechende Frageadverb *wo(r)* und anstelle von *des* die Genitivform *wes* des Fragepronomens *wer* erscheint. *wes* ist eine altmodische Kurzform für das moderne *wessen*, wie wir auch statt *des* heute *dessen* sagen (vgl. z. B. *dessentwegen*). Man könnte bei den Beispielen oben also auch so formulieren:

| Auf ihr Klingeln und Klopfen öffnete aber niemand, | wo**raufhin** die beiden die Polizei zur Hilfe holten. |
| Auf ihr Klingeln und Klopfen öffnete aber niemand, | wes**halb** die beiden die Polizei zur Hilfe holten. |

Die Formen mit *w* statt *d* leiten allerdings Nebensätze ein, was man – zusätzlich zu Komma statt Punkt – an der Position des Prädikatsverbs am Satzende oder genauer gesagt in der rechten Klammer erkennen kann. In solchen so genannten ‚weiterführenden Relativsätzen' wird das Gesagte ebenfalls anaphorisch-konnektiv angeschlossen, und dabei durch die Unterordnung noch enger. Und auch hier wartet das Englische mit Parallelen auf: „I commenced to talk in English, **whereupon** he said, 'Speak in Burmese.'" (British National Corpus, Text, CDC, eine Biografie) Zu *trotzdem* oder auch z. B. zu *demzufolge* oder *demgemäß* gibt es keine *w*-Variante, kein *wemzufolge, *wemgemäß; Sprachen reizen oft Muster nicht aus, sondern lassen Lücken.

4 Tempus: wie wir im Zeitbezug kohärent bleiben

Im Zeitbezug kohärent bleiben wir in Texten, wenn zwischen den Sachverhalten, den Ereignissen im weiteren Sinne, die wir darstellen, eine der drei folgenden Formen zeitlicher Zugänglichkeit besteht: (a) Die Ereignisse überlappen sich zeitlich, passieren „gleichzeitig". (b) Die Ereignisse folgen aufeinander. (c) Die Ereignisse spielen sich in einem abgegrenzten Zeitfenster ab, ohne sich notwendigerweise zu überlappen.

Was unseren Einstiegstext angeht, so folgt der erste Abschnitt Muster (b): Wir nehmen ein zeitliches Nacheinander wahr. Die beiden folgenden Abschnitte dagegen halten die Zeit an. Jetzt wird Gleichzeitiges geschildert. Es liegt also Muster (a) vor. Muster (c) ist z. B. in den Chroniken eines Jahres oder eines Tages verkörpert: Auch die „Tagesschau" ist im Wesentlichen eine solche Chronik: Sie berichtet z. B. am 20. September 2019, dass an eben diesem Tag die Bundesregierung ein „Klimapaket" beschlossen hat, in Afghanistan ein Selbstmordanschlag verübt wurde und in Brüssel erneut Brexit-Verhandlungen stattgefunden haben. Muster (c) unterscheidet sich von Muster (a) dadurch, dass wir nur bei Muster (a) von einem „dabei" sprechen würden: „Er fuhr die A115, wie immer. **Dabei** schaute **er** hinaus in die Welt." Aber nicht: „In Afghanistan wurde ein Selbstmordanschlag verübt. Dabei haben in Brüssel erneut Brexit-Verhandlungen stattgefunden." Hier würde allenfalls ein „während" passen. Bei Muster (a) geht es also in den einzelnen Textsätzen eher um dieselben Redegegenstände und was sie gleichzeitig tun, erleben oder was mit ihnen geschieht. Bei Muster (c) um Ereignisse, die in unterschiedlichen Weltgegenden unterschiedliche Menschen betreffen können. Muster (c) kann uns so als zufällige Koinzidenz erscheinen, als Gleichlauf von innerlich Unverbundenem. Auf der anderen Seite wissen wir, dass gerade in Zeiten der Globalisierung mehr miteinander zusammenhängt, als wir denken. Der Selbstmordanschlag kann auch am Rande in Brüssel ein Thema gewesen sein und die dortigen Verhandlungen auf die eine oder andere Weise beeinflusst haben. Gerade in argumentativen Texten wird auch das scheinbar Disparate in einen zeitlichen und davon ausgehend sachlichen Zusammenhang gestellt – ob es nun in einem engeren Zeitfenster geschieht oder ob die Entwicklung von Imperien, Bündnissen und Feindschaften, aber auch von Ideen und Ideologien über Jahrhunderte verfolgt wird.

Die Situierung auf der Zeitachse geschieht durch Zeitangaben, ein Datum, ein Zeitadverb wie *heute*, *gestern* oder *übermorgen*, eine temporale Präpositionalphrase wie *am Montag nächster Woche um fünf Uhr*. Wie man sieht, kann die Sprechzeit oder, allgemeiner gesagt, die Abfassungszeit eines Textes eine Rolle spielen: Wenn der Tagesschausprecher von „heute" spricht, geht er davon aus, dass die Hörerschaft mit ihm zeitlich synchronisiert ist und denselben Tag als den heutigen wertet wie er. Wer sich allerdings Tage später über die Mediathek informiert, muss die aktuelle sprechzeitunabhängige Datumsangabe mit dem inzwischen obsoleten „heute" abgleichen. Auch der Wert von „nächste Woche" ist abhängig vom Äußerungszeitpunkt und muss vielleicht inzwischen durch „diese Woche" ersetzt werden. Romanschreiber erlauben sich oft, uns über die zeitliche Situierung des Erzählten im Unklaren oder Ungefähren zu lassen. Im – für die literarischen Zwecke hinreichenden – Ungefähren sind wir, wenn sich ganz zu Beginn des Romans „In Zeiten des abnehmenden Lichts" als Kapitelüberschrift die Jahreszahl „2001" findet. Solche Zeitangaben liefern jeweils nur eine so genannte ‚Betrachtzeit' für die geschilderten Ereignisse, nicht die eigentliche Ereigniszeit. Die Ereigniszeit ist – im zutreffenden Fall – eingeschlossen in die Betrachtzeit, mal mit mehr, mal mit weniger Spielraum. Selbst wenn wir noch so genau werden und ein Ereignis z. B. auf den 23.09.2019 um 11.28 Uhr fixieren, bleibt die prinzipielle Differenz zwischen gegebenenfalls trügerischer oder manipulierter Beobachtung oder auch Aufzeichnung und dem tatsächlichen Geschehen und seiner Ereigniszeit.

Die Tempora informieren uns nicht über Ereigniszeiten, auch nicht über Betrachtzeiten. Das können grammatische Morpheme nicht leisten. Selbst das Präsens sagt uns im Deutschen nicht unbedingt, dass etwas „jetzt" geschieht, also je nach Kontext heute um 11.45 Uhr oder heute irgendwann oder in dieser Woche oder auch in diesem Jahrhundert. Die Betrachtzeit muss die Sprechzeit nicht unbedingt einschließen. Das Präsens kann im Deutschen zukunftsbezüglich sein („Heute back ich, morgen brau ich. Übermorgen hol ich der Königin ihr Kind."), aber auch als historisches oder auch episches Präsens auf Vergangenes bezogen. So ist der folgende Vermerk in Wikipedia 2011 im historischen Präsens gehalten: „49: Beginn des Bürgerkriegs, Caesar überschreitet den Rubicon." Eher ein szenisches Präsens verkörpert der Bericht über einen – in jedem Fall vergangenen – Auftritt von Papst Franziskus: „Jetzt. Da, die Tür öffnet sich. Da kommt er. Jorge Mario Bergoglio, 79, alias Papst Franziskus. Freitagmittag 12.05 Uhr" (die tageszeitung vom 07.05.2016). Hier wird ein Geschehen im Präsens erzählt, um es zu vergegenwärtigen und damit die Erlebnisqualität zu erhöhen. In fiktionalen Texten schließlich kann das längst Vergangene im Präsens und das Spekulativ-Zukünftige im Präteritum geschildert werden, wenn die Erzählzeit, also die fiktive Äußerungszeit, im ersten Fall mit der erzählten Zeit zurück verschoben wird und wenn im zweiten Fall – etwa in einem Science-Fiction-Roman – die Erzählzeit über die erzählte Zeit hinaus in eine imaginäre Zukunft verlegt wird. Insofern ist die bekannte These von Harald Weinrich, auf den wir gleich zurückkommen, keineswegs abwegig, nach der gilt: „Tempus hat nichts mit Zeit zu tun." Als Linguistin würde ich allerdings weniger apodiktisch, aber umständlicher formulieren: Tempus hat schon normalerweise nur bedingt mit Ereigniszeit zu tun, wir können zudem durch Verschiebungen das Band zwischen Tempus und Ereigniszeit noch weiter lockern.

Tempora wie Präteritum oder Futur bedeuten nur ein Verhältnis zwischen der Sprechzeit (oder einer fiktiven Erzählzeit) und der Betrachtzeit: Im Präteritum liegt die Betrachtzeit für das Ereignis vor der Sprechzeit, im Futur danach. Andere Tempora bauen, ausgehend von der Betrachtzeit eines anderen Tempus, eine zweite Betrachtzeit auf. So jedenfalls kann man den ‚Perfekt'-Anteil bei den Tempora Präsensperfekt, Präteritumperfekt und Futurperfekt verstehen. Wir erzählen z. B. im (szenischen) Präsens und sind auch ganz dem in der Szene aktuellen Geschehen verhaftet. Der Blick zurück – von einer Betrachtzeit im Jetzt zu einer Betrachtzeit davor – erfolgt im Präsensperfekt: „Es ist kurz nach 10.00 Uhr, die Biota **hat** gerade ihre Pforten **geöffnet**" (die tageszeitung vom 14.04.1989). Und entsprechend verhält es sich beim Präteritum- und beim Futurperfekt: Die eigentliche Betrachtzeit wird sekundär als vorzeitig aus der für Präteritum und Futur abgeleitet.

Aus dem eben Gesagten kann man bereits schließen, dass Tempora – abgesehen von den zuletzt betrachteten perfektischen – nichts Genaues über das zeitliche Verhältnis der Ereignisse in einem Text aussagen. Texte mit durchgängigem Präsens können gleichzeitige Ereignisse schildern (vgl. Muster (a)) oder aufeinander folgende (vgl. Muster (b)) oder auch solche, die nur eine Chronik von auf der Oberfläche Disparatem darstellen (vgl. Muster (c)). Welche Zeitverhältnisse tatsächlich vorliegen, müssen wir aus zwei Quellen erschließen: Primäre Quelle ist unser Wissen über mögliche und unmögliche Ereigniskonstellationen. Sekundär kann auch sprachliches Wissen, nämlich über den Gebrauch der Tempora und über Textsorten weiterhelfen.

So haben wir unsere Annahme, dass im ersten Abschnitt unseres Einstiegstextes Muster (b) vorliegt, aus unserem Wissen über „normale" Abläufe rund um das Aufstehen abgeleitet. In der Linguistik spricht man auch von ‚Schemata' oder ‚Frames'. Auf Liegen – hier als vorzeitig im Präteritumperfekt perspektiviert – folgen Aufstehen, Duschen, Abfahren. (Frühstücken oder Essen überhaupt, Packen und andere mögliche Aktivitäten sind ausgespart.) Wir wissen, dass man nicht gleichzeitig aufstehen und duschen kann und dass man beim Duschen unmöglich in ein Auto steigen und davonfahren kann. Also muss das nacheinander geschehen, genau nach Maßgabe des Nacheinanders der Sätze.

Zwar ist eine solche Synchronisierung von Sequenz im Text und Sequenz der Ereignisse der Normalfall, sofern es überhaupt um Sequenzmuster geht. Aber es kann auch der Fall sein, dass das Spätere vor dem Früheren geschildert wird. So werden wir in folgendem Beispiel vom Normalfall ausgehen, denn man schaltet ja zuerst die Lampe aus, dann ist es dunkel.

> Arp schaltete die Lampe aus. Das Atelier war dunkel.

Ersetzen wir aber die Partikel *aus* durch *ein*, springt die Interpretation um:

> Arp schaltete die Lampe ein. Das Atelier war dunkel.[18]

Zuerst ist das Atelier dunkel, dann schaltet man die Lampe ein. Hier liegt hinter dem Zeit- ein Kausalverhältnis: Während bei der ersten Sequenz der erste Satz die vorausgehende Ursache und der zweite die darauffolgende Wirkung benennt, wird in der zweiten Sequenz eine zuerst genannte Handlung durch eine nachgeschobene Begründung erläutert. Beide Spielarten von Kausalität – die auf der Ebene der Sachverhalte und die auf der Ebene der Erkenntnis – werden aber nicht sprachlich kodiert, sondern müssen erschlossen werden. Die Sätze sind ‚asyndetisch', ohne Konnexionsmittel gereiht. Man könnte im ersten Fall ein „daher" ergänzen, im zweiten Fall ein „denn".

Wenn auch die Rolle der Tempora im Hinblick auf die zeitliche Situierung von Ereignissen sehr beschränkt ist, so sind doch ihre textsortenbezogene wie ihre textstrukturierende Funktion nicht zu unterschätzen. Wesentliche Impulse dazu gehen auf die Arbeiten von Harald Weinrich zurück.[19] Weinrich, der seine Beobachtungen vor allem auf literarische Texte unterschiedlicher Gattungen stützt, z. B. die großen französischen Romane des 19. Jahrhunderts oder die Literatur der deutschen Klassik, aber auch Essays oder Memoiren, unterscheidet zwischen ‚erzählenden' und ‚besprechenden' Tempora. Erzählende Tempora sind im Deutschen Präteritum und Präteritumperfekt und die von Weinrich als Konditional I und II bezeichneten *würde*-Formen wie in folgendem Beleg aus einem zeitgenössischen Trivialroman: „Mordlust glomm in den Augen, seine Blicke lauerten. Wann **würde** er auch sie angreifen oder auf sie schießen?"[20]

Besprechende Tempora des Deutschen sind Präsens, Präsensperfekt, Futur und Futurperfekt. Der Gebrauch dieser Tempora entspreche jeweils einer ‚entspannten' versus ‚gespannten' Sprechhaltung. Entspanntheit mag man auch mit einer gewissen Distanz gegenüber dem Geschehen bei erzählenden Tempora assoziieren, Gespanntheit mit der Signalisierung von Beteiligtsein und Stellungnahme seitens des Sprechers, erhöhter Relevanz und Aktualität auch für die Adressaten bei besprechenden Tempora. Die klassischen literarischen Gattungen bedienen sich der beiden Typen in jeweils charakteristischer Weise: Novelle und Roman weisen überwiegend erzählende Tempora auf. Besprechende Tempora überwiegen in Lyrik, Drama, biografischem Essay, literarischer Kritik, Abhandlung oder auch im Zeitungsartikel. Aber die Sprechhaltung eines Werks ist nicht sklavisch an Gattungsstereotypen gebunden. Kafkas „Prozess" etwa, ein Roman, enthält im zweiten Kapitel eine Art Plädoyer von Josef K., das in besprechenden Tempora eingeleitet wird, und zwar mit dem Satz „ich bin vor etwa zehn Tagen verhaftet worden, über die Tatsache der Verhaftung selbst lache ich, aber das gehört nicht hierher." Auch die Ausleitung dieses Textteils bedient sich des Präsens und des Präsensperfekts.

Bezogen auf Erzähltexte selbst unterscheidet Weinrich zwischen Vordergrund- und Hintergrundtempora. Der Wechsel zwischen diesen beiden Arten von Tempora diene der textstrukturierenden so genannten „Reliefgebung". Überzeugen kann diese Vorstellung vor allem mit Blick auf den Gegensatz zwischen dem *Imparfait* und *Passé simple* im Französischen. Während im *Imparfait* Hintergrundgeschehen geschildert werde, sei das *Passé simple* das Tempus der stärker ausgeleuchteten Geschehnisse im Vordergrund. Diesen Aspektunterschied haben wir in Kapitel 3 (Abschnitt 2.4) als Gegensatz zwischen Kontinuität und Vollzug gedeutet. Im „Kontinuitätstempus" *Imparfait* werden danach in erster Linie zur Betrachtzeit andauernde Zustände und gerade ablaufende Vorgänge geschildert, im „Vollzugstempus" *Passé simple* telische Ereignisse, die wir in ihrer Abgeschlossenheit überblicken. Mit dem Aspekt setzt sich der oder die Beobachtende und Beschreibende ins Verhältnis zur Dynamik des Verlaufs von Ereignissen. Dass damit auch eine Gewichtung und Sortierung in Hintergrund und Vordergrund auf der Textebene verbunden ist, wie Weinrich postuliert, mag in der Regel der Fall sein. Notwendig ist diese Korrelation jedoch nicht.[21] Vor allem aber kann etwa im Deutschen diese Form der Reliefgebung nicht stattfinden, da hier ein solcher Aspektunterschied bei den Vergangenheitstempora nicht gegeben ist.

Wird eine Textpassage z. B. in einem narrativen Text fortlaufend im Präteritum oder auch mit Reliefgebung im *Imparfait* und *Passé simple* erzählt, so erscheint uns der Text als temporal kohäsiv – auch wenn es ihm an inhaltlicher Kohärenz mangeln kann. Wird dagegen, so Weinrich, etwa von einem erzählenden in ein besprechendes Tempus gewechselt, so kann dies einen Einschnitt markieren, den Beginn eines neuen Textteils. Rahmenerzählungen, etwa Boccaccios Decamerone, setzen mit dem einleitenden Stück des Rahmens und in der Überleitung zu den einzelnen Novellen in der besprochenen Welt an, gehen dann über zur erzählten Welt, um die Erzählung wieder in einem besprechenden Tempus zu schließen und zum Rahmen überzuleiten. Der Rahmen formuliert die überzeitliche und damit stets aktuelle Moral, die die Leser tunlichst aus dem Erzählten zu ziehen haben. Tempora der erzählerischen Distanz weichen den Tempora der besprechenden Aktualität. Auch auf der textuellen Mikroebene kann der Wechsel Wirkung zeigen. Der letzte Abschnitt von Goethes „Leiden des jungen Werthers" schildert im Präteritum den Tod Werthers, den „Aufruhr" und die Bestürzung in der Familie des Amtmanns. Da heißt es: „Der Alte folgte der Leiche und die Söhne. Albert vermocht's nicht. Man fürchtete für Lottes Leben. Handwerker trugen ihn: Kein Geistlicher **hat** ihn begleitet." Weinrich deutet den Wechsel vom Präteritum zum Perfekt so: „Der letzte Satz ist nicht mehr Erzählung. Er nimmt Stellung zum Selbstmord und zur Stellungnahme der Geistlichen zum Selbstmord. Der Satz ist besprechend. Eben darum schließt er die Erzählung ab."[22]

5 Ellipse: was in Text und Diskurs nicht gesagt werden muss

Topik-Drop, wie er in Abschnitt 2.2 geschildert wurde, ist nur eine besonders markante Form der Auslassung: Auch anderes kann „unversprachlicht" bleiben, wenn wir es aus der sprachlichen oder situativen Umgebung ableiten können. Betrachten wir wieder den Textausschnitt aus dem Einstieg. Dort heißt es über den bereits zuvor per Topik-Drop eingesparten Protagonisten und die Welt: „Prüfte, ob sie sich verändert hatte. Und – hatte sie?" Ohne Weglassungen stünde da: „**Er** prüfte, ob sie sich verändert hatte. Und – hatte sie **sich verändert**?" Neben dem Topik-Drop im ersten Teil scheint im zweiten Teil der Sequenz das „Ende" zu fehlen. Zumindest auf der sprachlichen Ausdrucksebene. Allerdings müssen die beiden Enden – das vollständige Vorbild und das aus der Verkürzung ergänzte – sich nicht in jeder Hinsicht gleichen. Anpassungen in den Wortformen und sogar im Rückbezug sind möglich: Das sieht man bei folgender Umwandlung des Textstücks in einen Dialog über Selbst-Veränderung: „Ich prüfte, ob ich mich verändert hatte. – Und – hattest du?" Das neue Ende müsste aufgrund des Sprecherwechsels „dich verändert" lauten. Wieder anders ist es bei: „Ich prüfte, ob ich mich verändert hatte. Oder wir uns." Hier müsste die Explizitversion so aussehen: „Oder **ob** wir uns **verändert hatten**". In diesem Fall haben wir es mit mehreren Lücken zu tun: Sowohl der Subjunktor als auch der Verbalkomplex – das Hilfsverb hätte eine andere Form – wird nicht wieder-ausgedrückt. Es werden in der Folgeäußerung nur die mit der vorangehenden Äußerung kontrastierenden, neuen, nicht vorerwähnten Elemente genannt. In allen Abwandlungen bisher blieb das Prädikatsverb bzw. sein Vollverbanteil konstant und konnte daher jeweils im nächsten Text-Beitrag weggelassen werden. Zwar spielt dieser Ellipsen-Typ, ‚Gapping' genannt und als ‚Lochen' eingedeutscht, generell eine große Rolle. In Textabschnitten dieser Art geht es dann mehrfach um denselben Situationstyp bei wechselnden Referenzobjekten und Begleitumständen oder wechselnden Zeiten und Modi. Aber natürlich kann auch ein Wechsel im Prädikatsverb, im Situationstyp, stattfinden und die Beteiligtenkonstellation ganz oder teilweise identisch bleiben, wie z. B. in: „Groß war die Erschütterung beim Personal, als es am Samstagabend den Abgang einer seiner Bistrotische bemerkte. Hatte er sich selbständig gemacht bei diesem Bewegungsdrang? War er **geklaut**? Nein, **ausgeliehen**" (Braunschweiger Zeitung vom 12.09.2005). Es gibt zahlreiche Varianten dieser Grundtypen von ‚kontextkontrollierten' Ellipsen und noch weitere Formen mehr.

Die Klassifikation dieser Erscheinungen ist seit den Anfängen der Generativen Grammatiktheorie, die Ellipsen durch Tilgungsoperationen zu erfassen suchte, ein äußerst beliebtes Thema. Und doch scheint bis heute keine vollständige Syntax der Ellipse erarbeitet zu sein. Oft werden die Auslassungsmöglichkeiten innerhalb eines komplexen Satzes, die so genannten ‚Koordinationsellipsen' untersucht. In vielem decken sich die Möglichkeiten dort mit denen in direkt aufeinander folgenden Texteinheiten. Aber nicht alles, was innerhalb eines Satzes an Weglassung möglich ist, kann auf Sequenzen übertragen werden. Das gilt vor allem für die ‚Rückwärtsellipse'. Greifen wir wieder unser Beispiel auf und variieren in Form einer Koordination mit *oder*. „Hatte sie sich in allen oder doch nur in einigen wenigen Aspekten verändert?" Hier wurde im ersten Teil sowohl das Substantiv *Aspekten* als auch die Vollverbform *verändert* eingespart. Der zweite Teil wiederum zeigt das bereits bekannte ‚Lochen' bezüglich des finiten Hilfsverbs samt des Subjekts und des Reflexivums: „Hatte sie sich in allen **Aspekten verändert** oder [hatte sie sich] doch nur in einigen wenigen Aspekten verändert." So müssen die Sprachproduzenten und -rezipienten sowohl in Gedanken eine Lücke im ersten Teil mit späterem Material schließen („rückwärts") als auch im zweiten Teil früheres Material („vorwärts") parat haben. In einer Sequenz hingegen wären nur Vorwärtsellipsen möglich: „Hatte sie sich in allen Aspekten verändert? Oder doch nur in einigen wenigen?"

Offenbar ist die Erstellung einer Grammatik der Ellipse auch deshalb so schwierig, weil wir es einerseits mit sprachübergreifend gültigen Prinzipien der Sprachverarbeitung zu tun haben. Besonders deutlich wird dies in Frage-Antwort-Sequenzen. Stellt jemand eine Ergänzungsfrage, so dürfte in der Antwort sprachunabhängig in aller Regel nur das Erfragte verbalisiert werden; der Rest der Frage wird nicht wiederholt. In dem Märchen „Das Rotkäppchen" heißt es: „'Wer ist draußen?' 'Rotkäppchen, das bringt Kuchen und Wein, mach auf'" (Rotkäppchen, Erstv. 1819, In: Kinder- und Hausmärchen, gesammelt von Jacob und Wilhelm Grimm. – München, 1978 [S. 176]). Ein durchgängiges Prinzip scheint somit zu sein, dass in Sequenzellipsen nur der Fokus der Information genannt wird, während das bereits Bekannte, der Hintergrund, nur als bereits gespeicherte Information präsent bleibt.

Andererseits spielt aber die jeweilige Grammatik doch auch mit bei den Möglichkeiten im Einzelnen. Im Englischen z. B. kann man beim Kontrast einer negierten und einer affirmierten Aussage im zweiten Teil, statt das Vollverb und das direkte Objekt zu wiederholen, einfach eine entsprechende Form des Stützverbs *do* setzen. Im Deutschen können wir im zweiten Teil analog auf *tun* zurückgreifen; jedoch muss das direkte Objekt anaphorisiert werden: „John didn't want to marry Sue, but eventually he did." Und im Deutschen: „John wollte Sue nicht heiraten, aber schließlich tat er **es**." Ähnlich auch: „John did not plan to buy a new car, but he thought Sue might want to." Und auf Deutsch: „John plante nicht, ein neues Auto zu kaufen, aber er dachte, Sue könnte **es** wollen."[23] Handelt es sich aber um eine Rückfrage, wie oben bei unserem Beispiel „Und – hatte sie?" scheint auch im Deutschen die erneute Nennung des Hilfsverbs zu genügen. Im Ungarischen muss bei Weglassung eines Prädikatsverbs auf eventuell vorliegende Unterschiede im Konjugationstyp geachtet werden.[24]

Neben Sequenzellipsen und Koordinationsellipsen, die man als ‚kontextkontrollierte' zusammenfassen kann, gibt es auch ‚situative Ellipsen'. Beim gemeinsamen Betrachten einer Szene, geschehe sie im „wahren Leben", auf der Bühne oder einem Bildschirm, fallen oft Äußerungen wie „So ein Pech!", „Tolle Leistung", „Der schon wieder". Wenn wir gemeinsam ein Ikea-Regal aufbauen oder ein Menü vorbereiten, verständigen wir uns z. B. mit: „Links anheben und leicht kippen" bzw. „Eine Prise Salz und noch fünf Minuten". Im ersten Fall sind wir passive Beobachter und kommentieren das, was unsere Aufmerksamkeit erregt. Im zweiten Fall sind wir aktive Handlungsbeteiligte, und unsere Äußerungen dienen der Handlungskoordination. In der Literatur wird daher neuerdings zwischen ‚attentionaler' für den ersten und ‚empraktischer' Ellipse für den zweiten Fall unterschieden.[25] Sicher werden aber beim gemeinsamen Problemlösen immer wieder auch Beobachtungen („Liegt gut!) und Bewertungen („Super!" oder „Lecker!") ausgetauscht. Der Unterschied ist also eher ein sprechaktsemantischer, nämlich der zwischen repräsentativen und direktiven Akten (vgl. Kapitel 2, Abschnitt 5.2).

Im Unterschied zu den Kurzformen und Verdichtungen, die wir in Kapitel 5 (Unterkapitel 4) behandelt haben – wie etwa „Die Hände hochnehmen!" – ist bei Ellipsen die verbalisierte Proposition unvollständig. Bei Ausrufen wie den genannten erwähnen wir nicht den Gegenstand, der unsere Aufmerksamkeit, Bewunderung oder unser Entsetzen erregt. Das kann ein einzelnes Objekt sein oder eine ganze Szene oder gar ein ganzes Spiel. Das zentrale Argument wird also eingespart und nur die Prädikation ausgesprochen. Analoges passiert auch in Textsequenzen. Die letzten Einheiten unseres Textstücks aus dem Einstieg sind ein Beispiel. Dort heißt es: „Die Autos kamen ihm sauberer vor. Sauberer? Irgendwie bunter. Idiotischer." Auf den vollständigen Satz folgen zwei Adjektive in der Komparativform und ein um „irgendwie" erweiterter Adjektivkomparativ als jeweils selbstständige Texteinheiten. Der Protagonist – oder ist es der auktoriale Erzähler? – stellt sich mit dem ersten Adjektiv eine Frage, die er gleich doppelt mit den beiden folgenden beantwortet. Die Adjektive sind jeweils als Prädikationen über die vorerwähnten Autos zu verstehen. Ihre Qualifikation als ‚sauberer' wird in Gedanken korrigiert, gleich zweimal.

Elliptische Nichtsätze können somit oft zwischen vollständige Textsätze eingestreut sein. Ob das überhaupt geschieht und wenn ja, in welchem Maße, ist abhängig von der Textsorte. In Fachtexten oder auch in den unterschiedlichen Textsorten der Massenmedien, seien es gedruckte Blätter oder Online-Magazine, finden sich kaum elliptische Formulierungen. Nur in Schlagzeilen wird mit Auslassungen gearbeitet, die aber in der Regel eher nicht zu Lasten der propositionalen und illokutiven Vollständigkeit gehen. Schlagzeilen sollen zwar kurz und prägnant sein, Artikelwörter und Hilfsverben entfallen daher oft. Aber um unser Interesse zu wecken, müssen sie uns verraten, was zur Debatte steht oder was der Fall ist, war oder sein wird. Die Schlagzeile des Aufmachers der Rhein-Neckar-Zeitung vom 19. September 2019 „Krankmeldung künftig digital" ist von dieser Art. Weitere Beispiele finden sich in Kapitel 5, in Unterkapitel 4. Literarische Texte und noch mehr Gebrauchstexte, einschließlich der neuen über das Internet verbreiteten Formen, können ellipsenreich ausfallen, je mehr sie sich einer ‚konzeptionellen Mündlichkeit' annähern.

Ein letzter Aspekt sei kurz diskutiert. Die Zeichensetzung gibt uns in geschriebenen Texten die Grenzen der einzelnen Mitteilungseinheiten vor: Ein Punkt, ein Frage- oder Ausrufungszeichen signalisieren einen illokutiven Abschluss. Aber nicht immer ist deren Position alternativlos. So könnte ich mir das folgende Stück aus dem Eingangsbeispiel auch anders interpunktiert vorstellen: „Er fuhr die A115, wie immer." Ein Punkt könnte auch schon weiter vorn gesetzt werden: „Er fuhr die A115. Wie immer." Dann hätten wir es statt mit einer Ausklammerung der Vergleichsphrase mit einer weiteren elliptischen Texteinheit zu tun. Was ausgeklammert ist, ist ohnehin nicht so recht in den Satz integriert. So ist es nur ein kleiner Schritt zur vollständigen Abtrennung, die wir mündlich durch Absenken der Stimme, also mit prosodischen Mitteln, markieren.

Wir haben also oft die Wahl zwischen einer Verlängerung eines Satzes, der im Prinzip keine Grenzen gesetzt sind, und einem Neuansatz. In Diskussionsrunden wird diese Offenheit der Ressource Satz[26] strategisch gern genutzt, um sich das Rederecht zu erhalten: Jemanden „mitten im Satz" zu unterbrechen, gilt als unhöflich. So lauert man dann oft vergeblich auf Anzeichen einer Bereitschaft zum sogenannten ‚Turn-Taking', die sich in einem „möglichen Abschlusspunkt" manifestiert. Mögliche Abschlusspunkte im Diskurs sind zwar keineswegs identisch mit einem Satzende. Vielmehr wirken Abschlussmarker auf verschiedenen Ebenen, der prosodischen, der semantisch-pragmatischen und der syntaktischen, ggf. auch der gestischen zusammen. Dennoch können wir festhalten, dass die per se schon an den Rändern offene Gestalt des Satzes eine variable, an den jeweiligen Kontext angepasste, interaktiv hergestellte Zäsurbildung ermöglicht. Abschließend illustriere ich diese Variabilität an einem gesprochensprachlichen Beispiel:[27]

4   Eli   d[ie:: schn ein studium !AB!geschlossen ham;

5   oder: faMIlie habm

Zum Verständnis: Die Ziffern 4 und 5 kennzeichnen jeweils prosodisch Segmente, die als eine Intonationsphrase zu werten sind, in der Äußerung der Person mit Namen Eli. Die Transkription enthält mit schn für ‚schon', ham und habm für ‚haben' typisch gesprochensprachliche Verschleifungen. Das Zeichen : markiert eine Dehnung der Silbe, die Verdopplung zu :: eine verstärkte Dehnung. Majuskeln stehen für Akzentsetzung. Das die entsprechende Silbe umgebende ! zeigt einen „extra starken Akzent" an.[28]

Grammatisch gesehen stellt das zweite Segment eine Koordinationsellipse dar. Es wäre ohne Weiteres möglich, sie als integrierten Teil des vorausgehenden Relativsatzes zu gestalten. Der Sprecher oder die Sprecherin phrasieren sie aber als eigene Einheit, als „afterthought".[29]

Die Text- und Diskursgestaltung ist also in höherem Maße ein Reich der Freiheit als die Konstruktion von Sätzen. Zumindest soweit wir uns mit der Wahl eines Verbs an Satzbaupläne zu halten haben. Textbaupläne gibt es – gottseidank – nicht.

Kapitel 7
Der Wortschatz: das Einfache und das Komplexe

1 Einstieg

Ein Gesetz kann z. B. so heißen: „Gesetz zur zielgenauen Stärkung von Familien und ihren Kindern durch die Neugestaltung des Kinderzuschlags und die Verbesserung der Leistungen für Bildung und Teilhabe" oder so „Starke-Familien-Gesetz". Der erste Titel – es ist sozusagen der fachliche Klarname des im Jahr 2019 unter der Federführung der Familienministerin eingebrachten Gesetzes – wird als typischer Vertreter eines in seiner Komplexität unverständlichen und monströsen Verwaltungsdeutsch kritisiert. (Man vergleiche dazu auch die Einstiegspassage zu Kapitel 5.) Der zweite Titel stieß wie die ähnlich gestrickten Bezeichnungen „Gute-Kita-Gesetz" und „Respektrente" auch nicht nur auf Gegenliebe, sondern wird als „PR-Sprech" oder gar als „Kinder(garten)sprache" bezeichnet.[1] Zudem werde so mit dem Gesetzentwurf gleich dessen Bewertung mitgeliefert und damit versucht, die politische Debatte zu manipulieren.

Aus linguistischer Perspektive stehen sich mit den eingangs genannten Alternativen zwei unterschiedliche Bezeichnungsstrategien gegenüber, eine syntaktische und eine lexikalische: Die syntaktische arbeitet mit der Attribution, die lexikalische mit der Komposition. In beiden Fällen wird ein Kopfsubstantiv, hier das Substantiv *Gesetz*, modifiziert, also näher bestimmt. Wenn die lexikalische Strategie angewandt wird, wird damit ein neues Element des deutschen Wortschatzes kreiert.[2] Das erste Unterkapitel greift diese unterschiedlichen Verfahren auf und befasst sich unter dem Stichwort ‚frei versus fest' mit der Differenz zwischen syntaktischer Fügung und Wortschatzeinheit.

Zwar gilt der Wortschatz gegenüber der Syntax als das vergleichsweise fester gefügte Teilsystem einer Sprache, da er uns anders als jene mit vorgefertigtem Sprachmaterial versorgt. Es gibt aber doch auch zahlreiche Gelegenheitsbildungen, die schnell in Mode und ebenso schnell wieder aus der Mode kommen. Nicht jedes neu geprägte Wort geht in den Allgemeinbesitz der Sprachgemeinschaft über. Was einigermaßen stabil bleibt, ist auf jeden Fall der Vorrat an einfachen Wörtern, den ‚Simplizia', wie *Staub, fein, sehen* usw. Neue Simplizia zu erfinden und erfolgreich zu verbreiten, dürfte schwerfallen. Wort(neu)schöpfung ist, zumindest in diesem Bereich, kaum möglich. Erfolgversprechender sind folgende Neologismenstrategien: Man kann bewährten Wörtern neue Bedeutungen unterlegen, etwa wenn heute, vor allem unter jungen Leuten, *abhängen* im Sinne von ‚sich meist zusammen mit anderen passiv entspannen' gebraucht wird. Der wichtigste Trend ist hier aber die Übernahme englischer Begriffe (wie *Fan* oder *skypen*). Die Verfahren, mit denen wir ohne Eingriff – zumindest keinen auf der Ausdrucksseite – in das in einer Sprache Etablierte zu Neuwörtern kommen, behandeln wir im zweiten Unterkapitel.

Wortschatzerweiterung ist aber im Wesentlichen ein „Aus-alt-mach-neu". An erster Stelle ist im Deutschen die Komposition zu nennen, wie in den oben genannten Gesetzesnamen oder z. B. in *Erdüberlastungstag*. Sie macht sich besonders gern auch englische Wörter zunutze, wenn aus oder mit englischen Bestandteilen neue Wörter wie *Fanfiction*, *Fanmeile* oder *Fitness-Fan* konstruiert werden, die dann schließlich ziemlich deutsch klingen. Die Zusammensetzung ist aber nur einer von zwei Pfeilern der Wortbildung: Wird bei ihr aus **zwei** Inhaltswörtern – relativ beliebiger Wortartzugehörigkeit – ein neues Wort zusammengebaut wie bei *Feinstaub, klimaneutral, vorgestern* oder *fernsehen,* können wir bei der Ableitung (oder ‚Derivation') aus nur **einem** Substantiv, Adjektiv, Adverb oder Verb(-Stamm) ein neues Wort – oder auch mehrere Wörter – bilden wie bei *bestäuben* und *entstauben, entfernen, gestrig* oder *versehen* und *absehen.* „Aus-zwei-mach-eins" versus „Aus-einem-mach-viele". Daneben gibt es hier einige weniger wichtige Verfahren, auf die wir nicht im Einzelnen eingehen können. So stellt die Wortmischung eine besonders krasse Form des „Aus-zwei-mach-eins" dar, wie etwa bei *Zoodles* als Bezeichnung für aus Zucchini hergestellte nudelförmige Nahrungsmittel. Mit seiner aus dem Englischen übernommenen Schreibweise und Pluralbildung steht dieses Neuwort wieder für die Liebe zum Anglizismus.

Auch die verschiedenen Formen der Kurzwortbildung sind in Zeiten radikaler Beschleunigung sprachübergreifend häufig anzutreffen. Da kann der zweite Teil eines Wortes entfallen wie im Jargon des Schulwesens bei *Abi, Bio* oder *Mathe*. Oder der erste Teil entfällt wie bei *Cello* (zu *Violoncello*) oder *Bus* (zu *Omnibus*). Auch Englisch und Französisch kennen neben den Langformen die Kurzwörter *cello* und *bus*, das Ungarische nur die Kurzformen *cselló* und *busz*, während etwa das Polnische es bei *wiolonczela* und *autobus* belässt. Nur die Wortmitte der Langform bewahren (oder variieren) manche Kurznamen wie *Lisa* oder *Basti*; man vergleiche auch englisch *Bess* oder das aus dem Russischen stammende *Sascha* (zu *Alexander*). Manche Kurzwörter sind auch aus verschiedenen Teilen eines Wortes zusammengeschnitten wie etwa *LKW* (zu *Lastkraftwagen*) oder *Kita* (zu *Kindertagesstätte*). Bei LKW oder auch ADAC sprechen wir das Kurzwort nach Maßgabe der Namen der aneinandergereihten Buchstaben, bei *Kita* oder *Schupo* (zu *Schutzpolizist*) hingegen übernehmen wir zwei Buchstaben vom Anfang der Teilwörter und sprechen sie als leicht gängige „Idealsilben" aus.[3]

Belassen wir es dabei und konzentrieren uns auf Derivation und Komposition: Das dritte Unterkapitel kontrastiert diese zentralen Verfahren, wie auf der Basis des Bestehenden neue Wörter gebildet werden können, im Einzelnen.

Benennungsbedarf besteht auch in anderen Kulturen und Sprachen fortwährend. Die möglichen Verfahren zu dessen Deckung unterscheiden sich in den europäischen Sprachen nicht grundsätzlich, wohl aber in der Relevanz und Produktivität der Typen. Während das Deutsche als besonders kompositionsfreudige Sprache gilt, setzen Französisch und Polnisch z. B. in erster Linie auf die Syntax. *Feinstaub* stehen französisch *particules fines* (wörtlich ‚feine Partikel') und polnisch *drobny pył* (wörtlich ‚feiner Staub') gegenüber und *Feinstaubbelastung*: *émission de particules fines* bzw. *emisja drobnego pyłu* (wörtlich ‚Emission von feinen Partikeln / von feinem Staub'). Dem Thema ‚Wort- und Begriffsbildung' anderswo widmet sich komprimiert das abschließende Unterkapitel. Auf eklatante Parallelen oder Kontraste bei bestimmten Verfahren gehen wir schon in den vorangehenden Unterkapiteln ein.

2 Wie frei sind wir in der Syntax? Wie sehr legt uns der Wortschatz fest? Wohin gehören „feste" Fügungen?

Schätze finden wir vor, z. B. in Schatzkisten oder Tresoren. In die deutsche Bezeichnung für das Vokabular einer Sprache – sie ist Ende des 18. Jahrhunderts aufgekommen – ist die Vorstellung also eingeschrieben, es gebe einen wertvollen Vorrat an Wortmaterial, aus dem wir nur zu schöpfen haben. Wir haben dies bereits in Kapitel 2 angesprochen. Demgegenüber assoziieren wir mit Grammatik zwar ein rigides Regelwerk oder, weniger normativ, eine Anleitung zu Sprachspielen, aber keineswegs einen Vorrat an „fertigen" Sätzen oder syntaktischen Fügungen.

Der Gegensatz zwischen frei und fest scheint das Verhältnis von Syntax und Wortschatz gleich in doppelter Hinsicht zu betreffen: Da sind zum einen die unterschiedlichen Funktionen. Der Wortschatz versieht uns in erster Linie mit Zeichen, die wir als mit anderen Sprechern geteilte und immer wieder gebrauchte Instrumente des Kategorisierens und Erschließens der Welt nutzen. Die Syntax erlaubt uns, aus diesem Instrumentarium variable und prinzipiell offene Formen des sprachlichen Handelns zusammenzustellen. Der Unterschied korrespondiert also mit der Unterschiedlichkeit der Funktionen. Das haben wir in Kapitel 2 erörtert.

Zum anderen gibt es einen bedeutenden kognitiven Unterschied. Um als kompetente Sprecherin des Deutschen gelten zu können, muss ich einen hinreichend großen Anteil des „Allgemeinwortschatzes" dieser Sprache abrufbar in meinem Gedächtnis, und zwar dem so genannten ‚Langzeitgedächtnis', gespeichert haben. Der Umfang des Abgespeicherten variiert erheblich mit Alter, Bildungstand, Berufsweg und einigen weiteren Variablen: Genannt werden 150.000 bis 200.000 Einheiten, die wir – erwachsene, gebildete Mitteleuropäerinnen und -europäer – als

Maximum in unserem ‚mentalen Lexikon' gespeichert haben. Das kommt mir erstaunlich viel vor, wenn auch die „extramentalen" Wörterbücher, etwa das „Oxford English Dictionary" noch erheblich mehr Einträge umfassen mögen (vgl. Kapitel 2, Abschnitt 2.1). Die Psycho- und die Neurolinguistik haben herausgefunden, dass das mentale Lexikon nicht alphabetisch, sondern nach Art eines Netzwerks organisiert ist. Natürlich speichern wir einerseits den Klang, die Lautstruktur, aber auch die syntaktische Kategorie und die Bedeutung eines Wortes ab. Und offenbar geschieht dies in verschiedenen Arealen unseres Gehirns.

Wir verknüpfen Wörter aber auch nach verschiedenen Prinzipien mit zahllosen anderen Wortschatzeinheiten. Assoziativ verknüpft sind Wörter z. B. über lautliche Ähnlichkeit oder über die Zugehörigkeit zur selben Wortfamilie: Von *sehen* führt ein „Link" zu *Sicht* und von dort zu *Ansicht, sichtbar* und *sichten*. Bedeutsam sind vor allem auch die semantischen Netze, die sich nach semantischen Relationen wie Über- und Unterordnung oder Bedeutungsverwandtschaft knüpfen lassen: *sehen* ist ein Unterbegriff zu *wahrnehmen* und bedeutungsverwandt mit *betrachten, erblicken, schauen* usw. Schließlich führen Wege auch zu den häufigsten und wichtigsten ‚Kookkurrenten' eines Wortes. Das Wort *Sicht* z. B. kommt bevorzugt zusammen mit *heutig* vor, und zwar in der Kombination bzw. ‚Kollokation' *aus heutiger Sicht*. Diese Kollokation steht anscheinend gattungs- bzw. teilkorpusübergreifend in einer nach der Frequenz des Zusammenvorkommens geordneten Statistik vorn: Sie hält den Spitzenplatz in verschiedenen Teilkorpora von DeReKo, nämlich sowohl in „Belletristik des 20. und 21. Jahrhunderts" als auch im „Wikipedia-Korpus 2011" als auch in einem Zeitungskorpus, nämlich dem „Mannheimer Morgen" der Jahrgänge 1995 bis 2018. Allerdings folgen im Belletristik-Korpus dann Partner wie *frei* (in *hatte freie Sicht auf*) oder *versperrte* (in *versperrte die Sicht auf*), während in Wikipedia *Sicht* sich vor allem mit Adjektiven wie *historisch, geologisch, ökologisch* zu Kollokationen wie *in/aus historischer Sicht* verbindet. Im Zeitungskorpus folgen auf den nächsten Plätzen: *seine Sicht der Dinge* und *auf lange Sicht*.[4] Das spiegelt ganz schön wider, dass wir uns kommunikativ hin und her bewegen zwischen dem allgemein Geteilten und dem Besonderen und Individuellen. Narrative Texte bauen *Sicht* bevorzugt in die Präsentation von Szenarios ein, für Zeitungstexte ist *Sicht* in erster Linie das Tor zur Meinungsvielfalt, während bei eher instruktiven Texten (Wikipedia) die Sicht der einzelnen Disziplinen oder auch die des Verfassers – vgl. *aus meiner / unserer Sicht* – die Hauptrolle spielt. Beim Zuhören entwickeln wir übrigens ein intuitives Gespür für die Enge der Beziehung zwischen möglichen Kookkurrenzpartnern: Wenn ich „und er wiederholte das" höre, warte ich nur darauf, dass mein Gegenüber mit „gebetsmühlenartig" fortfährt.

Im mentalen Lexikon bildet ein Wort also einen Knoten in einer Art Spinnennetz, von dem aus sich in alle Dimensionen Verbindungslinien ausbreiten zu anderen Knoten, die ihrerseits untereinander verknüpft sein können. Darauf jedenfalls

2 Wie frei sind wir in der Syntax? Wie sehr legt uns der Wortschatz fest? — 249

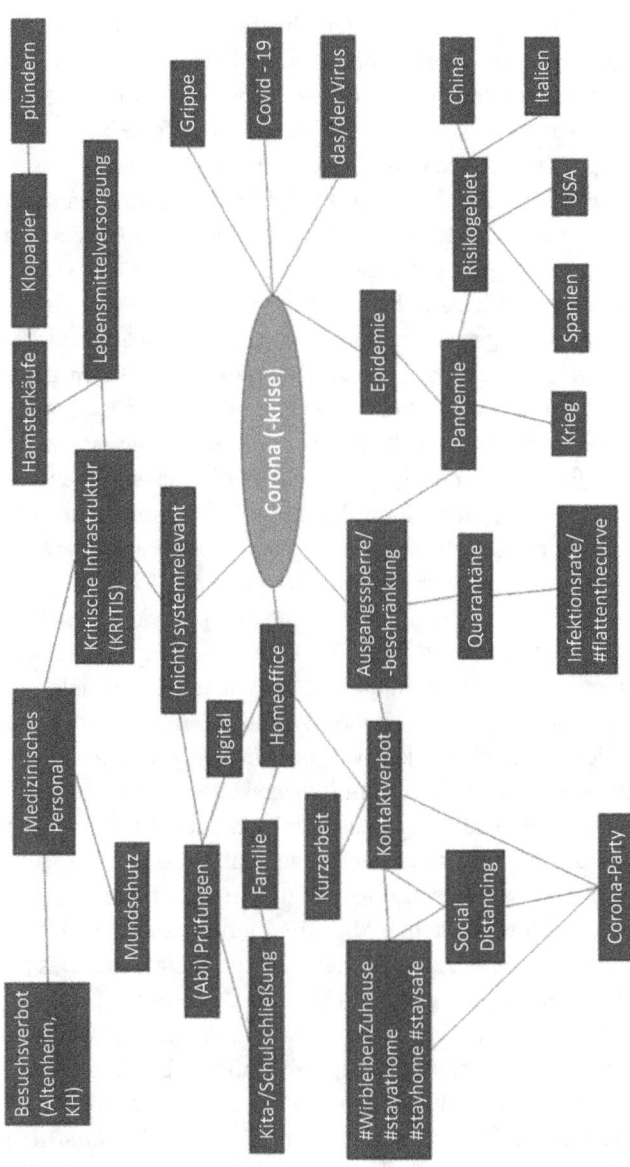

Abb. 17: Wortnetz um *Corona*.

läuft die übliche Form der Visualisierung hinaus. Ich illustriere das an dem „Wortnetz", das sich Anfang April 2020 um Corona „entspinnt", vgl. dazu Abb. 17.[5]

Sätze und andere syntaktische Konstrukte hingegen speichern wir nur in Ausnahmefällen im Langzeitgedächtnis ab. Das mag auf der individuellen Ebene dann geschehen, wenn ein Ausspruch eines Menschen eine bleibende Spur hinterlassen hat. Meine Großmutter z. B. ist mir durch ein häufig bei ihren Erzählungen von früher eingestreutes „einst und jetzt" erinnerlich. Dem kollektiven Gedächtnis hingegen werden neben Zitaten von großer politischer oder historischer Tragweite – wie z. B. Walter Ulbrichts Aussage „Niemand hat die Absicht, eine Mauer zu errichten" vom 15. Juni 1961 – vor allem so genannte ‚feste Fügungen' einverleibt. In festen Fügungen sind die ansonsten ganz oder überwiegend variablen Positionen eines syntaktischen Musters mit bestimmtem Wortmaterial gefüllt, und die so eingefrorene Verkettung wird als Ganze dem mentalen Lexikon anvertraut. Die festen Fügungen *schwarze Kasse, gelber Sack* (bzw. *Gelber Sack*),[6] *blinder Passagier* instanziieren das syntaktische Muster ‚attributives Adjektiv + Kopfsubstantiv'. Die Fügungen *auf Anhieb, in Windeseile* oder *bis zum Hals* haben die Struktur von Präpositionalphrasen – mit „freien" Gegenstücken wie *auf Zuruf* oder *bis zum Ohrläppchen*.

Ein spezielles Muster verkörpern Paar- oder Zwillingsformeln wie deutsch *ab und zu, hin und her, ganz und gar, fix und fertig; Haus und Hof, Sack und Pack, Kind und Kegel; schalten und walten, kommen und gehen*. Wie diese Beispiele zeigen, gibt es diese Koordinationen in verschiedenen Wortarten. Ihre beiden Teile bedeuten oft fast das Gleiche oder sie decken wie bei *hin und her, Freund und Feind, kommen und gehen* oder eben auch Großmutters *einst und jetzt* gemeinsam die Pole eines semantischen Feldes ab. Ihre Zusammenstellung ist also kaum einer inhaltlichen Notwendigkeit, aber auch nicht dem Zufall geschuldet, sondern folgt einem ganzen Bündel von Gestaltungsprinzipien: Da ist zum einen – gerade bei den nominalen Zwillingsformeln – die Orientierung an einer (bis in die Verästelungen unseres Alltagslebens) erweiterten Nominalhierarchie:[7] Das jeweils höher Rangierende, das Salientere, geht voraus, z. B.: Belebtes vor Unbelebtem wie in *Mensch und Maschine* oder *Pferd und Wagen*, männlich vor weiblich wie in *Mann und Frau* oder Wichtigeres vor weniger Wichtigem bei *Hopfen und Malz*. Zum anderen schmeicheln Paarformeln unserem Ohr durch Endreime, Alliterationen und andere klangliche Übereinstimmungen (*Rat und Tat, Kind und Kegel, angst und bange*). Neben der semantischen Salienz ist auch das Gesetz der ‚aufsteigenden Silbenzahl' verantwortlich für die in aller Regel nicht umkehrbare Reihenfolge der beiden Teile. Und schließlich soll auch die Akzentverteilung den für das Deutsche gültigen Regularitäten der Abfolge von betonten und unbetonten Silben im Wort und in der größeren metrischen Einheit, dem ‚Fuß', nicht zuwiderlaufen. Allerdings ist die Salienzordnung allen anderen Beschränkungen vorgeordnet. So verstoßen *Hopfen und Malz, (bei) Wasser und Brot* zwar gegen das Prinzip der ansteigenden Silbenzahl und sind auch metrisch weniger gut als *Malz und Hopfen / Brot und Wasser*, aber das im wahren Leben, speziell für das Bierbrauen oder das Überleben, Essenziellere siegt.

Zwillingsformeln sind sprachübergreifend weit verbreitet. Das mag teilweise auch auf ihren Ursprung in der wirkungsmächtigen Rechtssprache zurückzuführen sein, wie z. B. bei englisch *to have and hold* oder deutsch *Haus und Hof, Treu und Glauben*. Dabei ist zu erwarten, dass die Gestaltungsprinzipien, bis auf die einzelsprachlichen Akzentregeln verhaftete metrische Wohlgeformtheitsbedingung, z. B. auch im Englischen, Französischen, Russischen, Polnischen oder Ungarischen Geltung haben.[8] Englische Beispiele sind: *on and off* (vgl. *ab und zu, hin und wieder*), *neat and tidy* (vgl. *geschniegelt und gebügelt*), *done and dusted* (vgl. *unter Dach und Fach*); *dust and ashes* (vgl. *Blut und Asche*), *law and order* (vgl. *Recht und Ordnung*), *rise and shine* (vgl. *raus aus den Federn*). Französisch steuert z. B. bei: *sain et sauf* (vgl. *gesund und munter*); *corps et biens* (vgl. *Mann und Maus*); *aller et venir* (vgl. *kommen und gehen*). Beispiele aus dem Russischen sind: *vdol' i poperek* ('kreuz und quer'); *den' i noc'* ('Tag und Nacht'), *fotki i pribautki* ('Scherze und Redensarten'), *styd i sram* ('Schimpf und Schande'). Für Polnisch seien *dzień i noc* ('Tag und Nacht'), *wzdłuż i wszerz* ('kreuz und quer'), *krótko i węzłowato* ('kurz und bündig') genannt, für Ungarisch *szégyen és gyalázat* ('Schimpf und Schande').

Zwillingsformeln können auch anstelle von 'und' durch 'oder' verknüpft sein wie in *mehr oder weniger* (vgl. englisch *more or less*) oder in *früher oder später* und dem gleichbedeutenden französischen *tôt ou tard*. Redundanz kann sogar – mit nachdrücklichem Effekt – durch Wiederholung auf die Spitze getrieben werden wie in deutsch *durch und durch*, englisch *on and on*. Eine weitere Variation – Präposition statt Konjunktor – führt zu *Schulter an Schulter, Zug um Zug*. Zudem sind auch Dreifachkombinationen möglich wie *Wein, Weib und Gesang* oder *Blut, Schweiß und Tränen*. Nicht selten sind Paarformeln Teil einer umfassenderen Fügung oder Kollokation wie bei *mit Mann und Maus untergehen, mit Rat und Tat zur Seite stehen, sich um Kopf und Kragen reden, einem angst und bange werden*. Das „Land, wo Milch und Honig fließen" begegnet schon in der Hebräischen Bibel mehrfach (z. B. Exodus 3.16), und so dürfte die Paarformel in zahlreichen Sprachen für jenes gelobte Land von Frieden und Überfluss stehen. Allerdings nicht zwingend in dieser Reihenfolge. Im Slowenischen etwa soll die Umkehrung *med in mleko* die übliche Form sein.[9] Ist da, wie bei den genannten Dreifachformeln, das Prinzip der aufsteigenden Silbenzahl wirksam?

Von besonderer Bedeutung sind um ein Verb herum gebaute Fügungen wie *etwas über Bord werfen, den Nagel auf den Kopf treffen, jemandem einen Bären aufbinden* oder *einen Streit vom Zaun brechen*, die jeweils einen für das Verb auch sonst gültigen Valenzrahmen nutzen, wie etwa den Rahmen 'direktes Objekt + Direktivkomplement + Verb' bei den Fügungen mit *werfen* und *treffen*.

Allen genannten Fügungen ist gemeinsam, dass sie insgesamt, oder, was gewisse Bestandteile angeht, nicht wörtlich zu nehmen sind oder zumindest eine Spezialisierung erfahren haben. Man spricht hier auch von ‚Idiomatisierung'. Wenn man etwas über Bord wirft, muss man sich nicht auf einem Schiff oder in einem Flugzeug befinden. Es geht einfach darum, sich rigoros einer Einschränkung, der eigenen Bedenken oder einer moralischen Pflicht zu entledigen. Wenn man einen Streit vom Zaun bricht, geht es zwar um einen Streit, das Vom-Zaun-Brechen ist aber ein Bild für das unmotivierte „Anzetteln" desselben. Man muss dafür keine Latte aus dem Zaun zum Nachbarn brechen – eine archaische Streitszene, die wohl als Bildspender diente. Ein blinder Passagier ist nicht im üblichen aktivischen Wortsinn blind, also unfähig zu sehen; aber immerhin hat *blind* auch in anderen Verbindungen die passivische Bedeutung ‚unsichtbar, undurchsichtig, nur scheinbar' wie in *blinde Scheibe* oder *blinde Naht*, im Gegensatz zum üblichen ‚ohne Sehvermögen'. Der gelbe Sack ist nicht einfach irgendein flexibles Behältnis in gelber Farbe, sondern in Wikipedia heißt es: „Als Gelben Sack bezeichnet man in Deutschland und Österreich einen dünnen, gelblich transparenten Kunststoffsack, in dem im Rahmen der lokalen Abfallentsorgung leichter Verpackungsmüll abgegeben werden kann." Der gelbe Sack steht oft auch metonymisch für das ganze Konzept oder Verfahren dieser Art von Entsorgung.

Die mehr oder weniger ausgeprägte Bedeutungsverschiebung und -spezialisierung ist – oft zusammen mit metaphorischem Sprachgebrauch – der Witz am Gebrauch fester Fügungen: Sie haben sich uns eingeprägt, weil sie auffällig und oft auch bildkräftig und anschaulich sind. Und wir verwenden sie, weil wir selbst mit unserem Sprachgebrauch einprägsam sein wollen. Die Bezeichnung ‚Redensart', die in erster Linie für die bildhaften verbalen Fügungen steht, „trifft" daher, so scheint mir, „den Nagel auf den Kopf", besser als blutleere sprachwissenschaftliche Termini.

Allerdings gibt es zahlreiche Abstufungen, sowohl was die Festigkeit als auch was die Wörtlichkeit von solchen Fügungen angeht. Die Sprachwissenschaft spricht daher auch gern von Phraseologismen oder Phrasemen, um das nicht immer voll zutreffende Attribut ‚fest' zu umgehen. So sind die oben genannten nominalen Fügungen in der Tat fest; man wird kaum variieren oder etwas einfügen. Ist von einem ganz blinden Passagier oder einem schmutziggelben Sack die Rede, haben wir es nicht mehr mit dem, was mit dem Phrasem gemeint ist, zu tun, sondern eher mit sehunfähigen Menschen bzw. mit gewöhnlichen Säcken für beliebige Zwecke.[10] Das ist auch der Tatsache geschuldet, dass solche nominalen Phraseme eine begriffliche Einheit bezeichnen und damit Substantiven ähneln. Wir kommen darauf im letzten Unterkapitel zurück. Verbale Phraseme sind da gelegentlich flexibler: So findet man in DeReKo neben *einen Bären aufbinden* auch *nicht jeden Bären* oder *einen rosaroten / silbernen*

Bären aufbinden, und es wird gefragt: „Könnte es sein, Herr Minister, dass Sie der Öffentlichkeit und dem Parlament **einen ganz großen Bären** aufbinden [...]?" (Protokoll der Sitzung des Parlaments Landtag Schleswig-Holstein am 27.09.2000).

Es gibt also ein Kontinuum von ganz festen Fügungen über Zwischenstufen bis hin zu Wortverbindungen, die sich gegenüber dem „normalen" Zusammenvorkommen in syntaktischer Verbindung nur durch mehr oder minder stark erhöhte Frequenz auszeichnen, ohne dass Metaphorik oder Idiomatisierung im Spiel wären. So betrachtet ist *aus heutiger Sicht* stärker kollokativ (ca. 24.000 Vorkommen im „Archiv geschriebener Sprache") als *aus damaliger Sicht* (848 Vorkommen), während *aus gestriger Sicht* (1 Vorkommen) kollokativ zu vernachlässigen ist.

Manchmal werden feste Fügungen auch als Mehrwort-Lexeme bezeichnet. Das kann in die Irre führen. Ja, *gelber Sack* oder *falscher Fuffziger* teilen mit *Mehrwegflasche* oder *Betrüger* die Eigenschaft, dass sie als Ganzes im mentalen Lexikon abgespeichert werden, und sie können daher auch in semantischen Netzen mit den jeweils bedeutungsverwandten Lexemen verbandelt werden. Aber die Fügungen sind keine Wörter. Für die Struktur von Wörtern gelten andere Regularitäten als für die syntaktische Struktur. Ich fasse die wichtigsten Unterschiede zusammen:
- Wörter werden nur einmal flektiert, im Deutschen am Wortende; Binnenflexion ist ausgeschlossen.
- Wörter enthalten keine Funktionswörter, also keine Artikel bzw. andere Determinative oder Präpositionen.
- Die Teile von komplexen Wörtern bleiben beisammen; ein Wort wird nur insgesamt im Satz bewegt.

Alle unsere Beispiele für Phraseme verstoßen gegen mindestens eine dieser Regularitäten: Nominale Fügungen (wie *gelbe Karte*) flektieren doppelt, am Adjektiv und am substantivischen Kopf. Sie verhalten sich also nicht wie Wörter. Noch krasser unwortmäßig verhalten sich verbale Phraseme (wie *auf den Busch klopfen*, *ins Gras beißen*), die nicht nur mehrfach flektiert sind, sondern auch Funktionswörter, nämlich Präpositionen, Artikel oder eine Verschmelzung aus beidem (bei *ins*) enthalten. Zudem folgt das in ihnen enthaltene Verb als Prädikat den syntaktischen Regeln für die Verbpositionierung, ist also in vielen Fällen vom Rest des Phrasems getrennt. Man vergleiche „Nun **beiß** ich endlich **ins Gras**, für die restliche Show viel Spaß" (Nordkurier vom 08.12.2008). Zu den Regularitäten vergleiche man Kapitel 5, Abschnitt 3.2.

Allerdings gilt: Keine Regel ohne Ausnahmen. Es gibt durchaus Wörter, die gegen die erstgenannte Regel verstoßen: *Gästebuch*, *Männerbund* und andere haben als ersten Teil des Kompositums eine flektierte Form und zwar eine Pluralform. Es handelt sich ja auch um ein Buch für Gäste, nicht für einen einzelnen Gast, und ein Männerbund hat notwendigerweise eine ganze Reihe von Mitgliedern. Das heißt, Pluralmarkierung kann semantisch motiviert sein und ist ein lässlicher Verstoß gegen das Verbot der Binnenflexion. Aber der Normalfall ist der unflektierte Stamm, im Deutschen also der Singularstamm wie in *Buchhandlung* oder *Tierschutzgesetz*, obwohl es um den Verkauf von Büchern und den Schutz von Tieren geht.[11]

Bedeutend gravierender ist das Vorkommen eines Kasusmarkers. Wir sagen nicht: *Man hüte sich vor *Männernbünden* – obwohl die Präposition *vor* den Dativ fordert und *Männern* die Dativ-Plural-Form ist. Adjektive können zwar, da ebenfalls semantisch motiviert, gelegentlich in der Komparativ- oder Superlativform den ersten Teil von Komposita bilden (*Besserwisser*, *Höchstform*). Die adjektivischen Kongruenzaffixe *-e, -er, -en, -em, -es* haben aber eine rein syntaktische Funktion und sollten daher im Wort nicht auftreten. Aber auch dazu gibt es einige wenige Ausnahmen, die immer wieder genannt werden, z. B. Wörter wie (*die*) *Langeweile*, (*das*) *Hohelied*, (*der*) *Hohepriester*. Hier findet sich statt des Adjektivstamms, der gewöhnlich in Komposita vorliegt (z. B. *Langwelle* nicht **Langewelle*), eine flektierte Form des Adjektivs. Optional verändern wir auch diese wortinterne Endung noch, die man als unmarkiertes Allerweltsflexiv werten kann, wie z. B. in: *Wer leidet hier an Langerweile*.[12]

Gegen die zuletzt genannte Beschränkung, das Zusammenbleiben von Wörtern, wird etwa bei *aufbegehren* und *vorlesen* und den Partikelverben insgesamt regelmäßig und in großem Stil verstoßen. Diese Ausdrücke kann man aber nicht (oder nicht mehr) als verfestigte syntaktische Verbindungen betrachten. In der „freien" Syntax verbinden sich Präpositionen wie *aus* und *vor* nicht mit Verben. Also bleibt nur, ihnen wohl oder übel einen Sonderstatus als Wörter mit außergewöhnlichen Eigenschaften einzuräumen; vgl. Abschnitt 4.5. Dennoch lehrt uns dieses Beispiel Folgendes: Es ist zwar auf der einen Seite richtig, die Merkmale für eine Unterscheidung zwischen Syntagma und Wort, oder auch allgemeiner zwischen den Kategorien einer Sprache, klar zu bestimmen. Andererseits kann es immer wieder Phänomene geben, auf die diese unterscheidenden Merkmale nur zum Teil zutreffen. Es handelt sich dann um weniger prototypische Exemplare. Bei ihnen kann sich je nach Gewicht der „Verstöße" die Waagschale in die eine oder andere Richtung neigen, oder aber man ordnet sie als Phänomene einer dritten Art ein. Bei den Phrasemen – das sagt eigentlich schon der Terminus – überwiegen aus meiner Sicht die pro-syntagmatischen Merkmale.

Für das Ende dieses Unterkapitels aufgespart habe ich mir die Glanzlichter unter den festen Fügungen, die Sprichwörter. Ganze Sätze oder auch elliptische Einheiten transportieren hier mehr oder weniger erfahrungsgesättigte Lebensweisheiten und aus ihnen folgende praktische Maximen wie diese: „Es ist noch nicht aller Tage Abend", „In der Not frisst der Teufel Fliegen", „Aller guten Dinge sind drei". Oder „Wie gewonnen, so zerronnen", „Ein Mann, ein Wort", „Viel Lärm um Nichts". In aller Regel handelt es sich um Aussagesätze oder entsprechende Kurzformen, die auf der illokutiven Ebene aber in der Regel als Ratschläge, Drohungen oder Warnungen, also als indirekte (oder gar verkappte) direktive Sprechhandlungen zu werten sind. (Sogar das scheinbar nur feststellende „Aller guten Dinge sind drei" kann ja als Aufmunterung gewertet werden, auch nach zwei vergeblichen Versuchen nicht aufzugeben.) Oder wie Peter Wapnewski formuliert: „Im Sprichwort schlägt sich Erfahrung als Moral nieder; in der Redensart als Stilformel."[13] Da Sprichwörter somit ganz aus der Erfahrung schöpfen und direkt auf das praktische Leben abzielen wollen, sind sie noch stärker als andere Fügungen in ihrer Wortwahl und Bildlichkeit nur auf einem bestimmten kulturellen Hintergrund zu verstehen. Für europäische Gesellschaften ist hier die griechisch-römische Antike prägend, z. B. in Form der Fabeln des Äsop („Eine Schwalbe macht noch keinen Sommer"), die Bibel, aber auch die gelehrte und literarische Tradition vom Mittelalter bis hin zu Shakespeare (vgl. den Komödientitel „Much ado about nothing"), Schiller („Die Axt im Haus erspart den Zimmermann") und Goethe („Grau, teurer Freund, ist alle Theorie"). Da übernimmt ein Autor vom anderen, eine Leser- oder Hörerin macht sich das, was ihr gefällt, zu eigen. Man nennt das auch die ‚intertextuelle' Qualität von Sprichwörtern wie auch Redensarten allgemein. Überkommene Sprichwörter zeugen jedoch oft auch noch von bäuerlicher Lebensweise und anderen Tätigkeiten im „Schweiße des Angesichts" und einer feudalen oder ständisch-hierarchischen Sozialordnung: „Was der Bauer nicht kennt, frisst er nicht", „Die dümmsten Bauern haben die dicksten Kartoffeln", „Handwerk hat goldenen Boden", „Schuster bleib bei deinem Leisten", „Wo gehobelt wird, fallen Späne", „Wie der Herr, so's Gescherr".

Da ein großer Teil des Sprichwortschatzes auf einer im „alten Europa" geteilten Lebensweise oder einer überdachenden kulturellen Tradition beruht, nimmt es nicht Wunder, dass es für viele Sprichwörter mehr oder weniger direkte Parallelen in anderen Sprachen gibt. Für das Sprichwort „Bellende Hunde beißen nicht" soll es direkte Parallelen in 51 europäischen Sprachen geben.[14] Oftmals ist das Panorama aber etwas unübersichtlicher. Das alte englische Sprichwort „The early bird catches the worm" fand erst seit Ende der 1980er Jahre, dann aber schnell Eingang ins Deutsche, in der wörtlichen Übertragung „Der frühe Vogel fängt den Wurm". Bekanntlich gibt es dazu aber bodenständige Konkurrenz mit „Morgenstund hat Gold im Mund" oder auch dem bedeutungsähnlichen „Wer zuerst kommt, mahlt zuerst".[15] Voll politischem Hintersinn ist schließlich die Michail Gorbatschow zugeschriebene Variante „Wer zu spät kommt, den bestraft das Leben". Sie machte steile Karriere im Westen.[16]

3 Wie reichern wir unseren Wortschatz an? Neuschöpfungen, Umdeutungen und Entlehnungen

Nun wäre aber auch der Eindruck falsch, der Wortschatz enthalte nur auf unabsehbare Dauer Angelegtes, er sei in seinem Bestand absolut stabil. Das kann natürlich gar nicht sein, denn der Wortschatz muss sich ja an den veränderten Bezeichnungsbedarf anpassen, der mit der Veränderung der Welt einhergeht. Es werden folgende Möglichkeiten genannt: Urschöpfung, Bedeutungsveränderung, Entlehnung auf der einen Seite und Wortbildung auf der anderen Seite. Die Wortbildung, „aus Alt mach Neu", spielt dabei bei weitem die bedeutendste Rolle. Auf sie kommen wir im nächsten Unterkapitel ausführlich zu sprechen.

Den anderen Verfahren ist gemeinsam, dass sie, anders als die Wortbildung, den Wort- und Morphembestand einer Sprache nicht neu mischen und konfigurieren. Diese Verfahren sind daher auch weniger an die Strukturen einer Sprache gebunden als vielmehr an historische und kulturelle Umstände oder auch an Sprachkontakt und Sprachpolitik.

Urschöpfung (oder auch Wortneuschöpfung) dürfte am Anfang jeder Sprachgeschichte gestanden haben, ist aber in Sprachen mit einer langen Entwicklungsgeschichte, schriftlicher Überlieferung und einem in Wörterbüchern kodifizierten lexikalischen Bestand, wie in den europäischen Sprachen, äußerst selten. Unter den Neologismen, die für die 90er, die Nuller- und die Zehnerjahre, also insgesamt für die letzten ca. 30 Jahre auf der Homepage des IDS verzeichnet werden, findet sich nach meinem Urteil keine einzige echte Urschöpfung.[17]

Bedeutungsveränderung, so genannte ‚Neubedeutungen' gibt es hingegen einige: *Stolperstein* hat heute auch die Bedeutung ‚Pflasterstein mit einer eingelassenen Messingplatte zur Erinnerung an in der Nazizeit ermordete Bürger eines Ortes'. *divers* erhielt die Neubedeutung ‚weder ein weibliches noch ein männliches, sondern ein drittes Geschlecht habend'.[18] Mit einem Netz fängt man heute nicht nur Fische oder nutzt es, wie in früheren Zeiten, beim Wareneinkauf, sondern wir fangen damit elektronisch Informationen ein. Metaphorisch motiviert ist auch *Ampel* in der schon aus den 1980er Jahren stammenden Neubedeutung ‚Parteien-Koalition aus SPD (rot), FDP (gelb) und GRÜNEN (grün)'. Die Verben *texten* und *wischen* werden auf unsere neuen Kommunikationsformen zugeschnitten und haben nun auch die Bedeutungen ‚elektronische Kurznachrichten schreiben und senden' bzw. ‚mit den Fingern Internet- und Dateiseiten bewegen'. Früher konnte man nur sich selbst einlesen, z. B. in einen schwierigen Text. Heute macht man durch Einlesen einen Text hörbuchtauglich. Partikelverben eignen sich offenbar besonders gut zur Umdeutung, man muss sich nur von der Bewegung, die in der Partikel bzw. Präposition steckt, und der Bedeutung des Simplexverbs neu inspirieren lassen. Man vergleiche das schon erwähnte *abhängen* oder – auch aus dem Bereich Entspannung und Stressabbau – *runterkommen* oder *abschalten*. Letzteres ist freilich auch besonders frequent, wenn es um das Kappen der Stromzufuhr geht; dann werden z. B. lebenserhaltende Maschinen oder Atomreaktoren abgeschaltet.

Im Vordergrund stehen allerdings – auch im öffentlichen Bewusstsein und im Diskurs über Sprachthemen – die Entlehnungen in Form von Anglizismen. Es ist eine unbestreitbare Tatsache, dass die Übernahme von lexikalischem Material aus dem Englischen (in der Regel aus dem amerikanischen Englisch) stetig angestiegen ist, Anfang des 20. Jahrhunderts eher zögerlich beginnend – da löst es allmählich das Französische als dominante Gebersprache ab – und dann bis heute nahezu linear ansteigend.[19] Das Deutsche, so wird behauptet, weise dabei unter den europäischen Sprachen die größte Aufnahmebereitschaft auf. Dies jedoch ist nur ein bisher nicht bewiesener Eindruck und eher ein Ausdruck der Sorge.[20] Auch die Gründe für die starke Präsenz von Anglizismen sind bekannt und wurden unter positiver wie auch kritischer Wertung vielfach diskutiert. Es sind unter anderem die westliche Orientierung der „alten" BRD nach dem Zweiten Weltkrieg, verbunden mit Skepsis gegenüber der Beschränktheit des Nationalen und seiner Symbole, zu denen ja auch die Sprache gehören kann, der Einfluss und die Vorreiterrolle der USA auf politischem, wirtschaftlichem, wissenschaftlichem und kulturellem Gebiet sowie das hohe Prestige des nordamerikanischen Lebensstils. Besonders stark ist der Einfluss auf den Gebieten Sport, Mode, Freizeit, (Pop-)Musik und allen voran Computer und Neue Medien. Gerade der letztgenannte Bereich hat durch die umfassende Digitalisierung und die damit verbundenen technischen Neuerungen, durch die grenzüberschreitenden über das Internet laufenden Aktivitäten zu einer rasanten Beschleunigung des Zuwachses an neuem Vokabular geführt. Und der wird eben primär durch Angloneologismen – in einem weiteren Sinne – gedeckt.

Wie groß die Anzahl der Anglizismen im heutigen Deutsch tatsächlich ist – dazu gibt es verwirrend viele unterschiedliche Zahlen. Und das nicht von ungefähr. Die Zahlen hängen entscheidend davon ab, was man wo zählt, z. B. nur „reine" Anglizismen wie *Fan* oder auch ‚Hybride' wie *Fanszene*, *Fankultur*, in einem Wörterbuch der Jugendsprache, einem allgemeinsprachlichen Wörterbuch oder in einem standardsprachlichen Korpus. Ich nenne hier nur die in Eisenberg (2013c) vorgelegten Zahlen, die sich auf alle Substantive, Verben, Adjektive und Adverbien – und zwar einschließlich von hybriden Formen – aus einem Textkorpus beziehen, das im Hinblick auf die Textsortenmischung als repräsentativ für die geschriebene Standardsprache zu betrachten ist. Für das den Zeitraum von 1995 bis 2004, also fast die „Jetztzeit" umfassende Teilkorpus wurde ein Anglizismen-Anteil von 3,5 % am Gesamtbestand der Lexeme dieser Wortarten ermittelt. Jede 200. Form im laufenden Text ist ein Anglizismus, und das bedeutet, dass man etwas mehr als zwei Vorkommen von Formen dieser Lexeme auf jeder Seite vorfindet. Gegenüber dem Bestand des etwa gleich großen Teilkorpus aus der Zeit von 1905 bis 1914 ergibt sich eine Steigerung um das Zehnfache: Dort betrug der Bestand 0,35 %, und etwa jede 2.500. Form war ein Anglizismus. Man stieß also nur auf jeder fünften Seite auf einen.

Wie man diesen Zuwachs bewertet, hängt von verschiedenen Faktoren ab. Unter anderem sicher davon, was man überhaupt als für die deutsche Sprache „fremd" oder als in die deutsche Sprache „integriert" betrachtet. Ich schließe mich Eisenbergs Standpunkt an: „Anglizismen sind nicht Wörter des Englischen, sondern sie sind Wörter des Deutschen."[21] Wenn man das ernst nimmt, kann die in der Kapitelüberschrift „Reichtum an Anglizismen – Armut der Sprache" des eisenbergschen Beitrags enthaltende Frage eigentlich nur mit einem entschiedenen „Nein" beantwortet werden. Wenn Anglizismen Wörter des Deutschen sind, kann ein Reichtum an ihnen nur eine Bereicherung des Deutschen sein, kein Dokument der Armut. Inwiefern nun sind Anglizismen Wörter des Deutschen? Weil sie außer in seltenen Fällen des „Zitatwortes"[22] Eigenschaften des Deutschen annehmen, annehmen müssen, um ohne größere Probleme im Deutschen auf der lautlichen, der orthografischen, der morphologischen und der syntaktischen Ebene mitspielen zu können.

Dabei sind aus meiner Sicht die Probleme bei Aussprache und Schrift oft vergleichsweise größer als die in den beiden „höheren" Ebenen. Und ich denke, sie sind auch diejenigen, mit denen sich nicht nur Sprecher und Schreiberinnen, die über keine oder geringe Englischkenntnisse verfügen, am ehesten schwertun und aufgrund derer sie Vorbehalte oder gar Ablehnung entwickeln. Statt *geocaching*, nach dem IDS-Neologismenwörterbuch ‚Schnitzeljagd per GPS', wird gern auch *geocashing* geschrieben, und wie man es ausspricht – da gibt es viele Varianten. Soll man *Soft Skills* schreiben oder *Soft-Skills* oder *Softskills* usw. – es gibt rein rechnerisch 10 Varianten – wenn man über die weniger harten Eigenschaften im Berufsleben wie Sozialkompetenz und Teamfähigkeit reflektiert? In aller Regel werden Angloneologismen aber auch in Laut und Schrift an den so genannten ‚Kernwortschatz', also die in jeder Hinsicht „systemkonformen" Wörter, herangeführt. *Farm* und *Tram*, beide um 1900 ins Deutsche entlehnt, werden heute meist mit einem Rachen-R und einem [a] ausgesprochen; sie klingen also ähnlich wie *Farn* bzw. wie der Anfang von *Tram-polin* und unterscheiden sich damit deutlich vom Original.[23]

Wichtige Integrationsschritte sind bei Substantiven die Großschreibung und die Vergabe eines Genus. Dabei kann es zu Schwankungen kommen (*die/das Email, die Tram* und schweizerdeutsch: *das Tram*). Schließlich die Einordnung in eine Deklinationsklasse. Da bietet sich die Pluralbildung mit -s aufgrund der Analogie zum Englischen geradezu an. Wir haben sie in Kapitel 4 (Abschnitt 4.2) als die Pluralbildung für alles, was aus der Reihe tanzt, kennengelernt – *Schmidts, LKWs, Uhus, Omas*. Immerhin ist sie quantitativ bestens aufgestellt und wird von manchen als die Normal-Pluralbildung betrachtet. Auf der anderen Seite passen sich, eher selten, entlehnte Substantive auch in die anderen Typen systemgerecht ein: Es heißt *die Farmen* (nicht *die *Farms*), *die Farmer* (nicht *die *Farmers*), *die Filme* (nicht *die *Films*) und Gerhard Schröder wurde „Genosse der Boss**e**" genannt.

Bei Verben ist die Einpassung in das Konjugationssystem unabdingbar. Bei den häufig einsilbigen einfachen englischen Verben ist es ein leichtes, sie mit den Verbaffixen zu versehen. Denkt man an *chatten, mailen, leaken, liken, simsen* oder *twittern*, so stellt man fest: „Keine einzige Form des deutschen Verbs stimmt vollständig mit der entsprechenden Form des Englischen überein, sofern es entsprechende Formen im Englischen überhaupt gibt."[24] Etwas schwieriger wird es bei komplexen Verben wie *(to) download/upload* oder *(to) facebook, (to) whatsapp*. Aber da gibt es durchaus vergleichbare Probleme mit eingeborenen Formen wie *zwischenlagern, brandmarken* oder *wertschätzen*. Wir kommen in Abschnitt 4.5 darauf zurück.

Zur Einpassung von Adjektiven gibt es verschiedene Strategien; man vergleiche: *ein ganz tougher Junge, eine crazy Welt, ein fischiges Unternehmen* (im Sinne von *fishy* ‚anrüchig') oder *fluffiges Brot* (zu englisch *fluffy* ‚flaumig, locker').

Anglizismen sind also auf keinen Fall „Fremdwörter". Allenfalls sind sie in bestimmten Aspekten anders als die landläufigen Wörter. Das kann sich mit der Zeit noch abschwächen oder gar ganz verloren gehen, wie etwa bei *Star, Trick* oder *stoppen*, die um 1900 schon in deutschen Texten vorkamen, oder *schocken* und *toppen* in der Bedeutung ‚überbieten', die neueren Datums sind. Bei der hohen Entlehnungsfreundlichkeit spielt sicher die strukturelle Verwandtschaft zwischen dem Englischen und dem Deutschen eine Rolle. Diese besteht auf der lautlichen Ebene besonders auch zum Niederdeutschen (ebenso wie zum Niederländischen). So können wir in *stoppen* unschwer eine Variante des hochdeutschen *stopfen* erkennen, bei der wie auch im Niederdeutschen die Verschiebung von *p* zu *pf* nicht stattgefunden hat (vgl. dazu auch Kapitel 1).

Dass Anglizismen nicht unbedingt systemfremd sind und eine unverzichtbare Bereicherung des deutschen Wortschatzes darstellen, bedeutet nicht, dass ihr Gebrauch immer sinnvoll und angemessen ist. Zwar trifft es schon oft zu, dass vermeintliche Doubletten nicht wirklich gleichbedeutend sind. Ein Booklet ist kein Büchlein und auch *Beiheft* ist zu wenig spezifisch. Mit dem Anglizismus *care* wie in *care work, gender care gap* oder in den Hybriden *Care-Berufe, Care-Arbeit* ist nicht nur die Pflege gemeint, die etwa von Pflegediensten geleistet wird, sondern das gesamte professionelle oder private Tätigkeitsfeld des Pflegens, Für-andere-Sorgens und Sich-Kümmerns. Jemanden „daten" ist nicht gleich mit ‚sich mit jemandem treffen'. Andererseits bleibt ein Bike allemal ein (Fahr-)Rad, auch wenn es vielleicht ein besonders sportliches oder aufgemotztes Modell ist, auf dem man bikt. Und ein Airport ist trotz internationalen Flugverkehrs nichts anderes als ein Flughafen. Statt von *equipment* zu sprechen, würde es in der Regel auch Ausstattung oder Ausrüstung tun. Statt *bias* empfiehlt sich gelegentlich das schöne Wort *Schlagseite*.

Die Übernahme von Wörtern aus anderen Sprachen ist aber keineswegs nur eine Einbahnstraße. Auch das Deutsche hat über die Jahrhunderte Elemente an andere Sprachen „ausgeliehen". Bekannt sind Germanismen wie *angst, übermensch* (oder *ubermensch*) oder *kindergarten, autobahn, bratwurst, schadenfreude* oder *zeitgeist*, die Eingang ins Englische gefunden haben. Eine Munch-Ausstellung des Britischen Museums im Jahr 2019 beispielsweise trägt den Titel „Love and Angst". Die in den 1930er Jahren oder während des Zweiten Weltkriegs entlehnte Vokabel *blitzkrieg* im Sinne von ‚auf den Überraschungseffekt und schnellen Sieg ausgerichtete Militäroperation' wird in Form der Abkürzung *blitz* jetzt auch auf jede Art „blitzschneller" Aktion übertragen gebraucht. Es handelt sich dabei um Begriffe für Ereignisse oder Einrichtungen, deren „Erfindung" Deutschland zugeschrieben wird, oder für als typisch deutsch erachtete Befindlichkeiten und Geisteshaltungen, aber auch um solche für mehr oder weniger bewunderte, belächelte oder kritisch beäugte zivilisatorische und kulinarische Spezialitäten. Aber wenn man genauer hinschaut, etwa bei der Lektüre englischsprachiger Romane, findet sich auch Kurioses wie etwa das im frühen 19. Jahrhundert entlehnte *lammergeier* (zu deutsch *Lämmergeier*) oder ganz und gar Unspektakuläres: Die Verben (*to*) *spritz* und (*to*) *schlep(p)* sind solche Beispiele. Beide wurden zu Beginn des 20. Jahrhunderts entlehnt; letzteres nicht direkt aus dem Deutschen, sondern aus dem Jiddischen, wo es bereits seit mittelhochdeutscher Zeit üblich war. Das Jiddische oder vielmehr Sprecher des Jiddischen dürften auch in vielen anderen Fällen (wie etwa (*to*) *schmooze* ‚sich einschmeicheln' zu deutsch *schmusen* oder *schnorrer* wie deutsch *Schnorrer*[25] oder auch *shtick/schtick* ‚Masche, Marotte' zu deutsch *Stück*) für die Einbürgerung von auf Varietäten des Deutschen zurückgehendem Wortschatz gesorgt haben, vor allem und zunächst im amerikanischen Englisch. Das Jiddische hat im Übrigen seinerseits auch das Deutsche bereichert mit Elementen meist hebräischen Ursprungs wie *ausbaldowern, malochen, Schlamassel/vermasseln* oder *Chuzpe* (englisch *chutzpa*).[26]

Auch im Französischen finden sich u. a. Wörter, die den Geist oder Ungeist deutscher Geschichte und Kultur widerspiegeln wie (*le*) *Blitzkrieg*, (*le*) *Jugendstil*, (*le*) *Sturm und Drang*, (*le*) *Waldsterben*, (*la*) *Weltanschauung* oder (*le*) *Zeitgeist* neben (*le*) *bretzel* oder (*la*) *quenelle* (‚Knödel'). Wie man sieht, haben die ersteren in der Regel den Status von Zitatwörtern, erkennbar an Großschreibung und häufig auch der Setzung von Anführungszeichen.

Zahlreicher als ins Englische oder Französische sind die Entlehnungen in Sprachen in Mittel- und (Süd-)Osteuropa wie Polnisch, Rumänisch, Weißrussisch oder Ukrainisch und Ungarisch. Deutsch (bzw. dialektale Varietäten des Deutschen) war durch verschiedene Phasen der Kolonisation und Einwanderung seit dem Mittelalter in Regionen dieser Länder die Sprache oft zahlenmäßig großer, z. T. auch ökonomisch, kulturell und politisch dominanter Minderheiten und fungierte auch als Verkehrssprache, als *lingua franca* in einem vielsprachigen Kontext. Im Gefolge der Verbrechen gegenüber diesen Ländern in der Nazizeit und im Zweiten Weltkrieg hat sich die Lage völlig verändert. Deutschsprachige Minderheiten existieren nur noch in geringem Umfang, das Deutsche hat als Erstsprache wie auch im schulischen und universitären Kontext vermittelte und gepflegte Fremdsprache vergleichsweise geringen Stellenwert.[27]

Dennoch halten sich etwa im Polnischen eine ganze Reihe von deutschen Lehnwörtern. Das „Wörterbuch der deutschen Lehnwörter in der polnischen Schrift- und Standardsprache" spricht von ca. 2500 deutschen Lehnwörtern, von denen allerdings 900 nur sporadisch belegt sind und offenbar nur kurzlebig in Gebrauch waren. Schon im 14./15. Jahrhundert wurden z. B. *bursztyn* ‚Bernstein', *burmistrz* ‚Bürgermeister', *dach* ‚Dach', *malować* ‚malen' und *smakować* ‚schmecken' entlehnt, Ende des 18. Jahrhunderts *urlop* ‚Urlaub', im 19. Jahrhundert *klaps* ‚Klaps' und *bumelować* ‚bummeln, nichts tun'.[28] Auch *kindersztuba*, *platfus*, *szrot*, *szwindel*, und *sztambuch* sind unschwer mit ihren deutschen Vorbildern *Kinderstube*, *Plattfuß*, *Schrott*, *Schwindel* und *Stammbuch* zu verbinden.[29] Der Ausdruck *wihajster* (zurückgehend auf deutsch *wie heißt er*) wird eingesetzt, wenn einem das richtige Wort fehlt, steht also in etwa für ‚der/die/das Dingsda'. (Englisch *whatshisname* wird speziell dann eingesetzt, wenn man den Namen einer Person nicht kennt.) Von den zahlreichen Übernahmen ins Ungarische seien beispielhaft diese genannt: *ház* ‚Haus', *lámpa* ‚Lampe', *sonka* ‚Schinken', *spájz* ‚Speisekammer'.

4 Wortbildung: der kreative Umgang mit bereits existentem Material

Es ist ausgeschlossen, hier einen Überblick über die Wortbildung des Deutschen samt einem Ausblick auf andere europäische Sprachen zu geben. Dazu ist dieses Feld zu weit. Ich versuche eher, an wenigen ausgewählten Phänomenen Charakteristisches herauszuarbeiten. Zunächst einmal ist klarzustellen: Wortbildung ist einerseits der Prozess der Erzeugung neuer Wörter aus altem Bestand. Wortbildungsprodukte wie *verlegen*, *Ankunft*, *Motorradfan* sind aber aus – länger oder kürzer – zurückliegenden Wortbildungsakten hervorgegangen und gehören heute ihrerseits zum festen Bestand. Sie wurden nach Regeln oder Mustern gebildet, die zum Teil heute nicht mehr ‚produktiv' sind, wie etwa bei *Ankunft* zu *an-*

kommen, oder aber solchen, mit deren Hilfe wir auch heute noch neue Wörter kreieren können wie im Fall von *Elektrorollerfan* oder auch *Scooterfan*, vielleicht nach dem Vorbild von *Motorradfan*. Wortbildung meint also neben dem jeweils aktuellen Prozess und seinen Produkten auch das generelle bzw. virtuelle Verfahren und seine Produkte.

4.1 Ableitungen: die formale und semantische Kraft von Affixen

Eine der beiden Hauptarten der Wortbildung im Deutschen wie auch in anderen europäischen Sprachen ist die Ableitung oder ‚Derivation'. Genauer gesagt geht es hier um die ‚explizite Derivation', bei der sprachliche Ausdrücke aneinandergefügt werden und nicht etwa nur eine Einheit lautlich oder in ihrer Kategorie verändert wird. Diese peripheren ‚impliziten' Formen besprechen wir gegen Ende dieses Abschnitts. Die eigentliche Ableitung folgt einem einfachen Prinzip: Hänge an einen Wortstamm vorn oder hinten einen Nicht-Stamm und du erhältst einen abgeleiteten Stamm. Nennen wir dieses Prinzip die ‚Affigierungsregel'. Die einschlägige Art der Nicht-Stämme, die Derivationsaffixe, besteht in unseren Sprachen aus einer überschaubaren Liste von Prä- und Suffixen. Sie machen aus einem einfachen lexikalischen Stamm einen abgeleiteten, und das Ganze kann sich in mehreren Schleifen wiederholen, indem der abgeleitete Stamm erneut abgeleitet wird, wie z. B. in

be- + -lehr- → belehr-
belehr- + -bar → belehrbar
belehrbar + -keit → Belehrbarkeit
un + Unbelehrbarkeit → Unbelehrbarkeit

Die Affixe sind, was den „Input" wie was den „Output" angeht, kategorienspezifisch. Manche verbinden sich nur mit Elementen einer Wortart, manche auch mit denen mehrerer Wortarten. Das neue Wort gehört aber natürlich immer einer bestimmten Kategorie an. *be-* verbindet sich mit Verben (wie oben), aber auch mit Substantivstämmen (wie bei *befrachten, belasten* oder *bemänteln*) und mit Adjektivstämmen (wie bei *befreien* oder *belustigen*). Und, was herauskommt, ist immer ein Verb. *-bar* verbindet sich nur mit Verben, aber was herauskommt, ist ein Adjektiv. *-keit* wiederum will einen Adjektivstamm und erzeugt einen Substantivstamm. *un-* hingegen wird nicht nur einem Substantivstamm vorangestellt, sondern kann sich auch mit einem Adjektivstamm verbinden wie in *unklug, unschön*. Und Input und Output gehören hier jeweils zur selben Kategorie.

Ich greife nun die Bildung von Präfixverben wie *belehren* oder *verlernen* als beispielhaft für die Ableitung von Verben heraus. Für die Ableitung von Substantiven und Adjektiven konzentriere ich mich dann auf das Negationspräfix *un-* und sein Umfeld und gehe auch darauf ein, wie man ausgehend von Verben zu Substantiven für die entsprechenden Ereignisse und ihre Akteure kommt, also z. B. von *lesen* zu *Lesung* und *Leser*.

Bei der Ableitung von Verben spielen im Deutschen Präfixe die Hauptrolle. Im Zentrum stehen dabei diese: *be-, ent-, er-, ver-* und *zer-*. Die Präfixe sind grammatisch gegenüber dem Stamm der wirksamere Teil. Sie bestimmen nicht nur die Kategorie des Output-Worts, sondern auch dessen Valenz. *be-* z. B. erzeugt grundsätzlich transitive Verben, ganz egal, ob es sich mit einem Substantiv oder Adjektiv verbindet – man belastet, befreit oder belustigt ja jemanden – oder ob der Stamm ein intransitives Verb ist: Man belügt jemanden, während man einfach nur lügt. Die anderen Präfixe sind nicht ganz so eindeutig in Bezug auf Valenz. Da können auch intransitive Verben herauskommen: Ein Gedanke kann mir entfallen, eine Burg kann ver- oder gar zerfallen.

Worin besteht denn nun die inhaltliche Wirkung dieser Präfixe? Welchen Sinn hat Ableitung? Auf diese Fragen gibt es keine einfache Antwort: Die Bedeutung von Wortbildungsaffixen lässt sich nicht auf einen einfachen, einheitlichen Nenner bringen, gerade bei diesen uralten Verbpräfixen nicht. Sie stehen, anders als die Stämme, auf denen sie operieren, nicht für relativ klar hinsichtlich ihrer Merkmale bestimmbare Begriffe, denen man auch Gegenstände und Ereignisse zuordnen kann, die unter diese Begriffe fallen. Bei *befrachten, bekleiden* und *belasten* könnte die Bedeutung von *be-* hinauslaufen auf ein ‚mit etwas Versehen'. Das funktioniert aber bei *befreien* oder *belustigen* nicht, sondern da geht es im Kern darum, jemanden frei bzw. lustig zu machen. Und bei verbaler Basis ändert sich meistens begrifflich gar nichts: Ein Belügen ist nach wie vor ein Lügen. Etwas klarer profilieren sich die Inhalte der Präfixe, wenn man sie miteinander kontrastiert. Wo *be-* ein Hinzufügen ist, ist *ent-* ein Wegnehmen; man vergleiche die Opposition von *be-* und *entkleiden*, von *be-* und *entlasten* usw. *ver-* ähnelt oft semantisch der Wirkung von *be-*; nur wird das Hinzugefügte noch vollständiger aufgetragen oder verteilt wie bei *beschmieren* versus *verschmieren*, *beklecksen* versus *verklecksen* usw. So können wir im folgenden Beleg die vorkommenden *be-*Verben durch die entsprechenden *ver-*Verben ersetzen: „Kurz darauf haben die fünf DarstellerInnen alle erreichbaren Oberflächen des vormals schwarzen Bühnenraums gründlich mit weißer Farbe **bedeckt, bekleckst, beschmiert**" (die tageszeitung vom 17.10.2016). Das Resultat, nämlich *Kurz darauf haben die fünf DarstellerInnen alle erreichbaren Oberflächen des vormals schwarzen Bühnenraums gründlich mit weißer Farbe **verdeckt, verkleckst, verschmiert**,* ist soweit akzeptabel. Es zeigt aber auch, dass *ver-*Verben oft eine zusätzliche negative Komponente unterschiedlichster Spielarten haben: Wenn ich etwas verdecke, lasse ich meist keinen Zugang mehr dazu offen. Wenn ich etwas verkleckse oder verschmiere, entwerte ich es vielleicht. Wenn ein Mensch verspießert, eine Region verstädtert, also allmählich zum Spießer bzw. zur Stadt wird, ist das eher nicht zu begrüßen.[30] Eine weitere dieser negativen Spielarten wird bei *sich verfahren, sich vergaloppieren, sich verkalkulieren, sich verlaufen, sich verpokern, sich verschreiben, sich vertippen* usw. aktiviert. Da fährt, galoppiert, kalkuliert, läuft, pokert, schreibt oder tippt man und macht dabei nur Fehler oder erreicht gar das Gegenteil des gewünschten Ziels. Dieses Muster ist übrigens auch heute noch produktiv, wird also aktiv für Neubildungen genutzt. Man kann sich ohne Weiteres heute verposten, also beim Posten einer Nachricht im Internet vertun, oder auch sich versimsen oder verwhatsappen – wie man sich schon länger bei dem Versuch, jemanden telefonisch zu erreichen, verwählen kann. Oder kann man es nicht auch ‚sich verwählen' nennen, wenn man die falsche Partei gewählt hat?

Diese semantische Wandlungsfähigkeit sorgt neben dem häufigen Verfügen über mehrere Valenzmuster dafür, dass Präfixverben, zumal die *ver*-Verben, besonders reich sind an unterschiedlichen Verwendungsweisen und Bedeutungen: *verschreiben* etwa hat neben dem erwähnten negativen reflexiven Gebrauch im Sinne von ‚falsch schreiben' ein weiteres reflexives Muster, nämlich *sich einer Sache verschreiben* mit der Lesart ‚sich ganz und gar einer Sache hingeben'. Das transitive *etwas verschreiben* wird gebraucht, wenn von der Verordnung von Medikamenten durch den Arzt die Rede ist.

In der reichen Palette von Präfixen zur Ableitung von Verben ähnelt das Deutsche unter unseren Vergleichssprachen am ehesten dem Polnischen. Allerdings ist deren wichtigste Aufgabe dort die Erzeugung eines perfektiven Gegenstücks zu einem imperfektiven Basisverb. Präfixe wie unter anderem *po-* mit *pobiec* zu *biec* ‚laufen', *za-* mit *zaczekać* zu *czekać* ‚warten', *u-* mit *ugotować* zu *gotować* ‚kochen' oder *wy-* mit *wypić* zu *pić* ‚trinken' sind also wesentliche Elemente der Aspektkodierung. Und Aspekt spielt, wie wir in Kapitel 3 (Abschnitt 2.4) erfahren haben, im Deutschen keine Rolle. Aber die Präfixe fügen im Zuge der Perfektivierung oft auch eine neue Bedeutungsnuance hinzu. Zudem haben die Präfixe – es sind weit mehr als die genannten – oft auch eine lokale Bedeutung, wie etwa bei *we-* oder *wy-* in *wejść* ‚hineingehen' und *wyjść* ‚hinausgehen, ausgehen' zu *iść* ‚gehen'.

Auch im Deutschen gibt es Präfixe, die „eigentlich" lokale Präpositionen sind, wie *durch* in *durch'schreiten, über* in *über'kleben, um-* in *um'fahren*. Nicht von ungefähr habe ich hier eine Akzentmarkierung gesetzt. Denn daneben treten diese und weitere ähnliche Elemente auch als ‚Verbpartikeln' auf, ziehen dann den Akzent auf sich und verhalten sich so unorthodox, dass wir ihnen mit Abschnitt 4.5 besonderes Augenmerk widmen wollen. Hier nur ein Beispielpaar in direktem Kontrast: „Gesperrt sind ein Abschnitt der Bachstraße [...] sowie der Dorfplatz und der Rathausplatz. Der gesperrte Bereich kann aber um'fahren werden" (Rhein-Zeitung vom 13.04.2018) gegenüber: „[...] und um ihre Kinder hat sie wegen der immer wieder ungesichert rückwärtsfahrenden Bau-Lastwagen Angst:

"Wenn die jemanden 'umfahren, merken sie es nicht mal.'" (Frankfurter Rundschau vom 12.03.1997).³¹

Englisch verfügt zwar über eine Handvoll so genannter ‚nativer Verbpräfixe', die mit der deutschen Gruppe verwandtschaftliche Ähnlichkeit haben. Im heutigen Englisch spielt aber allenfalls noch *be-* mit z. B. *befriend* (wörtlich ‚befreunden'), *besmoke* (wörtlich ‚berauchen') eine gewisse Rolle, während etwa das früher produktive *fore-* (wie z. B. mittelenglisch *forespeak, foresay* oder *foretell*) nur noch in meist archaisch klingenden Restbeständen überlebt, mit z. B. *forego* ‚vorangehen', *foreshadow* ‚auf Negatives vorausdeuten'.

Das Ungarische verfügt generell kaum oder gar nicht über Präfixe. Ableitung findet – und das in großem Umfang – praktisch nur über Suffigierung statt. Da gibt es im verbalen Bereich Suffixe, die nicht nur Modifikationen der Aktionsart und Aspektualität ausdrücken, sondern auch solche für Passivierung oder Reflexivierung, also Verfahren, die in anderen Vergleichssprachen durch syntaktische Konstruktionen ausgedrückt werden. Dazu gehört auch die Kausativierung mithilfe von *-(t)at/-(t)et* wie etwa bei *járat* ‚gehen lassen' (zu *jár* ‚gehen') oder *kerestet* ‚suchen lassen' (zu *keres* ‚suchen').

Das Französische bietet die Gelegenheit, über Ableitungsmittel und -verfahren zu sprechen, die in hohem Maße auch das Englische, daneben das Deutsche sowie insgesamt wohl alle Sprachen betreffen, die wir im Blick haben: aus dem Lateinischen übernommene Elemente. Im Französischen und anderen romanischen Sprachen prägen diese die Wortbildung praktisch ausschließlich. Auf dem Weg ins Französische wurden z. B. lateinische Verbalpräfixe wie *de-* ‚ab-, weg-' oder *re-* ‚zurück, wieder' lautlich und in der Schrift angepasst. Dabei entstanden oft mehrere Varianten. Lateinisch *de-* tut sich offenbar zusammen mit dem lateinischen Negationspräfix *dis-* und kehrt wieder z. B. in *descendre* ‚herabsteigen, aussteigen', aber auch in *désarmer* ‚entwaffnen' oder *déclasser* ‚deklassieren'. Lateinisch *re-* kann als *re-, ré-* oder *ra-* begegnen wie in *recommencer* ‚wiederbeginnen', *réorganiser* ‚reorganisieren' oder *rapporter* ‚zurückbringen'. Zu allen genannten Verben gibt es Versionen im Englischen: *to descend, to disarm, to declass, to recommence, to reorganise, to report.* Und dies sind keine Einzelfälle: Das Englische hat nämlich – vergröbert gesagt – den Abbau germanischer Verbpräfixe (und anderer Wortbildungsaffixe) mehr als kompensiert durch die Übernahme von Affixen lateinischen Ursprungs, zunächst seit der normannischen Eroberung meist über das Französische, später auch direkt aus dem Lateinischen. ‚Eurolatein', aber daneben auch Griechisch, ist auch im Deutschen das Fundament für den größten Teil unseres „Bildungswortschatzes" und der Wissenschaftssprachen.

Auch im Deutschen sind die Bildungen mit den Präfixen *de-* und *re-* (wie *deklassieren, demoralisieren; reaktivieren, regenerieren*) unübersehbar zahlreich. Diese Verben weisen das im Bereich der eurolateinischen Wortbildung sehr produktive

Verbalisierungssuffix -(is)ieren auf. Sie können dann weiter zu Substantiven abgeleitet werden und zwar z. B. mithilfe von -ung oder auch -(at)ion; man denke an *Deklassierung, Demoralisierung, Reaktivierung, Regeneration.* Neu war mir z. B. bis heute (30.12.2019) das Paar *katastrophisieren – Katastrophisierung*, das offenbar aus dem Vokabular der Psychotherapie stammt.[32] Auch andere europäische Sprachen partizipieren an den eurolateinischen Wortbildungsmöglichkeiten. Polnisch etwa kennt *demoralizować*, ebenso wie *reaktywować*.

Bei der Ableitung von Elementen der nominalen Wortarten Substantiv und Adjektiv spielen im Deutschen Präfixe eine weniger große Rolle als beim Verb. Dafür sind die Elemente *erz-, miss-, un-* und *ur-* wie in *Erzfeind* oder *erzkonservativ, Misserfolg* oder *missvergnügt, Unsinn* oder *unbequem, Urgeschichte* oder *urkomisch* semantisch klarer profiliert als die oben genannten Verbpräfixe: *erz-* und *ur-* drücken eine Steigerung in Bezug auf die zugeschriebenen Merkmale aus, wobei bei *ur-* das Anfängliche oder Unverfälschte entweder ganz im Vordergrund steht (*Urahn, Urfaust*) oder den relevanten Aspekt der Steigerung darstellt, wenn etwa von urbayrischen Brotzeiten als Inbegriff des Urgemütlichen die Rede ist. *miss-* und *un-* drücken Negation (in einem weiteren Sinne) aus. Das nicht sonderlich produktive Präfix *miss-* verkehrt einen Begriff nicht unbedingt in sein absolutes Gegenteil, sondern kann auch Verschlechterung, Zurückbleiben gegenüber dem Erwarteten oder Mangelhaftigkeit bezeichnen wie in *Missernte, missverständlich*.

In Verbindung mit Adjektiven wie *klug, schön* oder *klar* führt die Präfigierung von *un-* zu einem ‚konträren' Gegensatz: Wenn etwas unklug, unschön oder unklar ist, ist es vielleicht nicht klug, schön oder klar. Es kann aber auch als weder klug / schön / klar noch als nicht klug / nicht schön / nicht klar gelten, also sich im weiten Feld der Abstufungen zwischen den Polen einer abstufbaren Eigenschaft befinden. Bei Adjektiven wie *ungerade, ungiftig, unverheiratet* oder (vielleicht auch *ungrammatisch*) – also nicht graduierbaren Adjektiven – führt *un-* zu einem ‚kontradiktorischen' Gegensatz: Wenn Pilze ungiftig sind, dann sind sie schlicht nicht giftig, und man kann sie, so sie schmecken, essen.

Ist nun Unfreiheit der Zustand, unfrei zu sein, oder ist es das Gegenteil von Freiheit? Oder anders gesagt, läuft das Ganze so:

un- + frei → unfrei
unfrei + -heit → Unfreiheit

oder so:

frei + heit → Freiheit
un + Freiheit → Unfreiheit

Im ersten Fall haben wir also die Struktur [[*unfrei*]*heit*], im zweiten die Struktur [*un*[*freiheit*]]. Bei der ersten Analyse wird zunächst das Adjektiv *unfrei* gebildet und dann das Substantivierungssuffix *-heit* angehängt; im zweiten Fall bilden wir gleich das Substantiv und präfigieren dann *un-*. Zwar neige ich spontan zur ersten als der semantisch natürlicheren Analyse; aber ausgeschlossen ist auch die zweite nicht. Anders dagegen z. B. bei: *Unbändigkeit*, *Unpässlichkeit* oder *Unsäglichkeit*. Hier ist die Analyse nach dem zweiten Muster auszuschließen, denn die Substantive **Bändigkeit* und **Säglichkeit* gibt es nicht, für *Pässlichkeit* gibt es zwar in DeReKo sechs Belege, aber die sind schon recht gekünstelt.

Ist die Basis jedoch ein Substantiv, kein Adjektiv wie in den Beispielen bisher, muss in aller Regel zuerst ein Adjektiv abgeleitet werden, das dann mit *un-* präfigiert wird, wie bei *unabsichtlich, unfreundlich, unmenschlich, untätig*. Macht man die *un*-Präfigierung als Erstes, kommen entweder Substantive heraus, die es gar nicht gibt wie (*die*) **Unabsicht*, (*der*) **Unfreund* oder wie bei *Unmensch* oder *Untat* Substantive, die semantisch nicht passen: Wenn man unmenschlich handelt, muss man kein Unmensch sein. Noch drastischer: Wer untätig ist, begeht nicht gleich eine Untat. Man vergleiche:

> *Absicht* + *-lich* → *absichtlich*
> *un-* + *absichtlich* → *unabsichtlich*
> *un-* + *Absicht* → **Unabsicht*

Das hängt auch damit zusammen, dass *un-* sich generell leichter mit Adjektiven als mit Substantiven verbindet. Aber wieder: Keine Regel ohne Ausnahme: *unsinnig* ist nicht das Gegenteil von *sinnig*, sondern hat die Lesart ‚Unsinn enthaltend oder bedeutend'.

Englisch *un-*, aber auch polnisch *nie-* scheinen sich ähnlich wie das deutsche Präfix *un-* zu verhalten. Allerdings verbindet sich englisch *un-* kaum mit Substantiven (wie in *unbelief, unease* oder *untruth*), sondern es überwiegt noch stärker als im Deutschen die Präfigierung von Adjektiven. (Daneben kombiniert es sich auch mit Verbstämmen, wo es dann mit dem deutschen ‚privativen', also ein Wegnehmen bedeutenden, Verbpräfix *ent-* korrespondiert wie in *unload* ‚entladen'.) Auch hier ist man also in den meisten Fällen auf dem Holzweg, wenn man annimmt, zuerst verbinde sich *un-* mit einem Substantivstamm und dann werde daraus per Suffix ein Adjektiv gemacht. Einer dieser Holzwege führt von *un* + *regret* zu **unregret*, womit die Ableitung von *unregretful* bereits blockiert wäre. Im Deutschen gibt es übrigens keine gute direkte Übersetzung für (*un*)*regretful*; wir weichen in der Regel von ??(*un*)*bedauernd* auf *mit / ohne Bedauern* aus. Zu polnisch *dobry* ‚gut' gibt es die Negation *niedobry* ‚ungut, böse, schlecht' und zu *chęć* ‚Lust, Neigung' gibt es *niechęć* ‚Unlust, Abneigung'. Das Adjektiv *chętny* ‚willig' ist zweifellos eine Ableitung aus *chęć*, und zwar mithilfe des Adjektivsuffixes *-n-*, wenn auch im Polnischen dort, wo ein Stamm und ein Suffix zusammenstoßen, oft eine Art Reibungsverlust entsteht und z. B. der Endrand verändert wird, ursprünglich wohl, um die Aussprache zu erleichtern. So stellt sich auch hier die Frage, ob *niechętny* ‚unwillig, lustlos' zu verstehen ist als *niechęć + ny* oder als *nie + chętny*.

Vom Verb zum Substantiv führen im Deutschen wie in anderen europäischen Sprachen eine ganze Menge Ableitungswege. Eine zentrale Rolle spielen dabei im Deutschen die Suffixe *-ung* und *-er*: Mithilfe von *-ung* erzeugt man (abgesehen von isolierten Fällen) aus einem verbalen Prädikatsausdruck für Ereignisse einen substantivischen Prädikatsausdruck für Ereignisse: *befragen* wird z. B. gebraucht, um zu behaupten, dass es bestimmte Befragungs-Ereignisse gibt oder gab, während *Befragung* gebraucht wird, um auf die Klasse solcher Befragungsereignisse zu referieren. Man kontrastiere „Ein Betreiber großer Parkhäuser befragte seine Kunden nach ihren Lieblingsgerüchen" (Hamburger Morgenpost vom 17.04.2009) mit „Die Befragung von Kunden durch einen Betreiber großer Parkhäuser erfolgte über das Internet". Man kann transitive Verben – wie im Fall unserer Präfixverben – mit *-ung* überleiten in *Befragung, Belehrung, Erziehung, Verkleidung, Zerstörung* usw. oder *prüfen* in *Prüfung*, *zähmen* in *Zähmung*, *kündigen* in *Kündigung*, aber auch intransitive wie *abbiegen* in *Abbiegung*, *landen* in *Landung*, *erblinden* in *Erblindung* oder reflexive wie *(sich) bewölken* in *Bewölkung*. Auch bei dem nach wie vor produktiven Suffix ist jedoch nicht alles „erlaubt": *Ankommung* z. B. ist blockiert durch *Ankunft*, *Stürzung* durch *Sturz* (allerdings nicht total, es gibt sieben Belege in DeReKo, sechs davon aus Wikipedia(-Diskussionen)). Zudem lassen sich anscheinend intransitive Dativverben wie *jemandem danken, folgen, grollen* oder *helfen* nicht mit *-ung* ableiten: Es gibt keine *Dankung, *Folgung, *Grollung *Helfung.[33]

Werden Verben nominalisiert, nehmen sie ihre Argumentstruktur mit, jedenfalls was die semantische Seite angeht: Auch bei einer Befragung sehen wir eine Szene mit zwei Arten von Mitspielern vor dem geistigen Auge, Befragende (oder auch: Befrager bzw. Befragerinnen) und Befragte. Syntaktisch dagegen erfolgt notwendigerweise eine Umkodierung von Komplementen des Verbs zu Attributen des Substantivs, wie in dem Beispiel oben gezeigt. Wir haben dies in Kapitel 4 (Abschnitt 6.1) erläutert. Eines der Argumente kann auch als Erstglied bzw. Modifikator (vgl. dazu weiter unten) realisiert werden wie in *Kundenbefragung, Kindererziehung*. Liegen transitive Verben zugrunde, so wird deren Objekt-Argument, nicht das Subjekt-Argument in das Kompositum integriert: *Elternerziehung* hat nur die Lesart, dass Eltern erzogen werden, nicht die näherliegende, dass Eltern erziehen. Bei intransitiven Verben allerdings kann gelegentlich auch das Subjekt-Argument auftreten wie in *Flugzeuglandung* oder *Arbeitnehmerhaftung*. Einbindung in das Kompositum, also in ein Wort, bedeutet allerdings den Verlust der Referenzialität für den Modifikator: Nicht – wie bei *Befragung der Kunden / Erziehung der Kinder* – bestimmte Kunden bzw. Kinder sind bei *Kundenbefragung* bzw. *Kindererziehung* im

Blick. Es geht nur um Kunden und Kinder allgemein bzw. um den entsprechenden Begriff.

Noch etwas anderes geht verloren – eigentlich. Das Erstglied des Kompositums ist für syntaktische Prozesse wie die Attribuierung nicht mehr zugänglich. *Hoffnung* etwa erlaubt ein Attribut mit der Präposition *auf* wie in *Hoffnung auf Frieden*. Bei dem Kompositum *Hoffnungsschimmer* aber hat ein solches *auf*-Attribut nichts zu suchen – denn der Kopf, nämlich *Schimmer*, ist damit nicht kompatibel. Trotzdem finden sich z. B. für *der letzte Hoffnungsschimmer auf Frieden* Belege. Auch *die Ansteckungsrate mit dem Corona-Virus* ist eigentlich ein Unding, denn *mit dem Corona-Virus* gehört semantisch zum Erstglied *Ansteckung*, nicht zu *Rate*. Und ein Schild mit der Aufschrift *Tragepflicht von Masken* an einer Kaufhaustür irritiert mich. Allerdings kommt dieser „Fehler" recht häufig vor. Zwar lachen wir über *die reitende Artilleriekaserne* oder *der vierstöckige Hausbesitzer*, aber weniger eklatante Dissonanzen nehmen wir unter Umständen hin.[34]

Nicht immer haben *ung*-Nominalisierungen – man hat für sie die lateinische Bezeichnung Nomina Actionis ‚Tätigkeitsnomina' – in konkreten Kontexten eine aktionale Lesart. In dem Beleg „Die Übergangsregierung in Bagdad verfügte die Schließung der Grenzen zu Jordanien und Syrien" (Berliner Zeitung vom 09.11.2004) bezeichnet *Schließung* in der Tat einen Akt, eine Handlung. In anderen hingegen, z. B. dem Beleg „Der Betrieb ruht, an der Tür hängt ein Schild ‚Heute geschlossen'. Doch die Schließung dauert ‚ewig'" (Rhein-Zeitung vom 20.07.2000), ist der Zustand gemeint, der dem Akt des Schließens folgt. Zudem kann auch die Sache gemeint sein, die als Produkt aus entsprechenden Akten hervorgeht. Man vergleiche die beiden Vorkommen von *Verkleidung*: *Die Kinder brauchten stundenlang für ihre Verkleidung* versus *Die Verkleidung stand ihnen gut*.

Ableitungen auf *-er* sind zum einen Nomina Agentis ‚Täterbezeichnungen'. So verwundert es nicht, dass Ableitungen auf *-ung* und auf *-er* oft paarweise auftreten: *Erziehung – Erzieher, Forschung – Forscher, Planung – Planer*. Aber es gibt zahlreiche Lücken, auf der einen wie auf der anderen Seite: *Landung – *Lander, Bäcker – *Backung*. *er*-Ableitungen sind besonders vertreten bei auf Verbstämmen basierenden Berufsbezeichnungen (*Lehrer, Pfleger, Schneider*). Aber auch dieses Suffix deckt weitere Felder ab. Man denke an die ebenfalls deverbalen Bezeichnungen für Instrumente oder Geräte, mit denen eine Handlung verrichtet wird oder die quasi selbst tätig werden wie *Bohrer, Schraubenzieher, Wecker*. Und so kann es auch hier zu mehreren Lesarten kommen wie etwa bei *Ordner* im Sinne von ‚Person, die professionell ordnet' und ‚Gegenstand / virtueller Ort für die Ordnung von Papieren bzw. Dateien'. Schließlich kann man *-er* auch an Substantive anhängen, die Lehren, Theorien oder auch Institutionen bezeichnen, wie in *Mystiker, Logiker, Banker, Schüler*. So nennt man dann die (männlichen) Personen, die für eben jene Lehre oder Theorie stehen oder die in der einen oder anderen Weise mit der Institution befasst sind.

Nomina Actionis und Nomina Agentis spielen auch in anderen europäischen Sprachen eine besondere Rolle – handelt es sich doch um kognitiv wie kommunikativ zentrale Bezeichnungsweisen. Für sie stehen in vielen europäischen Sprachen neben „heimischen" Suffixen (wie englisch *-ing* in *upbringing* ‚Erziehung', *healing* ‚Heilung' und *-er* in *baker* ‚Bäcker', *smoker* ‚Raucher' oder polnisch *-anie/-enie* in *czytanie* ‚Lesung, *ukojenie* ‚Linderung') auch die Nachfahren der lateinischen Suffixe *-(at-)ion* und *-(at-)or* bereit. Man vgl. deutsch und polnisch *Organisation* versus *organizacja*, *Migration* versus *migracja* – aus den polnischen Wörtern kann man unschwer das Suffix *-acja* isolieren – oder *Organisator* versus *organizator*, *Agitator* versus *agitator*, die das lateinische Suffix für Nomina Agentis unverändert fortführen. Auch im Ungarischen gibt es Bildungen auf *-áció* wie *operáció* sowie *-or* wie *demonstrátor*.

Die Verbpräfixe *de-* und *re-* sowie die nominalen Suffixe *-(at)ion* und *-(at)or* stehen für eine ganze Reihe von weiteren lateinischen (wie *prä-*, *inter-*, *sub-*; *-abel/-ibel*, *-ität*) und griechischen (bzw. über das Gelehrtenlateinische auf das Griechische zurückgehende) Affixen (wie *anti-*, *mega-*, *mikro*; *-ismus*), die europäische Sprachen in unterschiedlichem Maße bereichern. Sei es, dass sie im Zusammenhang mit ganzen Lehnwörtern übernommen wurden, sei es, dass sie sich, wie das auch im Deutschen der Fall ist, selbstständig gemacht haben und produktiv in Wortneubildungen verwendet wurden. Man denke etwa an *anti-* ‚gegen', das zunächst im Althochdeutschen in dem Wort *Antichrist* auftauchte und dann in zahlreiche Bildungen einging, von *Antinomie* und *Antithese* im 16. Jahrhundert bis *antiautoritär* und *Antibabypille*.[35]

Was übrig bleibt, wenn man aus solchen eurolateinischen oder auch eurogriechischen Wörtern das Suffix (und gegebenenfalls auch ein Präfix) abzieht, ist oft kein echtes Wort oder ein Wortstamm, an den man allenfalls Flexionsendungen anfügen müsste. *agit-*, das zum Beispiel bleibt, wenn wir die Suffixe *-ation* bzw. *-ieren* (für das Verb *agitieren*) abziehen, ist dann ein solcher Stamm, der nur „gebunden" vorkommt. Oder denken wir an *log-* oder *therm-*, griechische Wortstämme, mit denen wir einiges anfangen können: von *logisch* über *Logik*, *Logiker* bis zu *philologisch* und *logozentrisch* bzw. *thermisch*, *Thermik* oder *thermodynamisch*. Nicht selten ist auch der Konsonant oder die Konsonantenverbindung am Ende eines solchen gebundenen Stammes nicht stabil, sondern veränderlich. So haben wir *Inklusion*, aber *inkludieren*, *Konversion*, aber *konvertieren*, *Rektion/Rektor* aber *regieren*, *inhärent* aber *Kohäsion*. Das geht auf die lateinische Formenbildung zurück, die am Ende von Wortstämmen bei Flexion und Wortbildung systematische Veränderungen zuließ, ähnlich wie wir auch im Polnischen (vgl. *chęć* versus *chętny*) veränderliche Wortstammränder beobachtet haben.

Wir können nun einige Merkmale der Derivation, wie sie nicht nur im Deutschen zu beobachten sind, festhalten: (1) Derivation scheint einer extrem vereinfachten Syntax zu folgen, nämlich der Affigierungsregel. (2) Bei mehrfacher Anwendung der Affigierungsregel können Strukturalternativen auftreten. Oft scheiden aber davon welche aus semantischen Gründen oder mangels der „Existenz" eines in einem Zwischenschritt erzeugten Wortes aus. (3) Affixe und die zugehörigen Ableitungsmuster können mehr oder weniger produktiv sein. Aber auch bei Produktivität ist im Einzelfall nicht garantiert, dass ein so generiertes Wort im allgemeinen Wortschatz vorhanden oder gar usuell ist. (4) Ableitung führt aber trotz des Anscheins, einer simplen Syntax zu entsprechen, eindeutig zu Wörtern, nicht zu Syntagmen. Bei Wörtern ist sowohl auf der formalen wie auf der semantischen Seite mit mehr „Interaktion" zwischen den beteiligten Einheiten und von daher mit mehr Irregularitäten zu rechnen. (5) Semantisch ist jedes Ableitungsmuster „volatil".

Werfen wir noch einen Blick auf die ‚implizite Derivation'. Da wird ohne Affixverbrauch allein durch offene oder verdeckte Manipulation an einem Wortstamm ein weiterer Wortstamm erzeugt. Im Deutschen ist da zum einen der Ablaut, den wir schon bei der Tempusbildung der starken Verben (in Kapitel 3, Abschnitt 2.5) kennengelernt haben. Er hat auch einen Platz als Form der impliziten Derivation, ist allerdings nicht mehr produktiv. So ist (*das*) *Band* durch Ablaut aus dem Verbalstamm *bind-* abgeleitet, (*der*) *Fluss* aus *fließ-*, (*der*) *Riss* aus *reiß-*, (*der*) *Schub* aus *schieb-*, (*der*) *Fund* aus *find-*, (*das*) *Schloss* aus *schließ-* usw. usw. Solche Paare aus Verb und durch Ablaut abgeleitetem Substantiv gab es auch in anderen germanischen Sprachen. Im Niederländischen sind auch heute noch Paare wie *werpen* versus *worp* (‚werfen' versus ‚Wurf') oder *rijden* versus *rit* (‚reiten' versus ‚Ritt') existent, während das Englische die Ablaut-Komplikation zugunsten der Identität der beiden Wortstämme aufgegeben hat.

Diese zweite, auch ‚Konversion' genannte Form der impliziten Derivation ist im Englischen ganz massiv vertreten. Konvertiert werden nicht nur Verbstämme in Substantivstämme und umgekehrt – ganz besonders produktiv – Substantiv- in Verbstämme, sondern auch Adjektiv- in Verbstämme. Da kann aus dem Substantiv für einen Menschen einer bestimmten Profession oder mit einer bestimmten Rolle oder für eine Tiergattung wie *butcher* ‚Schlachter', *captain* ‚Kapitän', *father* ‚Vater', *witness* ‚Zeuge'; *ape* ‚Affe', *fox* ‚Fuchs', *snake* ‚Schlange' ein Verb werden, das typische Aktionsarten solcher Menschen oder Tiere bezeichnet: *to butcher* ‚schlachten', *to captain* ‚Mannschaftskapitän sein', *to father* ‚Urheber sein', *to witness* ‚bezeugen'; *to ape* ‚nachäffen', *to fox* ‚täuschen', *to snake* ‚sich schlängeln'. Ebenso kann ein Werkzeug (Substantiv) mit der entsprechenden Tätigkeit (Verb) verpaart sein wie in *hammer* versus *to hammer* ‚Hammer/hämmern' oder *screw* versus *to screw* ‚Schraube/schrauben'. Der umgekehrte Weg vom Verb zum Substantiv verbindet

z. B. eine Bewegung oder andere (körperliche) Aktion mit einer entsprechenden Bewegungs- oder – allgemeiner – Aktionseinheit wie bei *to amble* versus *(an) amble* ‚schlendern/ein Schlendern', *to crawl* versus *(a) crawl* ‚kriechen/ein Kriechen', *to run* versus *(a) run* ‚laufen/ein Lauf' *to hit* versus *(a) hit* ‚schlagen/ein Schlag', *to pull* versus *(a) pull* ‚ziehen/ein Zug', *to scream* versus *(a) scream* ‚schreien/ein Schrei', *to laugh* versus *(a) laugh* ‚lachen/ein Lacher'. Wenn Adjektive in Verben „verkehrt" werden, geht es meist um ein Machen, seltener um ein Werden. Im ersten Fall entstehen transitive Verben wie bei *to black* ‚schwärzen', *to clean* ‚reinigen', *to empty* ‚leeren'. Intransitive Verben nach dem zweiten Muster sind *to pale* ‚erbleichen', *to thin* ‚dünn werden'.

Vergleicht man hier mit dem Deutschen, so wird schon anhand der Übersetzungsäquivalente deutlich, dass auch im Deutschen Konversion möglich ist – natürlich braucht das deutsche Verb eine Infinitivendung als Zitierform wie in *schreien – Schrei, laufen – Lauf*. Aber daneben gibt es vielfältige andere Möglichkeiten. So haben wir auch im Deutschen bei „Werkzeug-werkeln-Paaren" neben *Schraube – schrauben* noch einige weitere Konvertierungen: *Feile – feilen, Hacke – hacken, Schere – scheren*. *Hammer* wird durch Umlautung zu *hämmern*, und in vielen Fällen wird umgekehrt aus einem Verb durch *er*-Ableitung die Bezeichnung für das Instrument oder Gerät wie in: *Bohrer* zu *bohren*, *Mixer* zu *mixen*, *Roller* zu *rollen*. Auf *-er* werden gelegentlich auch Substantive für kurze Aktionseinheiten abgeleitet wie bei *(ein) Lacher, Schluchzer, Seufzer*. Oft aber springt der substantivierte Infinitiv wie in *(das) Schlendern, (das) Schluchzen* hier ein. Wir können sogar verschiedene Komplemente an den Infinitiv anbinden und dann die gesamte „Verbalphrase" in ein Substantiv konvertieren wie etwa bei „das permanente Sich-selbst-auf-die-Schulter-klopfen" (Berliner Morgenpost vom 10.09.2008): Der nominalisierte Infinitiv ist ein für das Deutsche charakteristisches Konversions-Verfahren, bei dem andere Sprachen weniger mitmachen.

Beim Übergang vom Adjektiv zum transitiven Verb muss in der Regel, wenn überhaupt möglich, umgelautet werden wie in *röten, säubern, schwärzen, töten*. Intransitive Verben werden wie im Englischen durch Konversion erzeugt, z. B. *grünen* oder *lahmen* (versus transitivem *lähmen*). Oft kommt aber auch ein Präfix zum Einsatz: *erblinden, ermatten, vereinsamen* (intransitiv) oder *befreien, begrünen, verdreifachen* (transitiv), oder das Suffix *-ig* wie in *festigen* (zu *fest*), *reinigen* (zu *rein*) oder gar Präfix + Suffix + Umlaut wie in *besänftigen* (zu *sanft*).

Blicken wir noch einmal kursorisch auf die Möglichkeiten des Wechselns zwischen Wortarten im Englischen und Deutschen: Im Englischen kann das ohne jeden formalen Aufwand passieren. Der Reichtum gerade an einsilbigen Wörtern, die als Substantiv und Verb oder als Adjektiv und Verb gebraucht werden können, ist riesig. Demgegenüber sieht das Deutsche – das auch als „redselig" bezeichnet wird – schwerfälliger und umständlicher aus.[36] Vielleicht ist gerade diese „Einsilbigkeit" und kategoriale Flexibilität, kurz die Ökonomie der Mittel, ein entscheidender Wettbewerbsvorteil für das Englische.

4.2 Komposita zum einen: über mehrfache Schleifen, strukturelle Ambiguitäten und Fugenelemente

Das Deutsche gilt als kompositionsfreudige Sprache. Davon zeugen nicht zuletzt die „Wortschönheiten", die aus dem Grimmschen Wörterbuch zusammengetragen wurden, wie etwa: *Augenlust, flatterschön, kohlpechrabenschwarz, Sonntagslangeweile, Zukunftsvorgefühl*.[37] Solche Wortschönheiten gefallen oft auch, weil sie selten vorkommen und von ausgeprägtem Sprachgefühl oder kreativer Sprachlust zeugen. Sie sind daher in aller Regel in dichterischer Sprache vorzufinden. Theodor Fontane etwa wird gerühmt für seine „einzigartigen" Wortneubildungen wie *Ängstlichkeitsprovinz, Loyalitätsmäntelchen* oder *Schuhbürstenbackenbart*. Ob diese und andere in seinen Werken jeweils nur einmal vorkommenden Komposita tatsächlich ‚Hapaxlegomena', also in einem repräsentativen Korpus nur einmal belegte Wörter sind, wäre allerdings noch nachzuweisen.[38] Paul Celans Gedichtbände tragen Titel wie „Atemwende", „Fadensonnen", „Lichtzwang" oder „Schneepart" – Komposita, die eher verrätselt erscheinen.

Vor allem Substantive können also im Prinzip in einer Schleife unbeschränkt oft einer ähnlich einfachen Regel wie die Ableitungen folgen, der ‚Kompositionsregel': Füge an einen Substantivstamm vorn einen weiteren Stamm (relativ) beliebiger Wortart an, und du erhältst einen Substantivstamm. So können wir den Substantivstamm *Garten* mit einem weiteren Substantivstamm erweitern zu *Kurgarten* oder *Lustgarten*, mit einem Adjektivstamm zu *Kleingarten*, mit einem Verbstamm zu *Lehrgarten* oder *Irrgarten* und auch mit einer Präposition zu *Vorgarten*. Bei *Dauerkleingarten* befinden wir uns bereits im zweiten Durchlauf: An das Kompositum *Kleingarten* wird vorn der Stamm *dauer* angefügt – es kann der Stamm des Verbs *dauern* sein oder aber der Stamm des Substantivs *(die) Dauer*. Der Substantivstamm *Garten* bleibt dabei semantisch wie formal die Hauptsache. Stets bezeichnet das Kompositum eine Art Garten, und nur der Bestandteil *Garten* wird (wie das Simplex) nach Kasus und Numerus flektiert; es heißt also z. B. *des Kleingartens* wie *des Gartens* und *die Kleingärten* wie *die Gärten*. Selbstverständlich sind auch alle diese Komposita wie *Garten* selbst Maskulina. Generell gilt: Der am weitesten rechts stehende Stamm bestimmt die Wortart und die morphologischen Eigenschaften eines Kompositums. Er ist der ‚Kopf' der Konstruktion und beeinflusst die Syntax des umgebenden Satzes wie der Kopf einer Nominalphrase. Der andere Bestandteil, das Erstglied, hat – vergleichbar den Attributen in der Nominalphrase – den Status eines ‚Modifikators'. Traditionell heißt der Kopf eines Kompositums auch

‚Grundwort', der Modifikator ‚Bestimmungswort', was dem semantischen Verhältnis der Teile in der Tat entspricht. Eher ausnahmsweise kann auch eine ganze Phrase als Erstglied auftreten wie etwa in *Tante-Emma-Laden, Saure-Gurken-Zeit* oder *Geiz-ist-geil-Verhalten*.[39]

Komposita können – das bringt das Durchlaufen von Schleifen mit sich – aus mehr als zwei Bestandteilen bestehen. Zum einen kann ein Stamm bereits abgeleitet sein wie etwa bei (*das*) *Gärtchen*, das dann z. B. in (*das*) *Kleingärtchen* eingehen kann, oder aber bei *Lehrer* (abgeleitet aus dem Verbstamm *lehr-*), das dann als Modifikator in *Lehrergarten* eingehen kann. Zum anderen kann es sich bei Kopf wie Modifikator um komponierte Stämme handeln wie eben in *Dauerkleingarten* – wo der Kopf das Kompositum *Kleingarten* ist, dessen Kopf wiederum das Simplex *Garten* ist – oder bei *Heilkräutergarten* – wo der Modifikator das Kompositum *Heilkräuter* ist. Immer wenn mehr als zwei Stämme im Spiel sind, kann es wieder zu Strukturambiguitäten kommen, ähnlich wie wir das bei komplexen Ableitungen gesehen haben. So plädiere ich bei *Bundesverfassungsgericht* und *Staatssicherheitsgericht* jeweils für die Struktur a) gegenüber der weniger plausiblen Struktur b):

a) *Bund(es)* + *Verfassungsgericht*   b) *Bundesverfassung(s)* + *Gericht*
a) *Staatssicherheit(s)* + *Gericht*   b) *Staat(s)* + *Sicherheitsgericht*

Das Bundesverfassungsgericht ist das Verfassungsgericht des Bundes, im Gegensatz zu den einzelnen Landesverfassungsgerichten (nicht: ein Gericht für die Bundesverfassung). Dagegen ist ein Staatssicherheitsgericht, wie es das z. B. in der Türkei geben soll, ein Gericht, das für die Staatssicherheit zuständig ist (nicht: ein Sicherheitsgericht für den Staat). Und Fontanes Schuhbürstenbackenbart ist ein Backenbart, der einer Schuhbürste ähnelt, besteht also ganz symmetrisch aus zwei ihrerseits zweiteiligen Komposita: [[*Schuhbürste(n)*][*backe(n)bart*]]. Wir kommen nicht auf die Idee, z. B. hier einen Bürstenbackenbart für Schuhe zu erkennen, also so zu teilen: [[*Schuh*][*bürste(n)*][*backe(n)bart*]]. Bei dem von der SPD in die Diskussion gebrachten „Windbürgergeld" hingegen werden wir eher so teilen: [[*Wind*][*Bürgergeld*]], wollen wir doch nicht annehmen, dass es Windbürger – ähnlich wie Wutbürger – gibt.[40]

Da könnte ja vielleicht die Betonung die beiden Strukturen – und mit ihnen die Lesarten – auseinanderhalten. Bei einfachen Komposita aus zwei Bestandteilen wie *Verfassungsgericht* oder *Bürgergeld* wird immer der erste Teil, der Modifikator, betont. Das ist inhaltlich einleuchtend, liefert doch der Modifikator die Spezifikation, die einen allgemeineren Begriff eingrenzt, also z. B. Verfassungsgerichte von Amtsgerichten oder ein Bürgergeld von einem Schweigegeld unterscheidet. Bei Komposita mit drei Bestandteilen wird nun aber erst einmal nach prosodischen Gesichtspunkten betont, und zwar wird der Bestandteil hervorgehoben, der „schwerer" ist, in dem Sinne, dass er sich in zwei morphologische Bestandteile verzweigt. Dessen wiederum erster Bestandteil ist dann der Akzentträger. Wir haben also nach der jeweils präferierten Struktur so zu betonen: *Bundesver'fassungsgericht, Wind'bürgergeld.* Beim Bundesverfassungsgericht halten wir uns, denke ich, daran. Obwohl: Eigentlich wäre es semantisch angemessener, auch hier den entscheidenden Unterschied durch Betonung hervorzuheben und dadurch dieses höchste Verfassungsgericht von den Landesverfassungsgerichten abzugrenzen. So wird denn in der Praxis, wenn die Struktur uns vertraut oder klar ist, von der prosodischen Regel oft abgewichen und auch bei „rechtsverzweigender" Struktur der linke, nicht verzweigende Bestandteil betont. Sagen wir nun also doch: '*Windbürgergeld?*[41]

Bisher haben wir bei der Zerlegung von Komposita stillschweigend „zusätzliches", nicht zu den jeweiligen Stämmen gehörendes, Material an der „Fuge" zwischen den Bestandteilen in Klammern gesetzt, also quasi ignoriert. Was hat es mit *-(e)s-* in *Bundesverfassungsgericht, Meeresrauschen* oder dem *-(e)n-* in *Schuhbürstenbackenbart* oder *Menschenbild,* mit *-er-* in *Rinderbraten* oder auch dem *-e-* in *Schweinegeld* auf sich? Man hat sie, im Falle von *-(e)s-*, als Genitiv- oder, im Falle von *-(e)n-, -er-* oder *-e-,* als Pluralmarkierung des vorausgehenden Stammes betrachtet oder zumindest jeweils darin den Ursprung für die weite Ausbreitung der Marker auf Stämme gesehen, die eine solche Genitiv- oder Pluralbildung gar nicht kennen.[42]

Denn einerseits gilt: Die Form *Gerichts* in *Gerichtsbeschluss* etwa ist identisch mit der regulären Genitivform von *Gericht.* Man sagt dann auch, das *-s* sei „paradigmisch", gehört es doch in das Flexionsparadigma des Wortes. Einigermaßen plausibel wird die Idee dadurch, dass im „älteren" Deutsch Genitivattribute generell dem Kopf vorangestellt werden konnten, sodass von *eines Gerichts Beschluss* nur zwei, drei kleine Schritte nötig waren, um zu *eines Gerichtsbeschluss(es)* zu gelangen: die Fusion von *Gerichts* und *Beschluss* zu einem Wort, ggf. die „Umwidmung" des indefiniten Artikels auf das neue Kompositum und ggf. die Genitivmarkierung am neuen Wortende. Oder um es mit Klammerung auszudrücken: von [[*eines Gerichts*] *Beschluss*] zu [*eines Gerichtsbeschluss(es)*]. Nun gilt aber weder: Alle Substantive mit Genitiv-(*e*)*s* haben eine *s*-Fuge. Noch gar: Nur Substantive mit Genitiv-(*e*)*s* haben eine *s*-Fuge. Dem erstgenannten „Gesetz" widersprechen z. B. die Maskulina auf *-er,* die in aller Regel die Fuge leer lassen wie in *Lehrerzimmer, Hamsterrad.* Dem zweiten „Gesetz" widerspricht beispielsweise das Wort *Bundesverfassung.* Es ist ein Femininum und kennt kein *-s* im Genitiv. Das *-s* am Ende von *Bundesverfassungs-* in *Bundesverfassungsgericht* und in der Mehrzahl aller Wörter mit *s*-Fuge ist also nicht paradigmisch. Dass beim Gros der Komposita mit (*e*)*s*-Fuge diese nicht-paradigmisch ist, ergibt sich schon daraus, dass die hochfrequenten Ableitungssuffixe für (nicht-personale) Feminina, nämlich *-ion* (vgl. *Koalitionsver-*

trag), *-ität* (vgl. *Identitätspolitik*), *-heit* (vgl. *Vergangenheitsbewältigung*), *-keit* (vgl. *Fruchtbarkeitsgöttin*), *-schaft* (vgl. *Gesellschaftsvertrag*) und *-ung* (vgl. *Lösungsweg*) grundsätzlich eine *s*-Fuge fordern. Als Kuriosum sei vermerkt, dass im deutschen Steuerwesen konsequent das Fugen-*s* bei der Benennung der Steuerarten vermieden wird: *Einkommensteuer Körperschaftsteuer, Erbschaftsteuer, Schenkungsteuer, Grunderwerbsteuer*. Wir Steuerzahler allerdings tendieren in all diesen Fällen zur *s*-Fuge – schließlich nehmen wir Einkommen**s**einbußen in Kauf und schließen Schenkung**s**verträge ab, und auch der Duden lässt diese Steuer-Varianten zu.

Was *-(e)n* angeht, so haben die (personalen bzw. belebten) schwachen Maskulina in aller Regel eine *(e)n*-Fuge wie in *Affenzahn, Botenstoff*, darunter auch die Personenbezeichnungen mit den aus dem Gräkolateinischen entlehnten Suffixen *-ant* (vgl. *Demonstrantenzug*), *-ent* (vgl. *Studentenfutter*), *-ist* (vgl. *Nudistencamp*). *-(at)or* (vgl. *Rektorenkonferenz, Moderatorenrolle*). Das *-(e)n* ist hier paradigmisch und könnte als Pluralmarker verstanden werden. Auch viele Feminina mit *(e)n*-Plural haben eine entsprechende – paradigmische – Fuge wie in *Frauenzimmer, Schwesternschule, Geburtenkontrolle*. Aber daneben gibt es auch viele auf Konsonant endende Simplex-Feminina, die trotz *en*-Plural die Fuge leer lassen, man denke z. B. an die Komposita mit Erstglied *Tür* (*Türangel, Türgriff, Türöffner*) – aber z. B. *Türenhersteller*. Die Feminina auf auslautendes *-e* (gesprochen: Schwa) hingegen tendieren, wie wir schon bei *Bürste* oder *Backe* gesehen haben, stark zur *(e)n*-Fuge, wobei Linguisten darüber streiten, ob das Schwa Teil des Stamms oder der Fuge ist.

Kurz gesagt: Es existiert keine einfache Regel für das Schicksal der Fuge. Vielmehr gibt es eine ganze Reihe von unterschiedlich starken und z. T. einander überlagernden Prinzipien, die die Gestalt der Fuge prognostizieren. Man kann sie in komplexen Entscheidungsbäumen strukturieren, die allerdings nur in seltenen Fällen eindeutig deterministische Kraft haben.[43] Das zeigt schon das Nebeneinander von mehreren Fugen bei ein- und demselben Erstglied wie etwa in *Tagtraum, Tageslicht, Tagedieb*.[44] Was in solchen Entscheidungsbäumen für eine automatisierte Analyse (bisher) nicht berücksichtigt wird, ist der Einfluss semantischer Faktoren. So tritt das Substantiv *Mord* als expressiv-verstärkendes Erstglied immer mit *s*-Fuge auf wie in *Mordsangst, Mordsgaudi, Mordshunger*, während es in seiner „normalen" Bedeutung fugenlos vorangestellt wird: *Mordfall, Mordversuch*.

Einen recht starken solchen Faktor möchte ich hier unter Vorgriff auf eine detailliertere Erörterung der Semantik der Komposition nennen: den „gleichberechtigten" Status des Erstglieds anstelle des üblichen „untergeordneten" Status. Hier bleibt in der Regel die Fuge leer. Man denke an *Kindfrau* neben *Kindeswohl* und zahlreichen anderen Bildungen mit *es*-Fuge sowie *Kinderfrau* und zahlreichen anderen mit der Pluralform. Oder auch *Fürstbischof* (z. B. neben *Fürstengruft*), *Gottkönig* (z. B. neben *Gottesfurcht* und *Götterglaube*), *Mannweib* (z. B. neben *Mannes-*

kraft und *Männerbund*) oder *Prinzgemahl* (neben z. B. *Prinzenpalais*). Die Erstglieder sind hier jeweils insofern eher gleichberechtigt, als sie Eigenschaften oder Merkmale nennen, die ebenso auf einen virtuellen Referenten zutreffen müssen wie die mit dem Zweitglied genannten: Eine Kindfrau ist ein Wesen, das gleichermaßen als Kind wie als Frau erscheint, ein Fürstbischof einer, der sowohl Fürst als auch Bischof ist. Ein Bürgerjournalist – eine Neubildung, mit der die Tätigkeit von Bloggern wohlwollend umschrieben wird – agiert gleichermaßen als Bürger wie als Journalist. Ähnlich auch der Bürgerforscher oder die Bürgerforscherin, in welchem Fall Bürger und Bürgerinnen sich gleichzeitig als Forscher betätigen. Allerdings ist bei Erstgliedern mit einer paradigmisch stark favorisierten (*e*)*n*-Fuge dieses formale Prinzip stärker als die semantische Eigenschaft ‚Kopulativkomposita', wie etwa bei *Hosenrock* (etwas, das Rock und Hose zugleich ist oder zu sein scheint) oder *Waisenkind* (zugleich Waise und Kind). Hinzu kommt, dass die semantische Kategorie selbst ein ziemlich unsicherer Kandidat ist: Kann man nicht auch einen Hosenrock primär als einen Rock verstehen, der nur Ähnlichkeiten mit einer Hose hat – im Gegensatz zu einer Rockhose, was dann eine Hose wäre, die einem Rock ähnelt? In diesem Fall läge dann doch eine Unterordnungsrelation vor, wie bei den gewöhnlichen ‚Determinativkomposita'.[45]

Neben den Substantiven sind auch die kategorial verwandten Adjektive im Deutschen vergleichsweise kompositionsfreudig. Zwar verbinden sich adjektivische Köpfe in allererster Linie mit Substantiven und Adjektiven als Erstglieder wie etwa in *flaschengrün* oder *blaugrün*. Aber auch Verben und gelegentlich Adverbien oder Präpositionen sind als Modifikatoren möglich wie in *schreibfaul, lesefähig, redewillig* (und ähnlich wie in *schreibfähig, lesekundig* usw.), *immergrün, übereifrig, überkorrekt, vorschnell, vorlaut* oder *unterkomplex*. Allerdings muss bei den Adjektiven, die auf ein adjektivisches Suffix wie *-ig* oder *-lich* enden, stets bedacht und geprüft werden, ob wir es nicht „eigentlich" mit der Ableitung aus einem Substantiv zu tun haben. So ist *hinterlistig* als ‚voll Hinterlist' zu interpretieren, nicht als Zusammensetzung aus der Präposition *hinter* und dem Adjektiv *listig* oder *vorfreudig* als ‚voller Vorfreude' und nicht als Kompositum aus *vor + freudig* komponiert. Bei *übereifrig* mag man schwanken zwischen der Zuordnung zum Substantiv *Übereifer* und der Analyse als *über + eifrig*. *über* wird ja auch bei anderen Adjektiven, etwa *übergenau* oder *überkandidelt* für norm"überschreitende" Eigenschaften verwendet. Allerdings lassen sich Adjektive im Unterschied zu Substantiven kaum auf einen oder gar mehr Zyklen der Zusammensetzung ein: *immerflaschengrün* oder *dauerleseunfähig* würden wir allenfalls experimentell bilden.

Auch in zusammengesetzten Adjektiven kann sich ein Fugenelement einnisten wie in *lebenstüchtig, publikumswirksam, rabenschwarz, göttergleich* – eine weitere Bestätigung für die Nähe der beiden nominalen Wortarten. Auch der Vokal -o- ist sowohl bei Substantiven als auch bei Adjektiven als Fugenelement im Gebrauch, sofern mindestens einer der beiden Bestandteile – in aller Regel ist dies ein nur gebunden vorkommender Stamm – aus dem Lateinischen und vor allem dem Griechischen entlehnt ist: *Thermodynamik, Soziolinguistik* versus *anglophil, frankophon*. Dieses Fugenelement wird, eher spielerisch, auch eingesetzt, wenn das Erstglied nicht aus den klassischen Sprachen entlehnt ist, wie etwa in *Bonzokratie, Filzokratie, Tütophobie*.[46] Ähnlich wie die Stämme selbst ist auch das auf das Altgriechische zurückgehende Fugen-*o*- ein sprachübergreifendes Erbe. *Meritokratie* und seine Ableitung *meritokratisch* etwa haben Entsprechungen in englisch *meritocracy/meritocratic*, französisch *méritocatie/méritocratique*, polnisch *merytokracja/merytokratyczny* und ungarisch *meritokrácia/meritokratikus*. Im Polnischen übrigens, wo Komposition eine vergleichsweise geringere Rolle spielt, ist die -*o*-Fuge **das** Mittel der Verbindung in substantivischen und adjektivischen Komposita, weit über entlehnte Stämme hinaus So bei Substantiven wie in *śrubokręt* ‚Schraubenzieher' (zu *śruba* ‚Schraube' und *kręt* ‚Drall, Drehbewegung', zu *kręcić* ‚drehen') oder *zlewozmywak* ‚Waschbecken' (zu *zlew* ‚Becken' und *zmywak* ‚Spüle') und bei Adjektiven wie *szaroniebieski* ‚graublau' (zu *szar-y* ‚grau' und *niebiesk-i* ‚blau') oder *wysokogatunkowy* ‚edel' (zu *wysok-i* ‚groß' und *gatunkow-y* ‚nach bestimmter Art, spezifisch').

4.3 Komposita zum anderen: Vielfalt oder Einheit der Bedeutung

Hervorstechendes Merkmal der Komposition ist die Ökonomie der Mittel. Wenn Wortstämme einfach – mit oder ohne Fuge – aneinandergereiht werden, bleibt aber, so scheint es, Entscheidendes ungesagt: Worin besteht die Relation zwischen *Hut* und *Schachtel* in *Hutschachtel*? Es handelt sich doch wohl nicht um „dieselbe" wie zwischen *Hut* und *Fabrik* in *Hutfabrik*. Und wie steht es bei *Holzschachtel* gegenüber *Holzfabrik*, ganz zu schweigen von *Krawallschachtel* oder *Bildungsfabrik*? Linguisten haben bei der semantischen Analyse von Komposita – sie haben dabei vor allem Substantiv-Substantiv-Komposita im Visier – im Prinzip die Wahl zwischen zwei Ansätzen: einem interpretationistischen und einem reduktionistischen. Beim interpretationistischen Ansatz geht man von einer Vielfalt inhaltlicher Beziehungen aus, nach Maßgabe der in Wörterbüchern festgeschriebenen oder allgemein naheliegenden Interpretation der Beziehung zwischen den Teilen. Ältere Standardwerke der Wortbildungslehre vertreten eher einen interpretationistischen Ansatz. Dabei wird oft die Bedeutung von Komposita durch zugrundeliegende Sätze zu erfassen gesucht. So führt Marchand die Bedeutung von *steamboat* auf den Satz ‚steam powers, operates the boat' zurück, die von *arrowhead* auf ‚the arrow has a head'. Analog kann man bei deutsch *Dampfschiff* beziehungsweise *Pfeil-*

spitze verfahren.⁴⁷ Ortner et al. geben Paraphrasen an wie etwa ‚Dreieck, das aus Gleisen gebildet wird' für *Gleisdreieck*.⁴⁸

Beim reduktionistischen Ansatz hingegen, der in verschiedenen Varianten neuerdings dominiert, sieht man den Inhalt ähnlich ökonomisch wie die Form, nach dem Motto: Wo es formal nur eine asymmetrische Beziehung zwischen zwei Bestandteilen gibt, nämlich ein Vorher-Nachher, gibt es entsprechend auch nur eine einzige asymmetrische inhaltliche Beziehung.

Schauen wir etwas genauer auf den reduktionistischen Ansatz: Da wird die formale Beziehung zwischen Kopf und Modifikator konsequent auf die Inhaltsseite übertragen, und zwar als eine Relation der näheren Bestimmung (welcher Art auch immer) des durch den Kopf bezeichneten Begriffs durch den durch den Modifikator bezeichneten Begriff. So haben es bereits Grammatiker wie Wilhelm Wilmanns oder Hermann Paul um die Wende vom 19. zum 20. Jahrhundert gesehen. Wilmanns etwa argumentiert, dass die Komposition „immer nur die Verbindung im allgemeinen" ausdrücke.⁴⁹ Oder anhand von Beispielen gesagt: Eine Hutschachtel ist dann also eine Schachtel, die in Verbindung steht mit Hüten (oder auch mit dem Begriff ‚Hut'), wie auch eine Hutfabrik eine Fabrik ist, die etwas mit Hüten (oder dem Begriff ‚Hut') zu tun hat usw. Worin die Verbindung oder das „Miteinander-zu-tun-Haben" besteht, bleibt offen. Die konkrete Interpretation wird hier als Sache eines verfestigten Sprachgebrauchs oder auch als Sache unseres Wissens betrachtet und nicht der sprachlichen Bedeutungsseite im engeren Sinne zugerechnet. So deuten wir *Hutschachtel* in der Regel als ‚Schachtel für die Aufbewahrung eines Hutes oder von Hüten', weil Schachteln eben die Funktion von Verwahrorten oder Behältnissen haben. Und wir deuten *Hutfabrik* üblicherweise als ‚Fabrik, in der Hüte hergestellt werden', weil Fabriken eben Produktionsstätten sind. Nichts hindert uns aber – so argumentieren die Reduktionisten – *Hutschachtel*, wenn der Zusammenhang es erlaubt, auch z. B. zu verwenden und zu deuten als ‚Schachtel, die Ähnlichkeit mit einem Hut hat' oder in Anlehnung an das übliche Verständnis von *Holzschachtel* und mit etwas Fantasie als ‚Schachtel, die aus einem Hut hergestellt wurde'.

Für den reduktionistischen Ansatz sind Determinativkomposita das Maß aller Dinge. Bei ihnen bezeichnet der Kopf einen Begriff, der durch den Modifikator auf einen Unterbegriff eingeschränkt wird. In welcher Weise dies dem Unterbegriff gelingt, ist im Prinzip semantisch unerheblich. Naheliegend ist es aber, dabei gegebenenfalls auf die inhärente Relationalität der Teile zurückzugreifen und, sollte eine solche nicht vorliegen, auf die Wortbedeutungen der Teile sowie naheliegende allgemeinere Typen von Begriffs-Verhältnissen, die bei der (Sub-)Klassifikation eine Rolle spielen. Inhärente Relationalität von Wörtern ist ein sprachübergreifendes Phänomen. Der relationierende Rückgriff auf Wortbedeutungen und vor allem die Stiftung passender Begriffs-Verhältnisse ohne zwingende

Basis in Wortbedeutungen sind konzeptuell, also in Wahrnehmung und schlussfolgerndem Denken verankerte Verfahren und damit ebenfalls weitgehend sprachübergreifend. Daher sind starke Parallelen zwischen Sprachen, die über den Typ der Determinativkomposita verfügen, zu vermuten. Unter unseren Sprachen sind hier vor allem das Englische und das Ungarische zu nennen. Ich werde daher deutschen Beispielen für die verschiedenen Typen gelegentlich auch englische und ungarische zur Seite stellen. Das bedeutet jedoch nicht, dass im Einzelfall dasselbe Verfahren angewandt wird. Denn in vielen Fällen lässt sich die gewünschte Beschränkung eines Begriffs schlussfolgernd herleiten durch unterschiedliche spezifizierende Relationen zu verschiedenen Begriffen, die als Modifikator dienen können. So steht neben deutsch *Blindenhund* (also ‚Hund für Blinde') das englische *guide dog*, wörtlich ‚Führhund'.

Die erste Möglichkeit, die gegebenenfalls vorhandene inhärente Relationalität des Kopfs, nutzen wir in der Regel bei Komposita wie *Fahrradkauf*, *Kuchenbäcker* oder *Bankierstochter*: Da geht es um eine Aktion, bei der ein Fahrrad oder Fahrräder gekauft werden bzw. um einen Akteur, der professionell Kuchen backt bzw. um die Tochter eines Bankiers. Nicht immer aber muss oder kann so interpretiert werden: Ein Zuckerbäcker ist eher einer, der mit Zucker (etwas) backt und eine Filmtochter ist eine Person, die in einem Film die Tochter einer anderen Person spielt. Ist der Modifikator ein Verb- oder Adjektivstamm, so kann dieser – in einem ersten Zugriff – als Prädikat über das vom Kopf Bezeichnete verstanden werden: Eine Schwebebahn ist eine Bahn, die schwebt, eine Hängebrücke eine Brücke, die hängt, ein Weichkäse ein Käse, der weich ist, Sauerkraut ist Kraut, das sauer schmeckt. Aber diese Beispiele zeigen: Die Prädikat-Argument-Relation ist nur ein Hilfsmittel, ein konzeptueller Anhaltspunkt zum Zweck der Subklassifikation, also etwa zur Unterscheidung von verschiedenen Konstruktionstypen für Brücken oder Bahnen beziehungsweise Arten von Käse oder Kraut. Sie darf nicht als aktual wahre Aussage gewertet werden: Schwebebahnen schweben nicht immer, auch Weichkäse können gelegentlich hart werden, und manche bereiten Sauerkraut recht süßlich zu.

Im Defaultfall, also wenn der Kopf (bzw. eingeschränkter auch der Modifikator) nicht relational ist oder nicht relational interpretiert werden kann oder soll, sind wir, wie gesagt, auf die (sortalen, also nicht-relationalen) Wortbedeutungen im Verbund mit generellen Verfahren der Subklassifikation zurückgeworfen. Diese bestehen im Wesentlichen im Rückgriff

– auf **situierende Relationen**, bei denen Kopf oder Modifikator als Ort oder Zeit interpretiert werden, an dem mit dem vom jeweils anderen Begriff Bezeichneten etwas passiert: *Teehaus* ‚Haus, in dem vorwiegend Tee serviert wird' (vgl. englisch *tearoom*, ungarisch *teaház*), *Tischleuchte* ‚Leuchte, die auf einen Tisch gestellt wird' (englisch *table lamp*), *Uferschwalbe* ‚Schwalbe,

deren Habitat die Uferregion ist', *Sonntagsbraten* ‚Braten, der für den Verzehr am Sonntag bestimmt ist', *Ballabend* ‚Abend, an dem ein Ball gegeben wird', *Nachteule* ‚jemand, der gerne bis spät in die Nacht hinein aufbleibt' (englisch *night owl*);
- auf **konstitutive Relationen,** bei denen der Kopf als Teil dessen interpretiert wird, was unter den vom Modifikator bezeichneten Begriff fällt (*Tischbein*, engl. *table-leg*) oder als Gegenstand, der aus dem vom Modifikator bezeichneten Material besteht (*Holzbein*), bzw. der das vom Modifikator bezeichnete Material als wesentlichen Bestandteil enthält (*Käsekuchen*, englisch *cheese cake*, ungarisch *sajttorta* (‚Käse' + ‚Kuchen'));
- auf **funktionale Relationen**, bei denen der Modifikator (typischerweise ein Verbstamm) den Zweck oder die Funktion nennt, die mit dem vom Kopf Bezeichneten verfolgt oder ermöglicht werden soll: *Schreibtisch* (englisch *writing desk*), *Leselampe* (ungarisch *olvasólampa* (‚Leser/lesend' + ‚Lampe')). Oder aber der Modifikator nennt einen Gegenstand, der die mit dem Kopf verbundene Funktion näher spezifiziert. In diesem Fall geht man von der mit der Wortbedeutung des Kopfes gegebenen Funktionsbestimmung aus, etwa nach folgender Schlussfolgerung für *Holzfabrik* ‚Fabriken dienen der Herstellung von etwas, hier also von Holz' oder für *Milchglas* in einer der möglichen Lesarten ‚ein Glas dient als Behältnis, aus dem Flüssigkeiten getrunken werden können, hier dann Milch'. Oder für *Rheinbrücke*: ‚Brücken haben die Funktion, eine Verkehrsverbindung über ein Hindernis hinweg herzustellen, hier also über den Fluss Rhein'. Funktionen müssen aber nicht unbedingt bedeutungsmäßig fest verankert sein, sie können sich auch aus unserem stereotypischen Sachwissen ergeben. Ein Blindenhund z. B. ist ein Hund, der die Aufgabe hat, Blinde zu führen;
- auf **Zugehörigkeitsrelationen**, bei denen der Modifikator die Person, Sache oder Institution nennt, dem das vom Kopf Bezeichnete zugehört oder in dessen Zuständigkeitsbereich es fällt: *Königspalast, Blattgrün, Stadtgärtner*;
- auf **Vergleichsrelationen,** bei denen der Modifikator etwas nennt, das (unter wechselnden Gesichtspunkten) ähnlich ist wie das vom Kopf Bezeichnete: *Milchglas* (englisch *milk glass*) in der anderen Lesart: ‚Glas, das ähnlich undurchsichtig/opak ist wie Milch', *Goldfisch* (englisch *goldfish*, ungarisch *aranyhal* (‚Gold' + ‚Fisch')), *Froschmann* (engl. *frog man*, ungarisch *békaember* (‚Frosch' + ‚Mann')), *Satteldach* (englisch *saddle roof*).

Diese Grundrelationen überlappen sich zum Teil, so dass man Komposita – ohne Mehrdeutigkeit annehmen zu müssen – gelegentlich auf die eine oder andere von ihnen zurückführen kann. So kann man *Tischbein* auch als ‚eines der Beine, die ein Tisch hat' verstehen, somit als Zugehörigkeitsrelation. Viele Determinativkomposita verkörpern also ähnlich wie Possessivattribute eine der Spielarten possessiver Relationen, von der Besitzrelation bis zur Teil-Ganzes-Beziehung. Man vergleiche dazu die „semantische Landkarte der Possession" in Kapitel 4, Abschnitt 6.1.

Die Auswahl aus solchen konzeptuellen Grundrelationen, die zur jeweils lexikalisierten oder auch nur usuellen Deutung führt, wird dann, wie angedeutet, in einem komplexen Zusammenspiel über die Wortbedeutungen der Teile und über das stereotypische Sachwissen gesteuert. Ein konkreter Diskurszusammenhang kann jedoch auch Schlussfolgerungen anstoßen, die das Gängige überschreiben.

Allerdings fügen sich nicht alle Komposita problemlos in das Prokrustesbett von Ober- und Unterbegriff. Ein Rotkehlchen ist keine rote Unterform der kleinen Kehlen, mit *Dummkopf, Rothaut* (englisch *redskin*), *Schlitzohr, Blaustrumpf, Rotrock* meint man nicht die genannten Körperteile oder Bekleidungsstücke, sondern die Lebewesen (Tiere oder Personen), die, so suggerieren wir, entsprechend ausgestattet sind. Es liegt also eine Metonymie vor: Man nennt einen Körperteil mit einer hervorstechenden Eigenschaft, ein typisches oder gar verräterisches Kleidungsstück mit bedeutungsvoller Farbe und meint das ganze Wesen. Bei *Grünschnabel* oder *Hasenfuß* kommt zur Metonymie noch eine metaphorische Übertragung vom Tier auf den Menschen hinzu. Solche ‚Possessivkomposita' sind in der Volks-Taxonomie der Tiergattungen, vor allem der Vogelspezies, beliebt. Im Deutschen und Englischen gibt es hier zum Teil parallele Bezeichnungen wie *Blaukehlchen – bluethroat, Kreuzschnabel – crossbill*, oder nur die eine Sprache verfährt so wie bei *Rotkehlchen – robin* oder *wheatear* (wörtlich ‚Weizenohr') – *Steinschmätzer*. In Bezug auf Menschen handelt es sich meist um negativ oder abschätzig Gemeintes: Sie werden dann z. B. herabgesetzt aufgrund des „dummen Kopfes", des „grünen Schnabels", den sie angeblich haben – oder auch des zur schnellen Flucht besonders geeigneten Fußes, der den Hasen auszeichnen soll – also wegen mangelnden Verstandes, Unreifheit oder Ängstlichkeit. Gerissene Menschen nennen wir Schlitzohren. Ein geschlitztes Ohr, so die eine Erklärungshypothese, konnten Handwerksgesellen sich zuziehen, wenn ihnen der gern getragene und auch als eiserne Reserve dienende goldene Ohrring als Strafe für ein Vergehen abgerissen wurde. Warum das dann für Durchtriebenheit steht, bleibt unklar; ebenso ist auch die ganze Strafmaßnahme historisch nicht belegt. Die andere Erklärung sieht im Schlitzohrigen gleich den Teufel.[50] Immerhin kann man in all diesen Fällen den Ausdruck für das Possessum von Possessivkomposita – also die Wurzel der Metonymie – als nach dem Muster der Determinativkomposita gebildet verstehen: der Kreuzschnabel, den ein Kreuzschnabel hat, ist ein Schnabel, der wie ein Kreuz geformt ist.

Ebenfalls auf der Possessivbeziehung beruhen im Altgriechischen die etwa in den Epen des Homer verbreiteten komplexen Adjektive wie *kakó-bios* (aus *kakós* ‚schlecht') + *bios* ‚Leben') ‚ein schlechtes Leben habend' oder *hēdúoinos* (aus *hēdús*

‚süß' + *oînos* ‚Wein') ‚süßen Wein habend'. Possessivkomposita kann man auch als eine besondere Form der oder eine Brücke zu den ‚exozentrischen' Komposita verstehen, denen mit „außerhalb" des Wortes liegendem Kopf oder besser: kopflosen Komposita. Und damit sind wir beim nächsten Thema.

4.4 Komposita zum dritten: Komposita mit linkem Kopf und exozentrische Komposita

Nicht mehr in das Prokrustesbett der Determinativkomposita nach dem Vorbild germanischer Sprachen lassen sich zwei weitere Formen bringen, die uns hier noch kurz beschäftigen sollen: Für sie mögen die französischen Beipiele *chapeau cloche* (‚Hut' + ‚Glocke') ‚Topfhut' und *gratte-ciel* (‚kratze' (Imperativ) + ‚Himmel') ‚Wolkenkratzer' stehen.

Bei einem *chapeau cloche* handelt es sich um einen Hut in Form einer Glocke, nicht etwa um eine Glocke in Form eines Huts. Der Kopf steht also links, nicht rechts wie bei den Determinativkomposita des Deutschen. Linksköpfige N + N-Komposita finden sich verbreitet im Französischen und anderen romanischen Sprachen. Allerdings sind sie semantisch längst nicht so volatil wie die rechtsköpfigen der germanischen Sprachen (oder auch des Ungarischen). Meist drücken sie eine Ähnlichkeitsbeziehung aus wie eben in *chapeau cloche* oder auch bei *poisson-chat / poisson-lune / poisson-scie* (‚Katzenfisch', englisch *catfish* / ‚Mondfisch' / ‚Sägefisch'). Oder den italienischen ‚Fisch'-Komposita mit *pesce spada* ‚Schwertfisch' oder *pesce palla* ‚Kugelfisch'. Oder aber es handelt sich um semantisch koordinative Strukturen wie in (*un*) *bracelet-montre* (‚Armband' + ‚Uhr'), das nicht nur deutsch *Uhrenarmband* entspricht, sondern auch deutsch *Armbanduhr*. *Armbanduhr* wiederum kann auch durch die Umkehrung (*une*) *montre-bracelet* wiedergegeben werden. Dies deutet darauf hin, dass die semantische Hierarchie unserer rechtsköpfigen Strukturen hier weniger ausgeprägt ist, wenn auch auf der morphosyntaktischen Ebene der linksstehende Kopf das Genus bestimmt. In den Plural aber setzt man beide Bestandteile; es heißt also *bracelets-montres* bzw. *montres-bracelets* – während im Deutschen nur der Kopf pluralisiert werden darf, wir also keine Armbänderuhren kennen und in *Uhrenarmbänder* *-en* als Fugenelement, nicht als Pluralmarker dient.

Beschränkt ist dieses Muster auch im Hinblick auf Rekursion. Zwar findet man etwa in Angebotslisten kaskadische Bildungen wie *chapeau cloche feutre femme* ‚Frauenfilztopfhut'. Aber ein Vorkommen in „normalen" Texten ist – anders als beim deutschen Gegenstück – wohl kaum zu erwarten.

Kopflose oder ‚exozentrische' Komposita bezeichnen Gegenstände, die nicht unter die von den Teilen bezeichneten Begriffe – weder den linken noch den rechten – fallen. Jene kopflastigen Komposita, die wir vor allem kennen, sind entsprechend vom ‚endozentrischen' Typ. Eine in europäischen Sprachen bekannte Form, neben den Possessivkomposita, ist die folgende, mit der eine Art verkürzter syntaktischer Umschreibung des gemeinten Begriffs geliefert wird. ‚Kratz(-den)-Himmel' (frz. *gratte-ciel*) ist sozusagen die Bestimmung des **Wolkenkratzers**, ‚Schneid-(den)-Stromkreis-ab' (frz. *coupe-circuit*) gibt recht präzise an, was eine **Sicherung** tun soll, während ‚Schneid(-die)-Gurgel-durch' (frz. *coupe-gorge*) eine makabre Warnung davor ist, was Böswilligen in einer **Spelunke** oder einem anderen gefährlichen Ort durch den Kopf gehen mag. Der erste, verbale Teil des exozentrischen Kompositums ist (bei den *er*-Verben) formal identisch mit der Imperativform des Singulars und der 3. Person Singular Präsens oder auch einfach mit der maximal unmarkierten Verbform. Vergleichbares gilt auch für italienisch *lavapiatti* oder *asciugacapelli*, insofern als das erste mit ‚Wasch(-die)-Teller', das zweite mit ‚Trockne(-die)-Haare' jeweils die **Spülmaschine** und den **Haartrockner** umschreibt. Auch im Englischen ist dieser Typ vertreten, wenn auch nicht mehr als produktives Verfahren. Hinter englisch *pickpocket* verbirgt sich der Impuls ‚Schnapp(-dir-die)-Tasche', den wir dem **Taschendieb** zuschreiben. Die **Vogelscheuche** erfüllt die Aufgabe eines ‚Erschreck(-die)-Krähe' (englisch *scarecrow*).

Im Deutschen kennen wir nur vereinzelt Beispiele wie *Störenfried* und als entfernt damit verwandtes Phänomen die Umwandlung einer ganzen Phrase in ein Substantiv bei Pflanzennamen wie *Rühr-mich-nicht-an* oder *Vergissmeinnicht*. In meinem Heimatdialekt nennt man zudem einen Menschen, der sonstwo vielleicht als „Miesepeter" bezeichnet würde, einen „Seltenfröhlich". Auch der „Habenichts" ist grammatisch vom selben Schlag.

4.5 Partikelverben: die unorthodoxe Form der Wortbildung

An verschiedenen Stellen in diesem Buch sind wir auf die so genannten ‚Partikelverben' gestoßen, weil sie den Sprecher oder die Schreiberin wie auch den Linguisten oder die Linguistin vor Probleme stellen. Sei es, dass ihre Schreibung schwierig ist; ich erinnere an *kopfstehen* oder *eislaufen* (neben *ablaufen* und *untertauchen*) im Exkurs zur Substantivgroßschreibung in Kapitel 4 (Abschnitt 3.2). Sei es, dass ihr Zusammen- oder Getrenntvorkommen in verschiedenen Feldern oder Positionen im Satz aufmerken und an Parallelen zum Ungarischen denken lässt (vgl. Abschnitte 3.2 und 3.5 in Kapitel 5). Sei es, dass die Formenbildung von Anglizismen wie *downloaden* oder *whatsappen* (vgl. Unterkapitel 3) an manchen Stellen ein „Zweifelsfall" ist.

Ich fasse kurz zusammen: Partikelverben des Deutschen bestehen aus einem Verb als zweitem Teil und einem ersten Teil, der aus verschiedenen Wortklassen stammen kann: Substantiven (wie bei *brustschwimmen, kopfstehen*), Adjektiven (wie bei *blankziehen, glattbügeln, krankschreiben, wertschätzen*), Adverbien (wie bei *auseinanderfallen, herunterschauen* oder auch *downloaden*) und Präpositionen (wie bei *austrinken, zwischenlagern*). Partikelverben werden auf dem ersten Teil betont. Die beiden Teile werden häufig ‚syntaktisch' getrennt, nur bei Verbletztstellung sind sie immer vereint (wie in *Zieht er jetzt blank / Er zieht jetzt blank* versus *dass er jetzt blankzieht*). Wie man sieht, ist der Partikelteil, wenn man so will, ortsfest: Er verharrt in der rechten Klammer, nur das Finitum bewegt sich weg von – oder hin zu ihm. Sind sie syntaktisch vereinigt, können sich aber immer noch das *zu* des Infinitivs oder das *ge-* des Partizips dazwischen zwängen und damit für eine ‚morphologische' Trennung der Teile sorgen (wie bei *Er braucht doch nicht blankzuziehen / Er hat jetzt blankgezogen*).[51]

Könnte man also einfach Partikelverbfügungen der Syntax zuschlagen? Die Antwort ist: In manchen Fällen durchaus, in anderen auf keinen Fall. Bei *Klavier spielen* oder *Rad fahren* haben wir schon im Gegensatz zu Fällen wie *eislaufen* und *brustschwimmen* in Kapitel 4 für eine Sehweise als Syntagma plädiert. Auch *glattbügeln* und andere Verben mit adjektivischem Erstglied oder *auseinanderfallen* und andere Verben mit einem Adverb als Erstglied benehmen sich (fast) wie beliebige syntaktische Verbindungen aus Adjektiv oder Adverb + Verb. Oft wird dann zugunsten des Wortstatus geltend gemacht, dass eine idiomatische Bedeutung vorliege, also die Bedeutung der Gesamtheit sich nicht aus den Bedeutungen der beiden Teile berechnen lasse, wie dies bei einer syntaktischen Verbindung zu erwarten wäre. Nun gibt es aber (vgl. Unterkapitel 2) auch in der Syntax feste Fügungen mit speziellen Bedeutungen (*gelber Sack, auf Anhieb*). Das Kriterium ist also nicht hinreichend für die Entscheidung zwischen Syntax und Wortbildung. Zudem ist gerade bei Verbindungen aus Adjektiv oder Adverb + Verb Doppelsinnigkeit fast die Regel: „Sein gestreiftes Hemd ist **glatt gebügelt** [...]" (ZEIT (Online-Ausgabe) vom 23.10.2003) versus „Die meisten Schwächen **bügeln** sich später von selbst **glatt**" (profil vom 02.07.2012). Oder auch: „Ich habe mir vorgestellt, was passieren würde, wenn ein Außerirdischer einfach einmal auf die Erde **herunterschaut** [...]" (Protokoll der Sitzung des Parlaments Landtag Rheinland-Pfalz am 14.09.2000) versus „Auch die Arroganz des nordbadischen Raums, das **Herunterschauen** auf die Pfalz und auf die Industriestadt Ludwigshafen, war schlimm" (Protokoll der Sitzung des Parlaments Landtag Rheinland-Pfalz am 13.10.2005). Bei Adverb + Verb kann die Lage des Hauptakzents die idiomatisierte Verbindung von der freien Verbindung unterscheiden. Im ersten Fall liegt der Akzent normalerweise (aber nicht notwendigerweise) auf dem Adverb (wie in *Ich möchte dich endlich ˈ**wiedersehen***). Im zweiten Fall trägt das Verb den Hauptakzent (wie in *Ich möchte dich endlich **wieder** ˈ**sehen** und nicht nur deine Stimme hören*).

Wenn wir also partout bei Adjektiv oder Adverb + Verb Fälle von Wortbildung klar von Fällen der syntaktischen Fügung unterscheiden wollen, müssen wir uns durch eine ganze Reihe zum Teil nicht notwendiger oder hinreichender und zudem vergleichsweise „weicher" Kriterien hangeln. Fügungen können z. B. mehr oder weniger idiomatisch sein: Bei *glatt bügeln* und *herunterschauen* genügt ein kleiner Schritt von einer körperlichen bzw. sensorischen Aktion zu jener unkörperlichen Aktion, die durch sie symbolisiert werden kann: Das Glattbügeln von Kleidungsstücken steht für die Retusche von Problemen, das Von-oben-hinunter-Schauen ist physischer Ausdruck angemaßter Überlegenheit und steht für Verachtung. Bei *krankschreiben* oder *schwerfallen* muss schon mehr an Übertragungsarbeit geleistet werden. Die Alternative Syntax oder Wortbildung wird der Gradualität des Phänomens in diesen Fällen nicht wirklich gerecht.

Anders bei *austrinken*, *zwischenlagern* und den Partikelverben mit einem präpositionalen ersten Teil generell. Hier, bei diesen ‚präpositionalen Partikelverben', ist eine Auffassung als syntaktische Verbindung ganz ausgeschlossen, weil Präpositionen (zumindest im Deutschen) syntaktisch nicht mit Verbformen eine Verbindung eingehen oder sie ‚regieren', sondern nur mit Nominalphrasen. Hier handelt es sich also zweifelsfrei um Wörter. Aber sind es nun Zusammensetzungen oder Ableitungen? Oder weder noch?

Für den Status als Komposita spricht einmal das Akzentmuster: Auch die unstrittigen Nominalkomposita, also z. B. *Hutschachtel* oder *wunderschön*, werden auf dem Erstglied betont. Und favorisiert nicht auch der schöne Gegensatz zwischen '*überstehen* und *über'stehen* oder '*durchbohren* und *durch'bohren* eine ebenso klare Alternative zwischen Komposition beim jeweils ersten und Derivation beim jeweils zweiten? Semantisch könnte es auch passen, denken wir an Beispiele wie *Das Werkstück steht über* bzw. *Der Handwerker bohrt ein Loch durch*. Bei '*überstehen* und '*durchbohren* geht es jeweils um ein Über-etwas-Stehen (z. B. über die Tischkante) bzw. ein Etwas-durch-etwas-Bohren (z. B. ein Loch durch die Wand). Es wird nur verschluckt oder als bekannt vorausgesetzt, dass dieses Etwas die Tischkante oder die Wand ist. Den Partikelverben fehlt hier einfach diese eine Valenzstelle, sie ist durch die Partikel quasi ‚absorbiert'. Bei den Gegenstücken mit Betonung des zweiten Teils geschieht Dramatischeres mit der Valenz und oft auch bedeutungsmäßig: *über'stehen* ist im Gegensatz zu *stehen* transitiv, und seine Bedeutung ‚mit positivem Ende aus einer schlechten Lage (z. B. einer Krankheit) hervorgehen' hat mit dem einfachen *stehen* nur noch wenig zu tun. *durch'bohren* bleibt zwar konkret, aber die Argumente werden gegenüber einfachem *bohren* umstrukturiert. Man vgl. *Sie bohrt ein Loch durch die Wand* versus *Sie durchbohrt die Wand*.

Nun gibt es aber auch Evidenzen, die in Richtung Derivation deuten. Wie die „echten" Präfixverben können präpositionale Partikelverben unbeschränkt in weitere Ableitungszyklen eintreten. Man vergleiche: *ausstehen – ausstehbar – unausstehbar – Unausstehbarkeit* wie *verstehen – verstehbar – unverstehbar – Unverstehbarkeit*. Auch gibt es Bildungen wie *aufklaren* oder *abkupfern*, bei denen nicht einfach eine Präposition und ein existentes Verb kombiniert werden, sondern erst im Zusammenschluss von Präposition und Adjektiv oder Präposition und Substantiv ein Verb entsteht. So etwas passiert bei Komposita nicht. Und auch die Partikelverben mit adverbialem Erstglied zeigen sich gegenüber diesen beiden Derivationsprozessen eher abgeneigt. In ganz DeReko gibt es z. B. nur ein einziges Wort, das mit *unherunter* beginnt, nämlich *unherunterfallbar*, das zudem nur einmal belegt ist. Und zwar mit diesem Satz aus einem eher scherzhaft gemeinten Artikel: „Oder man verwendet ein Zubehör, mit dem das Handy nahezu **unherunterfallbar** an der Hand befestigt wird" (Süddeutsche Zeitung vom 19.06.2019).[52] Verbalisierungen von Adjektiven oder Substantiven scheinen ganz ausgeschlossen zu sein: **etwas hineintüten* versus *etwas eintüten*, **jemanden aus Deutschland herausbürgern* versus *jemanden aus Deutschland ausbürgern*.

Es ergibt sich wohl folgendes Bild: Das Phänomen Partikelverben reicht von mehr oder weniger stark idiomatisierten Bildungen, die formal syntaktische Verbindungen sind, bis zu präpositionalen Partikelverben, die auch formal nur als Wörter zu analysieren sind. Die Lage des Wortakzents und die Trennbarkeit bleiben als Spuren syntaktischer Konstruktionsweise über die ganze Wegstrecke erhalten. Auch bei präpositionalen Partikelverben gibt es widersprüchliche Signale, die in Richtung Komposition bzw. Derivation weisen. Es handelt sich also am ehesten um einen eigenen janusköpfigen Wortbildungstyp.

Nicht nur das Deutsche, sondern auch das Englische und das Ungarische verfügen über Bildungen, die in ähnlicher Weise aus der Rolle fallen. Im Englischen geht es dabei um „verb-particle-combinations" wie *go in*, *give in* oder *take in*, im Ungarischen um Verbindungen etwa direktionaler Adverbien wie *be* ‚hinein', *el* ‚weg', *hozzá* ‚hinzu/dazu' mit einem Verb, z. B. mit *megy* ‚gehen'.[53]

Wie im Deutschen können diese Verbindungen eine (mehr oder weniger) wörtliche – oder vielmehr aus zwei Wortbedeutungen komponierte – oder auch eine idiomatische Bedeutung haben. Englisch *go in* ist wörtlich zu verstehen als ‚hineingehen', *give in* idiomatisch als ‚nachgeben'. Partikel-Verb-Kombinationen mit idiomatischer Bedeutung, die so genannten ‚phrasal verbs', spielen im Englischen eine ganz bedeutende Rolle. Die Verbindung *take in* kann sowohl wörtlich im Sinne von ‚hineinbringen' als auch idiomatisch im Sinne von ‚hereinlegen, täuschen' verstanden werden. Da englisch *in*, *out*, *over* usw. sowohl den deutschen Präpositionen *in*, *aus*, *über* als auch den Adverbien *hinein*, *hinaus*, *hinüber/darüber* entsprechen, fällt die für das Deutsche wesentliche Unterscheidung zwischen Adverb + Verb-Kombinationen und präpositionalen Partikelverben hier flach: *go out* entspricht *ausgehen* und *hinausgehen*, *flow over* entspricht *überfließen* und *darüberfließen*. Ein Nebeneinander von wörtlicher und idiomatischer Bedeutung kann auch bei ungarischen Partikelverben vorliegen wie etwa bei *hozzámegy*, das sowohl ‚zu jemandem hingehen' als auch ‚jemanden heiraten' bedeuten kann.

Die stärkste Gemeinsamkeit zwischen den Partikelverben aller drei Sprachen ist ohne Zweifel die Trennbarkeit der beiden Teile, wobei nur die syntaktische Aufspaltung gemeint ist. Morphologische Trennung kommt nur im Deutschen vor. Wo die Teile landen, ist aber den sprachspezifischen Wortstellungsprinzipien geschuldet und damit unterschiedlich. So kann es im Englischen heißen:

> She **took in** the parcel ‚Sie holte das Paket herein / Sie nahm das Paket (an jemandes Stelle) an'

oder:

> She **took** the parcel **in**

Bei einem Personalpronomen als Objekt allerdings muss die Partikel nach dem Objekt stehen. Man denke z. B. an den Beatles-Titel „We can work it out" (zu deutsch etwa; „Wir können es hinkriegen"). Die Partikel ist also – mit Einschränkungen – ähnlich beweglich wie ein reguläres Adverb oder eine adverbiale Bestimmung.

Im Ungarischen steht die Partikel unmittelbar vor dem Verb, also in der Fokusposition, nur dann, wenn kein anderes Satzglied im Fokus ist, wie etwa in:

> *Gabor **el**-ment* ‚Gabor ging weg'

Ist dagegen ein anderes Satzglied fokussiert, räumt die Partikel die Position und kommt hinter das finite Verb zu stehen, wie etwa in:

> *A turisták mentek **el*** ‚Die Tou'risten sind weggegangen'

Auch größere Entfernungen zwischen den beiden Teilen sind möglich.

In der Gesamtabrechnung zeigt sich, dass im Englischen und Ungarischen die Bildungen in höherem Maße syntaktisch sind und in geringerem Maße „wortig" als im Deutschen, zumindest im Vergleich zu den präpositionalen Partikelverben. Im Englischen zeigt sich das z. B. deutlich daran, dass der Wortaufbau, also die Normalfolge ‚Verb vor Partikel' dem Aufbau komplexer Wörter widerspricht. Man denke daran, dass es ja durchaus auch noch Überreste der alten Bildungsweise gibt, wo wie im Deutschen das Adverb mit dem Verb zu einem Kompositum zusammentritt (wie in *overflow* neben *flow over*). Aber die Verb + Partikel-Kombinationen sind weit in der Überzahl. Sie eignen sich auch bestens für die Konversion in Substantive. Substantive wie *makeup, pickup, pullover* wiederum werden, anders als die Verben, seit längerem eifrig ins Deutsche entlehnt. Jüngste Beispiele aus der

Zeit der Coronakrise sind (*der*) *Shutdown* oder (*der*) *Lockdown*. Strukturell äquivalente Lehnübersetzungen ins Deutsche sind ausgeschlossen. Bei der Wiedergabe durch *Stillstand* geht verloren, dass es sich hier um einen absichtlich herbeigeführten und verordneten Generalzustand handelt. *Herunterfahren* würde das eher treffen; mit diesem nominalisierten Infinitiv kann man jedoch nur die Handlung, nicht den Resultatszustand bezeichnen.[54]

Tritt man einen Schritt zurück, so erstaunt doch, dass gerade bei Verben sich in mehreren europäischen Sprachen – offensichtlich unabhängig voneinander – diese Zwitter-Konstruktion zwischen Wort und aufspaltbarem Syntagma herausgebildet hat. Als Motor dahinter könnte man das syntaktische Primat des Verbs als Prädikat vermuten: In dieser syntaktischen Funktion regiert das finite Verb die anderen zentralen Satzglieder. Was liegt näher, salopp gesagt, als dass das Verb sich flexibel an entscheidenden Stellen im Satz einbringt, wenn es denn als komplexes Gebilde dazu in der Lage ist?

5 Wort- und Begriffsbildung in anderen europäischen Sprachen und ein Blick über den Rand des Kontinents hinaus

Schauen wir uns zunächst um in den Sprachen der Welt, so fallen – neben anderen in europäischen Sprachen nicht oder kaum vertretenen Möglichkeiten – zwei Phänomene auf, die ganz oder teilweise in die Wortbildung gehören könnten: Reduplikation und Inkorporation. Bei Reduplikation werden Teile eines Wortes oder auch der ganze Wortstamm in identischer oder auch abgewandelter Form wiederholt. In der Wortbildung auf dem europäischen Kontinent spielt Reduplikation eine marginale Rolle. In aller Regel geht es dabei um locker gemeinte Bezeichnungen für Halbseidenes, Irrelevantes und Ungeordnetes wie bei *Hickhack*, *Hokuspokus*, *Mischmasch*, *Schickimicki*, *Tingeltangel*, *Wirrwarr* oder auch englisch *chitchat* ‚Geschwätz'. Auf das Englische gehen auch *Wischiwaschi* (englisch *wishywashy*), *tipptopp* (englisch *tip-top*) oder *Pingpong* (englisch *ping-pong*) zurück. Die im Prinzip unbeschränkte Wiederholung des Präfixes *ur-* wie in *Ururgroßmutter* bzw. *urururalt* bildet die Schleifenbildung in der Generationenfolge bzw. die Übersteigerung einer Qualität quasi ab, auch dies ein extravaganter Fall.[55] Ähnlich wirkt auch die aus dem Genitiv des Pronomens grammatikalisierte Form *aller* wie in *am allerallerbesten* versus *am allerbesten*. Während diese „emphatische Hervorhebung" von Eigenschaften im Deutschen nur durch die Wiederholung eines an sich schon emphatischen Präfixes geschieht, wird etwa im Türkischen ein Teil des Adjektivstamms in modifizierter Form vorn angeheftet, wie etwa bei *uzun* ‚lang' versus *upuzun* ‚sehr lang' oder *güzel* ‚hübsch' versus *güpgüzel* ‚sehr hübsch'.[56] Im Deutschen haben wir nur *tagtäglich* und *wortwörtlich* als isolierte Inseln einer ähnlichen Art der Reduplikation.

In der morphologisch armen, ‚isolierenden' westafrikanischen Sprache Yoruba z. B. spielt hingegen die Reduplikation als Mittel der Wortbildung eine bedeutende Rolle. So werden produktiv Verben durch partielle Reduplikation in Substantive überführt, wie bei *lo* versus *lilo* ‚gehen' / ‚das Gehen' oder *so* versus *siso* ‚sagen' /‚das Sagen'. Vollständige Verdopplung unter Einfügung der Partikel *ki* fügt einem Abstraktsubstantiv eine negative Note hinzu wie bei *ijókiijó* ‚unvernünftiger Tanz' zu *ijó* ‚Tanz'.[57]

Inkorporation auf der anderen Seite ist ein gängiges Verfahren bei den so genannten ‚polysynthetischen' Sprachen. Wir sind bereits am Ende von Kapitel 2 (Abschnitt 6.2) auf eine ihrer Vertreterinnen gestoßen, auf die irokesische Sprache Cayuga, und zwar bei der Frage, wie Prädikation und Referenz dort im Unterschied zu den europäischen Sprachen realisiert werden. Da konnten wir bereits die syntaktische Anbindung von pronominalen Affixen an oder auch Inkorporation in die Inhaltswörter beobachten. Aber insbesondere auch die Inkorporation von Substantiven (oder Wörtern, die für Gegenstandskonzepte stehen) in Verben (oder Wörter, die Tätigkeiten bezeichnen) ist ein charakteristisches Merkmal polysynthetischer Sprachen. So steht in Tab. 10 (s. folgende Seite) der Satz (a) für die uns als „normaler" erscheinende Struktur aus inkorporiertem pronominalem Subjekt und selbstständigem direktem Objekt (‚ein Ding') während in Version (b) der Ausdruck für ‚Ding' in die inkorporierte Struktur einbezogen wird. Es handelt sich um Guarani, eine in Paraguay gesprochene indigene Sprache:

Man kann *-mba´e-jogua-* in b) als komplexes Verb ‚einkaufen' betrachten. Aber bedeutet das notwendigerweise, dass hier Wortbildung im Sinne von Lexembildung vorliegt? Es könnte sich ja auch um eine durch den Diskurs, also z. B. die Informationsgewichtung gesteuerte Wahl zwischen Ausdrucksalternativen handeln, die nicht im Lexikon gespeichert sind, weder im mentalen noch gar in einem gedruckten oder digitalen. Dann würden hier die Sprecher jeweils aktual einer Regel an der Schnittstelle zwischen Syntax und Morphologie folgen. Diese Frage muss hier offen bleiben.[58]

Nun zurück zu den europäischen Sprachen. Sprachfamilienübergreifend wird auf jeden Fall ausgiebig von der Derivation Gebrauch gemacht, bei großen Unterschieden im Einzelnen. Was die Komposition angeht, sieht es etwas anders aus: Es gibt Sprachen mit hoher Kompositionsaktivität und solche mit geringer oder gar nur peripherer. Die germanischen Sprachen sind insgesamt kompositionsfreudig, wobei die größten Parallelen zum Deutschen erwartungsgemäß beim Niederländischen auftreten. Aber auch in den nordgermanischen Sprachen und dem Englischen ist die Bildung rechtsköpfiger Komposita, vor allem mit einem Substantiv als

Tab. 10: Syntaktische Fügung und Inkorporation in Guarani.

a)		
A-jogua-ta	*petei*	*mba´e*
Ich-kaufe-Futur	ein	Ding
‚ich werde etwas kaufen'		

b)
A-mba´e-jogua-ta
Ich-Ding-kaufe-Futur
‚ich werde einkaufen gehen'

Kopf, produktiv. Im Englischen allerdings und bis zu einem gewissen Grade auch in den festlandskandinavischen Sprachen ist es nicht immer leicht, zwischen einer syntaktischen Konstruktion mit einem unflektiert vorangestellten Ausdruck als Attribut und einem Kompositum zu unterscheiden. So wird etwa englisch *gas cooker* als syntaktische Konstruktion betrachtet, *button hole* hingegen als Kompositum. Eines der Unterscheidungskriterien ist, dass man das Attribut einer syntaktischen Konstruktion z. B. durch Koordination erweitern kann, den Modifikator eines Kompositums aber nicht: So ist [[*gas and electric*] *cookers*] ‚Gas- und Elektroherde' möglich, aber kaum [[*button und bullet*] *holes*] ‚??Knopf- und Kugellöcher'. Auch die finno-ugrischen Sprachen Ungarisch und Finnisch haben ausgedehnte Kompositionsmöglichkeiten, ebenso etwa das Griechische. Demgegenüber verfügen slawische Sprachen wie Polnisch oder Russisch zwar durchaus über meist rechtsköpfige Muster der Komposition, sie treten aber im Rahmen der Wortbildung hinter die hoch produktive Ableitung zurück. In romanischen Sprachen schließlich spielt die Komposition eher eine geringe Rolle, wobei, wie oben gezeigt, linksköpfige und exozentrische Strukturen überwiegen.

Guten Einblick in die unterschiedliche Neigung unserer Haupt-Kontrastsprachen zur Komposition gewinnen wir, wenn wir Bezeichnungs- und Begriffsbildungsstrategien im nominalen Bereich vergleichen. Im Deutschen dominieren hier die Determinativkomposita. Mit ihnen, das wurde oben gezeigt, werden Unterbegriffe zu dem vom Kopf des Kompositums – in rechtsköpfigen Sprachen wie dem Deutschen dem Zweitglied – bezeichneten Begriff gebildet. Der Modifikator, das Erstglied, liefert dabei in aller Regel nur einen Indikator für den prinzipiell offenen semantischen Modus der Unterbegriffsbildung – denken wir zurück an *Hutschachtel* oder *Goldfisch* oder auch an *Buchhandlung* oder *Blumengeschäft*. Zunächst einmal gilt: Semantische Äquivalente in den verschiedenen Sprachen müssen nicht der Logik von Ober- und Unterbegriff folgen: Ein deutsches Kompositum kann einem Simplexlexem entsprechen oder auch einem Derivat. So gibt es im Polnischen ein Suffix *-arnia/-alnia*, das zur Ableitung von Ortsbezeichnungen dient, also unserem

-(er)ei wie in *Bäckerei* ähnelt. Nur wird es sehr viel breiter angewendet, so dass wir nicht nur *piekarnia* ‚Bäckerei' (zu *piec* ‚Backofen') haben, sondern auch z. B. *księgarnia* ‚Buchhandlung' (zu *księga*, ältere Form von *książka* ‚Buch') und *kwiaciarnia* ‚Blumengeschäft' (zu *kwiat* ‚Blume') oder *sypialnia* ‚Schlafzimmer' (zu *sypiać* ‚zu schlafen pflegen').

Begriffsbildung nach dem Oberbegriff-Unterbegriff-Schema (bzw. gemäß *genus proximum* und *differentia specifica*) kann aber auch auf andere Weise geschehen: statt durch Komposition durch syntaktische Komplexbildung. Für diese, die Bildung syntaktischer Komplexe, gibt es wieder mehrere Möglichkeiten – immer vorausgesetzt, dass der Ausdruck für den Oberbegriff syntaktisch als Kopf und der Modifikator als Attribut realisiert wird. Das simple Nacheinander von unflektiertem modifizierendem Substantiv, Adjektiv oder Partizip, gelegentlich auch Adverb und substantivischem Kopf, im Englischen wurde schon erwähnt. Beispiele sind *gas cooker, red wine* ‚Rotwein', *washing machine* ‚Waschmaschine', *downward tendency* ‚Abwärtstrend'.

Genereller verbreitet ist auf der einen Seite die Attribuierung eines – nach allen Regeln der jeweiligen Sprache flektierten – Adjektivs wie bei französisch *poisson rouge* ‚Goldfisch'. Sprachübergreifend werden da auch aus Substantiven abgeleitete Adjektive eingesetzt wie in französisch *vacances scolaires*, polnisch *wakacje szkolne* ‚Schulferien'. Die Adjektive *scolaire* bzw. *szkolny* gehören jeweils zu dem Substantiv in der Bedeutung ‚Schule'. Die wörtliche Entsprechung ‚schulische Ferien' jedoch ist im Deutschen ungebräuchlich. Im Ungarischen steht das Suffix *-i* als nahezu unbeschränkt einsatzfähiges Mittel der Adjektivierung von Substantiven zur Verfügung, aber auch von Verben und sogar Wortgruppen. Und solche ‚Relationsadjektive' (vgl. auch Kapitel 4 Abschnitt 3.3) sind dann auch ein bevorzugtes Instrument der Unterbegriffsbildung, wie etwa bei *női kabát* ‚Damenmantel' (Dame.ADJ + Mantel) oder bei *állati hang* ‚Tierstimme' (Tier.ADJ + Stimme). Das Deutsche ist übrigens, was die Bildung von Relationsadjektiven angeht, nicht so klar. Da werden unterschiedliche Suffixe herangezogen wie *-lich* in *königlich* oder *-isch* in *tierisch* oder das entlehnte *-al* in *global*. Diese haben aber, anders als im Ungarischen, oft auch eine qualitative Bedeutung (wie in den zweideutigen Ausdrücken *fürstliches Palais* oder *tierisches Verhalten*). Und manchmal gibt es gar kein Relationsadjektiv. *dämlich* etwa ist nicht aus *Dame* abgeleitet, sondern hängt wie auch das bairische *damisch* mit dem niederdeutschen Verb *dämelen* (vgl. standarddeutsch *taumeln*) zusammen. Ein Relationsadjektiv im neutralen Sinne von ‚zu einer Dame gehörig / auf Damen bezogen' steht nicht zur Verfügung, wie auch z. B. weder *herrlich* noch *herrisch* rein relational gebraucht werden können, obwohl deren Ableitung aus *Herr* außer Frage steht.

Neben adjektivischen sind an zweiter Stelle Possessivattribute zu nennen. Wie generell bei diesen Attributen (vgl. Kapitel 4, Abschnitt 6.1) finden wir hier im Französischen die Präposition *de* wie in *pot de chambre* ‚Nachttopf', im Englischen den pränominalen Genitiv wie in *bird's nest* ‚Vogelnest' und die Präposition *of* wie in *weapons of mass destruction* ‚Massenvernichtungswaffen' und im Polnischen den Genitiv wie in *miejsce urodzenia* ‚Geburtsort' (*Ort + Geburt*.GEN). Neben den genannten semantisch leeren, nur Zugehörigkeit anzeigenden Präpositionen finden sich gelegentlich auch andere, wie etwa in englisch *partner in crime* ‚Komplize', *attorney-at-law* ‚Rechtsanwalt' oder in französisch *moulin à café* ‚Kaffeemühle` oder *médecin en chef* ‚Oberarzt` oder auch bei polnisch *książka dla dzieci* ‚Kinderbuch' (wörtlich ‚Buch für Kinder'). In den erwähnten präpositionalen Konstruktionen des Englischen und Französischen hat das Attribut keinen Artikel. Es heißt nicht: *pot de la chambre* oder *partner in the crime*. Solche syntaktisch reduzierten Formen kann man als Indiz für die fehlende Referenzialität des Attributs werten. Es geht nicht um bestimmte Zimmer, in dem sich der Topf befände, oder um ein bestimmtes Verbrechen, sondern um das Konzept Zimmer bzw. Verbrechen. Allerdings fehlt der Artikel nicht notwendigerweise; man denke an *man of the world* ‚Weltmann' oder *journée de la femme* ‚Frauentag' oder auch *glace au chocolat* ‚Schokoladeneis', wo wir es bei *au* mit einer Verschmelzung aus der Präposition *à* und dem definiten Artikel zu tun haben.

Auch im Deutschen verfügen wir über syntaktische Formen der Begriffsbildung; ich erinnere an den gelben Sack, den blauen Montag oder auch an das Zimmer mit Dusche. Auch Konstruktionen mit Genitivattribut kommen vor. Allerdings immer mit dem definiten Artikel wie bei *Mann der Tat, Bild des Jammers*. Eine syntaktische Reduktion etwa zu **Bild Jammers* verbietet sich. „Begleiterlose" Substantive im Genitiv sind nicht erlaubt.

Die folgende Tabelle stellt Beispiele für die Begriffsbildung nach dem Oberbegriff-Unterbegriff-Schema in unseren Vergleichssprachen zusammen, geordnet nach ihrer Bildungsweise (Wortebene versus syntaktisch reduzierte Konstruktion versus syntaktisch voll ausgebaute Konstruktion). Die unterschiedlich bedeutsame Rolle der drei Bildungsweisen in den einzelnen Sprachen sollen die Produktivitätswerte (‚hoch produktiv' versus ‚wenig produktiv' versus ‚peripher') verdeutlichen.

Tab. 11: Verfahren der nominalen Begriffsbildung in den Vergleichssprachen.

	Auf Wortebene	syntaktisch reduziert	syntaktisch voll ausgebaut
Deutsch	hoch produktiv	wenig produktiv	wenig produktiv
	Raubvogel, Nervenkrieg, Königshaus, Königssohn, Haustür, Atom-/Nuklearwaffe, Hausschlüssel, Linienschiff	Mann von Welt	schwarzes Brett, Tag der Arbeit/Tag der offenen Tür
Englisch	hoch produktiv	hoch produktiv	hoch produktiv
	front-door, latchkey, notice board/ notice-board Labour Day	bird of prey, war of nerves	royal house, nuclear weapon man of the world, ship of the line
Französisch	peripher	hoch produktiv	hoch produktiv
	journée portes ouvertes [Tag Tür.PL offen.PL]	oiseau de proie, bateau de ligne, (alternativ zu *tableau noir*: tableau d'affichage)	maison royale, arme nucléaire guerre des nerfs, fils du roi, porte de la maison, clé de la maison, fête du travail tableau noir
Polnisch	peripher	peripher	hoch produktiv
			ptak drapieżny [Vogel räuberisch.M] ‚Raubvogel', drzwi zewnętrzne [Tür außen.PL] próba nerwów [Probe Nerv. GEN.PL] ‚Nervenkrieg', klucz od domu [Schlüssel ab Haus.GEN] ‚Hausschlüssel' tablica ogłoszeń [Tafel Aushang.GEN.PL] ‚schwarzes Brett'

Tab. 11 (fortgesetzt)

	Auf Wortebene	syntaktisch reduziert	syntaktisch voll ausgebaut
Ungarisch	hoch produktiv	peripher	produktiv
	uralkodóház [uralkodó ‚Herrscher' ház ‚Haus'] ideghábórú [ideg ‚Nerv' hábórú Krieg'] kapukulcs [kapu ‚Tor' kulcs ‚Schlüssel'] atomfegyver [atom ‚Atom' fegyver ‚Waffe']		bejárati ajtó [Eingang.ADJ Tür] nyílt nap [offen Tag] ‚Tag der offenen Tür' a munka ünnepe [DEF.ART Arbeit Tag.POSS] ‚Tag der Arbeit'

Kapitel 8
Das Deutsche: auf dem Weg zu einem Sprachporträt

1 Einstieg

In diesem abschließenden Kapitel nähere ich mich, ähnlich wie in Kapitel 2, meinem Gegenstand mithilfe mehrerer Neuansätze bzw. aufeinander aufbauender Runden an. Der Weg zu einem Sprachporträt des Deutschen wird dabei in der ersten Runde darin bestehen, die Ergebnisse der vorangehenden Kapitel zusammenzufassen – immer unter der Perspektive, welche charakteristischen Merkmale dieser Sprache dabei jeweils zu Tage getreten sind. In der zweiten Runde setze ich diese Merkmale in Beziehung zu den Aussagen, die in der typologischen und sprachvergleichenden Sprachwissenschaft zu Eigenschaften des Deutschen gemacht wurden. Dies betrifft zum einen die bekannten Kriterien der morphologischen Typologie (wie etwa den Grad an Synthese und Fusion in der Flexion), zum anderen auch die Syntax. Dabei gehe ich auch auf die Frage ein, was überhaupt die Verschiedenheit des menschlichen Sprachbaus ermöglicht und vorangetrieben hat. Ich setze mich mit der heute aktuellen Idee auseinander, ein Wettbewerb unterschiedlicher Motivationen sei hier die treibende Kraft. In der dritten Runde schließlich beziehe ich mich auf arealtypologische Überlegungen, frage also, ob und inwiefern das Deutsche ein Vertreter des SAE, des „Standard Average European", ist.

Das Unternehmen ist, was die zweite und dritte Runde betrifft, riskant. Auch in Bezug auf Sprachen besteht bei der Typisierung die Gefahr der Übergeneralisierung. Pauschale Einordnungen werden oft der Vielfalt feiner Differenzierungen und den Divergenzen innerhalb des Sprachsystems nicht gerecht. Wenn z. B. die Flexionsmorphologie des Verbs einem bestimmten, z. B. dem fusionierenden Typ zuzuordnen ist, muss die der nominalen Kategorien nicht notwendigerweise demselben Typ angehören. Übergreifende Harmonie kann nicht vorausgesetzt werden. Dabei steht im Hintergrund immer die Frage nach der Systemhaftigkeit einer Sprache als einer historisch gewordenen Institution.

2 Erste Runde: Welche Charakteristika des Deutschen wurden vorgefunden?

Kapitel 2

Hier werden die Grundlagen einer funktionalen Sicht auf Wortschatz und Grammatik herausgearbeitet: von einer Klärung des Verhältnisses dieser beiden Ebenen über eine Annäherung an das Geheimnis von Wortbedeutungen und an den Sinn grammatischer Regeln bis zum sprachlichen Handeln und dem Konstrukt der Proposition mit den Bausteinen Referenz und Prädikation.

Was die beiden großen Teilbereiche angeht, die uns hier beschäftigen, Wortschatz und Grammatik, so unterscheidet sich das Deutsche nicht von anderen europäischen Sprachen. Es liegt folgende grobe Arbeitsteilung vor: Der Wortschatz stellt mit seinem Inventar an bedeutungstragenden Einheiten Instrumente des Klassifizierens und Kategorisierens bereit, aber auch Mittel der sozialen, evaluativen und emotiven Bewertung. Die Grammatik enthält die Spielregeln für den Umgang mit den signifikativen Einheiten. Wortbedeutungen sind keine fertigen mentalen Einheiten. Auch die grammatischen Regeln sind sprachspezifisch, ihr Sinn aber liegt außerhalb: Die mit ihrer Hilfe erzeugten kommunikativen Einheiten dienen dazu, die Außen- wie unsere Innenwelt zu erschließen, den zwischenmenschlichen Verkehr zu regeln, Austausch und Kooperation zu strukturieren; die Regeln der Grammatik stellen also Formen des Handelns für unseren Gebrauch zur Verfügung. Die grundlegenden Typen des sprachlichen Handels – nach Searle repräsentative, kommissive, direktive, expressive und deklarative – dürften universale Geltung haben. Jede dieser Klassen steht für zahlreiche unterschiedliche sprachliche Handlungen, die vor allem durch Sprechaktverben benannt oder auch in explizit performativer Manier mit ihrer Hilfe direkt vollzogen werden können. Auf der grammatischen Ebene sind die Mittel äußerst beschränkt. Im Deutschen werden die Satzarten Aussagesatz, (Entscheidungs-)Fragesatz und Aufforderungssatz in erster Linie durch die Verbstellung differenziert; hinzu kommen können z. B. der Verbmodus sowie intonatorische Merkmale. Daraus ergibt sich, dass Sätze ihrer Form nach nur über ein illokutives Potenzial verfügen, das in der konkreten Verwendung auf der Basis der Satzbedeutung über Schlussfolgerungen mehr oder weniger vereindeutigt wird.

Neben der illokutiven Kraft ist die Proposition, der Sachverhaltsentwurf, konstitutiv für Satzbedeutungen. Deren Bausteine, Referenz und Prädikation – also die Spezifikation von Gegenständen der Rede und die Zuschreibung von Eigenschaften an diese Gegenstände bzw. von Relationen zwischen ihnen – sind möglicherweise in allen Sprachen „anwesend". Aber nicht unbedingt in dem uns vertrauten Modus, wo beide auch syntaktisch relativ klar geschieden sind. In den europäischen Sprachen stehen in erster Linie Nominalphrasen für die Referenz und Verben oder auch Verbalphrasen für die Prädikation in der Weise, dass das verbale Prädikat Leerstellen für seine Mitspieler, die Argumente, eröffnet. Diese bezeichnen in der Regel die Gegenstände, auf die sich die Zuschreibungen des Prädikats beziehen. In den europäischen Sprachen ist zudem eine der Stellen, die des Subjekts, gegenüber den anderen semantisch durch Prominenz und morphologisch durch Kongruenz mit dem Prädikatsverb besonders ausgezeichnet.

Referenz kann nicht einfach mit der Identifikation von existenten Gegenständen der realen Welt gleichgesetzt werden; auch über nur denkbare Objekte und in unterschiedlicher Weise konstruierte Kollektionen prädizieren wir, und insofern sind sie in einem weiteren Sinne Gegenstände unserer Referenz. Neben dem gestischen und dem verbalen „Zeigen" mittels deiktischer Ausdrücke können Eigennamen zwar als das einfachste Mittel der Referenz erscheinen. Zumindest unter Gedächtnisgesichtspunkten sind sie aber nicht ökonomisch und nur Gegenständen vorbehalten, die uns Menschen besonders nahe und wichtig sind.

Kapitel 3

Folgende Schwerpunkte sind hier gesetzt: Das Verb ist als Prädikatsausdruck im Rahmen der für europäische Sprachen typischen Satzstruktur (vgl. Kapitel 2) der Kern des Sachverhaltsentwurfs. Darauf sind seine Kategorisierungen abgestimmt, Mit dem Tempus werden Vorgaben für dessen zeitliche Einordnung gemacht, mit dem Modus für dessen Realitätsbezug. Durch Person und Numerus wird die Kongruenz mit dem Subjekt (im Ungarischen partiell auch dem direkten Objekt), und damit die Anbindung des oder der zentralen Mitspieler des Prädikats gesichert. Das Genus Verbi ermöglicht mit Aktiv und Passiv unterschiedliche Perspektiven auf den Sachverhalt. Es ist somit eines der grammatischen Mittel, mit denen Sprecher ihre Sicht auf Geschehnisse umsetzen können. Das Verb strukturiert nicht zuletzt durch seinen Valenzrahmen sowohl den semantischen Beitrag seiner Komplemente als auch deren syntaktische Realisierung vor.

In den europäischen Sprachen sind in der Regel mindestens drei Tempora – als grammatische Kategorien des Verbs – gegeben; ein solcher grammatischer Ausdruck des Zeitbezugs ist aber nicht in allen Sprachen der Welt vorhanden. Im Standarddeutschen werden sechs Tempora unterschieden: Nur zwei, Präsens und Präteritum, werden durch einfache Verbformen kodiert, Futur (wie in anderen germanischen Sprachen) und die Perfekttempora (wie in germanischen und romanischen Sprachen) durch periphrastische (zusammengesetzte) Formen. Der ähnlichen formalen Struktur der Tempora etwa im Deutschen und Englischen stehen aber gravierende Unterschiede in deren Gebrauch gegenüber. Die Alternative in der Wahl des Perfekthilfsverbs (*haben* versus *sein*) teilt das Deutsche hingegen mit dem Niederländischen und Dänischen, aber auch mit einer Reihe von romanischen Sprachen. Die Kategorie Aspekt haben im Vollbild nur das Polnische und andere slawische Sprachen. Nur partiell, aber in unterschiedlicher Weise, ist der Aspekt im Englischen und Französischen grammatikalisiert, im Deutschen gar nicht – sieht man vom *am*-Progressiv einmal ab. Die aus dem Germanischen ererbte Unterscheidung zwischen starken und schwachen Verben, die markante Unterschiede bei Tempus- und Modusbildung mit sich bringt, ist im Deutschen, etwa im Vergleich zu den vereinfachenden Tendenzen im Englischen, noch mit einer Vielfalt von Mustern erhalten, deren Systematik allerdings nicht leicht zu durchschauen ist.

Das Deutsche verfügt über zwei nach Tempora ausdifferenzierte Konjunktivgruppen: den formal auf dem Indikativ Präsens fußenden Konjunktiv 1 und den auf dem Indikativ Präteritum fußenden Konjunktiv 2. Konjunktiv 1 ist in erster Linie eine Form für die indirekte Redewiedergabe, Konjunktiv 2 eine zum Ausdruck von Potenzialität und Irrealität. Beide signalisieren ein Abrücken vom Normalfall des Weltbezugs und der sprecherseitigen Gültigkeitsgarantie. Die auf Basis des Präsens und Präteritum gebildeten synthetischen Konjunktive sind nicht hinreichend differenziert vom Normalmodus Indikativ, es kommt zum Zusammenfall an einzelnen Paradigmenstellen oder gar wie beim Konjunktiv 2 der schwachen Verben zum vollständigen Synkretismus. Als Reparaturverfahren springt einerseits der Konjunktiv 2 für den Konjunktiv 1 ein, zum anderen tritt die analytische *würde*-Form an die Stelle des Konjunktivs 2. Die markierten Modi anderer europäischer Sprachen, etwa der *Subjonctif* des Französischen, sind keine Indirektheitsmodi, sondern signalisieren – in der Regel in Nebensätzen – die Erwünschtheit oder allgemeiner die Offenheit des dargestellten Sachverhalts.

Mithilfe der lexikalischen Bedeutung des Prädikatsverb legen wir offen, wie wir Sachverhalte sehen, oder besser gesagt: inszenieren – wobei wir uns, wenn wir wahrhaftig sein wollen, an das halten, was „Sache" ist. Die Gegebenheiten lassen aber große Spielräume zu, z. B. im Zuschnitt von Ereignissen und deren Auffassung etwa als von Menschen verantwortete Handlung oder als selbstlaufender Prozess. Gewisse Präferenzen in der Modellierung von Ereignissen – z. B. Fokussierung von Bewegungsabläufen versus Zielen der Fortbewegung – sind sprachspezifisch angelegt, was aber nicht unbedingt als Unterschiede in den „Weltbildern" interpretiert werden muss. Grammatische Mittel der Inszenierung von Ereignissen sind unter anderem Passivsetzung und Reflexivierung. Das Deutsche verfügt über ein vergleichsweise breites Spektrum an Passivformen. Ebenso kann, ähnlich wie etwa im Französischen und Polnischen, die Repräsentation selbstlaufender Prozesse und vor allem von Körperbewegungen und Emotionen mithilfe von Reflexivkonstruktionen aus transitiven Verben, also in der Regel fremdgerichteten Prädikationen, abgeleitet werden.

Die Komplemente des Prädikatsverbs müssen formal voneinander unterscheidbar sein. Von den formalen Möglichkeiten der Unterscheidung durch Kasus, Präposition und lineare Ordnung im Satz werden im Deutschen die beiden erstgenannten genutzt, während sich etwa Englisch z. T. der Linearität bedient. Das Deutsche hat sich, wenn auch nicht immer deutlich sichtbar, vier Kasus bewahrt gegenüber um die zwanzig Kasus im Ungarischen, sieben im Polnischen sowie – nur bei gewissen Pronomina – drei im Französischen und nur zwei im Englischen. Schon aus dieser zahlenmäßigen Differenz ergibt sich, dass es zwischen den Kasus bzw. den durch sie oder andere Mittel realisierten syntaktischen Funktionen und semantischen Rollen keine parallelen Schnitte geben kann. Der deutsche Subjektsnominativ ist offen für alle semantischen Rollen, der Akkusativ des direkten Objekts hat niemals die Agens-Rolle inne, der Dativ weder die des Agens noch die des Patiens. In den anderen Vergleichssprachen dürfte für den Subjektsnominativ das Gleiche gelten, da aber z. B. im Englischen kein Dativ vorhanden ist, reicht der Akkusativ auch in die Domäne des (dativischen) indirekten Objekts des Deutschen hinein.

Kapitel 4

Zum einen werden hier Nominalphrasen, die in erster Linie referenzielle Ausdrücke sind, in ihrem syntaktischen Aufbau beschrieben. Weitere Gesichtspunkte sind die Wortartenunterscheidung im nominalen Bereich, die nominalen Kategorisierungen Kasus, Genus und Numerus, die grammatische Gliederung des Substantivwortschatzes sowie ein exemplarischer Fall der Attribution, die Possessivattribute innerhalb der Nominalphrase.

In der Syntax des nominalen Bereichs verkörpert sich der hierarchische Aufbau von Wortgruppen bzw. Phrasen in exemplarischer Weise: Attribute modifizieren den meist substantivischen Kopf der Nominalphrase; Determinative, insbesondere Artikel, können hinzutreten. Bei Attribuierung werden im Deutschen Vor- und Nachbereich des Kopfs genutzt, im Ungarischen praktisch nur der Vorbereich; im Englischen, Französischen und teilweise auch Polnischen erscheinen im Gegensatz zum Deutschen Adjektive und Partizipialphrasen meist nach dem Kopf.

Die Debatte um die universale Geltung von Wortartunterscheidungen ist noch nicht entschieden. Im Deutschen wie auch anderen europäischen Genussprachen (Polnisch, Französisch) stechen die Substantive, die Kategorisierungen wie Kasus, Genus und Numerus mit anderen nominalen Wortarten teilen, mit ihrem konstanten Genus klar hervor. Die Substantivgroßschreibung ist ein besonderes Charakteristikum des deutschen Schriftsystems. Die mögliche Divergenz zwischen der syntaktischen Funktion als Kopf der Nominalphrase und lexikalischer Wortartenzugehörigkeit – Adjektive und andere Elemente können "nominalisiert" werden, Substantive können „desubstantiviert" werden – führt zu Problemen, in denen sich auch die Dynamik der Sprachentwicklung widerspiegelt. Die Wortart Adjektiv ist weniger wohl bestimmt. Neben semantisch und syntaktisch prototypischen ‚Eigenschaftswörtern' gibt es auch Teilklassen, etwa die ‚Relationsadjektive' mit z. T. abweichendem morphosyntaktischem Verhalten. Für das Deutsche ist im Unterschied zu den Kontrastsprachen bemerkenswert, dass die Komparation rein flexivisch, nicht analytisch geschieht, und dass die Modifikation von Substantiv und Verb sich gleichermaßen des Adjektivs bedient – nicht etwa einer adverbialen Ableitung aus dem Adjektiv. Ebenfalls zu den nominalen Wortklassen gehören die Pronomina und Determinative: Hier ist die zwischensprachliche Divergenz besonders groß. Besonderheit des Deutschen ist, dass selbstständige Pronomina teilweise von ihren determinativischen Gegenstücken flexionsmorphologisch geschieden sind – wie etwa bei *kein Mensch* versus *keiner*.

Die nominalen Kategorisierungen Kasus, Genus und Numerus haben ganz unterschiedliche Funktionen. Numerus, also nominale Quantifikation in der binären Version Singular versus Plural, weisen die europäischen Sprachen generell auf, Kasus als Mittel der syntaktischen Relationierung in abgestuftem Maße, das Genus als Sortierungsverfahren für den Wortschatz und – indirekt – für die Gegenstände der Welt fehlt z. B. im Ungarischen, Finnischen oder Türkischen ganz. Die nominalen Wortarten des Deutschen flektieren nach Kasus und Numerus, außer den Substantiven auch nach Genus. Am differenziertesten ist dabei die pronominale Flexion. Die Kasusunterscheidung ist beim Substantiv wenig ausgeprägt; die Numerusunterscheidung, bei der mehrere Flexionstypen zu beobachten sind, ist dagegen hervorgehoben. Insgesamt herrscht in der Nominalphrase das Prinzip der flexivischen Kooperation, bei der Artikel bzw. Determinative die Hauptlast der Kasusunterscheidung tragen, aber auch ein attributives Adjektiv oder gar der substantivische Kopf gegebenenfalls ihren Teil beitragen. Genus und Sexus bilden in den Sprachen der Welt eine häufig anzutreffende „natürliche" Allianz. In indoeuropäischen Sprachen besteht Asymmetrie zwischen den Genera, die zugunsten des Maskulinums und zu Lasten des Femininums geht, mit Folgen für die Sichtbarkeit des weiblichen Sexus. Daraus ergibt sich nicht nur im Deutschen ein herausragendes Feld der Sprachentwicklung.

Weniger auffällig als die klassischen nominalen Kategorien ist der Nominalaspekt, mit dem unterschiedliche Seinsarten wie Propria, Individuativa und Kontinuativa differenziert werden. In einer Artikelsprache wie dem Deutschen sind die Unterschiede relativ klar grammatikalisiert. Die universal gültigen Nominalhierarchien, vor allem die Belebtheitshierarchie, schlagen sich im Deutschen etwa in der besonderen grammatischen Aktivität der Personalpronomina (z. B. im Hinblick auf Kasusdifferenzierung) deutlich nieder.

Die kognitiv zentrale und auch in verbalen Prädikationen vertretene Domäne der Possession ist in Form der Possessivattribute semantisch weit über den Kern des materiellen Besitzes oder der unveräußerlichen Zugehörigkeit bei Verwandtschaft und Körperteil ausgedehnt. Im Deutschen sind Possessivattribute (Genitiv und *von*-Phrasen) wie in anderen europäischen Sprachen als die prototypische Form der Attribution zu betrachten. Das Nebeneinander der beiden Formen der Markierung durch Kasus und Präposition am Attribut, also am ‚Dependens', verweist auf Gemeinsamkeiten mit anderen germanischen Sprachen; im Detail bestehen aber etwa zum Englischen wieder deutliche Gebrauchsunterschiede. Das Possessivpronomen des Deutschen ist mit dem Reflex von Genus- und Numerusunterscheidungen des Bezugsausdrucks durch seinen Stamm (*sein-* versus *ihr-*) kognitiv vergleichsweise komplex; auch hier zeigen sich Tendenzen zur Vereinfachung.

Kapitel 5

Thematisiert wird die Grammatik der Supplemente, der valenzfreien Zugaben zum Propositionsausdruck. Vor allem aber geht es um die lineare Ordnung im Satz. Daneben werden auch die Lesarten von Satz als Einheit der Grammatik und der Kommunikation geklärt.

Supplemente sind semantisch und syntaktisch „systemfreier" als Komplemente. Sie erfüllen unseren Wunsch nach der Ergänzung des notwendigerweise zu Sagenden um alles, was zu sagen umständehalber nützlich bzw. sozial oder argumentativ angemessen ist. Situative, konditional-kausale und andere Supplemente gibt es sprachübergreifend z. B. in Form von Adpositionalphrasen, Adverbien, aber auch Nebensätzen. Dennoch prägt das jeweilige System die Art ihres Ausdrucks. Bei Adpositionalphrasen folgt besonders die Umfunktionalisierung lokal-temporaler Prä- oder Postpositionen für abstraktere Zwecke wie die Kausalität z. T. allgemeineren konzeptuellen Mustern, die Wahl spezifischer Ausdrücke (wie im Deutschen bei **aus** *Angst*, **vor** *Vergnügen*, **über** *das Geschenk*) ist sprachspezifisch. Eine Merkwürdigkeit des Deutschen stellen die Abtönungspartikeln dar, die in anderen europäischen Sprachen nur rudimentär ausgebildet sind. Auch der Gebrauch von sekundären, insbesondere resultativen Prädikativen in Form von Adjektiven ist ein Charakteristikum des Deutschen.

Von besonderem Interesse ist in Sprachvergleich und Typologie die Linearität des Satzes. Sie übersetzt die hierarchische Ordnung – was zusammengehört, was Teil wovon ist – in ein Nacheinander. Diese Eindimensionalität ist Ursache für zahlreiche Ambiguitäten, die nicht immer durch andere sprachliche Mittel aufgelöst werden können. Das Deutsche findet besondere Aufmerksamkeit, weil es sich nicht so leicht in die einfachen Muster wie SOV, SVO einordnen lässt. So ist auch umstritten, ob das Deutsche eine Grundordnung hat und wenn ja welche. Bei näherer Betrachtung ist die Feldertopologie des Deutschen herausstechend. Insgesamt herrscht in der Wortstellung – oder besser: Konstituentenstellung – eine Mischung aus Freiheit und Ordnung: Das Vorfeld muss nicht durch den grammatisch designierten Vertreter, das Subjekt, besetzt sein, im Mittelfeld gibt es schon rein systematisch miteinander konkurrierende Prinzipien, darüber hinaus noch kommunikativ motivierte Umordnungen, das Nachfeld wirkt ohnehin leicht chaotisch. Hier zeigen sich klare Abweichungen von den Kontrastsprachen mit ihrer stärker ausgeprägten Subjekt-zuerst-Strategie (Englisch, Französisch) oder gar der Topikprominenz (Ungarisch). Am ähnlichsten, wenn auch ohne Klammerstruktur, erscheint Polnisch, das sich noch mehr Freiheiten erlaubt. Immerhin orientieren sich die betrachteten Sprachen grundsätzlich am Prinzip Alt vor Neu, Bekanntes vor Unbekanntem. Unterschiede betreffen die Art, inwieweit das in feste syntaktische Formen gegossen wird.

Sätze können als Komplemente oder Supplemente oder auch als gleichberechtigte Glieder Teile eines anderen Satzes, eines Ganzsatzes, sein. Neben dem Satz gibt es knappere Formen von Mitteilungseinheiten, die Illokution und Proposition ohne Beiwerk, auf das in der jeweiligen Situation verzichtet werden kann, zum Ausdruck bringen.

Kapitel 6

Am Text bzw. der Textualität interessieren aus grammatischer und vergleichender Perspektive folgende Themen: die Kohäsionsmittel, also was den Text formal zusammenhält – hierher gehören die Mittel des Rückbezugs und der inhaltlichen Konnexion sowie die Tempora – und die möglichen Einflüsse der textuellen (oder auch situativen) Umgebung auf die Struktur von Mitteilungseinheiten, insbesondere die Möglichkeiten der elliptischen Reduktion.

Der grammatische Beitrag zur Textualität ist vergleichsweise gering. Allerdings kann die formale Kohäsion der inhaltlichen Kohärenz von Texten dienlich sein. Mittel der Kohäsion sind Referenzausdrücke, die die Satzgrenze überschreiten helfen, in erster Linie die anaphorischen Pronomina, sowie die Verknüpfung durch spezielle Konnexionsmittel. Bei der referenziellen Textkohäsion liegt die entscheidende Weichenstellung zwischen den ‚Pro-Drop'-Sprachen und den Sprachen, bei denen Personalpronomina obligatorisch sind. Das Deutsche gehört wie die anderen germanischen Sprachen zu den Nicht-Pro-Drop-Systemen, während die romanischen Sprachen (mit Ausnahme des Französischen) und die slawischen wie auch das Ungarische in unterschiedlichem Maße Pro-Drop favorisieren. Die Genus-Distinktion bei den Personalia ist ein vergleichsweise probates Mittel des Deutschen für die Klärung, wie ein Pronomen zu verstehen ist, die ‚Anaphernresolution'.

Die Konnektoren können im Deutschen an unterschiedlichen Positionen im Satz auftreten, viele auch bevorzugt im Vorfeld – Vergleichbares ist etwa im Englischen oder Französischen aufgrund der Subjekt-zuerst-Regel kaum möglich. Eine Besonderheit des Deutschen sind zweiteilige Konnektoren, die (wie bei *deswegen, darauf* oder *worauf*) aus einem Verweisausdruck und einer Präposition bestehen.

Die Tempora können verschiedene Formen der zeitlichen Zugänglichkeit zwischen einzelnen im Text geschilderten Ereignissen wie Überlappung oder zeitliche Sequenz signalisieren, sind aber viel zu unspezifisch, um hier klare Verhältnisse zu schaffen. Daneben haben sie textsortenbezogene wie textstrukturierende Funktion. Die Reliefbildung, die etwa im Französischen durch den Aspekt bewirkt werden soll, ist im Deutschen kaum möglich.

Charakteristisch für elliptisches Schreiben oder Sprechen ist im Unterschied zu den in Kapitel 5 erörterten illokutiv und propositional vollständigen Kurzformen die Unvollständigkeit der verbalisierten Proposition. Der Text, der Diskurs oder die Situation müssen Referenten oder Prädikate liefern bzw. erschließen lassen. Verbalisiert wird jeweils nur das, was im Fokus des Interesses steht.

Kapitel 7

Hier befassen wir uns zunächst mit folgenden Themen: den Unterschieden zwischen Wortschatzeinheiten und (mehr oder weniger) festen syntaktischen Konstruktionen und der Erweiterung des Wortschatzes durch ‚Neologismen', also ohne Recyclen bereits vorhandener Elemente. Im Vordergrund stehen aber die beiden zentralen Verfahren der Wortbildung, nämlich Derivation und Komposition, sowie der Ausblick auf konkurrierende Verfahren in anderen europäischen Sprachen.

Im Prinzip gibt es in unseren Sprachen zwei Bezeichnungsstrategien: eine syntaktische und eine lexikalische. Das Deutsche hat eine starke Tendenz zur lexikalischen Strategie. Das Kriterium der Festigkeit unterscheidet nicht konsequent zwischen beiden: Es gibt auch feste Syntagmen wie Paarformeln, nominale und verbale Phraseme bis hin zu Sprichwörtern. Die systematischen Unterschiede zwischen Phrasem und komplexem Wort sind aber relativ klar: Verteilbarkeit im Satz versus unmittelbares Aufeinanderfolgen, auf die Wortformen des Phrasems distribuierte Morphologie versus Fehlen von Binnenmorphologie, Vorkommen von Funktionswörtern versus Fehlen dieser Wörter.

Wenn der Wortschatz zumindest über die Zeit hin flexibel ist, sind Strategien der Erweiterung nötig. Von denen, die den Bestand nicht innovativ neu bearbeiten, ist die Entlehnung am bedeutendsten. Anglizismen spielen, auch sprachübergreifend, eine wichtige Rolle, werden aber tendenziell überschätzt, sowohl in ihrer quantitativen Bedeutung als auch in ihrer „Fremdartigkeit": Sie werden hybrid in den angestammten Wortschatz gemischt und auf vielen Ebenen assimiliert.

In der Wortbildung gibt es zwei dominante Verfahren: Derivation („Aus-einem-mach-viele") versus Komposition („Aus-zwei-mach-eins"). Beides sind weite Felder, die im Deutschen auch intensiv genutzt werden. Derivation ist bei den Inhaltswortarten (Substantiv, Adjektiv, Verb, teilweise auch Adverb) in allen von uns betrachteten Sprachen produktiv, meist in Form der Prä- und der Suffigierung; nur im Ungarischen finden sich nahezu ausschließlich Suffixe. Sprachübergreifend sind Affixe volatil, lassen sich also nicht auf eine Funktion eingrenzen; auch hier ist das Ungarische eine partielle Ausnahme. Romanische Sprachen bedienen sich primär des lateinischen Erbes an Affixen (wie auch an Stämmen), Englisch ist zwiegespalten; auch andere Sprachen partizipieren in ihrer Wortbildung an dem (gräko-)lateinischen Erbe. Die Komposition folgt einer ähnlich einfachen, aber rekursiven quasi-syntaktischen Regel wie die Derivation, wobei es zu strukturellen Ambiguitäten kommen kann. Das Deutsche ist besonders kompositionsfreudig; dafür sind vor allem die nominalen Determinativkomposita verantwortlich. Damit ähnelt das Deutsche Ungarisch und Englisch. Im Englischen gibt es jedoch eine unscharfe Grenze zu syntaktischer Attribuierung. Romanische und slawische Sprachen sind in der Komposition weniger produktiv, die romanischen Sprachen zeigen in der Regel linksköpfige Struktur und exozentrische Typen. Die deutsche Partikelverbbildung kann man als *missing link* zwischen Syntax und Wortbildung betrachten; es liegen gewisse Parallelen zu englischen und ungarischen verbalen Komplexbildungen vor; diese tendieren aber stärker zu syntaktischer Konstruktion als die deutschen.

Was im Deutschen durch (vor allem nominale) Begriffsbildung auf der Wortebene vollzogen wird, geschieht in anderen Sprachen oft durch unterschiedliche Attribuierungsverfahren (oder auch ganz anders: z. B. durch Ableitung). Insbesondere semantisch zu Determinativkomposition analoge Begriffsbildung nach dem Oberbegriff-Unterbegriff-Schema (bzw. gemäß Genus proximum und Differentia specifica) kann etwa statt durch Komposition durch syntaktische Komplexbildung erfolgen: Die „Differentia" wird ausgedrückt durch Relationsadjektive, Possessivattribute, Präpositionalattribute, wobei oft – entsprechend dem nicht-referenziellen Status – um den Artikel reduzierte Formen gebraucht werden. Das Deutsche kennt marginal auch das, allerdings ist beim Genitivattribut keine Artikelreduktion möglich.

3 Zweite Runde: Rechtfertigen die vorgefundenen Charakterzüge eine Typisierung des Deutschen? Und wenn ja, welche?

3.1 Das Deutsche gemäß den hergebrachten Typologien

Gehen wir zunächst von folgender Standardannahme aus: Das Deutsche ist wie andere indoeuropäische Sprachen ursprünglich fusionierend. Auf dem europäischen Kontinent ist daneben mit den finno-ugrischen Sprachen (dem Ungarischen, Finnischen und Estnischen) sowie dem Türkischen vor allem auch der agglutinierende Sprachtyp vertreten.

Bereits in Kapitel 4 wurde der Unterschied zwischen den beiden Sprachtypen an der Kasus-Numerus-Bildung des Substantivs erläutert. Hier sei noch eine kurze Rekapitulation eingefügt: In agglutinierenden Sprachen besteht bei den morphologischen Markern eine eineindeutige Zuordnung von Ausdruck und Inhalt. Jeder Marker realisiert genau eine Kategorie (nicht etwa mehrere gleichzeitig); nennen wir das ‚separative Exponenz'. Und: Jede Kategorie hat einen (nicht etwa mehreren) Exponenten; nennen wir das ‚non-variante Exponenz'. Für fusionierende Sprachen gilt die Negation beider Eigenschaften; wir haben es mit kumulativer und varianter Exponenz zu tun. Beispiele werden folgen.

Bei der Rückbesinnung auf den Urzustand allerdings müssen wir im Auge behalten, dass wir ihn und die weitere Vorgeschichte dieser Sprachgruppen – mangels Überlieferung – nicht kennen, sondern allenfalls schlüssige oder begründete Spekulationen anstellen können. Eine berühmte Spekulation geht dahin, dass die beiden Sprachtypen und ein weiterer, der isolierende, einander im Laufe der jeweiligen Sprachgeschichte ablösen, und zwar in einer Art Spirale. Die Idee eines solchen „Spirallaufs" geht auf Georg von der Gabelentz, einen Sinologen und Sprachtypologen des ausgehenden 19. Jahrhunderts, zurück. Im Anschluss an Vladimir Skalička, bedeutender Typologe der Prager Schule, lässt er sich so skizzieren:[1]

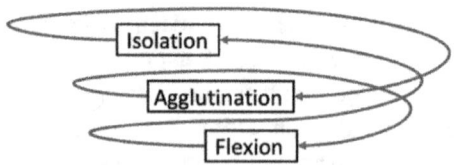

Abb. 18: Spirallauf der Sprachentwicklung.

Am Anfang der Spirale stehe das isolierende Muster: Lexikalische Wörter werden ohne Flexionsmarker aneinandergereiht; ihre Relation beruht wesentlich auf dem

Mittel der linearen Ordnung. Selbstständige Wörter können gegebenenfalls für grammatische Information stehen wie etwa ein Quantifikator im Sinne von ‚einige', ‚mehrere', der in der isolierenden Sprache Burmesisch für die Markierung von ‚Vielheit' steht, also semantisch in etwa der Pluralmarkierung entspricht.[2] Aus solchen grammatischen Wörtern entwickelten sich dann unselbstständige, an die Inhaltswörter angeheftete Marker und damit einhergehend ein agglutinierender Sprachtyp. Durch die Vereinigung mehrerer Marker für die verschiedenen grammatischen Kategorien, ihre Vermengung und Reduktion zu einem kumulativen Marker entwickle sich daraus der fusionierende – früher auch ‚flektierend' genannte – Sprachtyp. Der anschließende Abbau der Flexionsmarker führe wieder zurück zum isolierenden Sprachbau. Jedoch nicht an den Ausgangspunkt zurück, sondern in einen veränderten Zustand. Danach beginne – allerdings von diesem anderen Startpunkt aus – ein erneuter Spirallauf.

Diese Hypothese bestätige sich – so Skalička und die ältere Forschung – was die letzte Phase angehe, grosso modo für die westlichen (zumal die romanischen und germanischen) indoeuropäischen Sprachen; sie entwickelten sich vor allem im Bereich der nominalen Morphologie in unterschiedlichem Tempo vom fusionierenden zum isolierenden Typ. Die östlichen indoeuropäischen Sprachen, etwa das Armenische oder iranische Sprachen, hingegen gingen eher in Richtung Agglutination. Auch das Tschechische und andere slawische Sprachen teilten eher diese Tendenz zu agglutinierendem Umbau.

Aber ist dies nicht insgesamt, schauen wir auf unsere Sprachen, eine recht grobe Vereinfachung?

Da bestehe zum einen, so argumentiert z. B. Frans Plank, die Abgrenzung zwischen Agglutination und Fusion nicht nur auf zwei, sondern auf einer ganzen Reihe von Merkmalen – er nennt insgesamt elf solche Merkmale –, die voneinander logisch unabhängig seien und nicht unbedingt kovariieren müssen.[3] So werde in den germanischen Sprachen, zumal im Deutschen, das Tempus Präteritum einerseits separativ, also unvermischt mit anderen Kategorien markiert. Andererseits aber habe es zwei verschiedene Ausdrucksformen: Ablaut und Dentalsuffix. Es bestehe also eine Art Mesalliance zwischen separativer und varianter Exponenz, oder anders gesagt: Ein Merkmal der Agglutination treffe auf ein Merkmal der Fusion. Zudem gibt es in der Deklination des deutschen Substantivs im Singular noch flexionsklassenabhängig eine Art reduzierte Fusion von Kasus und Numerus, so beim *s*-Suffix für Genitiv Singular der starken Maskulina und Neutra. Im Plural der Substantive hingegen liegt keine Kumulation mit der Kasusmarkierung vor, aber auch die Pluralmarkierung bedient sich verschiedener Marker. Wiederum stehen also ein Merkmal der Agglutination, die separative Exponenz, und ein Merkmal der Fusion, die variante Exponenz, im Widerspruch. Zu allem Überfluss kommt mit dem -(e)n des Dativ Plural (wie in *Kind-er-n*) noch ein agglutinierender Marker hinzu. Und wenn wir schon bei -(e)n oder Schwa (+ Konsonant) generell sind: Es handelt sich um ausgesprochen polyfunktionale Marker, die nicht nur in der nominalen, sondern auch in der verbalen Morphologie auftreten. Dies spricht immerhin für Fusion, da in agglutinierenden Sprachen die Marker nicht nur separativ und non-variant, sondern auch jeweils distinkt voneinander sind.

Quer zu der Unterscheidung zwischen Fusion und Agglutination (und weiteren morphologischen Typen) steht die zwischen Synthese und Analytizität. Diese, die auf den amerikanischen Strukturalisten Edward Sapir zurückgeht, war von Anfang an als eine graduelle Unterscheidung konzipiert. Man kann daher von einem in Zahlen ausdrückbaren Synthesegrad bzw. -index sprechen und meint damit die Anzahl der Inhaltseinheiten pro Wortform. So könnte man bei der Wortform *gab* von vier Inhaltseinheiten ausgehen: ‚geb': + Präteritum + Singular + 1. Person/3. Person.[4] Aber warum werden die Kategorien Singular und 1. Person/3. Person gezählt, obwohl keine entsprechenden Morpheme da sind, die Kategorie Indikativ aber nicht, die ja auch eine implizit kodierte Kategorie ist?

Insgesamt ist die Zählerei hochgradig problematisch, wenn auch tendenziell in die richtige Richtung weisend: Bei analytischer Realisierungsform wird das Bündel von Inhaltseinheiten, das in einer synthetischen Wortform vereinigt ist (oder sein könnte), auf mehrere Wortformen verteilt. Man denke an die Perfektform *hat gegeben*, wo die lexikalische Inhaltseinheit ‚geb' in einer anderen Wortform erscheint als die grammatischen Kategorien für Tempus, Person und Numerus. Sowohl fusionierende als auch agglutinierende Sprachen können einen hohen Synthesegrad haben: Hier stehen sich etwa das hochsynthetische fusionierende Polnisch und das hochsynthetische agglutinierende Ungarisch gegenüber. Die anderen indoeuropäischen Sprachen, die wir im Blick haben, sind insgesamt gesehen weniger fusionierend, aber nicht notwendigerweise weniger synthetisch. So findet sich synthetische (agglutinierende) Komparation auch im Englischen, das fusionierende Flexion weitgehend abgebaut hat.

Auch dem Deutschen wird ein Übergang vom synthetischen zum analytischen Sprachbau bescheinigt. Zu nennen sind etwa folgende Phänomene:[5]

1. Die beiden synthetischen Tempusformen des Germanischen werden im Laufe der deutschen Sprachgeschichte durch analytische Perfekt- und Futurformen ergänzt. Zudem wird das synthetische Präteritum teilweise durch das Präsensperfekt verdrängt.
2. Der synthetische Konjunktiv tritt in Konkurrenz zur analytischen *würde*-Form.
3. Im späten Mittelhochdeutschen bzw. Frühneuhochdeutschen kommen analytische Passivformen hinzu.

4. An die Stelle von Kasus treten teilweise Präpositionen als analytische Realisierungsform bei der Verbkomplementation. Dies betrifft den Genitiv als Objektkasus besonders radikal. Im Attributbereich behauptet sich der Genitiv zumindest in der geschriebenen Standardsprache neben der Präposition *von*.

Allerdings: Es wird in all diesen Fällen durch die analytische Konstruktion nur ein Teil der zuvor synthetisch ausgedrückten grammatischen Kategorien realisiert, während ein anderer Teil, wie bereits für die analytischen Tempora angedeutet, nach wie vor synthetisch realisiert wird. Auch im nominalen Bereich (vgl. Punkt 4.) verliert der Kasus beim Ersatz durch eine Präposition zwar seine Funktion als Ausdruck der syntaktischen Relation; aber da Präpositionen ja Kasus regieren, bleibt Kasus auch in der Nominalphrase ein sich synthetisch manifestierendes Merkmal. Nur wird dies meist nicht am Kopfsubstantiv markiert, sondern am Determinativ oder einem adjektivischen Begleiter. Man kann daher von einem „diskontinuierenden (kombinatorischen) Verfahren" zum Ausdruck von Kategorien(kombinationen) als Besonderheit des Deutschen sprechen.[6] Dies als Erhöhung des Synthesegrades zu verbuchen ist jedoch etwas verkürzt. Eher haben wir es zu tun mit ‚Analyse-cum-Synthese'. Läge reine Analyse ohne jedes synthetische Beiwerk vor, so wären wir in der Tat bei einem isolierenden Sprachtyp. Dieser kann wohl, entgegen den Prognosen gemäß dem Spirallauf, realistischerweise kaum direkt von der Fusion aus erreicht werden, wie auch etwa das Englische zeigt. Es ist stärker analytisch und weniger fusionierend als das Deutsche, aber noch längst keine isolierende Sprache.

Gegen eine vorschnelle Einordnung in einen der bekannten Sprachtypen spricht letztlich auch, dass die Merkmale, z. B. pro und kontra ‚fusionierend' nicht in allen Bereichen des Sprachsystems gleichermaßen gegeben sein müssen. Im Französischen ist wie auch in anderen romanischen Sprachen die Nominalmorphologie weniger fusionierend und weniger synthetisch als die Verbalmorphologie. In dieser ist sogar noch in vielen romanischen Sprachen (nicht im Französischen) das synthetische Prinzip des Pro-Drop erhalten.

3.2 Wettbewerbsmodelle: Wie kommt es zu Sprachentwicklung und Sprachverschiedenheit?

Wie kommt die Vielfalt sprachlicher Ausdrucksformen in den Sprachen der Welt zustande, wie die Unterschiede zwischen „unseren" Sprachen, wenn doch letztlich dieselben kommunikativen Ziele und daraus abgeleitet dieselben Sprachfunktionen realisiert werden sollen? Ich behandle diese Frage etwas ausführlicher, auch wenn dies das Porträt des Deutschen nur indirekt weiter ausleuchtet.

Die moderne Antwort auf die Frage nach den Ursprüngen der Sprachverschiedenheit lautet so (oder zumindest so ähnlich): Unterschiedliche, miteinander im Wettstreit liegende Zielsetzungen führen zu dem divergierenden Befund, weil in einem Fall die eine Zielsetzung siegt, im anderen die andere. Die Idee eines Wettbewerbs ist, so scheint es, einer darwinistischen oder gar kapitalistischen Weltsicht geschuldet. Sie hat sich sogar in einem theoretischen Ansatz, der ‚Optimalitätstheorie', niedergeschlagen.[7] In diesem Ansatz spielen sehr abstrakte Prinzipien wie das der Ökonomie und das der Treue („faithfulness") eine Rolle. Nach möglichst großer Ökonomie, möglichst geringem Formulierungs- und Artikulationsaufwand strebe der Sprecher aus ureigenem Antrieb. Treue, also eine möglichst eindeutige Abbildung des zu Sagenden durch das Gesagte hingegen liege im Interesse des Hörers. Und da die Sprecher ja im eigenen Interesse auch die Interessen potenzieller Hörerinnen im Auge haben, liegen diese Ziele bei der Äußerungsgestaltung im Widerstreit.

Aber auch die funktional und historisch ausgerichtete Linguistik bedient sich dieses Modells. Sie spricht dabei von „Motivationen" im Wettstreit. Dabei ist der Begriff Motivation hier problematisch, wie die Autoren eines einschlägigen Sammelbandes[8] durchaus bemerken: Motivationen können nur Menschen haben, in diesem Fall also individuelle Sprecher oder auch miteinander kommunizierende Gruppen, nicht Sprachen. Die Verfechter und Verfechterinnen dieses Ansatzes gehen davon aus, dass die Sprecher ausschlaggebend sind für das Design „ihrer" Grammatik, indem sie bei ihren Sprechakten eben aus einer Reihe möglicher Alternativen diejenige auswählen oder gar eine neue schaffen, die ihren jeweiligen „Motivationen" am besten gerecht wird. So gebe es drei „externe" Motivationen, die den Sprecher – in aller Regel unbewusst – bei der Produktion seiner Äußerung leiten:[9] (1) das Bedürfnis, eine möglichst einfache und rasche Verarbeitung des Gesagten zu ermöglichen, also die Informationserschließung so einfach wie möglich zu gestalten, (2) das Bedürfnis, Form und Inhalt möglichst direkt oder gar ikonisch aufeinander zu beziehen und (3) das Bedürfnis, im Fluss der Rede möglichst nahe an der Dynamik des Diskurses bzw. der quasi natürlichen Form der Informationsvermittlung zu bleiben.

Bedürfnis (1) wird erfüllt, wenn wir z. B. das ‚Gesetz der wachsenden Glieder' befolgen. Es geht auf den Sprachwissenschaftler Otto Behaghel zurück, der beobachtete, dass bei Satzgliedern, deren Abfolge nicht absolut grammatisch determiniert ist, oft „das längere an zweiter Stelle" stehe.[10] So können wir zunächst einmal kompaktere Einheiten präsentieren, die bereits verarbeitet und abgespeichert werden können, bevor wir z. B. eine lange Phrase, die durch Nebensätze erweitert ist, folgen lassen. Oder indem wir, wie in Kapitel 5 (Abschnitt 3.2) gezeigt, einen Relativsatz getrennt von seinem Bezugswort in das Nachfeld verschieben. Oder auch: Wir stützen die Informationserschießung, indem wir die Träger kognitiv prominenter Information (wie der Agentivität oder Belebtheit) Trägern weniger prominenter Information vorangehen lassen. Bedürfnis (2) wird in den Sprachen, die wir überblicken, dadurch befriedigt, dass syntaktische Einheiten im Allgemeinen semantischen Einheiten entsprechen und nicht etwa mitten hinein z. B. in eine detailreiche Beschreibung des Agens in Form des Subjekts der Name des Patiens in Form des direkten Objekts „platzt". Bedürfnis (3) hingegen wird dadurch Genüge getan, dass im Allgemeinen alte Information neuer Information vorausgeht – wir also nicht „mit der Tür ins Haus fallen". Vielleicht imitieren wir damit auch den Fluss der Zeit von der bekannten Vergangenheit in die ungewisse Zukunft.

Wie aber entscheidet der Sprecher, wie löst er seine Zielkonflikte? Auch hier gebe es wieder drei – mit Metaphern aus der Sphäre der Politik oder gar des Kriegswesens umschriebene – Optionen: (i) friedliche Koexistenz, (ii) Teilen der Beute, and (iii) „der Gewinner bekommt alles".[11] Friedliche Koexistenz nach Strategie (i) sei dann möglich, wenn verschiedene Bedürfnisse durch dasselbe sprachliche Manöver befriedigt werden können. So erfülle die Subjekt-zuerst-Position im Englischen zugleich (nach Motivation (1)) das Bedürfnis, einer kognitiv prominenten, häufig agentiven Einheit den Vortritt zu lassen, die gleichzeitig in aller Regel auch alte oder bekannte Information repräsentiere und damit Motivation (3) genüge.[12] Im Deutschen, so könnte man nun argumentieren, komme eher Strategie (iii) zum Zuge, wenn die erste Stelle im Satz, das Vorfeld, durch die Konstituente besetzt wird, die bekannte oder rahmensetzende Inhalte habe. In diesem Fall siege also Motivation (3). Ein Teilen der Beute (nach Strategie (ii)) kann man z. B. in folgender Konstruktion beobachten: *Die Autorin ärgerte sich über die unfaire Kritik.* Bei *sich ärgern* wie bei zahlreichen anderen deutschen reflexiven Verben der Gemütsbewegung gerät die kognitiv prominente belebte Informationseinheit in die syntaktisch prominente Subjektfunktion (vgl. Motivation (1)). Gleichzeitig kommt aber die Konstruktion auch Bedürfnis (2) entgegen, insofern als die Einheit, die den Auslöser der Emotion kodiert, in Form einer Phrase mit einer kausalen Präposition eine vergleichsweise explizitere und semantisch transparentere Kodierung genießt. Die konkurrierende Konstruktion wäre hier: *Die unfaire Kritik ärgerte die Autorin.*

Nun wissen wir ja allemal, dass die individuellen Entscheidungen der Sprecher nicht kreativ die jeweils optimale Grammatik schaffen oder aus dem Nichts emergieren lassen, sondern dass diese sich aus bestehenden Grammatiken bedienen. Der wesentliche Faktor für die individuelle Grammatik eines Sprechers ist die Konventionalität. Im günstigsten Fall bietet das erlernte und memorierte konventionelle System Alternativen für die Realisierung eines kommunikativen Ziels, zwischen denen der Sprecher je nach aktueller Motivationslage wählen kann. In beschränktem Maße hat er auch die Möglichkeit, eine mit den bestehenden Mitteln nicht erfüllbare Motivation durch Veränderung zu realisieren. So haben sich in der deutschen Sprachgeschichte ohne Zweifel zahlreiche Sprecher spontan und punktuell gegen aus ihrer Sicht oder eher ihrem intuitiven Gefühl überflüssige Komplikationen in der Flexionsmorphologie entschieden. Bestimmte starke Verben hatten im Präteritum nicht nur einen, sondern zwei Ablautvokale: *er warf*, aber *sie wurfen*. Transparenter und dienlicher für den Zusammenhang von Form und Funktion (vgl. (2)) ist es, wenn nur ein gegenüber dem Präsens ausgewechselter Vokal Präteritum signalisiert, nicht zwei. Analogie – das Prinzip ‚Gestalte Formen nach dem Vorbild einer Form mit ähnlicher Funktion' – motivierte Sprecher und führte im Verein zum Wandel in Richtung ‚Paradigmenuniformität'. Auch der Verzicht auf die Genusdifferenzierung bei den Possessiva, also eine generelle Setzung von *sein*- für die 3. Person Singular, kommt dem Bedürfnis nach Einfachheit entgegen und wird schon einmal normwidrigerweise praktiziert. Vielleicht kann man sich einen realistischen Weg des Wandels so vorstellen: Er beginnt mit der vielfachen Wiederholung einer gelungenen Entscheidung im Sprachgebrauch eines Sprechers, die eine Art „Ansteckung" der Interaktionspartner bewirkt. Diese wiederum zieht – im Sinne ‚sozialer Selektion' – immer weitere Kreise, wird im Spracherwerb an die nächste Generation weitergegeben und führt schließlich zu Sprachwandel auf der Systemebene.

Auch den zentralen Auslöser für die allmähliche Ablösung eines rein fusionierenden Sprachtyps mag man letztlich dem Bedürfnis nach Ökonomie zuschreiben, genauer gesagt: einer „Maulfaulheit" der Sprecher. Das Mittelhochdeutsche unterscheidet sich vom Althochdeutschen unter anderem dadurch, dass die Nebensilben „geschwächt" wurden. Das heißt, in den Silben ohne Hauptakzent wurden in der Regel die vormals vollen Vokale zu Schwa oder sie entfielen auch ganz. Im Althochdeutschen lauteten z. B. die Pluralformen von ‚Zunge' noch *zungûn* (Nominativ, Akkusativ), *zungôm/zungôn* (Dativ) und *zungôno* (Genitiv). (^ kennzeichnet Vokallänge.) Bereits im Mittelhochdeutschen haben wir einheitlich *zungen*. Man sieht darin eine Langzeitfolge der Fixierung des im Indoeuropäischen noch nicht festen Akzents auf die Stammsilbe in den germanischen Sprachen. Den nun grundsätzlich nicht mehr akzentuierbaren Nebensilben (oft Präfixe und vor allem Suffixe) wurde weniger artikulatorischer Aufwand zuteil. Sie bekamen allenfalls noch den Reduktionsvokal Schwa ab, bei dem der Mund kaum geöffnet wird und die Zunge in Ruhestellung verharrt. Unbeabsichtigte Folge war ein Zusammenfallen vorher unterschiedlicher Flexive, was ihre Funktionalität auf längere Sicht behinderte und, wiederum unbeabsichtigt, zum Ausweichen auf andere Mittel, z. B. der analytischen oder agglutinierenden Art, „motivierte".

Allerdings bleiben viele Rätsel: Wenn z. B., wie in Kapitel 3 (Abschnitt 2.5) erwähnt, zahlreiche starke Verben dem Druck der Analogie und der Vereinfachung folgten und „schwach" wurden – wie ist zu erklären, dass ebenfalls eine ganze Reihe von schwachen Verben stark wurde? Und so „inkonsequent" verhielten sich auch die Sprecher des Englischen und Niederländischen.[13]

Können also diese Prozesse insgesamt ein funktionierendes kollektives System begründet haben? Was kann es bedeuten, wenn die synchrone Grammatik einer Sprache in eingefrorener Form die Prozesse der Entscheidung zwischen widerstrebenden Motivationen widerspiegeln soll, die einzelne Personen in individuellen Situationen fällen? Eine schlüssige Antwort darauf liegt kaum auf der Hand. Immerhin kann der Hinweis nützlich sein, dass Sprachwandel eine hochkomplexe Integration von Prozessen ganz unterschiedlicher zeitlicher Rahmengebung erfordert:[14] von der in Sekundenbruchteilen erfolgenden Entscheidung des Sprechers für ein Wort, die Gestaltung der „richtigen" Wortform und einer passenden syntaktischen Konstruktion über die länger anhaltenden Orientierungen an Standards der Interaktion (wie z. B. Geboten der Verständlichkeit oder Informativität) bis zur möglicherweise Epochen bestimmenden Wirkungsmacht sozialer Ordnungen. Diese setzen z. B. je spezifische Systeme der Differenzierung und Hierarchisierung sozialer Gruppen voraus und bestimmen damit stark die sprachliche Kennzeichnung von Personen und insbesondere den Ausdruck interpersonaler Beziehungen in direkter Interaktion. Im Inventar der Anredeformen und den Regeln ihrer Verwendung können sich ja mehr oder weniger direkt soziale Unterscheidungen und deren zeitliche Dynamik widerspiegeln. Ein lehrreiches Beispiel ist hier die komplizierte Entwicklung der Anrede für einen einzelnen Adressaten bzw. eine einzelne Adressatin im Deutschen, die von einem ursprünglich zweigliedrigen System im Mittelhochdeutschen über drei- oder sogar viergliedrige Systeme im 17. und 18. Jahrhundert wieder zu einem zweigliedrigen System führte, nämlich den Anredeformen *du* und *Sie*.[15]

Die Rolle des Sozialen wird allerdings in solchen Wettbewerbsmodellen leicht unterschätzt. Dabei hängt nicht unbedingt das Entstehen, sehr wohl aber das Überleben spontaner Änderungen entscheidend an sozialen Bedingungen. Dabei spielen neben unbeabsichtigten sozialen Effekten, den so genannten ‚Phänomenen der dritten Art', auch bewusste Eingriffe, also Sprachregelungen eine Rolle. So haben sich normativ gesinnte Grammatiker und Spracherzieher über Jahrhunderte hinweg eingemischt und über Präskriptionen und Sanktionen die Gestalt der heutigen Standardsprache mitbestimmt und möglicherweise in einigen Punkten sogar entscheidend gesteuert. Zum Beispiel gab es bereits seit dem 14. Jahrhundert (außer im Ostmitteldeutschen) starke Tendenzen zum Wegfall von Flexionsendungen am Substantiv, insbesondere die ‚Apokope' von -*e*. Noch heute entfällt in vielen Dialekten, so auch in meinem Heimatdialekt, bei Substantiven mit standardsprachlichem *e*-Plural der Marker am Substantiv, wie etwa bei [die Weg] statt *die Wege*. Zuweilen wird auch, um den Plural gemäß der „Motivation" Numerusprofilierung zu markieren, auf den Umlaut zurückgegriffen wie bei [die Dääg] (für *die Tage*). Normierenden Eingriffen in der Zeit des

Absolutismus, also im 16. und 17. Jahrhundert ist der Erhalt des -e als Pluralmarker und als Dativ-Singular-Flexiv zu verdanken. Zwar wurde das von gelehrten Grammatikern angestoßen, aber der Erfolg verdankt sich dem „kollektiv evolutionären Verhalten"[16] einer ganzen Kaste von Sprachprofessionellen, also Kanzleischreibern, Geistlichen, Schulmeistern, Korrektoren oder „Sprachfreunden" in den Sprachgesellschaften.

Das Schicksal des *e*-Flexivs am Substantiv kann aber auch die Sehweise derjenigen stützen, die denken, das Sprachsystem lasse auf längere Sicht nur „gute" Lösungen zu, was auch immer als gut für das System oder ‚systemadäquat' gelten mag. In diesem Fall sehen wir, dass sich das -e als standardsprachlicher Pluralmarker bewährt hat, während seiner Existenz als Dativmarker trotz aller Bemühungen ein baldiges Ende droht.

Auch in der Verbflexion ist -e labil. Gern lassen wir es in der 1. Person Singular Präsens in der informellen gesprochenen oder digitalen Kommunikation entfallen wie in *ich komm, ich hab, ich hol* usw. Hier ist die *truthfulness* im Vergleich mit der Setzung von -e nicht herabgesetzt; es kann also kompromisslos dem Gebot der Ökonomie gefolgt werden. So verwundert es nicht, dass in den Mundarten, die ja keinem normativen Diktat unterliegen, nicht nur der Wegfall von Schwa, sondern insgesamt der Abbau von Kasusunterscheidungen am Substantiv und anderen Flexiven weiter fortgeschritten ist als in der konservativeren Standardsprache. Beispielsweise fallen in Ausprägungen des Schwäbischen die Person-Numerus-Flexive des Verbs im Plural vollständig zusammen; man vgl. *mir machet, ihr machet, sie machet*.[17] Den Genitiv, der ja auch in der Standardsprache deutliche Defekte aufweist, gibt es im gesamten süddeutschen Dialektraum praktisch nicht.

Zu bedenken ist aber, dass Vereinfachungen oft nicht ohne Kosten verlaufen. Das zeigt sich im Sprachvergleich. Wenn wie im Englischen Kasusunterscheidungen nicht mehr für die Unterscheidung syntaktischer Funktionen – zumal die zwischen direktem und indirektem Objekt – zur Verfügung stehen, müssen andere Mittel herhalten, neben dem Einsatz von Präpositionen auch die Reglementierung der Satzgliedfolge. Der Ballast der Kasusmorphologie, über den vor allem diejenigen seufzen, die das Deutsche (oder auch das Polnische und andere stark fusionierende Sprachen) als Zweitsprache mühsam erlernen, kann nicht einfach und folgenlos abgeworfen werden.[18]

Derzeit erleben wir auf einem anderen Feld, dem der geschlechtergerechten Sprache, den Prozess eines intentional herbeizuführenden Sprachwandels hautnah mit. Ob dieser Wandel sich durchsetzen wird, ist eine spannende Frage. Im Augenblick gilt er vielen als moralisch erwünscht, erscheint aber etwa mit dem undifferenzierten Gebrauch des Gendersterns und seiner sprechsprachlichen Umsetzung als Hiatus nicht systemgerecht. Diesmal sind es nicht die Schulmeister, sondern Teile des intellektuellen Milieus im Kulturbetrieb, an den Universitäten und in den Medien, die sich für den in diesem Fall vorwärts gewandten Sprachwandel einsetzen.

3.3 Das Deutsche: Porträt in aller Kürze

Tragen wir nun doch die wesentlichen charakteristischen Züge des Deutschen zusammen: Es hat sich in der Morphologie seine ererbte fusionierende Flexion teilweise erhalten, und das mit einem auffallend geringen Inventar an Mitteln. Im Wesentlichen geht es dabei um Verbindungen von manchmal auch optionalem -e (Schwa) und einem oder maximal zwei Konsonanten oder auch nur um -e selbst. Damit wird sowohl die Person-Numerus-Morphologie am Verb als auch die Kasus-Genus-Numerus-Morphologie bei den nominalen Wortarten und die Komparation des Adjektivs bestritten. Die dadurch gefährdete Eindeutigkeit („faithfulness") der kodierten Information wird teils durch Übergang von rein synthetischer zu analytischer Kodierung kompensiert, in geringerem Maße auch durch die Neuinterpretation fusionierender als agglutinierende Marker (wie beim -(e)n des Dativs Plural). Eine deutsche Besonderheit ist die flexivische Kooperation in der Nominalgruppe, bei der die Ökonomie der Mittel und eine vergleichsweise transparente Kodierung der intendierten Funktion gleichermaßen gewährleistet sind. Auch das „eigentlich" dem introflexiven Sprachtyp zuzuordnende Merkmal des Vokalwechsels (Ablaut, Umlaut) ist noch erhalten, nicht nur in der Tempus-Modus-Morphologie der starken Verben, sondern auch in der Wortbildung, ohne allerdings noch wirklich produktiv zu sein.

Der Ausdruck syntaktischer Relationen beruht, was die Komplemente angeht, teils auf Kasusunterscheidungen, also einem synthetischen Verfahren, teils auf dem Gebrauch von „semantisch ausgebleichten" Präpositionen, einem analytischen Verfahren. Supplemente auf Satzebene werden fast ausschließlich präpositional, nicht nominal, somit analytisch realisiert. Auch bei dem neben dem Adjektiv wichtigsten Attributtyp, dem Possessivattribut, steht eine synthetische Realisierungsform als Nominalphrase im Genitiv neben einer analytischen in Form der Präpositionalphrase mit *von*. Anders als etwa im Englischen spielt aber die lineare Ordnung für den Ausdruck syntaktischer Relationen keine Rolle: Komplemente werden nicht durch ihre relative Stellung unterschieden. Übergreifende Gestaltungsprinzipien, etwa die Nominalhierarchien haben im Deutschen einen deutlichen Reflex, insofern als die pronominale Flexion bei maskulinen Pronomina und Determinativen im Singular noch die volle Palette der vier unterschiedenen Kasus aufweist.

Auch in der Syntax, insbesondere im Hinblick auf die lineare Ordnung, herrscht eine Art wohlgeordnete Uneindeutigkeit. Das Deutsche verfügt, geht man von den gängigen Schemata in der Wortstellungstypologie aus, über zwei Grundmuster der Satzgliedstellung: SVO für den Hauptsatz, SOV für den Nebensatz. (Daneben kennt das Deutsche wie viele andere Sprachen die für die Satzmodusunterscheidung wichtige Möglichkeit der Spitzenstellung des Finitums.) Charakteristisch ist aber vor allem die Satzklammer mit dem ungewöhnlichen Auseinanderrücken der Teile „analytischer Verbformen" an zwei verschiedene, gegebenenfalls weit voneinander getrennte Positionen. Dabei können auch auffallend lange Verbketten in der rechten Satzklammer entstehen. Auch genießt das Subjekt keineswegs uneingeschränkt die lineare Vorrangstellung, sondern muss mit anderen Satzgliedern konkurrieren. Im Mittelfeld muss ein Kompromiss zwischen rigideren grammatischen Prinzipien der linearen Folge und einer freieren Ordnung nach dem Gewicht der Information gefunden werden. Auch in der Nominalphrase können dem Kopf die Nicht-Köpfe, die Attribute, sowohl vorangehen als auch folgen. Anders als beim Verb als Kopf im Verhältnis zu den Objekten sind aber die Plätze jeweils fest vergeben: Vor dem substantivischen Kopf erscheinen neben dem marginalen pränominalen Genitiv die adjektivischen Attribute – so komplex ausgebaut sie auch sein mögen. Auf den Kopf folgen alle Attribute in Form von Nominal- und Präpositionalphrasen und die satzförmigen Attribute. Das mag partiell wieder dem behaghelschen Gesetz geschuldet sein, führt aber auch zu einer klaren Domänenaufspaltung zwischen den (meist) qualitativen Attributen im Vorbereich und den referenziellen Attributen im Nachbereich des Substantivs.[19]

4 Dritte Runde: Welche Rolle spielt das Deutsche in einem europäischen Sprachbund?

Das Deutsche scheint, will man einer einflussreichen Publikation[20] Glauben schenken, neun charakteristische Merkmale des „Standard Average European" (SAE) zu erfüllen und gehört somit zusammen mit dem Französischen zum innersten Kern dieses Sprachbundes: (1) Es hat sowohl einen definiten als auch einen indefiniten Artikel; (2) Relativsätze werden durch „echte" Pronomina eingeleitet und nicht etwa durch unveränderliche Partikeln; (3) es verfügt über ein *haben*-Perfekt; (4) es hat ein periphrastisches Passiv mit einem Partizip Perfekt und einem Hilfsverb; (5) es verfügt über die Möglichkeit eines ‚externen Possessors' im Dativ wie in *Die Mutter wäscht* [*dem Kind*] [*die Haare*] vs. *Die Mutter wäscht* [*die Haare* [*des Kindes*]]; (6) negative Pronomina wie *niemand* werden nicht mit einer zusätzlichen Negation beim Verb verbunden (also: *Niemand kommt* *(*nicht*)); (7) die Vergleichsgröße in der Gleichsetzungskonstruktion wird durch ein Relativadverb angeschlossen (wie in *Sie ist so groß* **wie** *er*); (8) Personsuffixe am Verb sind reine Kongruenzmarker;

daher kein Pro-Drop; (9) Reflexivum und Intensifikator haben keine identischen Formen (also: *sich* vs. *selbst*).

Wenn wir andere europäische Sprachen, vor allem unsere Kontrastsprachen, in den Blick nehmen, so haben sie, mit Ausnahme des Französischen, nicht alle diese Merkmale. Das Niederländische und romanische Sprachen (Italienisch, iberoromanische Sprachen) und Albanisch teilen nur acht der neun Merkmale. Englisch hat sieben: Es hat zumindest nach dieser Darstellung keinen externen Possessor, und Reflexivum und Intensifikator fallen partiell zusammen. Polnisch und Ungarisch teilen jeweils nur fünf SAE-Merkmale. Beide Sprachen haben die Merkmale (2), (4), (5) und (7). Polnisch außerdem (9), Ungarisch außerdem (1). Sie verfügen also beide nicht über ein *haben*-Perfekt (3), in beiden Sprachen werden negative Pronomina mit einer zusätzlichen verbalen Negation verknüpft (6); beide Sprachen sind Pro-Drop-Sprachen (8). Polnisch hat keinen grammatikalisierten Artikel (1); im Ungarischen sind Reflexivum und Intensifikator identisch (9).

Nun ist die Idee von Sprachbünden und insbesondere die Aussonderung von SAE nicht unumstritten. Einer der wesentlichen Kritikpunkte ist die an den Anfängen der SAE-Idee sehr deutliche, jetzt immer noch spürbare Einseitigkeit zugunsten der westeuropäischen Sprachen. Man könne geradezu von einem „Westeuropa zugeneigten Eurozentrismus" sprechen.[21] Dabei würden vor allem die balto-slawischen Sprachen zu wenig in ihren europäischen Eigenschaften gewürdigt, während die Gemeinsamkeiten der südosteuropäischen Sprachen des so genannten Balkan-Sprachbunds schon länger gesehen wurden. Ob es allerdings weiterbringt, wenn statt des einen in sich ausdifferenzierten SAE gleich vier Typen (SAE Typ West, SAE Typ Ost, SAE Typ Süd-Ost und SAE Typ Russisch) angesetzt werden, ist eher fraglich. Immerhin erscheint eines im Hinblick auf das Deutsche sehr plausibel: Das Deutsche ist in mancherlei Hinsicht eine Brücke zwischen West und Ost: Das betrifft zum einen die Beibehaltung von Kasusunterscheidungen und das generelle Überleben synthetischer und fusionierender Merkmale in zum Teil veränderter Form, aber auch die gegenüber etwa dem Englischen und Französischen flexiblere Satztopologie. Wer will, mag darin einen Spiegel der geopolitischen Konstellation sehen.

Anmerkungen

Anmerkungen zu Kapitel 1

1 Vgl. den Titel eines Bandes von Krämer/König (Hg.) (2002).
2 Der Gedanke, Sprache als eine Form des Gemeinguts zu verstehen, kam mir anlässlich der Hörfunk-Sendung „Die teilende Gesellschaft (3). Mit Nachbarn teilen" (SWR2-Wissen vom 12. August 2017). Sprachliche Kompetenz in Form der Beherrschung der deutschen Standardsprache (in Wort und Schrift) als Voraussetzung für kommunikative Kompetenz und damit für gesellschaftliche Teilhabe wurde nicht nur in den 50er und 60er Jahren des vergangenen Jahrhunderts unter Stichwörtern wie elaborierter vs. restringierter Code diskutiert, sondern spielt auch heute noch beim Thema der Integration von Migranten eine zentrale Rolle.
3 Die Erforschung dieser oft ‚suprasegmental' genannten Merkmale des Sprechens stellt ein eigenes Forschungsgebiet dar. Während die traditionelle ‚Sprechwissenschaft' vor allem auf das „richtige Sprechen" ausgerichtet war, bedient sie sich jetzt moderner experimenteller technologischer und psychologischer Verfahren, um unterschiedliche Sprechstile zu erforschen, oder auch zum Zweck der „Analyse des emotionalen Ausdrucks durch Stimme und Sprechweise" bzw. des „stimmlichen Ausdrucks allgemeiner Persönlichkeitsmerkmale", wie es auf der Homepage des Instituts für Sprache und Kommunikation der TU Berlin heißt (vgl. http://www.kw.tu-berlin.de/). So Prof. Dr. Walter Sendlmeier (SWR1-Leute vom 23. Juli 2015).
4 Alle Angaben zur Periodisierung sind nur als Richtgrößen zu verstehen. Selbstverständlich gibt es wie in der Kulturgeschichte allgemein keine abrupten Übergänge, wenn auch im Einzelfall geschichtliche Ereignisse (wie Luthers Bibelübersetzung) oder historische Umbrüche wie etwa der 30jährige Krieg als Sollbruchstellen eingeordnet werden können.
5 Zu Minderheiten in Mittel- und Osteuropa vgl. Eichinger/Plewnia/Riehl (Hg.) (2008). Nach Angaben von Plewnia/Riehl (Hg.) (2018) handelt es sich bei Sprachminderheiten in Übersee z. B. bezogen auf die USA um „Sprachinseln" in Texas, die Mennoniten in Pennsylvania, aber auch in Südamerika, Namibia, Südafrika, Australien oder den ehemaligen Kolonialgebieten in der Südsee.
6 Das Standardwerk zur deutschen Sprachgeschichte ist: v. Polenz „Deutsche Sprachgeschichte" (2000–2011). Wer sich weniger ausführlich informieren will, sei z. B. auf Roelcke (2009) verwiesen.
7 Vgl. Jäger (2014).
8 Vgl. http://www.mpg.de/21468/Stammbaum_der_Sprachen?page=last&seite=3.
  Auch bei der Forschung zum Ur-Indoeuropäischen werden neuerdings die Befunde aus der „Archäogenetik" mit den linguistischen Befunden, die schon die großen Indogermanisten vergangener Zeiten herausfanden, in Beziehung gesetzt. Laut Spiegel vom 12. Mai 2018, S. 106 ist einem Forscherteam um den Dänen Eske Willerslev der Nachweis gelungen, dass es „die sagenumwobenen Hirten in der pontisch-kaspischen Steppe wirklich gegeben" hat. Von dort hätten sie sich „in massiven Wanderbewegungen in Richtung Mitteleuropa und Indien ausgebreitet".
9 Vgl. dazu Eichinger (2013). Der fortschreitenden Modernisierung wird z. B. dadurch Rechnung getragen, dass die Neuübersetzung des berühmten Romans von Margaret Mitchell nun den Titel trägt: „Vom Wind verweht".
10 Gemäß einer Veröffentlichung des Max-Planck-Instituts für Psycholinguistik in Nijmegen, Niederlande, vom 10. Juli 2013 (http://www.mpg.de/7450884/neandertaler-sprache) ist der Stand der Forschung nun, dass „die menschliche Sprache in der heutigen Form mindestens bis zum letzten gemeinsamen Vorfahren von modernem Mensch und Neandertaler zurückgeht.

Sprache ist demnach vor 1,8 Millionen bis einer Million Jahren entstanden, also zwischen der Entstehung der Gattung *Homo* und dem Auftauchen von *Homo heidelbergensis*, dem mutmaßlichen Vorfahren des modernen Menschen und Neandertaler." Vgl. dazu auch Wunderlich (2008).

11 Diese Hypothese und die ebenso kuriose, dass menschliche Sprache aus dem Bedürfnis nach Klatsch (*gossip*) entstanden sei, werden angesprochen in Fox (2014: 57). Beim Klatsch geht es nicht um Informationsaustausch, sondern um Nähe und sozialen Kontakt. Bei Primaten, so eine weitere evolutionsbiologische Spekulation, die auf Desmond Morris zurückgeht, diene die Fellpflege (*grooming*) inklusive Lausen der Kontaktpflege. Der Mensch setze stattdessen verbale Mittel ein. Begrüßungsformeln, die Frage nach dem Wohlbefinden, mehr oder weniger sinnfreies Geplauder: alles soziale Rituale in der Nachfolge der sozialen Pflegehandlungen der Affen.

12 Darwin vertrat die Theorie, Sprache gehe auf die Nachahmung von Tierlauten zurück. Aber der Spekulation sind keine Grenzen gesetzt: Auch instinktive Äußerungen von Schmerz (*Au!*), Überraschung (*Ach! Oh!*) oder anderen Emotionen werden als Anfang des Sprechens vermutet. Die Imitation von Geräuschen der Umwelt wie das Wispern des Windes, das Krachen gefällter Bäume, das Knistern von Feuer sind weitere Kandidaten. Wolfe (2016: 55) zitiert genüsslich den aus Deutschland stammenden Oxforder Linguistikprofessor Max Müller, der diese im Kontext von Darwins Evolutionstheorie ins Kraut schießenden Hypothesen bereits um 1860 auf die Schippe nahm.

13 So wurde eine Variante des FOXP2-Gens für die menschliche Sprachfähigkeit verantwortlich gemacht. Das Gen selbst ist auch bei anderen Wirbeltieren nachzuweisen und steht sowohl mit motorischen Fähigkeiten als auch (z. B. bei Singvögeln) mit dem Erlernen und Produzieren von Lautfolgen im Zusammenhang. Die spezielle Gen-Variante des Homo sapiens wurde auch bei der DNA-Sequenzierung von Neandertalerknochen vorgefunden. Mag dieser Befund auch mit einer Disposition zur Lautsprache zusammenhängen, so handelt es sich mit Sicherheit nicht um **das** Sprach-Gen.

Für die Fähigkeit zur Rekursion wird neuerdings ein „Nervenfaserbündel, welches das Broca-Areal und das Wernicke-Areal verbindet", verantwortlich gemacht. Die Neuropsychologin Angela Friederici, Direktorin des Max-Planck-Instituts für Kognitions- und Neurowissenschaft in Leipzig, stellt diese in ihrer Funktionalität von ihrem Institut neu entdeckte Verbindung zwischen den beiden Sprachzentren im Gehirn in einem ganzseitigen Artikel in der ZEIT vom 26. April 2018, S. 37 vor.

14 Vgl. prominent Everett (2012).
15 Keller (1995), Teil I.
16 Everett (2013).
17 Vgl. den Beitrag des Autors in: „Deutsche Akademie für Sprache und Dichtung und Union der Deutschen Akademien der Wissenschaft" (Hg.) (2017).
18 Man vergleiche Berend (2005: 147).
19 Beide Ausdrücke waren Konkurrenten um den Titel des „Jugendworts" des Jahres 2017. Das Rennen machte bei der Jury des den Wettbewerb ausrichtenden Langenscheidt-Verlags der erstere, der die Bedeutung ‚ich bin' haben soll. Die Jugendwörter auch der vergangenen Jahre sind äußert umstritten. Meist sind sie der Mehrzahl der Jugendlichen unbekannt. Das Ganze ist eher eine Werbekampagne der Verlage.
20 Vgl. dazu Lobin (2018).
21 Der folgende Abriss zur Wissenschaftsgeschichte ist naturgemäß äußerst verkürzt. Zu verweisen ist z. B. auf Arens (1969), Gardt (1999) und Stockhammer (2014).
22 Das kann man nachlesen in Eco (1994); zum Deutschen vgl. (ebd.: 109 ff.).

23 Vgl. Wittgenstein (Aufzeichnungen, Wiener Ausgabe, Bd. III: 331; zitiert nach Stockhammer 2014: 194). Bedenkenswert auch die Aussage (ebd. Bd. II: 193; zitiert nach Stockhammer 2014: 201): „Die Grammatik gibt der Sprache den nötigen Freiheitsgrad." Üblicherweise wird die Grammatik eher als Korsett der Sprache eingeschätzt.

24 Allerdings würde ich nicht so weit gehen, den Menschen so zu charakterisieren: „homo est animal grammaticum" also: „Der Mensch ist ein (oder das) grammatische(s) Lebewesen." (Martianus Capella „De nuptiis Philologiae et mercurii" § 349, nach Stockhammer 2014: 18). Sicher aber ist der Mensch ein kommunikatives Wesen, ein mehr als andere *animalia* auf Kommunikation angewiesenes Tier. Interessant sind in diesem Zusammenhang die Alternativen zur Kommunikation durch Sprache im herkömmlichen Sinne. Hier ist zum einen an die Gebärdensprachen zu denken, die von Gehörlosen gebraucht werden und die ebenso viel zu leisten vermögen wie Lautsprachen. Auf der anderen Seite bietet auch der experimentelle Einsatz von für die Hörer unverständlichen und wohl auch für die Sprecher und Schöpfer sinnlosen Schein-Sprachen die Gelegenheit, das mögliche Gelingen von Kommunikation ohne verständliche Sprache zu reflektieren. Die Theatergruppe «Talking Straight» praktizierte dies ab 2015 mit großem Erfolg unter anderem mit Darbietungen im Berliner Gorki-Theater. Dabei wurde Verständlichlichkeit – man versteht nicht, aber man versteht alles, hieß es – vor allem dadurch gesichert, dass hier ritualisierte Szenarien simuliert wurden, etwa eine Konferenz, ein Coaching-Seminar oder ein religiöses Ritual. Die produzierten Lautäußerungen seien in „einer erfundenen mitteleuropäischen Sprache oder in anderen zerstörten Sprachen" gehalten (vgl. http://www.gorki.de/de/ensemble/talking-straight).

25 So äußert sich der Spiegel (16/2017: 119) zu dem letzten Buch „Das Königreich der Sprache" (Original: „The Kingdom of Speech") des amerikanischen Autors Tom Wolfe wie folgt: „'Das Königreich der Sprache' beschäftigt sich mit der nicht sonderlich drängenden Frage, was Sprache ist und was Menschen befähigt, sprechen zu können." Schriftsteller selbst haben verständlicherweise mehr Respekt gegenüber ihrem Werkzeug, also der eigenen Sprache, oder auch gegenüber einer fremden Sprache. Man vergleiche folgende Bemerkung von Jonathan Franzen zum Deutschen: „Irgendetwas ist da mit euch. Eure Sprache hat eine solche Kraft – und es ist immer die Frage, ob es die Sprache ist, die die Menschen prägt, oder umgekehrt." (Spiegel 48/2014, Interview S. 120–123.)

26 Hier allerdings hinkt die Analogie zwischen Sprache und Lebewesen: Es gibt zwischen „Mutter"- und Tochtersprachen keine abrupte Ablösung, sondern fließende Übergänge.

27 Das Zitat aus Leibniz' Schrift „Neue Abhandlungen über den menschlichen Verstand" (1704: 384; zit. nach http://www.zeno.org/Philosophie/M/Leibniz,+Gottfried+Wilhelm/Neue+Abhandlungen+über+den+menschlichen+Verstand) lautet: „Man wird mit der Zeit alle Sprachen des Weltalls buchen, sie in Wörterbücher und Grammatiken bringen und miteinander vergleichen, was von sehr großem Nutzen sowohl zur Erkenntnis der Dinge sein wird […], als auch zur Erkenntnis unseres Geistes und der wunderbaren Mannigfaltigkeit seiner Verrichtungen."

28 Vgl. Trabant (2008: 21).

29 Vgl. Trabant (2008: 15). Auch Eugen Ruge stellt in einem Artikel in der ZEIT (28.03.2018, S. 50) die Frage „Verschwindet unsere Sprache?" und beantwortet sie mit folgender Aussage: „Ich kann es nicht ändern: Je länger ich über die Zukunft der deutschen Sprache in Zeiten der Globalisierung nachdenke, desto überzeugter werde ich, dass sie untergehen wird." Schuld gibt er den üblichen Verdächtigen: dem Kapitalismus, der „blinden Verehrung für die US-amerikanische Kultur", der „Katastrophe des Nazismus" mit seinen entstellenden Wirkungen auch auf die Sprache, dem Internet. Ich halte mich zurück mit schwarzen Szenarien dieser Art, und bin zuversichtlich, dass wir jedenfalls gegen „mangelnde Zuneigung ihrer Sprecher", die ein

weiterer negativer Faktor sei – sollte diese Diagnose überhaupt stimmen – durchaus alle etwas tun können.
30 Aktuell zum Thema sind z. B. Göttert (2013), Hinrichs (2013) und der Beitrag von Peter Eisenberg in dem Sammelband „Deutsche Akademie für Sprache und Dichtung und der Union der deutschen Akademien der Wissenschaften" (Hg.) (2013)". Lesenswert ist immer noch Zimmer (1998).

Anmerkungen zu Kapitel 2

1 Diese und weitere Zahlenangaben entnehme ich Klein (2013). Seine Darstellung der Probleme einer quantitativen Wortschatzbestimmung generell und der Entwicklung des deutschen Wortschatzes im letzten Jahrhundert ist sehr lesenswert.
2 Ebd.: 34.
3 *Internetabfrage* und *verlinken* werden in der „Wortwarte" von Lothar Lemnitzer, Berlin-Brandenburgische Akademie der Wissenschaften (vgl. http://www.wortwarte.de/Archiv/Datum/d000916.html) als Neuwörter von September 2000 genannt.
4 Vgl. Tomasello (2003: 43). Der Autor bestimmt den frühkindlichen Spracherwerb sozial-pragmatisch: Die Welt, in die das Kind hineingeboren werde, sei geprägt von Routinen, eingespielten Interaktionsmustern mit erkennbaren Szenarien und Rollenverteilungen. Das Kind selbst verfüge über die besondere Fähigkeit, sich in diese sozialen Spiele einzufügen, indem es durch einen mit dem Partner geteilten Fokus der Aufmerksamkeit der Intentionen des anderen gewahr wird und diese situationsgerecht zu verstehen lernt. Die sprachlichen Handlungen des Kindes lösen interaktionale Reaktionen des Partners aus, die das Kind in seinen Verstehensleistungen wie seinem eigenen verbalen und non-verbalen Handeln bestärken oder auch korrigieren können. Aus diesen frühen situationsspezifischen Äußerungsformen erst werde durch fortschreitende Schematisierung und natürlich durch das allmähliche Erlernen grammatischer Regeln der Erwachsenensprache die eigene Sprache des Kindes „konstruiert".
5 In der vierten Runde werden wir zeigen, dass selbst beim einfachen Zeigen-und-Benennen-Spiel sprachlich gehandelt wird. Die Etiketten „Bär" usw. sind in Wahrheit Quasiprädikate, mit denen das Charakterisieren und Kategorisieren eingeübt wird.
6 Für die Wiedergabe von Lauten existiert unter der Bezeichnung IPA ein eigenes Transkriptionssystem. Ich mache der Lesbarkeit halber keinen Gebrauch davon, sondern nutze die Orthografie. Dabei setze ich die Einheit in eckige Klammern, um anzudeuten, dass die entsprechende Lautfolge gemeint ist. Außerdem vereinfache ich erheblich. So ist beispielsweise statt von der Opposition zwischen langen und kurzen Vokalen von der zwischen gespannten (mit einer Muskelanspannung artikulierten) und ungespannten Vokalen als grundlegend auszugehen, die nur im Normalfall mit der zwischen Länge und Kürze gekoppelt ist.
7 In Stickel (Hg.) (2003) finden sich zahlreiche Einschätzungen der deutschen Sprache aus der Sicht „von außen", u. a. aus Frankreich, Finnland, Großbritannien und Indien.
8 Bei Tonsprachen wie dem Chinesischen mag man das etwas anders bewerten. Vgl. dazu Kapitel 1.
9 Vgl. Martinet (1949).
10 Vgl. Keller (1995: 113). Der Linguist Rudi Keller bietet mit seinem viel beachteten Buch „Zeichentheorie" eine gründliche, problemorientierte, aber sehr gut lesbare Einführung, an die ich hier und im Folgenden anschließe.

11 Ebd.
12 Ebd.: 124.
13 Ebd.: 158.
14 Vgl. Lewis (1969: 78).
15 Vgl. Quine (1960: 6f.).
16 Wittgenstein (1969, Bd. 4: 679 [Philosophische Grammatik 31.] sagt: „Die Sprache ist eben eine Ansammlung sehr verschiedener Werkzeuge. In diesem Werkzeugkasten ist ein Hammer, eine Säge, ein Maßstab, ein Lot, ein Leimtopf und der Leim. Viele dieser Werkzeuge sind miteinander durch Form und Gebrauch verwandt, man kann die Werkzeuge auch beiläufig in Gruppen nach ihrer Verwandtschaft einteilen, aber die Grenzen dieser Gruppen werden oft, mehr oder weniger, willkürlich sein; und es gibt verschiedenerlei Verwandtschaften, die sich durchkreuzen." Zu Beginn der „Philosophischen Untersuchungen" (1969, Bd. 1: 290) bringt er als Beispiel „die Verständigung eines Bauenden A mit einem Gehilfen B" bei einem Bau aus Würfel, Säulen, Platten und Balken. Die Bezeichnungen *Würfel, Säule* usw. verkörpern eine „vollständige primitive Sprache", insofern als durch Zuruf und Herbeibringen des entsprechenden Bausteins jedes Element seinen Zweck im Rahmen der Bau-Tätigkeit oder des Bau-Spiels erfüllt. Der Blick auf solche „primitiven Arten" der Verwendung, „in denen man den Zweck und das Funktionieren der Wörter klar übersehen kann", „zerstreut den Nebel", der bei allgemeinerer Betrachtung des Begriffs der Bedeutung entstehen könne (ebd: 291).
17 Wittgenstein (1969, Bd. 1: 456) [Philosophische Untersuchungen 569.].
18 Wittgenstein (1969, Bd. 1: 292) [Philosophische Untersuchungen 6.].
19 Bekannt geworden ist es vor allem in der Fassung von Ogden/Richards (1923).
20 Allerdings scheinen neuere Forschungen, die z. B. durch die Bücher von Peter Wohlleben auf intelligente Weise vermarktet werden, zumindest folgende Fragen zu provozieren: Können Pflanzen denken, fühlen, miteinander kommunizieren?
21 Pottier (1963).
22 Wer Denksport liebt: Im „Sprachreport" 3/2002 gibt es einen Artikel von Gereon Müller, der Parallelen zwischen der Straßenverkehrsordnung und grammatischen Regeln aufzeigt: In beiden Fällen handle es sich um „verletzbare" Regeln, die miteinander im „Wettbewerb" stehen. Die auf Wettbewerb gegründete linguistische „Optimalitätstheorie" wiederum, die hier anwenderfreundlich an den Mann und an die Frau gebracht wird, zeigt ähnlich wie der generelle Trend zum Darwinismus, dass linguistische Theoriebildung immer auch den Zeitgeist widerspiegelt.
23 Brandom (2001: 18). In der deutschen Übersetzung heißt es auf S. 25: „Pragmatische semantische Theorien entscheiden sich dagegen typischerweise für einen Top-down-Zugang, weil sie sich zuerst den *Gebrauch* von Begriffen ansehen. Und was tut man mit Begriffen? Man verwendet sie beim Urteilen und Handeln."
24 Bühler (1934: 28ff.).
25 Vgl. Pelc (1996: 1300): „Putting it more precisely, the use of something in the capacity of signal, the signalling use, is the use of something by someone to make the receiver behave in such-and-such a way or act in this or that manner."
26 Oft werden assertorische Äußerungen auch als ‚konstativ' bezeichnet. Auch ‚repräsentativ' wird ähnlich verwendet. Ich schließe mich im Folgenden an die jeweils in der Literatur gebrauchte Terminologie an.
27 *illocution* ist ein Kunstwort, das auf das lateinische Verb *loqui* ‚sprechen' zurückgeht, erweitert um das Präfix *il* (eine Variante von *in*). Die Bildung ist weder im klassischen Latein noch im Mittellatein belegt. Sie ist wohl als ‚(hin)einsprechen' zu interpretieren, d. h. das Präfix liegt in der Lesart ‚hinein, ein' vor, nicht in der ebenfalls möglichen Negations-Lesart ‚nicht, ohne,

un-'. Von letzterer macht Luther (Briefwechsel 14, 11) Gebrauch, wenn er die Wortschöpfung *illoquentia* prägt, mit der Bedeutung ‚Mangel an Eloquenz' (vgl. Hoven (1994).

28 Auf die verschiedenen Satzarten gehe ich in Kapitel 5 ausführlicher ein. Ein Aussagesatz wie *Ich suche* besteht nur aus dem Subjekt (als Satzglied 1) und dem finiten Verb; weitere Satzteile sind also nicht notwendigerweise vorhanden; daher die runden Klammern. Das Satzglied vor dem finiten Verb kann aus mehreren Wortformen bestehen; das wird hier durch eckige Klammern verdeutlicht.

29 Harras et al. (2004).

30 Searle (2015: 302).

31 Die genannten Bestimmungen bzgl. der Wort-auf-Welt-Ausrichtung von Sprechaktklassen finden sich bei Searle (ebd.: 303 f.).

32 König/Siemund (2007: 322).

33 Habermas (1981: 414).

34 Ebd.

35 Ebd.: 452. Habermas differenziert zwischen kommunikativem Handeln, das verständigungsorientiert ist und in dem Sprecher und Hörer jeweils über illokutive „kritisierbare" Geltungsansprüche Einverständnis erzielen, und strategischem Handeln, bei dem mittels geäußerter Illokutionen andere „nicht-deklarierte" (vgl. ebd.: 410) Ziele verfolgt werden. In der Sprechakttheorie spricht man hier seit Austin von Perlokutionen. Versprechungen können eingesetzt werden, um jemanden zu bestechen oder auch um jemanden aus tiefer Verzweiflung zu retten. „Fake news" sind ein Paradebeispiel für konstative Sprechakte, bei denen es nicht auf die Illokution ankommt, sondern die Perlokution: Die Adressaten sollen getäuscht werden, also die Unwahrheit für wahr halten. Es gibt eine intensive Diskussion über die Bestimmung des Konzepts Perlokution und die Abgrenzung zwischen Illokution und Perlokution, auf die wir hier nicht eingehen; vgl. zusammenfassend Harras (2004: 137 f.).

36 Ferraris (2015: 56).

37 Eco (2015. 45).

38 Paradigmenwechsel ist ein zentraler Begriff in dem einflussreichen Buch von Thomas S. Kuhn (1962).

39 Ferraris (2015: 57).

40 Haack (2015: 87).

41 Ebd.: 88.

42 Ferraris (2015: 69).

43 Gabriel (2015: 193 f.).

44 Benoist (2015: 138).

45 Man vgl. dazu die 12. Vorlesung in Tugendhat (1979: 197–210). Zum von Tomasello so benannten „Zeigen-und-Benennen-Spiel" vgl. weiter oben, zu Beginn des Kapitels, sowie Anmerkung 4.

46 Möglicherweise versteht das Kind den Gattungsnamen *Bär* sogar zunächst fälschlich als Eigennamen seines Teddys. Der heißt dann eben aus seiner Sicht nicht Puh oder Peter, sondern Bär.

47 Vgl. Berlin et al. (1973).

48 Allerdings ist hier wie bei anderen populären Aussagen über „exotische" Sprachen Vorsicht angebracht: Die angeblich bis zu 100 unterschiedlichen Wörter für ‚Schnee' im grönländischen Inuktitut mögen in Wirklichkeit zum großen Teil Erweiterungen zu einer gemeinsamen Wurzel sein und damit auch konzeptuell als Unterbegriffe wie ‚fallender Schnee', ‚driftender Schnee' zu einem gegebenenfalls generischen Begriff ‚Schnee' erscheinen. Ähnlich wie wir im Deutschen zwischen Pulverschnee, Neuschnee oder Altschnee usw. unterscheiden. In der ‚polysynthetischen'

Sprache der Inuit werden Wurzeln mit anderen signifikativen Einheiten zu Komplexen ausgebaut, die in unseren Sprachen ganzen Nominalphrasen oder gar Sätzen entsprechen.
49 Dies wird ausgeführt in Plank (2007). Eine Hierarchie der Namenswürdigkeit mit speziellem Bezug auf Deutsch, Englisch, Französisch, Polnisch und Ungarisch wird in Gunkel et al. (2017: 483–490) aufgestellt.
50 Vgl. dazu Sasse (1991); die mit verdeutlichenden Glossen in Englisch und „Referenzpfeilen" versehene Äußerung, die ich hier wiedergebe, findet sich ebd. S. 84.
51 Dies wird in Kapitel 3 näher ausgeführt.

Anmerkungen zu Kapitel 3

1 Vgl. Dahl/Velupillai (2013a, b).
2 Nach Dahl/Velupillai (2013a) fehlt Tempus – im Sinne des Vorhandenseins von Vergangenheits- und Futurtempora – etwa in den isolierenden Sprachen Südostasiens, als z. B. in Mandarin, Burmesisch, Thai oder Tagalog. Zu Tempus versus Aspekt im Altgriechischen Marcolongo (2017), Kapitel „Wann, jemals, niemals. Der Aspekt".
3 Vgl. das gleichnamige Goethe-Gedicht aus dem „West-östlichen Diwan", Buch des Sängers.
4 Vgl. ZEIT vom 20.08.2020.
5 Vgl. Manuskript zur Hörfunksendung „Die teilende Gesellschaft (11/12). Die Utopie vom Teilen" (SWR2-Wissen, 7. Oktober 2017, S. 4). Man kann das Futurperfekt sogar als Tempus der Utopie betrachten: „Aus der Geschichte lernen lässt sich nur im Modus des Futur zwei: Wir verstehen die Vergangenheit nur, wenn wir versuchen, unsere Gegenwart gleichsam aus der Zukunft zu betrachten. Mit dem kommunistischen, dem utopischen Blick" (Theatermacher Milo Rau, in ZEIT vom 19.10.2017).
6 So heißt es im Online-Informationssystem ProGr@mm des IDS (https://grammis.ids-mannheim.de/progr@mm/5254). In der Varianten-Grammatik (http://mediawiki.ids-mannheim.de/VarGra/index.php/Doppelte_Perfekt-_und_Plusquamperfektbildungen) wird darauf hingewiesen, dass „Doppelperfekt und Doppelplusquamperfektformen mit *sein*" (wie in *Er ist in der Schule geblieben gewesen*) nicht nachzuweisen seien.
7 Gehört am 28.10. 2018 in SWR2-Matinee.
8 Das Zitat entstammt der im Prolog des Polit-Krimis geschilderten Szene, bei der drei südafrikanische Buren im Jahr 1918 zu einem später als historisch eingeschätzten Treffen zusammenkommen, und findet sich jeweils auf Seite 16 der deutschen, S. 18 der französischen und S. 13 der polnischen Übersetzung des Romans.
9 Vgl. ZEIT vom 11. 10. 2018.
10 Meine Gewährsfrau für das Polnische meint, die Übersetzung klinge leicht archaisch. Man konstruiere *zawołać* heute meinst ohne Präposition. Auch im Deutschen sagt man ja statt *nach dem Kellner rufen* auch einfach *den Kellner rufen*.
11 Welcher Ausdrucksreichtum hier mit geringstem Aufwand erreicht wird, zeigt noch folgende Komplikation: *wypić* hat ebenfalls eine imperfektive Form: *wypijać*. Auch sie würde man mithilfe von ‚austrinken' umschreiben. Aber anders als bei *dopijać* geht es dann um potenzielle Iterativität, also Wiederholbarkeit: *Wypijam codziennie trzy kawy* ‚Ich trinke jeden Tag drei Kaffees aus'.

12 Das Beispiel entstammt einer „Zwiebelfisch"-Kolumne von Bastian Sick, die unter dem Titel „Wie die Sprache am Rhein am Verlaufen ist" am 14.04.2005 in Spiegel-Online veröffentlicht wurde. Zur Ausbreitung dieser Form finden sich zwei Karten im „Atlas zur deutschen Alltagssprache" (http://www.atlas-alltagssprache.de/runde-2/f18a-b/). Daraus geht hervor, dass die Form nicht nur im Kölner Raum und im Ruhrpott, sondern auch in der Schweiz seit langem üblich ist.
13 Dieses kleine Wörterbuch ist Teil des Online-Wörterbuchportals OWID des IDS, vgl. http://www.owid.de/wb/progdb/start.html. Es beruht auf Auswertungen aus DeReKo, Archiv der geschriebenen Sprache.
14 Grimm (1870: 956, Anm.).
15 „passen" bzw. „nicht passen" sind ablesbar daran, dass wir in (nicht entlehnten) Wörtern des Deutschen die Verbindung [o] + Nasal + Konsonant kaum vorfinden, wohl aber [u] + Nasal + Konsonant. So ist *blond* eine Entlehnung aus dem Altfranzösischen, *Mond* ist eine Vermischung aus mhd. *mōn(e)* und mhd. *mānōt* ‚Monat' und erst im 17. Jahrhundert üblich geworden. Man vgl. zu [u] versus [o] und zu weiteren Einsichten in die Systematik des deutschen Ablauts Wiese (2008).
16 Vgl. Duden-Grammatik (2016: 458).
17 Zu *reuen* usw. vgl. Paul (1917: 209), zu *bellen* vgl. ebd.: 218.
18 Vgl. Duden-Grammatik (2016: 494–505).
19 Paul (1917: 254).
20 Ebd.: 257.
21 Ebd.: 255.
22 Vgl. Variantengrammatik http://mediawiki.ids-mannheim.de/VarGra/index.php/Verbalflexion_im_Präteritum.
23 Starckdeutsch geht auf den deutschen Poeten Matthias Koeppel zurück, der seit 1972 vor allem mit Gedichten in dieser Kunstsprache an die Öffentlichkeit trat. Neben „exzessiver Ablautung" (wie es in Wikipedia heißt) tragen auch Konsonantenverdoppelung und inhaltliche Anklänge an frühere Sprachepochen zur heiter-parodistischen Wirkung bei, besonders bei mündlichem Vortrag. Die Beispiele für „Verbstärkung" entstammen einer am 24. August 2015 aufgesuchten, inzwischen gelöschten Internetseite.
24 Quirk et al. (1985: 105–114).
25 Vgl. Biber et al. (2004: 396).
26 Vgl. Haspelmath (2002: 23).
27 Vgl. Abu-Chacra (2007: 130).
28 In verschiedenen bairischen und fränkischen Dialekten gibt es noch eigene Formen für Konjunktiv 2 auch bei schwachen Verben. Dabei wird ein Suffix *-ad* angehängt wie z. B. in *I moanad scho* ‚ich meinte schon / würde schon meinen'.
29 Paul (1917: 213).
30 Zu Beginn des 4. Kapitels des 1. Teils heißt es: „Wenn es aber Wirklichkeitssinn gibt, und niemand wird bezweifeln, daß er seine Daseinsberechtigung hat, dann muß es auch etwas geben, das man Möglichkeitssinn nennen kann. Wer ihn besitzt, sagt beispielsweise nicht: Hier ist dies oder das geschehen, wird geschehen, muß geschehen; sondern er erfindet: Hier könnte, sollte oder müßte geschehn [. . .]."
31 Diese Bibelübersetzung geht auf den Schweizer Prediger Franz Eugen Schlachter zurück. Sie wird in Wikipedia so charakterisiert „Schlachter gelang es, so zu formulieren, dass man den Sinn einer biblischen Aussage problemlos in normalem, aber gehobenem Deutsch erfassen konnte."

32 Diese wurden „beschlossen von der Kommission für wissenschaftlich begründete Sprachpflege des Instituts für deutsche Sprache" und beruhen auf der wissenschaftlichen Auswertung von belletristischen und Zeitungstexten. Sie stammen allerdings schon aus dem Jahr 1973. Zugänglich sind sie unter https://ids-pub.bsz-bw.de/frontdoor/index/index/docId/1209.
33 Quirk et al. (1985: 1027).
34 Vgl. Kenesei et al. (1998: 311f.): "The imperative forms are used in genuine imperative constructions, in indirect commands, in first person plural suggestions (the equivalent of English 'let's' phrases), in the equivalent of 'let somebody do something' phrases together with *hadd* 'let (2SG imperative)', in first person questions asking for suggestions (the equivalent of English 'shall I/we ... ?'), and in subordinate clauses of purpose."
35 Das Bild mit dem Ball haben meine Tochter und ich gemacht. Das Bild der Szene am Bahnhof geht auf Aufnahmen zu dem von Christiane v. Stutterheim (Universität Heidelberg) geleiteten Projekt „Event construal under a cross-linguistic perspective" zurück. Der Abdruck erfolgt mit Zustimmung der Projektleiterin.
36 Die Belege aus DeReKo sind Engelberg (2009) entnommen.
37 Erstere Auffassung, also weitgehende Unabhängigkeit von konzeptueller und sprachlicher Ordnung wird vertreten in Kelter/Kaup (2013: 2795), während aufgrund von Evidenzen zum Tschechischen Mertins (2018) eher die andere Position vertritt. Vgl. dazu auch das Interview mit dieser Autorin, noch unter dem Namen Schmiedtova aus dem Jahr 2008, gelesen unter https://www.deutschlandfunk.de/sprache-beeinflusst-das-sehen.1148.de.html?dram:article_id=180144, eingesehen am 29.06.2020.
38 So ausgeführt in dem Beitrag „Einsame Elektronenpaare. Animismen im Chemieunterricht" (SWR2-Aula, 2. März 2008, 8.30 Uhr), Manuskript S. 3.
39 Andere Tötungsarten, ob nun von fremder oder eigener Hand, wie Erschießen, Erhängen oder Ersticken werden zwar in aller Regel intentional vollzogen. Es gibt jedoch nach Korpus-Befunden auch versehentliche Ausführung.
40 Die Unterscheidung zwischen Mord und Totschlag wird im StGB an besonderen Mordmerkmalen festgemacht, die in ihrer Schwere über den bloßen Tötungsvorsatz hinausgehen. Dazu gehören: besonders niedrige Beweggründe, eine verwerfliche Begehungsweise oder die Zielsetzung der Ermöglichung einer weiteren Straftat.
41 So wird bei dem Eintrag zu *sitzen* in DWDS (vgl. https://www.dwds.de/wb/sitzen) unter anderem die Bedeutung ‚eine bestimmte Körperhaltung innehaben' (von Personen und Tieren) unterschieden neben der Bedeutung ‚sich an einem bestimmten Ort befinden' (von Sachen) wie bei „Allüberall auf den Tannenspitzen / sah ich goldene Lichtlein sitzen" (Gedicht von Theodor Storm).
42 Vgl. Ágel (2017: 5–7).
43 Diewald/Steinhauer (2017: 60).
44 „Seit 5 Uhr 45 wird zurückgeschossen" sagte Hitler am 1. September 1939 in einer Rede zu Beginn des Zweiten Weltkriegs. „Es wird gestorben, wo immer auch gelebt wird" ist der Titel eines Buches der Autorin Karin Rohnstock mit autobiografischen Berichten alter Menschen (entnommen „Berliner Zeitung" vom 21.04.2007).
45 Vgl. Engel et al. (1999: 653).
46 Die Beispiele gehen auf König/Gast (2018: 155–157) zurück.
47 Vgl. König/Gast (2018: 154).
48 So in König/Gast (2018: 160).
49 Der Soziologe Hartmut Rosa mahnt gar ein verändertes „mediopasssives" Welt- und Naturverhältnis an, „eines, in dem menschliche Akteure mit dem, was sie als Natur erfahren, in

einem anhaltenden, dynamischen Antwortverhältnis verbunden sind: Sie formen es, und sie werden durch es geformt – so dass sich das Wesentliche in einem fortwährenden Austauschprozess dazwischen ereignet" (ZEIT vom 11.07.2019, S. 39). Harald Welzer, ebenfalls medienaktiver Soziologe, steht (vgl. den „Gegenrede"-Artikel ebd.) der Einführung „eines weiteren unpraktischen Begriffs wie >>mediopassiv<<" hingegen kritisch gegenüber.

50 Vgl. Giacalone Ramat (2017: 150).

51 Heute wird in der Nachfolge der Valenztheorie oft von ‚Komplementen' oder auch ‚Ergänzungen' gesprochen, wenn es um die vom Verb geforderten Satzglieder bzw. die „Fundamentalrelationen" (Stolz 2000: 1) geht. Im Sprachvergleich ist aber die alte Begrifflichkeit im Sinne einer Unterscheidung von Subjekt, direktem und indirektem Objekt (neben anderen Objekten wie dem Präpositionalobjekt) sinnvoller, weil nicht auf die unterschiedlichen formalen Ausprägungen abgehoben wird, sondern den funktionalen Status. Im Deutschen ist z. B. das indirekte Objekt ein Dativkomplement / Dativobjekt, im Englischen gibt es aber keinen Dativ, wohl aber ein indirektes Objekt. Ich spreche aber auch allgemein von Komplementen, zu denen eben nicht nur Subjekt und Objekte gehören, sondern daneben auch, wie gezeigt wird, Adverbial- und Prädikativkomplemente.

52 ‚Adposition' ist der Oberbegriff für ‚Prä-' und ‚Postposition'. Im Deutschen kennen wir nur ausnahmsweise Postpositionen (wie *zuliebe* in *den Kindern zuliebe*) oder Adpositionen, die vor und hinter ihr Komplement gestellt werden (wie *wegen* in *wegen schlechten Wetters / des schlechten Wetters wegen*). Das Ungarische kennt ausschließlich Postpositionen.

53 Oft gibt es allerdings mehrere Entsprechungen für ein deutsches Verb, und dabei können auch die Valenzmuster verschieden sein. So ist deutsch *verärgern* oft eher durch polnisch *denerwować* wiederzugeben. Und für *anrufen* gibt es im Ungarischen auch das Verb *felhív*. In beiden Fällen steht wie im Deutschen der Akkusativ.

54 Vgl. dazu Stolz (2000: 3 f.).

55 Vgl. dazu Comrie (2013). Dort wird auch das Baskische als ‚aktive', nicht wie üblich als ergativische Sprache eingeordnet. Zudem rechnet Comrie Englisch und Französisch einem ‚neutralen' Typ zu, weil sie bei substantivischen Nominalphrasen keine Kasusunterscheidungen mehr haben. Nur bei pronominaler Realisierung gehörten sie noch dem akkusativischen Muster an.

Anmerkungen zu Kapitel 4

1 Vgl. dazu Lötscher (2016: 381). Es handelt sich um ein Zitat aus einer Veröffentlichung des Bundesministeriums für Arbeit und Soziales mit dem Titel: „Lebenslagen in Deutschland. Der vierte Armuts- und Reichtumsbericht der Bundesregierung" auf S. 73.

2 Eine Umformulierung könnte so aussehen: „Maßnahmen, die verhindern, dass das Wohl von Kleinkindern gefährdet wird, kosten jeweils sehr viel weniger, als wenn eingeschritten werden muss, sobald tatsächlich das Wohl von Kindern im Kindergartenalter oder im Schulalter gefährdet wurde."

3 Sprachstile sind an Individuen, Gruppen und Zeiten, vor allem aber an Gattungen des Sprachgebrauchs gebunden. Sie gelten nicht für die Sprache als solche. Der Sprachstil, mit dem uns politische Nachrichten über die Medien vermittelt werden, unterscheidet sich erheblich vom Stil eines Privatbriefs oder gar einer WhatsApp-Nachricht. Aber auch der Stil, in dem die Nachrichten in der „Süddeutschen" gehalten sind, weicht ab von dem der FAZ oder der BILD-Zeitung. Auch für den Stil deutschsprachiger wissenschaftlicher Texte mag es gemeinsame Tendenzen

geben – wie eben ein vergleichsweise ausgeprägter Hang zu komplexen attributsreichen Nominalphrasen; aber auch die Fachrichtung und der individuelle Stilwillen sind zu berücksichtigen. Lötscher (2016) gibt einen Überblick zur Entwicklung von Textstilen im Deutschen seit dem 17. Jahrhundert. Im Wesentlichen sieht er folgende Hypothese bestätigt (ebd.: 354): „So werden Tendenzen beobachtet, dass vom 18. zum 21. Jahrhundert einerseits die Komplexität des Satzbaus abgenommen und umgekehrt die Häufigkeit und Komplexität von Nominalgruppen in den letzten hundert oder zweihundert Jahren zugenommen haben." Neuerdings gibt es Ansätze zu einer gegenläufigen Entwicklung, vgl. dazu z. B. Eichinger (2005): Mit der Annäherung der „abgehobenen" Ausdrucksformen an einen normaleren, dem Gesprochenen näheren Sprachgebrauch ist wohl auch teilweise der deutsche Nominalstil abgemildert worden.
4 Zu dem komplizierten Kongruenzsystem in der deutschen Nominalgruppe vergleiche Gunkel et al. (2017: 1283 ff.).
5 Der erste ist Titel eines Märchens von Hans Christian Andersen, der zweite Titel eines Bühnenstücks des amerikanischen Dramatikers Eugene O'Neill. In beiden Fällen war der Originaltitel Vorbild für die Konstruktion. Auf Dänisch heißt das Märchen: „Keiserens nye Klæder". Das Wort *keiserens* besteht aus dem Stamm *keiser* + dem Suffix *-en* für den definiten Artikel + *-s* für den Genitiv. Der englische Titel des Dramas lautet: „Long Day's Journey into Night".
6 Vgl. Gunkel et al. (2017: 1819 f.).
7 So das orthografisch etwas eigenwillige Originalzitat aus Twains humorvollem Essay „The awful German language"; vgl. Twain (1880: 604).
8 Vergleichbares gilt auch auf der Ebene des Satzes, wenn z. B. ziemlich weit vorn ein Hilfsverb und ganz am Ende erst eine Form des Vollverbs, also des Hauptinformationsträgers, stehen. Vgl. dazu Kapitel 5. In Twains Marlitt-Zitat kommen beide Momente zusammen: das Warten auf den Kern der Nominalphrase und das Warten auf das Verb.
9 Bereits an dieser Stelle sind Einschränkungen zu machen. Es gibt einige wenige Substantive, die auf der Ebene des Standarddeutschen ein „schwankendes" Genus haben wie etwa *der/die Abscheu* oder *der/das Tüpfel* (vgl. Duden 2016: 220–246). Daneben kann das Genus eines Substantivs in Dialekten anders sein als das standardsprachlich gültige. In meinem südrheinpfälzischen Dialekt heißt es z. B. *der Butter, der Radio, das Limo* und *die Bach*. Wir sagen *der Schneck* anstelle von *die Schnecke* und *der Schurz* anstatt *die Schürze* und folgen damit dem formalen Muster, dass zweisilbige Wörter auf *-e* im Allgemeinen Feminina sind, einsilbige, die auf (mehrere) Konsonant(en) enden, eher Maskulina: Auch kann sich das Genus im Laufe der Sprachgeschichte ändern. So geschehen z. B. bei *Verkehr*, bis zum 18. Jahrhundert Neutrum, heute Maskulinum (vgl. Paul 1917: 69). Typisch sind auch heute noch Genusschwankungen bei Übernahmen aus anderen Sprachen, vor allem aus dem genuslosen Englischen: *die E-Mail* neben *das E-Mail, der/das Event, der/das Level*. Zu diesen und weiteren Beispielen und der jeweiligen arealen Verteilung im deutschen Sprachraum vgl. die einschlägigen Artikel in der „Variantengrammatik" (http://mediawiki.ids-mannheim.de/VarGra/index.php/Start). Bei der auf das Lateinische zurückgehenden Bezeichnung *Triangel* (das bekannte Musikinstrument) sind alle drei Genera möglich. Dabei ist dann auch jeweils nach den genuskonformen Deklinationsklassen zu verfahren, also bei Maskulinum oder Neutrum: *des Triangels* (Genitiv), *die Triangel* (Plural), bei Femininum: *der Triangel* (Genitiv), *die Triangeln* (Plural). Kein Fall von Genusschwankung dagegen ist es, wenn wie bei *der/das Gehalt* oder *der/das Verdienst* mit dem Genusunterschied eine andere Inhaltsseite des Sprachzeichens gegeben ist und damit nach Saussure überhaupt ein anderes Zeichen vorliegt.
10 Vgl. Stockhammer (2014: 403).
11 Vgl. Szczepaniak (2011: 356).

12 Vgl. Fuhrhop (2005: 54). Dazu wurden verschiedene Experimente durchgeführt. So kann mithilfe des so genannten ‚eye-tracking', also dem Nachverfolgen der Augenbewegungen beim Lesen, ermittelt werden, dass Leser minimal länger als bei anderen Einheiten bei den groß geschriebenen Substantiven verweilen, um dann umso rascher die ganze Phrase visuell und mental zu erfassen. Fuhrhop (ebd.) verweist auf ein solches Experiment, das zeigte, dass selbst niederländische Leser einen niederländischen Text mit für sie ganz unvertrauter Substantivgroßschreibung schneller erfassten als mit der der niederländischen Norm entsprechenden Kleinschreibung.
13 Vgl. Fuhrhop (ebd.: 45–55).
14 In Heinrich von Kleists Erzählung „Das Erdbeben von Chili" heißt es gegen Ende über Don Fernando, der sich einer entfesselten Menge entgegenstellt: „Mit jedem Hiebe **wetterstrahlte** er einen zu Boden; ein Löwe wehrt sich nicht besser."
15 Zum ‚mittleren Einkommen' bzw. ‚Medianeinkommen' heißt es: „Das deutsche Medianeinkommen – auch als mittleres Einkommen bezeichnet – ist im Unterschied zum Durchschnittseinkommen das Einkommen derjenigen Person, die genau in der Mitte stünde, wenn sich alle Personen in Deutschland mit ihren Einkommen in einer Reihe aufstellen würden. Personen zur Rechten dieser mittleren Person würden mehr als das Medianeinkommen dieser Person verdienen; Personen zur Linken würden weniger als das Medianeinkommen dieser Person verdienen." (vgl. http://www.armut.de/armut-in-deutschland_berechnung-der-armut.php, recherchiert am 05.03.2019). Menschen sind im Sinne offizieller Statistiken dann arm, wenn sie über weniger als 60 Prozent des mittleren Einkommens verfügen. Zugrunde liegt dabei „das gesamte Nettoeinkommen des Haushaltes, inklusive Wohngeld, Kindergeld, Kinderzuschlag, andere Transferleistungen oder sonstige Zuwendungen" (vgl. zeit-online vom 02.03.2017). Wie in diesem Artikel vermerkt, ist aber auch dieser Maßstab umstritten.
16 Bei *gern* oder auch bei *sehr* (mit *mehr*, *am meisten*) erfolgt die Steigerung durch Rückgriff auf Ersatzformen. Dies sollte aber kein Grund sein, sie auszuschließen. Ersatz oder ‚Suppletion' kommt gerade bei besonders häufig gebrauchten Wörtern vor, zumal bei Adjektiven. Man denke etwa an die Steigerung von *gut* mit *besser*, *am besten* oder an englisch *good*, *better*, *best* oder *bad*, *worse*, *worst*.
17 Martin Mosebach „Der Nebelfürst", S. 200 f. (Roman, Rowohlt Taschenbuchverlag Reinbek 2018). Man vergleiche dazu auch den Beitrag von Strecker (2020), der Komparierbarkeit als semantische, nicht als grammatische Eigenschaft betrachtet. Sein Beitrag beginnt so (ebd.: 48): „Wer tot ist, könnte toter nicht sein. Eine Steigerung ist bei diesem Zustand sachlich ausgeschlossen. Doch heißt das auch, dass die Bildung der Komparativform *toter* (auch: *töter*) als ungrammatisch gelten kann? Gewiss nicht, denn, wäre dies so, dann müsste schon die einleitende Feststellung als fehlerhaft gelten."
18 Auch die Verbindung mit solchen Intensitätspartikeln gilt nicht für alle Adjektive: Nur komparierbare lassen in der Regel auch diese Partikeln zu, denn beide Möglichkeiten beruhen auf dem Merkmal der Graduierbarkeit. Auch Relationsadjektive können weder kompariert noch mit Intensitätspartikeln verknüpft werden. Gelingen oder Scheitern dieser Verfahren kann daher auch als Test dienen: In *eine sehr fürstliche Residenz* hat *fürstlich* eindeutig eine Eigenschaftslesart.
19 Das englische Adjektiv *quiet* geht ebenfalls auf *quietus* zurück, hat aber dessen Bedeutung beibehalten.
20 Der Knacklauf bzw. ‚Glottisschlag' entsteht durch die plötzliche Lösung des Verschlusses der Stimmlippen im Kehlkopf. Er ist charakteristisch für die Aussprache von Wörtern, die in der Schrift mit Vokal beginnen, wie *Uhr*, *Ostern* oder *Amsel*. Er dürfte vor allem Sprechern von

Sprachen auffallen, in denen Wörter tatsächlich mit Vokal anlauten können, vgl. z. B. ital. *uomo* ‚Mensch'. Der Knacklaut tritt auch im Wortinnern auf, z. B. in *Poet*, oder eben *Hiat(us)*. Zwischen zwei unbetonten Silben wie in *rosa-es* ist er aber nicht regelkonform.
21 Von den nahezu 165.000 Belegen in DeReKo für das Wort *kaputt*, also alle zugehörigen Wortformen, sind immerhin ca. 42.500 flektiert (recherchiert am 08.03.2019). Zum Vergleich: Bei *intakt* sind von 89.000 Vorkommen ca. 50.000 flektiert. Auch in Duden (2016: 365) wird flektiertes *kaputt* neben flektierten Formen von *fit* und *tipptopp* als in der Umgangssprache gebräuchlich erwähnt.
22 Allerdings gilt auch der Ausschluss von prädikativem Vorkommen nicht uneingeschränkt. So findet man: „Wir sind ein Tierheim des Tierschutzvereins Neuwied und Umgebung e.V. und nicht städtisch" (Rhein-Zeitung vom 25.01.2007). Hier verstehen wir „nicht städtisch" als Verkürzung für „nicht ein städtisches Tierheim".
23 Vgl. dazu Christian Lehmann „Romanische Sprachgeschichte". https://www.christianlehmann.eu/ling/sprachen/indogermania/RomGesch/index.html?https://www.christianlehmann.eu/ling/sp.
24 Vgl. Gil (2013).
25 Bei Seneca heißt es: „Nemo sine vitio est."
26 Nach Paul (1919: 147) geht *jemand* auf mittelhochdeutsch *ie + man* zurück, *etwas* auf mittelhochdeutsch *ete + waz*. *ie* ist eine Partikel, die in unserem *je* weiterlebt, das Indefinitum *ete* oder *ette* haben wir auch noch in *etlich(e)*. Zu den verschiedenen Reihen oder „Serien" von Indefinitpronomina vgl. auch Haspelmath (1997) sowie Gunkel et al. (2017: 743–748). Im Deutschen gebrauchen wir für die Serienbildung, in die auch Adverbien einbezogen sind, in der Regel die Fragepronomina: *irgendwer/was, irgendwann, irgendwie, irgendwo*. Im Englischen haben wir neben den Substantiven *body, thing, time* im adverbialen Bereich auch Fragewörter als zweiten Bestandteil: z. B. *somehow, somewhere* (neben amerikanisch: *someplace*): Im Französischen kommt das Substantiv *part* in der Verbindung *quelque part* ‚irgendwo' vor. Üblicherweise wird hier aber für diese Beliebigkeits-Pronomina und -Adverbien die Umschreibung mit *n'importe* (‚kommt nicht drauf an') + *qui / quoi* oder Adverb gebraucht, wie in *n'importe qui* ‚irgendwer', *n'importe quoi* ‚irgendwas', ‚*n'importe quand* ‚irgendwann' oder *n'importe où* ‚irgendwo'.
27 Vergleiche Gunkel et al. (2017: 1251).
28 Einige wenige Substantive schwanken zwischen dem Normalplural und einer markierteren Form, vor allem Neutra mit dem markierteren Plural auf -er: So hat *Denkmal* einerseits den Normalplural *Denkmale*, aber auch die Form *Denkmäler*. Neben *die Joche* (zu *das Joch*) findet sich *die Jöcher*, etwa wo von den Passwegen über die Alpen die Rede ist (vgl. https://www.kronplatz.com/de/sommer/wandern/die+wege+über+die+jöcher_tour-17086336, recherchiert am 10.02.2020). Bei Maskulina werden ältere *er*-Plurale meist durch den Normalplural auf *-e* verdrängt. Immerhin finden sich für *Örter* noch eine ganze Reihe von Belegen in DeReKo. Gelegentlich hat oder verstärkt der *er*-Plural auch eine (nicht immer ernst gemeinte) herabsetzende oder altertümelnde Note wie etwa bei *Bösewichter* gegenüber *Bösewichte* und *Hundsfötter* versus *Hundsfotte*. In Wilhelm Buschs „Max und Moritz" heißt es etwa: „Her damit! – Und in den Trichter / Schüttelt er die Bösewichter."
29 Im Ungarischen wie auch im Türkischen gilt die so genannte Vokalharmonie. So ändern sich die Vokale des ungarischen Pluralsuffixes Vokal + *k* und des Dativsuffixes *-nek/-nak* in Abhängigkeit vom Vokalismus des Substantivstammes. Zum *-e* in *gyerek* harmoniert wiederum ein *-e* in den Suffixen, zu einem „dunkleren" Vokalismus wie in *haz* ‚Haus' lautet die vokalharmonische Suffigierung so: *haz-ak-nak*. Vokalharmonie ist nicht auf die finno-ugrischen Sprachen (mit Finnisch, Ungarisch, Estnisch, Samisch) und die Turksprachen beschränkt, sondern in Spra-

chen des afrikanischen Kontinents weit verbreitet. Im Ungarischen wie im Finnischen kann zudem noch ein Possessivsuffix, etwa um *meinen Kindern* wiederzugeben, und ggf. weitere Suffixe vor das Endsuffix für den Kasus eingefügt werden.

30 Über weitere Facetten der flexivischen Kooperation und die besonderen Probleme, die wir mit dem (attributiven) Genitiv im Deutschen haben, informiert das Kapitel zur Nominalflexion in Gunkel et al. (2017).

31 Vgl. Corbett (2013a, b). Danach haben 50 Sprachen des Samples zwei Genera. Sprachen mit drei Genera (wie die indoeuropäische Sprachfamilie zunächst ausgelegt ist) gibt es 26, mit vier Genera 12, 24 Sprachen haben mehr als vier Genera.

32 Vgl. Nübling (2018: 47 f.).

33 Ebd.: 48.

34 Der Status des Gendersternchens ist umstritten. Kann es als sprachliches Zeichen oder als Teil eines sprachlichen Zeichens, eines Morphems, interpretiert werden? Oder hat es metasprachlichen Charakter (als Symptom einer Haltung oder Appell an den Adressaten)? Wie ist seine lautliche Realisierung als Knacklaut (vgl. Anm. 20) zu bewerten? Vgl. dazu Zifonun (2018).

35 Vgl. Doleschal (2002).

36 Vgl. dazu Drewnowska-Vargáné/Zifonun (2019).

37 Vgl. Kotthoff/Nübling (2018: 116).

38 In Kotthoff/Nübling (2018), Kapitel 5, wird eine ganze Reihe solcher Experimente vorgestellt. Dabei wird in der Regel mit Fortsetzungstests gearbeitet. Die Testpersonen werden gebeten, Texte, die generische Maskulina enthalten, entweder aktiv mit einer eindeutig nur männlich oder weiblich beziehbaren Teilmengenbezeichnung fortzusetzen oder eine solche Fortsetzung zu bewerten. Etwa nach folgendem Muster: „Die Professoren bla bla bla. Zwei der Frauen / der Männer bla bla bla." Entscheidend ist jeweils die Reaktionszeit. Vereinfacht gesagt: Vergleichsweise höhere Reaktionszeiten bei „weiblicher" Fortsetzung deuten auf die Existenz eines männlichen Bildes im Kopf hin.

39 Vgl. den von der Forschergruppe von Gygax et al. durchgeführten Test, beschrieben in Kotthoff/Nübling (2018: 108–111).

40 Auch die in jüngster Zeit zu beobachtende verstärkte Einbeziehung des „Framings" in die sprachwissenschaftliche Text- und Diskursanalyse sollte kritisch reflektiert werden. Der von der kognitiven Linguistin Elisabeth Wehling medienwirksam verbreitete Ansatz beschäftigt sich mit der unterschwelligen, durch eine bestimmte „Rahmensetzung" in Form von Metaphern, positiv oder negativ besetzten Schlagwörtern oder anderen Formen der „Verpackung" bewirkten Aufbereitung von politischen oder gesellschaftlichen Themen und Problemstellungen und der damit erreichten manipulativen Wirkung bei den Rezipienten. Der aus der linguistischen Sprachkritik (vgl. z. B. Heringer/Wimmer 2015) längst bekannte zugrunde liegende Tatbestand wird hier eher als hinzunehmender und ggf. für die eigenen Zwecke zu nutzender psycho-sozialer „Mechanismus" verstanden denn als der kritischen Auseinandersetzung zugängliches Handeln auf Seiten der Sprecher und der Adressaten.

41 Vgl. dazu Zifonun (2018).

42 Bei Goethe heißt es: „Amerika, du hast es besser Als unser Kontinent, das alte, Hast keine verfallene Schlösser Und keine Basalte." (Goethe gebraucht hier wie auch an einer anderen Belegstelle in DeReKo *Kontinent* mit neutralem Genus.)

43 Vgl. Huddleston et al. (2002: 492).

44 Vgl. dazu Drewnowska-Vargáné/Zifonun (2019).

45 *Ewigkeiten* kommt meist in Kollokationen wie *seit Ewigkeiten* oder *Das dauert Ewigkeiten* vor. Hier handelt es sich eindeutig um ‚Abundanzplurale', also Pluralformen zum Ausdruck

des Überflusses bzw. der Übertreibung, bei denen wir nicht wirklich von mehreren Einzelentitäten ausgehen.
46 Neben der auf nominale Wörter bezogenen Hierarchie ist vor allem die auf ganze Nominalphrasen oder referenzfähige Ausdrücke generell bezogene ‚Definitheitshierarchie' zu nennen. Sie lautet:
    Definite Phrase > spezifische Phrase > nicht-spezifische Phrase
Zu den Nominalhierarchien vgl. Gunkel et al (2017: 249 f.), zu Definitheit und Spezifizität Kapitel 2, Abschnitt 6.1. Man erkennt leicht, dass es bei der Definitheitshierarchie Überschneidungen mit der Allgemeinen Nominalhierarchie gibt: Sowohl die Personalpronomina als auch die Eigennamen bilden – ohne jegliche Begleiter – bereits eine definite Nominalphrase; man identifiziert eindeutig ein Individuum.
47 Berühmt ist Jean Jacques Rousseaus Diktum aus der „Abhandlung über den Ursprung und die Grundlagen der Ungleichheit unter den Menschen" von 1770: „Der erste, der ein Stück Land eingezäunt hatte und es sich einfallen ließ zu sagen: *dies ist mein* und der Leute fand, die einfältig genug waren, ihm zu glauben, war der wahre Gründer der bürgerlichen Gesellschaft."
48 Vgl. Stassen (2009: 16).
49 Der vollständige Satz ist ein Zitat von Martin Schulz aus dem Wahlkampf 2017 und lautet: „'Merkels Ankündigung von finalen Zeiten für den Verbrennungsmotor werden wir so nicht akzeptieren', sagte Schulz am Freitag vor Medienvertretern in Frankfurt." (FAZ online vom 25.08.2017) http://www.faz.net/aktuell/wirtschaft/diesel-affaere/wahlkampf-in-frankfurt-martin-schulz-bekennt-sich-zum-dieselantrieb-15168195.html.
50 Vgl. Koptjevskaja-Tamm (2003: 751).
51 Allerdings sind die Regeln im Einzelnen kompliziert. So muss beim Pronomen der dritten Person Plural der definite Artikel stehen*: il loro padre* ‚ihr Vater'. Man vergleiche zum Thema Stolz (2012).
52 Vgl. Evans (2014: 118).

Anmerkungen zu Kapitel 5

1 Mit dem Terminus ‚Szenario' schließe ich an Ágel (2017) an. Zu verweisen ist dort insbesondere auch auf das Kapitel III 3.1.6 zu den Supplementen. Auch den Terminus ‚Kommentarglieder' übernehme ich. Allerdings verzichte ich hier anders als Ágel auf eine scharfe Abgrenzung gegenüber „Satzgliedern im engeren Sinne", zu denen er nur die typischen Umstandsangaben rechnet.
2 Man kann zwar sagen: „Seit dem Alter von 4 Jahren spielt die Musikerin Geige." Aber wenn es heißt „Die Musikerin wurde 1992 in Japan geboren und spielt Geige, seit sie vier Jahre alt ist" (Rheinpfalz vom 04.09.2018), ist die Dame fälschlich ins Kindesalter zurückversetzt. Man findet diesen Regelverstoß nicht selten. Korrekt wäre „seit sie vier Jahre alt war".
3 Vgl. IDS-Grammatik (1997: 59).
4 Zu Konnektoren kann man Kapitel 6, Unterkapitel 3 nachlesen.
5 Im kontrastiven Modul des Informationssystems *grammis* des IDS (https://grammis.ids-mannheim.de/kontrastive-grammatik) wird auf mögliche Entsprechungen deutscher Abtönungspartikeln im Französischen, Englischen, Italienischen, Norwegischen, Polnischen und Ungarischen eingegangen. Für das Norwegische wird z. B. die Partikel *jo* genannt, die aber nicht nur die Nuance von deutsch *ja*, sondern auch von *doch* und anderen abdeckt. Bezüglich des Ungarischen wird

betont, man könne „eine deutsche Abtönungspartikel nicht einfach mit einer ungarischen übersetzen, sondern die möglichen Übersetzungen sind von Kontext zu Kontext unterschiedlich."
6 Vgl. dazu Fischer/Heide (2018).
7 *Nur zum Spaß* ist in DeReKo 1963 Mal belegt, *nur aus Spaß* immerhin 1177 Mal (recherchiert am 13.06.2019).
8 Siehe dazu die Verweise im Sachregister von Breindl/Volodina/Wassner (2014: 1294).
9 Auch hier stellt sich das Problem getrennt oder zusammen schreiben. Bei *glatt bügeln* wird im Duden-Online-Wörterbuch (https://www.duden.de/rechtschreibung/glatt_buegeln) Getrenntschreibung empfohlen, bei den übrigen Beispielen ist nur Zusammenschreibung kodifiziert.
10 Zur Markierung von Prädikativen in europäischen Sprachen vgl. Gunkel et al. (2017: 1008–1031).
11 Vor allem in der Generativen Grammatik wird mit verschiedenen Typen von „leeren" Elementen gearbeitet, etwa den ‚Spuren' (*traces*) für die angestammte Position wegbewegter Elemente, oder der Anapher PRO, die für durch ein Antezedens gebundene, an der Oberfläche nicht vorhandene Elemente steht, z. B. das implizite Subjekt von Infinitivkonstruktionen.
12 Dies ist jedoch eine Vereinfachung. Wir gehen beim Sprachverstehen sicher nicht so strikt linear vor, sondern bilden immer gleichzeitig Hypothesen über das, was wahrscheinlich noch kommt. Und diese Hypothesen wirken zurück als Bewertungen für mögliche Analysealternativen des gerade aktuell wahrgenommenen Teils.
13 Vgl. Volker Klüpfel/Michael Kobr „Schutzpatron. Kluftingers sechster Fall" (Taschenbuch, München: Piper 2015), S. 36.
14 Vgl. zu diesem Thema die Sendung „Mut zur Mehrdeutigkeit" (SWR2-Wissen vom 07.06.2019). Besonders auch die non-verbalen Signale, die wir in der Interaktion austauschen, sind von Uneindeutigkeit und mehrfacher Interpretierbarkeit gekennzeichnet. Die notwendige „Fähigkeit und Bereitschaft, Mehrdeutigkeit zuzulassen" bzw. die „Wirklichkeit in ihren verschiedenen Schattierungen wahrzunehmen", so wird dort argumentiert, kann auch für das soziale Miteinander positive Auswirkung haben.
15 Es könnte auch *stünde* und *bestünde* heißen; vgl. Kapitel 3, Abschnitt 3.1 und Duden (2016: 503).
16 In der Sendung SWR2-Wissen zu „Sprachgenie Martin Luther" vom 09.08.2019 heißt es dazu, Luther ändere mit dieser Formulierung statt des gängigen *Mir ist alle Gewalt im Himmel und auf Erden gegeben* „die Grammatik ab, um Sätze kraftvoller und eingängiger zu machen."
17 Vgl. Imo (2015: 244).
18 Vgl. dazu Sahel/Jonischkait (2008: 283). Die Auswertung bezieht sich somit nur auf die Textsorte Zeitungstext. Auch andere Texte – geschriebene zumindest – dürften die Tendenz bestätigen, wenn auch mit etwas anderen Zahlen. Die genannte Auswertung hat auch ergeben, dass der Anteil der Subjekte im Vorfeld über dem „Zufallsniveau" liegt. Das ergibt sich, wenn man das Subjekt ins Verhältnis setzt zu den möglichen anderen Konkurrenten um die Besetzung des Vorfelds. Bei Sätzen mit drei vorfeldfähigen Satzgliedern liegt das Zufallsniveau somit bei 33%, bei solchen mit fünf Konkurrenten bei 20%. Läge der tatsächliche Anteil der Subjekte nur bei diesem Zufallsniveau (für Sätze mit 2 bis 6 vorfeldfähigen Satzgliedern insgesamt 40%), dann müsste man sich über die besonderen Funktionen oder Merkmale einer Vorfeldbesetzung durch das Subjekt keine Gedanken machen. Er wäre ja nur dem Zufall geschuldet.
19 Die Autoren zeigen (ebd.: 287), dass z. B. auch bei Sätzen aus ihrem Korpus, die neben dem Subjekt genau ein Objekt enthalten, 60% der Vorfeldbesetzungen Subjekte sind, 12 % Objekte und 28 % Adverbiale.

20 König/Gast (2018: 205 f.).
21 Vgl. Dryer (2013a, b, c) zur Reihenfolge von Subjekt, Objekt und Verb sowie zur Folge von Subjekt und Verb bzw. Objekt und Verb.
22 Wenn Pilarský (2013, Bd. 1: 294) von Vorfeld und Nachfeld auch im Ungarischen spricht, so geschieht dies in Abgrenzung, nicht in Analogie zum Deutschen: „Trotzdem können im Ung. zwei Stellungsfelder identifiziert werden: das Vorfeld (links vom Finitum) und das Nachfeld (rechts vom Finitum)." Eine Abgrenzung auch in den Termini wäre aber aus meiner Sicht angemessener.
23 Vgl. Dryer (2013b).
24 Vgl. Engel et al. (1999: 511). Das Polnische gehört nach Dryer (2013b) zu einer ganzen Reihe von europäischen Sprachen, bei denen zwar bei transitiven Verben die Folge SVO gilt, in Sätzen mit intransitiven Verben aber entweder SV oder VS gelten kann. Hier werden neben Polnisch auch Spanisch, Italienisch oder Lettisch und Bulgarisch eingeordnet.
25 Vgl. jeweils König/Gast (2018: 204) und Grevisse/Goosse (2011: 258).
26 Vgl. jeweils Grevisse/Goosse (2011: 603) und Huddleston/Pullum (2002: 1420).
27 Vgl. https://www.blog-der-republik.de/tag/frank-walter-steinmeier/.
28 Zu diesen Termini vgl. Zifonun (2015: 160–162).
29 Vgl. Günthner (2006), auch Jacobs (2008).
30 Vgl. Rhein-Neckar-Zeitung vom 13.08.2019, S. 1.
31 Vgl. dazu Kapitel 2, Abschnitt 4.2.

Anmerkungen zu Kapitel 6

1 Ágel (2017: 167–191) versteht unter Nichtsätzen nur verblose Konstrukte, während ich den Terminus hier sehr weit verstehe: Ich nenne so alle Texteinheiten, die nicht der Definition für Satz genügen („Äußerungsformen, die mindestens ein finites Verb und die von ihm geforderten Komplemente enthalten'; vgl. Kapitel 5, Unterkapitel 4). Selbstverständlich gibt es hier eine große Bandbreite: von Nichtsätzen, denen nur ein aus dem Kontext zu erschließendes Komplement fehlt, bis hin zu Ausrufen wie „Ach so!". Nichtsätze, bei denen sprachliches Material aus dem Kontext zumindest auf der semantischen Ebene mit verrechnet werden muss, nenne ich Ellipsen. Diese machen wohl den Löwenanteil der Nichtsätze in meinem Sinne aus. Auf sie konzentriere ich mich hier. Ausrufe wie „Ach so!", „Na und!" oder „O je!" sind keine Ellipsen, wohl aber Nichtsätze.
2 Vgl. IDS-Grammatik (1997: 247).
3 Eine Herausforderung wird es für die künftige Forschung auch darstellen, auf die „Spuren" einzugehen, die die Herausbildung neuer Gattungen im Zeitalter Neuer Medien im Sprachsystem des Deutschen und anderer europäischer Sprachen hinterlässt. Dies ist auch deshalb interessant, weil wohl heute in erster Linie durch die breite Partizipation an internetbasierten Kommunikationsformen über Länder- und Sprachgrenzen hinweg Sprachen in Kontakt geraten und Sprachformen wechselseitig, vor allem aber aus dem Englischen übernommen werden.
4 Pierre Assouline „Lutetias Geheimnisse", S. 178 (Roman. Aus dem Französischen von Wieland Grommes. München: Karl Blessing 2006). Die Hervorhebung von *sie* durch Anführungszeichen ist hier hilfreich, aber nicht unbedingt nötig. Beim Sprechen würden wir dieses *sie* durch eine Betonung oder eine Anhebung der Stimme besonders herausstellen.

5 Auch in dem als Essay bezeichneten Spiegel-Titel „Schuld und Psyche. Sind wir auch als Kranke verantwortlich für unsere Taten?" von Dirk Kurbjuweit (Spiegel vom 04.04.2015) wird die Person, um die es geht, am Textanfang durch ein Personalpronomen eingeführt. Ihre Identität wird erst später aufgelöst: „Ist er ein Mörder, gar ein Massenmörder, ein Monster? Ist er ein Täter, ein erweiterter Selbstmörder oder ein Kranker? Ist er das 150. Opfer? Wer über den Flugzeugabsturz der vergangenen Woche nachdachte oder redete, kam womöglich in Schwierigkeiten mit dem Wort, das den Kopiloten Andreas Lubitz einordnen soll."
6 Im Polnischen wird ein Subjektpronomen auch unter Kontrast in der Regel nur bei personalem Bezug gesetzt, vgl. Gunkel et al. (2017: 614).
7 Im Spanischen (Kastilischen) haben die Pronomina der 1. und 2. Person Plural eine Genusunterscheidung: *nosotros/vosotros* (M) versus *nosotras/vosotras* (F). Vgl. dazu Siewierska (2013).
8 Bekanntlich „siegt" in solchen Fällen das Maskulinum – ein Fall mangelnder Geschlechtergerechtigkeit oder, wohlwollend interpretiert, ein Sieg des unmarkierten Genus.
9 Vgl. IDS-Grammatik (1997: 547). Man vergleiche dazu auch Holler (2018: 443).
10 Zur Analyse dieses und weiterer Beispiele vgl. Vinckel-Roisin (2020).
11 Zu Zyklen oder auch spiralförmigen Umläufen in der Entwicklung von Sprachen vgl. auch Kapitel 8, Abschnitt 3.1.
12 In der Glossierung steht Dat für ‚Dativ', Sg für ‚Singular' und def für ‚definite Konjugation'.
13 Zu beachten ist, dass nur bei Bezug auf eine definite Objekt-Nominalphrase im Singular die definite Konjugation eingesetzt wird. Für die Konstellation 1. Person Singular als Subjekt und 2. Person als Objekt, also für eine Ich-du-Beziehung, seltener auch eine Ich-euch-Beziehung, gibt es daneben eine spezielle Form auf *-lek/-lak*.
14 Vgl. Huddleston/Pullum (2002: 1540).
15 Vgl. Trait d'union, N 178, 2008, Seite 16, zitiert nach einem Papier von Peter Gallmann, eingesehen am 12.09.2019 unter http://www.personal.uni-jena.de/~x1gape/Wort/Nullkat_Topicdrop.pdf.
16 Nur einige konzessive Konnektoren „pendeln" zwischen unterordnender und nebenordnender Verwendung hin und her, z. B. *trotzdem*, *wiewohl* oder *gleichwohl*. Vgl. dazu Breindl/Volodina/Waßner (2014: 905).
17 Wie mir Muttersprachlerinnen versichern, gibt es sowohl im Polnischen als auch im Ungarischen weitere Konnektoren der kontrastiven Art. Sie unterscheiden sich, was die Stärke des Kontrastes oder auch die Stilebene angeht. Den Unterschied zwischen deutsch *aber* und *sondern* bildet ihre Variation jedoch nicht ab.
18 Vgl. Holler (2018: 450).
19 Vgl. Weinrich (2001a). Die erstmals 1964 erschienene Studie „Tempus: besprochene und erzählte Welt" des Romanisten gilt als Klassiker einer strukturalen Literaturtheorie wie auch als maßgeblicher Anstoß für die Textlinguistik. Die skizzierte Tempustheorie wird auch in seinen beiden Textgrammatiken, der zum Französischen (1982) und der zum Deutschen (2005, 1. Aufl. 1993), behandelt.
20 Vgl. Rudi W. Berger „Laura", S. 148 (Föritz: Mitteldeutscher Literaturverlag 2004). Mit der *würde*-Form wird ein Zukunftsbezug innerhalb der Erzählzeit hergestellt. Auch hierzu ist (als „Konditional II") noch ein Perfekttempus möglich wie in „Wann würde sie es überstanden haben?"
21 Das gilt auch in umgekehrter Richtung: So kann, wie Weinrich (2001a: 136) an einer Novelle von Maupassant zeigt, auch ein *Passé simple* gebraucht werden, wo nach gängiger Aspektlehre ein *Imparfait* zu erwarten wäre. Dies sei der Tatsache geschuldet, dass es sich um Vordergrundinformation handle.

22 Vgl. Weinrich (2001a: 86).
23 Vgl. Klein (1993: 778).
24 Vgl. Harbusch (2013: 344).
25 Vgl. die Beiträge in Hennig (Hg.) (2013), insbesondere den von Rickheit/Sichelschmidt. Der Begriff ‚empraktische Ellipse' geht auf Bühler (1934) zurück, der sich mit dem Phänomen in richtungsweisender Form auseinandersetzte.
26 Zu diesem Gedanken vgl. Ågel (2017: 83).
27 Vgl. Selting (2015: 191).
28 Die Transkiption erfolgte laut Autorin in Anlehnung an GAT2, das in der Publikation Selting et al. (2009) vorgestellte weithin übliche Transkriptionssystem.
29 So Selting (2015: ebd.)

Anmerkungen zu Kapitel 7

1 Anfang 2019 gab es in den Medien eine angeregte Diskussion über diese neue Benennungsstrategie seitens der SPD-geführten Ministerien. Ich stütze mich auf den Bericht von www.news4teachers.de/2019/01 vom 23. Januar sowie die Online-Ausgabe der „Neuen Osnabrücker Zeitung" vom 2. Februar. Der vor allem von Seiten der FDP vorgebrachten Kritik hält der Sprachwissenschaftler Sascha Wolfer vom IDS entgegen, es sei nicht unbedingt verwerflich, im Namen eines Gesetzes gleich dessen Zielsetzung zu benennen.

Der Ausdruck *Respektrente* wurde übrigens von der „Gesellschaft für deutsche Sprache" zum „Wort des Jahres" 2019 gekürt, und zwar mit der zutreffenden, aber recht nichtssagenden Begründung, das Wort „Respektrente" habe das Jahr in besonderer Weise charakterisiert.
2 Zu beachten ist aber, dass die eingangs genannten Beispiele keine normalen Substantive sind, keine Appellativa, sondern Eigennamen: Man benennt mit ihnen einzelne Gegenstände, hier ganz bestimmte Gesetze. Man kann sich aber gut vorstellen, dass sie auch mal so verwendet werden: „Wir brauchen keine Gute-Kita- oder Bezahlbare-Mieten-Gesetze mehr." Dann liegt ein appellativischer Gebrauch vor, ähnlich wie man auch sagen kann: „Er ist kein Einstein."
3 Vgl. die Einheit Kurzwortbildung im Informationssystem *grammis* des IDS. https://grammis.ids-mannheim.de/systematische-grammatik/1409.
4 Die Angaben stützen sich auf Recherchen in DeReKo mithilfe von COSMAS II, speziell des Kookkurrenzanalyse-Moduls im Oktober 2019.
5 Nach dem Titel des Online-Beitrags „Ein Wortnetz entspinnt sich um Corona" von Christine Möhrs, dem diese Abbildung mit freundlicher Genehmigung der Autorin entnommen ist; vgl. https://www1.ids-mannheim.de/fileadmin/aktuell/Coronakrise/IDS_Sprache_Coronakrise_Moehrs_Wortnetz_Corona.pdf. Es handele sich um eine „Mindmap zu häufigen Wörtern rund um „Corona" (aufgefunden über Alert-Dienste)". Das mentale Spinnennetz wird also hier über das reale Vorkommen in Texten erschlossen. Man beachte, dass im engeren Sinn semantische Relationen (wie die Hyponymie zwischen *Corona* und *Pandemie* oder auch *Virus* oder die Synonymie zwischen *Corona* und *Covid-19*) eine Rolle spielen und auch Beziehungen auf der Sachebene.
6 In festen Verbindungen aus Adjektiv und Substantiv sowie „in fachsprachlich oder terminologisch gebrauchten Verbindungen" kann nach dem Stand des Regelwerks zur deutschen Rechtschreibung von 2018 das Adjektiv groß geschrieben werden. Da Kleinschreibung immer nicht falsch ist, Großschreibung hingegen auch zu weit getrieben werden kann, ziehe ich im Folgen-

den – außer da, wo ich wörtlich zitiere – die Kleinschreibung vor. Vgl. https://www.recht schreibrat.com/DOX/rfdr_Regeln_2016_redigiert_2018.pdf (Stand 15.12.2019).
7 Zu Nominalhierarchien vgl. Kapitel 4, Abschnitt 5.2.
8 Die folgenden Beispiele verdanke ich zum Teil Müller (1997), ebenso auch die Überlegungen zur Salienzordnung der einzelnen Gestaltungsprinzipien bei Paarformeln.
9 Vgl. Kelih (2014).
10 Man findet in DeReKo allerdings Variationen wie *einen vollen/gefüllten/letzten/brennenden gelben Sack* oder auch – bezogen auf die Entsorgungsmethode – *einen allgegenwärtigen gelben Sack*. Entscheidend ist, dass durch die Modifikation nicht essenzielle klassifikatorische Merkmale des Begriffs verändert werden. Beim gelben Sack ist *gelb* nicht als Qualitätsadjektiv, sondern klassifikatorisch zu verstehen.
11 Man vgl. dazu auch die Bemerkungen zu Fugenelementen in Abschnitt 4.2.
12 An *Langeweile* kann man die allmähliche „Normalisierung" zum Wort ganz gut beobachten. Für die Formen mit „echter", syntaktisch gesteuerter Binnenflexion gibt es – laut Recherche am 21.07.2020 – nur relativ wenige Belege. Es gibt z. B. nur einen Beleg für das Suchmuster *bei/unter Langerweile*, während es für *bei/unter Langeweile* 245 Belege gibt. Für die Form *Langeweile* – egal ob „richtig" flektiert oder erstarrt – finden sich insgesamt über 80.000 Belege. Zudem gibt es immerhin über 2000 Belege mit dem Adjektivstamm, also für *Langweile*. Zur Binnenflexion von *Hohelied* und *Hohepriester* gibt es eine interessante Diskussion in Wikipedia (Wikipedia – URL:http://de.wikipedia.org/wiki/Diskussion:Hohes_Lied: Wikipedia, 2011).
13 Vgl. die Besprechung von Peter Wapnewski zur im Jahr 1973 erschienenen ersten Auflage des „Lexikons der sprichwörtlichen Redensarten" von Lutz Röhrich in der ZEIT vom 5. Juli 1974 (gelesen unter: https://www.zeit.de/1974/28/dem-volksmund-aufs-maul-geschaut/komplettansicht).
14 Vgl. Mieder (2007: 397).
15 Das Sprichwort „Morgenstund hat Gold im Mund" soll auf eine lateinische Sentenz des Erasmus von Rotterdam, also das 15./16. Jahrhundert zurückgehen. Frühaufstehen ist allerdings erst im Laufe des 19. Jahrhunderts zur moralischen Pflicht geworden. Bei dem Spruch „Wer zuerst kommt, mahlt zuerst" hingegen wird auf mittelalterliche Verhältnisse angespielt: Die Bauern mussten nämlich beim Müller der Reihe nach anstehen und warten, bis ihr Getreide dran war. Da spielt also die Tageszeit keine Rolle.
16 Das Thema eines in Europa geteilten Sprichwortschatzes hat viel Beachtung gefunden; man vgl. etwa die dreibändige Publikation von Strauss (1994). Auch verschiedene Plattformen im Netz widmen sich dem Thema. Die Sprichwort-Plattform auf der Homepage des IDS (http://www.sprichwort-plattform.org/sp/Sprichwort-Plattform) bietet 300 Sprichwörter und ihre Varianten in den Sprachen Deutsch, Slowenisch, Slowakisch, Tschechisch und Ungarisch. Hübsch finde ich z. B. die ungarische Entsprechung zu „Aller guten Dinge sind drei", nämlich „Három a magyar igazság" (wörtlich: Die ungarischen Wahrheiten sind zu dritt). Vergleichbares findet sich auch in anderen Kulturkreisen. So hat die chinesische Tradition nach Piirainen (2008) den Schatz an Redewendungen in Ostasien, zumindest in Korea, Japan und Vietnam, stark beeinflusst.
17 Vgl. https://www.owid.de/docs/neo/start.jsp. Die im Folgenden genannten Neubedeutungen orientieren sich ebenfalls an den Angaben des Neologismenwörterbuchs.
18 In seiner herkömmlichen Bedeutung ‚verschieden' erfordert *divers* in der Regel ein pluralisches Kopfsubstantiv wie etwa in *diverse Köstlichkeiten*. Die Neubedeutung knüpft an das Merkmal ‚was man nicht einordnen kann' an, das für *divers* nach dem „Großen Wörterbuch

der deutschen Sprache" charakteristisch ist; (vgl. https://www.wissen.de/rechtschreibung/divers).
19 Vgl. Dazu Eisenberg (2013c: 67).
20 So in Steffens (2003: 5). Eisenberg (2013c: 67) verweist hingegen auf Anzeichen dafür, dass das Gegenwartsdeutsche weder im Vergleich mit seiner eigenen Entlehnungsgeschichte noch auch im Vergleich zu der Situation in anderen europäischen Sprachen einen Sonderfall darstelle. Zudem sei die Erhebung von belastbaren Vergleichszahlen äußerst schwierig und bisher jedenfalls nicht erfolgt.
21 Eisenberg (ebd.: 71).
22 Als Zitat wird ein Wort oder eine Fügung ohne jede Veränderung, so, wie sie in einem englischsprachigen Kontext vorkommen (könnten), in einen deutschen Satz eingefügt und durch Anführungszeichen abgehoben. Man vgl.: „Die inzwischen dritte binationale Tagung steht unter dem Motto „Hard facts & soft skills in action" [. . .]" (Nürnberger Nachrichten vom 01.08.2007) oder „So ist etwa geplant, dass Teile des Daches von den Straßenmeistereien des Landes "recycled" werden" (Kleine Zeitung vom 03.09.1999).
23 Allerdings folgt im Kernwortschatz auf einen kurzen (bzw. ungespannten) Vokal in aller Regel ein Doppelkonsonant. Man würde also *Tramm* erwarten, wie bei *Kamm*.
24 Eisenberg (2013c: 71).
25 *Schnorrer* wiederum ist nach dem „Oxford English Dictionary" eine Variante von *Schnurrer*. Bei Entlehnungen sind Bedeutungsveränderungen generell häufig, so auch etwa bei dem im späten 19. Jahrhundert entlehnten Wort *spiel* in der Neubedeutung ‚Gelaber, Geschwafel' sowie als Verb ‚schwafeln, labern'.
26 Dazu vgl. mehrere Publikationen von Hans Peter Althaus, etwa Althaus (2014).
27 Die Lage ist aber in den verschiedenen Ländern durchaus unterschiedlich. Man vgl. dazu z. B. die Beiträge in Stickel (Hg.) (2003).
28 Das Lehnwortportal des IDS (http://lwp.ids-mannheim.de/) stellt digital aufbereitete Wörterbücher zu aus dem Deutschen in folgende Sprachen entlehntem Wortschatz bereit: Polnisch, Teschener Polnisch (ein im ehemaligen Oberschlesien gesprochener, auch stark vom Tschechischen beeinflusster Dialekt des Polnischen), Slovenisch, Hebräisch und Tok Pisin (eine primär auf dem Englischen beruhende Pidgin-Kreol-Sprache aus Papua-Neuguinea, die aufgrund der deutschen Kolonialherrschaft (1884–1914) auch vom Deutschen beeinflusst wurde. Der Teil zum Polnischen ist eine Umsetzung des im Text erwähnten „Wörterbuchs der deutschen Lehnwörter in der polnischen Schrift- und Standardsprache", das auch mit ausführlicher Dokumentation konsultiert werden kann unter: http://diglib.bis.uni-oldenburg.de/bis-verlag/wdlp/46701.html.
29 Vgl. Czarnecki (2001).
30 Dieses Muster liegt wohl auch vor, wenn Dorothea Grimm, die Ehefrau von Wilhelm Grimm, angesichts der unendlich mühsamen Arbeit am „Deutschen Wörterbuch" davon spricht, die beiden Brüder Jacob und Wilhelm seien völlig „verwörterbucht"; vgl. https://www.deutschlandfunkkultur.de/ein-wunderlich-chaotisches-woerterbuch.932.de.html?dram:article_id=131036; eingesehen am 26.05.2020.
31 Die Akzentmarkierungen habe ich in die Belege eingefügt.
32 Gehört im „SWR2-Tagespräch" mit dem Handwerkspräsidenten Hans Peter Wollseifer, der sich so äußerte: „Wir katastrophisieren nix."
33 Vgl. dazu Eisenberg (2013a: 265f.) Aber auch bei diesen Ausdrücken gibt es teilweise andere Bildungen, die die *ung*-Ableitung blockieren könnten wie *Dank*, *Groll* oder *Hilfe*.

34 Vgl. dazu im Informationssystem *grammis* unter https://grammis.ids-mannheim.de/syste matische-grammatik/916.
35 Vgl. dazu Deutsches Fremdwörterbuch Bd. 1, Artikel *anti-*.
36 So geschehen in der ZEIT vom 13. August 2020. Hier fußt das Urteil auf dem Vergleich mit Latein anhand einer Neuübersetzung der Briefe des Horaz.
37 Vgl. Graf (Hg.) (2017).
38 Man vergleiche den Blogbeitrag unter dem bezeichnenden Titel „Schmetterlingsschlacht" im Internetauftritt des Fontane-Archivs (https://www.fontanearchiv.de/blogbeitrag/2018/12/20/schmetterlingsschlacht/), gelesen am 31. Dezember 2019. Im Fontanejahr 2019 waren sogar „schwarz auf gelb [...] 200 dieser Wortkonstruktionen in Neuruppin aufgestellt", heißt es in den „Nürnberger Nachrichten" vom 27.03.2019. Manche seiner Wortschöpfungen hat die Sprachgemeinschaft gern aufgegriffen, etwa *Menschheitsbeglückungsidee* oder *Weltverbesserungsleidenschaft*.
39 Zu Phrasenkomposita im Deutschen vgl. Hein (2015). Dieser Typ, so wird dort gezeigt, findet sich, wohl auch nach dem Vorbild des Englischen, zunehmend vor allem in Pressetexten. Bei Adjektiv + Substantiv als Erstglied wie in *Saure-Gurken-Zeit* tritt wieder das Problem der Binnenflexion auf. Für die Form mit „erstarrter" Binnenflexion fanden sich in DeReKo (Suchmuster: *in der Sauregurkenzeit*) am 28. Oktober 2019 50 Belege, für die Form mit variabler Binnenflexion (*in der Sauren-Gurken-Zeit*) 17 Belege.
40 Der Vorschlag wurde am 2. Januar 2020 vorgelegt mit der Erläuterung, es seien „direkte Geldflüsse für alle betroffenen Anwohner" gemeint (vgl. Rhein-Neckar-Zeitung vom 03.01.2020).
41 Man vergleiche dazu Eisenberg (2013a: 142f.).
42 Ein Fugen-*e* erscheint auch bei Verbstämmen als Erstglied wie in *Ladegerät* oder *Werbeplakat*.
43 Eine solche Vorhersage ist das Thema einer am IDS durchgeführten korpuslinguistischen Untersuchung (vgl. https://grammis.ids-mannheim.de/korpusgrammatik/4697), bei der Verfahren des maschinellen Lernens implementiert wurden. Dabei wurde ein „Trainingskorpus von 400.000 Komposita" herangezogen, „um einen Entscheidungsbaum zu generieren, der die Fugenelemente mit einer hohen Trefferquote vorhersagt."
44 Dies ist der Titel der Publikation Donalies (2011).
45 So vertreten Breindl/Thurmair (1992) die Ansicht, dass man nominale Kopulativkomposita nicht eindeutig von den gewöhnlichen Determinativkomposita unterscheiden kann, und berücksichtigen dabei auch die Rolle der Fugenelemente.
46 Man vgl. die Stichwörter *Filzokratie* und *Bonzokratie* im Wörterbuchportal des IDS (https://www.owid.de/). Das Lexem *Bonze* ist übrigens ursprünglich eine Bezeichnung für buddhistische Mönche und wurde im 16. Jahrhundert auf dem Weg über das Englische, Französische oder Portugiesische wohl aus dem Japanischen entlehnt (vgl. https://www.dwds.de/wb/Bonze). Zu *Tütophobie* vgl. https://grammis.ids-mannheim.de/systematische-grammatik/551.
47 Vgl. Marchand (1969: 50).
48 Vgl. Ortner et al. (1991: 238).
49 Vgl. Wilmanns (1896: 530), zitiert nach Eisenberg (2013a: 220).
50 Man vergleiche „Woher kommt der Ausdruck "Schlitzohr"?", gefunden am 25.01.2020 in der Rubrik „1000 Antworten" auf SWR2 (https://www.swr.de/wissen/1000-antworten/kultur/1000-Antworten-Woher-kommt-der-Ausdruck-Schlitzohr,1000-antworten-1326.html).
51 Es gibt durchaus Schwankungen zwischen untrennbarer und trennbarer Verwendung, etwa bei *staubsaugen* oder *notlanden*. Bei adjektivischem Partikelteil wird in aller Regel syntaktisch und morphologisch getrennt: Die zugrundeliegende syntaktische Konstruktion ist im Allgemeinen noch präsent. Bei *wertschätzen* allerdings ist syntaktische Trennung wie in *schätzt ... wert*

seltener als *wertschätzt*, morphologische Trennung jedoch noch dominant. Bei den Entlehnungen *uploaden/downloaden* oder *outsourcen* scheint es eine Tendenz zur morphologischen Trennung zu geben, während syntaktische Trennung weniger auftritt. Anders bei *facebooken* und *whatsappen*. Die Verben werden durchaus unbekümmert deutsch flektiert, syntaktische Trennung wird nicht praktiziert, morphologische Trennung nur bei *facebooken* ganz vereinzelt. Es heißt also *gefacebookt* oder *gewhatsappt* und – laut Recherche in DeReKo am 23.07.2020 – ganze zweimal *facegebookt*.
52 Recherchiert am 21. Juli 2020.
53 Dazu vergleiche man den Beitrag von Schlotthauer/Zifonun (2008), auf dem die Aussagen und Beispiele hier fußen.
54 Vgl. dazu den Artikel von Annette Klosa-Kückelhaus auf der IDS-Homepage unter https://www1.ids-mannheim.de/fileadmin/aktuell/Coronakrise/Klosa_shutdown.pdf (eingesehen am 14.04.2020).
55 Bei Substantiven gibt es neben den Verwandtschaftsbezeichnungen in gerader Linie nur einige wenige einmal belegte Ausreißer wie *Ururrock* (Musik). Neben dem Adjektiv *uralt* kommen wiederum vereinzelt z. B. vor: *ururwichtig*, *ururzeitlich*, *urursozialdemokratisch*. Ähnlich ist auch die Reduplikation des Präfixes *sub-* (von der lateinischen Präposition *sub* ‚unter') wie in *Sub-Subunternehmen* oder gar *Sub-Sub-Subunternehmen*.
56 Vgl. Göksel/Kerslake (2005: 90).
57 Vgl. dazu Olagunju (2001: 33). Die Karte 27A zum Thema Reduplikation in WALS zeigt eine Konzentration des Merkmals bei Sprachen im Westen des nordamerikanischen Kontinents, in südasiatischen, südpazifischen und australischen Sprachen sowie in zahlreichen afrikanischen Sprachen. Als europäische Sprachen sind nur Ungarisch und Baskisch vermerkt. Im Ungarischen spielt Reduplikation vor allem zur Anzeige von Distributivität eine wichtige Rolle, vgl. *három-három* ‚je drei' (Kapitel 4, Abschnitt 3.4). Zu erwähnen ist in der Flexionslehre die reduplizierende Perfektbildung bei einer Klasse der altgriechischen und lateinischen Verben wie in griechisch *gé-grapha* ‚ich habe geschrieben' und lat. *pe-pulsi* ‚ich habe getrieben'.
58 Haspelmath (2002: 220), dem dieses Beispiel (Glossen angepasst) entnommen ist, spricht von einem „compound verb", ohne genauere Informationen zum Status anzugeben.

Anmerkungen zu Kapitel 8

1 Vgl. Skalička (1979: 160).
2 Vgl. Rijkhoff (2004: 154).
3 Vgl. Plank (1999).
4 Vgl. Nübling (2010: 5).
5 Vgl. (ebd.: 2).
6 (ebd.: 12).
7 Vgl. z. B. Müller (2000).
8 Vgl. Moravcsik (2014:12), in ihrer Einleitung zu dem Sammelband „Competing motivations in grammar and usage".
9 Vgl. Newmeyer (2014: 299).
10 Behaghel (1932: 234).

11 Oder englisch „The winner takes (it) all". Damit wird das US-amerikanische Mehrheitswahlrecht charakterisiert. Aber die Redensart ist auch durch einen Liedtext der Popgruppe ABBA bekannt geworden.
12 Vgl. MacWhinney (2014: 397).
13 Vgl. Newmeyer (2014: 308).
14 Die Autoren des Sammelbandes sprechen hier von „timeframes"; so McWhinney (2014: 397).
15 Im Mittelhochdeutschen war *ir* die Form für eine höher gestellte Person und *du* für eine Person niedrigeren Ranges. Im 17. Jahrhundert kamen durch Verwendung von *er/sie* (für Personen höchsten Ranges) sowie *ihr* (für Ranghöhere zweiter Stufe) weitere Abstufungen hinzu, denen im 18. Jahrhundert durch Umfunktionalisierung der 3. Person Plural *Sie* noch eine weitere Stufe angefügt wurde. *er/sie* und *ihr* erfuhren gleichzeitig eine Herabstufung und Umordnung, so dass nun folgende Hierarchie vorlag: *Sie* > *ihr* > *er/sie* > *du*. Das heutige zweigliedrige System ist nicht mehr hierarchisch im Sinne von starren Rangunterschieden, sondern orientiert sich am Parameter von Nähe oder Vertrautheit gegenüber Distanz oder Fremdheit. Man vgl. Helmbrecht (2014: 318f.).
16 v. Polenz (2000: 254). Man vergleiche dazu insgesamt seine detaillierte Beschreibung der Entwicklung in der frühneuhochdeutschen Epoche, die von Unterschieden zwischen den sprechsprachlichen Varietäten und Dialekten und den auf diese regulierend und normierend wirkenden schreibsprachlichen Eingriffen geprägt war. So hatte beispielsweise Luther in den frühen Bibeldrucken das *-e* weitgehend apokopiert; in späteren Drucken wurde, wohl auch durch Korrektoren, das *-e* wieder eingesetzt.
17 Vgl. Roelcke (1997: 100).
18 Vgl. dazu Zifonun (2017).
19 Vgl. Gunkel et al. (2017: 1522).
20 Vgl. Haspelmath (2001).
21 Vgl. Hinrichs (2008: 43). Der Autor hebt einerseits die rein zahlenmäßige Bedeutung der slawischen Sprachen hervor; Sprecher mit slawischer Muttersprache sind gegenüber den Sprechern romanischer und germanischer Sprachen in der Überzahl; unter den 27 Amtssprachen der EU seien zur Zeit fünf slawische vertreten. Zudem teilten auch die slawischen Sprachen die Tendenz zur Übernahme und Integration von Anglizismen und partizipierten insgesamt an einer zunehmenden Europäisierung.

Literatur

Ágel, Vilmos (2017): Grammatische Textanalyse. Textglieder. Satzglieder. Wortgruppenglieder. Berlin/Boston: De Gruyter.
Althaus, Hans Peter (2014): Chuzpe, Schmus & Tacheles. Jiddische Wortgeschichten. 3., durchgesehene Auflage. München: Beck.
Abu-Chacra, Faruk (2007): Arabic. An essential grammar. London/New York: Routledge.
Bennett, Jonathan (2002): Events and their names. Oxford: Clarendon. Reprint der Ausgabe von 1988.
Arens, Hans (1969): Sprachwissenschaft: der Gang ihrer Entwicklung von der Antike bis zur Gegenwart. 2. Aufl. Freiburg/München: Alber.
Austin, John L. (1962): How to do things with words: the William James lectures delivered at Harvard Univ. in 1955. Cambridge (Mass.): Harvard University Press.
Behaghel, Otto (1932): Deutsche Syntax. Eine geschichtliche Darstellung. Bd. IV. Wortstellung. Periodenbau. Heidelberg: Winter.
Benoist, Jocelyn (2015): Realismus ohne Metaphysik. In: Gabriel, Markus (Hg.) (2015), S. 133–153.
Berend, Nina (2005): Regionale Gebrauchsstandards – Gibt es sie und wie kann man sie beschreiben? In: Eichinger, Ludwig M./Kallmeyer, Werner (Hg.): Standardvariation. Wie viel Variation verträgt die deutsche Sprache? Berlin/New York: De Gruyter. (= Jahrbuch des Instituts für Deutsche Sprache 2004), S. 143–170.
Berlin, Brent/Breedlove, Dennis E./Raven, Peter H. (1973): General principles of classification and nomenclature in folk biology. In: American Anthropologist 75/1973, S. 214–242.
Biber, Douglas et al. (2004): Longman grammar of spoken and written English. 4. Aufl. Harlow: Longman.
Brandom, Robert B. (2001): Articulating reasons. An introduction to inferentialism. Second printing. Cambridge (Mass.)/London: Harvard University Press. (Deutsche Ausgabe: „Begründen und Begreifen. Eine Einführung in den Inferentialismus". Suhrkamp-Taschenbuch Wissenschaft 1689)
Breindl, Eva/Thurmair, Maria (1992): ‚Der Fürstbischof im Hosenrock'. Eine Studie zu den nominalen Kopulativkomposita des Deutschen. In: Deutsche Sprache 20/1992, S. 32–61.
Breindl, Eva/Volodina, Anna/Wassner, Ulrich Hermann (2014): Handbuch der deutschen Konnektoren. Band 2: Semantik. Berlin/New York: De Gruyter.
Bühler, Karl (1934): Sprachtheorie: die Darstellungsfunktion der Sprache. Jena: Fischer.
Comrie, Bernard (2013): Alignment of Case Marking of Full Noun Phrases. In: Dryer, Matthew S./Haspelmath, Martin (eds.). (2013). (Available online at http://wals.info/chapter/98, Accessed on 2020- 11-09.)
Corbett, Greville G. (2013a): Number of Genders. In: Dryer, Matthew S./Haspelmath, Martin (eds.) (2013). (Available online at http://wals.info/chapter/30, Accessed on 2020- 07-01.)
Corbett, Greville G. (2013b): Sex-based and Non-sex-based Gender Systems. In: Dryer, Matthew/Haspelmath, Martin (eds.) (2013). (Available online at http://wals.info/chapter/31, Accessed on 2020- 07-01.)
Czarnecki, Tomasz (2001): Tausend Jahre deutsch-polnische Sprachkontakte. Probleme mit der Chronologie der deutschen Lehnwörter im Polnischen. In: Grucza, Franciszek (Hg.) (2001): 1000 Jahre polnisch-deutsche Beziehungen: Sprache – Literatur – Kultur – Politik. Materialien des Millennium-Kongresses, 5.–8. April 2000, Warszawa. Warszawa: Graf-Punkt, S. 290–299.

Dahl, Östen/Velupillai, Viveka (2013a): The Past Tense. In: Dryer, Matthew S./Haspelmath, Martin (eds.). (2013). (Available online at http://wals.info/chapter/66, Accessed on 2020- 11-09.)
Dahl, Östen/Velupillai, Viveka (2013b): The Future Tense. In: Dryer, Matthew S./Haspelmath, Martin (eds.). (2013). (Available online at http://wals.info/chapter/67, Accessed on 2020- 11-09.)
Das große Wörterbuch der deutschen Sprache (1999). 3. Aufl. Mannheim: Dudenverlag.
Deutsche Akademie für Sprache und Dichtung und der Union der deutschen Akademien der Wissenschaften (Hg.) (2013): Reichtum und Armut der deutschen Sprache – Erster Bericht zur Lage der deutschen Sprache. Berlin/Boston: De Gruyter.
Deutsche Akademie für Sprache und Dichtung und Union der Deutschen Akademien der Wissenschaften (Hg.) (2017): Vielfalt und Einheit der deutschen Sprache – Zweiter Bericht zur Lage der deutschen Sprache. Stauffenburg: Tübingen.
Deutsches Fremdwörterbuch. Begonnen von Hans Schulz, fortgeführt von Otto Basler. 2. Aufl., völlig neu bearbeitet im Institut für deutsche Sprache. Bd. 1: a-Präfix – Antike. 1995, Berlin/New York: De Gruyter.
Diewald, Gabriele/Steinhauer, Anja (2017): Richtig gendern: Wie Sie angemessen und verständlich schreiben. Berlin: Dudenverlag.
Doleschal, Ursula (2002): Das generische Maskulinum im Deutschen. Ein historischer Spaziergang durch die deutsche Grammatikschreibung von der Renaissance bis zur Postmoderne. In: Linguistik online 11, 2/02.
Donalies, Elke (2011): *Tagtraum, Tageslicht, Tagedieb*. Ein korpuslinguistisches Experiment zu variierenden Wortformen und Fugenelementen in zusammengesetzten Substantiven. Mit einem Exkurs und zahlreichen Statistiken von Noah Bubenhofer. Mannheim: Institut für Deutsche Sprache. (= amades – Arbeitspapiere und Materialien zur deutschen Sprache 42)
Drewnowska-Vargáné, Ewa/Zifonun, Gisela (2019): Die sprachliche Sichtbarkeit der Geschlechter – Genus und Sexus im Deutschen und Polnischen. In: Drewnowska- Vargáné et al. (Hg.) (2019): „vnd der gieng treulich, weislich vnd mëndlich mit den sachen vmb". Festschrift für Péter Bassola zum 75. Geburtstag. Szeged: Institut für Germanistik. (= Acta Germanica 15), S. 138–170.
Dryer, Matthew S./Haspelmath, Martin (eds.) (2013): The World Atlas of Language Structures Online. Leipzig: Max Planck Institute for Evolutionary Anthropology.
Dryer, Matthew S. (2013a): Order of Subject, Object and Verb. In: Dryer, Matthew/Haspelmath, Martin (eds.). (2013). (Available online at http://wals.info/chapter/81, Accessed on 2020- 07-06.)
Dryer, Matthew S. (2013b): Order of Subject and Verb. In: Dryer, Matthew/Haspelmath, Martin (eds.) (2013). (Available online at http://wals.info/chapter/82, Accessed on 2020- 07-06.)
Dryer, Matthew S. (2013c): Order of Object and Verb. In: Dryer, Matthew/Haspelmath, Martin (eds.) (2013). (Available online at http://wals.info/chapter/83, Accessed on 2020- 07-06.)
Duden-Grammatik (2016) = Wöllstein, Angelika/Dudenredaktion (Hg.) (2016): Duden. Die Grammatik. Unentbehrlich für richtiges Deutsch. 9., vollständig überarb. und aktual. Aufl. Mannheim u. a.: Dudenverlag. (= Der Duden in zwölf Bänden 4)
Eco, Umberto (1994): Die Suche nach der vollkommenen Sprache. Aus dem Italienischen von Burkhart Kroeber. München: Beck.
Eco, Umberto (2015): Gesten der Zurückweisung. Über den Neuen Realismus. In: Gabriel, Markus (Hg.) (2015), S. 33–51.
Eichinger, Ludwig M. (2005): Standardnorm, Sprachkultur und die Veränderung der normativen Erwartungen. In: Eichinger, Ludwig M./Kallmeyer, Werner (Hg.):

Standardvariation. Wie viel Variation verträgt die deutsche Sprache? Berlin/New York: De Gruyter. (= Jahrbuch des Instituts für Deutsche Sprache 2004), S. 363–381.

Eichinger, Ludwig M. (2013): Die Entwicklung der Flexion: Gebrauchsverschiebungen, systematischer Wandel und die Stabilität der Grammatik. In: Deutsche Akademie für Sprache und Dichtung und der Union der deutschen Akademien der Wissenschaften (Hg.) (2013), S. 121–170.

Eichinger, Ludwig M./Plewnia, Albrecht/Riehl, Claudia M. (Hg.) (2008): Handbuch der deutschen Sprachminderheiten in Mittel- und Osteuropa. Tübingen: Narr.

Eisenberg, Peter (2013a): Grundriss der deutschen Grammatik. Band 1: Das Wort. Unter Mitarbeit von Nanna Fuhrhop. 4., aktualisierte und überarbeitete Auflage. Stuttgart/Weimar: Metzler.

Eisenberg, Peter (2013b): Grundriss der deutschen Grammatik. Band 2: Der Satz. Unter Mitarbeit von Rolf Thieroff. 4., aktualisierte und überarbeitete Auflage. Stuttgart/Weimar: Metzler.

Eisenberg, Peter (2013c): Anglizismen im Deutschen. In: Deutsche Akademie für Sprache und Dichtung und der Union der deutschen Akademien der Wissenschaften (Hg.) (2013), S. 57–119.

Engel, Ulrich et al. (1999): Deutsch-polnische kontrastive Grammatik. 2 Bände. Heidelberg: Groos.

Engelberg, Stefan (2009): Blätter knistern über den Beton. Zwischenbericht aus einer korpuslinguistischen Studie zur Bewegungsinterpretation bei Geräuschverben. In: Winkler, Edeltraud (Hg.): Konstruktionelle Varianz bei Verben. Mannheim: Institut für Deutsche Sprache. (= OPAL, 4/2009), S. 75–97.

Evans, Nicholas (2014): Wenn Sprachen sterben und was wir mit ihnen verlieren. München: Beck.

Everett, Daniel (2012): Language: The Cultural Tool. New York: Pantheon Books.

Everett, Daniel (2013): Die größte Erfindung der Menschheit. Was mich meine Jahre am Amazonas über das Wesen der Sprache gelehrt haben. Übersetzt von Harald Stadler. München: Deutsche Verlags-Anstalt.

Ferraris, Maurizio (2015): Was ist der Neue Realismus? In: Gabriel, Markus (Hg.) (2015), S. 52–75.

Fischer, Kerstin/Heide, Maiken (2018): Inferential Processes in English and the Question whether English has Modal Particles. In: Open Linguistics 2018/4, S. 509–535.

Fox, Kate (2014): Watching the English. The Hidden Rules of English Behaviour. London: Hodder.

Fuhrhop, Nanna (2005): Orthografie. Heidelberg: Winter. (= Kurze Einführungen in die Germanistische Linguistik. Band 1)

Gabriel, Markus (2015): Existenz, realistisch gedacht. In: Gabriel, Markus (Hg.) (2015), S. 171–199.

Gabriel, Markus (Hg.) (2015): Der Neue Realismus. 3. Aufl. Berlin: Suhrkamp. (= Suhrkamp-Taschenbuch Wissenschaft 2099)

Gardt, Andreas (1999): Geschichte der Sprachwissenschaft in Deutschland: vom Mittelalter bis ins 20. Jahrhundert. Berlin/New York: De Gruyter.

Giacalone Ramat, Anna (2017): Passives and constructions that resemble passivs. In: Folia Linguistica Historica 51/38, S. 149–176.

Gil, David (2013): Distributive Numerals. In: Dryer, Matthew S./Haspelmath, Martin (eds.) (2013). (Available online at http://wals.info/chapter/54, Accessed on 2020- 07-01.)

Göksel, Aslı/Kerslake, Celia (2005): Turkish. A comprehensive grammar. London/New York: Routledge.

Göttert, Karl-Heinz (2013): Abschied von Mutter Sprache. Deutsch in Zeiten der Globalisierung. Frankfurt: Fischer.

Graf, Peter (Hg.) (2017): Eine ungemein eigensinnige Auswahl unbekannter Wortschönheiten aus dem Grimmschen Wörterbuch. Ausgewählt und herausgegeben von Peter Graf. Berlin: Das Kulturelle Gedächtnis.

Grevisse, Maurice/Goosse, André (2011): Le bon usage. Grammaire française. 15. Aufl. Brüssel: de Boeck/Duculot.

Grimm, Jacob (1870): Deutsche Grammatik. Erster Teil. 2. Ausg., neuer verm. Abdr., besorgt durch Wilhelm Scherer. Berlin: Dümmler.

Grimm, Jacob/Grimm, Wilhelm (1854–1954): Deutsches Wörterbuch. 16 Bände. Leipzig: Hirzel.

Gunkel, Lutz et al. (2017): Grammatik des Deutschen im europäischen Vergleich. Das Nominal. 2 Bde. Berlin/Boston: De Gruyter. (= Schriften des Instituts für deutsche Sprache 14)

Günthner, Susanne (2006): Grammatische Analysen der kommunikativen Praxis –,Dichte Konstruktionen' in der Interaktion. In: Deppermann, Arnulf/Fiehler, Reinhard/Spranz-Fogasy, Thomas (Hg.): Grammatik und Interaktion – Untersuchungen zum Zusammenhang von grammatischen Strukturen und Gesprächsprozessen. Radolfzell: Verlag für Gesprächsforschung. S. 95–122.

Haack, Susan (2015): Die Welt des Unschuldigen Realismus: Das Eine und das Viele, Das Reale und das Imaginäre, Das Natürliche und das Soziale. In: Gabriel, Markus (Hg.) (2015), S. 76–109.

Habermas, Jürgen (1981): Theorie des kommunikativen Handelns. Bd. 1: Handlungsrationalität und gesellschaftliche Rationalisierung. Frankfurt a.M.: Suhrkamp.

Harbusch, Karin (2013): Regeln zur einheitlichen, psycholinguistisch motivierten Erzeugung von Ellipsen in Satzkoordinationen im Deutschen, Estnischen, Niederländischen und Ungarischen. In: Hennig, Mathilde (Hg.), S. 321–350.

Harras, Gisela (2004): Handlungssprache und Sprechhandlung. Eine Einführung in die theoretischen Grundlagen. 2. durchgesehene und erweiterte Aufl. Berlin/New York: De Gruyter.

Harras, Gisela et al. (2004): Handbuch deutscher Kommunikationsverben. 2 Bde. Berlin/New York: De Gruyter. (= Schriften des Instituts für deutsche Sprache 10)

Haspelmath, Martin (1997): Indefinite pronouns. Oxford/New York: Clarendon Press/Oxford University Press.

Haspelmath, Martin (2001): The European linguistic area. Standard Average European. In: Haspelmath, Martin et al. (Hg.) (2001): Sprachtypologie und sprachliche Universalien. Ein internationales Handbuch. 2. Halbband. Berlin/New York: De Gruyter. (= Handbücher zur Sprach- und Kommunikationswissenschaft 20.2), S. 1492–1510.

Haspelmath, Martin (2002): Understanding morphology. London: Arnold.

Hein, Katrin (2015): Phrasenkomposita im Deutschen. Empirische Untersuchung und konstruktionsgrammatische Modellierung. Tübingen: Narr. (= Studien zur deutschen Sprache 67)

Helmbrecht, Johannes (2014): Politeness distinctions in personal pronouns: A case study on competing motivations. In: MacWhinney, Brian/Malchukov, Andrej/Moravcsik, Edith (Hg.) (2014), S. 315–332.

Hennig, Mathilde (Hg.) (2013): Die Ellipse. Neue Perspektiven auf ein altes Phänomen. Berlin/New York: De Gruyter. (= Linguistik – Impulse und Tendenzen 52)

Heringer, Hans Jürgen/Wimmer, Rainer (2015): Sprachkritik. Eine Einführung. Stuttgart: UTB.

Hinrichs, Uwe (2008): Die slawischen Sprachen in eurolinguistischer Sicht. In: Zeitschrift für Balkanologie 44/1, S. 36–57.
Hinrichs, Uwe (2013): Multi Kulti Deutsch. Wie Migration die deutsche Sprache verändert. München: Beck. (= Beck'sche Reihe 6106)
Holler, Anke (2018) Textstrukturen: Was bleibt. Zu Phänomenen und Theorien des Textaufbaus. In: Wöllstein, Angelika et al. (Hg.): Grammatiktheorie und Empirie in der germanistischen Linguistik. Bd. 1. Berlin/Boston: De Gruyter, S. 435–470.
Hoven, René (1994): Lexique de la prose latine de la renaissance. Leiden/New York/Köln: Brill.
Huddleston, Rodney D./Pullum, Geoffrey K. (2002): The Cambridge grammar of the English language. Cambridge/New York: Cambridge University Press.
IDS-Grammatik (1997) = Zifonun, Gisela et al. (1997): Grammatik der deutschen Sprache. 3 Bände. Berlin/New York: De Gruyter. (= Schriften des Instituts für Deutsche Sprache 7)
Imo, Wolfgang (2015): Nachträge im Spannungsfeld von Medialität, Situation und interaktionaler Funktion. In: Vinckel-Roisin, Hélène (Hg.): Das Nachfeld im Deutschen: Theorie und Empirie. Berlin: De Gruyter, S. 231–253.
Jacobs, Joachim (2008): Wozu Konstruktionen? In: Linguistische Berichte 213, S. 3–44.
Jäger, Gerhard (2014): Lexikostatistik 2.0. In: Plewnia, Albrecht/Witt, Andreas (Hg.): Sprachverfall? Dynamik – Wandel – Variation. Berlin/Boston: De Gruyter. (= Jahrbuch des Instituts für Deutsche Sprache 2013), S. 197–216.
Kelih, Emmerich (2014): Paarformeln und Binomiale im Slowenischen: Ein korpusbasierter Ansatz, In: Phraseologie im Wörterbuch und Korpus (ZORA 97). Pdf. https://homepage.uni vie.ac.at/emmerich.kelih/wp-content/uploads/p2014_Paarformeln_Binomiale_EK.pdf
Keller, Rudi (1995): Zeichentheorie. Zu einer Theorie semiotischen Wissens. Tübingen/Basel: Francke.
Kelter, Stephanie/Kaup, Barbara (2013): Conceptual knowledge, categorization and meaning. In: Maienborn, Claudia/von Heusinger, Klaus/Portner, Paul (Hg.): Semantics. An International Handbook of Natural Language Meaning. Vol 3. Berlin/New York: De Gruyter. (= Handbücher zur Sprach- und Kommunikationswissenschaft 33.3), S. 2775–2804.
Kenesei, István/Vago, Robert M./Fenyvesi, Anna (1998): Hungarian. London/New York: Routledge.
Klein, Wolfgang (1993): Ellipse. In: Jacobs, Joachim et al. (Hg.): Syntax. Ein internationales Handbuch zeitgenössischer Forschung. Bd. 1. Berlin/New York: De Gruyter. (= Handbücher zur Sprach- und Kommunikationswissenschaft 9.1), S. 763–799.
Klein, Wolfgang (2013): Von Reichtum und Armut des deutschen Wortschatzes. In: Deutsche Akademie für Sprache und Dichtung und der Union der deutschen Akademien der Wissenschaften (Hg.) (2013), S. 15–55.
König, Ekkehard/Gast, Volker (2018): Understanding English-German contrasts. 4., neu bearbeitete Auflage. Berlin: Erich Schmidt. (= Grundlagen der Anglistik und Amerikanistik 29)
König, Ekkehard/Siemund, Peter (2007): Speech act distinctions in grammar. In: Shopen, Timothy (Hg.) (2007): Language typology and syntactic description. Bd. 1. Clause structure. Cambridge (Mass.): Cambridge University Press, S. 276–324.
Koptjevskaja-Tamm, Maria (1993): Nominalizations. London/New York: Routledge.
Koptjevskaja-Tamm, Maria (2003): Action nominal constructions in the languages of Europe. In: Plank, Frans (Hg.) (2003): Noun phrase structure in the languages of Europe. Berlin/New York: De Gruyter Mounton. (= Empirical Approaches to Language Typology 20.7), S. 723–759.

Kotthoff, Helga/Nübling, Damaris (2018): Genderlinguistik: Eine Einführung in Sprache, Gespräch und Geschlecht. Tübingen: Narr.

Krämer, Sibylle/König, Ekkehard (Hg.) (2002): Gibt es eine Sprache hinter dem Sprechen? Frankfurt a. M.: Suhrkamp. (= Suhrkamp-Taschenbuch Wissenschaft 1592)

Kuhn, Thomas S. (1962): The Structure of Scientific Revolutions. Chicago: University of Chicago Press. (Deutsche Ausgabe: „Die Struktur wissenschaftlicher Revolutionen". Suhrkamp-Taschenbuch Wissenschaft 1973)

Le Grand Robert de la langue française (2001). Paris: Le Grand Robert.

Lewis, David (1969): Convention: a philosophical study. Cambridge (Mass.) etc.: Harvard University Press.

Lobin, Henning (2018): Digital und vernetzt. Das neue Bild der Sprache. Stuttgart: Metzler.

Lötscher, Andreas (2016): Komplexe Attribuierung als Element von Textstilen im diachronen Vergleich. In: Hennig, Mathilde (Hg.): Komplexe Attribution. Ein Nominalstilphänomen aus sprachhistorischer, grammatischer, typologischer und funktionalstilistischer Perspektive. Berlin/Boston: De Gruyter. (= Linguistik – Impulse & Tendenzen 63), S. 353–390.

MacWhinney, Brian (2014): Conclusions: Competition across time. In: MacWhinney, Brian/Malchukov, Andrej/Moravcsik, Edith (Hg.) (2014), S. 364–386.

MacWhinney, Brian/Malchukov, Andrej/Moravcsik, Edith (Hg.) (2014): Competing motivations in grammar and usage. Oxford: Oxford University Press.

Mankell-DEU = Mankell, Henning (2005): Die weiße Löwin. Roman. Aus dem Schwedischen von Erik Gloßmann. Überarb. Neuausg. 27. Aufl. München: dtv.

Mankell-FRA = Mankell, Henning (2004): La lionne blanche. Roman. Traduit du suédois par Anna Gibson. Paris: Éditions du Seuil.

Mankell-POL = Mankell, Henning (2005): Biała lwica. Przełożyła Halina Thylwe. Warschau: Wydawnictwo W.A.B.

Marchand, Hans (1969): The categories and types of present-day English word-formation. A synchronic-diachronic approach. 2., completely rev. and enl. ed. München: Beck.

Marcolongo, Andrea (2018): Warum Altgriechisch genial ist. Eine Liebeserklärung an die Sprache, mit der alles begann. Übersetzung aus dem Italienischen von Andreas Thomsen. München: Piper.

Martinet, André (1949): La double articulation linguistique. In: Travaux du Cercle Linguistique de Copenhague 5 (1949), S. 30–37.

Mertins, Barbara (2018): Sprache und Kognition. Ereigniskonzeptualisierung im Deutschen und Tschechischen. Berlin/Boston: De Gruyter. (= Konvergenz und Divergenz 8)

Mieder, Wolfgang (2007): Proverbs as cultural units or items of folklore. In: Burger, Harald et al. (Hg.): Phraseologie/Phraseology. Berlin/New York: De Gruyter. (= Handbücher zur Sprach- und Kommunikationswissenschaft 28.1), S. 394–414.

Moravcsik, Edith (2014): Introduction. In: MacWhinney, Brian/Malchukov, Andrej/Moravcsik, Edith (Hg.) (2014), S. 1–14.

Müller, Gereon (1997): Beschränkungen für Binomialverbindungen im Deutschen. In: Zeitschrift für Sprachwissenschaft 16 (1/2), S. 5–51.

Müller, Gereon (2000): Elemente der optimalitätstheoretischen Syntax. Tübingen: Stauffenberg.

Müller, Gereon (2002): Verletzbare Regeln in Straßenverkehr und Syntax. In: Sprachreport 3/2002, S. 11–18.

Newmeyer, Frederick M. (2014): Where do motivations compete? In: MacWhinney, Brian/Malchukov, Andrej/Moravcsik, Edith (Hg.) (2014), S. 299–314.

Nübling, Damaris (2010): Lässt sich ein Syntheseindex erstellen? Zur Problematisierung und Präzisierung eines (allzu) geläufigen Begriffs. In: Bittner, Dagmar/Gaeta, Livio (Hg.): Kodierungstechniken im Wandel. Das Zusammenspiel von Analytik und Synthese im Gegenwartsdeutschen. Berlin/New York: De Gruyter. (= Linguistik – Impulse und Tendenzen 34), S. 1–22.

Nübling. Damaris (2018): Und ob das Genus mit dem Sexus. Genus verweist nicht nur auf Geschlecht, sondern auch auf die Geschlechterordnung. In: Sprachreport 3/2018, S. 44–50.

Ogden, Charles K./Richards, Ivor A. (1923): The Meaning of Meaning. London: Routledge.

Olagunju, Ezekiel Oladuru (2001): Wortbildung in Yoruba und im Deutschen. Magisterarbeit FU Berlin. Diplomica-Verlag. (Ebook)

Ortner, Lorelies et al. (1991): Substantivkomposita: (Komposita und kompositionsähnliche Strukturen 1). Deutsche Wortbildung 4. Düsseldorf: Schwann. (= Sprache der Gegenwart 79)

Oxford English Dictionary (OED). http://www.oed.com/

Paul, Hermann (1917): Deutsche Grammatik. Bd. 2. Teil 3. Flexionslehre. Halle an der Saale: Niemeyer.

Paul, Hermann (1919): Deutsche Grammatik. Bd. 3. Teil 4. Syntax (Erste Hälfte). Halle an der Saale: Niemeyer.

Pelc, Jerzy (1996) 'Symptom' and 'symbol' in language. In: Dascal, Marcelo et al. (Hg.): Sprachphilosophie/Philosophy of language. Berlin/New York: De Gruyter. (= Handbücher zur Sprach- und Kommunikationswissenschaft 7.2), S. 1293–1313.

Piirainen, Elisabeth (2007): Phrasemes from a cultural semiotic perspective. In: Burger, Harald et al. (Hg.): Phraseologie/Phraseology. Berlin/New York: De Gruyter. (= Handbücher zur Sprach- und Kommunikationswissenschaft 28.1), S. 208–219.

Pilarský, Jiří (2013): Deutsch-ungarische kontrastive Grammatik. 3 Bände. Debrecen: Debreceni Egyetemi Kiadó. (= Veröffentlichungen des Instituts für Germanistik an der Universität Debrecen. Studienmaterialien 10)

Plank, Frans (1999): Split morphology. How agglutination and flexion mix. In: Linguistic Typology 3, S. 279–340.

Plank, Frans (2007): How crosslinguistically variable is the lexicon and grammar of naming? (Online unter: http://ling.uni-konstanz.de/pages/home/plank/for_download/presentati ons_2/17_FP_ProperNames_vi07.pdf.)

Plewnia, Albrecht/Riehl, Claudia M. (Hg.) (2018): Handbuch der deutschen Sprachminderheiten in Übersee. Tübingen: Narr.

Polenz, Peter von (2000–2011): Deutsche Sprachgeschichte vom Spätmittelalter bis zur Gegenwart. 3 Bde. 2. Aufl.: Berlin/New York: De Gruyter

Polenz, Peter von (2000): Deutsche Sprachgeschichte vom Spätmittelalter bis zur Gegenwart. Bd. 1. 2., überarbeitete und ergänzte Auflage. Berlin/New York: De Gruyter.

Pottier, Bernard (1963): Recherches sur l'analyse sémantique en linguistique et en traduction mécanique. Publications linguistiques de la Faculté des Lettres et des Sciences Humaines de Nancy. Université de Nancy.

Quine, Willard Van Orman (1960): Word and object. Cambridge (Mass.): MIT Press. (= The MIT paperback series 4)

Quirk, Randolph et al. (1985): A comprehensive grammar of the English language. London/ New York: Longman.

Rijkhoff, Jan (2004): The noun phrase. 2. Aufl. Oxford: Oxford University Press.

Roelcke, Thorsten (1997): Sprachtypologie des Deutschen. Historische, regionale und funktionale Variation. Berlin/New York: De Gruyter.

Roelcke, Thorsten (2009): Geschichte der deutschen Sprache. München: Beck. (= Beck'sche Reihe 2080)
Sahel, Said/Jonischkait, Julia (2008): Syntaktische Funktionen im Vorfeld. Eine empirische Studie. In: Muttersprache 118, S. 281–294.
Sasse, Hans-Jürgen (1991): Predication and sentence constitution in universal perspective. In: Zaefferer, Dietmar (Hg.) (1991): Semantic universals and universal semantics. Berlin/ New York: Foris. (= Groningen-Amsterdam Studies in Semantics 12), S. 75–95.
Schlotthauer, Susan/Zifonun, Gisela (2008): Zwischen Wortbildung und Syntax: die ‚Wortigkeit' von Partikelverben/Präverbfügungen in sprachvergleichender Perspektive.
In: Eichinger, Ludwig M./Meliss, Meike/Domínguez Vázquez, María José (Hg.): Wortbildung heute. Tendenzen und Kontraste in der deutschen Gegenwartssprache. Tübingen: Narr. (= Studien zur Deutschen Sprache 44), S. 271–310.
Schmidt, Jürgen E. (2017): Vom traditionellen Dialekt zu den modernen deutschen Regionalsprachen. In: Deutsche Akademie für Sprache und Dichtung und Union der Deutschen Akademien der Wissenschaften (Hg.) (2017), S. 105–143.
Searle, John (2015): Aussichten für einen neuen Realismus. In: Gabriel, Markus (Hg.) (2015), S. 292–307.
Selting, Margret et al. (2009): Gesprächsanalytisches Transkriptionssystem 2 (GAT 2) In: Gesprächsforschung – Online-Zeitschrift zur verbalen Interaktion. Ausgabe 10 (2009), S. 353–402.
Selting (2015): Sentences and clauses – from the perspective of interactional linguistics. In: Dürscheid, Christa/Schneider, Jan Georg (Hg.): Handbuch Satz, Äußerung, Schema. Berlin/Boston: De Gruyter. (= Handbücher Sprachwissen 4), S. 180–204.
Siewierska, Anna (2013): Gender Distinctions in Independent Personal Pronouns. In: Dryer, Matthew/Haspelmath, Martin (eds.) (2013). (Available online at http://wals.info/chapter/ 44, Accessed on 2020- 07-16.)
Skalička, Vladimir (1979): Typologische Studien. Mit einem Beitrag von Petr Sgall, Herausgegeben von Peter Hartmann. Braunschweig/Wiesbaden: Vieweg.
Stassen, Leon (2009): Predicative possession. Oxford: Oxford University Press.
Steffens, Doris (2003): Nicht nur Anglizismen … Neue Wörter und Wendungen in unserem Wortschatz. IDS-Sprachforum, 21. Mai 2003. In: Sprachreport 4/2003. S. 2–9.
Steffens, Doris (2017): Vom Print- zum Onlinewörterbuch – Zur Erfassung, Beschreibung und Präsentation von Neologismen am IDS. In: Dąbrowska-Burkhardt, Jarochna/Eichinger, Ludwig M./Itakura, Uta (Hg.): Deutsch: lokal – regional – global. Festschrift für Gerhard Stickel zum 80. Geburtstag. Tübingen: Narr. (= Studien zur Deutschen Sprache 77), S. 281–294.
Stickel, Gerhard (Hg.) (2003): Deutsch von außen. Berlin etc: De Gruyter. (= Jahrbuch des Instituts für Deutsche Sprache 2002)
Stockhammer, Robert (2014): Grammatik. Wissen und Macht in der Geschichte einer sprachlichen Institution. Berlin: Suhrkamp. (= Suhrkamp-Taschenbuch Wissenschaft 2095)
Stolz, Thomas (2000): Ergativ für blutigste Anfänger. Bremer Linguistik Workshop Ergativität. (http://www.fb10.uni-bremen.de/iaas/workshop/ergativ, accessed 2015-11-22.)
Stolz, Thomas (2012): Europäische Besitzungen. Zur gespaltenen Possession im europäischen Sprachvergleich. In: Gunkel, Lutz/Zifonun, Gisela (Hg.) (2012): Deutsch im Sprachvergleich. Grammatische Kontraste und Konvergenzen. Berlin/Boston: De Gruyter. (= Jahrbuch des Instituts für deutsche Sprache 2011), S. 41–73.
Strauss, Emanuel (1994): Dictionary of European Proverbs. 3 vols. London: Routledge.

Strecker, Bruno (2020): Toter als tot? – Was kann gesteigert werden? In: Sprachreport 1/2020, S. 48.
Szczepaniak, Renata (2011): Gemeinsame Entwicklungspfade in Spracherwerb und Sprachwandel? Kognitive Grundlagen der onto- und historiogenetischen Entwicklung der satzinternen Großschreibung, In: Köpcke, Klaus Michael/Ziegler, Arne (Hg.): Grammatik – Lehren, Lernen, Verstehen: Zugänge zur Grammatik des Gegenwartsdeutschen. Berlin: De Gruyter. S. 341–359.
Tomasello, Michael (2003): Constructing a language: a usage-based theory of language acquisition. Cambridge (Mass.) etc.: Harvard University Press.
Trabant, Jürgen (2008): Was ist Sprache? München: Beck. (= Beck'sche Reihe 1844)
Tugendhat, Ernst (1979): Vorlesungen zur Einführung in die sprachanalytische Philosophie. Frankfurt a. M.: Suhrkamp. (= Suhrkamp-Taschenbuch Wissenschaft 45)
Twain, Mark (1880): The awful German language. In: ders.: A tramp abroad. Hartford (Connecticut): American Publishing Company.
Weinrich, Harald (1982): Textgrammatik der französischen Sprache. 1. Aufl. Stuttgart: Klett.
Weinrich, Harald (2001a): Tempus: besprochene und erzählte Welt. 6. neu bearb. Aufl. München: Beck.
Weinrich, Harald (2001b): Sprache, das heißt Sprachen. Tübingen: Narr.
Weinrich, Harald (2005): Textgrammatik der deutschen Sprache. 3., rev. Aufl. Hildesheim: Olms.
Wilmanns, Wilhelm (1896): Deutsche Grammatik. Gotisch, Alt-, Mittel- und Neuhochdeutsch. Zweite Abteilung: Wortbildung. Straßburg: Trübner.
Vinckel-Roisin, Hélène (2020): *Angela Merkel – sie – Merkel*: Markierte Referenzketten und Argumentation in deutschen Pressekommentaren. In: Deutsche Sprache 1/2020, S. 1–28.
Wiese, Bernd (2008): Form and function of verbal ablaut in contemporary standard German. In: Sackmann, Robin (Hg.): Explorations in Integrational Linguistics. Four essays on German, French, and Guaraní. Amsterdam/Philadelphia: Benjamins. (= Current Issues in Linguistic Theory 285), S. 97–151.
Wittgenstein, Ludwig (1969): Schriften. Bd. 1 und Bd. 4. Frankfurt a. M.: Suhrkamp.
Wolfe, Tom (2016): The Kingdom of Speech. London: Penguin Random House.
Wörterbuch der deutschen Gegenwartssprache (WDG) (1961–1977). 20 Bände. Berlin: Akademie.
Wunderlich, Dieter (2008): Spekulationen zum Anfang von Sprache. In: Zeitschrift für Sprachwissenschaft 27, S. 229–265.
Wunderlich, Dieter (2015): Sprachen der Welt: Warum sie so verschieden sind und sich doch alle gleichen. Heidelberg: Lambert Schneider.
Zifonun, Gisela (2015): Satz – oberflächennah. In: Dürscheid, Christa/Schneider, Jan Georg (Hg.): Handbuch Satz, Äußerung, Schema. Berlin/Boston: De Gruyter. (= Handbücher Sprachwissen 4), S. 155–179.
Zifonun, Gisela (2017): Was ist „sprachlicher Ballast" und wie gehen wir damit um? In: Dąbrowska-Burkhardt, Jarochna/Eichinger, Ludwig M./Itakura, Uta (Hg.): Deutsch: lokal – regional – global. Festschrift für Gerhard Stickel zum 80. Geburtstag. Tübingen: Narr. (= Studien zur Deutschen Sprache 77), S. 345–357.
Zifonun, Gisela (2018): Die demokratische Pflicht und das Sprachsystem: erneute Diskussion um einen geschlechtergerechten Sprachgebrauch. Sprachreport 4/2018, S. 44–56.
Zimmer, Dieter E. (1998): Deutsch und anders – Die Sprache im Modernisierungsfieber. Reinbek bei Hamburg: Rowohlt.

Register

Ablaut 83–85, 271, 307
Ableitung → Derivation
Absolutiv (Kasus) 119
Abtönungspartikel 184, 203, 207, 302
Adjektiv 134–139
Adposition / Präposition / Postposition 117, 302, 328
Adverbial, adverbiale Bestimmung 138, 181–183, 187, 196, 210
Adverbialkomplement 116, 205f.
Affigierungsregel 262, 271
Affix 262–271
Agens 102, 113–120, 300
Agglutination / agglutinierend 92, 149–152, 306–308, 315
akkusativisch 119f.
Aktiv 104–110, 298
Akzent 27f., 199f., 275
Ambiguität → Mehrdeutigkeit
analytisch 299, 301, 308f., 315f.
Anapher, Anaphorisierung 219–225
Anaphernresolution 220–223, 304
Anglizismus 257–260
Antezedens 220–223
Apokope 313
Appellativum 160–164
Argument 113–119, 167, 298
Argumentrolle → semantische Rolle
Argumentstelle → Leerstelle
Argumentstruktur 101, 268
Artikel 65, 143, 151, 155f., 172–176, 199, 316f.
Aspekt 76, 79–82, 109, 238f., 264f., 299
asyndetisch 228, 237
Attribut 123–126, 189–191, 291–293, 316
Außenfeld 197f., 229

Begriffsbildung 36–39, 289–295
Belebtheitshierarchie 130, 158, 163, 301

definite Deskription → Kennzeichnung
Deixis / deiktisch 62, 80, 143, 221, 298
Deklination 148, 258, 307
Dependens 124, 168f., 302
Derivation 246, 262–273, 290, 305

Desubstantivierung 132f.
Determinativ / determinativisch 141–144, 301, 309
Deutsches Referenzkorpus, DeReKo 24
dichte Konstruktion 213f.
Diskurs 218f., 243f.
Distributivität / distributiv 141

Eigenname 63–65, 129f., 159–163, 224f.
Elativ (Kasus) 185
Ellipse 239–244
Entlehnung → Lehnwort
Ereignis 94–103, 234–237
Ergänzung → Komplement
Ergativ / ergativisch 119f.
Eurolatein 265f.

feste Fügung 247, 250, 253, 285
finit / infinit 49f., 66, 82, 91f., 192f.
Flexion 144–152, 301, 315
Fokus 200–205, 208f., 288
Fokuspartikel 204
Frame 237
Fremdwort 259
Fuge, Fugenelement 273–278
Fusion / fusionierend 145, 149f., 152, 306–309, 312

generisches Maskulinum 20, 106, 155–157
Genus 20, 126–129, 144, 147f., 153–159, 300–302
Genus Verbi 104, 109f., 298
Grammatikalisierung 16, 112, 138, 178, 209, 231

Handlung 73, 96–104
Hiatus 136, 314

Idiomatisierung 252f., 285, 287
Ikonizität / ikonisch 138, 147, 150, 207, 310
Illokution 48–56, 191, 212f., 242f., 303
Imperativ 90f., 283f.
Indikativ 86–90, 299, 308
Individuativum 160–163, 301

Inessiv (Kasus) 186
Inferenz → Schlussfolgerung
Infinitivkonstruktion 113, 117, 183, 190, 196
Inkorporation 289–291
Intonation 28 f., 42, 50, 53, 243
isolierend 290, 306–309
Instrumental (Kasus) 29, 116, 233

Kasus 113–119, 144–152, 300–302, 306–309, 314 f.
Kennzeichnung 64 f., 219
klitisch 112, 210, 226
Kohärenz 216–244, 303
Kohäsion 216–218, 239, 303
Kollokation 248, 251
Kommentarglied 183, 333
kommunikative Gattung 217
Komparation / Komparativ 121, 135, 254, 301, 308, 315
Komplement 116, 205–207, 298, 328
Komposition / Kompositum 273–284, 290–292, 305
Kongruenz 122 f., 151 f., 174–176, 187, 254, 298, 316
Konjunktiv 72, 86–92, 299, 308
Konjunktor 229, 231 f., 251
Konnexion / Konnektor 217, 228–233, 303
Konstituente 188–190, 199, 204, 303
Kontinuativum 160–164, 301
Konversion 271 f., 288
Kookkurrenz / Kookkurrent 248
Kopf 123–129, 273–284, 300, 316
Kopula 66, 114, 187
Korpus 24 f., 198
Kurzwort 149, 246

Leerstelle 68–70, 118, 298
Lehnwort 256, 260 f., 270, 305
Lexem, lexikalische Einheit 24 f.
laufendes Wort → Textwort
Lokativ (Kasus) 147

Markiertheit, (un)markiert 88, 90 f., 146–148, 155, 175
Medialkonstruktion, Medium 110–114

Mehrdeutigkeit 188–191, 273 f.
Metapher 96, 121, 185, 252
Metonymie 32, 94, 252, 282
Mittelfeld 180, 192–198, 204–207, 303, 316
Modalität 74, 89, 92
Modalpartikel 92
Modifikation / Modifikator 138, 268, 273 f., 278–284, 291 f.
Modus, Verbmodus 50, 53, 72, 87–92, 298 f.
Morphem 28–30, 39, 41

Nachfeld 180, 192, 196–198
Neologismus 245, 256–258, 304
Neuer Realismus 57
Nichtsatz 211–215
Nomen 133
Nominalaspekt 162, 301
Nominalhierarchie 130, 163, 250, 301, 315
Nominalisierung 121, 133, 171, 269
Nominalphrase 64 f., 123–126. 298, 300 f.
Nominalstil 121–123, 131
Numeral 139
Numerus 144 f., 148, 300–302
Numerusprofilierung 148–151

Objekt 78 f., 81, 104–108, 113–120, 163, 197 f., 205 f.

Paarformel, Zwillingsformel 250 f., 304
Paradigma / paradigmatisch 24, 145 f.
Partikelverb 254, 284–289, 305
Passiv 104–110, 193, 298 f., 308
Patiens 102, 113 f., 118 f., 300
periphrastische Form 74, 298, 316
Phänomen der dritten Art 313
Phrasem → feste Fügung
polysynthetisch 70, 290
Possession / Possessor / Possessum 164–178, 302
Possessivattribut 165 f., 170 f., 176–178, 300, 302, 315
Prädikation 60 f., 66–71, 99–104, 297 f.
Prädikativ 187, 302
Präfix 27 f., 80–85, 262–272, 289, 312
Pro-Drop 225–228, 303, 309, 317

Pronomen 67, 110–112, 139–144,
  163–165, 172–176, 193, 210, 221f.,
  300–302, 316f.
Proposition, propositionaler Gehalt 51f.,
  60–71, 213f., 242, 297, 302–304

Reduplikation 289f.
Referenz 60–71, 128f., 140, 150, 297f., 300
Referenzidentität 64, 219f., 223f.
Reflexivkonstruktion 110–114, 299
Rektion / regieren 124, 233, 286
Rekursion / rekursiv 7, 196, 283, 305, 320
Relationsadjektiv 137, 292, 301, 305
Relativsatz 125f., 178, 192f., 234, 310, 316
Rezipient 102, 113
rheinische Verlaufsform 81f.

Satz 211–215
Satzart, Satzmodus 49f., 53, 56, 212, 316
Satzglied 49f., 113, 179f., 186, 189,
  192–209, 288, 316
Satzklammer, Verbklammer 192–194, 316
Schlussfolgerung 41, 45, 281f., 297
Schwa 10, 27, 145, 148f., 308, 312, 315
Seinsart 161
semantische Landkarte 168, 171, 176, 282
semantische Rolle 101, 113, 300
semantisches Netz, Wortnetz 248–250
Sexus 20, 153–159, 301
Sprechhandlung, Sprechakt 47–56, 212,
  214, 297
Sprichwort 254f., 304
Standard Average European 296, 316
Stamm, Wortstamm 27f., 246, 262
Subjekt 68, 113–119, 179, 198–212, 227, 232,
  298, 300, 303f.
Subjunktor 183, 185, 187, 228
Substantiv 37, 66, 68f., 126–134
Substantivgroßschreibung 129–134, 300f.
Substantivierung 132, 267
Suffix 27f., 145, 149f., 262, 265–272, 292, 305
Supplement 179, 181–191, 206f., 212, 302f.

Synkretismus 225f., 299
synthetisch 299, 308f., 315, 317

Tatsache 100f.
telisch 79, 109, 181, 238
Tempus 73–79, 234–239, 298f., 307f.
Textsorte 54, 121, 217f., 242
Textwort 24f.
Thema 198–200, 206
Topik 199–202, 206, 208–211, 222, 227, 303
Topik-Drop 227, 239
Topologie, Satztopologie 180–211
transitiv / intransitiv 78, 108–112, 263f.,
  268, 272

Umdeutung 256
Umlaut 86f., 272, 313, 315
Umstandsangabe → Adverbial
Universale 68, 165

Valenz 102, 116f., 179. 187, 263f., 286, 298
Verb 72–120, 126f.
Verberstsatz / Verberststellung 191–194
Verbletztsatz / Verbletztstellung 191,
  193–195, 207f., 213
Verbzweitsatz / Verbzweitstellung 191–194
Vorgang 73, 76, 96f., 104, 106

Wahrheit, Wahrheitsbedingung 52, 55–60
Wettbewerb 273, 309–315
Wortart 11, 24, 26, 122, 126–129, 134–140,
  300f.
Wortbildung 256, 261–294, 304f., 315
Wortform 24, 27, 39, 145f.
Wortmischung 246
Wortschöpfung → Neologismus
Wortstellung → Topologie

Zeichen 29–39, 43–45, 126
Zusammensetzung → Komposition
Zustand 66, 96, 99–102, 134, 187f.

www.ingramcontent.com/pod-product-compliance
Lightning Source LLC
Chambersburg PA
CBHW052011290426
44112CB00014B/2200